本书为国家社会科学基金项目"马克思主义意识形态思想的演进与发展研究"（17BKS009）的最终成果

本书出版得到了河南大学人文学科基金的支持

马克思恩格斯列宁意识形态思想的演进与发展研究

吕世荣 等／著

人民出版社

目　　录

导　　论

中国特色社会主义发展到当代,机遇与挑战并存。反映在意识形态领域,马克思主义与反马克思主义、非马克思主义的斗争异常激烈复杂。为了进一步巩固马克思主义在意识形态领域的指导地位,掌握中国特色社会主义的话语权、控制权和领导权,划清各种思潮之间的界限,进而认识意识形态领域斗争的实质及趋势,需要深入研究马克思主义的意识形态思想。

一、世界历史格局的变化凸显马克思主义意识形态思想研究的重要性

自从马克思主义产生以来,资产阶级对马克思主义和社会主义制度的攻击就没有停止过。《共产党宣言》一发表,欧美的资产阶级就结成联盟极力扼杀之,他们把马克思的共产主义思想宣布为"瘟疫"和"幽灵"。俄国十月革命成功后,他们就把无产阶级专政看作"独裁"和"专制"。苏联解体、东欧社会主义剧变,又给欧美资产阶级以可乘之机,他们攻击社会主义是"奴役之路"。同时,又大力宣扬:"美国例外论和社会主义失败论。"

当今世界正经历百年未有之大变局,中国特色社会主义进入新时代,世界各国政治、经济之间的利益斗争异常尖锐复杂,特别是发达国家和发展中国家、资本主义和社会主义之间争夺意识形态话语权的斗争更加激烈。从人类社会产生以来,人类经历了从狭隘的地域历史向世界历史的转变过程。自近代社会以来,资本主义开创了世界历史,取代了封建制度,创建了以剩余价值生产为目的的生产方式,改变了直接占有奴隶和奴隶劳动的剥削方式,取而代之的是在自由、平等形式下隐匿地占有工人剩余劳动的剥削方式,它改变

了以往以地域血缘关系为纽带的社会共同体状态,使世界格局呈现出"西强东弱"的现象,资本逐渐成为世界旋转的中心,"它按照自己的面貌为自己创造出一个世界。"①力求实现三个从属:"它使未开化和半开化的国家从属于文明的国家,使农民的民族从属于资产阶级的民族,使东方从属于西方。"②这种状态反映在思想领域,资产阶级的思想家力图为资本主义的生产和发展提供思想武器,论证资本主义的合理性和合法性。与资本主义生产方式相伴随的无产阶级和社会主义运动也应运而生。十月革命的胜利,改变了资本主义的一统天下,社会主义成为与资本主义抗衡的力量,使世界出现了两种社会制度、两种意识形态尖锐对立的世界格局。苏联解体和东欧剧变使社会主义运动遇到挫折,世界格局发生了变化。但是中国特色社会主义的兴起,给世界社会主义运动注入了新的生机和活力。由此,东西方在世界格局中的地位、力量正悄然发生变化。这一力量变化的过程,是社会主义和资本主义力量博弈的过程,反映在意识形态领域,就成为马克思主义和资本主义意识形态话语权的战场。西方国家对中国特色社会主义制度的攻击,不仅有公开的方式,还有隐匿的方式。如公开宣扬"社会主义崩溃论""中国威胁论"等,同时又以"意识形态终结论""普世价值论"等宣扬资本主义制度不可超越论。这种斗争的根源,不仅是世界百年未有之大变局的地位和力量之争,更是社会主义制度和资本主义制度的合理性之争,也是在世界范围内掌握意识形态话语权之争。如何认识这一时期意识形态领域斗争的实质及其趋势,破除资产阶级意识形态家们所制造的"幻象"?需要从马克思主义意识形态理论中寻找立场、观点和方法。世界百年未有之大变局是随着全球化的历史进程而出现的。而全球化发展到当代也产生了很多问题,甚至出现了危机。如何认识全球化在当代的问题及其产生问题的根源?如何认识当今全球化所处的历史阶段及其发展的趋势?如何认识全球化中产生问题的实质及走出当今全球化危机的出路?围绕上述问题出现了各种各样的观点。即如何看待全球化与逆全球化和反全球化的关系问题?全球公平正义原则如何制定?全球共同价值如何形成?全球

① 《马克思恩格斯文集》第 2 卷,人民出版社 2009 年版,第 36 页。
② 《马克思恩格斯文集》第 2 卷,人民出版社 2009 年版,第 36 页。

主义与民族国家的矛盾如何解决？等等。这些都是意识形态领域的问题，认识这些问题的实质及根源，也需要从马克思主义意识形态理论中寻找立场、观点和方法。

二、当代中国社会思想领域出现的问题彰显了马克思主义意识形态思想研究的重要性

在中国社会革命、建设和改革开放的过程中，一直存在着马克思主义与反马克思主义和非马克思主义的斗争，这一过程是沿着两条线索展开的。一条线索是马克思主义与反马克思主义的不断斗争；另一条线索是马克思主义同社会主义国家内部和共产党内部的非马克思主义思潮的斗争。这两条线索都是围绕"中国社会向何处去、如何建设社会主义、改革开放的性质和方向"等中国社会发展的根本问题展开的。当然，两条线索途径斗争的性质是不同的，前者从根本上说是阶级和社会制度之间的斗争，属于典型的意识形态领域的斗争。后者属于社会主义建设内部意识形态领域的斗争，主要是影响到主流意识形态的贯彻和认可。这种状况同样需要认清其错误实质，划清界限，以保证中国特色社会主义道路的健康发展和社会主义意识形态的贯彻和建设。在当代意识形态领域的斗争，主要表现为否定马克思主义指导地位的错误，如"过时论""多元论"认为马克思主义只是革命理论不是建设理论，强调马克思主义意识形态不是科学理论等观点。到底马克思主义只是意识形态，还是科学体系，在什么意义上是意识形态，需要研究马克思主义意识形态理论加以澄清。

特别是在当代，随着科学技术的进步，经济全球化的不断推进，资本主义不断调整自身的矛盾，出现了一些"新"变化，再次为资产阶级宣扬资本主义永恒性和价值观念不可超越性寻找"理由"。与此同时，我国社会主义建设事业取得了举世瞩目的成就，成为世界第二大经济体。同时也面临着前所未有的挑战和机遇，如改革开放的巨大成就与马克思主义信仰危机的矛盾，物质产品丰富的同时公平问题却进一步凸显；马克思主义指导地位的强调与曲解马克思主义现象存在矛盾等等。这些问题反映在意识形态领域就出现了"淡化"马克思主义的现象。

在"文化大革命"期间，在意识形态领域，我们曾出现过把意识形态斗争

"泛化"的现象。所谓"泛化"就是把不是意识形态的问题当作意识形态领域的问题进行处理。而改革开放以后，又出现了"淡化"意识形态的思潮。所谓"淡化"意识形态的思潮，主要表现为历史虚无主义，西方消费主义影响下的追求功利的价值观念和生活方式，以及非马克思主义思潮。

历史虚无主义是典型形式之一，他们以反思"文化大革命"，反思马克思主义的阶级斗争和无产阶级专政学说为借口，主张在历史研究中以"现代化范式"代替"革命范式"。有些学者打着"学术讨论"的幌子以虚无主义的态度贬低传统、歪曲历史，认为"革命只是一种破坏性的力量"，没有建设意义，又以客观评价为名，美化反动统治者、侵略者和汉奸，企图借否定历史达到否定现实的目的。这种观点既从历史依据上否定中国社会主义道路的必然性，又在理论上否定唯物史观关于历史发展规律客观性的观点。可见，他们主张的"淡化"意识形态，也不是不讲意识形态，而是不讲马克思主义的意识形态，以宣扬并让人们接受他们要"否定革命"的意识形态思想。

"淡化"马克思主义思潮的第二种形式，主要指当下流行的功利主义、享乐主义、拜金主义思潮。受西方极端个人主义、消费主义的影响，国内也出现了拜金主义和利益中心主义思潮泛滥的现象。西方消费主义利用传媒、文化传播等多种方式传播价值观念，把人们实际生活需要的生活用品转化为象征意义的符号。当把追求这种符号的满足看作人生的价值和意义时，这种符号消费就转化成了人的生活方式和价值观念，导致人们的价值观念评价标准以及信仰日趋功利化、多元化的状态，在一定程度上构成了与我国主流价值观和意识形态的分歧和冲突。这就不同程度地消解了马克思主义的指导地位，弱化了共产主义的理想信念。

除此之外，当前非马克思主义思潮的存在和影响也凸显出来，这种思潮主要表现为三种形式。一种形式就是教条主义地对待马克思主义。把马克思主义的一些结论不顾历史条件的变化，从马克思主义的整体中抽象出来，当作历史哲学公式去裁剪现实。另一种形式就是实用主义地对待马克思主义。所谓实用主义，就是不顾客观需要，不顾马克思主义的科学性和真理性，根据自己主观需要解释马克思主义。早在延安时期，毛泽东针对民主革命时期对待马克思主义的错误态度，就明确地批评过党内的教条主义和主观主义的错误。

所谓实用主义,就是主观主义。这种现象在当代就具体表现为误解、肢解、曲解、消解马克思主义①。所谓误解就是把马克思主义实用主义化,认为马克思主义是见物不见人,只注重历史必然性,而不注重人的主体性,只重视价值判断的伦理学家。所谓"肢解"是把原本具有内在联系统一整体的马克思主义理论肢解为不同的碎片,把一些具体的观点从整体中抽象出来,把孤立的观点当作马克思主义的全部,导致马克思主义理论的碎片化,甚至否定其观点的正确性。所谓曲解,是把马克思主义针对当时的特殊情况所得出的个别具体结论当成一般抽象形式到处套用,把本来不属于马克思主义的内容强加给马克思主义,先曲解再推倒。如有人把马克思主义曲解为人道主义或人本主义,把马克思主义说成是一种"新宗教"等。所谓消解,是指一些人以怀疑主义态度对待马克思主义,认为马克思主义不能解决当前问题,"没有生命力了"等。总之,这些观点严重损害了马克思主义理论的科学性,影响了马克思主义的指导地位。这种现象并非当代才出现,早在马克思在世时,德国党内就出现了打着马克思主义的旗号,曲解马克思思想的状况。"关于这种马克思主义,马克思曾经说过:'我只知道我自己不是马克思主义者。'"②非马克思主义思潮的第三种表现形式,就是把马克思主义边缘化。这种思潮,在当今具有打着马克思主义研究的旗号把马克思主义空心化的倾向。正如习近平总书记指出:"在有的领域中马克思主义被边缘化、空泛化、标签化,在一些学科中'失语'、教材中'失踪'、论坛上'失声'。"③这是当前意识形态领域一个倾向性和苗头性问题,他们在学术探索的幌子下对马克思主义基本原理和核心理论加以全面否定。如有学者否认马克思主义学说的阶级性、否认无产阶级专政理论、否认马克思的剩余价值学说等。"鼓吹剩余价值论是一个理论假设,它夸大了工人阶级的劳动价值贡献。作者认为利润是诸生产要素投入的结果,而非单一劳动要素的结晶。"④在科学社会主义理论方面,"认为无产阶级专政'是一种理论

---

① 郑志飚、刘飞:《试论划清马克思主义同反马克思主义的界限》,见《贯彻党的十七届四中全会精神划清"四个重大界限"理论研讨会论文集》,2010 年 10 月,第 110 页。

② 《马克思恩格斯文集》第 10 卷,人民出版社 2009 年版,第 590 页。

③ 习近平:《在哲学社会科学工作座谈会上的讲话》,《人民日报》2016 年 5 月 19 日。

④ 《警惕马克思主义空心化——访苏州大学马克思主义研究院院长朱炳元教授》,《马克思主义研究》2016 年第 9 期。

假说''‘在现实中是一种虚幻’'‘既缺乏科学依据,又缺乏法律条文’……"①总之,否认剩余价值学说就是否认剥削的存在,进而否定无产阶级推翻资本主义制度,建立社会主义制度的必然性和合理性。否认无产阶级专政就是为了否认当今世界存在两个阶级、两条道路的斗争,否认社会主义革命和建设的必然性。

意识形态领域最尖锐的问题,仍然是反马克思主义思潮的存在及对我国意识形态领域的渗透和影响。这种思潮的直接表现是敌视、攻击、否定马克思主义。新自由主义是最直接的表现。虽然新自由主义思潮派系很多,但其基本的主张是"市场万能论""私有产权万能论",进而宣扬资本主义道路普世化等观点。他们以民主、自由、平等的化身自居,鼓吹"自由、平等、人权是人类共有的普世价值",宣扬资本主义不可超越,由此,主张中国的改革发展也要以此为准则,应该完全市场化、全面私有化、绝对自由化,并否定公有制的主体地位和国家实行宏观调控的重要性。不完全在于他们对这些观点的直接宣扬,问题是这种为国际垄断资本开辟全球空间的资产阶级意识形态,并没有被国内一些学者所识破。值得注意的是,在我国国内新自由主义思潮以一种教条主义的方式蔓延,有人主张在"全球一体化"与"国际接轨"的名义下,把新自由主义的理论当成灵丹妙药,认为照搬西方资产阶级的理论就能解决中国的一切问题。这就直接动摇了马克思主义在意识形态领域的指导地位。正如习近平总书记指出的那样:"国内外各种敌对势力,总是企图让我们党改旗易帜、改名换姓,其要害就是企图让我们丢掉对马克思主义的信仰,丢掉对社会主义、共产主义的信念。"②而我们有些人甚至党内的有些同志却没有看清这里面暗藏的玄机。如果我们用西方资本主义价值体系来剪裁我们的实践,用西方资本主义评价体系来衡量我国发展,符合西方标准就行,不符合西方标准就是落后的陈旧的,就要批判、攻击,那后果不堪设想!最后要么就是跟在人家后面亦步亦趋,要么就是只有挨骂的份。

由此,我们不仅要解决什么是马克思主义,什么是反马克思主义和非马克

---

① 《警惕马克思主义空心化——访苏州大学马克思主义研究院院长朱炳元教授》,《马克思主义研究》2016 年第 9 期。

② 《习近平谈治国理政》第二卷,外文出版社 2017 年版,第 327 页。

思主义的问题,还要解决"泛化意识形态"和"淡化意识形态"的界限问题,更要认清西方资产阶级意识形态对我国意识形态领域的渗透和演变的实质。面对这些问题,也必须要加强马克思主义意识形态思想研究。

三、马克思主义意识形态思想研究中存在的问题,进一步凸显研究这一理论的紧迫性

自马克思恩格斯意识形态思想创立以来,国内外围绕马克思主义的意识形态思想的研究就开始了。从西方马克思主义者卢卡奇、葛兰西等人开始至今仍在继续。我国国内对马克思主义意识形态思想的研究也没有中断过。这期间确实取得了很多成就,但也存在一些问题需要进一步澄清。最重要的问题之一是对马克思主义意识形态概念理解上的差异和误读。

西方学者从他们各自所处的背景出发,从不同角度理解马克思的意识形态概念。有许多学者还对马克思的意识形态概念、内涵提出了质疑。他们认为,"马克思简单地把意识形态理解为对社会现实的歪曲反映,并用阶级根源来说明意识形态产生的社会根源,把意识形态和阶级意识等同起来,把意识形态的斗争归结为阶级斗争。"①具体表现为:

第一,他们从认识论角度界定意识形态概念的真假问题。他们把马克思的意识形态概念,仅仅当作否定性的定义去理解,并把"虚假性"等同于认识论上的"错误观念"。Martin Seliger 认为,否定性的意识形态观贯穿了马克思的不同阶段的著作⋯⋯尽管马克思自己似乎没有像恩格斯那样使用"虚假的意识"(false consciousness)这个词语,不过就他的意识形态思想的概念而言,这并没有什么不同⋯⋯马克思还使用了"不正确的""扭曲的""不真实的"和"抽象的"这样的词语。Raymond Boudon 也认为,在马克思那里,意识形态指错误的(颠倒)的观念。② 阿尔都塞也认为,意识形态等于幻觉和暗示,是"一个纯粹的梦"。而杰姆逊也认为,意识形态是"有局限的意识"。英国学者戴

---

① 参见王晓升:《西方马克思主义意识形态理论》,社会科学文献出版社 2009 年版,第 1 页。

② 参见杨德霞编著:《马克思视域中的意识形态性质研究》,学习出版社 2017 年版,第 18 页。

维·麦克莱伦也认为:"马克思的意识形态概念的内涵很难把握。……马克思有时候在中性意义上使用它……但是马克思主要是在否定意义上使用它。"①还有学者把意识形态概念看作中性的,认为包含了正确的认识。研究意识形态的目的就是要努力使意识形态成为知识社会学,从而达到对于社会的正确认识。马克思确实提到过资产阶级意识形态的虚假性问题。例如,"几乎整个意识形态不是曲解人类史,就是完全撇开人类史。意识形态本身只不过是这一历史的一个方面。"②还说"由于这些'真正的社会主义者'当了德意志意识形态的俘虏,因而看不清现实的关系"③。资产阶级把自己的特殊利益冒充为普遍的利益,这种意识形态对现实具有"歪曲"的性质,对于无产阶级具有"欺骗"的性质。④ 同时,他还认为,特定社会的主流意识形态是该社会经济上占统治地位阶级的意识形态,它相对于统治阶级的利益和需要而言,就不是虚假的,而是客观的和真实的。所以,马克思意识形态概念的虚假性是具有特定含义的,不能离开特定的条件笼统地说马克思的意识形态概念是虚假的。我们认为,马克思的意识形态概念针对不同的问题有不同的含义,如他针对唯心主义历史观对社会历史的歪曲认识,不仅指出错误的、颠倒的认识,甚至还把那种历史唯心主义揭示历史的"思想家"称为"幻想家"和"意识形态家",资产阶级意识形态相对无产阶级和劳动人民而言确实具有欺骗性和虚假性。问题在于,马克思所讲的意识形态的虚假性和认识论上的真理和错误的认识有无区别?区别在什么地方?认识论领域的真理和错误是认识和认识对象是否符合的问题,而意识形态概念的内涵是马克思对特定对象的再认识,有价值认识论含义,虽具有认识论意义上的正确与错误的含义,也有价值判断上的正确与错误的含义。而马克思所讲的意识形态概念的虚假性是有所指的,是有条件的。不能笼统地将其等同于认识论上的真理与错误,二者之间是有层次的。马克思在《德意志意识形态》中所

---

① 参见王晶:《马克思"意识形态"概念的当代解读》,《北华大学学报》(社会科学版)2016年第6期。

② 《马克思恩格斯选集》第1卷,人民出版社2012年版,第146页编者注。

③ 《马克思恩格斯全集》第3卷,人民出版社1960年版,第535页。

④ 参见《马克思恩格斯全集》第3卷,人民出版社1960年版,第195页。

讲的意识形态的"颠倒性"的含义,也是有条件的,主要是指历史唯心主义者对社会历史的虚构、颠倒的认识是错误的,而不是指任何阶级的意识形态相对于一切阶级都是颠倒的和虚假的。所以不能把他关于资产阶级意识形态"虚假性"的断定,等同于马克思意识形态概念就是错误的认识。如果仅把马克思的意识形态概念等同于虚假的和颠倒的意识,就无法解释今天社会主义意识形态领域的建设问题,也无法解释马克思主义在社会主义意识形态领域建设中的指导地位问题。因此,必须从思想史角度理解马克思主义意识形态概念的内涵及思想实质。只有弄清楚马克思意识形态概念的内涵,才能进一步说明今天我们要掌握社会主义意识形态的领导权、话语权的重要性。

第二,从存在论角度看意识形态是观念还是社会存在的问题。由于拜物教观念揭示了资本主义生产关系对社会关系的遮蔽状态,有学者就提出资本主义生产关系的存在就是拜物教的观念存在。如卢卡奇提出意识形态是以物化形式存在的,阿多诺则认为资本主义生产方式本身就是意识形态。这就提出了意识形态和意识形态产生的根源、客观基础的关系问题。国内也有学者认为,马克思对商品拜物教的批判,揭示了资本主义市场体制运行中普遍存在的社会意识。这就把意识形态产生的根源、存在的方式和意识形态等同了。拜物教观念是对资本主义颠倒的生产方式日常存在方式在心理意识中的直观反映,但观念毕竟是观念而不是存在本身。更何况资本主义生产方式是以颠倒的方式呈现其存在的。拜物教观念确实反映了资本主义生产方式的现实存在。但拜物教观念只是对资本主义生产方式的直观反映,而且是颠倒本质的直观反映。而资产阶级思想家是把资本主义生产方式的颠倒的存在上升为资本主义天然合理"天赋人权"的乐园,这才创造出了真正的资产阶级意识形态。所以,从社会存在到社会心理再上升到意识形态是具有层次区分的,既不能直接等同,也不能不分层次。

另外,从外延上看,有些学者还把意识形态等同于观念体系,等同于社会意识,等同于文化,等同于知识。如齐泽克就认为,人类一切文化形式都是意识形态。曼海姆把意识形态转换为知识社会学,而克利福德·格尔茨

（Clifford Geertz,1926—2006）还把人类的文字现象理解为意识形态①。这就提出了文化、知识是不是意识形态？在什么意义上是？在什么意义上不是？等问题。

第三,从价值观角度提出了马克思的意识形态概念是有利还是有害的问题。意识形态问题除了认识论上的真假问题以外,还有价值观的问题。所谓价值观的问题就是指意识形态的功能有利还是有害的问题。这里的关键问题是对谁有利还是有害的问题。我们知道,价值观主要是研究价值的主体和客体的关系问题。依据唯物史观的理论和方法,价值主体分为历史主体、实践主体和现实主体,而具体的价值主体和客体的关系在不同阶段是不断变化的。我们不能抽象地说马克思意识形态思想是有利还是有害的。前提是要区分意识形态的主体和客体及二者关系在历史过程中的具体表现。所谓意识形态的主体,是指特定的阶级、民族、国家和人类;所谓意识形态的客体,是指不同主体根据自身的利益需要形成的意识形态思想,相对于不同的主体来说是意识形态的客体。而价值主客体的关系是具体的、历史的。如欧洲文艺复兴时期,资产阶级作为意识形态主体,为自身的发展所生产的启蒙思想,对于资产阶级而言无疑是自身利益的反映,是有利于自身发展的;而对于封建阶级而言,不仅是直接的对抗,而且起到了“去蔽”的功能。还有,认为马克思的思想是“工人阶级的圣经”,它是科学的思想体系还是意识形态？无疑马克思思想代表的是无产阶级价值主体的利益,批判的是资产阶级意识形态的虚假性。如果不区分意识形态对谁有利还是有害的问题,直接指认其意识形态是有利还是有害也是不科学的。其虚假性的含义是指作为意识形态主体的资产阶级意识形态思想,相对于无产阶级价值主体来讲是虚假的,不符合工人阶级利益,带有欺骗性。但相对于资产阶级而言,作为解决社会矛盾的补偿机制为阶级统治合理性和正当性的论证辩护,在特定阶段具有合理性,也有客观性。自马克思主义创立以来,资产阶级一方面极力攻击马克思主义,另一方面不断变换话语宣扬资本主义的永恒存在和价值观念的不可超越性,都是资产阶级意识形

① 参见王晓升:《西方马克思主义意识形态理论》,社会科学文献出版社 2009 年版,第 8 页。

态功能的体现。由此可知,不能抽象地谈论马克思主义意识形态概念是有害还是有利。特别是意识形态思想研究发展到当代社会,正朝着多元化、微观化趋势发展。这与马克思所处的时代状态有所不同,新的社会现实挑战着马克思意识形态思想与理论的合理性和有效性,甚至挑战了马克思主义研究的正当性。面对新的时代问题,马克思意识形态思想是否还有现实性和价值性,这些问题都需要进一步从马克思主义意识形态思想研究中寻找答案。

国内学者也深入讨论了马克思的意识形态思想。学者们一般将马克思的意识形态概念作两种或三种划分,两种划分者认为:其一,马克思"意识形态"是指对社会历史认识的各种唯心主义观点;其二,强调"意识形态"在阶级社会是统治阶级借以维护统治的思想体系。三种划分的学者认为:一是唯心主义,二是统治阶级的学说,三是观念的上层建筑说。认为前两种意识形态具有阶级性和否定性,第三种意识形态含义具有中立性①。还有学者强调马克思的意识形态有三种含义。其一,认识论意义—"虚假意识"。其二,价值论意义—"统治阶级的意识"。其三,社会学意义—"社会意识形式"②。唐正东教授认为,马克思的意识形态有两个维度,一是政治维度,揭示了统治阶级通过编造虚假的观念来进行意识形态统治的现象。二是历史的维度,揭示了意识形态统治与生产方式发展水平之间的内在联系,揭示了意识形态在社会结构中的地位及作用。还有一种观点认为,意识形态主要是一种存在论概念,认为对马克思笔下的意识形态不应该仅停留在真与假、科学与非科学的知识论框架内理解,还应该当作存在论概念来理解,人们的意识不管是真还是假、科学还是非科学,它们都反映现实的内容,"对马克思来说,重要的不是错误的观念,而是现实的社会矛盾,因为前者正是后者的产物。"③这些虽然从多角度呈现了马克思意识形态思想的内涵,但仍需要深入研究马克思主义意识形态理论。从历史过程中,从面对的问题中研究马克思主义意识形态理论的内容及

---

① 参见王永贵:《对全球化背景下意识形态含义不同认识的考察与分析》,《马克思主义与现实》2006 年第 2 期。

② 参见侯惠勤:《马克思的意识形态批判与当代中国》,中国社会科学出版社 2010 年版,第 15—16 页。

③ 郁建兴:《意识形态:一种政治分析——马克思意识形态概念新论稿》,《东南学术》2002 年第 3 期。

其精神实质。

总之，从经济全球化的历史过程看，社会主义和资本主义两种制度的博弈以及反映在意识形态领域的斗争仍在继续。我们国内思想上和现实中也都存在一些需要解决的问题。从学术界对马克思主义意识形态概念的理解看，还需要加强马克思主义意识形态思想的研究。

第一章 马克思恩格斯对资产阶级意识 形态思想的哲学批判与研究 意识形态问题的理论奠基

研究马克思恩格斯的意识形态思想①,需要首先回溯意识形态思想的创立和演变史。众所周知,传统的意识形态思想的创立和发展经历了一个特定的历史演变过程。马克思恩格斯的意识形态思想与传统意识形态思想存在着内在联系。根本而言,它是马克思和恩格斯批判和改造传统意识形态思想的结果。本章将通过梳理传统意识形态思想的发展脉络,着重研究马克思和恩格斯思想的理论基础,彰显马克思和恩格斯变革传统意识形态思想的超越意蕴。

第一节 传统意识形态思想的提出和演变

一、意识形态概念提出的思想史前提

历史上第一个使用"意识形态"这个词语的是法国思想家德斯杜特·德·特拉西(又译德斯杜特·德·托拉西)。1796 年,特拉西在其论著《意

---

① 马克思和恩格斯都对意识形态问题有过深入的研究。根本而言,马克思和恩格斯都是从"现实的人及其历史发展"出发,基于唯物主义的世界观、历史观和价值观对意识形态问题作出了历史科学的解答。因此,他们的意识形态思想具有根本的一致性。只不过相比较而言,马克思对问题的研究要比恩格斯更为深入和全面一些。有鉴于此,本章中,我们对问题的分析将以马克思为主,着重通过分析马克思关于意识形态问题的研究而展现他和恩格斯的意识形态思想的独有魅力。

识形态原理》(又译《意识形态要素》)中提出,他要创立一门名为"Idéologie"的科学,宣称这门科学是关于"观念的普遍原则和发生规律的学说"。① 随后,在德文和英文中就出现了与之相应的同义词语,分别为"Ideologie"和"Ideology"。从马克思主义认识论角度看,任何概念和范畴的创立都不可能是头脑自生的产物,都与思想家所置身于其中的社会存在和社会现实有着内在的本质联系。特拉西创制的"意识形态"这个概念,深深地植根于时代发展的土壤,根本上是 18 世纪法国启蒙运动的产物,直接地与近代西方哲学的思想成果有着密切的联系,是其不可忽略的思想史前提。

特拉西出生于一个贵族家庭,却积极支持君主政体改革。他于 1792 年退出政界而醉心于学术研究,定居于奥特维尔,加入了一个哲学家和科学家的团队。"在这个团队中,与他关系比较密切的学者是:卡巴尼斯(Cabanis)、孔多塞(Condorcet)、加拉(Garat)和沃尔内(Volney)。"②雅各宾派专政时期,特拉西系统地研究了孔狄亚克和洛克的思想,"其研究结果是创立了他称之为意识形态的学科"。③ 因此,可以说,孔狄亚克、洛克为创立意识形态概念提供了重要的启示。他们——同时也包括爱尔维修和霍尔巴赫等哲学家——的哲学思想中关于认识论的见解,构成特拉西创立意识形态这门"观念科学"的哲学基础。因此就思想的继承性而言,孔狄亚克、洛克、爱尔维修和霍尔巴赫等人是意识形态思想的先驱,有必要对这些哲学家的相关思想进行一番考察。

英国经验论者的早期代表弗朗西斯·培根为意识形态概念的确立奠定了基础。卡尔·曼海姆明确地将培根视为现代意识形态概念的创立者。"在现代术语'意识形态'与培根表示谬误之源时所使用的术语之间,肯定存在着某种联系"。④ 这一观点也得到了大卫·麦克里兰的认同。他也将培根和霍布

① 冯契主编:《哲学大辞典》(下册),上海辞书出版社 2001 年版,第 1817 页。
② 俞吾金:《意识形态论(修订版)》,人民出版社 2009 年版,第 25 页。
③ 转引自俞吾金:《意识形态论(修订版)》,人民出版社 2009 年版,第 25 页。
④ [德]卡尔·曼海姆:《意识形态与乌托邦》,黎鸣、李书崇译,商务印书馆 2007 年版,第 62—63 页。

斯看作"最初讨论意识形态的直接先驱"①。卡尔·曼海姆和大卫·麦克里兰都是西方意识形态思想研究的著名学者。他们从思想史角度追溯了意识形态的思想渊源，认为培根和霍布斯的经验论哲学思想为特拉西创立"意识形态—观念科学"提供了哲学基础；而孔狄亚克、爱尔维修和霍尔巴赫等人则构成了特拉西具体建构这门"科学"的直接思想来源和理论依据。

我们对于问题的思考要牢牢地基于马克思主义的立场、观点和方法。对于英国经验论和意识形态概念及其学说的创立之间的本质联系的考察，我们不能仅仅囿于纯粹理论的视角，即不能局限于对思想家本人的理论学说的抽象分析。不可否认，马克思和恩格斯并未对这一问题有过直接的分析。不过，他们在《神圣家族》中对于传统唯物论的相关分析，为我们分析和解决问题提供了根本指导。"……唯物主义在它的第一个创始人培根那里，还在朴素的形式下包含着全面发展的萌芽。物质带着诗意的感性光辉对人的全身心发出微笑。但是，用格言形式表述出来的学说本身却反而还充满了神学的不彻底性。"②《神圣家族》中的这一论断，深刻展现了马克思和恩格斯关于培根哲学思想的深刻洞察。显而易见，马克思和恩格斯对于培根的哲学思想及其地位的评价非常高。在他们看来，培根坚持从唯物主义的自然观和世界观出发解释世界，意图确立关于事物的本质的真理。然而，培根的"真理观"和"物质观"不可避免地带着旧哲学的烙印。马克思和恩格斯在肯定地指出其"在朴素的形式下包含着全面发展的萌芽"的同时，也客观地指出了其思想所具有的"自然神论"的历史局限性。这一点，在培根的著作中表现得十分明显。培根明确地认为人"所能做的和了解的，就是他在事实上或思想上对自然过程所观察到的那么多"；但这事实上暴露了人的局限性："除此以外，他什么都不知道，也什么都不能做。"③培根这里展现了他自己的哲学乃至整个英国经验论流派的固有局限。他们形而上学地将人与世界的关系仅仅理解为主体与客

①　[英]大卫·麦克里兰：《意识形态》，孙兆政、蒋龙翔译，吉林人民出版社 2005 年版，第 5 页。

②　《马克思恩格斯全集》第 2 卷，人民出版社 1957 年版，第 163 页。

③　北京大学哲学系外国哲学史教研室编译：《西方哲学原著选读》（上卷），商务印书馆 1981 年版，第 345 页。

体的符合,意图通过构建认识论体系确立人关于世界的本质的知识。他们的问题并不在于提出这样的意图本身,而是十分偏狭地将人与世界的关系仅仅归结为这种形而上学的认识论意义上的"符合"。他们于是就在经验论的逻辑架构的制约下滞留在了事物的表象层面,堕入了将事物的现象和本质二元割裂的形而上学迷误。

对此,培根以及所有的经验论者并不是没有意识到。然而,他们却十分自然地将这样的二元论的形而上学迷误视为求得真理的"障碍"。在他们看来,只要祛除这个障碍就可以解决问题,就可以占有真理。所以,培根在其代表作《新工具》中说道,"现在劫持着人类理解力并在其中扎下深根的假象和错误的概念,不仅围困着人们的心灵以致真理不得其门而入,而且即在得到门径以后,它们也还要在科学刚刚更新之际聚拢一起来搅扰我们"①。在这里我们可以十分清楚地看到旧唯物论和包括培根在内的所有经验论者的认识论架构。他们将现象与本质的对立视为确立主体与客体的符合关系的根本阻碍,认为正是这些因素阻挡住了主体确立关于客体的真理。因此在他们看来,只要能够解除这些因素的阻碍,只要从人们的心中将这些谬误性的假象和错误的概念像灰尘一样拂去,人们就能够豁然开朗,得见真理的亮光。于是培根就提出了著名的、后世广为流传的"四假象说"。"围困人们心灵的假象共有四类。为区分明晰起见,我各给以定名:第一类叫作族类的假象,第二类叫作洞穴的假象,第三类叫作市场的假象,第四类叫作剧场的假象。"②

培根提出人类关于真理的认知受到了这些假象的束缚和禁锢。"人的心灵不是一个不需要帮助和供给就能将知识容纳进来的容器,因而它也不是纯洁无瑕的,而是有少许不良而有害的性质",它们是"心灵本性中内在而深刻的谬误和迷信"。③ 在培根看来,人类首先极容易受到影响的是"族类的假象。""族类假象植基于人类本身中,也即植基于人这一族或这一类中。"这类幻象是如何产生的呢?培根的答案是:"不论感官或者心灵的一切觉知总是

---

① [英]弗朗西斯·培根:《新工具》,许宝骙译,商务印书馆1986年版,第18页。
② [英]弗朗西斯·培根:《新工具》,许宝骙译,商务印书馆1986年版,第18—19页。
③ 参见培根:《自然的解释》,转引自周晓亮主编:《西方哲学史·学术版》第4卷,凤凰出版社2004年版,第239页。

依个人的量尺而不是依宇宙的量尺；而人类理解力则正如一面凹凸镜，它接受光线既不规则，于是就因在反映事物时掺入了它自己的性质而使得事物的性质变形和褪色。"①培根事实上是将族类的幻象视为受天性束缚的人类的一种自然倾向。人们在进行思维的过程中会十分自然地想象出现实世界中根本不存在的影像，以至于让人们在许多时候分不清究竟何为真假。第二种是洞穴假象。与族类的假象不同，洞穴假象与人的个体主体性直接相关，"洞穴假象是各个人的假象。因为每一个人（除普遍人性所共有的错误外）都各有其自己的洞穴，使自然之光屈折和变色。"②培根认为，一系列因素都会致使这种洞穴假象的产生：固有的独特的本性、受到的教育和与别人的交往、阅读的书籍而陷入对权威的崇拜等。人们于是在对事物的认知时局限于自己的"小天地"。第三种是市场的假象。"人们是靠谈话来联系的；而所利用的文字则是依照一般俗人的了解。因此，选用文字之失当害意就惊人地障碍着理解力。"③而只要人们开口说话，只要人们运用语言进行交流，就必然会陷入这样一种"市场的假象"即为语言本身的"魔力"所干扰。第四种也是最后一种假象即剧场的假象。"最后，还有一类假象是从哲学的各种各样的教条以及一些错误的论证法则移植到人们心中的。我称这些为剧场的假象"。培根这样称呼与其关于学说体系的本质的认识有关。在他看来，这就如"表现着人们自己依照虚构的布景的式样而创造出来的一些世界"④。人们在进行言说和交流的时候，往往都会从以往习得的各种各样的教条和法则出发，实际上是将自己的思维禁锢在了这样的"观念世界"之中，因此堕入幻想。

我们无意仅仅囿于培根提出"四假象说"的论著《新工具》进行纯粹抽象的文本分析。我们要探问的根本问题是，培根所提出的"四假象说"在何种意义上为传统意识形态思想奠定了哲学基础？对此，我们必须联系培根提出这样的主张的历史环境。培根所处的时代正值西欧封建社会解体、资本主义蓬勃发展的历史时期。培根本人虽然担任过女王特别法律顾问以及朝廷的首席

①　［英］弗朗西斯·培根：《新工具》，许宝骙译，商务印书馆1986年版，第19页。
②　［英］弗朗西斯·培根：《新工具》，许宝骙译，商务印书馆1986年版，第20页。
③　［英］弗朗西斯·培根：《新工具》，许宝骙译，商务印书馆1986年版，第21页。
④　［英］弗朗西斯·培根：《新工具》，许宝骙译，商务印书馆1986年版，第21页。

检察官、掌玺大臣等封建王朝的官职,然而就其学术研究的性质而言,他实际上是冉冉上升的资产阶级的思想家代表。因此培根所撰写的《新工具》不纯粹是一部理论性的学术著作,它实际上蕴含着培根作为资产阶级思想家对封建专制统治的反抗和斗争的主观意图和思想倾向。培根一方面极力澄清困扰人们认识真理的谬误来源,将之归结为上述四种假象,这实际上就蕴含着对封建意识形态(宗教和封建政治制度)的深刻批判;另一方面又极力在《新工具》中对如何在人们的头脑中消除这些假象进行了深入的论证。"这样一来,就自然而然地产生了一个问题:人们应当如何克服种种先入之见和错误观念,系统地形成新的、科学的观念? 这一问题是促使意识形态概念产生的重要推动力。"①因此,在意识形态思想的确立这个问题上,培根的贡献是在其构建"新工具"的经验论学说的同时,引发了如何摒弃错误观念而确立"科学的观念"这个重要问题。这一问题直接的是培根的经验论哲学思想的必然诉求,根本上则是关于资产阶级的利益和主张亟待上升为一种社会意识的映像。正是在这个意义上,培根的"四假象说"及其构建的"新工具"经验论哲学思想,为传统意识形态思想奠定了基本的理论基础和思想前提。

洛克也像培根一样坚持的是经验论的立场,对特拉西创立意识形态概念给予了富有价值的思想启示。"在培根之后,洛克(John Locke,1632—1704)的重要著作《人类理解论》(1690)成了意识形态概念的真正的催生剂。"②洛克将人们的知识区分为"简单观念"和"复杂观念",并进一步地将谬误观念的产生归结为人们将这两种观念混杂使用的结果。他由此对经验哲学和宗教展开批驳:"在一切语言中,人人都可以看到,有些文字在其起源方面,在其习惯的用法方面,并不曾表示任何清晰的观念。这一类文字大部分系各派哲学或各派宗教所发明的。"③洛克将发明这些观念的人们即经院哲学家和神学家讥讽为"编造这类名词的大家"④(洛克的这一称谓后来直接地启发了特拉西,甚至也影响到了拿破仑)。洛克显然直接地受到了培根的"四假象说"的影

①　俞吾金:《意识形态论(修订版)》,人民出版社 2009 年版,第 20 页。
②　俞吾金:《意识形态论(修订版)》,人民出版社 2009 年版,第 20 页。
③　[英]洛克:《人类理解论》(下册),关文运译,商务印书馆 1981 年版,第 477—478 页。
④　[英]洛克:《人类理解论》(下册),关文运译,商务印书馆 1981 年版,第 478 页。

响,他也像培根那样将类似于这种错误的哲学观念和神学谬论的偏见归结为四种错误的尺度①。据此,洛克提出了和培根十分相似的观点。在他看来,人们要想确立关于事物的真知,就必须避免陷入这四种错误尺度的干扰。何以避免? 这就要求人们必须真正做到将自己知识的获得奠定在经验的基础之上,并做到恰当无误地运用正确的语言、遵照语言文字固有的用法规则形成确凿无疑的概念,这样一来,就不会招致别人的误会和不解,就能够克服各种迷误和幻想的干扰。可以说,洛克基于经验论的哲学立场而提出的这些论断,对于传统意识形态的创立具有十分重要的意义,给予特拉西以直接的思想启迪和理论资源。

　　霍布斯与培根关系密切,曾经当过他的秘书。马克思和恩格斯在《神圣家族》中一方面肯定"霍布斯把培根的唯物主义系统化"这个事实,但同时又强调这是一种片面的发展。② 如果说培根是力图通过清除"假象"对人们思维的干扰,从而为人们获得真知而提供经验主义的哲学根据的话,那么霍布斯则力图将培根的这一意图具体化。这从霍布斯对培根关于"市场假象"的进一步阐释可以充分得见。沿着培根的思路,霍布斯进一步认为,语言和思维之间存在着内在联系,亦即语言的文法逻辑和思维的结构序列之间存在着符合关系。人们若想获得真知,确立关于事物的真理性认识,就必须使得语言与思维之间的这种内在的符合关系得以统一。仿照培根,霍布斯对四种妨碍这种统一关系的情况进行了分析:"第一是用词意义不准,表达思想错误。……第二是在隐喻的意义下运用语词——也就是不按规定的意义运用,因而欺骗了别人。第三是用语词把并非自己意愿的事物宣称为自己的意愿。第四是用语言来互相伤害。"③那么如何才能破除这些因语言的使用问题而导致的"欺骗"和"伤害"呢? 霍布斯和培根一样诉诸对语言本身的规范化。他认为,只要人们能够规范地使用语言,只要每个人都能够按照既定的逻辑法则去使用语言,

---

　　①　洛克认为,"所谓错误的尺度,有四种。(一)我们认其为原则的各种命题,本身如果不确定,不显然,只是可疑的,虚妄的,则我们的尺度是错误的。(二)第二种错误的尺度就是传统的假设。(三)第三种错误的尺度,就是强烈的情欲或心向。(四)第四种错误的尺度就是权威。"[[英]洛克:《人类理解论》(下册),关文运译,商务印书馆1981年版,第478页。]

　　②　参见《马克思恩格斯全集》第2卷,人民出版社1957年版,第163—164页。

　　③　[英]霍布斯:《利维坦》,黎思复、黎廷弼译,商务印书馆1985年版,第20页。

就能够避免这样的错误,就能够避免陷入虚假的谎言之中。

法国启蒙学者继承并进一步发扬了培根和霍布斯的主张。他们延续了对"虚假观念"进行批判的传统,又更为深刻地将批判深入到了对不合理的社会存在——宗教、法官的权威、国王的权力——的批判,触及了观念和思想与利益的深层关联性,进一步为意识形态概念的确立奠定了理论基础。

孔狄亚克以英国经验论(主要是洛克的思想)为哲学依据,将人们的全部认识活动还原为"感觉":"我们所有的感觉,在我们看来都是我们周围的对象的性质:因此它们是表象对象的,它们是观念。"①从这种彻底的感觉主义的唯物论出发,孔狄亚克反对笛卡尔的"天赋观念说",并对之展开批判。他批判笛卡尔等唯心论者陷入了这样一种错误的幻想之中:"在一些远离感觉的现象中去寻找自然的知识,也就越是自诩结果会与自己的思虑相合",这些哲学家于是就"把空洞的定义和抽象的原则弄到层出不穷;他们借助于存在、实体、本质、属性等名词,也就遇不到一件他们不能解释的东西了。"②孔狄亚克的批判没有停留在这样的断言上面,而是一定程度上做到了从抽象上升到了具体。在其论著《感觉论》中,孔狄亚克不仅批判了笛卡尔的唯心主义的"天赋观念说",而且也批判了斯宾诺莎、莱布尼茨和马勒伯朗士等唯心论哲学家。他深刻地剖析了这些哲学家的哲学范畴及其理论主张的唯心主义特质,并指出了他们的这种唯心主义哲学观点与宗教神学的内在联系。对此,马克思和恩格斯在《神圣家族》中给予了较高的评判:认为孔狄亚克"他证明法国人完全有权把这种形而上学当做幻想和神学偏见的不成功的结果而予以抛弃"③。这就是孔狄亚克的贡献所在。他在理论层面延续了英国经验论对于"荒谬观念"的批判,并将批判本身引向了对其哲学基础即唯心主义观念论的拒斥;不仅如此,他还将批判更为深入地指向了宗教神学与唯心论哲学之间的深层关系,由此彰显了法国启蒙学者的革命气质和实践诉求。正是如此,"孔

---

① 北京大学哲学系外国哲学史教研室编译:《十八世纪法国哲学》,商务印书馆 1979 年版,第 142 页。

② 北京大学哲学系外国哲学史教研室编译:《十八世纪法国哲学》,商务印书馆 1979 年版,第 112 页。

③ 《马克思恩格斯全集》第 2 卷,人民出版社 1957 年版,第 165 页。

狄亚克的彻底的感觉主义学说对提出'意识形态'概念的特拉西产生了重大的影响。"①

　　和孔狄亚克一样,爱尔维修也坚持彻底的感觉主义还原论。在其论著《论精神》中,爱尔维修明确地说:"肉体的感受性和记忆是产生我们一切观念的原因,我们的一切错误判断或者是我们的感情的结果,或者是我们的无知的结果。"②这一观点显然与孔狄亚克如出一辙,都是将人们的思维和精神活动还原为感觉。不过,爱尔维修的旨趣从理论层面延伸到了实践层面,进一步将这种唯物主义的"感觉主义论"与利益关联起来。在他看来,正是由于人们的判断、推理等所有的思维活动都是从感觉出发的,那么,人们的行动就会为自己的感觉所驱使。也就是说,就会将感觉作为判断自己的行为的意义和价值的标准和尺度。爱尔维修由此认为,"利益——(一般人通常把利益这个名词的意义仅仅局限在爱钱上;明白的读者将会觉察到我是采取这个名词比较广的意义的,我是把它一般地应用在一切能够使我们增进快乐、减少痛苦的事物上的。——《论精神》中的原注释)支配着我们的一切判断。"③人们于是十分自然地将利益作为自己的行动及其思维和认识的价值准则。爱尔维修将启蒙运动的革命精神熔铸在了自己的学说中。他以这种唯物主义的感觉论及其利益观为思想武器,对封建统治的精神支柱——宗教——展开猛烈批判。"人生而无知,却非生而笨蛋。将他造成笨蛋也非毫不费力之事。要掩灭其自然之光彩,我们必须应用许多技巧与手段,许多错误必须积累在他身上。……若不以迷信来帮助,僧侣的权力就无法施行。靠着迷信,他们抢劫了法官的权威及国王的合法权力。他们靠它压制人们,对其施行凌越法律的权力。也因此而败坏了每一道德规则。"④我们看到,字里行间,爱尔维修将启蒙运动的批判的革命精神展现得淋漓尽致。很明显,爱尔维修是从正在冉冉上升的资产者

---

① 俞吾金:《意识形态论(修订版)》,人民出版社 2009 年版,第 23 页。

② 北京大学哲学系外国哲学史教研室编译:《十八世纪法国哲学》,商务印书馆 1979 年版,第 112 页。

③ 北京大学哲学系外国哲学史教研室编译:《十八世纪法国哲学》,商务印书馆 1979 年版,第 457 页。

④ 参见王珍:《爱尔维修〈精神论〉及其他——经典选读》(之七),《科学与无神论》2009 年第 3 期。

的利益和立场出发,对构成封建专制的精神支柱(宗教,封建统治阶级的意识形态)进行革命民主主义的批判。也正是在这个意义上,我们可以说,爱尔维修的论著《论精神》及其所阐发的观点和思想,为特拉西确立意识形态概念并创立"观念科学"奠定了重要的理论基础。

霍尔巴赫对特拉西创制意识形态概念和创立"观念科学"也产生了重要影响。马克思和恩格斯不仅在《神圣家族》中精辟地指明了霍尔巴赫思想的渊源和特点,而且对其论著《自然的体系》进行了针对性的摘录:"不论在任何时候和任何地方,都只是我们的好处、我们的利益……驱使我们去爱或去恨某些东西。"①马克思和恩格斯关于霍尔巴赫的《自然的体系》的摘录及其评析,向我们深刻地展现了霍尔巴赫学说的基本思想主张和鲜明特点。霍尔巴赫的学说也是以英国经验论为基本的哲学基础,将之作为自己的唯物主义的感觉论的基本依据,认为"我们所有的概念,都是作用于我们的知觉器官的对象的反映"②。在《自然的体系》中,霍尔巴赫更为明确地指出,"在活着的人里面,我们看见的第一种机能——其他一切机能都是从它产生出来的——就是感觉。"③爱尔维修不仅在思想层面彻底地坚持了这种唯物主义感觉论,而且以此为理论依据对现实展开批判。他追随爱尔维修对作为封建专制的精神支柱的宗教展开了批判。从彻底的唯物主义感觉论出发,他认为"上帝"不过是一个虚幻的观念罢了。这个虚幻的观念根本没有实存性,无法为人们所感觉,其给予人们的只能是一种虚无缥缈的无形体的"感觉",而这种"无形体性是一种幻象"④。这样一种无形体性的幻象,至多是让人感觉到神秘,至多是一种含混不清的"神秘感"。拥有这种感觉的人们谁又能讲清楚"上帝"是什么样子? 谁也不能够获得任何关于"上帝"的确定性的知识。对此,霍尔巴赫十分忧心忡忡而又极其愤慨:"对于那胆小的、受了自己的空虚的恐吓者的欺骗而变成对社会没有用处的人,让我们夺走他的黑暗的幽灵。"⑤霍尔巴赫

① 《马克思恩格斯全集》第2卷,人民出版社1957年版,第169页。
② [法]霍尔巴赫:《健全的思想》,王荫庭译,商务印书馆2017年版,第12页。
③ [法]霍尔巴赫:《自然的体系》(上卷),管士滨译,商务印书馆1999年版,第81页。
④ [法]霍尔巴赫:《健全的思想》,王荫庭译,商务印书馆2017年版,第19页。
⑤ [法]霍尔巴赫:《自然的体系》(下卷),管士滨译,商务印书馆1999年版,第269。

这段话将批判的矛头对准的是天主教对于法国人民的精神钳制,对"上帝"这个虚幻的观念进行了十分彻底的唯物主义感觉论的还原,"人们对它形成的各种概念只能溯源于幼年时期的偏见。这些偏见通过教育传递下来,被习惯所加强,为恐惧所滋养,被权威所保持并且绵延下去。"①难能可贵的是,霍尔巴赫并没有将这个"人类的一个普遍谬误"看作超验的抽象观念,而是十分犀利地将它与封建当局联系起来:"最邪恶的人成为上帝的模型,最暴虐的政府成为神圣统治的模型。"②在当时封建专制的黑暗社会现实中,霍尔巴赫的这种彻底的唯物主义感觉论闪烁着十分鲜明的革命民主主义光彩。他的这种主张不只是反映了资产者与封建统治者之间的阶级矛盾,而且也深刻地代表了深受封建制度统治和奴役的法国人民的心声。这种基于唯物主义感觉论的革命民主主义情怀对特拉西产生了极大影响。

二、特拉西的意识形态思想

培根、洛克、霍布斯、孔狄亚克、爱尔维修和霍尔巴赫这些思想家,这些唯物主义的经验论者,都普遍地将"感觉"作为认识的始基,并以此为理论依据对封建专制的精神支柱展开十分深刻且犀利的批判。这些人的探索可谓是以"前史"的形式构成了传统意识形态概念和理论确立的历史背景。

在被囚禁的监狱岁月中,特拉西对启蒙思想家们的著作进行了研究,特别是深入研究了孔狄亚克和洛克的著作和思想,试图像他们那样建立自己的理论体系,其进行深入研究的结果是创立了一门"观念科学"③。那么,特拉西究竟是如何创立这门"观念科学"的? 概而言之,笔者认为,结合上述对自培根到霍尔巴赫等多位思想家的相关思想的梳理,我们可以从两个方面进行认识。其一,以洛克为代表的哲学家的经验论立场对特拉西产生了重要影响。经验

---

① ［法］霍尔巴赫:《自然的体系》(下卷),管士滨译,商务印书馆 1999 年版,第 197 页。
② ［法］霍尔巴赫:《自然的体系》(下卷),管士滨译,商务印书馆 1999 年版,第 353 页。
③ 《哲学百科辞典》卷 1—2,伦敦 1972 年英文版,第 357 页。转引自俞吾金:《意识形态论(修订版)》,人民出版社 2009 年版,第 25 页。

论(Empiricism)是同"唯理论"(Rationalism)截然对立的哲学派别。二者的根本分歧并不在于本体论层面,他们区分开来的关键并不是究竟将物质还是意识确立为世界的本体。虽然经验论者的哲学家中多数都是唯物论者,然而也包括唯心论者如乔治·贝克莱(George Berkeley)。唯理论者全都是唯心主义哲学家,不过也有像笛卡尔这样有着唯物主义倾向的二元论哲学家。两派的根本差异集中体现在认识论层面。前者是将"感觉"作为认识活动的开端,并将知识归结为经验的集合;后者则是将"理念"作为认识活动的开端,并将知识归结为理念的集合。培根、洛克、孔狄亚克等这些哲学家都是经验论的拥趸。他们不仅将认识活动归结为以感觉为开端的感性活动,而且将人类的知识还原为感觉经验。这种做法给予特拉西以强烈的影响,客观上为其创立意识形态概念和"观念科学"奠定了哲学基础。其二,上述这些思想家——当然,最为直接的是孔狄亚克和洛克——又进一步在实践层面给予特拉西以重要影响。这些人全都是反封建的斗士,全都对封建专制的黑暗社会现实强烈不满,并将这种不满贯穿到了理论研究中去,以笔为矛,对封建专制展开猛烈批判,纷纷将批判的矛头对准作为其精神支柱的宗教。这种由其思想主张所必然导致的实践价值取向,这样一种带有强烈革命色彩和批判诉求的革命民主主义气概,显然也给予了特拉西以十分强烈而又极其重要的熏陶。这种影响在某种程度上成为推动特拉西创立意识形态这门"观念科学"的根本推动力。

正是在这两方面的影响下,再加上因禁于狱中这样的磨难,促使特拉西最终得以汲取前人的思想成果并对之进行系统的总结和升华,创立了"意识形态"这个概念并萌发了创立一门"观念科学"的计划和意图。作为国内最早研究意识形态思想的专家,俞吾金教授在其论著《意识形态论》中对于特拉西创立的"意识形态"这个概念的内涵作了分析①。冯契先生编纂的《哲学大辞

---

① "意识形态的法文词 Idéologie 是由 idéo-加上-Iogie 构成的。Idéo-的希腊语词源是 ιδεα 即'理念'或'观念';-Iogie 的希腊语词源是 λογος,直译为'逻各斯',即'学说'。"根据这样的词源学的解析,也根据特拉西自己的称谓,"idéologie 也就是 science des idées,即'观念学'的意思。"[俞吾金:《意识形态论(修订版)》,人民出版社 2009 年版,第 27 页]东西方学者们也都是这样去理解的。例如,H.沙福托认为,"从字面上看,意识形态可以被称谓观念学。"[Helmut Seiffert, *Marxismus und Bürgliche Wissenschaft*, München:C.H.Beck Verlag, 1971, S.59.]

典》也指出,特拉西建立的这门意识形态的学科是研究"观念的普遍原则和发生规律的学说"①。特拉西所建立的这门命名为"意识形态"的"观念科学",直接延续了孔狄亚克和洛克等人所从事的事业。特拉西的这一定义使得作为"观念科学"的"意识形态"具有十分抽象的纯粹哲学理论气息。"对于特拉西说来,意识形态是哲学意义上的基础科学。"②特拉西追随前辈们的足迹,将建基在经验论哲学基础之上的感觉论贯彻到了自己的学说体系中。"像孔狄亚克一样,特拉西从人性的基本能力——亦即感觉出发,推导出一切观念。"③特拉西将承继于孔狄亚克的感觉论引入到了生理学领域,认为意识形态这门"观念科学"是从属于生理学的一个分支。他的依据是,人类的所有感觉活动归根结底受生理因素的制约,是一个生理活动。特拉西甚至认为,意识形态这门"观念科学"可以仿照动物学解剖标本那样对感觉进行解剖从而抓住思维活动的内在规律。

　　从这种建基在经验论哲学之上的感觉论出发,特拉西以"能否还原为感觉"作为判定人们关于事物的认识是否科学的绝对尺度。也就是说,他把对人类的认识活动进行"包罗万象的还原"作为意识形态这门"观念科学"的"唯一的任务"④。从这样一种视角出发,宗教信条、传统的形而上学体系(主要是唯理论哲学体系)就不符合这个标准,亦即就无法还原为确凿的"感觉",因此就被特拉西十分自然地归入谬误行列。在其论著《意识形态的要素》中,特拉西对人类的认识究竟可以还原为哪些感觉进行了具体的分析。他的答案是,人类的全部认识活动可以还原为四种"感觉能力":知觉(Perception)、回忆(Memory)、判断(Judgment)、意愿(Will)。而人类的全部观念都不过是这四种"感觉能力"起作用的结果,即都可以还原为不同形态的感觉活动。而所有的感觉活动本身又都不过是以神经系统为载体的生理活动。于是这里就产生了一个必须予以追问的问题,特拉西这种混杂着经验论和感觉论的意识形态

①　冯契主编:《哲学大辞典》(下册),上海辞书出版社 2001 年版,第 1817 页。
②　Jakob Barion,*Ideologie*,*Wissenschaft*,*Philosophie*,Bonn:H.Bouvier u.Co.Verlag,1966,S.15.
③　Hans Barth,*Wahrheit und Ideologie*,Frankfurt:Suhrkamp Verlag,1961,p.17.
④　Hans Barth,*Wahrheit und Ideologie*,Frankfurt:Suhrkamp Verlag,1961,S.16.

概念,作为其"观念科学"中的"观念"这一范畴,究竟有何特殊性?① 那么,这样一种貌似十分纯粹的"感觉经验"又是什么? 它来源于何处? "人们通过自己的感官获得的感觉经验一定是可靠的吗? 以托拉西为首的意识形态家们并没有沿着这个前提性的问题继续追问下去。……这种追问的中止表明,意识形态理论在创立之初已经蕴含着自己的局限性了。"②的确如此,特拉西所创立的意识形态概念及其学说,一开始就内在地蕴含着自身无法克服的困境和局限性③。

不过,我们不应忽略的是,特拉西创立这门意识形态学说还受到了特定的实践旨趣的推动,蕴含着一定的价值取向。"特拉西拒绝了天赋观念的思想,解释着我们所有的观念如何以身体感觉为基础。而摆脱宗教或形而上学的偏见,对思想的起源进行理性的研究,这可能是建立一个正义和幸福社会的基础。"④特拉西认为,只要人们遵循"观念科学"所揭示的"规律",人们就可以排除掉一切错误观念的束缚获得精神上的自由。人们就可以将"可靠的感觉经验"作为根本准则,就可以进一步去"重新阐发出政治、伦理、法律、经济、语言、教育等各门科学的基本观念。"⑤特拉西的真实意图是要将人、自然界和人类社会的发展全部纳入自己的这门"观念科学"中,将整个世界建构成为这门纯粹的科学的意识形态学说的对象。在他看来,"人"是感觉的存在体,"社会"是由这些以"感觉"为生理特质的"人"所构成的,因而,"人"与"人"及其所联结而成的"社会"就是一个以"感觉"为中介的集合体。从这样的感觉论的"观念学"出发,特拉西认为一切都可以基于"感觉"而得以科学的解释。经济领域,分工、财富、价值、工业、分配、人口等,这些都可以纳入"观念科学"之

---

① 对此,俞吾金教授深刻地指出:"托拉西的意识形态学说所涉及到的'观念',既不同于柏拉图的、与感觉世界相割裂的'理念'世界,也不同于笛卡尔所倡导的'天赋观念'。它的唯一的基础和出发点是人们从外部世界中获得的感觉经验。"[俞吾金:《意识形态论(修订版)》,人民出版社 2009 年版,第 29 页]

② 俞吾金:《意识形态论(修订版)》,人民出版社 2009 年版,第 29 页。

③ 后文我们将展开论述,马克思和恩格斯创立马克思主义的意识形态概念的突破点,正是对特拉西这种传统意识形态概念的局限性及其症结的破除。

④ [英]大卫·麦克里兰:《意识形态》,孙兆政、蒋龙翔译,吉林人民出版社 2005 年版,第 7 页。

⑤ 俞吾金:《意识形态论(修订版)》,人民出版社 2009 年版,第 30 页。

中,都可以建构成为这门意识形态学说的范畴;政治领域,国家政治制度的设计是否合理,这样的制度设计能否真正给人民带来幸福,也必须放到"观念科学"的视域中才能得以解决。特拉西非常自信地认为,这也唯有自己的意识形态学说才能够解决。"对于托拉西说来,自然本身是有秩序的,在自然中发生的一切都是有规律可循的,而这也构成了国家建设的出发点。"①特拉西不仅将"自由"作为人们认识自然的前提,同时又将这种"自由"准则移植到了社会领域。他将"自由"作为衡量国家政治制度是否合理的判断标准,将之设定为各种政治力量所追逐的"目标"。他和同伴们——这些意识形态家们——深信,"他们的理论将为革命后的法国的建设提供科学的认识基础。"②他们认为,只要全体人民都能够遵从自己的内心和本性,只要人们全都摒弃超验的即超出"感觉"之外的各种虚幻观念,他们就能够获得自由,就能够借此克服阶层的差别和束缚达到利益关系的协调与和谐。

特拉西致力于建立的这门作为"观念科学"的意识形态学说,延续了法国启蒙运动的传统,继承了具有反封建性质的"启蒙精神",因而具有特定的历史进步性。在特拉西的影响下,法国思想界逐渐形成了一个被人称为"意识形态家(idéologues)"的学术团体。特别是在 1795 年,以特拉西为首的这些"意识形态家们"被新成立的法兰西研究院聘任为伦理学和政治学部门的院士后,作为"观念科学"的意识形态学说在法国思想界的影响力继续扩大,几乎要成为一门显学。包括特拉西在内,这些"意识形态家们"普遍坚持的是共和主义的政治立场,普遍对作为虚假观念和荒谬教条的天主教教义充满敌意。不仅如此,这些"意识形态家们试图以'观念科学'为依据进行从学校教育到社会制度的全盘改革,'以意识形态为指导思想'甚至写进了法律。"③事实上,历史地看,这样一种改革理念并非特拉西等人的主观意图,而是也一定程度上转化成了实践。"'观念学'也拓宽了人民教育的基础。"④以特拉西构建的这门"观念科学"为指导,以这些"意识形态家们"的基本主张为指引,法国

---

①　俞吾金:《意识形态论(修订版)》,人民出版社 2009 年版,第 30 页。

②　俞吾金:《意识形态论(修订版)》,人民出版社 2009 年版,第 30 页。

③　李萍:《马克思意识形态论》,中国社会科学出版社 2013 年版,第 27 页。

④　Hans Barth, *Wahrheit und Ideologie*, Frankfurt: Suhrkamp Verlag, 1961, p.22.

政府对当时的教育制度进行了彻底的改革:废除形而上学和宗教神学这两门与意识形态原理不符的课程,将其他保留下来的、符合意识形态原理的所有课程统一称作"科学",并首次将"社会科学"作为独立的学科门类与自然科学区分开来。不仅如此,特拉西甚至赢得了法国政界人士的信赖。一位内政大臣写信请求特拉西能够审核大学的教学大纲,以杜绝教师在课堂上讲授背离意识形态原理的"异端邪说"。这一事实充分表明,特拉西所创立的意识形态概念虽然一开始是以"观念学"这样的纯粹哲学范畴的形式出现的,"但事实上,它已经与政治、阶级统治、阶级利益相联系在一起,尽管当时人们没有自觉意识到这一点。"①不过,特拉西及其所创立的意识形态学说的命运很快就因社会现实和政治形势的变化而发生了改变。

非常富有戏剧性的是,拿破仑竟然成为意识形态学说创立发展史中的一个不能忽略的关键性人物。起初,在拿破仑刚刚上台执政时,他和以特拉西为首的意识形态家们的关系还是比较亲密的。特拉西这些意识形态家主张建立"观念科学"的意见得到了拿破仑的认同:"我们想要一个建立在真正自由、公民平等和国家代表基础上的共和国,我们应该拥有它。"②双方的关系随着拿破仑发动"雾月十八日政变"而随之发生改变。信奉共和主义的意识形态家们一开始对这一政变表示肯定和欢迎。然而,随后为了恢复帝制,拿破仑就解散督政府并采取一系列措施强化中央集权制。到了1801年,拿破仑为了赢得教皇的支持,宣布将天主教确立为法国国教,将之作为法兰西共和国统治的精神支柱。显而易见,这样一来,拿破仑的做法就必然招致信奉共和的、具有强烈反封建的革命民主主义倾向的意识形态家们的强烈反对,于是双方关系的"蜜月期"就彻底终止了,由和谐融洽走向了对立甚至是对抗。拿破仑逐渐地将这些意识形态家们视为阻碍自己恢复帝制的敌人。以特拉西为首的意识形态家的反宗教的观点日益与拿破仑重建宗教的意图相违背。拿破仑随即就通过政治行动而让特拉西和所有的意识形态家名望扫地,让一度作为法国思想界的显学的意识形态学说因此退出了法国政治舞台。不仅如此,"意识形态"

---

① 李萍:《马克思意识形态论》,中国社会科学出版社2013年版,第27页。

② Hans Barth, *Truth and Ideology*, California: University of California Press, 1976, p.9.

和"意识形态家"这两个一度被赋予崇高内涵的哲学范畴,也遭受到了被拿破仑罢黜本意而重新赋予贬义内涵的命运。拿破仑随后就将对俄战争失败怪罪到了这些意识形态家的头上,对他们进行了严厉的斥责:"意识形态,这种模糊不清的形而上学,巧妙地寻找第一原因,希望在此基础上确立人民立法,而不是从关心人类心灵的知识和历史的教训中获取法则,我们必须把我们可爱的法兰西的一切不幸归罪于它。"①拿破仑的这一评判显然完全是一种政治上的打压,因为"在拿破仑看来,以托拉西为首的意识形态家们不仅是错误地认识社会和政治现实的空想家,也是秩序、宗教和国家的破坏者。"②拿破仑无疑是将特拉西这些意识形态家当作了对俄战争失败的替罪羊。作为"观念科学"的意识形态"这个词本身已成为一个死命压制反对派以支撑摇摇欲坠的政权的皇帝手中的武器。"③拿破仑基于政治层面对于特拉西及其意识形态学说的打击,对后世产生了极其深远的影响:"今天,没有几个人会骄傲地宣称自己是'观念学家'(Ideologist)。"④到了拿破仑这里,事情发生了根本性的逆转。"意识形态家"成了"空想家"的代名词,"意识形态"也失去了"观念科学"的耀眼光环,而成了"空想"和"玄谈"的代名词。

　　我们应该如何评判到了拿破仑这里"意识形态"概念及其学说的命运所发生的这一戏剧般的转变呢? 我们当然不应否定拿破仑的狭隘性。他对待以特拉西为首的意识形态家团体的做法,根本不是基于理论和学术的立场,而是根本上站在统治阶级的政治立场上对异己者的清除。拿破仑的"意识形态"概念根本不是学术范畴,而是一个建基在维护政治统治和统治者利益之上的政治家的术语;他将"意识形态家们"称作"空想家"的做法,带有强烈的个人色彩,根本上是他基于政治打压的目的而做出的主观判断。然而,拿破仑关于"意识形态"和"意识形态家"的界定,是否具有特定的历史合理性呢? 问题的答案必须诉诸对作为批判对象本身的内容和性质的回溯。结合上述对特拉西

---

①　Hans Barth, *Wahrheit und Ideologie*, Frankfurt: Suhrkamp Verlag, 1961, p.27.

②　俞吾金:《意识形态论(修订版)》,人民出版社 2009 年版,第 26 页。

③　[英]约翰·B.汤普森:《意识形态与现代文化》,高铦等译,译林出版社 2012 年版,第 34 页。

④　[英]约翰·B.汤普森:《意识形态理论研究》,郭世平等译,王晓升审校,社会科学文献出版社 2013 年版,第 1 页。

意识形态概念及其"观念科学"的内容的分析,我们可以看出,特拉西所建构的这门作为"观念科学"的意识形态学说的局限性也是十分明显的。特拉西力图通过彻底的感觉论的还原而将"观念"纯粹化为"意识形态",然而却既未对"观念"和"感觉"的内在联系机制进行深入分析,也未对"感觉"与现实世界的内在联系机制进行前提反思。他实际上是将这两个根本性的问题束之高阁。这样做虽然使得特拉西能够建构起自己的理论体系,但却陷入类似于贝克莱的主观唯心论的形而上学幻象。而这种唯心主义的形而上学幻象则更为鲜明地展现在了历史观上面。虽然特拉西本人并没有明确自己的历史观是什么,然而从其意图将这门意识形态学说作为批判封建专制的思想武器、从其意图借此建构一个自由和谐的世界来看,这样的做法本身不过是站在资产者的立场反对封建阶级而又自以为是为了全体人民的利益——这本质上是凭借个人力量推动社会发展的"英雄史观"。这种唯心史观,究其实质不过是特拉西所从属的正处于上升时期的资产者意图建立自身统治的社会历史观的观念映象。因此,拿破仑将作为"意识形态家"的特拉西视为"空想家"、将其推崇的"意识形态"贬斥为"空想"和"玄谈",虽然是一种政治上的打压,然而客观上也触及了特拉西及其创立的这门"观念科学"的根本症结。

三、德国古典哲学对意识形态思想的扩展

大卫·麦克里兰指出:"意识形态既有其法国起源,也有其德国起源。"①历史地看,黑格尔和费尔巴哈分别从不同的角度对这一概念作出了诠释,赋予它以新的内涵。

研究表明,黑格尔在自己论著中沿用了意识形态的法语名词,即使用了特拉西所创制的"idéologie"这个词语,但并未直接将之转化为一个与之相对应的德语词汇。《哲学史讲演录》有两处提到了"idéologie"即特拉西的"意识形态"概念。第一处是阐述特拉西所创立的法国"意识形态学派"与英国经验论哲学即洛克哲学思想的内在联系:"法国人特别采纳了这种方法,并加以进一

---

① [英]大卫·麦克里兰:《意识形态》,孙兆政、蒋龙翔译,吉林人民出版社 2005 年版,第 8 页。

步的发挥,他们的 Idéologie 包含的不外是这方面的内容。"①黑格尔这里显然是强调特拉西的"观念科学"与英国经验论的渊源关系。第二处是将特拉西的"意识形态学派"视为休谟思想的对立面即苏格兰常识哲学的追随者,黑格尔对此说道,"法国人所谓 Idéologie 便与此(指苏格兰常识哲学——笔者注)有联系;它是一种抽象的形而上学,是对于最简单的思维规定的一种列举和分析。这里思维规定并没有辩证地得到考察,它们的材料是从我们的反思和思想里取得的,而包含在这种材料中的各种规定又必须在材料中得到证明"②。透过这种带有批评甚至是诘难的语气,我们不难看出一个基本的事实,对于特拉西所创立的作为"观念科学"的"意识形态"这个概念,并未得到黑格尔的赏识。黑格尔基于德国古典哲学的视域,对于这个建基在英国经验论哲学基础之上的意识形态概念,表现出一种十分明显的否定性的批判态度。

那么,黑格尔究竟有没有自己的意识形态概念?对于这一点,贺麟先生在《精神现象学》的"译者导言"中给予了一个非常重要的说明③。按照贺麟先生的这个提示,我们可以获得两点认识。其一,黑格尔并没有将特拉西的"Idéologie"转换成德语,从而创制出与之相对应的德语版的"意识形态"。其二,黑格尔可谓是另辟新径,基于德国古典哲学视域对"意识形态"作出了一种新的诠释。黑格尔关于意识形态概念的新诠释构成传统意识形态概念演变过程中的一个重要阶段。尤其是黑格尔的狭义意识形态概念即"异化"范畴给予马克思创立崭新意识形态概念以较大的影响。"马克思意识形态学说中所有决定性的环节都已经在黑格尔的异化理论中预先构成了。"④或许这一观

① G.W.F.Hegel,*Werke* 20,Frankfurt am Main:Suhrkamp Verlag,1986,S.219.

② G.W.F.Hegel,*Werke* 20,Frankfurt am Main:Suhrkamp Verlag,1986,S.286.

③ 他指出,"德文'Ideologie'一词一般译作'意识形态',也常有译作'思想体系'或'观念体系'的。这个字不见于黑格尔的著作中。但是精神现象学中所最常见的一个术语,就是'意识形态'(Die Gestalten des Bewusstseins,形态二字常以复数出现,直译应作'意识诸形态')这一名词。每一个精神的现象就是一个意识形态",贺麟先生由此得出的结论是,"因此'意识形态'可说是'精神现象'的同义语。"[参见[德]黑格尔:《精神现象学》(上卷),贺麟、王玖兴译,商务印书馆1979年版,第20—21页。]

④ Kurt Lenk(Hg.),*Ideologie*,Frankfurt:Campus Verlag,1975,S.114.

点并不十分确切,然而也不无道理地揭示了马克思的意识形态概念受黑格尔影响的基本事实。因此这就促使我们必须对黑格尔的意识形态概念进行一个审慎的考察。

我们首先需要分析黑格尔意识形态概念的重要文本《精神现象学》与德国现实和时代发展的内在联系。"黑格尔的《精神现象学》是当时时代精神的反映,同时也通过哲学的方式表达了他自己在那个时期内的政治态度和阶级立场。"①在写作《精神现象学》时,黑格尔并非不问世事,而是十分关心政治局势,经常通过阅读巴黎和伦敦的报纸关注时事。现实和时代的发展被黑格尔以哲学的运思方式融入自己的著作中。在《精神现象学》中。黑格尔十分热情甚至是充满激情地对法国大革命表达了自己的看法。与人们通常将这场大革命视为恐怖活动不同,黑格尔将之视为"前一阶段注重抽象理智、抽象的自由平等和个人权利的启蒙运动必然发展而来"的结果,并且指出了它必将否定自身即走向其对立面:"绝对自由和恐怖又必然会过渡到它的反面,无自由、武力镇压和个人专制。"②黑格尔的思想因其思辨哲学的深刻性在一定程度上超越了德国的现实,而展现出与当时英法发达的资本主义现实相符合的特质。这充分体现在了其意识形态概念之中,"他对于主观任性的自由和各式各样的个人主义,都在分析批判意识形态发展过程中指出其应该受到扬弃的历史发展过程,而强调伦理的国家和全体。"我们看到,青年黑格尔坚持的是"比较接近资产阶级民主的态度"③。意识形态概念虽然表现为纯粹的哲学范畴这种抽象形式,却负载着十分丰富的现实内涵和时代气息。据此我们甚至可以认为,黑格尔在《精神现象学》中的意识形态概念可谓是"时代精神"(冉冉上升的资产者向封建统治者争夺利益的阶级意识)的特定观念映象和范畴形式。这一点我们从黑格尔在"精神现象学"中的做法可以充分窥见。黑格尔没有简单地对主观任性的个人自由和个人主义予以摒弃,"而只是冷静地分析个人主义在意识形态上的来源,及其必然的后果,和逐渐克服的过

---

① [德]黑格尔:《精神现象学》(上卷),贺麟、王玖兴译,商务印书馆 1979 年版,第 3 页。
② [德]黑格尔:《精神现象学》(上卷),贺麟、王玖兴译,商务印书馆 1979 年版,第 3 页。
③ [德]黑格尔:《精神现象学》(上卷),贺麟、王玖兴译,商务印书馆 1979 年版,第 3 页。

程。"①我们更可以从黑格尔对拿破仑的态度中得以窥视。对于拿破仑征服德国这件事情，作为德国人的黑格尔没有展现出仇恨，而是表现出一种赞赏。"我看见拿破仑，这个世界精神，在巡视全城。当我看见这样一个伟大人物时，真令我发生一种奇异的感觉。他骑在马背上，他在这里，集中在这一点上他要达到全世界、统治全世界。"②当然，黑格尔将拿破仑称作"马背上的世界精神"有其深意。这并不纯粹的是一种个人崇拜，而是基于黑格尔自己的思辨哲学思想的一种观感。他不过是将拿破仑看作"世界精神的代理人"（或人格化代表），"当他们的目的达到以后，他们便凋谢零落，就像脱却果实的空壳一样。"③虽然这里暗含着黑格尔对拿破仑的讥讽——他不过是"世界精神的仆人"，然而这段话中所无法遮盖的对"世界精神"的推崇，也暴露了此时青年黑格尔较为激进的政治立场。在此意义上，基于著作和思想与社会存在同时代发展的本质联系，《精神现象学》可谓是"资本精神"即资产阶级意识形态的思辨演绎。这一点集中地体现在黑格尔于这部著作中对意识形态概念的新的诠释，即通过其所建构的这个带有浓郁德国古典哲学特质的哲学范畴而展现了出来。

　　从《精神现象学》来看，黑格尔的意识形态概念所要揭示的是意识的本质及其发展史。恩格斯基于马克思主义哲学视角认为，黑格尔的"精神现象学（也可以叫做同精神胚胎学和精神古生物学类似的学问，是对个人意识各个发展阶段的阐述，这些阶段可以看做人类意识在历史上所经过的各个阶段的缩影）、逻辑学、自然哲学、精神哲学，而精神哲学又分成各个历史部门来研究，如历史哲学、法哲学、宗教哲学、哲学史、美学等等"④。恩格斯的这一分析深刻地切中了《精神现象学》的主题。对此黑格尔自己说道："精神现象学所描述的就是一般科学或知识的形成过程。"⑤这可以从两个维度进行认识。一

①　[德]黑格尔：《精神现象学》（上卷），贺麟、王玖兴译，商务印书馆1979年版，第3页。

②　[德]黑格尔：《通信集》，1952年，荷夫麦斯特本第1卷，第119页。参见[德]黑格尔：《精神现象学》（上卷），贺麟、王玖兴译，商务印书馆1979年版，第3页。

③　[德]黑格尔：《历史哲学》，王造时译，生活·读书·新知三联书店1956年版，第70页。

④　《马克思恩格斯选集》第4卷，人民出版社2012年版，第225页。

⑤　[德]黑格尔：《精神现象学》（上卷），贺麟、王玖兴译，商务印书馆1979年版，第19页。

个是从纵向的人类的意识发展的历史来认识;一个可以从横向的即意识的本质结构进行认识。这两个维度在黑格尔的《精神现象学》中内在交织,思辨而又辩证地展现了意识活动的本质结构及其发展过程,"犹如生理学提供由种子发展成果实、由卵子发展成有生命的存在的发展史,同样,精神现象学则企图提供由自然的意识,即类似胚胎的意识提高到高度有教养的、高度成熟的意识一个这样的发展史(Entwickelungsgeschichte)。"①因此,从黑格尔这样的思辨的辩证的哲学观看,"意识发展过程中的每一个阶段都可说是一个意识形态。因此精神现象学也就是意识形态学,它以意识发展的多个形态、各个阶段为研究的具体对象。"②然而,不同于特拉西那种基于形而上学的感觉论试图将认识活动绝对地还原为"感觉",黑格尔的独到之处是将思辨的辩证法贯穿到了对意识形态的研究中,他"用辩证方法从发展观点来研究意识形态,这样就把意识形态学与意识发展史结合起来了"③。黑格尔的这一做法可谓是将意识形态研究纳入到了德国古典哲学的体系中,开创了与特拉西的"观念科学"大不同的意识形态研究方法和路径。

黑格尔的意识形态概念是建立在对"意识"和"精神"的狭义和广义的区分之上的。在黑格尔这里,"狭义的意识"是指意识活动发展的最低阶段,是"关于对象的意识"、是意识本身"关于它自己的意识",④因而实际上是"自我意识"亦即"客观精神"。黑格尔的意识形态概念所对应的是后者这种"广义的意识",其最基本的含义可以概括为"意识发展史"或"意识诸形态"。黑格尔意识形态概念的问题域及其论域就是呈现"意识自身向科学发展的一篇详细的形成史"⑤。我们在这里不要误解黑格尔是采取历史主义的方法进行列举。在黑格尔看来,这恰恰是必须极力反对和否定的经验论的错误做法。"黑格尔的精神现象学既不是孤立地、现象罗列地研究诸意识形态,也不是单

---

① 转引自[德]黑格尔:《精神现象学》(上卷),贺麟、王玖兴译,商务印书馆1979年版,第17页。

② [德]黑格尔:《精神现象学》(上卷),贺麟、王玖兴译,商务印书馆1979年版,第21页。

③ [德]黑格尔:《精神现象学》(上卷),贺麟、王玖兴译,商务印书馆1979年版,第21页。

④ [德]黑格尔:《精神现象学》(上卷),贺麟、王玖兴译,商务印书馆1979年版,第59页。

⑤ [德]黑格尔:《精神现象学》(上卷),贺麟、王玖兴译,商务印书馆1979年版,第59页。

纯从时间上去研究人的意识或心理生活的历史,而找不出它发展过程的阶段性和独特典型的形态。"①不同于特拉西不关注自己所设定为本体的"感觉"的来源问题,黑格尔十分明确地对这一问题给出了答案。"这个精神和意识从哪里来的呢?"黑格尔从客观唯心主义立场出发回答了这个问题。他认为,"精神以自然界为自己的前提,它是自然界的真理,因而对自然界来说是绝对第一性的东西。"②黑格尔是将精神设定为本原,将自然界视为精神自我运动的结果和产物,并呈现出辩证的逻辑:"以纯粹逻辑理念形态出现的精神是第一性的;逻辑理念异化为自然,但因为自然界对于理念来说是'异己'的,因此理念又力图重新回复到它本来的成分中去,并在与自己相适合的形式中认识自己。"③黑格尔由此对意识形态的来源或本源问题给出了思辨的唯心主义解答。黑格尔基于这样的思辨的辩证的哲学视域所构建的"意识形态学",其根本任务就是辩证地展现绝对精神在其外化的过程中意识——指广义的意识——的活动规律。

黑格尔在《精神现象学》中对此作出了解释,他说:"精神自身既然是在意识因素里发展着的,它既然把它的环节展开在这个意识因素里,那么这些精神环节,就都具有意识的上述两方面的对立(指认识的主体与其对象的对立——笔者注),它们就都显现为意识形态的形象。叙述这条发展道路的科学就是关于意识的经验的科学。"④我们这里仿佛看到了与特拉西相仿或相似的意图。如前所述,特拉西确立意识形态概念的直接意图也是要创立一门基于"感觉论"的"观念科学";而黑格尔的意识形态概念及其"意识形态学"的直接目的,正如他这段话所显示的,也是要创立一门"关于意识的经验的科学"的"意识形态学",他对此说道:"这个意识形态系统,作为精神生命依次排列的整体,就是我们在本书中要考察的那个系统。"⑤那么,黑格尔是如何呈

---

①　[德]黑格尔:《精神现象学》(上卷),贺麟、王玖兴译,商务印书馆1979年版,第21页。

②　[德]黑格尔:《精神哲学》,见《黑格尔全集》第10卷,格洛克纳本,弗罗曼出版社1949—1959年版,第19页。转引自杨祖陶:《德国古典哲学逻辑进程》,武汉大学出版社2002年版,第253页。

③　杨祖陶:《德国古典哲学逻辑进程》,武汉大学出版社2002年版,第253页。

④　[德]黑格尔:《精神现象学》(上卷),贺麟、王玖兴译,商务印书馆1979年版,第23页。

⑤　[德]黑格尔:《精神现象学》(上卷),贺麟、王玖兴译,商务印书馆1979年版,第197页。

现出这个作为"精神生命"的"意识形态系统"的"依次排列的整体"的呢？问题的实质是：究竟有多少种意识形态？绝对精神在外化过程中究竟经历了几个发展阶段？这一发展过程的"本质逻辑"即"辩证发展的次序"是什么？这几个问题构成黑格尔的意识形态概念及其"意识形态学"围绕的中心课题。

我们一定要牢牢秉持恩格斯对于黑格尔的"精神现象学"的本质的揭示，即它是黑格尔对于"人类意识在历史上所经过的各个阶段的缩影"的思辨的辩证分析。对此，我们可以从两个维度把握黑格尔的"精神现象学"所展现的意识形态思想。其一，从横向或横截面来看，黑格尔的意识形态概念内涵很丰富。这样一个"意识形态系统"是一个由五个环节构成的整体：意识、自我意识、理性、精神、绝对精神。前三者即意识、自我意识、理性又共同地从属于主观精神；作为第四个环节的"精神"是对主观精神的扬弃，是客观精神；作为最后一个环节的"绝对精神"是意识形态的最高形式。不过，对于它的具体表现形式，黑格尔本人的认识并不统一。对于这个问题的认识，黑格尔在《精神现象学》和《精神哲学》中分别提出了不同的见解。在前一部论著中，黑格尔将绝对精神视为宗教和绝对知识的统一体；然而在后一部论著中，黑格尔却又将绝对精神视为艺术、宗教、哲学的统一体。其二，从纵向或纵断面来看，黑格尔的意识形态概念更是呈现出辩证的特质。黑格尔深刻地将辩证法思辨地贯穿到了对于这个"意识形态系统"的运动规律的考察，展现出了人类意识在历史发展进程中所呈现出的由低到高的形态变化，从而思辨地揭示了意识形态的发展规律。质言之，黑格尔并不是任意地将意识形态划分为五个方面，而是将意识形态看作由五个环节或部分所构成的有机体，实际上是揭示了人类的意识或精神在其历史发展进程中的本质规定。另外，黑格尔难能可贵地又把这样一个作为整体的"意识形态系统"看作"活的机体"，即把它看作环环相扣而又处于运动之中的有机体。黑格尔意识形态学说的独到之处就是分析和呈现一个有机体由低到高的运动轨迹和必然逻辑。

不同于特拉西只是抽象地对意识进行"观念学"的还原，黑格尔深刻地将意识视为一个有机统一体。人类意识是由不同的形式所构成的，"这些形式不但彼此不同，并且互相排斥、互不相容。但是，它们的流动性却使它们同时成为有机统一体的环节,它们在有机统一体中不但不互相抵触,而且彼此都同样是必要的;而正是这种同样的必要性才构成整体的生命。"①黑格尔认为,必须摒弃传统即近代西方哲学的知性形而上学的独断论倾向,即需要从一个更高的全新维度理解人类意识的本质及其内在的必然逻辑(其活动过程和运动规律)。"一切问题的关键在于,不仅把真实的东西或真理理解和表述为实体,而且同样理解和表述为主体。"②主体与客体的关系并非近代哲学家们所认为的意识对于绝对地外在于自身之外的事物的认识。这种理解的问题在于,哲学家们形而上学地割裂了主体与客体的关系,割裂了意识与其对象的内在联系。黑格尔力图超越这样的知性形而上学的思维方式,将对问题的理解推进和提升到了思辨和辩证的高度:"实体作为主体是纯粹的简单的否定性,唯其如此,它是单一的东西的分裂为二的过程或树立对立面的双重化过程,而这种过程则又是这种漠不相干的区别及其对立的否定。"因此黑格尔得出了这样一个不乏深刻性的结论:"真理就是它自己的完成过程,就是这样一个圆圈,预见它的终点为目的并以它的终点为起点,而且只当它实现了并达到了它的终点它才是现实的。"③基于这样一种思辨的和辩证的哲学观、真理观,黑格尔将人类意识的本质结构视为环环相扣的有机整体,并且强调它并非僵死的、不动的和不变的,而是一个活的实体,一个在其自身矛盾推动下运动不息的主体。"通过这种考察,意识所经历的经验系列,就变成一个科学的发展进程"④。黑格尔将人类的意识活动看作由五个环节构成的整体,即把它归结为由五种意识形态构成的统一体;不仅如此,黑格尔还着重强调了这五种意识形态之间存在着辩证的联系,构成一个完整的辩证运动,凝聚成过程性的统一体。"从一个不真实的知识里产生出来的任何一次结果,都不会变成一个空无所有,而必然地要被理解为对产生结果的那个东西的否定;每一次的结果,都包含着以前的知识里所包含着的真理。……由于当初作为对象而出现于意

---

① 〔德〕黑格尔:《精神现象学》(上卷),贺麟、王玖兴译,商务印书馆 1979 年版,第 2 页。
② 〔德〕黑格尔:《精神现象学》(上卷),贺麟、王玖兴译,商务印书馆 1979 年版,第 10 页。
③ 〔德〕黑格尔:《精神现象学》(上卷),贺麟、王玖兴译,商务印书馆 1979 年版,第 11 页。
④ 〔德〕黑格尔:《精神现象学》(上卷),贺麟、王玖兴译,商务印书馆 1979 年版,第 61—62 页。

识之前的东西归结为关于这个对象的一种知识,并且由于自在变成了自在的一种为意识的存在,变成了一种新的对象,因而也就出现了一种新的、具有不同于以前的本质的意识形态。"黑格尔由此得出了什么结论呢? 他的结论是:"这种情况,就使意识形态的整个系列按照它们的必然性向前发展。"①意识活动的整个过程及其所导致的必然结果即"意识形态的整个序列",在黑格尔看来,它并非主观的,并不能等同于个体的意识活动。它是客观的即为内在的必然性所驱使的人类的意识活动的总体规定或普遍规定。"或者换句话说,意识本身就是出现于它自己与这些环节的关系中的;因为这个缘故,全体的各个环节就是意识的各个形态。"②意识与其对象的这种辩证的关系及其构建过程,以及贯穿于这个过程之中的必然性,赋予作为意识活动的各个阶段和环节的有机构成的诸意识形态以客观性的内涵。

综上所述,意识形态概念的创立根本上是近代西方启蒙运动孕育的结果。就理论渊源而言,近代西方哲学特别是经验论哲学家们的思想为这一概念的确立奠定了认识论前提。在继承前人思想成果的基础上,并立足于法国特定的社会现实,特拉西创立了"意识形态"这一概念并赋予其"观念科学"的内涵。特拉西致力于创建的这门作为观念科学的意识形态思想,延续了其先辈们反封建、反专制的革命民主主义立场,是欧洲资产阶级反抗封建贵族统治并与之作斗争的社会现实在思想文化领域的深刻反映,具有一定的历史进步性。然而,受当时法国乃至欧洲资本主义经济发展程度的制约,决定了特拉西的意识形态思想必然带有先验地脱离社会现实的局限性。不消说它根本难以成为一门"观念科学",它所隐秘地负载的反封建、反专制的旨趣也无法真正转化为切实可行的实践行动。拿破仑近乎戏剧般地颠覆了特拉西所赋予意识形态的"崇高内涵",罢黜了其"观念科学"的高贵光环,将之变成了一个否定性的且充满贬义色彩的术语。拿破仑的这一颠覆显然是缺乏学理支撑的,他更多地是依托于强权对政治异己分子的打击和报复。然而,他的这一做法也不经意间暴露了特拉西乃至整个传统意识形态思想的固有症结:颠倒了观念与现

---

① [德]黑格尔:《精神现象学》(上卷),贺麟、王玖兴译,商务印书馆1979年版,第61—62页。

② [德]黑格尔:《精神现象学》(上卷),贺麟、王玖兴译,商务印书馆1979年版,第62页。

实世界的真实关系,以抽象的理论批判替代现实的实践行动,以此谋取和实现某种私人利益,却又以抽象的概念建构和理论玄思掩盖这一真实目的。以黑格尔为主要代表的德国哲学家另辟行径,赋予了意识形态以新的内涵。黑格尔克服了特拉西意识形态概念的先验性及其二元论的困局,构建了具有浓郁德国古典哲学色彩的意识形态概念和理论。黑格尔的独到之处是将辩证法贯穿到了对意识形态的研究,基于历史和逻辑相统一的维度将意识形态学与意识发展史有机统一。然而,黑格尔由此建构的思辨的和辩证的意识形态概念和理论也有其局限性。黑格尔将意识形态归结为"绝对精神"外化的过程及其产物,深刻地反映了资产阶级力图主宰一切的阶级意志;然而,他将宗教设定为意识形态的"最高形态"的做法,则不自觉地陷入实践中为德国的落后的社会现实即封建统治进行抽象辩护之中。

第二节　马克思和恩格斯对传统意识形态思想的变革

　　马克思和恩格斯①的意识形态概念在意识形态思想发展史中具有重要的地位。对此,英国当代著名的意识形态思想研究者约翰·B.汤普森指出,"马克思的著作在意识形态概念史中占有中心地位。由于马克思,这个概念获得了新的地位,成了一种批判手段和新的理论体系中的一个组成部分。"②汤普森的这个评价十分中肯,高度肯定了马克思的著作在意识形态思想发展史中的地位;同时,他也深刻地指出了马克思的意识形态概念及其理论的"批判"特质。然而,汤普森的如下判断表明了他对于马克思的意识形态思想的理解尚不全面:"但是,尽管马克思在这方面的著作是重要的,马克思使用意识形

---

　　① 我们认为,在关于意识形态问题的研究上,马克思和恩格斯的观点和思想具有根本的一致性。虽然他们在不同的论著中各自对这一问题进行了研究,提出了并不完全相同的观点和思想,然而究其实质,这些观点和思想都是他们基于马克思主义的立场、观点和方法对问题本身的科学求解。因此,我们在本著中不再刻意地区分二人关于问题研究的差异性,而是将他们的思想看作一个整体去对待。

　　② [英]约翰·B.汤普森:《意识形态与现代文化》,高铦等译,译林出版社2012年版,第36页。

态概念的确切方式以及他对围绕其用法的许多问题和设想的处理方式却是不清晰的。确实,正是马克思著作中意识形态概念的含糊性部分地造成了有关他的著作遗产的不断论争。"①汤普森的这个判断并非没有丝毫的合理性,而是具有一定的合理性。他这里的确指出了一个客观事实,即从表面上看来,马克思的意识形态概念好像并不明确,缺少一种让人一下子就能够把握得住的清晰性。然而,这是否可以得出结论说马克思确立意识形态概念的方式是不清晰的,这一概念本身的内涵是含混的呢?我们认为,答案是否定的。这里的关键是我们必须注意到这样一个事实,对于马克思和恩格斯来说,无论是他们确立意识形态概念的方式,还是这一概念的内涵本身,都具有不同于他人——特别是不同于传统意识形态思想家们——的独特风格。而一旦我们忽视了这个客观事实,我们就会堕入经验主义的误区,就会陷入上述汤普森这样的误判之中。

马克思和恩格斯的意识形态概念和理论是马克思主义理论体系的组成部分。马克思和恩格斯的意识形态概念是他们从马克思主义的唯物史观的立场对于"意识形态"的本质的揭示,由此赋予了意识形态概念以历史科学的内涵,实现了对传统意识形态概念的根本变革;马克思和恩格斯以这一科学的意识形态范畴为基石,为创立马克思主义意识形态学奠定理论基础。我们可以基于马克思和恩格斯确立意识形态概念的理论逻辑,将他们关于这一问题的观点和思想区分为三个维度。一是批判的维度,即马克思和恩格斯对传统意识形态概念及其理论的彻底批判;二是建构的维度,即作为这一批判的结晶,马克思和恩格斯构建了马克思主义的意识形态概念;三是超越的维度,即马克思和恩格斯的意识形态概念对传统的意识形态概念的根本变革和超越意蕴。

一、特拉西意识形态思想的症结

马克思和恩格斯意识形态概念的确立是奠立在对传统意识形态概念进行批判的基础之上的。这一批判贯穿于马克思和恩格斯青年时代的思想发展历

---

① [英]约翰·B.汤普森:《意识形态与现代文化》,高铦等译,译林出版社2012年版,第36页。

程,与他们破除旧的唯心史观束缚而创立唯物史观内在关联。就其形式而言,这一批判也带有鲜明的特点。马克思和恩格斯并未采取纯粹理论演绎的方式对传统意识形态概念进行直接的批驳,而是在求解社会现实问题的过程中、在革命实践的推动下,针对传统意识形态概念的固有症结及其根本局限,对之展开逐步深入的批判。

从现有的文献资料来看,马克思和恩格斯并未对传统意识形态思想进行过专门的和专题化的研究。马克思的确曾经阅读并摘录了德斯杜特·德·特拉西的著作《意识形态原理》(又译《意识形态的要素》)。研究者们对于这个事实都非常重视,将之作为马克思与传统意识形态思想的渊源关系的证据和依据。这样做貌似有其合理性。众所周知,《意识形态原理》这部论著正是特拉西意识形态思想的诞生地,是其创立观念科学"Idéologie"和意识形态概念的渊薮。因此,人们基于马克思研读特拉西著作的事实而去想象二者思想之间的联系,这一做法倒也无可厚非,好像也具有十分确凿的证据。

然而,人们普遍没有关注到的另一个事实是,马克思对特拉西著作的阅读和摘录,主要是着眼于政治经济学研究领域。事实上,马克思不仅在"巴黎手稿"中摘录了特拉西的观点,而且还在《资本论》及其手稿中,对特拉西的一系列观点进行了摘录和批判性的评述。

在《1844年经济学哲学手稿》中有两处提到了特拉西的著作,分别在中译本第67、132页。在第67页,马克思在"动产认为,没有资本,地产就是死的、无价值的物质;资本的文明的胜利恰恰在于,资本发现并促使人的劳动代替死的物而成为财富的源泉"这段话后面加了一个附注:"见保尔·路易·库利埃、圣西门、加尼耳、李嘉图、穆勒、麦克库洛赫、德斯杜特·德·特拉西和米歇尔·舍伐利埃的著作。"[1]在第132页,马克思直接摘录了特拉西的一个观点:"在进步的状态下,'每个人都靠 échanges〈靠交换〉来生活,并成为一种商人,而社会本身,严格说也成为商业社会。'〈见德斯杜特·德·特拉西:社会是一系列的相互交换,商业就是社会的整个本质。〉"[2]这句话是特拉西《意识形态

---

[1]　马克思:《1844年经济学哲学手稿》,人民出版社2014年版,第67页。

[2]　马克思:《1844年经济学哲学手稿》,人民出版社2014年版,第132页。

原理》1826 年巴黎版第 68、78 页阐述的观点。除此之外,马克思还在其他论著中提及过特拉西的著作及其观点。在《1861—1863 年经济学手稿》中,马克思引述了特拉西著作《意识形态原理》中的观点:"衡量……就是找出它们〈被衡量的物〉包含……多少同类的单位。"①在《资本论》第一卷中,马克思再次引述了特拉西的观点:"德斯杜特·德·特拉西说:'在贫国,人民是安乐的;在富国,人民通常是贫苦的。'"马克思还给出了这句话的确切出处:"德斯杜特·德·特拉西《论意志及其作用》1826 年巴黎版第 231 页。"②马克思这里提及的《论意志及其作用》是特拉西著作《意识形态原理》中的内容,它是这部论著的第四、五部分。在《剩余价值理论》中,马克思再次引用了特拉西的观点。和以往不同的是,马克思单独列出了一个小结:"[(14)]德斯杜特·德·特拉西伯爵[关于利润起源的庸俗见解。宣称'产业资本家'是唯一的最高意义上的生产劳动者]"③,摘录了特拉西著作《意识形态原理》的第四、五部分《论意志及其作用》的一系列观点,并对之进行了批判性的评述。④

由此可见,马克思的确阅读研究了特拉西的《意识形态原理》这本著作。然而,马克思的阅读和研究的全部关注点是这本著作中所阐述的有关政治经济学的内容。特拉西的研究涉及多个领域,他是"经济学家、感觉论哲学家和政治活动家;哲学上观念学派的创始人;立宪君主制的拥护者"⑤。因此,进入马克思视野的并不是作为"观念学派的创始人"的特拉西,而是作为"经济学家"的特拉西。马克思所关注的是特拉西的政治经济学思想而非其意识形态思想。因此,我们就无法从马克思阅读研究特拉西著作这个事实再推演出别的什么,即无法得出结论说马克思的意识形态思想与特拉西有着直接的关系。那么,这是否意味着相反的结论是成立的? 即是否意味着马克思与特拉西的意识形态思想没有任何联系? 我们认为,如果作此推论的话,就显然陷入非此即彼的形而上学的思维方式的陷阱之中。问题并不在于马克思在阅读和研究

---

① 转引自《马克思恩格斯全集》第 35 卷,人民出版社 2013 年版,第 148 页。
② 《马克思恩格斯全集》第 42 卷,人民出版社 2016 年版,第 667 页。
③ 《马克思恩格斯全集》第 26 卷第 1 册,人民出版社 1972 年版,第 277 页。
④ 参见《马克思恩格斯全集》第 26 卷第 1 册,人民出版社 1972 年版,第 277—291 页。
⑤ 马克思:《1844 年经济学哲学手稿》,人民出版社 2014 年版,第 319 页。

特拉西的《意识形态原理》时有否关注其意识形态思想,问题在于马克思究竟是如何应对"特拉西的问题",即如何克服特拉西的意识形态概念和"观念科学"的局限性。

我们对这一问题的分析和解决不能将视野局限于马克思的文本中的具体观点,而是要深入文本的内在逻辑之中,把握住马克思思想的精神要义,探寻其对于"特拉西的问题"的解决之道。马克思青年时期的著作及其思想发展之中蕴含着问题的答案。我们知道,这一时期,在革命实践的推动下,在求解现实问题和时代课题的过程中,马克思的世界观发生了质变。我们认为,马克思的这一世界观的转变过程之中蕴含着对特拉西意识形态概念及其"观念科学"的批判的指向性。也就是说,马克思的这一"世界观变革"是对旧哲学的"观念论"的世界观的超越;因而,马克思从根本性的——而非直接性的——维度上克服了特拉西的意识形态概念及其"观念科学"的局限和症结。

特拉西意图将"意识形态"建构成为"观念科学"的做法是以传统西方哲学的思想资源为其理论支撑的。西方哲学在其长期的历史发展过程中,涌现出许多哲学家,这些哲学家构建了许多哲学体系。表面看来,哲学家们的思想和观点好像各不相同,他们的论争宛如一个"厮杀的战场"。然而,哲学家们进行哲学思考的方式、构建哲学体系的思维逻辑具有内在的同一性。德国现代西方哲学家、现象学家海德格尔的看法对此提供了一个重要的参考,他坚持认为,"纵观整个哲学史,柏拉图的思想以有所变化的形态始终起着决定性的作用。形而上学就是柏拉图主义。"①在《尼采》这部论著中,海德格尔对此作了进一步的阐释:"……自柏拉图以降的一切哲学都是'唯心主义'(Idealismus)——这是在一种清晰的词义上来讲的,意即:人们是在理念中、在观念性的和理想性的东西中寻找存在。……形而上学、唯心主义、柏拉图主义本质上意指着同一个东西。"②在此维度上,西方哲学就是形而上学,西方哲学家们就是形而上学者亦即柏拉图主义者。而在海德格尔看来,他们同时还是"唯心

---

① 〔德〕海德格尔:《哲学的终结和思的任务》,参见《面向思的事情》,陈小文、孙周兴译,商务印书馆 2014 年版,第 82 页。

② 〔德〕海德格尔:《尼采》(下卷),孙周兴译,商务印书馆 2015 年版,第 910 页。

主义者"。① 海德格尔的这些论述自然有其片面性,然而我们也不应忽视其深刻性。海德格尔的论断的深刻性和合理性在于:揭示了西方哲学的观念论特质,向我们展现了西方哲学家们全都是观念论者的事实。

马克思和恩格斯深谙西方哲学的观念论特质。在《哲学的贫困》中,马克思在批驳蒲鲁东的"政治经济学的形而上学"时,对此进行了深刻的揭示。马克思认为,在哲学家们形而上学地对世界进行观念构造的"最后的抽象"中,"一切事物都成为逻辑范畴"②,这对于哲学家们来说是极其自然的事情。这就如同对一座房屋进行这样一个拆除:拆掉其构成材料和特有形式之后,这座房屋就从建筑物变成了一个物体了;然后在头脑中将这个物体的物理界限也抽去,就会获得一个纯粹的"空间"范畴;如果进一步地将"空间"这一向度也抽象掉,那么"最后我们就只有纯粹的量这个逻辑范畴了,这用得着奇怪吗?"③这样的手法对于西方哲学家们来说是再容易不过的事情了。他们"用这种方法抽去每一个主体的一切有生命的或无生命的所谓偶性,人或物"而将"实体"(万事万物)抽象成为"逻辑范畴"。基于这样的对世界的形而上学抽象,哲学家们在自己的头脑中构造起一个与现实世界相对立的"观念王国"。在西方哲学家们看来,"一切存在物,一切生活在地上和水中的东西经过抽象都可以归结为逻辑范畴"④,即被构造成为他们头脑中的这个由纯粹逻辑范畴所构成的"哲学王国"的附属物。如果我们把马克思的这一评价和上面海德格尔的论断进行比照,我们会发现,马克思和海德格尔都共同地指向了西方哲学的形而上学特质。二人都共同地揭示了西方哲学家们的世界观的特点,马克思和海德格尔都共同地指出了这样一个基本事实,西方哲学家们的世界观充满鲜明的形而上学特质:以观念为逻辑始基将世界抽象地构造成为思维的对象,将头脑中所建构的这个"观念王国"设定为外部世界即自然界和人

---

① 海德格尔基于现象学视角对西方哲学的本质的这一认识,不同于恩格斯在《路德维希·费尔巴哈和德国古典哲学的终结》中的相关论述。特别是海德格尔将全部西方哲学都归为"唯心主义",他的这一做法显然不同于恩格斯基于"哲学基本问题"对西方哲学流派的划分。

② 《马克思恩格斯文集》第1卷,人民出版社2009年版,第599页。

③ 《马克思恩格斯文集》第1卷,人民出版社2009年版,第600页。

④ 《马克思恩格斯文集》第1卷,人民出版社2009年版,第600页。

类社会的本原。当然了,马克思和海德格尔对于西方哲学的这一形而上学特质的看法并不完全一致,二人对此的态度并不相同。作为现代西方哲学家的海德格尔是十分自然地接受这一事实,认为这是西方哲学的本性使然,甚至认为这就是哲学本身的本质规定。在马克思看来,这只是对于西方哲学家们来说才是十分自然的事情,才是丝毫也不觉得奇怪的事情。他们自以为很自然、很正常,其实既不自然,也不正常。"不识庐山真面目,只缘身在此山中。"西方哲学家们自认为自己超凡脱俗,认为自己极其崇高地超越了那些停留在"感性世界"之中的常人;在马克思看来,这些西方哲学家不过是堕入到了一种更深的认知迷误和思维幻想之中。

恩格斯也对西方哲学的这种"形而上学特质"作了深刻的揭示。在《反杜林论》中,恩格斯明确地将杜林的哲学方法的实质归结为"意识形态的"亦即"先验主义的"方法。"这一方法是:不是从对象本身去认识某一对象的特性,而是从对象的概念中逻辑地推导出这些特性。首先,从对象构成对象的概念;然后颠倒过来,用对象的映象即概念去衡量对象。这时,不是概念应当和对象相适应,而是对象应当和概念相适应了。"①恩格斯深刻地进一步指出,西方哲学家们的这样一种先验的亦即意识形态的手法的实质是,"它不是从现实本身推导出现实,而是从观念推导出现实。"②我们看到,承接着马克思、恩格斯不仅进一步深刻揭示了西方哲学的形而上学特质,而且点明了这样一种思维方式的逻辑规定,并将之与思想家们构造意识形态的做法相等同。

显而易见,如果说海德格尔是向人们展现他们这些哲学家们是如何进行哲学思考的,那么马克思和恩格斯则是明确地对这样一种形而上学的哲思方式予以拒斥。在他们看来,哲学家们实则是将现实世界形而上学地建构成为抽象的"观念"(逻辑范畴),并本末倒置地将头脑中的"观念世界""思想王国"设定为自然界和人类社会的本原或本体,以此为逻辑始基将现实事物建构成为作为主体附属物的客体或对象。

按照马克思和恩格斯的上述分析,旧哲学的这样一种形而上学的思维方

---

① 《马克思恩格斯全集》第 26 卷,人民出版社 2014 年版,第 101—102 页。

② 《马克思恩格斯全集》第 26 卷,人民出版社 2014 年版,第 102 页。

式具有双重的颠倒特质。其一，从根本上颠倒了思维和存在、物质世界和精神世界的关系。这一点对于唯心论者而言是毫无疑问的。按照海德格尔的说法，唯心论者毫无疑问是地道而又彻底的"形而上学者""柏拉图主义者"。这里需要进行说明的一点是，为何旧唯物论者竟然也是"唯心主义者"——无论是按照海德格尔的说法，还是马克思和恩格斯的说法，皆是如此。虽然并不排除旧唯物论者如费尔巴哈在世界观层面摆正了思维和存在、物质世界与精神世界的关系，然而由于他们无法从前提上跳出旧哲学的这种形而上学的思维方式的禁锢，导致他们在认识论层面无法把握住思维和存在的辩证关系，最终就停留在了半路上，无法真正将唯物主义的世界观彻底地贯彻到社会历史领域中，因而就像费尔巴哈那样陷入"下半截是唯物主义者，上半截是唯心主义者"①的窘境之中。正是这一前提颠倒，导致西方哲学家们陷入从观念出发、以观念为逻辑始基对世界进行形而上学构造的思维方式之中。受这一颠倒的世界观决定、与之相对应的是认识论层面的颠倒，即对思维活动或思维运动与现实世界的变化和发展之间的真实关系的本末倒置。全体哲学家们都将自己头脑中所进行着的这个思维活动看作先天的（a priori）亦即纯粹的"思"，并进而将哲学范畴和他们所构建的哲学理论体系看作先天的即"独立于经验、甚至独立于一切感官印象的知识。"②可以说，从柏拉图以降，全部西方哲学家的思维方式都在认识论层面陷入这样的颠倒。柏拉图的"理念论"如是，康德的"纯粹理性批判"如是，就连现代西方哲学家如胡塞尔也是如此。从胡塞尔的著作可以看到，"'先天'概念在胡塞尔现象中具有中心意义，它'不是对某些浮夸的思想的遮掩，而是意味着如数学分析或几何学所具有的那种'纯粹性'。所谓'纯粹性'在这里是指独立于实在现实的'纯粹本质'（Wesen，Eidos）。……'先天'的真正意义在胡塞尔看来就在于，它是一种可以通过本质直观的明见性而被把握到的'本质真理'"③。对比可以发现，胡塞尔的现象学之思与康德并无本质区别，他们的的确确都是海德格尔上述所说的"形而上学者、唯心主义者、柏拉图主义者"。西方哲学在认识论层面的这一颠倒

---

① 《马克思恩格斯选集》第 4 卷，人民出版社 2012 年版，第 248 页。
② 《康德三大批判合集》（上卷），邓晓芒译，杨祖陶校，人民出版社 2009 年版，第 1 页。
③ 倪梁康：《胡塞尔现象学概念通释》，生活·读书·新知三联书店 2007 年版，第 55 页。

与其世界观层面的颠倒具有本质同一性。二者本质上都是哲学家们对于思维和存在的真实关系进行形而上学的构造的表现及其结果。不过,这两个层面的颠倒又具有一定的差异性。这种差异表现在,世界观层面的颠倒是将抽象的"观念"设定为世界的本原,从而先验地制造了"感性世界"与"观念世界"的对立;而认识论层面的颠倒则是将头脑中的思维活动、范畴演绎独立于现实世界之外,不仅赋予其"先天的"属性,而且将它视为所谓"后天的"(a posteriori)经验事实的本源,因而将头脑中纯粹的思维活动及其先验逻辑设定为"感性世界"的"变动不居"的理性根据。

基于马克思和恩格斯对于西方哲学的形而上学的观念论特质的分析,我们可以看到,特拉西的意识形态思想、他所要构建的所谓的"观念科学"充满西方哲学的"形而上学特质",其哲学基础正是西方哲学的形而上学的亦即观念论的哲学观,其试图将"感觉"还原、纯粹化为"观念"——意识形态——的做法,正是以旧哲学的形而上学的世界观和先验的认识论为其逻辑支撑。就此而言,特拉西的意识形态思想是力图在旧哲学的形而上学地基上建构起一个先验的"观念体系",即以纯粹的"感觉"为中介,以"意识形态"为本原,将现实世界——自然界和人类社会——建构成为由"观念体系"(意识形态体系)的派生物、从属性的客体。可以说,特拉西因此也不可避免地陷入西方哲学家们的颠倒幻象之中:他先验地将经由所谓的"感觉论还原"所抽象到的"意识形态"本末倒置地设立为世界的本原;进而将由此构建的纯粹理论体系、"意识形态王国"独立于世俗世界之上,以抽象的"意识形态批判"作为社会现实的主宰。也就是说,特拉西赋予了其"观念科学"以不切实际的属性:幻想着以此去推动现实社会发展,甚至幻想着要把它作为决定历史发展的进程和方向的根本动力。

因此,对于马克思和恩格斯而言,他们虽然并未直接对特拉西的意识形态思想进行批判,然而他们对旧哲学的批判的彻底性赋予了这一批判以深刻的意义和价值。他们对旧哲学的形而上学的观念论的哲学观的批判锋芒也指向了特拉西乃至全部沉醉于此的思想家;他们对西方哲学家形而上学地将世界构造成为先验的观念和范畴的做法的超越,这一革命性的变革的效应也给予特拉西在头脑中所精心建构的"意识形态王国"以致命打击,就像马克思和恩格斯对"德意志意识形态"的批判一样,暴露出它们不过是在特定的物质动因的作用下哲学家们的主观幻想,不仅有其须臾不可分离的现实基础、物质前提,而且随着现实条件的改变,貌似绝对的、永恒的、神圣的"意识形态大厦"就会轰然倒塌而灰飞烟灭。

二、黑格尔意识形态思想的问题

我们接着再来探究一下黑格尔的意识形态思想的症结。从西方哲学的形而上学特质视角而言,特拉西和黑格尔二人的意识形态思想具有共同的哲学基础。他们二人的意识形态思想都是共同建立在旧哲学的形而上学地基之上的。不过,正如我们在上文所指出的,黑格尔具体地构建自己的意识形态思想的手法与特拉西存在着差异性。确切地说,黑格尔深刻地将辩证法作为根本的方法论贯彻到了意识形态思想研究中,开辟了不同于特拉西的意识形态研究道路和范式。黑格尔由此深刻地赋予了意识形态概念以德国古典哲学的新内涵,使得"意识形态"具有了特拉西"观念科学"所缺失的"历史感",并且与德国社会现实和世界历史交相辉映、二者在"绝对精神"的思辨演绎过程中结成了十分丰富的辩证关系。就其形式而言,黑格尔的意识形态概念显然是彻底的唯心主义范畴;然而就其内容而言,它却又具有实在性的丰富内容支撑,以至于黑格尔是将整个人类社会及其历史发展都囊括和统摄到了其唯心主义的意识形态思想体系之中。

然而,这一点也正是黑格尔的意识形态概念及其理论的症结所在。黑格尔之所以能够确立不同于特拉西的唯心主义的辩证的意识形态概念,他之所以能够克服特拉西的机械二元论而建构起辩证的意识形态思想体系,与黑格尔的历史观具有内在的本质联系。根本而言,黑格尔的唯心主义的辩证历史观为其在德国古典哲学地基上赋予"意识形态"以创新意蕴提供了不可或缺的逻辑支撑。

对于黑格尔的历史观,马克思和恩格斯的首要态度是给予了高度评价和充分肯定。在《1844 年经济学哲学手稿》中,马克思高度肯定了黑格尔的《精神现象学》的价值,认为作为其精髓的"最后成果——辩证法,作为推动原则和创造原则的否定性——的伟大之处首先在于,黑格尔把人的自我产生看做一个过程,把对象化看做非对象化,看做外化和这种外化的扬弃"①,马克思由此肯定黑格尔抓住了"劳动的本质"②。《反杜林论》对此作了进一步的深刻解析:"黑格尔第一次——这是他的伟大功绩——把整个自然的、历史的和精神的世界描写为一个过程,即把它描写为处在不断的运动、变化、转变和发展中,并企图揭示这种运动和发展的内在联系。"③马克思和恩格斯的这两段话分别从不同的角度分析揭示了黑格尔历史观的深刻性。黑格尔的历史观的深刻之处有二。其一,黑格尔揭示了历史现象与其本质的差异性,力图透过历史现象深入到其本质逻辑之中。"黑格尔所代表的历史哲学,认为历史人物的表面动机和真实动机都决不是历史事变的最终原因,认为这些动机后面还有应当加以探究的别的动力"④。黑格尔这样的力图透过历史人物的动机而探究历史发展的动力的历史观,使他得以超越了旧唯物论者的经验主义迷雾。后者机械地将历史归结为历史事件的总和,将历史发展的本质肤浅地归结为君主和小人的争斗。其二,黑格尔将历史看作人类社会不断从低到高的发展过程,并且思辨而又辩证地揭示了贯穿其中的必然性及其发展序列。黑格尔的历史哲学蕴含着关于历史发展的必然性规律的合理性见解:"一切依次更替的历史状态都只是人类社会由低级到高级的无穷发展进程中的暂时阶段。每一个阶段都是必然的,……它不得不让位于更高的阶段,而这个更高的阶段也要走向衰落和灭亡。"⑤这样以辩证法为根本方法论支撑,黑格尔就不仅确立了辩证的历史观,而且思辨地深刻揭示了人类社会的历史发展进程的必然逻辑。

正是如此,恩格斯明确认为,"归根到底,黑格尔的体系只是一种就方法和内容来说唯心主义地倒置过来的唯物主义。"⑥这一论断是对黑格尔的历史观的合理内核及其历史贡献的高度肯定。然而,黑格尔的历史观只是"倒置过来的唯物主义",其根本性质却是唯心主义的。黑格尔虽然深刻地意识到

---

① 《马克思恩格斯文集》第1卷,人民出版社2009年版,第205页。
② 《马克思恩格斯文集》第1卷,人民出版社2009年版,第205页。
③ 《马克思恩格斯全集》第26卷,人民出版社2014年版,第26页。
④ 《马克思恩格斯选集》第4卷,人民出版社2012年版,第255页。
⑤ 《马克思恩格斯选集》第4卷,人民出版社2012年版,第223页。
⑥ 《马克思恩格斯选集》第4卷,人民出版社2012年版,第233页。

了历史的本质潜藏在现象之中、力图透过纷繁复杂的历史现象把握住贯穿其中的本质逻辑,然而他采取的却是形而上学的观念论的方式,即唯心主义地将历史发展的动力诉诸精神和意志。于是在黑格尔的历史哲学及其历史观中,人类社会及其历史发展的本质及其规律是以颠倒的即本末倒置的样态而呈现出来,"它不在历史本身中寻找这种动力,反而从外面,从哲学的意识形态把这种动力输入历史。"①这就充分地暴露了黑格尔的历史哲学及其历史观的根本症结和局限性:他并未能跳出形而上学的观念论传统,反而是陷入了"精神主宰世界"的唯心主义幻想,并倒向了将上帝绝对化为理性化身的神学幻想。

受这样的唯心主义历史观的制约,黑格尔的意识形态思想必然陷入困境。黑格尔虽然破除了特拉西的感觉主义"还原论"的知性形而上学逻辑及其二元论迷误,却陷入唯心主义的辩证幻象之中。黑格尔的"精神现象学"深刻地分析了人类的意识发展史、意识形态的发展演变过程,也深刻地揭示了意识、意识形态与社会历史发展的内在联系。然而,黑格尔却颠倒了二者的关系。"黑格尔完成了实证唯心主义。在他看来,不仅整个物质世界变成了思想世界,而且整个历史变成了思想的历史。"②他本末倒置地将意识、意识形态视为决定人类社会的本原,并唯心主义地用意识和意识形态的思辨演绎逻辑替代了人类社会的历史发展逻辑。黑格尔的思辨的和辩证的意识形态概念及其意识形态思想体系由此必然地呈现出双重特质。一方面,黑格尔深刻地切中了世界历史发展的主题、把握住了时代发展的脉搏,深刻地反映了"资本精神"亦即资产者力图在资本生产力推动下谋取自身统治地位的阶级意志;另一方面,黑格尔却未能摆脱现实和时代的制约。作为柏拉图主义者的黑格尔,是根本无法真正把握住资本运动背后的世界历史发展的真实逻辑的。他只能将对普鲁士封建统治的不满的"革命的怒火"诉诸思辨的辩证批判:将现存现实的不合理性思辨地消解在完满的意识形态体系之中,将它作为绝对精神从原点到终点的圆圈运动的一个必将被扬弃和超越的环节和阶段。"这样一来,革命的方面就被过分茂密的保守的方面所窒息。"③

---

① 《马克思恩格斯选集》第 4 卷,人民出版社 2012 年版,第 255 页。
② 《马克思恩格斯文集》第 1 卷,人民出版社 2009 年版,第 510 页注释①。
③ 《马克思恩格斯选集》第 4 卷,人民出版社 2012 年版,第 224 页。

黑格尔的意识形态概念、理论和其整个哲学体系在理论层面陷入了充满思辨辩证色彩的幻象和困境之中，在实践层面则走向了保守主义，"我们在《法哲学》的结尾发现，绝对观念应当在弗里德里希－威廉三世向他的臣民再三许诺而又不予兑现的那种等级君主制中得到实现"①。这就暴露出了黑格尔哲学思想和意识形态思想体系的历史局限性：这是资产阶级的"统治阶级思想"的观念化形式，具体地又是资产阶级哲学家以资产阶级的社会地位、阶级利益和阶级意志为"本原"而创造出来的资产阶级意识形态。

三、费尔巴哈对宗教的批判及其局限性

费尔巴哈的宗教批判具有施特劳斯和鲍威尔所无法比拟的深刻性和彻底性。他首先将批判的对象对准了黑格尔哲学，提出了必须"扬弃黑格尔哲学"的变革诉求②。费尔巴哈据此得出了一个在当时可谓是石破天惊的结论，明确地将"黑格尔哲学"视为宗教神学的"最后的避难所"和"最后的理性支柱"③。费尔巴哈深刻地看到了黑格尔哲学特别是其中后期哲学思想与德国封建专制之间的本质联系，触及前者在特定意义上是后者的意识形态（宗教）的哲学基础这一关联性。据此，费尔巴哈提出必须对黑格尔哲学实施"主宾颠倒"的前提性的批判，"存在是主体，思维是宾词。"④这一颠倒实际上就变革了黑格尔哲学观的唯心主义属性，将对问题的考察转移到了唯物主义的地平线上了。对此，恩格斯给了了高度的赞誉：费尔巴哈"直截了当地使唯物主义重新登上王座"⑤。在当时德国思想界产生了较大影响的著作即《基督教的本质》这本论著中，费尔巴哈从人本学唯物主义立场出发，对基督教展开了激烈的哲学批判。"人之对象，不外就是他的成为对象的本质。……人认为上

---

① 《马克思恩格斯选集》第 4 卷，人民出版社 2012 年版，第 224 页。

② ［德］费尔巴哈：《费尔巴哈哲学著作选集》（上卷），荣震华、王太庆等译，生活·读书·新知三联书店 1959 年版，第 114 页。

③ ［德］费尔巴哈：《费尔巴哈哲学著作选集》（上卷），荣震华、王太庆等译，生活·读书·新知三联书店 1959 年版，第 115 页。

④ ［德］弗尔巴哈：《费尔巴哈哲学著作选集》（上卷），荣震华、王太庆等译，生活·读书·新知三联书店 1959 年版，第 115 页。

⑤ 《马克思恩格斯选集》第 4 卷，人民出版社 2012 年版，第 228 页。

帝的,其实就是他自己的精神、灵魂,而人的精神、灵魂、心,其实就是他的上帝:上帝是人之公开的内心,是人之坦白的自我;宗教是人的隐秘的宝藏的庄严揭幕,是人最内在的思想的自白,是对自己的爱情秘密的公开供认。"①费尔巴哈由此将基督教的"神圣本质"人本主义地还原为人的"世俗本质",将作为彼岸的"神的王国"的基督教的本质还原到了世俗的生活世界这里。这事实上是费尔巴哈在《基督教的本质》中所持有的基本观点,也是其人本学唯物主义的宗教批判的基本立场。对此,费尔巴哈说:"宗教——至少是基督教——,就是人对自身的关系,……因而,属神的本质之一切规定,都是属人的本质之规定。"②显而易见,就其将矛头对准作为普鲁士封建王朝的国教基督教而言,费尔巴哈所实施的这种人本学唯物主义性质的宗教批判当然是具有进步性的。即使仅仅从当时的德国思想界而言,这一批判也具有十分突出的现实意义,费尔巴哈难能可贵地将发端于施特劳斯和鲍威尔那里的宗教批判扭转到了唯物主义的地基上来。在施特劳斯和鲍威尔那里,宗教批判带有明显的唯心论的色彩。二人全都是从唯心主义的哲学观出发对宗教的本质进行理性的解析。他们虽然也从不同的侧面揭开了宗教的世俗本质,但并没有能够直接建立起宗教幻想与现实世界的关系。

以人本学唯物主义为基本理论支撑(哲学基础),费尔巴哈对宗教展开了十分深刻的唯物主义批判。他正确地将宗教归结为人的头脑所产生的颠倒的虚幻的意识,将宗教幻想归结为生活在一定的社会中的人们关于生活世界的主观幻想。这样对宗教的唯物主义批判不仅从世界观和认识论双重维度确证了宗教观念的颠倒特性,而且也将批判的锋芒对准了现实中的基督教对德国人民的精神压迫和思想钳制,因而蕴含着十分明显且难能可贵的反封建、反专制的革命民主主义旨趣。恩格斯深刻地揭示了费尔巴哈的这本论著在当时德国思想界产生的重大影响。在他看来,费尔巴哈的著作及其宗教批判无疑在当时德国理论界产生了重要的思想解放的作用和效果③。然而,总的来说,费尔巴哈对宗教的批判停留在了纯粹理论的层面,其旨趣更多的是要从哲学的

---

① [德]费尔巴哈:《基督教的本质》,荣震华译,商务印书馆 2017 年版,第 18 页。
② [德]费尔巴哈:《基督教的本质》,荣震华译,商务印书馆 2017 年版,第 19 页。
③ 参见《马克思恩格斯选集》第 4 卷,人民出版社 2012 年版,第 228 页。

维度澄清宗教是一种人的头脑所产生的"观念幻象"。费尔巴哈试图以此论证基督教存在的不合理性，即试图启迪德国人民摆脱基督教的禁锢。应该说，费尔巴哈的目的具有现实的合理性，也具有历史的正义性。但是，基督教并非作为"宗教一般"的特殊形式，它并非人们头脑自生的一种颠倒的"宗教意识"，而是现实的人受特定社会现实的推动而产生的社会意识。这样一来，费尔巴哈试图通过一种纯粹哲学的"宗教批判"而达到对基督教的"否定"，就只能是一种美好的主观意图。这不仅表明费尔巴哈思想根本上受制约于德国社会现实的事实，而且尤其意味着他受到了德国资产阶级的意识形态的影响。正因如此，费尔巴哈对宗教的批判的不彻底性也是十分明显的。

费尔巴哈对宗教的批判的首要局限性在于，他事实上并未能够真正揭示宗教的本质。费尔巴哈意图通过对宗教的人本学唯物主义还原揭示宗教的本质，致力于罢黜宗教的神秘特性，将其"属神的本质"还原为"属人的本质"。这一做法的确从哲学上暴露了宗教的颠倒性和虚幻性。从哲学的角度看，宗教的确是存在于人们头脑中的颠倒的世界观幻象和认识论幻想。因此，承认"人创造了宗教"，将这种"宗教意识"归结为"还没有获得自身或已经再度丧失自身的人的自我意识和自我感觉"[1]，这是彻底唯物主义的宗教批判的必要环节；然而，要想真正达到对宗教的本质的彻底的唯物主义解剖，还必须对问题本身作进一步的深入思考："人们是怎样把这些幻想'塞进自己头脑'的？"[2]质言之，是什么力量推动着这些"现实的人"在头脑中产生这样的谬误观念？对于这一根本关涉宗教的"社会本质"的关键问题，费尔巴哈并未进行深入地研究。也正是错失对这一问题的研究，导致费尔巴哈对宗教的批判不免耽于抽象、只是一种"纯粹理性批判"。

费尔巴哈对宗教的批判的局限性还在于，基于纯粹人本学唯物主义视域是根本无法揭示宗教的根源的。费尔巴哈既然未能彻底看清楚宗教的本质，他也就无法科学地揭示宗教的根源。与对宗教的本质的理解一样，费尔巴哈对宗教的根源的解释也同样是十分抽象的。费尔巴哈深刻地基于人本学唯物

---

① 《马克思恩格斯文集》第1卷，人民出版社2009年版，第3页。
② 《马克思恩格斯全集》第3卷，人民出版社1960年版，第261页。

主义视角强调要从人的生活条件去分析宗教的根源,然而,问题在于,人与人之间的这种"感情的关系、心灵的关系"究竟是一种什么样的关系?这种"关系"有着什么样的社会现实性内涵?对于十分关乎紧要的这些问题,费尔巴哈根本上没有进行深入的思考。这些问题实际上也是完全超出其人本学唯物主义视域、为其所根本无法进行科学的解答的难题。而也正是无法把捉住问题的实质,导致费尔巴哈对宗教的根源的理解只能停留于纯粹理论的层面,只能是耽于对宗教的心理根源和认识论根源的探究,而没有能够真正从人与社会的关系维度揭示宗教的社会历史根源。

费尔巴哈对宗教的批判的第三重局限性在于,这一批判无法真正澄清宗教与社会发展之间的内在联系。费尔巴哈的宗教批判无疑深刻地触及了宗教与现实社会发展的关系问题,然而,其批判的根本旨趣不是"改变世界"而是"解释世界"。他对基督教的批判的目的是要"用理性的火炬去照亮宗教的黑暗本质",以此"证明神的本质也就是人的本质"①,并提出"人是宗教的始端,人是宗教的中心,人是宗教的尽头"②。这意味着费尔巴哈只是满足于对宗教的"纯粹理性批判",只是局限于将彼岸的"宗教世界"还原为此岸的"生活世界"的派生物;这实则意味着,费尔巴哈仍然停留于将"两个世界"分离开来的柏拉图主义思维逻辑。这就从根本上(逻辑前提上)制约并限制着费尔巴哈的"宗教批判"的深度,禁锢着他无法将对宗教的理论批判提升为对现存不合理的社会现实的实践变革。一言以蔽之,费尔巴哈不是从社会发展的历史进程中去锚定宗教的地位和作用,而是意图为这个现实的和客观的历史进程蒙上一层宗教的外衣、盖上一层"宗教的印记"。

这样一来,就彻底地暴露了费尔巴哈对宗教的批判的根本症结所在。费尔巴哈对宗教的所谓的纯粹理性批判导致的却是一个非批判的结果。这一批判不仅没有能够对宗教的本质及其根源给出一个彻底的唯物主义解释,也未能真正揭示宗教和社会历史发展之间的内在联系;如此一来,作为唯物主义哲学家的费尔巴哈就必然地将宗教与现实世界的关系本末倒置,必然地夸大宗

---

① 《费尔巴哈哲学著作选集》(下卷),荣震华、王太庆、刘磊译,生活·读书·新知三联书店1959年版,第524页。

② [德]费尔巴哈:《基督教的本质》,荣震华译,商务印书馆2017年版,第237页。

教伴随于人类社会发展的进程之中这个客观事实,由此必然地倒向了将宗教归结为人类社会历史发展之决定性的本质要素的唯心主义迷误。费尔巴哈耽于对宗教的观念论构造禁锢着他对基督教的批判。毋宁说,在这里,费尔巴哈更多地是将德国人民头脑中的"基督教观念"作为批判对象,其批判的目的只是为了消除这种错误的观念。他所提出的方案是以真正的"人"的观念替代之。这样一来,费尔巴哈就无法真正抓住基督教与德国社会现实之间的内在联系;他就更无法提出"消灭基督教"亦即变革德国封建专制制度的革命主张。费尔巴哈意图将问题的解决诉诸"重建宗教",即意图建立一种符合人的本质的"爱"的宗教;这既是费尔巴哈的宗教批判的必然逻辑终局,也是其深陷于"德意志意识形态"的时代局限性。

四、马克思恩格斯意识形态思想对传统的超越

马克思和恩格斯的意识形态思想与传统意识形态思想之间存在着客观的历史联系,然而,前者并非后者的"自然延续",而是在根本性的维度上对后者的彻底变革。上述分析可见,无论是特拉西还是黑格尔,他们所建构的意识形态学说都充满"观念论"的色彩。也就是说,他们都是以某种抽象的观念作为逻辑始基,对现实世界进行充满思辨化的构造。推动马克思恩格斯进行意识形态研究的动因,不是纯粹的理论旨趣,而是带有十分鲜明的即"改变世界"的实践旨趣。也就是说,他们的意识形态研究及其思想体系建构牢牢围绕着无产阶级解放、以共产主义消灭资本主义这一轴心。正因如此,马克思和恩格斯完全跳出了传统意识形态思想的基地,将意识形态问题研究移到了科学的即彻底唯物主义的地基之上。

从特拉西到黑格尔,传统意识形态思想体系都是抽象地将"意识形态"构造成一个纯粹的哲学范畴,从根本上颠倒了意识形态与现实世界的真实关系,因而抹杀了意识形态的现实性内涵和历史性特征。马克思和恩格斯摒弃了传统意识形态思想研究的观念论的做法。他们跳出了传统从观念出发将抽象的"意识"建构成为更加抽象的即先验的"意识形态"概念的套路,创造性地为意识形态问题研究开辟了一个崭新的方向和道路。

马克思和恩格斯得以超越传统意识形态思想的首要条件,是他们将问题

的研究奠定在了科学的世界观即新唯物主义世界观的基础之上。无论是特拉西还是黑格尔,他们的意识形态范畴及其理论的构建采取的都是"从天国降到人间"的手法,深陷于形而上学的和唯心主义的世界观的窠臼之中。与他们截然相反,马克思恩格斯坚持将新唯物主义世界观贯彻到了对研究意识形态问题的研究中去。

旧哲学的"世界观"——他们将世界归结为某种感性客体和思想客体的观念论幻象——的通病在于,哲学家们从源头处抹杀了人的实践活动与现实世界的本质联系。旧唯物论者实际上是片面地将"世界"理解为自然存在物和既定的社会存在物的集合体,完全遗忘了这个"世界"与人的本质联系,尤其忽视了后者对于前者的主体地位和能动作用,世界被形而上学地构造成了一个抽象的感性客体。对此,唯心论者的深刻之处是克服了旧唯物论者世界观的机械性。但这些唯心主义哲学家却执迷于对人与世界的本质联系进行观念论的抽象构造,将之归结为主体对于客体的先验统摄,消解了世界的客观实在性,"世界"被先验地构造成了一个纯粹的思想客体。海德格尔说,形而上学就是"柏拉图主义",无论唯心论者和旧唯物论者都是柏拉图主义者。这的确不错,然而这一事实的真相是,所有传统西方哲学家(实际上也包括现代西方哲学家)的世界观都充满观念论特质,都在世界观层面陷入经验主义的或先验主义的观念论幻象之中。

马克思和恩格斯的新唯物主义世界观并不是在原有的旧哲学的地基上对世界进行抽象的观念论建构。这一世界观从前提上颠倒了旧哲学的"柏拉图主义"传统。在马克思和恩格斯看来,"世界"不是一个观念论的范畴,即不能被归结为由哲学家们的头脑所创生的、作为主体的意向关联项的纯粹理论范畴,而是一个与人们的生产生活实践活动具有内在本质联系的现实性范畴。我们并不否认哲学家们头脑中的这个"观念世界"的实存性,问题在于如何界定它的实在性。哲学家们全都默认这是一个"绝对观念",即绝对地超越于"感性世界"之外的范畴。我们知道,旧哲学就是这样做的,唯心论者和旧唯物论者都是满足于将世界建构成为抽象的理论客体(感性客体、思想客体)而拒斥对其来源的追溯,例如,康德在《纯粹理性批判》中就拒斥对作为联结感性和知性的"先验图型"的来源的追问①。然而,如果真正将哲学的理性的和反思的精神贯彻到底,事情就不应是这样,就会发现一个和观念论者所以为的完全不一样的事实:不是人决定自然界,而是自然界决定人亦即人及其意识都是自然界长期发展的结果和产物②。恩格斯强调,"这是对事物的唯一唯物主义的观点"③。那么,关于事物的这一"唯一唯物主义的观点"亦即马克思和恩格斯所坚持的新唯物主义世界观,能否站得住脚? 这就需要进一步从自然界和人类社会的发展追溯作为"人脑的产物"的物质本体即物质根源。

马克思和恩格斯揭示了思维和意识的物质根源。无论是从历史的角度考察,还是从逻辑的层面考察,物质生产实践活动都是思想和观念的物质本源。全部思维活动的主体、一切观念的"生产者"不是"神",而是人们自己④。思维和意识有其须臾不可分离的物质基础和现实前提,它们本质上是人们对自己所从事的物质生产生活实践活动的观念映像。从历史的和逻辑的双重视角看,人们之间的精神交往,个人的意识活动、整个人类的精神生产,都不是如哲学家们所认为的纯粹主观的观念活动,而是根源于物质生产生活实践的直接产物,实则是人们的头脑对于自然界和人类社会的观念映像。

那么,是什么推动着人们的头脑对现实世界进行思维? 这一力量绝非哲学家们自己所认为的所谓的"纯粹思想的力量"⑤。马克思和恩格斯摒弃了这种观念论幻想。他们承认人们必须通过自己的头脑对世界进行思维,但又强调指出,这并不意味着可以将发生在头脑之中的思维活动归结为受精神和意志决定的纯粹主观活动。人脑是在何种力量的推动下产生这样的超感觉的思维和意识的呢? 答案只能是实践,是作为"整个现存的感性世界的基础"即人们所从事的物质生产生活实践⑥。感性的实践活动、人们认识和改造自然界的生产劳动,是推动着人们的头脑进行思维和意识活动的源动力。人并不是哲学家们所形而上学地设定的主体,而是从事着物质生产生活实践的有生命

---

① 《康德三大批判合集》(上卷),邓晓芒译,杨祖陶校,人民出版社 2009 年版,第 86 页。
② 参见《马克思恩格斯全集》第 26 卷,人民出版社 2014 年版,第 38—39 页。
③ 《马克思恩格斯全集》第 26 卷,人民出版社 2014 年版,第 38 页。
④ 参见《马克思恩格斯文集》第 1 卷,人民出版社 2009 年版,第 524 页。
⑤ 《马克思恩格斯文集》第 4 卷,人民出版社 2009 年版,第 280 页。
⑥ 参见《马克思恩格斯文集》第 1 卷,人民出版社 2009 年版,第 529 页。

的个人。人们头脑中的思维和意识活动是在实践的推动下对于人与世界的关系、人与人的关系以及人与自身的关系的反映。

人们在实践的推动下对世界进行的观念反映及其所形成的观念映像,他们的这种现实的和实践的思维和意识活动充满能动性的特质。这种能动性是作为实践主体的人的本质的突出表现,亦即人们头脑中的精神活动与现实中所从事的物质生产呈现出鲜明的辩证联系。人们的思维和意识能力深刻地受到其实践能力即生产力水平的决定和制约。在生产力水平较低的情况下,人们关于世界的认识水平也十分低下。这种较低层级的思维和意识能力①本质上是人们关于外部世界——作为其绝对的主宰的自然界——的本能的直观反映。在这样的情况下,人与世界的关系呈现出二元对立的特征。人是臣服于乃至隶属于自然界的弱小个体。人们的思维和意识充满纯粹直观的、对自然界无限崇拜和敬畏的特点,它实则是"对自然界的一种纯粹动物式的意识(自然宗教)"②。意识的这种特点和性质是对这种原始状态下人与自然界的同一性完全相适应的。这时的自然界是自然的存在物,它尚未被人类的实践活动所改造,人与自然界的关系是单向度的即人依附于自然。人们的思维和意识就是对人与自然界的这种狭隘的关系的直观反映。人们开始意识到了自己的社会存在,即意识到了自己是生活于和他人所构成的原始共同体之中的不同于动物的社会性存在。人们在较低的实践活动中所产生的这种关于自身与自然界的狭隘关系的这种"纯粹的畜群意识",与他们的茹毛饮血的动物式的社会存在相适应,其关于世界的"意识"不过是被意识到了的"本能"③。人们受外界物质条件所决定和制约的狭隘的意识活动尚未真正超越动物关于世界的感知,尚不能与动物根本区别开来。

在实践的推动下,随着生产力的发展,人们感知世界的思维和意识的能力和水平得以提高,开始扬弃和超越这种极为低下的"纯粹的畜群意识"。推动

---

① 这种适应于较低的实践能力的较低水平的意识能力,既是历史地为远古人类所拥有的思维形式,也是现实地为个体的人例如幼儿所拥有的思维形式。当然,马克思和恩格斯在《德意志意识形态》中描述的是原始人的意识能力。

② 参见《马克思恩格斯文集》第1卷,人民出版社2009年版,第534页。

③ 《马克思恩格斯文集》第1卷,人民出版社2009年版,第534页。

人们的思维和意识的能力和水平的质的提升的根本动力是实践。分工必然地将随着生产力水平的提高而随之提高①。如果进一步追问,分工是在什么样的社会条件下才真正成为物质劳动和精神劳动的"分离"这样的形式,那么就得追溯到分工与所有制的关系。这样的"真正的分工"的开始出现所对应的历史时期是第二种所有制形式即"公社所有制和国家所有制"。在这种所有制下面,人与人之间的社会关系开始呈现出阶级对立的特点,原初作为维护全体社会成员的共同体开始朝着只是维护某个阶级(作为奴隶主的公民)的"公社"和"国家"这种形式发展。社会分工在这种私有制已然发展起来的社会存在中也开始变得发达起来。共同体成员之间原初个体的自然差异性开始被固化为社会角色的不同,由此导致这样的景象出现:占绝大多数的奴隶从事着繁重的体力劳动,少数人即作为奴隶主的公民开始脱离体力劳动而靠剥夺奴隶的劳动成果生存。在后者之中即在这个奴隶主阶级之中也进行着分工,开始出现一些人专司精神生产,即"摆脱世界而去构造'纯粹的'"②理论体系。在这样的实践的推动下、在这样的发达的生产力和分工形式的物质基础之上,思维和意识开始展现出自身的能动性的本质。它开始呈现出脱离物质生产实践的纯粹精神生产的特点,并且成为一定的社会形态中的一个专司精神生产的部门,这样的精神生产也开始成为由某个群体所专门担任和负责的职业。

马克思和恩格斯由此就破除了旧哲学的观念论的世界观,颠覆了传统意识形态思想的理论基础和思想前提(哲学基础);内蕴于这一批判之中的有十分积极的变革意蕴:马克思和恩格斯由此为科学的意识形态思想即马克思主义的意识形态思想的创立奠定了坚实的理论基础和逻辑前提。

第三节 马克思恩格斯对意识形态基本问题的澄清

一、意识形态的根源

马克思恩格斯认为,意识形态的产生有其客观的物质根源,这就是生产力

---

① 参见《马克思恩格斯文集》第 1 卷,人民出版社 2009 年版,第 534 页。
② 《马克思恩格斯文集》第 1 卷,人民出版社 2009 年版,第 534 页。

和交往关系(《形态》中对生产关系的称谓)的矛盾。在太古时代的原始社会，受低下的生产力水平的制约，人们的思维能力和水平深受制约，人们的"意识"在此时"只是对直接的可感知的环境的一种意识"①。究其实质，这是一种刚刚脱胎于自然界的远古先民们对一个他们未知的自然界的感觉或知觉。人们的意识随着生产力的发展而随之丰富起来。在原始共同体下，分工只是个体自然禀赋的差异。随着生产力的进一步发展，分工所导致的社会角色的固化，推动着意识这种精神活动开始发生本质变化，社会中出现了两种根本不同的"意识"。一种是与物质劳动生产实践相对应的日常生活观念，另一种则是和物质生产实践相脱节的"纯粹意识"。正是这种纯粹的意识活动催生了一种纯粹的精神生产。作为这种"纯粹的精神生产"活动的结果，产生了各种"纯粹的"理论体系如神学、哲学、道德等等②。作为这种纯粹的精神生产的主体，不是普通人，而是最早的"意识形态家、僧侣的最初形式"③。人们的意识活动因此历史地发展成为一种纯粹的模态，一种专司创制意识形态的精神生产从此诞生。

二、意识形态的本质

马克思恩格斯对生产力与交往关系的矛盾展开深度解析，以此揭示意识形态的本质内涵。家庭是矛盾存在和发展的温床即基础。矛盾不但存在于单个家庭，而且也存在于由这些家庭所组成的共同体。矛盾通过社会产品的分配表现出来，最初这是单个家庭内部社会成员之间关系的不平等，并由此导致个体的私人利益与共同体的普遍利益的对立④。本质而言，这是一种根本性的利益对立，即占有财产的个人及其家庭之间，以及这些私有者与整个共同体之间的矛盾。分工不但导致产品的分配不均，它还进一步导致社会关系的分化，并进一步将之固化为阶级与阶级的对立。于是，国家就随之产生。它不再是属于全体社会成员的共同体，而是成了一个阶级统治其他一切阶级的政治

---

① 《马克思恩格斯文集》第1卷，人民出版社2009年版，第533—534页。
② 参见《马克思恩格斯文集》第1卷，人民出版社2009年版，第534页。
③ 《马克思恩格斯文集》第1卷，人民出版社2009年版，第534页注释②。
④ 参见《马克思恩格斯文集》第1卷，人民出版社2009年版，第536页。

机构。一旦市民社会由于自身矛盾（生产力与交往形式即分工）的推动而分裂出国家这个"虚幻的共同体"，人们的一切生产和生活都将以它为轴心而旋转。

意识形态本质上即是"虚幻的共同体"即"国家"和市民社会的矛盾在思想领域的投射。确切地说，意识形态本质上是阶级关系及其利益诉求的负载，它是社会中各个阶级的地位及其利益的特定反映。哲学、宗教、法律、道德等，它们都是奠立于一定的经济基础之上、反映阶级关系的"观念的上层建筑"[①]。这一术语充分展现了马克思恩格斯意识形态概念的独特内涵。它超出了以往观念学意义上的意识形态概念，赋予其以深刻的历史科学内涵。基于这一历史科学视域，"意识形态"是与国家和社会发展有着客观联系的精神生产活动。这一精神生产活动牢牢以现实社会的发展为前提，深层地受到生产力与交往关系的制约和决定，并且尤其受到统治阶级的支配和主导。

三、意识形态的生产机制

在马克思和恩格斯看来，统治者只是社会精神生产的调节者，而非意识形态的直接生产者。也就是说，统治阶级虽然是社会精神生活领域的主宰者，他们虽然力图将自身的阶级意志转化为意识形态，然而，他们自己并不会亲自去做这件事情。因此，这里其实还存在着一个意识形态究竟是如何生产出来的问题。马克思恩格斯对此作了深刻剖析。

首先是意识形态的生产主体。统治阶级是一个由各个成员组成的整体。一部分人是"积极成员"即国家政权的具体操纵者，负责组织物质生产并确保各个机构和各项事务的正常运转；而另一部分人即那些思想家则是该阶级的精神生产者，他们是负责将本阶级的意志转化为能够让全社会尤其是被统治阶级接受的思想和观念的意识形态家[②]。因此，就生产主体而言，意识形态并不是由寻常个人创造的，而是由隶属于统治阶级的意识形态家们创制的；意识

[①] 《马克思恩格斯文集》第1卷，人民出版社2009年版，第583页。

[②] 参见《马克思恩格斯文集》第1卷，人民出版社2009年版，第551页。

形态并不是日常生活意识和观念,毋宁说,前者是后者的凝聚或凝结,后者深层地受到前者的影响乃至规塑。

其次是意识形态家生产意识形态的目的。意识形态家负责将统治者的阶级意志制造和转化为意识形态。这一工作必然充满先验色彩。他们的中心任务其实就是如何掩盖国家作为"虚幻的共同体"的本质,将之粉饰为"真正的共同体"即全社会利益的代表。他们创制意识形态的目的是将"占统治地位的思想"同"进行统治的个人"分割开来,由此构造出思想始终主宰着历史的发展的意识形态论调①。质言之,意识形态家们的目的是要掩盖统治阶级掌控国家政权的事实,即掩盖作为共同体的国家只是代表统治者利益的虚幻本质。而为了达到这一掩盖的目的,他们就只能诉诸先验的即与旧的思辨哲学本质同一的形而上学手法。

最后是意识形态家生产意识形态的手段或步骤。具体而言,这一手法包括三个步骤。第一步是对统治者本人与其思想的分离。其结果是营造出第一个幻象即"承认思想或幻想在历史上的统治"。第二步是先验地赋予"这种思想统治"以"某种秩序"。这种做法是为了论证现存国家政权和政治统治的合理性,即为了将这种暂时的亦即历史的合理性夸大为绝对的天然永恒。要达到这个目的,他们除了诉诸先验的形而上学玄思别无他法。第三步是赋予"思想"(意识形态)以人格化的外衣。这一步成为意识形态幻想和谎言得以成功的"封顶之作"。从形式上看,作为终点的这第三个手段仿佛又回到了原点。然而,二者的内容却有着本质的区别。原点即出发点是要通过割裂和分隔的方式使得全社会认同统治阶级的思想及其利益诉求;经过第二个环节,现在这一意图得以实现。统治阶级思想成了意识形态。于是,在意识形态家们的努力下,统治阶级维护自身利益诉求的意图终于被抽象化为全社会的共同理想。

四、革命意识形态的建构原则

我们知道,马克思恩格斯是坚定的共产主义者。因此,他们的意识形态研

---

① 参见《马克思恩格斯文集》第 1 卷,人民出版社 2009 年版,第 553 页。

究具有彻底的革命性和批判性。他们的目的并不是"解释世界"即抽象地构造出一套理论学说;恰恰相反,他们的目的是"改变世界"即通过意识形态批判消灭私有制社会。这一点构成马克思和恩格斯意识形态思想的落脚点和归宿。这一问题直接关涉马克思主义意识形态思想的根本要义。很多人尤其是有不少非马克思主义研究者,他们不解其意,作了种种歪曲,如著名的"曼海姆悖论"。事实上,正如我们上面所揭示的,意识形态并非像曼海姆理解的观念科学,而是奠立于一定生产力和交往关系之上的精神生产。就此而言,意识形态的本质就并非一成不变。随着人类社会自身的矛盾发展,随着私有制时代的终结,意识形态的本质必将发生根本性的改变。因此,剥削阶级意识形态的消亡就是无产阶级意识形态的重建。这二者是一体两面的关系。马克思和恩格斯对此作了深刻剖析。

如上所言,作为"观念和思想生产"的意识形态,在阶级社会受到统治阶级的支配和主导,根本上是统治阶级意志的观念表达。然而,生产力和交往关系的矛盾不但是意识形态生产的本源动力,也是推动人类社会发展的根本力量。因此,随着这一矛盾的发展,人类社会的本质会发生变化,意识形态的本质也将随之发生变化。一旦生产力与交往关系的矛盾彻底激化,一旦旧的阶级统治和国家政权遭到整个市民社会的反对,就将引发新阶级反对旧的统治阶级的社会革命。而意识形态斗争是这场社会革命的重要组成部分。作为旧统治阶级的对立面的新阶级力图赋予某种"思想"或"观念"以"普遍性形式"①。这是一种根本不同于统治阶级的意志且与之对立的革命意识形态。这种革命意识形态往往会在社会革命中充当革命号角,起到极大地鼓舞全体社会成员推翻旧的国家政权的重要作用。然而,在整个私有制社会,这种革命意识形态都难以克服自身的局限性。一旦革命成功,一旦新阶级建立了新的国家政权,曾经的革命阶级就成了新的统治阶级,曾经的革命意识形态就转而将蜕化成为保守的、纯粹为了维护本阶级狭隘的统治地位和利益的谎言和道德说教。

革命意识形态的这种不彻底性源于以往社会革命的局限性。这唯有通过

---

① 《马克思恩格斯文集》第 1 卷,人民出版社 2009 年版,第 552 页。

彻底的无产阶级革命才能克服。马克思恩格斯认为,这一革命既是资本时代生产力与交往关系矛盾的直接结果,深层地又是以往历史时代人类社会矛盾的必然结果。矛盾在私有制条件下是无解的。从奴隶制到资本所有制,人类社会始终是在私有制的圈子里打转。资本所有制虽然消除了以往的等级压迫,实现了到目前为止最为彻底的政治解放,但它仍然受到生产力与交往关系这一基本矛盾的制约。不仅如此,在资本时代,这一矛盾达到了极致化的境地,社会中的阶级矛盾即"阶级对立达到了极点"①。所以,旨在推翻资本统治的无产阶级革命将不可避免。它具有以往任何革命都无法比拟的彻底性。无产阶级革命的彻底性在于,它不是为了获取国家政权,而是要改变国家政权的私有性质。

显而易见,这种彻底的社会革命必然会推动意识形态本质的转化。意识形态本质的这一变化有其必然性,它牢牢奠立于人类社会必然由私有制时代向共产主义社会转化的根基之上。无产阶级革命将彻底消灭私有制而重新建立一种新的文明形态即共产主义。因此,随着这种以每个人的全面发展为前提的新型共同体的建立,意识形态的本质必将发生根本转化。这种转化本身是二重性的。一是剥削阶级意识形态的消亡。长期以来作为先验幻想的意识形态将褪去它在阶级社会的颠倒性和虚假性的底色。二是无产阶级意识形态的建构。无产阶级将在革命的过程中一步步意识到自己的历史使命,从而不断地将自身的阶级意识凝聚为一种革命信念和科学的社会理想。马克思恩格斯在《形态》中对此作了深刻剖析。

一是无产阶级意识形态建构的主体。马克思恩格斯认为,像以往的统治阶级一样,无产阶级自身意识形态的构建也是通过理论家和思想家完成的。无产阶级也有自己的理论家和思想家。无产阶级反抗阶级压迫的革命主张是通过无产阶级理论家(如前所示,马克思和恩格斯将之称为"共产主义理论家")上升为意识形态的,这一彻底革命的意识形态起到了鼓舞全社会其他被压迫者的反抗意识和斗志。

二是无产阶级意识形态与剥削阶级意识形态的本质区别。无产阶级理论

---

① 《马克思恩格斯全集》第 3 卷,人民出版社 1960 年版,第 516 页。

家与资产阶级理论家乃至一切剥削阶级的理论家有着本质区别。以往的理论家是附属于统治阶级的意识形态家。他们的意识形态建构实际上是把统治者的特殊利益先验地夸大为全社会的普遍利益,因而将统治阶级的思想抽象化为主导和统摄社会精神生产的意识形态。无产阶级自身的彻底革命性及其旨在建立共产主义的革命理想,使得其在根本性维度上摒弃了私有阶级的意识形态思想的颠倒性及其虚假性,因而能够构建起彻底革命的即科学的意识形态思想。

三是无产阶级意识形态的内容和形式。就其形式而言,区别于剥削阶级意识形态的颠倒映射,无产阶级理论家主张对现存不合理现实进行无情的批判。批判是无产阶级理论家建构自身意识形态的主要形式。这一批判的"共产主义者的觉悟"源于无产阶级革命的目标和方向,"他们意识到自己的斗争是所有超出资产阶级制度的人的共同事业"[1]。他们自觉地看到:唯有对眼前私有制及其不合理的阶级压迫进行无情揭露,才能唤醒和鼓舞无产者的阶级意识和革命斗志,因而才能达到对不合理现实的革命改造。与这种彻底批判的形式相适应的是无产阶级意识形态的科学内容。无产阶级意识形态不是空想社会主义者的道德说教,而是科学的社会主义理想。因而,无产阶级理论家的中心任务就是从唯物史观高度揭示私有制的根源,并对无产者何以通过革命行动消灭私有制提供科学的道路指引。而这一点正是革命的和批判的无产阶级意识形态的根本原则。

第四节 马克思恩格斯对资产阶级意识形态的哲学批判

一、对德意志意识形态的批判

（一）德意志意识形态的颠倒性

德意志意识形态首要的是一种颠倒的世界观幻象。就其将思想与现实世

---

① 《马克思恩格斯全集》第3卷,人民出版社1960年版,第233页。

界的关系本末倒置,从而将抽象的观念设定为本体而言,德意志意识形态家和一切旧时代的玄想家没有本质区别。马克思恩格斯认为,这种颠倒的思想幻象贯穿于整个德国思想界。

这些德国哲学家都固守黑格尔的思辨唯心主义哲学观,并将之作为自己的世界观立场。就连费尔巴哈哲学也是如此。费尔巴哈的人本学唯物主义也带有自身难以克服的局限性。他只有戴上哲学家们的"眼镜"才能"观察感性"①,这表明费尔巴哈同样也颠倒了事物的真实关系,从而堕入对现实世界进行本体构造的观念论迷误。这种颠倒蔓延到了整个德国思想界,德国的社会主义者们尤其深受其影响。他们抹杀了英法共产主义文献和思想与其现实的内在联系,将之抽象化为纯粹的理论教条。于是,这些"真正的社会主义者"就不可避免地"当了德意志意识形态的俘虏"②。

(二)德意志意识形态的虚假性

颠倒的世界观架构根本制约着德国思想家们对现实世界的认识。由于他们或者唯心主义、或者形而上学地颠倒了意识与现实世界的关系,这些思想家们就不可避免地陷入对社会现实的歪曲,由此衍生出"种种虚假观念"③。这种"天真的幼稚的空想"——带有强烈的主体形而上学色彩的认识论幻象简直成了德国思想家们的魔咒。这又是十分典型的唯心史观迷误。费尔巴哈、鲍威尔、施特劳斯以及施蒂纳,他们都堕入了唯心史观迷误之中。费尔巴哈天真地将抽象的"爱"视为历史的本体;布鲁诺不仅将历史主观化为"自我意识"的产物,更是以历史的裁判官自居,认为只有自己的纯粹批判才能推动历史发展;施蒂纳一方面倒是深刻地指出了布鲁诺和费尔巴哈历史观的抽象性,然而,另一方面却走向了极端。他将德意志意识形态家们对历史的唯心主义歪曲极致化,将"我"设定为上天入地无所不在而又无所不包的"唯一者"。这种做法将残留在德意志意识形态中的些许现实因素完全蒸发,彻底暴露了他们漂浮在社会历史发展上空的虚无本质。

---

① 参见《马克思恩格斯全集》第 3 卷,人民出版社 1960 年版,第 48 页注释②。
② 《马克思恩格斯全集》第 3 卷,人民出版社 1960 年版,第 535 页。
③ 《马克思恩格斯文集》第 1 卷,人民出版社 2009 年版,第 509 页。

（三）德意志意识形态的真实面目

究其实质,这种先验的思想和观念不过是德国思想家们对德国现实的主观映像。问题的关键是"人们是怎样把这些幻想'塞进自己头脑'的?"①马克思恩格斯认为,德国复杂的社会矛盾是推动着德意志意识形态家们将现实本末倒置的客观原因。与英国和法国相比,德国资本主义发展缓慢,德国资产者发展资本生产的主观意图受到客观现实即德国封建制度的束缚。德国资产者尚不具备与封建统治者一争高下的窘境,和当时的不少德国资产者一样,德国哲学家们追随黑格尔也对国王和封建贵族抱有不切实际的幻想。他们将德国的"现代化",即在德国建立起像英国和法国那样的资本主义国家制度寄希望于旧制度本身的自我变革,"他们希望通过思想文化领域的革命性思考和呼吁,展示自己的利益诉求和愿望。"②这实际上是期待德国能够通过改良而非革命的形式从封建时代自然地转变到资本时代。黑格尔对封建制度所采取的"欲拒还迎"的暧昧态度,使其哲学呈现出"拥护革命"与"赞成改良"的矛盾特性。他们纷纷抹杀了德国资产者的特殊利益与全社会共同利益的对立,由此陷入将德国资产者的阶级意志夸大为德国人民的社会理想的意识形态幻象。

二、对宗教的批判

马克思和恩格斯的宗教批判所针对的是宗教神学(主要是基督教)对于人民大众和无产阶级的思想钳制。他们对宗教进行批判的目的是要解除这样一种封建意识形态对社会的阶级矛盾的遮蔽和掩盖,消除其对于无产阶级革命运动的干扰和影响。

马克思和恩格斯的宗教批判首先是针对德国的社会现实的。当历史的车轮已经行进到了 19 世纪,当邻国法国和英国在其强劲有力的资本主义生产力的推动下分别发生了政治革命和社会革命,德国社会却仍然停留在封建专制之中。相比较英国和法国,德国的工业发展十分落后。但是,自从 1815 年以

---

① 《马克思恩格斯全集》第3卷,人民出版社 1960 年版,第 261 页。
② 刘新利、邢来顺:《德国通史》第3卷,江苏人民出版社 2019 年版,第 448—449 页。

后,德国资产阶级的财富随着资本生产力的发展而不断增长,他们与德国的封建贵族之间的矛盾开始变得愈发尖锐和突出。然而,德国资产者和封建贵族之间的阶级斗争呈现出独有的不同于英国和法国的本国特质。根本上受制于德国资本生产力的不发达,直接地也与德国的文化传统即浓厚的哲学氛围有关,德国资产者将自己对封建专制的反抗和斗争诉诸抽象的哲学批判形式。他们不敢直接将批判的矛头对准封建专制制度,而是迂回而又间接地将怒火投向了这一制度的观念形式即宗教。

德国的哲学家们即上述我们提及的德意志意识形态家们,他们作为黑格尔的门徒,在德国社会矛盾和阶级斗争的推动下开始发生分化。左翼即青年黑格尔派,他们开始逐渐成为革命民主主义者。青年黑格尔派作为黑格尔的追随者,促使他们这样做的根本原因显然必须归结为德国独特的社会存在和社会现实。这个问题需要从两个层面进行考察。第一个层面是现实中真实的社会矛盾及其所导致的阶级斗争。随着德国资本生产力和生产关系的发展,德国资产者手中掌握了越来越多的财富,并开始将自己的诉求从经济利益层面转向政治利益层面。然而,由于德国资产者的力量尚未发展到可以与封建贵族一决高下的程度,所以他们反抗封建专制的斗争形式就不可能像法国那样诉诸政治革命,更不可能采取更为彻底的如英国那样的社会革命,而是局限在了思想文化领域,采取了纯粹理性批判的形式。正因如此,德国资产者们很自然地就将斗争的焦点对准了宗教,把对封建专制的不满转化为对其国教的批判。因此,由青年黑格尔派所主导的宗教批判就成为德国资产者反抗封建贵族的专制统治的斗争形式。他们之所以能够采取这样的形式,也得益于当时德国的社会局势。在当时的德国,政府虽然严禁国民对自己的条令和行动进行议论,但官员们却并不禁止对宗教的议论和批判。因为他们担心引发社会群体性事件,即担心导致殉教事件和激起群众的宗教狂热。

不可否认,德国哲学家们对于宗教的批判表现得十分激烈,也切实地起到了对德国封建专制进行打击的作用。这一点在黑格尔的哲学中就已然有所体现。青年时代的黑格尔是法国大革命的拥趸,其思想呈现出十分激进的革命民主主义倾向。在1795年写给谢林的信中,黑格尔展现出了自己这种十分强烈地反对封建专制的情感:"宗教和政治是一丘之貉,宗教所教导的就是专制主义所向往的。"①在这封信中,黑格尔明确地将宗教与封建专制联系起来,从理性主义立场揭露了封建统治者利用宗教压制人民自由的反动本质。黑格尔不仅对观念形态的宗教进行了批判,还将批判指向了宗教机构即教会。"只要教会体系无视理性,它除了只是一个轻蔑人的体系之外再也不能是别的东西。"②在黑格尔看来,宗教的反动本质亦即其作为封建专制的精神枷锁的属性,在教会中表现得十分突出。作为黑格尔学派的左翼力量,青年黑格尔派传承了黑格尔批判宗教的精神。"无论是施特劳斯、鲍威尔,还是费尔巴哈,都从一开始就把他们自己进行的宗教批判当成政治革命的先导。传统的政治、法律、道德以至整个社会都是以神圣的宗教作为自己的精神支柱,从而获得了不可动摇的统治权。"③大卫·施特劳斯和布鲁诺·鲍威尔之间围绕着"实体"和"自我意识"展开了激烈的论争。正如恩格斯深刻地指出的,这场论争不纯粹地是理论争鸣,而是带有批判现实,即从思想领域对封建专制统治进行批判的现实旨趣④。施特劳斯力图祛除基督教的"超自然主义"的品格、力图对之进行"自然主义"的还原有其目的所在,他的目的就是从哲学批判的角度解构基督教的神圣性和永恒性,从而消解其对于德国人民的精神钳制并意图达到罢黜其作为封建统治者的精神支柱的地位和属性。

鲍威尔不同于施特劳斯的观点,然而二者实际上又并非绝对的截然对立。在给卢格的信中鲍威尔明确地将福音书称作骗局,声称自己"已确实无疑地证明第四部福音书的作者是世界上最大的骗子手。迄今人们尚不明白他究竟怎么取得成功的……一旦揭露了这位好出风头的骗子手的真面目,基督教就一定会衰落。"⑤施特劳斯和布鲁诺的这一工作得到了恩格斯的较高评价。在《布鲁诺·鲍威尔和原始基督教》一文中,恩格斯指出,"布鲁诺·鲍威尔的贡献比任何人都大得多……按照施特劳斯含糊的神话论,人人都可以任意地把

---

① 《黑格尔通信百封》,苗力田译,上海人民出版社1981年版,第43页。

② 《黑格尔早期神学著作》,贺麟译,商务印书馆1988年版,第269页。

③ 吕大吉:《哲学与宗教学研究》,中国社会科学出版社2016年版,第3页。

④ [德]大卫·弗里德里希·施特劳斯:《耶稣传》第1卷,吴永泉译,商务印书馆1981年版,第51页。

⑤ [波]兹维·罗森:《布鲁诺·鲍威尔和卡尔·马克恩》,王谨等译,中国人民大学出版社1984年版,第59页。

福音书的记述完全当做历史的记述,鲍威尔彻底揭露了这种理论的非科学性。既然福音书的全部内容中几乎绝对没有一件事情是可以证实的历史事实,以致连耶稣基督在历史上是否实有其人也可以认为是成问题的,鲍威尔就扫清了解决下述问题的基地:在基督教中被联结成了一种体系的那些观念和思想,是从哪里来的,而且是怎样取得世界统治地位的?"①可以说,施特劳斯和鲍威尔对宗教的批判具有一定的理论的深刻性,更具有在实践层面间接地和迂回地对德国封建专制制度进行批判的指向性。究其实质,他们事实上是将德国资产者的反封建诉求转化成了批判的意识形态斗争的形式。

马克思和恩格斯在肯定德国哲学家们的宗教批判的合理性的同时,深刻地意识到了他们的局限性。德国哲学家们对宗教的批判的共同缺点是将这一批判停留在了纯粹理论领域。在马克思和恩格斯看来,无论是黑格尔还是青年黑格尔派,他们的宗教批判的对象实际上仅仅是人们头脑中的宗教观念,而并未真正将批判对准产生这一观念的社会存在。包括费尔巴哈在内,所有青年黑格尔派的哲学家们比黑格尔更为强烈地表现出对社会现实的不满,他们对宗教的批判甚至表现出十分激进的革命民主主义倾向。然而,他们的批判本质上是纯粹理论批判,亦即停留在对于宗教的本质的理性主义解剖,以论证这种盘旋在人们头脑中的神学观念的荒谬性。一句话,他们的批判只是停留于对于宗教观念的驳斥,而没有进一步追溯这种宗教观念的现实根源。相比较其他许多青年黑格尔派成员滞留于黑格尔的唯心论的意识形态之中,费尔巴哈显得比他们都清醒,不失为一个"杰出的哲学家","至少向前迈进了一步"亦即将问题正确地扭转到了唯物论的地基上来。但他的宗教批判的局限性也是十分明显的。费尔巴哈只是满足于将这种颠倒的宗教观念唯物主义地还原为"人的观念",将人们头脑中的"彼岸世界"唯物主义地还原为"世俗世界"的派生物。"由于费尔巴哈揭露了宗教世界是世俗世界的幻想(世俗世界在费尔巴哈那里仍然不过是些词句),在德国理论面前就自然而然产生了一个费尔巴哈所没有回答的问题:人们是怎样把这些幻想'塞进自己头脑'的?

---

① 《马克思恩格斯文集》第3卷,人民出版社2009年版,第592页。

这个问题甚至为德国理论家开辟了通向唯物主义世界观的道路"①。真正说来,人们头脑中的宗教幻想既不是他们自己塞入自己的头脑的,也不是别的什么人塞入他们的头脑的,而是有其客观的现实的物质根源。从唯物主义哲学世界观角度看,宗教的确是"还没有获得自身或已经再度丧失自身的人的自我意识",然而,人们的这种"宗教意识"与现实的国家和社会之间存在着本质的和必然的客观联系。国家和社会是作为"颠倒的世界意识"即宗教的温床;在宗教的神秘的形式中是十分实际的内容,它事实上是现实世界的"总理论"亦即"它的包罗万象的纲要"②。仅仅将宗教观念归结为人们的头脑关于现实的世俗世界的主观观念,这一做法固然是唯物主义的做法,却也是不彻底的即仅仅停留于从唯物主义的世界观层面将宗教观念追溯到了其物质根源这里。对于更为要紧的课题即现实世界究竟是如何促使人们的头脑去产生这样的宗教幻想的,国家和社会究竟是在什么因素作用下而产生出这样的"颠倒的世界意识"的,其产生机制究竟又是什么? 对于这一系列十分紧要而又关乎宗教的物质根源和现实本质的基本问题,费尔巴哈都无力回答,实际上也根本没有真正对之进行唯物主义的追问和思考。

这样就必须跳出纯粹西方哲学的致思方式对问题进行重新的唯物主义勘察。首先需要澄清的问题是宗教的社会根源,即宗教是如何在人类社会发展的进程中作为一种独特的精神现象而产生的。对此,马克思和恩格斯合著的《德意志意识形态》和恩格斯的《路德维希·费尔巴哈和德国古典哲学的终结》分别给予了分析和揭示。在《德意志意识形态》中,马克思和恩格斯明确地将宗教、道德、哲学等归结为由一定的经济基础(生产方式及其必然产生的交往形式)所派生的"观念上层建筑",亦即"可以通过经验来确认的、与物质前提相联系的物质生活过程的必然升华物"③。马克思和恩格斯特别强调,像宗教和形而上学这样作为"颠倒的世界意识"的意识形态与人们的日常生活观念一样,都是植根于物质生产生活实践、作为一定的社会存在的观念映象。

---

① 《马克思恩格斯全集》第3卷,人民出版社1960年版,第261页。
② 《马克思恩格斯文集》第1卷,人民出版社2009年版,第3页。
③ 《马克思恩格斯文集》第1卷,人民出版社2009年版,第525页。

区别于费尔巴哈仅仅从唯物主义的认识论维度将这些"颠倒幻想"简单地归结为关于现实生活的主观观念,马克思和恩格斯则是从唯物主义的"实践论"维度将这些主观观念看作社会存在的观念形式。这绝不是简单的形式上的差别,而是新旧唯物主义的本质差异。前者是仅仅将观念看作"世俗世界"的主观派生物,而搁置了对于一系列要害问题的考察。这些问题包括:"世俗世界"的本质,生活于这样的世界之中的人的本质,人们的头脑在外部世界的作用下产生这样的主观幻想的机制。后者则对这一系列关乎紧要的问题给予了一一解答:"世俗世界"的本质是人类社会,人不是抽象的形而上学主体,而是从事着一定的生产方式、代表着一定的社会关系的"现实的个人",是特定的社会阶级的成员;像宗教和形而上学这样的"颠倒的世界意识"并不能仅仅归结为人的头脑所产生的"主观幻想",其产生机制问题的解决不能仅仅停留于对于人的思维方式的功能和结构的认识论追溯,即不能停留于对于思维和存在的"符合关系"的抽象演绎。"意识[das Bewuβtsein]在任何时候都只能是被意识到了的存在[das bewußte Sein],而人们的存在就是他们的现实生活过程。如果在全部意识形态中,人们和他们的关系就像在照相机中一样是倒立成像的,那么这种现象也是从人们生活的历史过程中产生的,正如物体在视网膜上的倒影是直接从人们生活的生理过程中产生的一样。"①马克思和恩格斯认为,解决问题的根本之道是必须牢牢从实践出发,对人与社会、人与人、人与他自身的关系进行彻底的唯物主义的考察。从这个全新的视角就不仅可以洞悉"意识的秘密",更可以洞悉包括宗教在内的全部意识形态的"产生之谜"。

基于这样的新唯物主义的世界观,思维与存在的关系问题就不是一个纯粹的理论课题,而是一个建基在物质生产生活实践之上、必须从人类社会本身的发展过程及其本质结构予以考察的现实课题。无论是个人意识还是意识形态,它们本质上都是生活在一定的社会存在之中的人们的社会意识,而非孤立于世界之外的形而上学主体关于客体的"思维"。"这些个人所产生的观念,或者是关于他们对自然界的关系的观念,或者是关于他们之间的关系的观念,或者是关于他们自身的状况的观念。显然,在这几种情况下,这些观念都是他

---

① 《马克思恩格斯文集》第 1 卷,人民出版社 2009 年版,第 525 页。

们的现实关系和活动、他们的生产、他们的交往、他们的社会组织和政治组织有意识的表现，而不管这种表现是现实的还是虚幻的。相反的假设，只有在除了现实的、受物质制约的个人的精神以外还假定有某种特殊的精神的情况下才能成立。如果这些个人的现实关系的有意识的表现是虚幻的，如果他们在自己的观念中把自己的现实颠倒过来，那么这又是由他们狭隘的物质活动方式以及由此而来的他们狭隘的社会关系造成的。"①意识和观念不纯粹是"头脑的产物"，而是作为"一切社会关系的总和"的"现实的个人"对一定的社会存在和社会现实进行思维的结果和产物。这些意识和观念是社会存在和社会现实在人们的头脑中的映象，因而它们本质上是观念化的社会存在和社会现实。宗教也是如此。它和形而上学、道德、艺术一样，本质上也是观念化的社会存在和社会现实，是特定的社会存在和社会现实的观念形态。

对此，马克思和恩格斯给予了较为具体的分析。在《路易斯·亨·摩尔根〈古代社会〉一书摘要》中，马克思揭示了古希腊人的宗教活动与其社会存在的关系："希腊人的宗教活动发源于氏族，后来扩展到胞族，最后就发展为所有部落共同举行的定期节日活动"，"随着真正的合作制和公有制的消失，荒诞的宗教成分就成了氏族的最主要因素；香火的气味倒是保留下来了。"②马克思和恩格斯在《德意志意识形态》中指出，"那种使人们满足于这类诸精神史的观点，本身就是宗教的观点，因为人们抱着这种观点，就会安于宗教，就会认为宗教是 awsa sui[自身原因]（因为'自我意识'和'人'也还是宗教的），而不去从经验条件解释宗教，不去说明：一定的工业关系和交往关系如何必然地和一定的社会形式，从而和一定的国家形式以及一定的宗教意识形式相联系。"③马克思和恩格斯特别据此对施蒂纳的唯心主义认识给予了批判，强调"'基督教本身'没有任何历史"④。在《布鲁诺·鲍威尔和原始基督教》一文中，恩格斯更加明确地驳斥了人们将包括基督教在内的一切宗教都归结为"骗子的捏造"这种错误观点，强调"只有根据宗教借以产生和取得统治地位

①　《马克思恩格斯文集》第1卷，人民出版社2009年版，第524页注释②。
②　《马克思恩格斯全集》第45卷，人民出版社1985年版，第504页。
③　《马克思恩格斯全集》第3卷，人民出版社1960年版，第162页。
④　《马克思恩格斯全集》第3卷，人民出版社1960年版，第163页。

的历史条件,去说明它的起源和发展,才能解决问题。对基督教更是这样"①。马克思和恩格斯的这些论述,坚持将新唯物主义的世界观用于对宗教的本质的考察,深刻地揭示了宗教的社会根源,即它与人类社会的发展的内在本质联系。

马克思和恩格斯不仅追溯到了宗教的社会根源,而且对宗教的思想根源——现实的人是如何产生出这样的"颠倒的世界意识"的——进行了解析②。恩格斯深刻地从唯物史观的高度分析和揭示了宗教产生的认识根源。恩格斯明确地将宗教视为远古时代的原始人类的一种独特的观念和意识。这可谓是他们本能而又自然地对于自身生命和命运的思考。这种思考显然是与他们较低的实践能力和生产力水平密切相关的。作为刚刚实现"人猿相揖别"的古人类,他们与自然界之间的关系尚不发达,尚且处于一种原初的"天人合一"的境界。自然界主宰着人,人服从于乃至依附于自然界。然而在实践活动中人与自然的关系又时时地发生着颠倒:人愈发自觉地按照自己的意图对自然界进行改造,不断地变革着自然界从"自在自然"向着"人化自然"即人类社会转化。人与自然的矛盾关系始终在人们将自然界二重化的实践活动中存在着,并且随着人们实践能力和生产力水平的提高而不断地得以发展。这样的矛盾关系及其在实践活动中的现实表现,会必然地映射到人们的头脑中,因而以恩格斯所说的"梦中景象"这样的主观映像的形式而呈现出来。自然界在时间上的永恒性、空间上的广袤性以及其以各种自然现象(狂风、暴雨、山洪、地震等)所展示出的无穷大的力量,与人的个体存在的有限和弱小,这二者之间的尖锐对立,一方面使得梦境中的人们感到不安、恐惧和无助,另一方面当他们从梦中醒来后,特别是从噩梦中惊醒后,又会对于自己竟然能够做梦这件事,以及所梦到的各种逼真乃至真实的景象感到诧异、惊奇甚或是惊喜。最终这两种情愫促使人们不由自主地对他们与这个世界的关系进行再度思考:现实的自然界与梦中世界是什么关系? 现实的"我"即人在自然界中的肉体存在与梦中的"我"之间究竟是什么关系? 肉体的"我"死亡以后,梦中的"我"又该归于何处? 人们于是将自身建基在实践之上的思维的能动性特质

① 《马克思恩格斯文集》第3卷,人民出版社2009年版,第592页。
② 参见《马克思恩格斯选集》第4卷,人民出版社2012年版,第229—230页。

而扭曲为人们的精神和意识具有可以脱离肉体和自然界的神秘禀赋,以至于将之称作可以克服和超越肉体的局限性的神秘的灵魂。人们并未因此而摆脱矛盾和困恼,而是变得愈发矛盾和烦恼。如何解决肉体与灵魂的对立、如何应对肉体死亡之后灵魂归于何处这个问题,成为困扰这些远古人类的一个新的难题。最初的时候,人们将难题的解决诉诸对自然界的崇拜。他们将自己的安身立命、自己灵魂的归处放置到了作为整体的自然界和一些特定的自然物上面,由此主观地赋予自然界以绝对地超越于人之上并主宰着人的力量,于是就产生了原始宗教如图腾崇拜。生产力的发展推动着私有制逐渐地取代原始公有制成为氏族和部落中占据主导的所有制形式,当原始共同体朝着国家演变时,作为一种颠倒的世界意识的宗教观念就被统治者有意识地赋予了特定的现实内容,即成为国家的一个专司祭祀活动的部门和机构,并且由专职人员负责。在这些最初的作为社会的上层建筑的有机构成的宗教部门和神职人员的作用下,宗教从个体意识变成了意识形态。

恩格斯基于唯物史观对宗教——这里主要研究的是基督教——的历史根源和认识根源进行了深入的分析和揭示。恩格斯认为,自从黑格尔之后,那种简单地将一切宗教视为"骗子手的捏造"的观点,就根本上再也站不住脚了。黑格尔在《哲学史讲演录》中认为,"必须确认并承认宗教是合理性的。因为宗教是理性自身启示的作品,是理性最高和最合理的作品。"黑格尔认为,流俗的看法是根本站不住脚,也根本无法切中宗教的本质规定的:"认为宗教只是教士们虚构出来以欺骗人民,图谋私利的东西,乃是可笑的说法。同样认为宗教出于主观愿望和虚幻错觉也是浅薄和颠倒事实的看法。"①黑格尔秉持的是思辨的和理性的宗教观,将宗教看作理性的产物,即由绝对精神所派生的人类精神。这一认识得到了恩格斯的肯定。恩格斯认为,在宗教的原初形态那里,在这样一种原始人对于自然界的物神崇拜的自发的宗教和各种原始宗教中,并没有欺骗的成分。只是在人类社会进入到了私有制时代以后,即只是当宗教成为共同体的一个由特定的人群(僧侣)组成的机构和部门时,才会被这些共同体神职人员塞入各种主观幻想和谎言欺骗。人为创立的宗教自然少不

---

① ［德］黑格尔:《哲学史讲演录》第1卷,贺麟、王太庆译,商务印书馆2017年版,第68页。

了欺骗和别有用心地对历史的神化和伪造,然而,这并非宗教的本质规定,而不过是宗教得以传播和流行的技术性的手段。例如就基督教来说,就不能简单地将其本质归结为谎言构造,"对于一种征服罗马世界帝国、统治文明人类的绝大多数达 1800 年之久的宗教,简单地说它是骗子凑集而成的无稽之谈,是不能解决问题的。只有根据宗教借以产生和取得统治地位的历史条件,去说明它的起源和发展,才能解决问题。"①值得仔细追溯的问题在于,为什么罗马帝国那么多民众全都共同地选择接受了基督教而非别的宗教,以至于就连统治者(君士坦丁)竟然也将这样一种看上去荒诞无稽的宗教作为自己成为罗马世界独裁者的最好手段?

恩格斯肯定了布鲁诺·鲍威尔的贡献。他认为,鲍威尔关于上述这个问题的研究比同时代任何人都深入。鲍威尔的如下这一疑问不乏深刻性:"在基督教中被联结成了一种体系的那些观念和思想,是从哪里来的,而且是怎样取得世界统治地位的?"②毕生从事这一工作的鲍威尔对问题本身进行了深入的分析和解决。作为被恩格斯认为的最卓越的研究成果就是鲍威尔找到了基督教之父,即破解了究竟是谁创立了基督教这个疑难。基督教的真正创立者、"基督教的真正父亲"是斐洛。而塞涅卡也以"基督教的叔父"这个身份参与了基督教的创立工作。"在斐洛名下流传到现在的许多著作,实际上是讽喻体的理性主义的犹太传说和希腊哲学特别是斯多亚派哲学的混合物。这种西方观点和东方观点的调和,已经包含着本质上是基督教的全部观念——人的原罪、逻各斯(这个词是神所有的并且本身就是神,它是神与人之间的中介)、不是通过供奉牺牲而是通过把自己的心灵奉献给神来进行忏悔,最后还有以下的本质特点,即新的宗教哲学倒转了从前的世界秩序,它在穷人、苦难人、奴隶和被排斥的人中寻找信徒,蔑视有钱人、有势力的人和有特权的人,因而也就蔑视一切尘世享乐和禁止肉欲的规定。"③鲍威尔的深刻之处在于,他追溯到了基督教的哲学基础,将基督教的理论来源诉诸古希腊哲学特别是斯多亚派哲学。不仅如此,他还力图将这个超验的"宗教王国"还原为世俗的生活

---

① 《马克思恩格斯全集》第 25 卷,人民出版社 2001 年版,第 550 页。
② 《马克思恩格斯全集》第 25 卷,人民出版社 2001 年版,第 551 页。
③ 《马克思恩格斯全集》第 25 卷,人民出版社 2001 年版,第 551 页。

世界,力图揭示基督教与现实世界的内在联系。孕育和诞生宗教的土壤、这个世俗的生活世界,是一个动荡的世界。"罗马的占领,在所有被征服的国家,首先直接破坏了过去的政治秩序,其次也间接破坏了旧有的社会生活条件。"①这种破坏是通过三种方式进行的。第一种方式是对整个社会关系的组成部分和构成结构的重塑,即废除了以往的等级制,代之以一种新的社会关系,即将全体人民区分为公民身份、非公民或国家臣民的区分。第二种方法是改变了原有的统治方式,打着罗马国家的名义对人民进行奴役和盘剥。第三种方式是确立了罗马法的地位,即将审判权交付给罗马法官,由这些人以罗马法为根据进行判决。这三种方法对被占领的所有国家产生了极其重大的变革作用,尤其对于各国居民的命运产生了直接而又巨大的影响。"居民逐渐分裂为三个由极复杂的成分和民族凑合起来的阶级:富人,其中不少是被释放的奴隶(见佩特罗尼乌斯的作品)、大地主、高利贷者、或大地主兼高利贷者——如基督教的叔父塞涅卡;没有财产的自由民,他们在罗马靠国家吃喝玩乐,在各行省只能自找生路;最后是广大的群众——奴隶。"②这就揭示了宗教的历史根源。我们看到,恩格斯在对鲍威尔的宗教学说进行评析的同时,又从一个更为深刻的理论高度即从唯物史观视角深刻揭示了宗教的物质根源,即分析了它与社会历史发展的本质联系。

　　恩格斯对这个问题做出了彻底的历史科学解答。恩格斯明确地将宗教界定为"意识形态力量"之一种,对宗教的本质及其与社会历史发展的联系给予了深刻的分析。在恩格斯看来,宗教是"更高的即更远离物质经济基础的意识形态"。就其产生的根源而言,它和所有的意识形态一样都是根源于经济基础的"观念上层建筑"。然而,宗教这种意识形态又具有自身的特殊本质规定。"在这里,观念同自己的物质存在条件的联系,越来越错综复杂,越来越被一些中间环节弄模糊了。"③也就是说,宗教仍然受经济基础、社会生产力发展的根本决定和制约,但是二者之间的这种决定与被决定、制约与被制约的联系机制,因宗教自身的超验的形式和外观而变得十分抽象和模糊,以至于不易

---

① 《马克思恩格斯全集》第25卷,人民出版社2001年版,第553页。
② 《马克思恩格斯全集》第25卷,人民出版社2001年版,第554页。
③ 《马克思恩格斯选集》第4卷,人民出版社2012年版,第260页。

为人们所意识到。宗教的这种超验性质使其呈现出同物质生活世界相脱节的虚幻外观。如上所述，宗教在其产生之初即原始社会时代还与生活世界之间有着最为直接的物质联系。然而，随着私有制时代的到来，宗教就逐渐从原始人的"蒙昧意识"转化为一种具有特定功能的"神学观念"，由此成为国家和民族的意识形态。在生产力的发展推动下，原有的作为原始共同体成员共有的"原始宗教观念"，随着共同体的分裂和解体而获得了新的内容和新的形式。原有的属于某个共同体成员和民族的"神"的观念，随着该共同体和民族的解体和没落，这些存在于彼岸世界、存在于人们的头脑中的"神"就随之消失了。中世纪的到来，使得宗教作为一种意识形态力量被赋予新的时代内涵。"在中世纪，随着封建制度的发展，基督教成为一种同它相适应的、具有相应的封建等级制的宗教。"①适应于生产力发展水平的提高，西欧各个国家特别是在法国出现了市民阶级。基督教成为这个新兴社会阶级——新教异端——用来反抗封建统治、与封建的意识形态天主教进行斗争的工具。正是在这一历史时期，正是在西欧从封建社会朝着资本主义社会发展这个历史阶段，作为意识形态的宗教以其特殊的形式——基督教——而成为资产者反抗封建专制统治的革命意识形态②。恩格斯基于具体的历史事实对此进行了深入的解析。他列举了德国的宗教改革和法国加尔文的宗教改革。这两场宗教改革的物质动因都是社会矛盾，都是由德国和法国的社会矛盾的尖锐化所必然导致的结果，已然逐渐资本主义化的经济基础与仍然为地主和贵族所操纵的上层建筑，这二者之间的矛盾在生产力与生产关系的矛盾运动的作用下，愈发突出，愈发尖锐，以至于最终深刻地投射反映到意识形态领域。一旦矛盾得以解决，一旦资产者反对封建统治者的斗争分出了胜负，宗教这种意识形态的本质和性质就会随之发生改变。"此后，它已不能成为任何进步阶级的意向的意识形态外衣了；它越来越变成统治阶级专有的东西，统治阶级只把它当做使下层阶级就

---

① 《马克思恩格斯选集》第 4 卷，人民出版社 2012 年版，第 262 页。

② 恩格斯深刻地指出，宗教之所以能够成为这样的"革命意识形态"，也有不可忽视的文化因素和社会环境因素。"中世纪把意识形态的其他一切形式——哲学、政治、法学，都合并到神学中，使它们成为神学中的科目……。对于完全由宗教培育起来的群众感情说来，要掀起巨大的风暴，就必须让群众的切身利益披上宗教的外衣出现。"参见《马克思恩格斯选集》第 4 卷，人民出版社 2012 年版，第 262 页。

范的统治手段。"①于是,宗教就从"革命意识形态"蜕变为"统治阶级的思想",成了统治者的阶级意识所主导、由专职的思想家(意识形态家)创制出来统治人民的工具。

三、对政治意识形态的批判

马克思恩格斯对资产阶级的意识形态批判的第三重维度是政治批判。这一批判的根本主旨是揭露建筑在资本私有制基础上的资本主义制度的痼疾,论证其必将在矛盾的推动下为共产主义制度所消灭,并指明了共产主义制度消灭资本主义制度的现实路径。

马克思和恩格斯的这一批判在他们的多部著作中都有所体现。就马克思而言,从其思想发展的过程看,他较早地在其《博士论文》中就已然开始展开对德国封建专制制度的批判。受主客观条件的制约,这一批判在《博士论文》中尚且披着思辨的外衣。然而到了"莱茵报"时期,马克思就不再遮掩了,直接将批判的矛头对准了普鲁士国家。他以笔为剑,以报刊为阵地,通过对一个个社会问题的分析,展现了德国封建专制制度的腐朽性,并初步论证了其必然被更高的社会制度所取代的发展趋势。作为克罗茨纳赫时期研究的重要结晶,《黑格尔法哲学批判》既是马克思对之前"莱茵报"时期的革命实践经验的总结,也是对之前政治批判这一主题的延续。马克思批判的对象是黑格尔的法哲学和国家哲学,但他所要达到的目的并不是构建超越黑格尔的新的法哲学或国家哲学。马克思这里已然开始自觉地站在唯物主义的哲学观和共产主义的价值观去分析问题。基于这样的哲学观和价值观,马克思明确地将黑格尔哲学与德国社会和现代资产阶级社会本质关联,将其既看作德国封建专制制度在意识形态领域的典型形式,又看作正处于新兴之中的现代资产阶级社会的意识形态的普遍形式。马克思基于这样的双重维度对黑格尔法哲学展开唯物主义的批判,既进一步暴露了德国封建专制制度的腐朽落后的特质,又深刻地剖析了资本主义政治制度的固有局限性,并揭示了它必然被"真正的民主制"——共产主义——超越的历史结局。这一点,在《共产党宣言》(以下简

---

① 《马克思恩格斯选集》第4卷,人民出版社2012年版,第263页。

称《宣言》）中得到了系统地和全面地展现。因此，我们这里将重点对这部著作中的相关思想要点进行梳理。

马克思和恩格斯在《宣言》中对资本主义政治制度的意识形态批判，有其科学的历史观作为思想支撑，牢牢地以唯物史观为理论基础。恩格斯在序言中对于贯穿《宣言》的"一般原理"所作的说明，既是对马克思主义的历史观即唯物史观原理的集中阐释，也是对《宣言》中他们对资本主义政治制度的意识形态批判的理论基础预先阐明。马克思和恩格斯所创立并贯穿到自己的研究中去的唯物史观，是他们立足于人类社会的发展过程对其必然规律的深刻揭示。马克思和恩格斯将每一历史时代的"经济生产"以及必然由此产生的"社会结构"确定为社会发展的本质，这表明他们是从彻底的唯物主义视角锚定了人类社会存在和发展的物质本原，即追溯到了全部社会生活得以持续的物质前提，亦即我们今天所说的整个社会运转所奠基于其上的"经济基础"。马克思和恩格斯还进一步辩证地分析了人类社会的整体发展趋势，即展现了奠基在物质基础之上的人类社会从古到今的发展逻辑。自从原始共同体解体之后一直到现代资产阶级社会，贯穿人类社会始终的主旋律是阶级斗争，因此整个人类史本质上是剥削阶级和被剥削阶级、统治阶级和被统治阶级之间的斗争史。随着资本主义时代的到来，在今天这个资产阶级社会中，情况并未发生改变，现代资产阶级社会的主旋律仍然是资本家和工人之间的阶级斗争。然而，现代社会中的这两大阶级之间的矛盾和斗争又不同于以往时代。他们之间的矛盾和斗争比以往任何时代都要激烈和剧烈，实则是贯穿整个人类社会的阶级斗争的极端尖锐化的形式和必然结果。一方面是掌握了全部生产资料的资本家，另一方面则是不占有任何生产资料的工人，矛盾双方的这种截然对立的状态，意味着以往解决矛盾的方式的根本失效。也就是说，矛盾本身的独特性质和鲜明特点意味着以往解决矛盾的方式不再适用。虽然不排除个别工人会成为资本家的可能性，但整个工人阶级像以往那样改变自身命运的可能性及其条件已经不复存在。要改变自己的悲苦命运，他们就必须彻底地变革市民社会，即通过彻底的社会革命改变市民社会的私有性质，进而消灭私有制本身。这样一来，私有制时代就终结了，现代资产阶级社会就被消灭了，人类社会由此进入新的共产主义文明形态。

马克思和恩格斯将两版序言中所阐述的这一唯物史观的"基本原理"贯穿到了《宣言》的正文中,以此作为对资本主义政治制度进行批判的方法论支撑。马克思和恩格斯首先对资产阶级社会的阶级矛盾进行了一个历史的追溯,将资产者和无产者的对立放到人类社会整体历史发展进程中去审视。资产者和资本家阶级并不是从天上掉下来的,它与无产者的对立也并非偶然地出现的,而是人类社会以往全部历史的阶级斗争所必然导致的产物和结果。"现代资产阶级本身是一个长期发展过程的产物,是生产方式和交换方式的一系列变革的产物。"①最早的资产者,也可以说是初代资产者源于哪里？他们实则是从封建社会的市民等级中发展出来的,而市民等级的前身又是中世纪的农奴。封建社会后期生产力的发展导致其生产方式变得愈发落后,封建的行会生产和经营方式与新的生产力发展的需求之间的对立愈发明显。矛盾推动着工场手工业取代行会的生产组织方式,使得从事工业生产的中间等级取代了行会师傅的地位。市场的扩大、需求的增加,生产力的进一步发展再次推动着生产方式的变革,现代大工业代替工场手工业成为占据主导的生产方式;现代资产者,作为工业中的百万富翁、产业大军的首领,代替了工业的中间等级而逐渐地成为社会中的新兴阶级力量。

伴随着生产力的发展及其所必然引发的生产力与生产关系之间的矛盾,在这个历史的矛盾运动的作用下,"资产阶级的这种发展的每一个阶段,都伴随着相应的政治上的进展。"②在封建时代法国的新兴城市里,资产者是武装的和自治的团体,并在一些地方作为君主国中的纳税的第三等级,在意大利和德国他们组成独立的城市共和国;到了工场手工业时期,资产者以继续开展对封建贵族的斗争;等到大工业和世界市场建立起来后,资产者在社会中的地位就随之得以发生了根本性的变化,它就通过政治革命而废除了封建专制、建立起自己的政治统治。通过这样的历史的追溯,马克思和恩格斯追溯到了资本主义制度的历史起源,揭示了它的社会历史根源,由此为现代资本主义制度作出了历史科学的即历史唯物主义的概念界定,明确地将"现代的国家政权"视

---

① 《马克思恩格斯选集》第 1 卷,人民出版社 2012 年版,第 402 页。
② 《马克思恩格斯选集》第 1 卷,人民出版社 2012 年版,第 402 页。

为"管理整个资产阶级的共同事务的委员会"①。切不可轻视这一论断所蕴含的深刻内涵。自近代以降,许多思想家们都试图透过纷繁复杂的社会现象把握住"国家"的本质,但他们全都受唯心史观和阶级立场的制约而无法真正破解谜题。最为典型的是托马斯·霍布斯。他于1651年出版了《利维坦》(Leviathan)一书,阐述了自己的国家观:"把大家所有的权力和力量托付给某一个人或一个能通过多数的意见把大家的意志化为一个意志的多人组成的集体。这就等于是说,指定一个人或一个由多人组成的集体来代表他们的人格,每一个人都承认授权于如此承当本身人格的人在有关公共和平或安全方面所采取的任何行为或命令他人作出的行为,在这种行为中,大家都把自己的意志服从于他的意志,把自己的判断服从于他的判断。这就不仅是统一或协调,而是全体真正统一于唯一人格之中,这一人格是大家人人相互订立信约而形成的,其方式就好像是人人都向每一个其他的人说:我承认这个人或这个集体,并放弃我管理自己的权利,把它授予这人或这个集体,但条件是你也把自己的权利拿出来授予它,并以同样的方式承认他的一切行为。这一点办到之后,像这样统一在一个人格之中的一群人就称为国家,在拉丁文中称为城邦。这就是伟大的利维坦的诞生,——用更尊敬的方式来说,这就是活的上帝的诞生,我们在永生不朽的上帝之下所获得的和平和安全保障就是从它那里得来的……用一个定义来说,这就是一大群人相互订立信约、每个人都对它的行为授权,以便使它能按其认为有利于大家的和平与共同防卫的方式运用全体的力量和手段的一个人格。"②霍布斯如此阐发的国家观不过是他从资产者的立场对于现代国家的本质的认识,"霍布斯的思想是为中产阶级自由主义的目的服务的,……个人为了摆脱由自然自由导致的战争状态而有目的地构建有秩序的自由,这正是个人(按:作为资产者的现实的个人)实现自由所需要的"。③然而我们看到,霍布斯不是直接地展现了他的这一目的,并没有清楚明白地阐明国家与资产者的利益和资产阶级的统治的内在联系,而是以"利

---

① 《马克思恩格斯选集》第1卷,人民出版社2012年版,第402页。
② [英]霍布斯:《利维坦》,黎思复、黎廷弼译,商务印书馆1985年版,第131—132页。
③ [美]乔治·萨拜因:《政治学说史》(下卷),邓正来译,上海人民出版社2010年版,第137页。

维坦"这样的神秘称号、以"活的上帝"的名义为现代国家披上抽象的玄幻外衣,以至于将其本质深深地掩盖起来。

　　马克思恩格斯揭开了披在资产阶级国家政权之上的意识形态幻彩,暴露出了其真实面目。资产阶级标榜自己建立了一个不同于封建等级制的民主的、自由的、平等的现代国家政权。然而在马克思和恩格斯看来,这个所谓民主的、自由的、平等的现代资产阶级国家政权充满了虚假性和欺骗性。同中世纪的等级制相比,资产阶级民主制无疑是具有进步性的。但资产阶级民主制又有其无法克服的局限性:"它始终是而且在资本主义制度下不能不是狭隘的、残缺不全的、虚伪的、骗人的民主,对富人是天堂,对被剥削者、对穷人是陷阱和骗局。"①马克思和恩格斯极力反对将民主抽象化的做法,他们极力要强调的是民主的阶级性及其历史性。在他们看来,民主本质上是"一种国家形式"②,是统治者管理国家和社会事务的制度形式。因此,所谓"资产阶级民主"不过是确保资产者统治权益的国家制度。因此真正说来,资产阶级民主恰恰是非民主的——对于广大劳动人民而言,特别是对于被资本所奴役的工人而言。出于稳固自身统治的需要,作为这种现代民主制的主人的资产阶级,对于这一点是根本不愿意承认的。"资产阶级口头上标榜自己是民主阶级,而实际上并不如此,它承认原则的正确性,但是从来不在实践中实现这种原则"③。马克思以法国为例对此做了犀利的解析。法国宪法赋予人人以民主的权利,但在现实中人民群众却根本无法享受到所谓的民主权利。法国极其猖狂的"专制制度"的专制特性,在其对付工人的一系列招数中充分彰显。工人在这种所谓的现代民主制中所受到的奴役,"无论封建时代的农奴或印度的贱民,他们都无法相比"④。劳动人民既然享受不到真正的民主权利,他们就更无法享受到自由和平等的权利了。和"民主"一样,资产阶级的自由也具有两面性。相对于农奴制和封建等级制,作为资产阶级国家成员的工人们的确有了一点点自由。然而这绝非意味着工人是自由的人。如果说农奴的主人

---

①　《列宁全集》第 35 卷,人民出版社 2017 年版,第 244 页。

②　《列宁全集》第 29 卷,人民出版社 2017 年版,第 179 页。

③　《马克思恩格斯全集》第 10 卷,人民出版社 1998 年版,第 692 页。

④　《马克思恩格斯全集》第 10 卷,人民出版社 1998 年版,第 693 页。

是野蛮地将农奴视为牲口,那么作为文明人的资本家则是将工人看作机器。事实上,无论是农奴还是工人,这"两种人都是奴隶"。区别只在于,在封建等级制条件下,农奴主对农奴的剥削和压迫是赤裸裸的即明显的且公开的;而在现代资产阶级国家政权中,资本家对工人的奴役则是"伪善的"①。因此在马克思和恩格斯看来,宣称人人自由就是资产者对劳动人民的最大谎言:"自由!承认自由人性!特权!多么动听的字眼。为了进行辩护何不使用这些字眼来规避某些问题!"②在资本私有制条件下,在现代资产阶级国家,也根本没有真正的平等。不论是"自由"还是"平等",它们首先是现实的个人关于社会存在的主观映象。"作为纯粹观念,自由和平等是交换价值过程的各种要素的一种理想化的表现;作为在法律的、政治的和社会的关系上发展了的东西,自由和平等不过是另一次方上的再生产物而已。"③资产阶级在特定程度上通过确立资本生产方式的确赋予了人民以平等的政治权利。然而,"资产阶级民主由它的本性所决定的一个特点就是抽象地或从形式上提出平等问题……"④。所谓各个阶级的"平等"绝不意味着每个人都是平等的,绝不意味着工人和资本家是平等的。这种平等的实质是以抽象的形式(经济领域中是等价交换)掩盖了内容的不平等(资本家对工人的奴役和剥削)。因此从唯物史观的视角看,在现代资产阶级国家中,虽然在特定意义上存在着民主,虽然在特定意义上可以说人们是自由的和平等的,但是绝不存在真正意义上的民主、自由和平等。作为统治阶级的资产阶级及其辩护士们(各种意识形态家们),纯粹是为了自身的统治利益而进行各种编造,意图将作为现代奴隶制的资产阶级国家制度粉饰为史上"最民主""最自由"和"最平等"的制度。

反观马克思和恩格斯关于现代国家的定义,我们可以体会到"大道至简"的深邃意蕴。马克思和恩格斯立足于唯物史观、从人类社会发展的整体历史进程追溯资产阶级的历史起源,从历史唯物主义的科学视角深刻展现了它是怎样在与封建统治者斗争的过程中一步步争取自己的政治权益,并一步步地

---

① 《马克思恩格斯全集》第 2 卷,人民出版社 1957 年版,第 471 页。
② 《马克思恩格斯全集》第 2 卷,人民出版社 1957 年版,第 143 页。
③ 《马克思恩格斯全集》第 31 卷,人民出版社 1998 年版,第 362 页。
④ 《列宁全集》第 39 卷,人民出版社 2017 年版,第 163 页。

建立起自己的政治统治,最终从封建统治者手中夺取了国家政权,确立了资产阶级的政治制度。资本主义制度战胜封建制度不是偶然的,而是必然的,即是历史规律作用所导致的必然结果。随着生产力的发展,封建社会内部曾经占据主导地位的生产方式在发生着本质的改变,经历了从行会到工场手工业再到机器大工业的逐级飞跃;随着生产力水平的不断提升,封建社会的矛盾在不断地加剧,不断地朝着更高层级发展和飞跃的生产力与停留在原地打转的生产关系之间的矛盾被激化,并不断地随着生产力发展水平的继续提升而加剧、愈发尖锐化,以至于到了最后必须通过革命才能解决。这是资产者为了解除束缚生产力发展的封建生产关系桎梏而不得不发动的政治革命。作为新兴的生产力的人格化代表,资产阶级为了维护、巩固和拓展自己的物质利益(经济利益),他们必须废除地主和贵族对于社会的封建统治权,将对国家的统治权夺取到自己的手中。马克思和恩格斯高度肯定这场资产阶级反对封建专制、推动人类社会告别封建时代而进入资本时代的"政治革命"的历史进步性。早在《德法年鉴》时期的《论犹太人问题》中,马克思就对此表达了自己的看法。"政治解放当然是一大进步;尽管它不是普遍的人的解放的最后形式,但在迄今为止的世界制度内,它是人的解放的最后形式。"①马克思和恩格斯在《宣言》中更进一步地从历史科学视角肯定了资产阶级社会所带来的社会生产力的极大飞跃。他们毫不吝啬地对资本主义政治制度的历史进步性给予高度肯定:"资产阶级在历史上曾经起过非常革命的作用。"②这是通过对封建社会的全面变革而展现出来的。其一,解除了封建的宗法制度在市民社会中的统治地位。其二,废除了封建等级制,将人民群众从封建的人身依附关系中解放出来。其三,极大解放了生产力,创造了比包括封建社会在内以往任何时代都要高的生产力水平。其四,开拓了世界市场,推动着历史向世界历史的转变,逐渐将地球上所有民族和地区拽入"资本时代":"一句话,它按照自己的面貌为自己创造出一个世界。"③

　　那么,这是否意味着资本主义制度是人类社会发展的完满形态? 是否意

①　《马克思恩格斯文集》第 1 卷,人民出版社 2009 年版,第 32 页。
②　《马克思恩格斯选集》第 1 卷,人民出版社 2012 年版,第 402 页。
③　《马克思恩格斯选集》第 1 卷,人民出版社 2012 年版,第 404 页。

味着人类社会将永远地停留在这个永恒的"资产阶级社会"、完美的"资本时代"呢？资产阶级就是这样以为的,隶属于他们的思想家们、资产阶级意识形态家们就是以这样的"统治阶级的思想"而去编织资产阶级王国天长地久永不变的谎言的。马克思和恩格斯以唯物辩证法为方法论,以唯物史观的基本原理为理论支撑,在肯定资本主义制度的同时深刻揭示了蕴含于其中的否定性因素,分析了必然地推动着资本主义制度走向灭亡的物质动因,并对这场伟大历史运动的过程机制和前途趋势作出了科学的分析和揭示。

从《宣言》中不难看出,马克思和恩格斯对于资本主义制度的"肯定"不是绝对的、无条件的,而是以其"否定"的另一面为补充的,因而实际上是从唯物辩证法的高度对资本主义制度的矛盾本质的历史科学界定。比对可见,上述马克思和恩格斯对于资本主义制度的肯定性的描述之中就有否定性的批判,甚至可以说,这种对于资本主义制度的"肯定"是以对其历史局限性的"否定"为前提的,这二者实则是资本主义制度的矛盾本质的对立统一的两个方面。不可否认,资本主义制度确实解除了封建宗法制度和等级制,解除了人民大众深受其害的封建人身依附的社会关系;然而,人民群众并未就此获得真正的自由和解放。人与人之间旧有的"封建羁绊"被"赤裸裸的利害关系""冷酷无情的现金交易"所取代;每个人的全部尊严都被"交换价值"所中介,"总而言之,它用公开的、无耻的、直接的、露骨的剥削代替了由宗教幻想和政治幻想掩盖着的剥削。"①归根结底,资本主义制度并未真正铲除人剥削人、少数人压迫多数人的物质根源,它并未触动私有制这个"万恶之源",而只是以新的"资本私有制"取代了"封建私有制"。问题的根本所在和关键在于,资产阶级所建立的这个资本主义制度并未"改变世界",并未改变历史发展的原有轨道,而不过是顺其自然地沿着原有的轨道行进。这样一来,现代资产阶级社会和资本主义制度就必然无法摆脱历史规律的制约,就必然将在历史规律的作用下发生质变。

立足于唯物史观的高度,马克思恩格斯认为,资产阶级战胜封建地主贵族、资本主义制度战胜封建制度,这是历史规律起作用的必然结果;同样地,资

---

① 《马克思恩格斯选集》第 1 卷,人民出版社 2012 年版,第 403 页。

产阶级社会和资本主义制度也无法逃脱"铁的必然性"的历史规律作用。马克思和恩格斯绝不是出于个人主观情感的"诅咒"——虽然他们从主观上是极其厌恶乃至痛恨现代资产阶级社会的——，这一科学判断是他们基于唯物史观的基本原理、根据对资本主义制度内在矛盾的合理逻辑分析而得出的正确判断。他们根据经验事实而深刻地洞悉到了潜藏在资本主义制度之中的痼疾。他们看到，自从资产阶级确立起政治统治地位以来的工业和商业的历史，一个十分有力的无法反驳的证据就是商业危机。周期性反复的商业危机如影随形地贯穿于资本主义生产力发展的过程之中。造成这种对整个社会产生巨大影响、以至于不得不销毁大量产品的商业危机，这种以"生产过剩"为鲜明特质的"社会瘟疫"，每隔一段时间就会在资本主义王国中爆发。是什么原因导致危机的？造成资产阶级社会陷入这样的"死亡终局"的根本原因不是别的，正是资本主义生产力与其生产关系的结构性矛盾的客观实在性。这一矛盾之不以任何人的意志为转移的绝对性使得资产阶级天真地赋予资本主义制度的永恒性，意味着这只是资产阶级的思想家们所创制的意识形态幻梦。面对危机，曾经神勇无比的资产阶级变得束手无策，他们意图通过消灭生产力和开拓新的市场而延续资本的生命力。但这种做法本身不过是饮鸩止渴，不仅不能消除危机，反而在不远的未来引发更大、更猛烈的危机。

危机的不可消除只是问题的一个方面，问题的另一方面是资产阶级还必须应对其死敌，必须接受作为新兴生产力代表的无产阶级的挑战。无产阶级不是偶然出现的，而是伴随着资本主义生产力的发展、以新兴生产力的代表者和掌握者的身份出现的新兴社会阶级力量。马克思在《〈黑格尔法哲学批判〉导言》中深刻地揭示了无产阶级与现代资产阶级社会和资本主义制度之间的本质联系："无产阶级宣告迄今为止的世界制度的解体，只不过是揭示自己本身的存在的秘密，因为它就是这个世界制度的实际解体。无产阶级要求否定私有财产，只不过是把社会已经提升为无产阶级的原则的东西，把未经无产阶级的协助就已作为社会的否定结果而体现在它身上的东西提升为社会的原则。"①在《宣言》中，马克思和恩格斯结合资本主义生产方式的发展过程深刻

---

① 《马克思恩格斯文集》第 1 卷，人民出版社 2009 年版，第 17 页。

展现了无产阶级的历史生成过程,揭示了现代工人阶级在资本主义发展史中所经历的各个不同的发展阶段,并展现了贯穿于这个过程之中的无产者与资产者的对立是如何逐步地被激化并演变为两大阶级之间的矛盾。无产阶级与资产阶级的矛盾既是私有制时代的共性现象,同时也因资本主义生产方式及其雇佣劳动关系的特殊性而呈现出十分不同的特殊性:"过去的一切运动都是少数人的,或者为少数人谋利益的运动。无产阶级的运动是绝大多数人的,为绝大多数人谋利益的独立的运动。"①资产者与无产者对立、资产阶级和无产阶级的矛盾和斗争是资本主义制度的固有的结构性矛盾的反映,是资本主义生产力与其生产关系的结构性矛盾的必然结果。掌握了全部生产资料的资产阶级和一无所有即不占有任何生产资料的无产阶级,除了接受雇佣劳动制、为资本家生产商品而换取用于活命的微薄生活资料,别无选择。资本主义社会和资本主义制度的这种独特生产力结构和生产关系,彻底堵塞了无产者在私有制范围内改变自身命运的可能性,导致无产阶级绝不可能像当年的资产阶级那样取代旧有的封建统治者而上升为新的社会统治阶级。历史留给无产阶级的只有一条道路,这就是进行彻底的社会革命。只有通过这场由无产阶级主导的共产主义革命,无产阶级才能得以解放,人类社会才能真正摆脱私有制的奴役和统治而获得解放。

这场无产阶级主导的彻底社会革命、共产主义革命的重要成果就是政治制度的变革,就是共产主义制度对资本主义制度的消灭和超越:"推翻资产阶级的统治,由无产阶级夺取政权。"②也就是说,和以往的革命如资产阶级革命一样,无产阶级革命的首要的直接的目标也是要争夺国家政权的统治权,建立由无产阶级作为统治者的新型政治制度。然而,这个"无产阶级国家政权"及其所建立的新型政治制度又与以往时代——特别是指资产阶级社会和资本主义制度——有着根本区别。造成这一根本区别的关键环节、同时也是中心环节是所有制的变革。以往的任何时代发生的革命都是在私有制的范围内而开展的,都没有真正触动作为国家的基础和前提的私有制。马克思和恩格斯在

---

① 《马克思恩格斯选集》第 1 卷,人民出版社 2012 年版,第 411 页。
② 《马克思恩格斯选集》第 1 卷,人民出版社 2012 年版,第 413 页。

《宣言》中对于共产主义革命为何要"消灭私有制"进行了深入的说明,分析了这一目标乃是由共产主义革命的本性所必然决定的。同时,他们还反驳了种种资产阶级意识形态对于无产阶级这一彻底革命目标的歪曲。

将国家政权从资产阶级手中夺取过来,这只是无产阶级政党所领导的共产主义革命的第一步,其目的是要彻底改变无产阶级受压迫和剥削的社会地位,使其取代资产阶级而成为新的统治阶级。以消灭资本私有制、从而彻底铲除私有制为根本目标追求,无产阶级将逐步地建立起一种根本不同于以往时代的新型政治制度。在《宣言》中,结合当时英国和法国、德国的社会现实,马克思和恩格斯还具体而细微地分析了如何实现建立这样的无产阶级政治制度的措施,列出了一共十条具体的实施方案①。正如马克思和恩格斯在1872年德文版序言中所指出的,这些实践性的措施和方案只具有历史的意义和价值:"第二章末尾提出的那些革命措施根本没有特别的意义。如果是在今天,这一段在许多方面都会有不同的写法了。"②然而,我们又不能忽视马克思和恩格斯这样做的特殊意义和价值。这些措施和方案并不具有普遍性,并不能作为一个公式去套用。但是,就当时而言,马克思和恩格斯提出这些方案和措施又不是主观任意的,而是依据唯物史观的基本原理、立足于当时的客观实际而制定的革命措施和方案;因此,究其实质,它们是马克思和恩格斯对于自己所揭示的唯物史观的基本原理的"实际运用"的结果。这里实际上展现了彻底革命的共产主义原则与切实可行的革命措施和方案的辩证统一关系。在马克思和恩格斯看来,共产主义革命及其措施所必然导致的结果是旧世界的消灭和新世界的到来,是共产主义制度对资本主义制度的消灭和超越:"当阶级差别在发展进程中已经消失而全部生产集中在联合起来的个人的手里的时候,

---

①　"这些措施在不同的国家里当然会是不同的。但是,最先进的国家几乎都可以采取下面的措施:1.剥夺地产,把地租用于国家支出。2.征收高额累进税。3.废除继承权。4.没收一切流亡分子和叛乱分子的财产。5.通过拥有国家资本和独享垄断权的国家银行,把信贷集中在国家手里。6.把全部运输业集中在国家手里。7.按照共同的计划增加国家工厂和生产工具,开垦荒地和改良土壤。8.实行普遍劳动义务制,成立产业军,特别是在农业方面。9.把农业和工业结合起来,促使城乡对立逐步消灭。10.对所有儿童实行公共的和免费的教育。取消现在这种形式的儿童的工厂劳动。把教育同物质生产结合起来,等等。"参见《马克思恩格斯选集》第1卷,人民出版社2012年版,第421—422页。

②　《马克思恩格斯选集》第1卷,人民出版社2012年版,第386页。

公共权力就失去政治性质。原来意义上的政治权力,是一个阶级用以压迫另一个阶级的有组织的暴力。如果说无产阶级在反对资产阶级的斗争中一定要联合为阶级,通过革命使自己成为统治阶级,并以统治阶级的资格用暴力消灭旧的生产关系,那么它在消灭这种生产关系的同时,也就消灭了阶级对立的存在条件,消灭了阶级本身的存在条件,从而消灭了它自己这个阶级的统治。"①

以唯物史观原理为科学的理论依据,马克思和恩格斯认为,只有通过无产阶级革命消灭资本私有制,才能破除资产阶级社会和资本主义制度的固有症结,彻底改变资产阶级政权及其政治统治的性质,即彻底变革其"少数人统治多数人"的本质。随着资本私有制被消灭,公共权力的私有性质亦即它作为维护私有者的权益、用来统治人民大众的阶级属性就被历史地祛除了。政治权力不再是阶级压迫的暴力手段,国家和军队不再是统治人民的暴力机构,而是将最终转变为人民管理公共事务、维护和发展公共的普遍利益的社会组织。在革命刚刚胜利的初期,与新旧世界更迭的过渡性质相适应,受客观的社会历史发展实际的制约,国家政权将不可避免地带有旧时代的烙印,还将呈现出"专政"和"统治"的特点。然而,作为国家主人的不再是私有者,而是人民;专政的对象不再是人民,而是曾经作为"统治阶级"的资本家。政治上层建筑的这一根本颠倒,既是共产主义革命所必然导致的历史结果,又将随着共产主义社会的到来而被新世界的发展赋予新的内容,由此推动着人类社会迎来一个灿烂辉煌的崭新文明时代:"代替那存在着阶级和阶级对立的资产阶级旧社会的,将是这样一个联合体,在那里,每个人的自由发展是一切人的自由发展的条件。"②

四、对市民社会的批判

马克思和恩格斯的意识形态批判思想的根本宗旨并非"解释世界",而是要"改变世界"。他们对于资产阶级意识形态的哲学批判不是纯粹理论批判,不是像青年黑格尔派那样耽于对既定社会现实的先验幻象,也不是像费尔巴

① 《马克思恩格斯选集》第1卷,人民出版社2012年版,第422页。
② 《马克思恩格斯选集》第1卷,人民出版社2012年版,第422页。

哈那样意图通过将不合理的社会现实统摄到感性直观之中,以达到对经验事实的经验主义构造。马克思和恩格斯上述对资产阶级意识形态的批判,实则是立足于新唯物主义世界观、唯物史观和共产主义价值观,一步步揭穿了资产阶级的哲学、宗教的意识形态本质及其根本局限,由此深刻地延伸到了对现代资产阶级社会和其制度的经济基础之中,将批判的矛头对准了滋生资产阶级意识形态的土壤和地基即"市民社会"。因而"市民社会批判"不仅是马克思和恩格斯对资产阶级意识形态的哲学批判的落脚点,也是无产阶级建构科学的意识形态即共产主义理想信念的实践依据。

像学界许多学者那样或者对"市民社会"进行词源学的考察,或者对马克思的"市民社会思想"进行思想史的研究,这些通常的做法并不是本书要效仿的。我们必须牢牢围绕着本研究的主题,明确自己的问题意识。根本而言,我们关注并要解决的问题有二。一是"市民社会批判"在马克思和恩格斯对资产阶级意识形态的批判中占据着什么样的地位? 二是这一批判与马克思批判资产阶级意识形态的目的之间的关系如何?

我们先来分析第一个问题。这个问题其实可以分解为两个维度进行考量:一是必要性,即马克思和恩格斯的意识形态批判为何非得进行这样一个"市民社会批判";二是重要性,即这一批判在对资产阶级意识形态进行整体批判中的地位。将"市民社会批判"纳入马克思恩格斯的意识形态批判思想体系,将之作为这一整体批判的有机环节,我们是有充分的客观根据的。根本而言,这是基于对马克思和恩格斯的意识形态批判的理论逻辑和思想内涵的深刻把握。"改变世界"是马克思和恩格斯的全部思想的根本特质,是他们所创立的马克思主义与资产阶级意识形态的本质区别。马克思和恩格斯批判资产阶级意识形态的根本宗旨绝不是仅仅从理论层面辨析其谬误,而是要从实践层面、诉诸革命实践行动消灭它。因此,这一批判所要达到的根本目的是要消灭这种作为"资产阶级的统治思想"的虚假意识形态,建构真实地反映无产者的革命意志、斗争目标和理想信念的无产阶级意识形态。为此,马克思和恩格斯对资产阶级意识形态的批判就必然地要深入其经济基础之中,就必然地要对作为支撑起上层建筑和意识形态的物质基础即"市民社会"彻底批判。

事实上，马克思对此在《〈政治经济学批判〉序言》中也给予了说明①。马克思的这个说明不仅是对其整体思想的发展逻辑的揭示，也为我们理解其意识形态批判思想提供了重要的线索。根据马克思的这个说明，并结合马克思从1842年的《莱茵报》时期一直到1848年发表《共产党宣言》，我们可以清楚地看到，市民社会批判、对市民社会进行彻底唯物主义的批判和解剖，是马克思思想发展逻辑所必然导致的结果，也是马克思和恩格斯对资产阶级意识形态进行哲学批判的必然实践需求。对市民社会的批判十分重要，在马克思和恩格斯所进行的整体批判中占据着重要的地位。原因在于，"市民社会"不仅是全部社会生活即"物质的生活关系的总和"，它还是"全部历史的真正发源地和舞台"②。更关乎紧要的一点在于，市民社会的普遍本质在资本时代得以充分绽放和彰显。自15世纪到16世纪资本生产方式开始出现、一直到18世纪在一些先进的国家（英国和法国）真正确立，人类社会才"大踏步走向成熟的'市民社会'"③。从唯物史观原理出发，马克思和恩格斯明确地将"市民社会"视为包括国家在内的全部上层建筑以及意识形态的经济基础，将后者视为受"市民社会"决定并由其所派生的产物，认为它们全都是植根于物质生产生活实践活动、由现实的人在自己的头脑中关于这整个物质生产生活过程的映像即"必然升华物"④。恩格斯晚年在给友人的信中，再次对此进行了深入的阐释，认为意识形态不仅是现实物质生产生活过程的派生物，而且必将对"全部社会发展"产生能动的反作用，反过来影响全部社会发展，甚至影响经

---

① "我学的专业本来是法律，但我只是把它排在哲学和历史之次当做辅助学科来研究。1842—1843年间，我作为《莱茵报》的编辑，第一次遇到要对所谓物质利益发表意见的难事。莱茵省议会关于林木盗窃和地产析分的讨论，当时的莱茵省总督冯·沙培尔先生就摩泽尔农民状况同《莱茵报》展开的官方论战，最后，关于自由贸易和保护关税的辩论，是促使我去研究经济问题的最初动因。……为了解决使我苦恼的疑问，我写的第一部著作是对黑格尔法哲学的批判性的分析，这部著作的导言曾发表在1844年巴黎出版的《德法年鉴》上。我的研究得出这样一个结果：法的关系正像国家的形式一样，既不能从它们本身来理解，也不能从所谓人类精神的一般发展来理解，相反，它们根源于物质的生活关系，这种物质的生活关系的总和，黑格尔按照18世纪的英国人和法国人的先例，概括为'市民社会'，而对市民社会的解剖应该到政治经济学中去寻求。"参见《马克思恩格斯选集》第2卷，人民出版社2012年版，第1—2页。

② 《马克思恩格斯文集》第1卷，人民出版社2009年版，第540页。

③ 《马克思恩格斯文集》第8卷，人民出版社2009年版，第5页。

④ 《马克思恩格斯文集》第1卷，人民出版社2009年版，第525页。

济发展。① 恩格斯的这段话再次强调了"市民社会"在人类社会的存在和发展结构中的决定地位。这在资本时代也是如此。以资本私有制为根本特征的"市民社会"是全部资产阶级意识形态、整个资产阶级意识形态领域的物质根源。因而对于马克思和恩格斯来说,消灭资产阶级意识形态的根本路径就是改造市民社会。唯有实践地祛除市民社会的资本主义性质,才能够彻底地从根基处消灭资产阶级意识形态,建构起与之根本不同的、科学的无产阶级意识形态。

　　作为迄今为止人类社会最高的发展阶段,当下为资本所有制所主导的市民社会,蕴含着自身无法克服而又亟待克服的矛盾。其突出的表现在于,推动着新的国家共同体建立的资产阶级革命本身蕴含着固有的不彻底性。它只是废除了封建等级制对人的奴役,却并未破除阶级奴役本身。不仅如此,为掩盖阶级对立,资产阶级国家赋予公民以自由平等的抽象人权,甚至将宗教信仰———度作为其所要革除的封建统治的意识形态———作为自身这一新阶级统治的观念补充。这种做法导致资产阶级社会成了一个充满玄幻色彩的颠倒的世界,"政治国家对市民社会的关系,正像天国对尘世的关系一样,也是唯灵论的。"②这一矛盾及其颠倒的表现形式,充分暴露了资本私有制社会的历史限度。质言之,它只是"迄今为止的世界制度内"即私有制范围内"人的解放的最后形式",但它却不是"人的解放的最后形式"③。后者这一彻底的解放根本上是对资产阶级政治统治的革命超越。在马克思看来,发动这一彻底社会革命的历史时刻已经来临。其根据在于,市民社会中已经产生了担当这场历史运动的革命主体。无产阶级的出现有着重大历史意义:"它就是这个世界制度的实际解体。"④质言之,无产阶级的存在既是资本所有制行将破灭的征兆,又是实施这一彻底社会变革的主体力量。但一个突出的疑难在于,这个承受着最重的乃至于全部压迫的贫贱阶级,它何以担负起历史的重任呢?

---

①　参见《马克思恩格斯选集》第 4 卷,人民出版社 2012 年版,第 612 页。
②　《马克思恩格斯全集》第 3 卷,人民出版社 2002 年版,第 173 页。
③　《马克思恩格斯文集》第 1 卷,人民出版社 2009 年版,第 32 页。
④　《马克思恩格斯文集》第 1 卷,人民出版社 2009 年版,第 17 页。

如若囿于表象,极易对这一问题作出否定的回答。因为,置身于"物的世界的增值同人的世界的贬值成正比"①的无产阶级遭受着被异化的命运。工人不仅无法支配自己的劳动和产品,反而受其操纵和奴役;工人不仅感受不到丝毫的快乐,反而像逃避瘟疫般躲避劳动;工人这一异化的劳动不仅无法体现其类本质,反而成为其动物般生存的手段;这一类本质的异化最后拓展了整个市民社会领域,演变为"一切人反对一切人"的战争。在这种情况下,在深受资本奴役和盘剥的情况下,工人阶级何以能够改变自身命运? 它又如何能够进而改变整个人类和人类社会的命运? 对此,马克思既没有像哲学家们那样陷入先验的思辨幻想,也没有像古典经济学那样陷入实证的经验主义迷误。他一方面高度重视这一异化现实,另一方面又着力于对这一矛盾的根源进行彻底追溯:"无产阶级中有很大一部分人已经意识到自己的历史任务"。② 质言之,马克思将问题的求解诉诸历史自身发展的必然性,即诉诸历史自身发展的物质动因及其运行机制的研究。

马克思坚持认为,无产阶级的异化绝非偶然,而是以往历史发展所必然导致的结果。究其根本,它是资本所有制自身矛盾的突出表现,因而其本质是阶级矛盾即资产者和无产者这两大阶级的根本对立。所以,这就必须"从它的能动关系上、它的内在关系上"来理解这一异化,必须将这一异化现象"作为矛盾来理解"③。如何才能将之作为"矛盾"去理解? 显然必须从对立统一角度对之进行辩证剖析,既要追溯这一矛盾的根源,又要揭示其所蕴含着的肯定和否定这两个方面。在此基础上,尤其要揭示出这一矛盾运动对于历史发展的推动作用。这一对立的根源就是已然存在了数千年的私有制,而导致无产阶级自我异化的原因则是资本私有制。这二者互为因果。"尽管私有财产表现为外化劳动的根据和原因,但确切地说,它是外化劳动的后果……"④。正是由于资本家是生产资料的所有者,工人阶级一无所有,他们为了自身生存就不得不从事这异化的劳动;这一劳动因此就成为给资本家创造巨额财富的源

---

① 《马克思恩格斯全集》第 3 卷,人民出版社 2002 年版,第 267 页。
② 《马克思恩格斯文集》第 1 卷,人民出版社 2009 年版,第 262 页。
③ 《马克思恩格斯全集》第 3 卷,人民出版社 2002 年版,第 294 页。
④ 《马克思恩格斯全集》第 3 卷,人民出版社 2002 年版,第 277 页。

泉。马克思认为,这一点实际上是资本所有制的"秘密"即这个现代私有制社会得以持存的根据和前提。正是如此,一旦矛盾发展到了极点,建立在异化的雇佣劳动制之上的资本所有制就必将崩溃和瓦解,"劳动和资本的这种对立一达到极端,就必然是整个关系的顶点、最高阶段和灭亡。"①那么,在什么条件下才会出现这样的结果? 或者说,资本私有制矛盾极致化并自我否定的必然性何在? 推动着其转化的条件又是什么? 对此,马克思既没有回避,也没有逃遁于历史哲学的思辨,而是诉诸人类社会自身历史发展的必然性。

马克思牢牢从历史自身发展的必然性亦即其所固有的物质动因出发来解答这一问题。由上可见,作为历史发展的动因,生产力与交往形式的矛盾一直是以往各个时代交替更迭的根本动力,推动着人类社会呈现出由低到高的形态转化。而在资本所有制条件下,这一矛盾的动力作用将再次发挥出来。一方面,资产阶级的生产力是超越以往任何时代的最为先进的生产力形式,并创造出了极其发达的成果;另一方面,像以往时代尤其是刚刚被超越的封建时代那样,资产阶级的生产力与其生产关系即雇佣劳动制之间的矛盾愈加突出。周期性的商业危机、频繁爆发的工人运动充分地证实了这一点。马克思因此认为,生产力与生产关系的矛盾以及这一矛盾本身的不可调和,必然导致资本所有制的瓦解,"资产阶级用来推翻封建制度的武器,现在却对准资产阶级自己了。"②推动着这一解放运动的革命主体正是无产阶级。因此,一场发生于现代社会的阶级革命即无产阶级推翻资产阶级、终结资本统治的斗争必然会发生。

这个代替了旧世界的新社会,它究竟什么样? 答案就是"共产主义"。马克思指出,"它是历史之谜的解答,而且知道自己就是这种解答。"③戴维·麦克莱伦认为,马克思超出空想社会主义的地方在于他"聪明地"没有提供任何关于共产主义的"设计"。这种说法实则是一种误解。在马克思这里,共产主义绝非一种含混的、似是而非的遁词,即它绝非由马克思本人设定的历史终点。毋宁说,这是一个根本超出以往任何旧时代,尤其是超越自奴隶制以来的

①　《马克思恩格斯全集》第 3 卷,人民出版社 2002 年版,第 283 页。

②　《马克思恩格斯选集》第 1 卷,人民出版社 2012 年版,第 406 页。

③　《马克思恩格斯全集》第 3 卷,人民出版社 2002 年版,第 297 页。

私有制社会的崭新时代、崭新的社会形态。作为历史之谜亦即历史发展的必然逻辑结果,共产主义绝非先验的历史哲学悬设,因而它绝非历史的终点,共产主义社会是彻底消灭私有制及其阶级统治的新历史时代。相对于以往的历史发展,这是历史的终点。它宣告了以往私有制时代的终结;作为历史的未来,它却是历史的新起点。人类社会将由此进入一个崭新的文明形态。

第五节　文本解读:《德意志意识形态》对马克思主义意识形态理论的贡献

在马克思主义意识形态理论发展史中,《德意志意识形态》(以下简称《形态》)具有十分重要的地位。在这部著作中,马克思和恩格斯实现了对"从前的哲学信仰清算一下"①的目的;不仅如此,他们还对关涉意识形态的一系列基本问题作了开创性的研究。基于对这些问题的深入而又系统的研究,马克思和恩格斯为马克思主义意识形态理论的创立,奠定了重要的思想基础和理论前提。

一、基于唯物史观确立了意识形态哲学范畴

《形态》实现了对传统意识形态理论的根本变革。这一变革集中体现为范畴层面的重大突破和创新:马克思和恩格斯基于唯物史观而确立了意识形态哲学范畴。也即是说,他们基于新唯物主义的哲学立场而破解了"意识形态究竟是什么"这一谜题,由此创制了科学的亦即马克思主义意识形态范畴。

唯物史观构成马克思和恩格斯创立意识形态哲学范畴的理论基础和方法论前提。如何从"历史观"层面突破旧哲学的束缚,这是贯穿于马克思和恩格斯青年时代研究工作的一个重要课题。就马克思而言,在退出《莱茵报》到克罗茨纳赫小城旅居之时,在对黑格尔法哲学进行系统批判时,实则就开始在历史观层面对黑格尔的唯心史观展开反思。马克思敏锐地发现,世界历史发展的"客观逻辑"同黑格尔法哲学所构造出来的"主观逻辑",二者不仅不相符

---

① 《马克思恩格斯文集》第2卷,人民出版社2009年版,第593页。

合、反而是截然不同的。马克思对黑格尔法哲学进行系统批判产生了重大的思想变革效应,马克思颠倒了黑格尔"国家决定市民社会"的唯心史观的认知结构,由此确立了"市民社会决定国家"这一命题,实则是确立了同黑格尔及其所代表的唯心史观根本不同的唯物史观的基本原理。这一原理在马克思和恩格斯在他们所创作的一系列重要著作中得以丰富,并在《形态》中得到了科学化的呈现和更为精准的表达:马克思和恩格斯对"和唯心主义历史观"根本不同的"这种历史观"①(唯物主义历史观亦即唯物史观)的本质要义作了系统阐述:

> "这种历史观就在于:从直接生活的物质生产出发阐述现实的生产过程,把同这种生产方式相联系的、它所产生的交往形式即各个不同阶段上的市民社会理解为整个历史的基础,从市民社会作为国家的活动描述市民社会,同时从市民社会出发阐明意识的所有各种不同的理论产物和形式,如宗教、哲学、道德等等,而且追溯它们产生的过程。这样做当然就能够完整地描述事物了(因而也能够描述事物的这些不同方面之间的相互作用)。"②

正是以这一科学的历史观为理论基础,马克思恩格斯赋予意识形态这一范畴以新唯物主义哲学意蕴。

一是追溯了意识形态的物质根源。马克思明确地从人类社会本质结构维度对此作了深入的解析。在他们看来,意识形态的产生绝不是头脑自生的主观产物,而是有其特定的物质根源。它实则是生产力同交往关系(生产关系)矛盾运动的必然升华物。在人类刚刚脱离动物界的远古时代,在原始共同体刚刚形成之际,人类的意识呈现出似动物般的自然特质:究其实质,这是一种刚刚脱胎于自然界的远古先民们对一个他们未知的自然界的感觉或知觉。生产力的发展使得分工随之发展,分工所导致的社会角色的固化,推动着意识这种精神活动开始发生本质变化。社会中开始出现了两种根本不同的"意识"。一种是与物质劳动生产实践相对应的日常生活观念,而另一种则是和物质生

---

① 《马克思恩格斯文集》第 1 卷,人民出版社 2009 年版,第 544 页。
② 《马克思恩格斯文集》第 1 卷,人民出版社 2009 年版,第 544 页。

产实践相脱节的"纯粹意识"。正是这种纯粹的意识活动催生了一种纯粹的精神生产即意识形态的生产活动。对此,《形态》中的一个注释所作的阐释和诠解值得重视。在这段被马克思和恩格斯删除了的话语中,他们事实上深化了对问题的思考:

> "这些个人所产生的观念,或者是关于他们对自然界的关系的观念,或者是关于他们之间的关系的观念,或者是关于他们自身的状况的观念。显然,在这几种情况下,这些观念都是他们的现实关系和活动、他们的生产、他们的交往、他们的社会组织和政治组织有意识的表现,而不管这种表现是现实的还是虚幻的。相反的假设,只有在除了现实的、受物质制约的个人的精神以外还假定有某种特殊的精神的情况下才能成立。如果这些个人的现实关系的有意识的表现是虚幻的,如果他们在自己的观念中把自己的现实颠倒过来,那么这又是由他们狭隘的物质活动方式以及由此而来的他们狭隘的社会关系造成的。"①

总的说来,马克思恩格斯明确地将生产力和交往关系的矛盾归结为意识形态产生的本源动力,认为正是受这一矛盾的制约和推动,人们的意识活动才成为了一种纯粹的模态,亦即一种专司创制意识形态的精神生产。

二是揭示了意识形态的本质。《形态》将这一"谜题"的解决诉诸于对生产力和交往关系二者矛盾关系的深度解析。随着原始共同体走向瓦解,家庭成为生产力和生产关系二者矛盾的聚集地。矛盾不但存在于单个家庭,而且也存在于由这些家庭所组成的共同体。矛盾通过社会产品的分配表现出来,最初这是单个家庭内部社会成员之间关系的不平等,并由此导致个体的私人利益与共同体的普遍利益的对立②。这种对立绝非偶然,而是基于对私有财产的占有权而导致的个人与共同体的矛盾。本质而言,这是一种根本性的利益对立,即占有财产的个人及其家庭之间以及这些私有者与整个共同体之间的矛盾。矛盾本身已经蕴含着解决矛盾的现实路径,推动着原始共同体朝着"虚幻的共同体"演变和发展:

---

① 《马克思恩格斯文集》第1卷,人民出版社2009年版,第524页注释②。
② 参见《马克思恩格斯文集》第1卷,人民出版社2009年版,第536页。

"正是由于特殊利益和共同利益之间的这种矛盾,共同利益才采取国家这种与实际的单个利益和全体利益相脱离的独立形式,同时采取虚幻的共同体的形式,而这始终是在每一个家庭集团或部落集团中现有的骨肉联系、语言联系、较大规模的分工联系以及其他利益的联系的现实基础上,特别是在我们以后将要阐明的已经由分工决定的阶级的基础上产生的,这些阶级是通过每一个这样的人群分离开来的,其中一个阶级统治着其他一切阶级。"①

国家之所以是"虚幻的共同体"是相对于真正属于全体部落成员的原始共同体而言的。分工不但导致产品的分配不均,它还进一步导致社会关系的分化,并进一步将之固化为阶级与阶级的对立。于是,国家就随之产生。它不再是属于全体社会成员的共同体,而是成了一个阶级统治其他一切阶级的政治机构。一旦市民社会由于自身矛盾(生产力与交往形式即分工)的推动而分裂出国家这个"虚幻的共同体",人们的一切生产和生活都将以它为轴心而旋转。

三是澄清了意识形态的生产主体。《形态》还对一个十分关键性的课题作出了科学的解析:意识形态究竟是如何创造出来的呢?根据前述分析我们看到,马克思和恩格斯对这一重要问题的解析,有其深邃而又严密的逻辑架构。他们首先基于物质生产和精神生产内在统一的维度,基于阶级分析的方法,揭示了统治阶级主导和支配精神生产的客观事实,创造性地确立了"统治阶级的思想在每一时代都是占统治地位的思想"②这一重大命题。基于这一重大命题所蕴含的客观事实,马克思和恩格斯从多重维度对问题作出了唯物史观解答。其一,澄清了意识形态的生产主体:科学解答了究竟是谁在主观地构造意识形态这一谜题。对此,《形态》给予了深刻的分析:

"分工也以精神劳动和物质劳动的分工的形式在统治阶级中间表现出来,因此在这个阶级内部,一部分人是作为该阶级的思想家出现的,他们是这一阶级的积极的、有概括能力的意识形态家,他们把编造这一阶级

---

① 《马克思恩格斯文集》第1卷,人民出版社2009年版,第536页。
② 《马克思恩格斯文集》第1卷,人民出版社2009年版,第550页。

关于自身的幻想当做主要的谋生之道,而另一些人对于这些思想和幻想则采取比较消极的态度,并且准备接受这些思想和幻想,因为在实际中他们是这个阶级的积极成员,并且很少有时间来编造关于自身的幻想和思想。"①

马克思和恩格斯在《形态》中澄清了一个重要的事实:统治阶级是一个由各个成员组成的整体。在这个整体中,一部分人是"积极成员"即国家政权的具体操纵者,负责组织物质生产并确保各个机构和各项事务的正常运转;另一部分人则是该阶级的精神生产者,他们作为职业思想家负责将本阶级的意志创制成流行于市民社会的"普遍观念"。因此,在马克思恩格斯看来,就生产主体而言,意识形态并不是由寻常个人创造的,而是由隶属于统治阶级的意识形态家们创制的;意识形态并不是日常生活意识和观念,毋宁说,前者是后者的凝聚或凝结,后者深层地受到前者的影响乃至规塑。

四是破解了意识形态的生产机制。上文分析表明,意识形态家们的"创造工作"包括三个步骤或环节,《形态》详细分析了意识形态家们的"全部戏法":

"第一,必须把进行统治的个人——而且是由于种种经验的原因、在经验的条件下和作为物质的个人进行统治的个人——的思想同这些进行统治的个人本身分割开来,从而承认思想或幻想在历史上的统治。

第二,必须使这种思想统治具有某种秩序,必须证明,在一个个相继出现的占统治地位的思想之间存在着某种神秘的联系,而要做到这一点,就得把这些思想看做是'概念的自我规定'(所以能这样做,是因为这些思想凭借自己的经验的基础,彼此确实是联系在一起的,还因为它们被仅仅当做思想来看待,因而就变成自我差别,变成由思维产生的差别)。

第三,为了消除这种'自我规定着的概念'的神秘外观,便把它变成某种人物——'自我意识';或者,为了表明自己是真正的唯物主义者,又把它变成在历史上代表着'概念'的许多人物——'思维着的人'、'哲学家'、意识形态家,而这些人又被看做是历史的制造者、'监护人会议'、统治者(马克思加了边注"人='思维着的人的精神'"。——编者注)。这

---

① 《马克思恩格斯文集》第 1 卷,人民出版社 2009 年版,第 551 页。

样一来,就把一切唯物主义的因素从历史上消除了,就可以任凭自己的思辨之马自由奔驰了。"①

我们看到,意识形态家们创制意识形态的"全部戏法"包含三个步骤或手段。第一步是将统治者本人与其思想区隔开来,其结果是营造出第一个幻象即"承认思想或幻想在历史上的统治"。第二步则是别有用心地赋予"这种思想统治"以"某种秩序"。第三步是神秘地为"思想"(意识形态)披上人格化的外衣。这一步成为意识形态幻想和谎言得以成功的"封顶之作"。这个步骤对于意识形态生产来说非常重要,它直接关涉着能否将统治阶级的私有利益虚假地夸大为全社会的普遍利益。于是在意识形态家们的精心构造下,"统治阶级的思想"被抽象化和绝对化为全社会的"共同理想"。

马克思恩格斯由此破解了困扰以往时代的思想家们的谜题,他们基于唯物史观确立了意识形态哲学范畴。在他们看来,意识形态本质上是阶级关系及其利益诉求的负载,它是社会中各个阶级的地位及其利益的特定反映。哲学、宗教、法律、道德等等,它们都是奠立于一定的经济基础之上、反映阶级关系的"观念的上层建筑"②。这一术语充分展现了马克思恩格斯意识形态概念的独特内涵。它超出了以往观念学意义上的意识形态概念,赋予其以深刻的历史科学内涵。基于这一历史科学视域,"意识形态"就并非如拿破仑所诘难的纯粹否定的先验玄想,而是与国家和社会发展有着客观联系的精神生产活动。这一精神生产活动牢牢以现实社会的发展为前提,深层地受到生产力与交往关系的制约和决定,并且尤其受到统治阶级的支配和主导。

二、洞穿了资产阶级哲学意识形态的根本症结

正是以唯物史观意义上的意识形态哲学范畴为立论前提,马克思和恩格斯在《形态》中开启了对资产阶级哲学意识形态的批判。马克思本人毫不掩饰他和恩格斯创作《形态》的旨趣:要完成对以青年黑格尔派为代表的德国现代哲学的清算。在《形态》中,马克思和恩格斯立于唯物史观的原则高度,揭

---

① 《马克思恩格斯文集》第1卷,人民出版社2009年版,第554页。
② 《马克思恩格斯文集》第1卷,人民出版社2009年版,第583页。

开了耽于思辨、沉醉于将"现存现实"湮没于抽象的"哲学王国"的德意志意识形态的真面目，由此洞穿了资产阶级哲学意识形态的根本症结。

《形态》开篇就生动地为这些德国现代哲学家们绘制了鲜活的画像：

"迄今为止人们总是为自己造出关于自己本身、关于自己是何物或应当成为何物的种种虚假观念。他们按照自己关于神、关于标准人等等观念来建立自己的关系。他们头脑的产物不受他们支配。他们这些创造者屈从于自己的创造物。他们在幻象、观念、教条和臆想的存在物的枷锁下日渐委靡消沉，我们要把他们从中解放出来。我们要起来反抗这种思想的统治。一个人说，我们要教会他们用符合人的本质的思想来代替这些臆想，另一个人说，我们要教会他们批判地对待这些臆想，还有个人说，我们要教会他们从头脑里抛掉这些臆想，这样——当前的现实就会崩溃。"①

这段话中提到的三个人分别是：路德维希·费尔巴哈、布鲁诺·鲍威尔和麦克斯·施蒂纳。在马克思和恩格斯看来，他们的这些主张，究其实质不过是"构成现代青年黑格尔派哲学的核心"的"天真的幼稚的空想"②；而这些堕入空想的德国哲学家们显得十分可笑，马克思和恩格斯将他们比作天真地以为"人们之所以溺死，是因为他们被重力思想迷住了"的"好汉"③。《形态》中译本在注释中复现了原稿中被删除的一段话：

"所有的德国哲学批判家们都断言：观念、想法、概念迄今一直支配和决定着现实的人，现实世界是观念世界的产物。这种情况一直保持到今日，但今后不应继续存在。他们彼此不同的地方在于他们想用什么方法来拯救在他们看来还在自己的固定思想的威力下呻吟的人类；他们彼此不同的地方在于他们把什么东西宣布为固定思想。他们相同的地方在于他们相信这种思想的统治；他们相同的地方在于他们相信他们的批判的思想活动一定会使现存的东西灭亡，而要做到这一点，他们或者认为有

---

① 《马克思恩格斯文集》第1卷，人民出版社2009年版，第509页。
② 《马克思恩格斯文集》第1卷，人民出版社2009年版，第509页。
③ 《马克思恩格斯文集》第1卷，人民出版社2009年版，第510页。

他们的孤立的思想活动就已足够，或者希望争得共同的意识。"①

这段话蕴含着马克思恩格斯将德国现代哲学界定为德意志意识形态的重要理论根据，也蕴含着他们对这种资产阶级哲学意识形态进行批判的世界观前提。

马克思和恩格斯实则是从唯物主义的世界观立场表明了同德国现代哲学的根本对立，并由此从前提上颠覆瓦解了这种资产阶级哲学意识形态的世界观根基。在他们看来，德国现代哲学家们都陷入了同质的世界观幻象，他们都成了黑格尔的思辨唯心论的囚徒。这一判断隐含着一个不易察觉的疑难：为何像费尔巴哈那样的唯物论者竟然也如此沉沦？马克思和恩格斯虽则肯定了费尔巴哈哲学相对于德国唯心论的进步性："只有他才至少向前迈进了一步，只有他的著作才可以认真地加以研究"②，然而他们深刻地把握住了费尔巴哈哲学作为资产阶级哲学意识形态的构成——隶属于该时代"统治阶级的思想"即"资产阶级统治意志"——的本质规定性。正是由于他们的世界观未能摆脱黑格尔及其所代表的旧哲学的束缚，所以就从前提上禁锢了他们"观世界"的界限。对于像作为唯心论者布鲁诺·鲍威尔那样的黑格尔门徒而言，现实世界是被完全思辨地构造为"精神"的创造物。对此，马克思和恩格斯在《神圣家族》中作了犀利的嘲讽："它丝毫不觉得将自己比做上帝有什么亵渎的地方：它已经下凡，变成了订书匠，并且竟然降低自己的身分去胡言乱语，用外国话批判地胡言乱语。它纯洁得犹如蓝天，犹如处女，一看到罪孽深重的害麻疯病的群众就吓得心惊肉跳"③。作为唯心论者的德国现代哲学家们，其世界观的症结十分突出：呈现出将社会存在和社会意识关系本末倒置的颠倒性。作为唯物论者的费尔巴哈对于这种颠倒的唯心主义世界观主观上当然是十分拒斥的，然而其在根本性维度上却又未能跳出旧哲学的世界观的禁锢。恩格斯在《形态》中专一加了一个边注对此作了深刻的诠释："注意：费尔巴哈的错误不在于他使眼前的东西即感性外观从属于通过对感性事实作比较精确的研

---

① 《马克思恩格斯文集》第 1 卷，人民出版社 2009 年版，第 510 页注释①。
② 《马克思恩格斯文集》第 1 卷，人民出版社 2009 年版，第 514 页"编者注"。
③ 《马克思恩格斯全集》第 2 卷，人民出版社 1957 年版，第 9 页。

究而确认的感性现实,而在于他要是不用哲学家的'眼睛',就是说,要是不戴哲学家的'眼镜'来观察感性,最终会对感性束手无策。"①导致费尔巴哈犯错误的原因,首要地就是其在世界观上虽则同唯心论的世界观有所区别,但他的世界观和这些人们的"唯心主义世界观"又具有本质同一性。他们实际上都是基于抽象的"观念"去构造世界,这种"本体论"的世界观架构暴露了他们作为柏拉图主义者的共同身份,这其实也是他们共同作为德国资产阶级的思想家(意识形态家)的必然根据。对此,《形态》作出了精准而又深刻的剖析:

> "对哲学家们说来,从思想世界降到现实世界是最困难的任务之一。语言是思想的直接现实。哲学家们已经使思维独立化,同样,他们也一定要使语言独立化而成为一个特殊的王国。这就是哲学语言的秘密,在哲学语言里,思想作为言语具有自己本身的内容。从思想世界降到现实世界的问题,变成了从语言降到生活的问题。

> 我们已经指出,思想和观念的独立化是个人之间的私人关系和联系独立化的结果。我们已经指出,意识形态家和哲学家对这些思想进行专门的系统的研究,从而使这些思想系统化,这是分工的结果;具体地说,德国哲学是德国小资产阶级关系的结果。哲学家们只要把自己的语言还原为它从中抽象出来的普通语言,就可以认清他们的语言是现实世界的被歪曲了的语言,就可以懂得,无论是思想还是语言都不能独自组成特殊的王国,它们只是现实生活的表现。"②

马克思和恩格斯由此基于新唯物主义世界观高度揭示了资产阶级哲学意识形态的根本症结。

进一步,马克思和恩格斯还在《形态》中颠覆瓦解了资产阶级哲学意识形态的历史观基础。对于这一点,上述内容已做分析,展示了马克思和恩格斯在《形态》中创立的唯物主义历史观同旧哲学的唯心史观的根本分歧。更为深入地看,唯物史观的创立及其对唯心史观的批判,实则还隐含着重要的实践指向性:马克思和恩格斯在批驳和暴露唯心史观的荒谬性之际,实则是进一步对

---

① 《马克思恩格斯文集》第 1 卷,人民出版社 2009 年版,第 528 页注释①。
② 马克思、恩格斯《德意志意识形态》(节选本),人民出版社 2018 年版,第 127 页。

资产阶级的哲学意识形态进行前提批判,由此将"世界观批判"提升到了"历史观批判"的维度。这一从历史观层面着手的批判工作,主要针对的是黑格尔的唯心史观。这是基于黑格尔哲学实则作为德国现代哲学的"母体"的性质的必然选择:全体德国现代哲学家们都迷失在了"黑格尔的思想世界"而堕入"黑格尔的幻想"①,不仅如此,全体"批判家"甚至没有一个人试图对作为"自己的一般哲学前提"的"黑格尔体系进行全面的批判"②。就连费尔巴哈也不例外:"当费尔巴哈是一个唯物主义者的时候,历史在他的视野之外;当他去探讨历史的时候,他不是一个唯物主义者。在他那里,唯物主义和历史是彼此完全脱离的。"③马克思和恩格斯所创立的唯物史观,究其实质,并非对黑格尔的唯心史观的简单否定;毋宁说,他们完成了黑格尔虽则触及但并未完成的历史任务,并由此暴露了将作为虚幻的共同体的国家绝对化的资产阶级哲学意识形态的根本症结。研读文本可以看到,《形态》论证了研究现实的人的生产活动以及他们的物质生活条件是唯物史观考察历史的出发点;论述了社会存在决定社会意识这一历史唯物主义的基本原则;阐述了物质生产在人类历史发展进程中的决定作用;第一次揭示了生产力和生产关系之间的矛盾运动和辩证关系,并由此从分工的视角论述了私有制和阶级产生的根源;初步论述了经济基础和上层建筑之间的辩证关系,并考察了国家和法同所有制的关系,揭示了国家的阶级实质。基于对这些问题的深入系统的分析,《形态》在马克思主义发展史中初步实现了对人类社会发展规律的揭示:"马克思和恩格斯创立的唯物史观为科学社会主义奠定了哲学基础。他们从生产力和生产关系、经济基础和上层建筑的矛盾运动中揭示了人类历史发展的一般规律,论证了共产主义取代资本主义的历史必然性,提出了无产阶级夺取政权、消灭私有制、建设新社会并在斗争实践中改造自己的任务。"④基于唯物史观及其所揭示的人类社会发展的一般规律,马克思和恩格斯不仅在历史观层面科学把握住了资产阶级的哲学意识形态的症结所在,还为马克思主义意识形态思

① 《马克思恩格斯文集》第 1 卷,人民出版社 2009 年版,第 511 页"编者注"。
② 《马克思恩格斯文集》第 1 卷,人民出版社 2009 年版,第 514 页。
③ 《马克思恩格斯文集》第 1 卷,人民出版社 2009 年版,第 530 页。
④ 《德意志意识形态》(节选本),人民出版社 2018 年版,"编者引言"第 9 页。

想奠定了科学的历史观前提。

三、阐明了"消灭意识形态"的科学路径

众所周知的一个事实是,马克思恩格斯是坚定的共产主义者。因此,他们的意识形态研究具有彻底的革命性和批判性。他们的目的并不是"解释世界"即抽象地构造出一套理论学说;恰恰相反,他们的目的是"改变世界"即通过意识形态批判消灭私有制社会。这一点构成《形态》中意识形态思想的落脚点和归宿。这一问题直接关涉马克思主义意识形态思想的根本要义。很多人尤其是有不少非马克思主义研究者,他们不解其意,作了种种歪曲。著名的"曼海姆悖论"就是这样一个例子。曼海姆认为,马克思主义是一种意识形态、陷入了自我批判的循环的错误结论。事实上,正如我们上面所揭示的,意识形态并非像曼海姆所理解的所谓的"观念科学",而是奠立于一定生产力和交往关系之上的精神生产。就此而言,意识形态的本质并非一成不变。随着人类社会自身的矛盾发展,随着私有制时代的终结,意识形态的本质必将发生根本性的改变。因此,剥削阶级意识形态的消亡就是无产阶级意识形态的重建。这二者是一体两面的关系。《形态》对此进行了深刻剖析。

如上所言,作为"观念和思想生产"的意识形态,在阶级社会受到统治阶级的支配和主导,根本上是统治阶级意志的观念表达。然而,生产力和交往关系的矛盾不但是意识形态生产的本源动力,也是推动着人类社会发展的根本力量。因此,随着这一矛盾的发展,人类社会的本质会发生变化,意识形态的本质也将随之发生变化。在马克思恩格斯看来,随着生产力与交往关系的矛盾的发展,一旦交往关系成为生产力发展的桎梏,所有制以及建立其上的阶级统治就将发生变革。二者的这一矛盾必然会投射和反映到国家与市民社会的关系上面。它不但会使得现存的国家政权变得愈发保守乃至陈旧和腐朽,而且将催生出对之消灭的新阶级。一旦生产力与交往关系的矛盾彻底激化,一旦旧的阶级统治和国家政权遭到整个市民社会的反对,就将引发新阶级反对旧的统治阶级的社会革命。而意识形态斗争是这场社会革命的重要组成部分。作为旧统治阶级的对立面的新阶级力图赋予某种"思想"或"观念"以"普遍性的形式":

"一般说来,统治阶级总是自己为自己编造出诸如此类的幻想。所有的历史编纂学家,主要是 18 世纪以来的历史编纂学家所共有的这种历史观,必然会碰到这样一种现象:占统治地位的将是越来越抽象的思想,即越来越具有普遍性形式的思想。因为每一个企图取代旧统治阶级的新阶级,为了达到自己的目的不得不把自己的利益说成是社会全体成员的共同利益,就是说,这在观念上的表达就是:赋予自己的思想以普遍性的形式,把它们描绘成唯一合乎理性的、有普遍意义的思想。"①

这是一种根本不同于统治阶级的意志且与之对立的革命意识形态。由于整个市民社会都不堪旧的统治阶级的压迫,这时,新阶级力图推翻和取代统治阶级的革命理想就会成为被全社会接受和认同的革命意识形态。这种革命意识形态往往会在社会革命中充当革命号角,起到极大地鼓舞全体社会成员推翻旧的国家政权的重要作用。然而,在整个私有制社会,这种革命意识形态都难以克服自身的局限性。一旦革命成功,一旦新阶级建立了新的国家政权。曾经的革命阶级就成了新的统治阶级,曾经的革命意识形态就将转而蜕化成为保守的、纯粹为了维护本阶级狭隘的统治地位和利益的谎言和道德说教。

革命意识形态的这种不彻底性源于以往社会革命的局限性。它们唯有通过彻底的无产阶级革命才能克服。马克思恩格斯认为,这一革命既是资本时代生产力与交往关系矛盾的直接结果,深层次又是以往历史时代人类社会矛盾的必然结果。《形态》揭示了人类社会从低到高的发展趋势。在生产力和交往关系的推动下,人类社会必将发生如下的形态变化:部落[Stamm]所有制、古典古代的公社所有制和国家所有制、封建的或等级的所有制和资本所有制。矛盾在私有制条件下是无解的。从奴隶制到资本所有制,人类社会始终是在私有制的圈子里打转。资本所有制虽然消除了以往的等级压迫,实现了目前为止最为彻底的政治解放,但它仍然受到生产力与交往关系这一基本矛盾的制约。不仅如此,在资本时代,这一矛盾达到了极致化的境地,社会中的阶级矛盾即"阶级对立达到了极点"②。所以,旨在推翻资本统治的无产阶级

---

① 《马克思恩格斯文集》第 1 卷,人民出版社 2009 年版,第 552 页。
② 《马克思恩格斯全集》第 3 卷,人民出版社 1960 年版,第 516 页。

革命将不可避免。它具有以往任何革命都无法比拟的彻底性。无产阶级革命的彻底性在于,它不是为了获取国家政权,而是要改变国家政权的私有性质。也就是说,无产阶级革命的目标是彻底打破生产力与交往关系矛盾的私有性质,从而消灭从古到今已然持续了几千年的私有制。

显而易见,这种彻底的社会革命必然会推动着意识形态本质的转化。意识形态本质的这一变化有其必然性,它牢牢奠立于人类社会必然由私有制时代向共产主义社会转化的根基之上。无产阶级革命将彻底消灭私有制而重新建立一种新的所有制。这是一种建立在个人全面发展基础之上的新型共同体。因此,随着这种以每个人的全面发展为前提的新型共同体的建立,意识形态的本质就必将发生根本转化。这种转化本身是二重性的。一是剥削阶级意识形态的消亡。长期以来作为先验幻想的意识形态将褪去它在阶级社会的颠倒性和虚假性的底色。二是无产阶级意识形态的建构。无产阶级将在革命的过程中一步步意识到自己的历史使命,从而不断地将自身的阶级意识凝聚为一种革命信念和科学的社会理想。马克思恩格斯在《形态》中对此作了深刻剖析。

一是无产阶级意识形态建构的主体。马克思恩格斯认为,像以往的统治阶级一样,无产阶级自身意识形态的构建也是通过理论家和思想家完成的。无产阶级也有自己的理论家和思想家。无产阶级反抗阶级压迫的革命主张是通过无产阶级理论家(如前所示,马克思和恩格斯将之称为"共产主义理论家")上升为意识形态的,这一彻底革命的意识形态起到了鼓舞全社会其他被压迫者的反抗意识和斗志的作用。

二是无产阶级意识形态与剥削阶级意识形态的本质区别。无产阶级理论家与资产阶级理论家乃至一切剥削阶级的理论家有着本质区别。以往的理论家是附属于统治阶级的意识形态家。他们的意识形态建构实际上是把统治者的特殊利益先验地夸大为全社会的普遍利益,因而将统治阶级的思想抽象化为主导和统摄社会精神生产的意识形态。这就必然充满颠倒性和虚假性。所谓"颠倒性"是指这些意识形态家们对现实的本末倒置,即对统治阶级的地位和利益的抽象粉饰;所谓"虚假性"是指这种颠倒的形式中掩盖和遮蔽了现实阶级关系及其阶级矛盾的本质,以致于为某个阶级的统治披上了全民的外衣,并别有用心地赋予其永恒的和神圣的属性。

三是无产阶级意识形态的内容和形式。就其形式而言,区别于剥削阶级意识形态的颠倒映射,无产阶级理论家则主张对现存不合理现实进行无情的批判。批判是无产阶级理论家建构自身意识形态的主要形式。这一批判的"共产主义者的觉悟"源于无产阶级革命的目标和方向,"他们意识到自己的斗争是所有超出资产阶级制度的人的共同事业"[①]。他们自觉地看到:唯有对眼前私有制及其不合理的阶级压迫进行无情揭露,才能唤醒和鼓舞无产者的阶级意识和革命斗志,因而才能达到对不合理现实的革命改造。与这种彻底批判的形式相适应的是无产阶级意识形态的科学内容。无产阶级意识形态不是空想社会主义者的道德说教,而是科学的社会主义理想。因而,无产阶级理论家的中心任务就是从唯物史观高度揭示私有制的根源,并对无产者何以通过革命行动消灭私有制提供科学的道路指引。而这一点正是革命的和批判的无产阶级意识形态的根本原则。

小　结

通过本章的研究,我们理清了马克思恩格斯意识形态思想的立论前提。在第一节中,我们梳理了传统意识形态思想的提出过程及其演变历史,深入分析了传统意识形态概念创立的思想史前提和特拉西的意识形态思想的基本要点,并展现了以黑格尔为主要代表的德国古典哲学对传统意识形态思想的丰富。在第二节中,我们分析了马克思恩格斯对传统意识形态思想的变革,展现了他们针对传统意识形态思想的症结,在根本维度上实现了对传统意识形态思想的超越。第三节的主要内容是马克思恩格斯关于意识形态基本问题的澄清。立足于唯物史观,马克思恩格斯对一系列基本问题进行了既唯物又辩证的历史科学解析,澄清了意识形态的根源、本质和生产机制,并深刻揭示了无产阶级意识形态的建构原则。在这一章的最后一节即第四节中,我们集中研究了马克思恩格斯从哲学的高度对资产阶级意识形态的整体批判。这一批判

---

① 《马克思恩格斯全集》第 3 卷,人民出版社 1960 年版,第 233 页。

蕴含着四个环节或四重维度：德意志意识形态批判、宗教批判、政治意识形态批判以及市民社会批判。本章对这些问题的研究从总体上廓清了马克思恩格斯创立马克思主义意识形态思想的理论基础，为我们进一步深入地领会和把握马克思恩格斯意识形态思想的丰富内涵奠定了一个必要的思想前提。

第二章　马克思恩格斯对资产阶级
文化意识形态的批判与
科学文化建构思想

　　1848—1871 年,在马克思主义哲学史上,是马克思唯物史观的重要运用验证期和理论深化发展期。1848 年革命时期,是资产阶级普遍建立政权的重要历史转型期,也是封建主义、资本主义、社会主义出现三大思潮交叉的重要文化震荡期,尤其是波拿巴通过玩弄"拿破仑观念"实现的波拿巴政变,即资产阶级文化意识形态由革命转向保守的重要转折点,也是资产阶级文化意识形态借助旧文化传统显现本质的重要历史阶段。在这一历史时期,马克思恩格斯主要在"为国家及现实社会制度辩护的世界意识"意义上使用"意识形态"概念,对资产阶级意识形态的历史演变、本质及其发展规律进行了系统阐释,对旧文化传统意识形态的价值、本质、历史观蕴涵进行了澄明,进而提出了建构无产阶级文化"意识形态"及其路径的思想。总之,在1848—1871年的主要文献中,马克思恩格斯以资产阶级文化意识形态的系统批判,展现了其在人类历史发展高度,以唯物史观看待革命和社会历史发展的深刻性、全面性。

第一节　资产阶级文化意识形态的
历史演进及其本质澄明

　　马克思恩格斯在《德意志意识形态》中强调,统治阶级同时"作为思想的生产者进行统治,他们调节着自己时代的思想的生产和分配"①,这里指明"具有相对独立性的文化"源于政治经济现实,统治阶级以对生产和文化的双重垄断来维持统治的合法性和长久性。1848—1871 年是世界整体资本主义化的重要历史转型期,一方面资产阶级通过"自由、平等、博爱、民主"等文化口号宣传,团结人民为资产阶级革命的重要组织力量;另一方面资产阶级文化意识形态在现实复杂的历史境遇中,呈现出其口号"形式"与代表根本利益"内容"的不一致性,这使马克思恩格斯对资产阶级文化意识形态的历史演进规律和本质探究成为可能。

马克思恩格斯在《共产党宣言》中指出,"资产阶级,由于一切生产工具的迅速改进,由于交通的极其便利,把一切民族甚至最野蛮的民族都卷到文明中来了。……它迫使一切民族——如果它们不想灭亡的话——采用资产阶级的生产方式;它迫使它们在自己那里推行所谓的文明,即变成资产者。一句话,它按照自己的面貌为自己创造出一个世界。"②马克思以此指认资产阶级以资本现代性使整个世界资产阶级化,一方面,全球各民族国家在经济上普遍采取资本主义生产方式;另一方面,文化领域以资产阶级文化意识形态为模板。故在世界资本一体化意义上,无产阶级解放是包含民族国家解放的人类解放,无产阶级主体意识确立,以唯物史观对资产阶级意识形态尤其文化意识形态的科学认识和自觉批判为前提,在具体层面就是对资产阶级文化意识形态发展历程考察基础上的规律总结与本质分析。马克思和恩格斯在《共产党宣言》1872 年德文版序言中写道,"特别是公社已经证明:'工人阶级不能简单地掌握现成的国家机器,并运用它来达到自己的目的。'"③在当时的马克思恩格斯视野中,国家机器与资产阶级意识形态融为一体并具有鲜明的资产阶级属性,不仅是残酷镇压无产阶级的反动武器,而且是强有力保持资产阶级文化意识形态主导性的重要工具,这一论断蕴含着对资产阶级文化意识形态演进规律及其本质的研究,是无产阶级找到有效革命路径获取革命胜利并建构无产阶级文化的重要思想前提。

---

① 《马克思恩格斯选集》第 1 卷,人民出版社 2012 年版,第 179 页。
② 《马克思恩格斯选集》第 1 卷,人民出版社 2012 年版,第 404 页。
③ 《马克思恩格斯选集》第 1 卷,人民出版社 2012 年版,第 386 页。

一、资产阶级文化意识形态的历史演变及其发展规律

在私有经济制的阶级统治必然形式下,文化意识形态与特定阶级的历史状况紧密相连。马克思在《哲学的贫困》中指出,"我们应当把资产阶级的历史分为两个阶段:第一是资产阶级在封建主义和专制君主制的统治下形成为阶级;第二是形成阶级之后,推翻封建主义和君主制度,把社会改造成资产阶级社会。"①前者资产阶级形成并上升为统治阶级,后者资产阶级作为统治阶级实施社会统治,在根本上决定了资产阶级文化意识形态也必然分为两个阶段:

（一）以革命性为特征的传播发展阶段

马克思指出,在阶级社会必然存在着以证明其阶级统治合理合法性来维持阶级统治持续存在的"文化意识形态",任何力图获得统治的阶级都须先夺取政权"以便把自己的利益又说成是普遍的利益"②。资产阶级为最大限度联合革命力量夺取政权,也须"把特殊利益说成普遍利益"赋予其阶级思想以普遍形式而成为资产阶级文化意识形态,"进行革命的阶级,仅就它对抗另一个阶级而言,从一开始就不是作为一个阶级,而是作为全社会的代表出现的;它以社会全体群众的姿态反对唯一的统治阶级。"③资产阶级"自由、平等、博爱、共和、民主"等观念,随着"等级资本"、商业资本、工业资本先后主导的历史变迁而逐步形成并广泛传播,并在反对封建主义斗争中,成为团结和领导无产阶级、小资产阶级、农民阶级为资产阶级利益斗争的文化旗帜。这时期的资产阶级文化意识形态因资产阶级是革命阶级的属性而具有普遍的革命意义。马克思评价说,1648 年和 1789 年的革命是宣告资产阶级胜利的新社会政治制度确立的欧洲革命,是"资产阶级所有制对封建所有制的胜利,民族对地方主义的胜利,竞争对行会制度的胜利,遗产分割制对长子继承制的胜利,土地所有者支配土地对土地所有者隶属于土地的胜利,启蒙运动对迷信的胜利,家庭对宗族的胜利,勤劳对游手好闲的胜利,资产阶级权利对中世纪特权的胜利。"④

---

① 《马克思恩格斯选集》第 1 卷,人民出版社 2012 年版,第 274 页。
② 《马克思恩格斯选集》第 1 卷,人民出版社 2012 年版,第 164 页。
③ 《马克思恩格斯选集》第 1 卷,人民出版社 2012 年版,第 180 页。
④ 《马克思恩格斯选集》第 1 卷,人民出版社 2012 年版,第 442 页。

马克思强调资产阶级政治胜利同时是其思想观念成为社会主导思想的文化胜利,这既是对资产阶级思想观念上升为社会普遍文化意识形态的历史承认,也是对资产阶级文化意识形态由革命性到保守反动历史蜕变的宣告。

(二) 以保守和反动为特征的意识形态化阶段

马克思认为,真正意义上的"作为上层建筑基础"的市民社会与资产阶级的发展息息相关,掌控国家政权的资产阶级,将反映其阶级利益的文化确认为意识形态后,就会以文化意识形态的矛盾性凸显而远离、背弃曾经的追随者。马克思基于生产力生产关系、经济基础上层建筑的矛盾运动规律指出,"二月共和国事实上不过是,而且也只能是一个资产阶级共和国"[①]。马克思依据历史事实阐释说,法国二月革命后的临时政府不去向资产阶级社会索取革命旧账,却成为"资产阶级社会的受催逼的债务人"[②],不是利用银行破产清除金融贵族,却把"一切外省银行变成了法兰西银行的分行,使法兰西银行网络遍布法国全境。后来,临时政府又向法兰西银行签约借款,把国有森林抵押给它作为担保。于是二月革命就直接地巩固和扩大了它本来应该推翻的银行统治"[③],且为解决财政赤字向农民征收 1789 年被免除的税收、组织 24 营别动队制造流氓无产阶级与无产阶级的敌对来清除工人、从执行委员会中排除无产阶级代表、否决设立专门劳动部提案、建立国家工厂离间并掌控中间阶级等,以持续反对无产阶级的历史过程淹没其革命期间迫于压力设立"社会共和国"承诺,1789 年 5 月 4 日普选产生的国民议会公开宣告建立"纯粹的资产阶级共和国"且通过满足资产阶级需要的"劳动恢复原状",赤裸裸显露出二月共和国资产阶级的统治本质。

无产阶级 1848 年 3 月 17 日的游行,"加强了临时政府内外的资产阶级击破无产阶级的决心"[④]。与二月革命为反对封建王权联合无产阶级不同,资产阶级为摆脱社会主义、正式确立资产阶级统治,需利用国家等武器发动与无产阶级的决斗。资产阶级从国家工厂下手,使无产阶级陷入饿死和斗争的两难

---

① 《马克思恩格斯选集》第 1 卷,人民出版社 2012 年版,第 466 页。
② 《马克思恩格斯选集》第 1 卷,人民出版社 2012 年版,第 461 页。
③ 《马克思恩格斯选集》第 1 卷,人民出版社 2012 年版,第 459 页。
④ 《马克思恩格斯选集》第 1 卷,人民出版社 2012 年版,第 464 页。

选择并爆发了 6 月 22 日大规模起义,资产阶级以"杀害 3000 多名俘虏的残酷"血腥镇压起义,彻底暴露其反革命本性,资产阶级文化意识形态的欺骗性甚至使法国民主派代表在战斗结束几星期后才清醒过来。马克思嘲讽说,资产阶级文化意识形态宣扬的各阶级和谐的博爱,"在 6 月 25 日晚间,当资产阶级的巴黎张灯结彩,而无产阶级的巴黎在燃烧、在流血、在呻吟的时候,这个博爱便在巴黎所有窗户前面烧毁了。"①在此意义上,马克思强调六月失败是资产阶级共和国的真正出生地,资产阶级在无产阶级葬身地宣告资产阶级共和国的新生,并显露出"资产阶级文化意识形态"是"确保资本对劳动奴役统治永世长存的原形"。马克思通过六月失败还揭示出法国资产阶级与世界资产阶级的联盟,并揭示出"民族革命成败由无产阶级成败决定、小资产阶级等中间阶级命运改变依赖于无产阶级力量强大"的现实。马克思抨击说,资产阶级保皇派和制宪派的激烈斗争仅是形式之争,需捍卫资产阶级共和国内容时,二者甚至连讲话方式都如出一辙,"因为构成资产阶级共和国内容的正是资产阶级的利益,正是它的阶级统治和阶级剥削的物质条件。"②马克思评价说,这个制宪会议不是体现保皇主义的保守而是体现了资产阶级共和主义的腐朽,制宪会议通过宪法批准旧社会对革命的暂时胜利,在其"理论上雕琢资产阶级统治的共和主义形式的时候,它在实际上却是专靠否定一切常规、使用赤裸裸的暴力、宣布戒严来维持的"③。马克思以对资产阶级共和主义腐朽性批判,指明资产阶级文化意识形态由革命时期的先进性成为保守和反动的文化形态的"历史退变"。马克思批判道,秩序是贯穿整个革命的重要范畴,但"1789 年以来的许多次法国资产阶级革命,没有一次曾侵犯过秩序,因为所有这些革命都保持了阶级统治和对工人的奴役,保持了资产阶级秩序,尽管这种统治和这种奴役的政治形式时常有所改变"④。马克思在"凶恶怪物"等描述中,指认资产阶级用血腥展现其"平等、博爱、民主"等资产阶级文化意识形态,是仅限于本阶级及其利益考量的特殊性与虚伪性。

---

① 《马克思恩格斯选集》第 1 卷,人民出版社 2012 年版,第 468 页。
② 《马克思恩格斯选集》第 1 卷,人民出版社 2012 年版,第 472—473 页。
③ 《马克思恩格斯选集》第 1 卷,人民出版社 2012 年版,第 478 页。
④ 《马克思恩格斯选集》第 1 卷,人民出版社 2012 年版,第 469 页。

马克思进一步阐释说,波拿巴当选法国总统是资产阶级国家秩序建成的重要标志,也是文化意识形态历史退化的转折点。盐税征收等显露了波拿巴保皇派资产阶级的真面目,国民议会战胜制宪会议并以资产阶级共和国的实际统治,"才能剥去宪法的那套意识形态的服饰,并利用自己的立法机关和行政机关来实现为奴役无产阶级所必需的各种条件。"①制宪会议在关键时刻没起义却自杀,说明"正直的共和党人宁愿放弃他们超凡脱俗的意识形态,也不肯放弃在尘世间执掌政府权力的乐趣"②。制宪会议和波拿巴的斗争表明,资产阶级内部虽然存在利益和观念分歧,但因其根本利益都是建立在奴役无产阶级的这一根本点上,故以"奴役无产阶级"为内核的资产阶级文化意识形态,是资产阶级凭借国家政权实现对无产阶级的世俗统治和思想奴役的重要工具。波拿巴宣告"财产、家庭、宗教、秩序"是文明的统治且以赋税为基石,废除普选权的各种违宪行为和总统延期得到了不同资产阶级党派的支持,恰恰说明波拿巴是资产阶级代表的实质和资产阶级对无产阶级及其革命威胁"资产阶级秩序和根本利益"的惧怕。

总之,在法国斗争的舞台上,词句等文化意识形态曾经扮演重要角色,资产阶级对无产阶级及农民、小资产阶级在革命和统治确立不同历史阶段的异同以及波拿巴伪装及其面目暴露的历史片段,特别说明资产阶级由其阶级利益及其在社会历史发展中所承担角色决定的由革命到保守反动的历史嬗变,并使资产阶级文化意识形态呈现出阶段性特征:一方面,在整体上尤其在获取政权时期具有相对于封建意识形态的进步性和作为先进文化意识代表大众利益的普遍价值;另一方面,其建立在私有制基础上的阶级统治以普遍形式的特殊利益本质,包含着形式与内容等矛盾,且随现实发展表现为"资产阶级特殊利益由隐蔽到公开宣告的历史过程"。

综上所述,马克思以"资产阶级产生及其统治确立的历史发展和内在规律"来说明"资产阶级文化意识形态的历史发展和内在规律",二者的同构性根植于生产力生产关系、经济基础上层建筑的矛盾运动和"社会经济权力决

---

① 《马克思恩格斯选集》第 1 卷,人民出版社 2012 年版,第 488 页。
② 《马克思恩格斯选集》第 1 卷,人民出版社 2012 年版,第 493 页。

定政治权力、文化权力"且彼此制衡的复杂社会结构现实中。马克思强调法国二月革命的复杂性和保守性,源于法国工业资产阶级统治是局部现实的事实,这造成了法国资产阶级需借助保皇党并需要拿破仑旧文化意识形态支撑的保守性,也决定了法国无产阶级、农民、小资产阶级对法国资产阶级的盲从性,马克思特别强调法国资产阶级统治的确立是其现实条件和资产阶级利益所在决定的,无产阶级革命的成功则需要其自身的成熟和现实条件的具备。像马克思多次将资产阶级所宣扬的自由归结为贸易自由一样,契约等资产阶级思想观念上升到文化意识形态以及其二律背反性质,则根植于资本主义生产方式的政治经济学现实中。马克思写道,实行自由竞争等于公开宣布:"从今以后,只是由于社会各成员的资本多寡不等,所以他们之间才不平等,资本成为决定性的力量,从而资本家,资产者成为社会上的第一阶级。"[1]

二、马克思对资产阶级文化意识形态的本质探究

意识形态在不同学者视野中具有不同的含义,李萍在其马克思意识形态综述中指出:"马克思主要在否定和中性意义上使用意识形态概念",并强调"马克思是在对资产阶级意识形态进行批判的基础上形成其意识形态理论的"[2]。马克思对资产阶级文化意识形态的批判和超越性建构以对其本质探究为核心内容,这种本质不仅是指以上所述资产阶级意识形态在不同历史阶段存在先进与保守、科学与非科学的根本差异,更在以下两个层面具有丰富内涵:

(一) 马克思对资产阶级文化意识形态本质探究的生成逻辑澄明

黑格尔区分高贵的意识和卑贱的意识,阐明由个体意识过渡到普遍自我意识的教化目的是"祛除在国家权力之外还保留着自己的意见和特殊的利益,防止囿于卑贱意识的规定而经常处于崛起反叛之中"[3],使高贵的意识由"不声不响的服务的英雄主义变成了阿谀的英雄主义"[4]。黑格尔强调将自我

---

① 《马克思恩格斯选集》第1卷,人民出版社2012年版,第300页。
② 李萍:《马克思意识形态论》,中国社会科学出版社2013年版,第2页。
③ 李萍:《马克思意识形态论》,中国社会科学出版社2013年版,第32页。
④ [德]黑格尔:《精神现象学》下卷,贺麟、王玖兴译,商务印书馆1997年版,第57页。

教化为普遍东西获得普遍校准的虚妄性,并指出能意识到高贵的意识和卑贱的意识相互转化的"分裂的意识",是"后来发展为启蒙运动的反抗并屈从旧的社会制度的资产阶级意识"①,黑格尔赋予特拉西乐观的观念学意识形态概念以否定辩证法内涵并对马克思意识形态研究产生重要影响。费尔巴哈以"宗教是人本质的异化"并试图从人类传统宗教崇拜中发现"人类的利己主义即人类对自己的爱、人类的幸福欲"的现实内容,虽看到人的现实本质和现实的人分离,却将自然属性看成人的本质属性而创造了爱的宗教,"只是执着于从人与神、人与人的本质的对立中探究人类自由和幸福的基本条件,只对'副本'进行了批判,而没有意识到世俗社会本身的自我分裂和自我矛盾,并进而深入到对它的原本——社会的具体结构和关系的分析"②。对黑格尔和费尔巴哈意识形态的原本解构和关系分析,则是马克思意识形态思想的独创性和科学性所在,也是马克思对资产阶级文化意识形态本质探究不断深入的现实历程。

马克思在《〈黑格尔法哲学批判〉导言》中指出,作为"颠倒的社会意识"的宗教观念源于"颠倒的国家社会"即"人的世界",强调"对神学的批判变成对政治的批判"③,进而指出德国作为旧的社会制度是时代错乱,批判提高到真正人的问题高度是对"现代的政治社会现实本身批判",也是对"工业以至于整个财富领域对政治领域的关系"④的现代主要问题的思考和回答,即对资本主义政治经济现实及其现存社会制度和抽象统治的批判。马克思以"只是在哲学思想上与英法同步"的德国是国民经济学、英法是政治经济学的问题区分,强调德国理论政治派和实践政治派都不明白"迄今为止的哲学本身就属于这个世界,而且是这个世界的补充,虽然只是观念的补充"⑤。马克思所说的哲学是指以黑格尔法哲学为代表的德国与英法等现代资本主义国家政治现实同步的资产阶级文化意识形态。马克思进一步分析说,德国革命在于将对黑格尔哲学批判的哲学现实化,其重要条件是市民社会存在一个阶级能作

---

① 参见李萍:《马克思意识形态论》,中国社会科学出版社 2013 年版,第 34 页。
② 李萍:《马克思意识形态论》,中国社会科学出版社 2013 年版,第 37—38 页。
③ 《马克思恩格斯选集》第 1 卷,人民出版社 2012 年版,第 2 页。
④ 《马克思恩格斯选集》第 1 卷,人民出版社 2012 年版,第 6 页。
⑤ 《马克思恩格斯选集》第 1 卷,人民出版社 2012 年版,第 8 页。

为社会总代表掀起与社会混为一体的瞬间狂热,德国普遍解放是部分解放之前提,资产阶级的被动性、平庸性等无力充当重任,德国解放的关键在于存在因自身地位、物质需要、锁链强迫必然产生普遍解放需要和能力的无产阶级。在这里马克思对资产阶级文化意识形态的本质研究主要有两点:第一,以黑格尔法哲学为代表的资产阶级文化意识形态是资产阶级政治经济现实的观念反映和观念补充而已,具有派生性和具体性;第二,能充当革命条件的文化意识形态必然具有特殊阶级利益同时代表整体社会利益的特质。恩格斯《国民经济学批判大纲》以对资产阶级文化意识形态重要代表经济学的焦点关注强调,现代的经济学家在矛盾显露现实面前,为维护其权威不得不借助更高的诡辩术,贸易自由捍卫者是比旧重商主义更恶劣的垄断者,"在新经济学家的虚伪的人道背后隐藏着旧经济学家闻所未闻的野蛮……"①恩格斯指出,国民经济学本质是私经济学,因在其视野中"社会关系只是为了私有制而存在"②,私有制以互不信任的合法欺诈的商业为最直接结果,并将所有人都通过自由贸易体系变为因自我利益互相吞噬的野兽,私有制和竞争的矛盾在于单个人占用一切的利益(个人利益)与群体使每个人占有相等利益(普遍利益)的冲突。竞争作为土地与土地、资本与资本、工人与工人不道德状态的极点以所有权垄断为前提,竞争关系可归结为生产力和消费力的关系,特别体现为大资本家大地主富有与多数人贫困的差异性及其必然将持续扩大的现实。恩格斯在《英国工人阶级状况》中澄清,资产阶级文化意识形态具有与显露的矛盾现实不符甚至颠倒的虚伪性,以维护私有制社会关系和资产阶级等少数人特殊利益的本质,作为资产阶级文化意识形态重要体现而被无产者视为鞭子的法律,虽存在个别对资产阶级不利条款但被资产者视为神圣的法律,"是资产者本身的创造物,是经过他的同意并且是为了保护他和他的利益而颁布的……最重要的是,法律的神圣性,由社会上一部分人积极地按自己的意志规定下来并由另一部分人消极地接受下来的秩序的不可侵犯性,是资产者的社会地位的最强有力的支柱"③。恩格斯通过对英国宪章制度的历史分析指出,与无产阶级

---

① 《马克思恩格斯选集》第 1 卷,人民出版社 2012 年版,第 20 页。
② 《马克思恩格斯选集》第 1 卷,人民出版社 2012 年版,第 22 页。
③ 《马克思恩格斯选集》第 1 卷,人民出版社 2012 年版,第 118—119 页。

主动接受一切进步思想不同,"资产者是现存社会制度以及和这种制度相联系的各种偏见的奴隶;他惧怕、诅咒和排斥真正标志着进步的一切……"①。恩格斯在此澄清,资产阶级文化意识形态本质上是反映资本主义现存制度和资产阶级利益并维持资产阶级统治的偏见总和。马克思《1844年经济学哲学手稿》进一步强调,国民经济学以私有制合理性为前提,本质上是以劳动自我确认逻辑掩饰劳动异化逻辑,矛盾性的社会现实以"私有制和劳动异化的双向互动造成的人的普遍异化境遇"为内核,并因资产阶级和无产阶级异化境遇的天壤之别,国民经济学是为资产阶级天然永恒统治的辩护学说,且对无产阶级具有麻痹性并使工人因拥有类意识而活成工人,工人解放之所以包含普遍的人类解放,是因为"整个的人类奴役制就包含在工人对生产的关系中,而一切奴役关系只不过是这种关系的变形和后果罢了"②。

马克思《关于费尔巴哈的提纲》,将自己的新哲学表述为"环境的改变与自我改变一致"的"革命的实践的唯物主义",以人类社会为立足点,认为"人的本质在现实性上是一切社会关系的总和,属于特定社会形式并使现实个体具有本质属性的社会生活以实践为本质"。马克思唯物史观的实践内核确立,为马克思主义哲学体系化作了根本奠基。《德意志意识形态》以"现实人的实践活动揭秘了生产力生产关系、经济基础上层建筑的人类社会基本矛盾运动规律",并强调"统治阶级的思想在每一时代都是占统治地位的思想。这就是说,一个阶级是社会上占统治地位的物质力量,同时也是社会上占统治地位的精神力量。支配着物质生产资料的阶级,同时也支配着精神生产资料,因此,那些没有精神生产资料的人的思想"③,一般地受统治阶级支配。马克思"占统治地位的思想是占统治地位的物质关系观念表现"的一般文化意识形态论述,蕴涵着"资产阶级文化意识形态本质是处于统治地位资产阶级物质关系的观念表现"的科学论断,"资产者之所以必须在法律中使自己得到普遍表现,正因为他们是作为阶级进行统治的"④。俞吾金《意识形态论》曾对

---

① 《马克思恩格斯选集》第1卷,人民出版社2012年版,第131页。
② 《马克思恩格斯选集》第1卷,人民出版社2012年版,第61页。
③ 《马克思恩格斯文集》第1卷,人民出版社2009年版,第550页。
④ 《马克思恩格斯选集》第1卷,人民出版社2012年版,第214页。

此阐释说,"特定阶级意识形态本质及主要倾向总是统治阶级思想的体现,意识形态在阶级社会中从来不是超越阶级关系的存在,而是由统治阶级的根本利益决定的"①,资本主义意识形态无非是掩蔽资产阶级特殊利益偏见的"资本对劳动的统治是永恒自然规律的证明"。马克思进一步剖析说,意识形态家使一切本末倒置的关键在于,其职业分工独立化产生由手艺本身性质决定的"手艺和现实相联系的错觉",因其生活现实关系中并使其头脑中的关系概念为固定概念。马克思《哲学的贫困》继续这一讨论,明确指出:观念等意识形态的社会历史性即"人们按照自己的物质生产率建立相应的社会关系,正是这些人又按照自己的社会关系创造了相应的原理、观念和范畴"②。

恩格斯阐明《共产党宣言》的核心思想说,"每一历史时代主要的经济生产方式和交换方式以及必然由此产生的社会结构,是该时代政治的和精神的历史所赖以确立的基础,并且只有从这一基础出发,这一历史才能得到说明……"③因此,对资产阶级文化意识形态本质的科学分析必须从经济基础出发,文化意识形态随生产方式变更而更换其核心内容,即同一阶级在不同历史阶段其文化意识形态的内容也经历着嬗变。马克思在《共产党宣言》中将人类历史归结为阶级关系发展史,强调与私有制相契合的以资产阶级文化意识形态为代表的旧意识形态,本质上是少数人特殊利益的观念反映,无产阶级对其消除以对其现实前提即私有制的废除为基础,故必然遭受到资产阶级文化意识形态的责难。人的意识随其生活条件、社会关系、社会存在的改变而改变,"任何一个时代的统治思想始终都不过是统治阶级的思想"④,并作为社会意识只有当阶级对立完全消失时才消失,共产主义暴力推翻现存私有社会制度意味着同传统所有制及其观念的最彻底决裂。《共产党宣言》将意识形态的本质归结为私有制条件下统治阶级利益及其生活条件的观念表达,进而以人类历史规律宣告了"两个必然"及共产主义以废除资本主义现实存在条件和资产阶级文化意识形态为己任。

---

① 俞吾金:《意识形态论》,上海人民出版社2014年版,"序"第4页。
② 《马克思恩格斯选集》第1卷,人民出版社2012年版,第222页。
③ 《马克思恩格斯选集》第1卷,人民出版社2012年版,第385页。
④ 《马克思恩格斯选集》第1卷,人民出版社2012年版,第420页。

马克思在《1848 年至 1850 年的法兰西阶级斗争》中,通过法国二月革命到六月失败的历史考察,澄明了资产阶级欺骗性文化意识形态宣传与掌握国家政权后,由宣布"设有社会机构的共和国"①到公开建立资产阶级共和国的持续反对无产阶级的现实,强调资产阶级秩序是借助资产阶级国家政权维护的资产阶级文化意识形态及其变形掩饰的本质,是 1789 年以来许多次法国资产阶级革命所未曾侵犯过的并"以保护资本对劳动的永世长存统治"为根本目的和内核。马克思指出,连讲话方式都与保皇派如出一辙的制宪派,因为"构成资产阶级共和国内容的正是资产阶级的利益,正是它的阶级统治和阶级剥削的物质条件"②,这也是对资产阶级文化意识形态本质是"资产阶级利益及其阶级统治物质条件的观念表达"的明晰化表述。资产阶级对文化意识形态服饰的重视与否,取决于革命形势的力量对比和复杂现实情况,却都以维持资产阶级的利益为根本考量尺度。马克思讽刺说,面对波拿巴政变对宪法和共和制的取缔,"正直的共和党人宁愿放弃他们超凡脱俗的意识形态,也不肯放弃在尘世间执掌政府权力的乐趣。"③马克思进一步澄明说,"财产、家庭、宗教、秩序"是资产阶级保全其阶级统治的存在条件,秩序党选举纲领作为资产阶级文化意识形态体现,则把资产阶级的阶级统治及其条件描绘为"物质生产以及由此产生的社会交往关系的必要条件"④。马克思进而阐释说,路易-菲力浦等各届内阁中,"特权的利益必定要带着表明没有利害关系的意识形态的名称"⑤。《德国的革命和反革命》则指出,德国无产阶级将社会主义和共产主义学说当作自己解放的手段,虽其对自身需要尚不明晰,却只知道"立宪派资产阶级的纲领不包含他们所需要的一切,他们的需要决不局限在立宪思想的范围之内"⑥。恩格斯讽刺说,普鲁士资产阶级始终本能恐惧革命的共产主义和社会主义,当看到巴黎政府首脑人物是"财产、秩序、宗教、家庭以及现代资产者的其他家神的最危险的敌人的时候,他们的革命热情马上一

---

① 《马克思恩格斯选集》第 1 卷,人民出版社 2012 年版,第 466 页。
② 《马克思恩格斯选集》第 1 卷,人民出版社 2012 年版,第 472—473 页。
③ 《马克思恩格斯选集》第 1 卷,人民出版社 2012 年版,第 493 页。
④ 《马克思恩格斯选集》第 1 卷,人民出版社 2012 年版,第 499 页。
⑤ 《马克思恩格斯选集》第 1 卷,人民出版社 2012 年版,第 518 页。
⑥ 《马克思恩格斯选集》第 1 卷,人民出版社 2012 年版,第 582 页。

落千丈"①。恩格斯通过资产阶级反对封建主义到与封建主苟合的事实,强调资产阶级诸家神的意识形态是其特殊利益的观念表达而已。马克思在《路易·波拿巴的雾月十八日》中指出,资产阶级制定的宪法保证其充分享有而禁止他人享有或有条件享有自由,"都是仅仅为了保证'公共安全',也就是为了保证资产阶级的安全……"②这段话强调,资产阶级宪法代表的资产阶级文化意识形态,是以人民名义的资产阶级利益表达,并以保证资产阶级安全等利益为根本目的。马克思辛辣讽刺说,当资产阶级逐步放弃所有对抗波拿巴反革命武器而迎来议会的不断休会,是把共和国"自由、平等、博爱"格言显露出其真面目即"步兵、骑兵、炮兵",这是对资产阶级文化意识形态"维护人民普遍利益外衣下,实际上是维护资产阶级专政"的本质揭秘。

综上所述,从《〈黑格尔法哲学批判〉导言》到《路易·波拿巴的雾月十八日》,马克思资产阶级文化意识形态批判在逐步深入中,他将资产阶级文化意识形态本质视为"将资产阶级特殊利益宣称为普遍利益的与资产阶级社会关系相适应的观念形态",兼具阶级性、欺骗性、维持资产阶级有效统治的特征。

（二）马克思资产阶级文化意识形态本质探究的内涵逻辑澄明

在马克思的意识形态视野中,资产阶级文化意识形态是一个有机整体,不仅在内容上表现为经济学、政治学、伦理学等各个领域的互相渗透,在形式上表现为政治上层建筑与观念上层建筑的互相支撑,更在不同的历史发展阶段具有鲜明的社会历史性特征。马克思对资产阶级文化意识形态本质内涵的澄明,主要有以下几个关键点:

1. 发生学根源:资产阶级物质关系的观念表达

"占统治地位的思想不过是占统治地位的物质关系在观念上的表现"③。资产阶级文化意识形态尤其作为制度化的思想体系,在发生学意义上是资产阶级物质统治关系的观念表述,因为"观念的东西不外是移入人的头

---

①　《马克思恩格斯选集》第1卷,人民出版社2012年版,第597—598页。
②　《马克思恩格斯选集》第1卷,人民出版社2012年版,第682页。
③　《马克思恩格斯文集》第1卷,人民出版社2009年版,第550页。

脑并在人的头脑中改造过的物质的东西而已"①。在 1848 年革命、法兰西战争等分析中,马克思特别强调,法国二月革命和六月失败,必然确立的是资产阶级共和国,这在归根结底意义上,是由"当时法国由金融资产阶级和工业资产阶级主导的物质关系现实状况"决定的,当然也是由世界历史发展的客观趋势决定的。马克思用波拿巴窃取政权的成功佐证了这一理论,特别指出这种带有封建复辟特征的资产阶级政权形式与当时农民、小资产阶级主导的法国不成熟资产阶级物质状态相适应。资产阶级物质关系,在根本意义上是以雇佣劳动制度为核心并借助全球市场体系,使"特殊劳动以总体性社会劳动形式借助市场机制使工人劳动持续商品化"的生产关系,表征为贫富两极化及其对资本主义有效统治的持续维持。在《路易·波拿巴的雾月十八日》中,马克思特别强调工人阶级想通过拥护资产阶级革命争取自己获得工作权利的福利,结果发现新生的资产阶级共和国虽经历各种政权更迭却一直坚持"秩序"不变,这种秩序恰恰是维护雇佣劳动剥削的秩序,资产阶级物质关系需要工人去劳动,马克思由此告诫"工人阶级甚至小资产阶级、农民"在资产阶级共和国中实现自身利益的期望注定落空。

总之,马克思以唯物史观从意识形态发生根源上强调,资产阶级文化意识形态,在任何时候都不是资产阶级文化意识形态家所宣传的是独立自为的,作为文化意识的总体是现实经济结构决定的物质关系总和的观念表述,资产阶级文化意识形态作为资产阶级物质关系的派生物和观念表述与其具有同构同质性。正如马克思所阐释的"在大工业和竞争中,各个人的一切生存条件、一切制约性、一切片面性都融合为两种最简单的形式——私有制和劳动"②,资本主义生产方式决定的资本主义物质关系,可以归结为"积累起来的劳动即私有制"与现实的劳动即活劳动的关系。资产阶级文化意识形态则以对这种物质关系合理性证明为内核。

2. 阶级关系:资产阶级利益的观念表达

阶级分析法是唯物史观方法论的重要组成部分,也是其进行科学资产阶

---

① 《马克思恩格斯文集》第 5 卷,人民出版社 2009 年版,第 22 页。
② 《马克思恩格斯选集》第 1 卷,人民出版社 2012 年版,第 207 页。

级文化意识形态本质研究所凭借的重要方法论,但我们不能对阶级分析方法进行简单化理解和错误的运用,我们必须清楚:马克思坚持以经济标准对现实个人进行阶级划分,这种经济标准与财富量相关却不以财富多寡为根本标准,首先决定于"个人在整个社会经济体系中的地位,即人们获取生活资料的基本方式"①,其次需要关注个体的身份认同,坚持主观与客观相互统一的原则进行阶级划分。此外,必须以复杂性、时代反思对马克思的阶级范畴和阶级分析法,保持严谨严肃的学术态度。马克思通过《路易·波拿巴的雾月十八日》指出,"在不同的财产形式上,在社会生存条件上,耸立着由各种不同的,表现独特的情感、幻想、思想方式和人生观构成的整个上层建筑。整个阶级在其物质条件和相应的社会关系的基础上创造和构成这一切。通过传统和教育承受了这些情感和观点的个人,会以为这些情感和观点就是他的行为的真实动机和出发点。"②马克思还借助对波拿巴政变中各个阶级分分合合的现实的分析,强调由阶级地位决定的阶级利益观念表达的文化意识形态,具有吞噬个人主体性、自主性的效用。

马克思强调,纵观人类发展史是一部阶级斗争史,除原始社会、共产主义社会外,在私有制特定社会,人群共同体总因社会地位和生产条件等差别被分为具有不同利益的集团,尤其表现为截然对立的两大阶级。马克思指出,资本主义发展使社会越来越简化为资产阶级和无产阶级,在私有制条件下,个人的"个性是由非常明确的阶级关系决定和规定的"③。马克思阐释说,作为生产关系的人格化,无产阶级以勤劳顺从为特征,资产阶级以对金钱的贪婪为本质,作为具有天壤之别的劳动异化状态是由资本主义私有制生产关系决定的。马克思进一步阐明说,"不应当"把世界历史的首创精神加在某一个平庸的人物身上,"他们的言论,他们的行动,只不过是把他们推向前台的那个阶级的官方回声。他们只不过是在前台上代表了大资产阶级"④。在此,马克思强调

---

① 聂锦芳编:《重读马克思:文本及其思想》第 8 卷,中国人民大学出版社 2018 年版,第 62 页。

② 《马克思恩格斯选集》第 1 卷,人民出版社 2012 年版,第 695 页。

③ 《马克思恩格斯选集》第 1 卷,人民出版社 2012 年版,第 200 页。

④ 《马克思恩格斯全集》第 6 卷,人民出版社 1961 年版,第 120 页。

包括波拿巴在内的历史人物,在资产阶级革命时期只是作为资产阶级利益的代表,以个人形象充当了资产阶级文化意识形态的代言人而已。

马克思指出以"自由、平等、博爱"等资产阶级思想观念入宪法,资产阶级完成了以国家和市民社会分离为特征的政治解放。国家废除宗教特权使人们以公民实现了政治平等,马克思却批判说这种政治平等是以经济现实不平等为基础的,在本质意义上是以普遍政治平等对经济剥削现实关系的遮掩,进而呼吁废除"经济异化、金钱异化"的"人的解放"。马克思看到资产阶级文化意识形态在革命时期与统治时期的科学性退化,强调由斯密到马尔萨斯的作为资产阶级文化意识形态重要组成部分的国民经济学,其庸俗化过程是由资产阶级利益决定的。马克思还特别强调"波拿巴政变"中法国资产阶级的懦弱,是因其对无产阶级革命后果更惧怕的根本利益决定的,只不过波拿巴作为阴谋家看到资产阶级矛盾心理并充分利用了这种特性。

马克思看到资产阶级资本的积累是以对无产阶级劳动最大化剥削为前提的,强调阶级本质首先具有"剥削关系"为内核的经济意义,进而以资产阶级和无产阶级利益根本对立性,批判空想社会主义诉诸资产阶级良心发现改善无产阶级生存境遇的乌托邦性,反向论证了资产阶级文化意识形态的资产阶级利益理论表达的阶级属性和阶级本质。马克思指出,资产阶级的胜利,自由、平等、博爱写入宪法,法律赋予每个人普遍权利的条文,却往往以市民社会财产状况等差异而归于虚幻,经常存在"某人在法律上可以对某物享有权利,但实际上并不拥有某物"[1]悖论。马克思举例说,资产阶级经济学家反对工人结盟,不仅指出结盟费用昂贵,而且嘲讽工人结盟获取境遇改善的徒劳,"你们的工资总是决定于人手的供求关系;抗拒政治经济学的永恒规律,不但可笑,而且危险。"[2]然而,现代工业发展同时促进同盟的扩大,"同盟在一国内的发展程度可以确切地表明该国在世界市场等级中所占的地位。工业最发达的英国就有最大的而且组织得最好的同盟。"[3]资本家联合使工人因同等的地位和共同的利害关系,而日益认识到联盟的政治性质,使工人普遍认识到维护联

---

① 《马克思恩格斯选集》第1卷,人民出版社2012年版,第214页。
② 《马克思恩格斯选集》第1卷,人民出版社2012年版,第272页。
③ 《马克思恩格斯选集》第1卷,人民出版社2012年版,第273页。

盟比维护工资更重要。马克思通过 1848 年大家对议会迷的论述强调,宪法规定的普选权与宪法的本质完全相同,都是资产阶级统治的工具,以维护资产阶级统治为最高目标。① 议会及其指代的资产阶级文化意识形态,是由资产阶级本性决定的"资产阶级利益的观念表达",并充当实现其阶级利益的工具。

3. 功能逻辑:资产阶级政治与观念上层建筑的互相支撑

马克思以唯物史观的融合创新视野,强调资产阶级文化意识形态作为私有制观念意识形态发展的最高阶段,具有现实的复杂性,主要表征为"资产阶级国家作为政治上层建筑与资产阶级思想观念作为思想上层建筑"的互相支撑逻辑。

资产阶级国家是使资产阶级思想观念上升为文化意识形态的关键环节和保证其主导性的重要物质力量,二者在革命与建设中互相支撑,对这一互撑逻辑的澄清,是对资产阶级文化意识形态的功能发生学本质理解的关键。在此意义上,马克思对资产阶级文化意识形态本质批判,在核心内容上是对资产阶级政治国家的本质澄清。马克思在"阶级利益不可调和的产物"意义上定义国家,将国家看成实施阶级统治的工具,并通过对黑格尔国家与市民社会的哲学批判,指出市民社会决定国家而不是相反,由此将其对资本主义国家本质的探究,归结为对资产阶级市民社会的政治经济学批判。马克思《德意志意识形态》阐释说,市民社会"这一名称始终标志着直接从生产和交往中发展起来的社会组织,这种社会组织在一切时代都构成国家的基础以及任何其他的观念的上层建筑的基础"②。这段话指明了经济基础、政治上层建筑、观念上层建筑的结构性关系。恩格斯归纳历史运动规律说:"一切历史上的斗争,无论是在政治、宗教、哲学的领域中进行的,还是在其他意识形态领域中进行的,实际上只是或多或少明显地表现了各社会阶级的斗争,而这些阶级的存在以及它们之间的冲突,又为它们的经济状况的发展程度、它们的生产的性质和方式

---

① 参见聂锦芳编:《重读马克思:文本及其思想》第 8 卷,中国人民大学出版社 2018 年版,第287 页。

② 《马克思恩格斯文集》第 1 卷,人民出版社 2009 年版,第 583 页。

以及由生产所决定的交换的性质和方式所制约。"①鲍尔以意识形态概念的复杂性强调"理念和政治之间的互动关系"②,政治理念的联动恰恰是资本社会区别于前现代社会的本质特征。1848 年至 1871 年的历史阶段,马克思在坚持经济基础决定上层建筑的唯物史观基本原理的基础上,他的意识形态思想尤其资产阶级文化意识形态批判思想重要原创性贡献,是"对资产阶级政治上层建筑与文化上层建筑的复杂辩证关系进行了具体澄清",对其理解主要有以下几个层面:

(1)资产阶级政治上层建筑是资产阶级观念上层建筑的现实化

前面已经提到,资产阶级总是通过代表普遍利益的思想观念获得社会的广泛支持来实现革命的胜利,建立资产阶级国家。马克思指出,"英国资产阶级 1688 年、法国资产阶级 1789 年"获得政治统治,德国资产阶级在 1815 年开始了政权的要求。马克思强调,资产阶级国家作为资产阶级观念意识形态的实体化,不仅迷信议会,总是首先忙于制定宪法和法律,将资产阶级的"博爱、民主和平等"等口号变成普遍的公民权利。马克思指出,1848 年法国资产阶级则在六月起义失败基础上建立了资产阶级共和国,其"在这里是表示一个阶级对其他阶级实行无限制的专制统治"③。1848 年以宪法确定的人身、新闻出版、言论、结社、集会、教育和宗教等自由,都被宣布为法国公民的绝对权利,仅以一个附带条件受限制,即"受他人的同等权利和公共安全"的限制。结果是资产阶级享有不受妨碍的自由,并完全禁止或允许其他阶级有条件享有部分自由,且宪法中不仅每条都包含矛盾,"在一般词句中标榜自由,在附带条件中废除自由。……不管这种自由在日常现实中的存在怎样被彻底消灭,它在宪法上的存在仍然是完整无损、不可侵犯的。"④在以上叙述中,马克思揭示了资产阶级共和国的专政实质,更对"宪法中自由及现实自由的矛盾性"进行阐明,具体揭示了资产阶级国家是以法律形式承认资产阶级文化意识

---

① 《马克思恩格斯选集》第 1 卷,人民出版社 2012 年版,第 667 页。

② 参见[美]利昂·P.巴拉达特:《意识形态起源和影响》,张慧芝、张露璐译,世界图书出版公司 2010 年版,第 9 页。

③ 《马克思恩格斯选集》第 1 卷,人民出版社 2012 年版,第 677 页。

④ 《马克思恩格斯选集》第 1 卷,人民出版社 2012 年版,第 682 页。

形态来维护其阶级利益的。马克思分析说"六月失败"与"二月革命",是工业资产阶级取代金融贵族资产阶级主导的现实过程,是资产阶级国家的自我完善,"拿破仑观念"现实化的波拿巴政变,虽然意味着资产阶级革命的一次曲折,但是却彰显了"封建主与资产阶级的联合帝国、君主立宪制共和国、资产阶级共和国"只是形式的区别,对资产阶级激进文化意识形态的宣传,并不妨碍其在具体实践中采取最保守的形式,具体采取哪种形式以现实条件尤其阶级状况为转移。

(2)资产阶级文化意识形态恒常化需强有力的资产阶级国家政权来保证

资产阶级文化意识形态一旦确立,其主导性及对社会成员的强辐射力,则依靠资产阶级国家权力来有力保障。对此,马克思在1848—1871年的历史阶段,主要关注了以下几个实例:

第一,法兰克福国民议会及其宪法的失败。

马克思重点指出,由于德国自由派资产阶级的软弱,使得制宪会议辩论成为德国革命的重要环节。德国自由派资产阶级获取政权的革命热情,被巴黎的"革命的社会主义和共产主义"吓灭,并选择与封建官僚成为反革命联盟,以维护其视为家神的"财产、家庭、宗教、秩序"①。新阁员为巩固已经动摇的政权基础,用旧的国家机器来恢复秩序,甚至为革命中被赶跑的官员恢复原职。法兰克福国民会议把普鲁士国王选为德国皇帝并制定帝国宪法,"它不仅在表面上完全出自民意,同时,虽然充满了矛盾,却仍然是全德国最富于自由主义精神的宪法。它的最大缺点在于它只是一纸空文,它的条款没有实力作为后盾。"②这部宪法虽受大资产者和小资产者的拥护,却依然被内阁废弃,并导致了1849年的起义,然而法兰克福会议并不推动起义的胜利,"竟用自己的反对行动扼杀一切正在准备中的起义运动。"③马克思在上面论述中强调,软弱的资产阶级新内阁,无法用"旧国家机器和官员"维持新宪法的有效执行,而只能使其是一纸空文。马克思进一步阐释说,由人民选举的法兰克福帝国政府,用军队的刺刀反对人民意志,由于小资产阶级领导、错失时机、策略失

---

① 《马克思恩格斯选集》第1卷,人民出版社2012年版,第499页。
② 《马克思恩格斯选集》第1卷,人民出版社2012年版,第646页。
③ 《马克思恩格斯选集》第1卷,人民出版社2012年版,第651页。

误等,进而使得德国议会解散、起义失败。由于"德国小资产阶级因其经济现状的懦弱而无力成为合格的领导者",也由于"理论上不成熟因而对国家政权进行资本主义改造必要性不重视",更因为其本身"局限于议会讨论的'无所谓'的无政府主义行为",导致了起义的惨败。

第二,"波拿巴政变"对资产阶级国家的窃取。

1848 年法国资产阶级则在六月起义失败基础上,建立了资产阶级共和国并确立了资产阶级专制特权。波拿巴这个最平庸的人,因善于玩弄"拿破仑观念"被选举为总统而拥有行政权,其想谋取无限的总统权力与资产阶级国民议会出现冲突,波拿巴则通过行政权和掌控的流氓无产阶级逐步窃取了军队、获得了财权,进而逼迫议会宣布自我解散,为复辟帝制扫平了道路。马克思写道,在法国"行政权支配着由 50 多万人组成的官吏大军,也就是经常和绝对控制着大量的利益和生存;在这里,国家管制、控制、指挥、监视和监护着市民社会——从其最广泛的生活表现到最微不足道的行动,从其最一般的生存形式到个人的私生活;在这里,这个寄生机体由于极端的中央集权而无处不在、无所不知,并且极其敏捷、极其灵活,而现实的社会机体却极无独立性、极不固定;在这样一个国家里,国民议会如果不同时简化国家管理,不尽可能缩减官吏大军,最后,如果不让市民社会和舆论界创立本身的、不依靠政府权力的机关,那么它一旦失掉分配阁员位置的权限,也就失掉任何实际影响了。"①马克思上述话语回应了他对物质武器和思想武器的区分论述,作为观念上层建筑的文化意识形态会在"波拿巴政变"中发挥着重要的作用,但是其实际影响的持续存在,依靠资产阶级对行政机关、议会等的有效控制,马克思以"雾月政变"时期的法国行政权为例子,强调"国家作为政治上层建筑,是历史传承的对社会生活有效掌控的现实的客观力量"。马克思在论述中,也蕴含了彻底的资产阶级革命及其议会、宪法指代的资产阶级文化意识形态的现实化,需要资产阶级借助于对国家政权尤其行政权的有效掌控和彻底改造。

第三,政治上层建筑对异己的非意识形态及其信仰者的专制与镇压。

马克思在对"法国二月革命、六月失败、波拿巴政变、德国反革命"的历史

① 《马克思恩格斯文集》第 2 卷,人民出版社 2009 年版,第 511—512 页。

研究中,强调资产阶级文化意识形态,不仅以"对革命的社会主义和共产主义本能的恐惧"为内容,而且经常用国家行政权等专制手段消除民主派力量来控制社会大众。马克思指出,资产阶级通过将二心军队调出、惩罚士兵中不安分分子、隔绝兵营与报刊及市民社会等行动,避免彻底的民主革命行动,且敌视一切进步行为甚至自戕式的自我镇压,一切威胁其阶级统治和社会基础的"市民自由和进步机关"都被视为"'社会主义的'了"①。马克思还用事实客观地描述了,法国六月失败等无产阶级革命失败后,资产阶级通过国家政权和军队对"革命者甚至无辜者"残酷的血腥镇压。

综上,资产阶级国家作为社会"共同利益"的组织原则和现实力量,在其对资产阶级文化意识形态的背弃、漠视、维护等的不同历史选择中,充当资产阶级升官发财、飞黄腾达的手段并维护其利益。

4. 资产阶级文化意识形态对资产阶级国家的维护

马克思从以下两个方面阐释了资产阶级观念上层建筑对其政治上层建筑的维护:

(1)在革命夺取政权时期,为资产阶级国家的建立做舆论准备

马克思强调,现实的阶级斗争往往表现为"新观念战胜旧观念"的持续的文化意识形态斗争。马克思指出,波拿巴政变是必然的,也是具有重要历史意义的。波拿巴的成功,源于法国主体阶级力量小农阶级对"拿破仑观念"的迷信,波拿巴以复辟反革命会造成这种观念的破产,"随着小块土地所有制日益加剧的解体,建立在它上面的国家建筑物将倒塌下来"②。资产阶级共和国的建立,不仅需要借助带有资产阶级文化意识形态内涵的"拿破仑观念"等发动革命,并通过旧观念破产等为新资产阶级国家政权的确立或完善做思想启蒙等舆论准备。马克思在论述无产阶级六月起义失败时,特别指出"资产阶级通过国家工厂等舆论宣传"有效地制造了农民、小资产阶级对无产阶级的仇恨,从而使无产阶级陷入孤立境遇。马克思以此凸显,在资产阶级夺取或完善其国家政权的历史过程中,还经常借助资产阶级观念上层建筑,分化或聚合各

---

① 参见《马克思恩格斯文集》第 2 卷,人民出版社 2009 年版,第 514—515 页。
② 《马克思恩格斯文集》第 2 卷,人民出版社 2009 年版,第 573 页。

阶级或阶层的力量,从而使自己在各种历史局势中处于有利地位。

（2）和平时期,为资产阶级国家及其稳定提供精神支撑

1848年六月失败后的资产阶级共和国宪法,确定的"人身、新闻出版、言论、结社、集会、教育和宗教"等自由,都被宣布为法国公民的绝对权利,仅以一个附带条件即"受他人的同等权利和公共安全"为限制。这是以对公民更广泛政治权利的承认,凸显了资产阶级共和国相对于封建国家的优越性,进而对最大限度地争取到人民对新政权的认同具有重要意义。马克思还特别指出,波拿巴等对稳定资产阶级政权至关重要的历史人物,在本质意义上只是资产阶级文化意识形态的代名词而已,以政治经济学、伦理学、哲学、宗教等诸多意识形态形式,对其政治上层建筑的合法性证明和持续的认同性教育,对于资产阶级政治权力的稳定有着重要意义。马克思讽刺说,当资产阶级用国家政权镇压甚至自己的激进思想等一切社会运动时,它为自己钱袋而反对排斥自己的政治家、著作家,"但是它的钱袋也在它的口被封死和笔被折断后被抢劫了"①。在此意义上,马克思强调"法国六月失败",因宣告资产阶级文化意识形态的虚假性和对其资产阶级国家专制实质的暴露,意味着新革命浪潮的到来。

综上所述,马克思通过资产阶级国家与其思想观念互撑逻辑澄清,强调建立在私有制基础上的资产阶级社会中,资产阶级获取和维持其统治的关键,是有效发挥"国家政治上层建筑物质武器与观念上层建筑思想武器"的不同功能及其互撑逻辑。

5. 资产阶级文化意识形态与无产阶级文化比较:虚假性与现实性的统一

对事物的本质属性的判断,往往需要借助对立或关联事物的比较,马克思在1848—1871年,通过对资产阶级文化意识形态批判阐明无产阶级文化的科学性、大众性特征,而资产阶级文化意识形态以虚假性与现实性的统一为本质特征。对此理解主要有以下几个关键点:

（1）马克思对资产阶级文化意识形态虚假性的系统澄清

马克思主要从以下三个层面论述资产阶级意识形态的虚假性本质:

---

① 《马克思恩格斯文集》第2卷,人民出版社2009年版,第561页。

其一，以根源于社会现实的颠倒性为基本规定。马克思在《德意志意识形态》里，用"虚假的观念体系"定义以鲍威尔哲学思想为代表的德国资产阶级意识形态。侯惠勤指出，意识形态的虚假性以主宾、本末、头足等颠倒性为基本规定，"它根本颠倒了存在和意识、生活和观念的关系，不是从生产、生活和实践出发，而是从幻想的观念出发，甚至以观念代替现实。"[1]马克思在此澄明虚假性不是错误性，这种"虚假性的颠倒"源于现实社会，因此对其根本批判，需要由副本延伸到原本的政治经济学批判。

其二，以把特殊利益说成普遍利益的欺骗性为特点。马克思强调，在阶级社会，任何革命阶级为有效达到自己目的，都必须"把自己的利益说成是社会全体成员的共同利益，就是说，这在观念上的表达就是：赋予自己的思想以普遍性的形式，把它们描绘成唯一合乎理性的、有普遍意义的思想。"[2]马克思特别指出，革命时期的资产阶级，只有以普遍利益思想掀起全面革命热情的狂热，才能聚合社会各阶级，达到革命的目标。马克思指出，凭借"拿破仑观念"以超阶级性成功发动政变的波拿巴，其胜利同时意味着"拿破仑观念"的破产，因为他利用了农民和流氓无产阶级，在本质上依然是资产阶级的代表，其建立的帝国与资产阶级共和国仅仅具有形式差别。马克思反复批判资产阶级最爱的"秩序"，在本质意义上是对资本与劳动的现实统治关系的维持，为此在波拿巴政变的历史进程中，他们不惜反复践踏神圣的宪法、议会。

其三，以矛盾性为特征的非科学性。马克思分析说，1848 年法国宪法，把"人身、新闻出版、言论、结社、集会、教育和宗教"等自由，宣布为法国公民的绝对权利，以"受他人的同等权利和公共安全"的限制为唯一附加条件，其本质是资产阶级可以"禁止或允许在某些条件下他人享有"且本身"不受其他阶级同等权利的任何妨碍"而享受这些自由，"宪法的每一条本身都包含有自己的对立面，包含有自己的上院和下院：在一般词句中标榜自由，在附带条件中废除自由。……不管这种自由在日常现实中的存在怎样被彻底消灭，它在宪

---

① 侯惠勤：《马克思的意识形态批判与当代中国》，中国社会科学出版社 2010 年版，第236—237 页。

② 《马克思恩格斯文集》第 1 卷，人民出版社 2009 年版，第 552 页。

法上的存在仍然是完整无损、不可侵犯的。"①马克思以此阐明,资产阶级文化意识形态尤其表现在神圣宪法中的矛盾性,源于其在阶级利益与其他阶级利益根本对立的现实中,不得不出现意识形态的逻辑错乱,其在宪法中的完美绝对表达并与现实中资产阶级享有的专制特权形成悖论,这种非科学性恰恰是资产阶级意识形态的重要特性。在对资产阶级意识形态的虚假性的根源澄明和系统论述后,马克思预言了无产阶级文化的真理性、科学性特征。

(2)马克思对资产阶级文化意识形态现实性的澄明

大家对马克思资产阶级意识形态虚假性论述比较熟悉,往往忽视其对资产阶级意识形态尤其文化意识形态虚假性的批判,同时是对其文化意识形态现实性内涵的系统澄明。这里的现实性,不是指其文化意识形态内容的科学性、真理性,而是如宗教一样,其虚假性并不妨碍其在世俗生活甚至在重大历史事件中的巨大客观影响力。这种现实性,也是马克思对资产阶级文化意识形态持续进行批判的重要原因。正如培根所言,"那些占据着人的心灵并已根深蒂固的种种假相和错误概念,不仅使真理难以进入人心,而且即使进入了,只要我们事先不防止它们,仍有可能在科学复兴的时候来扰乱我们。"②

资产阶级文化意识形态主要由"劳工秩序"和"恐惧革命的社会主义和共产主义"两部分内容组成,却在根本意义上以服务于"资产阶级的统治秩序"为目的,并总在重要历史转折关头凸显出巨大的现实力量。资产阶级文化意识形态的现实性,一方面以宗教、哲学、法律等抽象意识形态理论体系后面矗立着军队、法庭等国家政权的权力体系,并以庞大的官僚系统以及对人们社会生活的无孔不入的监听和监察,保持资产阶级文化意识形态的主导话语权,并表现为突出的以专制暴力手段排斥异己的特性。马克思犀利地指出,"巴黎公社革命"注定失败,这是由"当时法国庞大的国家机器牢固掌握在反动阶级手中和法国经济状况不成熟"的现实性决定的;另一方面,在于意识形态作为文化现象,成为人们的认识图式和习惯的价值观念,并在特定历史转型时期凸显出其庞大的现实力量。马克思以波拿巴政变成功说明"拿破仑观念"的现

---

① 《马克思恩格斯选集》第 1 卷,人民出版社 2012 年版,第 682 页。
② 俞吾金:《意识形态论》,上海人民出版社 2014 年版,第 3 页。

实影响力,还指出普鲁士工商业资产阶级刚用言辞鼓动起革命,但看到巴黎政府首脑人物是其视为家神"财产、秩序、宗教、家庭"的最危险的敌人时,就丧失革命热情并以权力毁灭了1849年五月起义,因为作为领导的小资产阶级,"害怕人民真正接受了他们号召武装起来的高调,害怕已经落到他们手里的政权,尤其是害怕他们被迫采取的政策会给他们自己、给他们的社会地位和他们的财产带来的后果。"①马克思通过大量历史事实说明,对于资产阶级政治统治"共和和立宪"两种形式,其历史选择无非是基于历史状况的现实发展,关键在于保持其自身的利益尤其是财产状况。

　　总之,在马克思恩格斯视野中,资产阶级文化意识形态无非是作为资产阶级经济基础观念反映并由国家保障被确立为主导观念上层建筑的,反映资产阶级利益尤其根本利益的资产阶级思想观念体系。历史的现实演绎证明,资产阶级关注的不是君主或共和的形式,资产阶级国家作为资产阶级文化意识形态的实体化,维护资产阶级私有财产及其资本获得利润的特权,其本质是资产阶级私人利益的代名词而已。资本主义国家作为政治上层建筑,以军队、警察、法院等国家暴力机器在现实生活中的绝对力量和绝对优势,维护资产阶级文化意识形态的主导地位,服务于对资本主义私有制的巩固,实现并保障资产阶级所渴望的自由和秩序。

第二节　马克思对文化传统意识形态的批判

　　波拿巴政变是资产阶级革命的反复过程,体现旧的文化观念对社会发展的影响。马克思特别注意这一现象,并对"传统观念意识形态及其社会作用"进行了如下几个层面的全面分析:

一、1848年革命与文化传统的意识形态

　　马克思在1848年革命中,对文化传统意识形态的价值,主要有以下三个层面的特别的关注:

---

①　《马克思恩格斯选集》第1卷,人民出版社2012年版,第654页。

（一）不同阶级诉诸传统英雄人物及其口号表达自己的利益

马克思指出，人们总在过去继承的既定的政治经济条件和文化传统基础上创造历史，革命危机时代，人们"战战兢兢地请出亡灵来为自己效劳，借用它们的名字、战斗口号和衣服，以便穿着这种久受崇敬的服装，用这种借来的语言，演出世界历史的新的一幕"①。马克思强调，在阶级斗争还不具备纯粹政治斗争条件时，以革命形式表现出的阶级斗争往往诉诸传统，通过传统意识形态的力量表达阶级利益，并通过搅拌浸入人民骨髓中的传统情绪，不仅实现最大的舆论共鸣，而且获得最大可能的革命的物质力量。传统造就的民族感觉深入骨髓，就像一个疯癫的英国人，设想自己在古代法老时代服劳役而感叹道，"我这个生来自由的不列颠人被迫忍受这一切，为的是要替古代法老找金子"②。"在革命过程中，资产阶级为了隐瞒自己的真正目的和动机，模糊现实斗争的阶级实质和真实内容，往往从传统中去寻找精神支柱。"③法国农民，习惯于以"废除不废除葡萄酒税，作为衡量政府水平的尺度"，且因对波拿巴存在"历史拿破仑"辉煌重现的幻想，全力拥戴他，使得平庸的路易·波拿巴成为历史的风云人物。马克思举例说，克伦威尔和英国人民曾借用过"旧约全书的语言、热情和幻想"以完成资产阶级革命，而任务完成洛克就排挤了哈巴克。在法国拿破仑等，"都穿着罗马的服装，讲着罗马的语言来实现当代的任务，即解除桎梏和建立现代资产阶级社会"④。然而，这些罗马古董，将随着"新社会形态的形成尤其新文化意识形态的确立"而消失不见。

（二）文化传统在阶级斗争中影响国家形式选择和革命具体进程

马克思认为文化传统是不容忽视的客观现实力量，在阶级斗争中，对于革命进程和国家形式选择，都有非常重要的影响。在《路易·波拿巴的雾月十八日》中，马克思指出，"通过传统和教育承受了这些情感和观点的个人，会以为这些情感和观点就是他的行为的真实动机和出发点。"⑤看似主体的人，其

---

① 《马克思恩格斯选集》第 1 卷，人民出版社 2012 年版，第 669 页。
② 《马克思恩格斯选集》第 1 卷，人民出版社 2012 年版，第 671 页。
③ 李萍：《马克思意识形态论》，中国社会科学出版社 2013 年版，第 71 页。
④ 《马克思恩格斯选集》第 1 卷，人民出版社 2012 年版，第 669 页。
⑤ 《马克思恩格斯选集》第 1 卷，人民出版社 2012 年版，第 695 页。

独立思考的前提是被教化的传统文化思想,以至于法国的社会主义文献到德国,就成为德国著作家,"从他们的哲学观点出发去掌握法国的思想"①,德国社会主义退化为小市民的夸夸其谈。马克思特别比较了法国革命的彻底性与德国革命的保守性,其中一个非常重要的原因,是"德国小资产阶级一刻都不能忘记封建贵族的身份及其特权"。观念本身是一种现实的力量,很多传统观念,虽然丧失其存在的经济基础,但是却对现实社会生活产生着全方位的影响,对于很多人来说,这些观念本身就是他们生活本身,他们会为其奉献生命而在所不辞。在革命焦灼时刻,能不能有效地运用好这个传统,对阶级斗争的进程和结果将发挥重要作用。当然,文化传统的现实力量并不消解物质生产力归根结底的决定性作用。马克思在对文化传统革命影响作用论述的同时,还强调在资产阶级成熟且具备发达的现代生产条件的国家,一切传统观念融入精神意识,更倾向于选择资产阶级共和国的形式,旧传统的幽灵世界结束则有赖于相对发达的物质生产的状况。

（三）　文化传统如何被选择和利用取决于阶级斗争、阶级统治的需要

马克思认为,资产阶级总是充分利用文化传统幽灵来进行新的斗争,其斗士在罗马传统中,"找到了理想和艺术形式,找到了他们为了不让自己看见自己的斗争的资产阶级狭隘内容、为了要把自己的热情保持在伟大历史悲剧的高度上所必需的自我欺骗。"②在这段论述中,马克思强调"革命阶级故意选择契合本阶级利益的思想文化传统",对文化传统意识形态的呼出,不是为了回忆或复古,而是最大化利用其历史传承性达到操控革命的目的。在此意义上,路易·波拿巴通过对"拿破仑观念"巧妙运用,能在1848年法国革命中,成为各种力量的焦点并成为政治斗争的主角和核心。马克思还指出,生产力决定交往关系并制约个人发展的历史是自发进行的,各个阶级的利益只是屈从获得胜利的利益并延续几个世纪,甚至一个民族内部较早利益被较晚利益排挤后,"仍然在长时间内拥有一种相对于个人而独立的虚假共同体（国家、法）的传统权力"③。文化传统作为只有通过革命才能打倒的重要传统权力,有时会

---

① 《马克思恩格斯选集》第1卷,人民出版社2012年版,第427页。
② 《马克思恩格斯选集》第1卷,人民出版社2012年版,第670页。
③ 《马克思恩格斯文集》第1卷,人民出版社2009年版,第576页。

超越同时代的经验关系,使人们在后时代的斗争中,可以依靠前时代理论家的威望。战争作为交往的重要形式,占领结束后的征服者必须采纳适应于其征服区域生产力发展水平的共同体形式,并随生产力改变而改变,征服者往往还需要接受被征服民族的语言、教育和风俗等。

总之,阶级斗争往往伴随着文化传统意识形态的复兴,实质是以文化意识形态交锋,表现出的各个阶级的利益之争。传统文化意识形态,作为阶级斗争的重要变量,贯穿阶级斗争的始终,并影响斗争的选择、进程和结局,因此使得阶级斗争激化形式的革命,不仅是政治革命而且同时是社会革命。

二、马克思对文化传统意识形态的批判

人总是在既定历史条件下从事改造世界的活动,文化传统意识形态的现实性,使其对社会历史发展尤其社会转型产生深远的现实影响,马克思在现实考察"文化传统意识形态对阶级斗争和阶级统治影响"的基础上,对传统文化意识形态,主要进行了以下三个层面的批判:

(一) 对文化传统意识形态现实之根的揭露

马克思在文化传统意识形态问题上,特别反对唯心主义将文化现象独立化的观点,强调文化传统相对独立性并不能否认其存在经济基础的历史现实性,而且文化传统被召唤取决于现实需要,文化传统幽灵世界是否祛除以及被驱逐的程度,也取决于物质生产状况。

马克思以法国革命为例指出,正统王朝和七月王朝看似因原则分歧而分离,实质是"在不同的财产形式上,在社会生存条件上,耸立着由各种不同的,表现独特的情感、幻想、思想方式和人生观构成的整个上层建筑。整个阶级在其物质条件和相应的社会关系的基础上创造和构成这一切。通过传统和教育承受了这些情感和观点的个人,会以为这些情感和观点就是他的行为的真实动机和出发点"①。马克思在此强调,传统文化作为意识形态的重要组成部分,无非是传统物质条件和社会关系的观念反映,因教育和习俗而被人们熟知,并成为人们现实思维和行动的出发点。文化意识形态并不是幽灵一样的

① 《马克思恩格斯选集》第 1 卷,人民出版社 2012 年版,第 695 页。

玄幻神秘之物，是依赖并决定于经济基础的状况而具有相对独立性。

马克思特别指出，法国农民迷信拿破仑，是因为拿破仑将土地分给他们且保证其利益。农民阶级在革命中对波拿巴的迷信，也是其阶级利益之所在，"拿破仑是最充分地代表了1789年新形成的农民阶级的利益和幻想的唯一人物。农民阶级把他的名字写在共和国的门面上，就是对外宣布战争，对内宣布谋取自己的阶级利益。"①马克思还进一步分析说，农民、无产阶级、小资产阶级、军队都选拿破仑，是因为各个阶级赋予其不同的意义，"拿破仑是联合起来反对资产阶级共和国的一切派别的集合名词"②，"戴着皇冠打着鹰旗的路易-拿破仑，也是对于老拿破仑的一种拙劣的模仿"③。马克思讽刺说，"在群众对模糊拿破仑的热情拥戴中，隐藏着工业资产阶级的实际利益，在波拿巴对各个阶级的刻意讨好中掩藏了其皇帝梦的野心"，波拿巴当选后就恢复盐税嘲弄其选民，因"波拿巴代表着尚未脱离他的立法国民议会，即代表着已经建成的资产阶级共和国的国民议会"④。

（二）对资产阶级"文化传统意识形态"实用主义运用批判

马克思指出，资产阶级对传统文化持实用主义态度，其对传统文化的颂扬或排斥，仅仅是出于自身狭隘的私人利益而非真热爱。对此，马克思分为以下几个层面进行批判：

1. 资产阶级请出文化传统及传统经典人物为其阶级利益代言

马克思指出，资产阶级为更快取得政权诉诸亡灵，"使死人复生是为了赞美新的斗争，而不是为了拙劣地模仿旧的斗争；是为了在想象中夸大某一任务，而不是为了回避在现实中解决这个任务；是为了再度找到革命的精神，而不是为了让革命的幽灵重行游荡。"⑤资产阶级一旦获得政权，则会忘记古罗马幽灵的守护，用洛克等资产阶级代言人，彻底将被他们请出来的拿破仑等幽灵忘记。

---

① 《马克思恩格斯选集》第1卷，人民出版社2012年版，第481页。
② 《马克思恩格斯选集》第1卷，人民出版社2012年版，第482页。
③ 《马克思恩格斯选集》第1卷，人民出版社2012年版，第483页。
④ 《马克思恩格斯选集》第1卷，人民出版社2012年版，第487页。
⑤ 《马克思恩格斯选集》第1卷，人民出版社2012年版，第670页。

2. 资产阶级对文化传统甚至所有文化意识形态的功利主义运用

资产阶级还经常运用"社会主义"等幽灵，即使是其自身制定的原则，一旦触犯了其利益，就被指控为社会主义而遭拒斥。资产阶级用"财产、家庭、宗教、秩序"作为军队口令，将社会主义作为社会之公敌而镇压了六月起义。资产阶级对传统文化的应用，归根结底无非是为了其阶级利益，马克思犀利指出，"如果皇袍终于落在路易·波拿巴身上，那么拿破仑的铜像就将从旺多姆圆柱顶上倒塌下来。"①

总之，对马克思来说，资产阶级如何利用和使用传统文化，总是决定于资产阶级现实的利益以及所处环境的现实状况，这仅仅是资本逻辑"效用原则"在文化领域中的体现，是由资产阶级的本质属性决定的其"对文化传统意识形态进行了资本主义化运用"的特性。

（三）对私有社会文化传统意识形态的整体批判

马克思恩格斯指出，"共产主义革命就是同传统的所有制关系实行最彻底的决裂；毫不奇怪，它在自己的发展进程中要同传统的观念实行最彻底的决裂"②。这些传统观念是指，"私有制相关的，包含宗教的、道德的、哲学的、政治的、法的观念等形式，即以资产阶级文化意识形态为典型代表的所有私有制文化意识形态"。文化意识形态，虽然在归根结底意义上，是由经济基础决定的，无非是支配着物质生产资料的阶级根本利益的观念表述。马克思强调，传统文化意识形态是以私有制为基础的阶级利益的思想表达，归根结底是对少数人特权统治合法性的证明，无产阶级自身利益的表达，因其与统治者利益的根本对立性，不能诉诸以前的文化传统意识形态。对此，我们要辩证理解：一方面，马克思用决裂，强调无产阶级文化与文化传统意识形态的截然不同；另一方面，我们必须清楚，这种决裂并不是全盘否定，而是批判继承的问题。正如李萍所指出的那样，"文化传统将在以后继续影响着人们的思想和行为，成为意识形态家创造意识形态的思想材料。文化传统的社会作用的性质取决于对它进行诠释和利用的阶级的性质。当一个阶级处于进步和上升时期、代表

---

① 《马克思恩格斯选集》第 1 卷，人民出版社 2012 年版，第 774 页。
② 《马克思恩格斯选集》第 1 卷，人民出版社 2012 年版，第 421 页。

生产力发展的方向时,他们利用文化传统为自己的利益服务,具有进步意义,否则,就会阻碍社会的发展"①。

总之,马克思从"文化传统意识形态的现实基础、资产阶级对文化传统意识形态实用主义运用、私有制社会文化传统意识形态阶级本性"三个层面,对文化传统意识形态展开了批判,不仅揭示了文化传统意识形态的现实性及其经济基础依存性,而且对其服务于现实的阶级属性、私有制本性进行了具体和整体的综合探究,展现出唯物史观方法论的综合性立体视野。

三、马克思关于文化传统意识形态批判的历史观蕴含

1848—1871 年,马克思在对波拿巴政变中拿破仑观念等文化传统意识形态批判中,进一步对其历史观蕴含进行澄清,具体可以分为以下几个层面:

(一) 英雄史观批判:历史必然性和主体能动性

波拿巴的上台及其最后在政治角逐中的胜出,与人们对拿破仑的英雄崇拜分不开,而波拿巴窃取政权本身,并不是对英雄史观的证明,恰恰是对唯物史观"时势造英雄"的证明。与雨果《小拿破仑》对波拿巴仅从主体能动性讴歌和蒲鲁东对其胜利仅从客观角度说明不同,马克思在历史必然性与主体能动性的双向共同作用意义上全面评析这一现象:一方面,英雄的出现是时代的呼唤,是历史必然性的使然。马克思指出,波拿巴 1848 年 12 月 10 日总统大选的胜出,"这次选举得到军队方面的巨大同情,因为军队从《国民报》派共和党人那里既没有取得荣誉,也没有领到附加军饷;这次选举还受到大资产阶级方面的巨大同情,大资产阶级欢迎波拿巴是把他作为恢复君主制度的一个跳板;选举也受到无产者和小资产者的巨大同情,他们欢迎波拿巴是把他作为对卡芬雅克的一种惩罚。"②波拿巴当选是现实历史事件,并由以上各个阶级力量将其推上去的,也是在纷乱的局面中大家对强有力政府渴望所造成的。对于波拿巴及其政变成功,具有关键意义的"当时法国是小农经济为主的"经济状况,农民对"拿破仑观念"的迷信以及法国局势对统一强有力政权的渴望,

①　李萍:《马克思意识形态论》,中国社会科学出版社 2013 年版,第 86 页。
②　《马克思恩格斯选集》第 1 卷,人民出版社 2012 年版,第 686 页。

使波拿巴成为那个被选中的幸运人。正如马克思所说,他力图证明"法国阶级斗争怎样造成了一种局势和条件,使得一个平庸可笑的人物有可能扮演了英雄的角色"①。另一方面,波拿巴当选是其审时度势充分利用拿破仑侄子身份主体努力的结果。马克思用大量笔触叙述了波拿巴的诡计,如"波拿巴通过各种演讲宣传自己以实现其权力追求的野心,不惜散布虚假承诺;他'发起征讨罗马来拉拢僧侣、通过金钱馈赠拉拢军队、借助流氓无产阶级制造紧张局势和国民普遍拥戴假象',并通过政变强化资产者及各个方面对其持续依赖",进而获得并凭借对行政权、财政权、军权的掌控,而使自己处于有利地位,他还非常善于利用各派的斗争且在自己孤身一人的绝境中也能保持雄心勃勃。马克思特别指出,波拿巴最聪明的地方就是牢牢把握着行政权,"这一在法国历史上一直被持续加固的庞大的官僚机构和强大现实权力",以无孔不入的现实力量和物质武器,使资产阶级议会显得特别软弱无力。马克思在对波拿巴行政权与资产阶级议会权博弈中,将秩序党丧失内阁、军队、议会独立多数而最终被资产阶级抛弃的失误,归结为"未能掌握行政权,丧失了为维护议会制度所必需的支柱;面对紧急形势犹豫不决,丧失了对军队指挥权的掌控;不能把握时局变换,屡屡贻误最佳战机;党内派系不和,丧失了独立的议会多数;政党代表性断裂,难以维护资产阶级的共同利益"②五大原因,特别强调斗争的现实性和斗争主体决策之间发生联动效用的复杂性。

　　总之,马克思在经济基础决定上层建筑的唯物史观基本原理框架中,分析波拿巴由小人物成为历史人物的现实性和主体性的辩证关系,并在对其分析中既看到了其成功的必然性,又预测其背弃各个阶级遭受覆灭的必然命运。马克思在分析的过程中,在一定意义上凸显了人民创造历史的观点,波拿巴被选为总统是占法国多数农民对"拿破仑"的厚爱,各种流派组成的资产阶级"人民"对其支持是其获得政变成功的重要原因,波拿巴暴露称帝雄心也是对各个阶级背叛的过程并预示了其闹剧的结束,马克思借此强调人民对其拥护

---

　　①　郑寰、潘丹:《〈路易·波拿巴的雾月十八日〉导读》,中共中央党校出版社2018年版,第55页。

　　②　参见郑寰、潘丹:《〈路易·波拿巴的雾月十八日〉导读》,中共中央党校出版社2018年版,第103—105页。

与否是其成败的关键。

（二）个人的历史作用：历史必然性和历史偶然性

波拿巴当政的历史事实，特别彰显了个人历史作用发挥是历史必然性和历史偶然性有机统一的原理。

马克思强调历史具有其规律性，个体对历史的作用遵循"逆流者亡，顺流者昌"的历史必然性。一方面，人们必须在既定的经济状况、政治传承、文化传统等现实前提下开创历史；另一方面，在历史转型期，存在着各个阶级现实博弈必须遵循某种必然的规律。马克思强调是法国现实状况使波拿巴成为历史人物，"路易-拿破仑胜利的全部秘密就在于，他是依靠同他的名字相联系的传统才得以在一个短时期内保持住法国社会中相互斗争的阶级之间的均势。"①当时的法国需要拿破仑一样的人物稳定局势，波拿巴作为拿破仑的侄子满足了各个阶级对拿破仑复活的幻想。

马克思更强调社会历史是主体人能动参与的过程，历史必然性总通过无数偶然性为自己开辟道路，波拿巴个人作用发挥离不开各种历史偶然性，波拿巴的成功与"拿破仑观念"、"能用下流手段进行斗争"、娴熟使用"波拿巴平衡术"等历史偶然性有关。马克思指出，波拿巴能在总统候选人中脱颖而出，与"农民对拿破仑是其保护者"根深蒂固的崇拜有关。但成为总统能在权力宝座上持续存在，需要对其他机遇的有效利用。如5月31日后，波拿巴利用时机提出每年发放300万法郎的总统年俸，马克思叙述说"长期的流浪生活使这个冒险家长出非常发达的触角，能探知可能向资产者勒索金钱的时机。他采取了十足的敲诈手段"②。波拿巴用这些钱继续收买流氓无产阶级作为自己统治的坚强后盾，用香槟酒、雪茄烟、冷盘禽肉和蒜腊肠款待军士而拉拢军队，还通过股票彩票敛财，以至于马克思感叹说他窃取了整个法国为其实现称帝的野心服务，并通过各种实际的斗争使得自己的野心得到一步步实现。

总之，个人的历史作用受到历史必然性所决定的个人地位等客观条件的制约，也与个人对各种历史偶然性的把握和行动息息相关，个人在历史既定剧

---

① 《马克思恩格斯全集》第8卷，人民出版社1961年版，第249页。
② 《马克思恩格斯选集》第1卷，人民出版社2012年版，第718页。

本上演出,是被动者,也以演员的主观能动性是历史剧本的实现者或编剧人。

（三）波拿巴政变剖析:社会存在与社会意识的辩证关系

"拿破仑观念"源于波拿巴《拿破仑观念》一书,把拿破仑写成理想人物,颂扬拿破仑的政治原则和第一帝国秩序。波拿巴政变的历史事实与波拿巴及其内核"拿破仑观念"紧密相连,波拿巴则是善于玩弄"拿破仑观念"的人,这一历史过程特别彰显了唯物史观的社会存在与社会意识的辩证关系原理。

1."拿破仑观念"本身是社会存在的反映

1848—1851 年的革命冒险家,必须用拿破仑铁面具隐藏自己真面目,因为法国人革命时习惯追念拿破仑,因此"他们所得到的不只是一幅老拿破仑的漫画,他们得到的是漫画化的老拿破仑本身,是在 19 世纪中叶所应当出现的老拿破仑"①。这里一方面,马克思强调拿破仑观念之所以在法国人民心中如此根深蒂固,是由历史上拿破仑开创的历史功勋决定的,"拿破仑观念"是对当时社会存在的观念表达,却因历史辉煌而被法国人追念、经久不衰;另一方面,马克思揭示出 1848 年重新请出"拿破仑观念",是由当时法国的社会存在决定的,而这个观念本身不仅仅是概念而且是不容忽视的具有巨大现实力量的社会存在。革命首先需要创造相关的形势、关系和条件,拿破仑被请出和波拿巴当选总统,也是革命所需即以强有力统一政府取代卡芬雅克的独裁和制宪会议。

2. 社会意识对社会存在具有反作用

"拿破仑观念"作为社会意识显示其相对独立性,在拿破仑时代对法国人的现实生活产生深远影响,"拿破仑观念"作为社会意识更在拿破仑以后的社会实践中,参与对社会存在的历史改造,成为历史事件中不容忽视的重要现实力量。

波拿巴充分理解和应用"拿破仑观念",不仅获得大资产阶级、无产者、小资产阶级的拥护赢得总统大选,而且充分利用 1849 年 1 月 29 日政变通过宫前部分检阅部队,尝试用武力反对议会权力。波拿巴沉溺于"拿破仑观念",借助巴罗内阁和秩序党,强迫制宪会议通过使其"失去最后一点社会尊重的

① 《马克思恩格斯选集》第 1 卷,人民出版社 2012 年版,第 671 页。

法律"，公开利用对议会势力的贬低并掌握军队使得制宪会议只拥有思想刺刀而无力反击，最终波拿巴掌握政府权力、军队和立法机关即全部国家政权，且靠民意普选的精神和反革命势力在欧洲的胜利而加强。波拿巴对"拿破仑观念"的迷信以及相似操作，造就其在特殊革命中的大权独揽，"拿破仑观念"促进了这一过程，并通过对国家政权掌控而成为重要的精神标志。

　　波拿巴利用巴罗内阁解散了共和派制宪会议，为了征服罗马拉拢僧侣为自己称帝效劳，他解散内阁抛弃拿破仑铁面具而显示自己的本面目，虽然"拿破仑观念"尤其在波拿巴力量不是很强大时，拿破仑荣光给波拿巴披上神圣光环使其事半功倍。当波拿巴力量足够强大的时候，即使其认为的"自己负有恢复帝国的使命这一伟大思想，总是由认定法国人民负有替他偿清债务的使命的另一伟大思想来补充"①观念很谬误，但是因为其实际地掌握了行政权力，尤其通过腊肠等争取到军队后，其玩弄"拿破仑观念"并暴露其篡夺权位的欲望时，资产阶级仅剩下思想之剑而只能展口舌之力而对局面无能为力。马克思讽刺说，"一般说来，不信神是这些假英雄和真圣者的死敌"②。马克思说的这个神就是拿破仑，波拿巴通过修改宪法以总统身份拥有绝对皇权，社会思想如此深刻影响社会存在尤其是各个阶级在政治风云中的现实选择，波拿巴专制受到金融贵族和工业资产阶级的支持，因为相对于政治权力而言，其阶级公共利益根本在于其私人领域。波拿巴巡游不仅获得资产阶级各个阶层的拥戴，而且获得议会外资产阶级"自愿放弃政治权力，并劝整个阶级也自觉放弃政治权力"的拥戴。

　　马克思说，政变是波拿巴的固定观念，当波拿巴由于太频繁玩弄政变而使人民习惯于政变幽灵，以致现实的政变反而受到怀疑。马克思评价说"政变之所以成功，根本不是由于十二月十日会的头目严守秘密和国民议会方面受到没有预料到的袭击。不管波拿巴怎样泄露秘密，不管国民议会怎样事先完全知悉内情，这个政变都是会成功的，因为这是先前的事变进程的必然而不可避免的结果"③。"拿破仑观念"到波拿巴成功政变是社会意识变成社会存

---

① 《马克思恩格斯选集》第 1 卷，人民出版社 2012 年版，第 708 页。
② 《马克思恩格斯选集》第 1 卷，人民出版社 2012 年版，第 729 页。
③ 《马克思恩格斯选集》第 1 卷，人民出版社 2012 年版，第 751 页。

在,需要观念的有效传达以及相信此观念的人面对各种历史场景中的现实抉择和现实行动,在此意义上,波拿巴政变的成功与"拿破仑观念"本身是复杂的关系。

马克思详细解析"拿破仑观念":第一个观念即拥护农民拥有小块土地的所有制及其法律,其由拿破仑时代社会存在产生,在资本时代,这种所有制是贫困的根源并且作为落后的生产力,注定会被更高形式的资本驱动的大规模农业生产所吞噬;第二个观念即强有力和不受限制的政府,与其相关的是造就大批衣着华贵和脑满肥肠的官僚,这个观念最符合波拿巴心意,由此造就了为拿工资而全力拥护其波拿巴的特殊阶级;第三个观念即教士的统治;第四个观念即军队绝对优势。在具体分析的基础上,马克思总结说,一切"拿破仑观念"都是小块土地所产生的观念,对于已经成为历史过往的社会存在而言其是幽灵的魂魄,但是资产阶级社会革命本身使其现实化,"为了使法国国民大众解脱传统的束缚,为了使国家权力和社会之间的对立以纯粹的形态表现出来,一出模仿帝国的滑稽剧是必要的。"①波拿巴政变仅仅是拿破仑复活的闹剧,历史上拿破仑在摧毁封建制度中锻造了军事官僚一体化的强大的中央集权制国家,具有划时代的开创意义。波拿巴只有对各个阶级互相欺骗而处境异常艰难,作为"拿破仑观念"现实化的波拿巴皇袍加身,拿破仑铜像必然从旺多姆圆柱顶上倒塌,则说明"拿破仑观念"作为社会意识即使是历史重现,但因社会存在的根本变化也具有不同的社会内涵。

总之,社会存在决定社会意识,"拿破仑观念"作为社会意识,归根结底意义上是小块土地经济生产方式所产生的观念;社会意识具有相对独立性,不仅能在原有社会存在消失后存在,而且因为人们对其所指代的历史事实的迷信,成为社会发展中影响社会存在的重要力量,甚至造就了"历史重现"。在归根结底意义上,虽然是社会需求的重合,但因经济基础的不同,"拿破仑观念"现实化的波拿巴在本质属性上是反对"拿破仑观念"的,是现实法国革命借助传统文化意识形态道具演绎的资产阶级新阶级统治而已,社会存在与社会意识的辩证互动关系,有机地统一于人民创造历史的伟大实践活动中。

---

① 《马克思恩格斯选集》第 1 卷,人民出版社 2012 年版,第 769 页。

第三节　马克思论无产阶级文化意识形态
建构的必要性及其路径

法国"六月起义"和巴黎公社的失败,用血腥现实警示真正的共产主义者,拥有无产阶级文化及坚守无产阶级专政的重要性,无产阶级作为实现共产主义重要的物质力量,是有明确自我意识和政治方略的特殊阶级。在此作为本章的理论探究前提,需要对无产阶级文化和无产阶级文化意识形态进行简要澄清。当我们以"少数人以人类普遍形式出现思想观念"定义意识形态时,无产阶级思想意识因为对应本身是社会的多数,只能以"无产阶级文化"命名之。如果我们在"阶级以反映其阶级根本利益的文化,来武装其阶级成员以使其阶级成员有明晰的自我意识"意义上定义"意识形态",那么可以说在资本主义现代性中与社会日益分化为资产阶级和无产阶级一样,社会文化意识也必然分为资产阶级文化意识形态和无产阶级文化意识形态。本节在后者意义上,强调建构无产阶级文化意识形态的重要性,并在肯定无产阶级文化的科学性、人民性等意义上,为区分与资产阶级意识形态的虚假性、私有制关联的利己狭隘性,而使用"无产阶级文化"范畴。

一、建构无产阶级文化意识形态的必要性及其特征

在阶级社会的历史发展中,个人意识以阶级意识呈现,阶级意识表现为意识形态,而使得主体成为被意识形态充盈的胡桃壳。无产阶级文化,尤其作为与资产阶级文化意识形态对抗的无产阶级文化意识形态的形成,与无产阶级状况历史发展密切关联,表现为其阶级意识"由自发到自为、由直觉思维到本质认识"进而"由零碎化到体系化、由片面性到科学性"的过程。"三大工人起义",工人意识由争取政治权利、经济权利到举起"废除私有制"的大旗,是无产阶级对自身境遇和阶级利益认识不断深入的历史过程,标志着无产阶级作为特殊阶级登上历史舞台的同时,也意味着无产阶级对世界宣告了其特有的阶级意识和文化意识形态,在一定意义上,《共产党宣言》是无产阶级文化意识形态公开表达和系统化的重要体现。1848 年革命,彰显了资产阶级文化意

识形态与无产阶级文化的根本分野,在斗争中无产阶级阶级意识显著增强,深刻认识到"无产阶级不能轻而易举摆脱资产阶级意识形态的影响,这就凸显出无产阶级意识对于无产阶级争取自身解放的重要意义"①。在 1848—1871 年的历史时期,出现了各种非科学社会主义的"社会主义思潮",在具体斗争中,无产阶级也出现盲目信任资产阶级文化意识形态,放弃自我利益和原则,跟随小资产阶级,被农民或流氓无产阶级带领偏离原来革命路线等现象。这些历史事实充分说明,能真正代表无产阶级利益并指导无产阶级革命取得胜利的,只能是"科学社会主义"这一真正的无产阶级文化意识形态。无产阶级在社会历史发展中尤其是革命中要想维护本阶级利益,必须用无产阶级文化意识形态武装无产阶级及其"农民和小资产阶级等"同盟军,才能在革命过程中拥有自己的主体独立性并根据形势采取有效的实践行动。

无产阶级本性决定无产阶级文化意识形态(文化)与资产阶级文化意识形态有着截然不同的特征,具体如下:

(一) 科学性与阶级性的统一

私有制基础上的传统文化意识形态,其阶级统治的合理性建立在对历史事实的曲解上,使得其文化意识形态在科学性和阶级性上只能二选一,也在根本上决定其意识形态内容的自相矛盾性。没有科学性支撑的文化意识形态是不可信的,为维护资产阶级文化意识形态的权威,其意识形态必须以特定的历史真实为前提和基础,但是科学性的彻底性同时是对资产阶级统治的威胁,使得资产阶级只得通过片面的事实传递来维护阶级利益。例如,启蒙运动时期,竟然忽视母系氏族的存在,将父系氏族阶段标榜为历史的前提。

无产阶级与特权阶级实现狭隘私人利益不同,作为现代化大工业的代表,在根本意义上,要打破私有制及其基础上的狭隘社会关系,其阶级利益同时是广大人民群众的普遍利益,其意识不是少数人的思想偏狭而是人民的呼声,"这种意识应该力求全面而深刻地理解历史发展过程,把握历史发展的客观规律性和基本趋势,以及作为各阶级物质利益冲突的社会斗争的本质和特点,

---

① 李萍:《马克思意识形态论》,中国社会科学出版社 2013 年版,第 77 页。

一句话,它必须以科学地认识历史为前提。"①在此意义上,无产阶级对科学性的彻底追求就是对其阶级利益的实现,无产阶级对其阶级立场的彻底性贯彻也是其思想科学性的重要保障。

马克思指出,工业和科学的胜利同时是道德的败坏,工人越来越陷入更深的贫困和奴役,资产阶级社会本身是以生产力和生产关系的二律背反为本质特征的,也就是说科学发展永远服务于有产阶级的私人利益,进而使得其意识形态的人民性宣传,只是其阶级以人民及社会化生产力为手段实现其狭隘私人利益的庸俗事实的神圣化或遮掩。因此,1848 年革命之所以重要,仅仅是因为"那些革命吵吵嚷嚷、模模糊糊地宣布了无产阶级解放这个 19 世纪的秘密,本世纪革命的秘密"②。马克思指出,1848 年革命使人透过欧洲社会干硬外壳上的细小裂缝看到无产阶级革命的"无敌深渊"。无产阶级解放以人类解放为前提和路径,具有普遍意义,只有无产阶级文化意识形态才意味着阶级性与科学性的统一,在深层意义上即实现生产力和生产关系的有机统一。

（二）阶级特性与人民性的统一

社会理想是意识形态的重要内容,资产阶级革命中以"财产、家庭、宗教、秩序"为旗帜,其社会理想的最高形式具化是资产阶级共和国,实现的不过是资产阶级特权和资产阶级的自由。为此,资产阶级一旦借助人民力量取得革命胜利甚至小部分的胜利,就会立马将矛头对准自己的同盟军,资产阶级利益的实现同时意味着对人民利益的脱离。因此,资产阶级文化意识形态,总是以普遍形式掩藏其特殊利益的事实,在根本意义上是反人民的,人民仅仅是其实现自身利益的工具,其对人民的重视百般讨好以及对人民的蔑视镇压,只是根据现实境遇适应其阶级利益的需要,资产阶级文化意识形态的人民性外衣以其反人民性的特殊利益为本质。

无产阶级以共产主义为革命目标和社会理想,其根本内容是"由社会全体成员组成的共同联合体来共同地和有计划地利用生产力;把生产发展到能够满足所有人的需要的规模;结束牺牲一些人的利益来满足另一些人的需要

---

① 李萍:《马克思意识形态论》,中国社会科学出版社 2013 年版,第 77 页。
② 《马克思恩格斯选集》第 1 卷,人民出版社 2012 年版,第 775 页。

的状况;彻底消灭阶级和阶级对立;通过消除旧的分工,通过产业教育、变换工种、所有人共同享受大家创造出来的福利,通过城乡的融合,使社会全体成员的才能得到全面发展,——这就是废除私有制的主要结果。"①无产阶级"社会最底层的现实地位",决定其以人类解放为目标,共产主义未来社会,实现的不是无产阶级作为统治阶级特权的确立,而是要废除其自身,以社会联合体保障所有人全面发展而实现共创共享的共同利益。无产阶级文化意识形态,是通过废除私有制废除阶级而实现人类真实共同体的理论表达。

因此,无产阶级文化意识形态既是其特殊利益的理论表达,也是除统治阶级外的人民群众根本利益的理论表达,其阶级特殊性融合于人民普遍性之中,而且由于无产阶级解放以人类解放为路径,使无产阶级文化意识形态同时具有人类文化的科学内涵。当然,无产阶级文化意识形态的人民性内涵揭示及其在社会中被传播和认同,是异常复杂的历史过程。

在此意义上,无产阶级政党作为无产阶级先锋队,以人民利益为根本利益,负责无产阶级意识文化形态的先进性及正确传达,负责引领共产主义运动的方向,是以特殊的组织形态实现无产阶级与人民有效沟通的重要中介。马克思深刻指出,无产阶级政党要时刻教育工人,以免其受到资产阶级意识形态尤其资产阶级文化意识形态影响,而偏离正常的共产主义运动的轨道;毛泽东则强调用无产阶级先进意识教育农民等其他阶级,使其思想具有无产阶级文化意识形态的高度,是巩固以工农联盟为核心的统一战线的重要方略,也是实现革命成功的根本保证。毛泽东相关思想,是对马克思 1848—1871 年无产阶级文化意识形态建构思想的开拓继承和中国化表述。无产阶级是不断随着社会条件的变迁而不断发展的,无产阶级文化意识形态的权威性依赖于其内容的科学性和先进性,因此必须在历史发展进程中,深刻全面理解无产阶级文化意识形态的阶级特性与人民性有机统一的特征,进而彰显无产阶级兼具人民、人类三位一体之概念内涵。

(三) 创新性与反传统性的统一

1848 年革命是文化传统意识形态幽灵的舞台剧。马克思在分析中指出,

---

① 《马克思恩格斯选集》第 1 卷,人民出版社 2012 年版,第 308—309 页。

资产阶级革命本身是阶级统治及私人所有制的继承特性,使资产阶级文化意识形态以文化传统意识形态为重要组成部分,对文化传统意识形态的改装是其文化意识形态表达的重要方式,甚至确立统治后的资产阶级也仅仅是将各种文化传统意识融合到其文化意识形态体系中,使文化传统服务于对其统治的合法性合理性的证明,以习俗等传统的现实力量维护其秩序。

　　马克思如此写道:"过去一切阶级在争得统治之后,总是使整个社会服从于它们发财致富的条件,企图以此来巩固它们已经获得的生活地位。无产者只有废除自己的现存的占有方式,从而废除全部现存的占有方式,才能取得社会生产力……"①"共产主义革命就是同传统的所有制关系实行最彻底的决裂;毫不奇怪,它在自己的发展进程中要同传统的观念实行最彻底的决裂。"②当然,与旧文化传统意识形态的彻底决裂,不是思想上的废弃或替代,而是在具备现实物质条件基础上,"对支撑传统观念社会存在的彻底改造"。马克思反复强调,这是一种彻底的决裂,公有制不会从私有制自发成长和过渡,无产阶级只能通过夺取政权的形式,利用政治创造其经济基础。在此意义上,马克思指出,无产阶级文化意识形态不会戴着古代幽灵的面具且会将这些幽灵彻底推进历史博物馆。也就是说,无产阶级文化意识形态具有资产阶级意识形态无法比拟的,与彻底的反传统性紧密关联的全面创新性。

　　综上所述,无产阶级文化意识形态本身的科学性、人民性、全面创新性,使其作为先进的社会意识而超越其社会存在,这使得其塑造社会存在的历史现实运动,特别需要无产阶级专政国家政权的物质武器的历史中介。因此,对无产阶级文化意识形态的深刻理解,必然以对"无产阶级专政是无产阶级文化意识形态建构重要路径"的全面理解为前提和基础。

二、马克思对建构无产阶级文化意识形态的重要路径是无产阶级专政的澄明

　　通过对 1848—1871 年主要文献文本的探究可见,马克思已经揭示出"国

---

① 《马克思恩格斯选集》第 1 卷,人民出版社 2012 年版,第 411 页。
② 《马克思恩格斯选集》第 1 卷,人民出版社 2012 年版,第 421 页。

家政治上层建筑与观念上层建筑的互撑逻辑,是资产阶级文化意识形态建构的核心原则和根本特征",这也是无产阶级建构无产阶级文化意识形态的重要路径。由此,马克思提出"无产阶级专政思想","以革命武装夺取改造政权来实现社会主义公有制经济基础,并以社会主义公有制基础,使无产阶级意识形态成为主流主导意识,并通过无产阶级专政来保证其对社会普遍民众和历史发展的引导力、掌控力"。无产阶级专政作为无产阶级文化意识形态建构的重要路径,是马克思科学社会主义的重要组成部分,也是马克思主义理论作为科学社会主义理论,区别并高于"各种空想社会主义、民主社会主义、无政府主义"等其他非科学社会主义流派思想的根本内容。

马克思《共产党宣言》明确指出,无产阶级的解放,必须摧毁至今保护和保障私有财产的一切政治上层建筑和观念上层建筑。物质的力量只能通过物质力量来摧毁,无产阶级既然无法从私人所有制的经济基础中,等待"公有制"的脱胎而出,以政治优势去奠基经济基础成了无产阶级革命的关键环节,国家政权必然是无产阶级最重要的物质武器和共产主义运动的关键点。在此,马克思只是提出了"无产阶级专政"的概念,但是对其具体内容并不清楚。马克思在对《路易·波拿巴的雾月十八日》描述中,强调秩序党失败的关键是丧失对维持议会制度支柱行政权的掌控。马克思澄明说,在当时法国,被行政权支配的 50 多万官吏大军"经常和绝对控制着大量的生存和利益","在这里,国家管制、控制、指挥、监视和监护着市民社会——从其最广泛的生活表现到最微不足道的行动,从其最一般的生存形式到个人的私生活;在这里,这个寄生机体由于极端的中央集权而无处不在、无所不知,并且极其敏捷、极其灵活,而现实的社会机体却极无独立性、极不固定;在这样一个国家里,国民议会如果不同时简化国家管理,不尽可能缩减官吏大军,最后,如果不让市民社会和舆论界创立本身的、不依靠政府权力的机关,那么它一旦失掉分配阁员位置的权限,也就失掉任何实际影响了。"[①]"通过安插多余人口,用国家薪俸补充其用利润、利息、租金和酬金形式不能获得的东西"等,与国家机器紧密相连的是法国资产阶级的物质利益,法国资产阶级加强压制"反对社会舆论和麻

---

① 《马克思恩格斯选集》第 1 卷,人民出版社 2012 年版,第 708 页。

痪独立社会运动机关"的政治利益,需增加国家政权经费和人员,官僚体制绝对增强从根本上破坏了资产阶级议会权力的生存条件,并使得行政权成为不可抗拒的绝对权力。马克思在这里以行政权指明国家机器对市民社会及历史发展的重要影响,即便处于资产阶级革命时代的秩序党丧失行政权即丧失其掌控一切的条件。波拿巴以敲诈资产阶级,以巨额经费收买军队等完全掌握国家权力,称帝野心实现且得到资产阶级支持,这些历史事实都说明掌握国家行政权力的重要性。马克思也是以此事实警示无产阶级革命必须特别注重对国家政权这一传统权力的运用,并在此基础上提出了较为全面的,作为"建构无产阶级文化意识形态重要路径的无产阶级专政思想"。

（一）以军队等暴力武装夺取国家政权

1848 年六月起义失败了,临时起义的涣散组织经不起国家政权尤其是国家军队的血腥镇压。马克思恩格斯深刻指出,一旦资产阶级获得国家政权必然将矛头对准无产阶级,逼迫工人劳动是其维持政治统治和阶级利益的根本所在。所以,无产阶级要以持续革命心态应对资产阶级尤其小资产阶级等抛来的烟雾弹,以免重蹈"六月失败"的覆辙。工人必须武装起来,形成自己的近卫军且不听从国家机关的调遣,无产阶级起义中和起义后,都不能忘的主要问题,即"武器和弹药不得以任何借口交出去;对任何解除工人武装的企图在必要时都应予以武装回击"①。这里,马克思通过对资产阶级不对封建政权丝毫改组而引来自己惨败的历史经验总结,指出无产阶级不能祈求资产阶级军队保证自身的安全和利益,必须建立无产阶级武装对抗资产阶级国家政权及其军队的暴力碾压,并以有力有效的武装回击来保障自身权利。马克思悲叹巴黎公社被围剿的历史命运,强调其失败的重要原因,是没有建立可以与反动军队相抗衡的军队。在一定意义上,马克思建立无产阶级革命武装的思想,是毛泽东"枪杆子里面出政权"最初的理论表达。无产阶级"思想之矛"无力对抗波拿巴行政权尤其是军队之"武装之盾",无产阶级只有以服从自身利益的独立军队之物质武器,才能对抗封建主义、资本主义等各种反动势力的"现实的物质武器"。

_____

① 《马克思恩格斯选集》第 1 卷,人民出版社 2012 年版,第 560 页。

（二）以无产阶级国家政权改组旧国家政权的思想

马克思认为，1848年革命资产阶级被动的重要原因，是在其革命胜利后，对整个国家政权尤其国家政权重要组成部分行政权的不触动，使得国家政权没有成为资产阶级共和派的武器，反而成为反对自己的现实力量。马克思不仅指出资产阶级革命胜利后，面临掌控国家政权和按意愿改造社会的任务，而且也间接指明了无产阶级革命胜利后，也面临全面掌控国家政权及按无产阶级文化意识形态改造国家政权性质、社会存在的任务。马克思1871年4月12日给路·库格曼的信中说，"如果你查阅一下我的《雾月十八日》的最后一章，你就会看到，我认为法国革命的下一次尝试不应该再像以前那样把官僚军事机器从一些人的手里转到另一些人的手里，而应该把它打碎，这正是大陆上任何一次真正的人民革命的先决条件"①。在马克思视野中，作为官僚军事机器的国家政权，"不外是资产者为了在国内外相互保障自己的财产和利益所必然要采取的一种组织形式"②，国家作为资产阶级及其代表的一切反动统治阶级的专制工具，以维护私有制及劳动剥削制度为根本内容和根本目的。因此，无产阶级革命作为以废除私有制为根本目的的彻底革命，必须集中一切力量摧毁旧的国家机器。马克思高度赞扬了"巴黎公社"的奇迹，第一次尝试建立自己的政权，明确提出共同劳动等原则，所有官员都选举产生且都从无产阶级队伍中选出。虽然由于社会条件的不成熟，巴黎公社注定要失败，它却是无产阶级运动史上重要的里程碑，这是工人阶级建立国家政权的第一次有意义的尝试，并必然随着共产主义运动的胜利而成为共产主义发展史上的光辉一页。

（三）无产阶级国家没收财产，建立公有制的思想

马克思反复强调无产阶级革命和解放，必须与过去传统彻底决裂：一方面，在资产阶级国家统治下的市民社会，不会自发孕育公有制的经济基础，而是出现日益增长的社会生产力遭遇资本主义私有制生产关系的束缚。因此，与封建社会取代奴隶社会、资本主义社会取代封建社会，以经济力量比前政治

① 《马克思恩格斯文集》第10卷，人民出版社2009年版，第352页。
② 郑寰、潘丹：《〈路易·波拿巴的雾月十八日〉导读》，中共中央党校出版社2018年版，第153页。

统治阶级强大而实现政治更迭不同,无产阶级在资本主义社会发展公有制经济和祈求自身利益注定是空想,无产阶级只有通过无产阶级文化锻造无产阶级组织,进而先获取国家政权,才能以无产阶级专政的政治权力优势并在无产阶级文化意识形态指导下,塑造与无产阶级政权相适应的公有制经济基础。另一方面,无论国家的政权组织原则,还是无产阶级文化意识形态观念,都建立在对文化传统意识形态、国家政权、社会存在的彻底改造甚至根本决裂基础上。马克思将无产阶级国家政权是多数人对少数人统治的特性,归结为"以前是形式辞藻过于内容,现在是内容甚于形式",也就是说无产阶级专政是在废除少数特权意义上,实现由人民共享的广泛真实的自由民主及对少数人的专政。《共产党宣言》写道,"无产阶级将利用自己的政治统治,一步一步地夺取资产阶级的全部资本,把一切生产工具集中在国家即组织成为统治阶级的无产阶级手里,并且尽可能快地增加生产力的总量。"①在以后著述中,马克思将凭借政权建立公有制经济基础的战略思想不断细化:没收流亡叛乱分子财产、剥夺地产,建立国家资本、银行、运输、工厂、农业,废除继承权和征收高额累进税,实行公共教育……归根结底,要以国家资本、国家工业、国家农业、国家金融等,以生产资料的公有、共同生产和共同利益,使国家作为公共权力,最大可能失去其阶级统治传统特性,而具有服务于人民生活的特征,进而为自由联合体的实现,提供过渡阶梯和物质精神条件。

（四）马克思"废除国家思想"的全面理解

马克思不仅看到无产阶级专政相对于资产阶级专政及所有统治阶级专政的革命性意义,更站在人类历史发展将彻底废除阶级统治的高度,提出消灭阶级和废除国家的思想。随着公共权力为人民掌握,公共权力会丧失其维持少数阶级特权的政治属性,"代替那存在着阶级和阶级对立的资产阶级旧社会的,将是这样一个联合体,在那里,每个人的自由发展是一切人的自由发展的条件。"②但是,马克思"废除国家思想"不仅遭到巴枯宁等无政府主义的曲解,也受到改良主义、激进主义等非科学社会主义流派的歪解,对此我们必

①　《马克思恩格斯选集》第 1 卷,人民出版社 2012 年版,第 421 页。
②　《马克思恩格斯选集》第 4 卷,人民出版社 2012 年版,第 647 页。

须从以下几个层面全面理解:一方面,马克思在特别重视国家是阶级统治暴力机关的意义上,站在人类共产主义未来发展的高度,提出废除阶级剥削的新社会历史形态,自由联合体将是理想的掌握公共权力的社会机构,随着国家的废弃,思想文化将是公民的自由选择,也会丧失其传统意识形态的虚假性、强制性等特性,这是马克思唯物史观以否定辩证法做出的一种科学推断;另一方面,从历史发展的现实角度,国家消亡是需要满足客观历史发展条件的现实过程,国家对社会生活的绝对性影响,社会主义作为资产阶级社会向共产主义社会的过渡形态,承担创造过渡条件并守护社会主义持续发展的重担,无产阶级专政的国家政权对社会主义发展和共产主义实现具有特殊意义,因此在全球都成为社会主义国家前,无产阶级专政不是被废弃而是被加强的过程。对此深刻理解主要有以下几个关键点:

1. 无产阶级专政是无产阶级文化意识形态的本质内容

马克思恩格斯认为"科学社会主义作为科学的无产阶级文化意识形态"与各种空想社会主义流派及思想的根本区别,在于是否"坚持无产阶级组成军事武装并建立无产阶级专政以对抗资产阶级等反动阶级的专制统治"。马克思持续对巴枯宁等无政府主义者,企图通过"自由联合实现从下到上全面改革"的空想性进行了全面批判,并指出其消解无产阶级及其政党权威的关键,是以树立小资产阶级权威并企图走非资产阶级和社会主义的第三条道路为本质的,而第三条道路必然会走向资本主义道路的死胡同。马克思恩格斯坚持无产阶级专政,并不是绝对否认"通过议会斗争等合法手段获得短暂胜利的重要性和特殊历史机遇下获得根本胜利的可能性",其再次强调在资产阶级以及封建主义专制的反动统治和血腥镇压面前,只有通过物质武器才能对抗反动者的物质武器,无产阶级军事武装和无产阶级专政,是无产阶级"实现自身生活条件改良的短期利益和实现根本解放的根本利益"的根本保障和唯一现实路径。

2. 无产阶级对旧国家政权的彻底改造

马克思恩格斯强调,"无产阶级夺取国家政权尤其对旧国家政权进行无产阶级改造"的重要性。马克思在分析波拿巴政变时说,资产阶级重大失误就是夺取了国家政权且请回了被流放的反动统治者,因此对封建主义国家政权体系和人员没有进行任何改变。资产阶级忽视了庞大行政官僚系统,本身是不容忽视的客观现实力量,并盘根错节地形成了其自身的特殊利益链条,对封建主义官僚系统的全盘继承,本身是对资产阶级新生政权理想的一种隐藏的恶疾。马克思在法国六月革命失败后指出,工人阶级企图"建立社会联合共和国、在资产阶级国家政权中实现自身利益'哪怕获得工作的、改善自身处境的一般利益'"都是空想。因此,无产阶级夺取资产阶级国家政权后,必须对国家政权进行无产阶级改造。当然,作为对人民生活产生持续影响的官僚体制具有现实性和历史惯性,对其在制度、体制、人员、文化方面的整体重塑,必然是不断探究甚至要经历曲折反复的历史过程。

3. 社会主义文化意识形态建设之政治、观念上层建筑的互撑逻辑

马克思恩格斯揭示政治上层建筑与观念上层建筑互撑逻辑,是资产阶级意识文化形态建设的重要原则,也必然在社会主义建设时期发挥重要作用。马克思提出并完善"无产阶级专政"思想时,一直遭遇巴枯宁等无政府主义思想的反对,伴随着无政府主义等思想的批判。恩格斯指出,无政府主义尤其反权威的无政府主义是不现实的;马克思强调"现实趋向思想""思想趋向现实"的双向关系。其实都在强调,从局部"社会主义"到世界各国都是"共产主义"的历史嬗变过程中,都需要以"政治上层建筑和观念上层建筑的互撑逻辑"作为巩固和发展社会主义的重要原则,这是无产阶级国家与无产阶级意识形态的互相支撑共同开创社会主义新事业格局的问题。一方面,在共产主义运动中,无产阶级、资产阶级、农民、小资产阶级思想发生激烈交锋时,是以"科学社会主义"无产阶级意识形态武装无产阶级,并以其与各种非科学社会主义思潮作斗争的问题。马克思在评价民主派与波拿巴斗争失败时说,"民主派不但没有从无产阶级中去汲取力量,反而把自己的懦弱传染给无产阶级"①。另一方面,在人类解放宏大事业面前,无产阶级需要通过掌控的国家政权保护革命胜利的果实,同时反对资产阶级等各种反对势力颠覆社会主义国家政权、

---

① 马克思:《路易·波拿巴的雾月十八日》,人民出版社 2018 年版,第 42 页。

思想渗透等阴谋。当然,这种双向互动是良性互动,不是政治性和学术性谁取代谁的问题,马克思在对无产阶级专政的论述中还部分关涉了工农联盟的问题。

综上所述,1848—1871 年时期,马克思作为无产阶级文化意识形态建构重要路径的"无产阶级专政思想",已经因为系统化而趋向成熟,这一理论作为重要战略原则,为共产主义运动尤其在繁杂反复的阶级斗争中指明了具体方略,从而使科学社会主义理论得到进一步完善,并在共产主义运动实践中越来越发挥其科学效力。

第四节　文本解读:《路易·波拿巴的雾月十八日》对马克思主义文化意识形态理论的贡献

《路易·波拿巴的雾月十八日》是马克思接受约瑟夫·魏德迈约稿,并连载在《革命》第一期的有关"政变的历史"论文,被魏德迈误刊为《路易·拿破仑的雾月十八日》;1869 年由出版商奥·迈斯纳在德国汉堡再版,被马克思更名为《路易·波拿巴的雾月十八日》,并写了第二版序言;1885 年 6 月,马克思逝世后,在汉堡出版了第三版,恩格斯写了第三版序言[1],中文版被收录到选集第一卷、文集第二卷中,并在 2018 年出版了最新的单行本。

《路易·波拿巴的雾月十八日》,是马克思在"遭遇痔疮病痛并受家庭生活搅扰而生活拮据"[2]情况下写的。恩格斯希望他通过对政变出色的阐释,以"一篇外交式、有回旋余地、划时代的文章",保证魏德迈《革命》创刊号"开始就获得成功"[3]。该著作是马克思以唯物史观分析现实重大问题的尝试,"在这部著作中,马克思运用唯物史观阐述了当时法国的社会结构和阶级斗争状

---

[1]　参见白云真:《〈路易·波拿巴的雾月十八日〉柯柏年译本考》,辽宁人民出版社 2019 年版,第 2 页。

[2]　参见白云真:《〈路易·波拿巴的雾月十八日〉柯柏年译本考》,辽宁人民出版社 2019 年版,第 18—20 页。

[3]　白云真:《〈路易·波拿巴的雾月十八日〉柯柏年译本考》,辽宁人民出版社 2019 年版,第 12 页。

况,评述了路易·波拿巴政变的原因、过程和结局,并通过对历史事件的生动描述和精辟分析,揭示了历史运动的规律,阐述了评价历史事件和历史人物的科学方法"①,还阐明所有制等与社会意识的关系、资本主义国家的本质、工农联盟的思想并高度评价了巴黎无产阶级的六月起义等②。列宁高度评价该文本(马克思主义)国家观的实践意义③。梅林写道,"在这部闪耀着智慧和机智的著作中,马克思以前无古人的技巧,从历史唯物主义的观点透彻分析了当代的事件,这部著作的形式和它的内容一样辉煌"④。刘怀玉指出,"其核心贡献是回答了资本主义社会的历史究竟代表'谁的'和由'谁'来代表的问题,即祛除历史的'政治形式的外表',即作为历史表层的符号与象征的那些无限滑动着的'能指'幽灵,批判性地重建作为历史深层的'所指'结构。"⑤《路易·波拿巴的雾月十八日》,其科学方法论对波拿巴政变的具体运用与科学分析,对于"唯物史观内容、总体性分析方法原则、经济决定论误解"等马克思主义理论全面澄明具有理论价值,对于推进现当代资本主义和社会主义研究也具有重要的理论价值,尤其《路易·波拿巴的雾月十八日》的社会意识理论,是马克思主义文化意识形态理论研究与社会主义文化建设实践的重要理论基础。

《路易·波拿巴的雾月十八日》的社会意识理论尤其资产阶级文化意识形态(批判)理论,主要有以下三个方面的内容。

一、对资产阶级文化意识形态的"社会存在根基"的澄明

社会意识尤其社会文化意识的欺骗性,其主要路径是装扮成"黑格尔式的绝对精神而独立且塑造一切的意识",因此对其虚假性以及欺骗性带来现

①　马克思:《路易·波拿巴的雾月十八日》,人民出版社 2018 年版,"编者引言"第 3 页。

②　参见马克思:《路易·波拿巴的雾月十八日》,人民出版社 2018 年版,"编者引言"第 3—4 页。

③　参见白云真:《〈路易·波拿巴的雾月十八日〉柯柏年译本考》,辽宁人民出版社 2019 年版,第 6 页。

④　[德]弗·梅林:《马克思传》,樊集译,持平校,人民出版社 1985 年版,第 271 页。

⑤　参见刘怀玉:《祛除历史能指的幽灵,解开历史代表问题之谜——马克思〈路易·波拿巴的雾月十八日〉之当代解读》,《洛阳师范学院学报》2004 年第 1 期。

实影响的破除,在根本意义上,就是揭示其产生的客观地基,用其派生性及其服务的客观阶级利益的实质性来进行根本性的"祛魅",迷信盲从的祛除即为科学真理的彰显提供了条件,从而为人们尤其无产阶级清晰地看到政变事件的本质并制定科学的斗争策略或生存原则,提供科学指引。

(一)《路易·波拿巴的雾月十八日》之前:马克思对社会意识物质根源的澄明

早在《德意志意识形态》中,马克思就强调,必须弄清楚"德国哲学和德国现实之间的联系问题,关于他们所作的批判和他们自身的物质环境之间的联系问题。"①个人与民族的"观念、思想"等精神生产、精神交往,依赖于直接的与现实生活语言交织的物质交往、物质行动,即受生产力与交往状况的制约②。"意识在任何时候都只能是被意识到了的存在,而人们的存在就是他们的现实生活过程"③,意识形态及其相适应的意识形式甚至其表现为"人们和他们的关系"倒立成像的特征,都是由"发展着自己的物质生产和物质交往的人们"④的"现实的人"的现实生活决定的。由此,马克思将以"生产方式"为内核的现实生活看成意识形态的根源。

马克思基于人类的阶级存在状况,更进一步强调"在阶级社会中,占统治地位的思想必然是支配物质生产资料阶级的思想",因为"占统治地位的思想不过是占统治地位的物质关系在观念上的表现,不过是以思想的形式表现出来的占统治地位的物质关系"⑤。他还指出被统治阶级在思想上对统治阶级思想意识的附属性,并将包括意识形态在内的一切历史冲突都归结为"根源于生产力和交往形式之间的矛盾"⑥,分工造成的阶级状况造成隶属于阶级的个人"隶属于各种各样的观念"⑦。马克思特别指出:"市民社会这一名称始终标志着直接从生产和交往中发展起来的社会组织",其"在一切时代都构成

① 《马克思恩格斯文集》第1卷,人民出版社2009年版,第516页。
② 参见《马克思恩格斯文集》第1卷,人民出版社2009年版,第524—525页。
③ 《马克思恩格斯文集》第1卷,人民出版社2009年版,第525页。
④ 《马克思恩格斯文集》第1卷,人民出版社2009年版,第525页。
⑤ 《马克思恩格斯文集》第1卷,人民出版社2009年版,第550—551页。
⑥ 《马克思恩格斯文集》第1卷,人民出版社2009年版,第567—568页。
⑦ 《马克思恩格斯文集》第1卷,人民出版社2009年版,第570页。

国家的基础以及任何其他的观念的上层建筑的基础"①。

马克思在《共产党宣言》中批判资产阶级意识形态时说:"你们的观念本身是资产阶级的生产关系和所有制关系的产物,正像你们的法不过是被奉为法律的你们这个阶级的意志一样,而这种意志的内容是由你们这个阶级的物质生活条件来决定的。"②

综上所述,马克思在《路易·波拿巴的雾月十八日》之前,已经得出了意识形态是阶级社会统治阶级基于其"物质生活、特殊阶级利益"的虚幻颠倒的观念表达的结论,从而为《路易·波拿巴的雾月十八日》对资产阶级意识形态物质根源的系统论述做了奠基。

(二)《路易·波拿巴的雾月十八日》对资产阶级文化意识形态物质根源的澄明

马克思强调,在政变期间是各种人物及其指代观念粉墨登场的喧嚣过程,最热闹的是组成秩序党的正统派和奥尔良派的两个集团的分分合合,尤其对波旁王室和奥尔良王室及其指导的不同观念原则的维护。

马克思一方面指出,二者都不是真正的保皇主义者或保皇主义的真正信仰者。另一方面深度分析其原则之争后的物质利益根源,"这两个集团彼此分离决不是由于什么所谓的原则,而是由于各自的物质生存条件,由于两种不同的财产形式;它们彼此分离是由于城市和农村之间的旧有的对立,由于资本和地产之间的竞争。"③马克思就此案例,进行一般辩证唯物原理澄明说:"在不同的财产形式上,在社会生存条件上,耸立着由各种不同的,表现独特的情感、幻想、思想方式和人生观构成的整个上层建筑。整个阶级在其物质条件和相应的社会关系的基础上创造和构成这一切。通过传统和教育承受了这些情感和观点的个人,会以为这些情感和观点就是他的行为的真实动机和出发点。"④马克思进一步指出:"基于观念的物质根源的科学评价原则","正如在日常生活中应当把一个人对自己的想法和品评同他的实际人品和实际行动区

---

① 《马克思恩格斯文集》第1卷,人民出版社2009年版,第583页。
② 《马克思恩格斯文集》第2卷,人民出版社2009年版,第48页。
③ 《马克思恩格斯文集》第2卷,人民出版社2009年版,第498页。
④ 《马克思恩格斯文集》第2卷,人民出版社2009年版,第498页。

别开来一样,在历史的斗争中更应该把各个党派的言辞和幻想同它们的本来面目和实际利益区别开来,把它们对自己的看法同它们的真实本质区别开来。"①

马克思在此澄明道,观念上层建筑(特定阶级的意识形态)无非是特定阶级的利益表达,其阶级利益归根结底是由其以财产形式为主要内容的物质条件及其相应的社会关系为基础并决定的,进而通过教育等手段强化为阶级成员的行为的真实动机和出发点。因此,对特定阶级的思想尤其意识形态的客观评价,必须深入其"阶级真实本质以及其要达成的实际利益"。

马克思特别观察了波拿巴政变期间,资产阶级思想宣传上的"变化多端与自我矛盾特征",从而为应用马克思上述意识形态评价原则提供了现实资料。

马克思讽刺说,秩序党变身议会大党后就对王朝复辟采取无止境推迟的策略,秩序党是作为与其他阶级对立的资产阶级世界秩序的代表者,凭着"社会的资格"而非"政治资格","享有更加无限和更加稳固地统治其他社会阶级的权力。这样的权力只有在议会制共和国的形式下才可能存在,因为只有在这种国家形式下,法国资产阶级的两大集团才能联合起来,从而把本阶级的统治提到日程上来,以代替本阶级中的一个特权集团的统治。"②

马克思指明,秩序党以及其对议会共和的宣传都是出于其反对资产阶级大金融贵族、社会民主派的共同利益,也是因为客观情景不合时宜再诉诸王冠掩护。马克思更强调,因为山岳党要驱逐波拿巴,秩序党击败山岳党也在一定意义上是双方基于共同利益的自动媾和。马克思写道,1848 年六月事变,秩序党开始侮辱咒骂"未来、现在和过去的一切革命",并颁布"钳制报刊言论、消灭结社自由和把戒严状态规定为正常制度的法律"③,掌握政权的资产阶级为其专制本质需要废弃一切对专制制度的防御手段,因此六月事变后的共和国需要显现其真面目,"使议会的休会继续不断,并把共和国的'自由,平等,

---

① 《马克思恩格斯文集》第 2 卷,人民出版社 2009 年版,第 498—499 页。
② 《马克思恩格斯文集》第 2 卷,人民出版社 2009 年版,第 499 页。
③ 《马克思恩格斯文集》第 2 卷,人民出版社 2009 年版,第 508 页。

博爱'这句格言代以毫不含糊的'步兵,骑兵,炮兵!'"①

　　马克思写道,波拿巴解散巴罗内阁,"秩序党就不可挽回地丧失了为维持议会制度所必需的支柱——掌握行政权"②,而行政权是掌控法国社会的绝对物质力量。法国资产阶级的物质利益,需要通过国家机器,"安插多余人口并以国家薪俸补充其利润、利息、租金和酬金不能获得的东西",其政治利益"需要增加国家政权的经费和人员去压制独立的社会运动"③。也就是说,法国资产阶级的阶级地位,迫使其"一方面要根本破坏一切议会权力、包括它自己的议会权力的生存条件,另一方面则使得与它相敌对的行政权成为不可抗拒的权力"④。马克思更写道,秩序党还在国民议会上,把一切甚至包含"资产阶级自由主义、资产阶级启蒙运动、资产阶级的财政改革、已有运河的地方建筑铁路、用木棍抵御刀剑的袭击等"都宣称为社会主义加以反对,因为其知道反封建革命锻造的教育等各种武器,"都倒过来朝向它自己了……自己的文明了,它所创造的所有的神都离弃了它。它了解到,一切所谓的市民自由和进步机关,都侵犯它的阶级统治,并且既威胁它的社会基础,又威胁它的政治上层,因此这些东西就成了'社会主义的'了"⑤,这也意味着资产阶级因要"安逸地享受财产、家庭、宗教、秩序"其自身利益"要求它逃避自身统治的危险"⑥。波拿巴精准地利用了法国资产阶级对社会主义革命的惧怕,不仅通过敲诈获得了经济富足,而且掌握了军队,并以"法国要求的首先是安宁"⑦,使秩序党忙于议会争吵而对其夺权行为视而不见,波拿巴还运用募捐、彩票等手段进行投机敛财,资产阶级议会"不仅对波拿巴违刑法行为视而不见,而且在关键性权力之争时将自身委身于波拿巴封赏的将军"⑧,不是去利用现有力量恢复军权

①　《马克思恩格斯文集》第2卷,人民出版社2009年版,第509页。
②　《马克思恩格斯文集》第2卷,人民出版社2009年版,第511页。
③　参见《马克思恩格斯文集》第2卷,人民出版社2009年版,第512页。
④　《马克思恩格斯文集》第2卷,人民出版社2009年版,第512页。
⑤　《马克思恩格斯文集》第2卷,人民出版社2009年版,第514—515页。
⑥　《马克思恩格斯文集》第2卷,人民出版社2009年版,第516页。
⑦　《马克思恩格斯文集》第2卷,人民出版社2009年版,第527页。
⑧　参见《马克思恩格斯文集》第2卷,人民出版社2009年版,第532页。

而是去"劝波拿巴放弃把尚加尔涅撤职的决定"①,并最终因放弃尚加尔涅而失去国民自卫军等军事权力,成为"没有内阁,没有军队,没有人民,没有社会舆论"②,甚至没有眼睛耳朵牙齿及一切的"旧法国高等法院"③式满足自己事后唠叨抗议的存在。

马克思进一步指出,迷信议会的资产者,深处商业恐慌中,对喧嚣混乱的自己议会共和国喊道:"无终结的恐怖,还不如以恐怖告终!"④波拿巴听懂了这种呼唤并天天制造政变恐慌,使得人们对真实政变漠视,最终波拿巴窃取了整个法国并通过继续对各个阶级欺骗的手段维持其统治。马克思指出,作为流氓无产阶级头目的真实波拿巴,"如果皇袍终于落在路易·波拿巴身上,那么拿破仑的铜像就将从旺多姆圆柱顶上倒塌下来"⑤。

马克思这里所说的拿破仑,是包括小农、无产阶级等一切反对资产阶级统治者的形象象征,马克思深刻指出,黄袍加身的波拿巴只是以"保守形式的君主专制的资产阶级共和国对秩序党议会制共和国"的取代,这种必然性与法国以小农主导的经济基础,及其造成的"资产阶级、小资产阶级的软弱平庸性以及农民的保守性、无产阶级的幼稚性"相关联。在根本意义上,与其说波拿巴窃取了政权,不如说法国资产阶级因自身钱袋利益而主动让出政权,从而以一种客观局势的无奈而为自己舍弃"自由、平等、博爱、和平、议会至上"等文化观念做了很好的推责。马克思在对政变的分析中,更在一定意义上精准预言了,随着法国资产阶级经济实力的增长,法国资产阶级会背弃自己的木偶人波拿巴,并建立自己真正的议会制共和国,波拿巴政权只会充当过渡手段。

综上所述,马克思强调在资产阶级多种文化意识形态中,无论是早期拿破仑、古老罗马人物的出现,还是基佐等真正代言人,无论是"自由、平等、博爱",还是对自己议会共和的神圣执着,都以"财产、家庭、宗教、秩序"及其蕴

---

① 《马克思恩格斯文集》第 2 卷,人民出版社 2009 年版,第 534 页。
② 《马克思恩格斯文集》第 2 卷,人民出版社 2009 年版,第 534 页。
③ 《马克思恩格斯文集》第 2 卷,人民出版社 2009 年版,第 534 页。
④ 《马克思恩格斯文集》第 2 卷,人民出版社 2009 年版,第 553 页。
⑤ 《马克思恩格斯文集》第 2 卷,人民出版社 2009 年版,第 577—578 页。

含的资本对劳动的统治为核心和本质,其对不同口号的运用、推崇或废弃,甚至议会的自我消亡,都是为了维护其阶级统治秩序而保护自身的经济利益的,以违反宪法手段而从根本上否定宪法的合理性存在,也仅仅是他常用的伎俩,对无产阶级的拉拢与镇压同样是出于其经济利益的考量。因此,我们对资产阶级文化意识形态的多元变幻性,尤其"早期革命激进性到'反社会主义'专制野蛮性"的变化,只能由其资产阶级存在的"历史物质条件、社会关系基础、阶级力量状况及其阶级根本利益"等物质根源来说明。

二、传统文化意识形态对波拿巴政变现实影响的澄明

在《路易·波拿巴的雾月十八日》中,马克思重点阐明了"法国传统社会意识尤其传统文化意识形态以弥散的特性,对雾月政变各个阶级都产生了广泛而持续的影响,凸显了'阶级地位、阶级立场、阶级利益尤其阶级物质利益为内核的传统文化意识形态'对个人的无形而顽固的控制作用,从而在社会转型时期成为巨大甚至左右一切的客观力量",对此具体理解主要有以下两个层面:

（一）法国资产阶级及大资产阶级对传统文化的实用主义运用

在《德意志意识形态》中,马克思就指出,在较晚的利益形式对较早的交往形式排挤后,后者"仍然在长时间内拥有一种相对于个人而独立的虚假共同体(国家、法)的传统权力,一种归根结底只有通过革命才能被打倒的权力。由此也就说明:为什么在某些可以进行更一般的概括的问题上,意识有时似乎可以超过同时代的经验关系,以致人们在以后某个时代的斗争中可以依靠先前时代理论家的威望。"①马克思还指明,野蛮民族征服先进文明时,在文化意义上会发生主奴关系的逆转,"征服者很快就接受了被征服民族的语言、教育和风俗"②。

传统意识形态一旦掌握人,就成为不容忽视的现实力量,尤其在历史转型的特殊时期,就会显示其巨大的物质作用,《路易·波拿巴的雾月十八日》中

---

① 《马克思恩格斯文集》第1卷,人民出版社2009年版,第576页。
② 《马克思恩格斯文集》第1卷,人民出版社2009年版,第578页。

的法国资产阶级和波拿巴,是最善于用传统文化意识为自己利益服务的。

《路易·波拿巴的雾月十八日》之前的著作中,马克思就指明,在革命时期,任何阶级都必须把自己利益说成普遍利益进而掀起社会性狂热,从而以社会性力量夺取国家这一关键性的政治权力。马克思分析说当时欧洲普遍问题是资产阶级的政治统治,而不是共和国或保守形式的问题,共和国需要现代物质条件并通过百年的努力,将"一切传统观念都融于其中的精神意识"①。并举例说,如在北美合众国,其"物质生产运动,没给予人们时间或机会来结束旧的幽灵世界"②,马克思借此隐喻法国,也因资产阶级沉浸于物质生产而没彻底清除"旧的幽灵世界",并使得革命必然披着幽灵的外衣。

马克思特别强调传统文化意识形态力量,能弥补资产阶级早期力量上的不足,并赋予其革命领袖的天然合理合法性。

马克思写道,在革命危机时代,人们会"战战兢兢地请出亡灵为自己效劳,借用它们的名字、战斗口号和衣服,以便穿着这种久受崇敬的服装,用这种借来的语言,演出世界历史的新的一幕。"③马克思补充说,旧法国革命的拿破仑等英雄们,"同旧的法国革命时的党派和人民群众一样,都穿着罗马的服装,讲着罗马的语言来实现当代的任务,即解除桎梏和建立现代资产阶级社会"④。但是新社会形态一旦形成,"远古的巨人连同复活的罗马古董"就都消失不见,资产阶级会把萨伊们等"当做自己真正的翻译和代言人……竟忘记了古罗马的幽灵曾经守护过它的摇篮"⑤。

马克思进一步分析说,这些罗马传统符号,是资产阶级"为了不让自己看见自己的斗争的资产阶级狭隘内容、为了要把自己的热情保持在伟大历史悲剧的高度上所必需的自我欺骗。"⑥马克思又通过对比英国资产阶级革命中克伦威尔对旧约的应用与废弃,强调"使死人复生是为了赞美新的斗争,是为了

---

① 《马克思恩格斯文集》第2卷,人民出版社2009年版,第479页。
② 《马克思恩格斯文集》第2卷,人民出版社2009年版,第479页。
③ 《马克思恩格斯文集》第2卷,人民出版社2009年版,第471页。
④ 《马克思恩格斯文集》第2卷,人民出版社2009年版,第471页。
⑤ 《马克思恩格斯文集》第2卷,人民出版社2009年版,第472页。
⑥ 《马克思恩格斯文集》第2卷,人民出版社2009年版,第472页。

在想象中夸大某一任务,是为了再度找到革命的精神"①。马克思在此强调,资产阶级是由于当时自身客观力量不够强大,才需要借助死人等旧传统文化及其代表的庞大力量,掩盖其阶级利益并发起政治革命以建立资产阶级政治统治或政治统治新形态,其一旦获得统治或政治新形式确立,就会树立起自己的文化符号并把旧神灵的功勋全部忘记。

马克思强调,法国资产阶级尤其大资产阶级,只是在政治斗争早期才打着王权和争夺王冠的形式,其成为秩序党掌握了社会的主导权力,就废弃了这种形式以及自己保皇党人的身份,而是打着反对社会主义的旗号,采取了与"无产阶级小资产阶级组成的社会民主党"对立的"共和党人"的身份。在二月革命时期,资产阶级甚至以社会共和国的名义,给无产阶级和小资产阶级以希望。只有到了资产阶级共和派独占统治时期,其新宪法选民资格需具备"居住满六个月"的限制条款,其宣布法国公民的绝对权利总会被"他人的同等权利和公共安全"等限制性附属条款废弃②,才充分暴露其维持的仅仅是"资产阶级专制统治秩序、资产阶级安全、资产阶级自由"的实质,即使其自己的议会至上等思想原则,也会因法国资产阶级尤其共和派代表的法国大资产阶级,因服务于从根本上维护其"钱包指代的物质利益"而被选择自我废弃、自我消亡。马克思指出六月起义时期,资产阶级的秩序党,以旧的社会格言"财产、家庭、宗教、秩序"为自己军队的口号,但仅仅是迷惑其他阶级并让其服务资产阶级利益的需要,自己却以违背宪法精神等各种形式处处违背此口号。马克思还补充说,法国资产阶级,还会融合利用前朝的文化传统尤其传统文化意识形态,"以葡萄酒税和教育法"等,从而使群众能够容忍旧税制③,且总会利用"社会主义"清除一切甚至自己以前的历史功勋对其政治统治的威胁④,不仅商业金融资产阶级成为波拿巴的支持者,法国工业资产阶级因对安宁秩序的渴望,也卑躬屈膝鼓掌欢迎了雾月政变,欢迎了"议会的灭亡、自己统治地

---

① 参见《马克思恩格斯文集》第2卷,人民出版社2009年版,第472页。
② 参见《马克思恩格斯文集》第2卷,人民出版社2009年版,第483页。
③ 参见《马克思恩格斯文集》第2卷,人民出版社2009年版,第513页。
④ 参见《马克思恩格斯文集》第2卷,人民出版社2009年版,第514页。

位的毁灭和波拿巴的独裁"①。

综上所述,马克思指明了法国资产阶级,以"服务于其劳资统治的根本利益为中心原则",对法国"文化传统及其指代的传统意识形态"采取了鲜明的实用主义态度,在力量不足时最欢迎,在统治巩固时另起炉灶,在自己最忠心维护的包括"议会至上"文化符号与统治利益冲突时,被自然背弃。马克思还一针见血地分析说,资产阶级秩序党掌控全部法国政权即"政治权力、军队、立法机关"的辉煌,是因为"这个党在精神上是靠着把它的统治炫示为民意表现的普选、靠着反革命势力在整个欧洲大陆上同时获得胜利而加强起来的"②。马克思的深刻之处,强调但并不单方面过分夸大传统文化的力量,更强调法国资产阶级对传统文化的有效运用,其客观影响力,是传统文化通过有效与"法国客观历史、法国资产阶级、反革命势力在整个欧洲大陆等国际整体"的现实状况互相配合的结果。因此,马克思在这里,以细致的笔触,强调了传统文化意识形态,以弥散形式作为重要黏合剂、化合物起到的特殊作用。

(二)法国传统文化意识形态对波拿巴等阶级弥散式持续的影响

《路易·波拿巴的雾月十八日》中,马克思不仅浓墨写了法国大资产阶级对法国旧传统文化意识形态的运用,还细致写了旧文化传统对"波拿巴这一事变关键人物、法国农民阶级"的影响,从而揭示了传统文化及其指代的意识形态,以弥散的方式对法国社会各个阶级广泛与持久的影响力。

1. 传统文化及传统文化意识形态对波拿巴的关键性影响

传统文化及其指代的意识形态,以"拿破仑观念"成为波拿巴打造的影响法国雾月政变普遍意识"波拿巴主义"的核心内容,从而成为波拿巴这个庸俗无比的小人物,成功发动政变的关键性因素和成就奇迹的巨大现实力量。对此具体理解如下:

(1)独裁统治,构成了波拿巴夺取政权并称帝的坚定意志

马克思写道,波拿巴是"用拿破仑的死人铁面具把自己的鄙陋可厌的面

---

① 参见《马克思恩格斯文集》第 2 卷,人民出版社 2009 年版,第 557 页。
② 《马克思恩格斯文集》第 2 卷,人民出版社 2009 年版,第 496 页。

貌掩盖起来的冒险家"①，法国人民在革命时期有惯性对"拿破仑的迷信"。所以，波拿巴回法国受到资产阶级等社会各界的普遍欢迎，法国人民甚至普遍信奉法国，其政权是属于拿破仑家族的。波拿巴以重振拿破仑的辉煌为己任，在复杂斗争中，其对各个阶级时而迎合、时而表演、时而恐吓，在他看似小丑般的各种迎合和一再妥协退让中，把行政权、金融权、军权等国家权力都抓到手里，从而真正变成狮子并使得忽视他的人在政变成功来临时大吃一惊。马克思写道，"只有当他扫除了盛装的敌人，并且认真演起自己的皇帝角色，戴上拿破仑的面具装做真正的拿破仑以后，他才会成为他自己的世界观的牺牲品，成为一个不再把世界历史看做喜剧而是把自己的喜剧看做世界历史的认真的丑角。"②正如马克思犀利评说的，人们看到的拿破仑是漫画版的老拿破仑本身，拿破仑历史记忆构成波拿巴法国皇帝梦的重要内容，并使得波拿巴以世界历史为舞台，以模仿剧而成功"窃取整个法国"。

（2）拿破仑军事辉煌，构成波拿巴"军队至上"的历史重演

波拿巴主义重要内涵的拿破仑观念就是军队至上。马克思指出，1848 年宪法在 1851 年 12 月被三角拿破仑帽碰倒了③，产生此宪法的"国民议会的召开"是在巴黎戒严状态中，"马刀、毛瑟枪等"戒严是法国危机时刻的惯性运用，因此"马刀、毛瑟枪等"越来越倾向于宣布自己的统治而一劳永逸地拯救社会。当秩序党的议会喋喋不休，而惹得"法国工业资产阶级与商业资产阶级"，渴望以绝对恐怖来维持其安宁秩序时，波拿巴敏感地获得这些信息，通过被秩序党信任为保护者的军队是波拿巴的追随者，从而在两者斗争中脱颖而出。法国资产阶级相信"国民自卫军在革命中是万能的神话"，波拿巴就任总统时就违反宪法，把"国民自卫军的指挥权和正规军第一师的指挥权统一在尚加尔涅一人身上，国民自卫军的地位才有所降低了"④。1949 年 1 月 29 日，波拿巴指挥尚加尔涅大阅兵以及军队占领举行会议场所让制宪会议自行

① 《马克思恩格斯文集》第 2 卷，人民出版社 2009 年版，第 472 页。
② 《马克思恩格斯文集》第 2 卷，人民出版社 2009 年版，第 524 页。
③ 参见《马克思恩格斯文集》第 2 卷，人民出版社 2009 年版，第 487 页。
④ 《马克思恩格斯文集》第 2 卷，人民出版社 2009 年版，第 507 页。

解散①,波拿巴更借助皇帝式的巡游等方式逐步把资产阶级的"自由,平等,博爱"变为"步兵,骑兵,炮兵"②,且多次在关键性政治斗争中有效地运用了军队力量而逼迫法国资产阶级对其妥协。马克思还进一步指出,在波拿巴窃取军队之前,波拿巴一直把流氓无产阶级组成的"十二月十日会"作为其私人军队,波拿巴不仅善于运用腊肠等俘获士兵的心,也善于借助拿破仑的历史影响力以及雷霆手段的换帅等行为,获得将军的信任以及军队的追随。

(3)对绝对行政权的痴迷,成为波拿巴有效对抗议会派的工具

拿破仑时期,他大大加强了法国的官僚行政体系,并通过对资产阶级的限制,成为一切反对资产阶级统治的代名词,尤其对于小农来说,拿破仑就是他们对抗资产阶级等强权力量的守护神。波拿巴借助农民力量,成为总统而拥有行政权,这一"凭借强大组织体系和持久权力影响力"而对法国社会产生绝对影响的权力,在马克思看来是波拿巴获得政变成功的关键性一步。马克思强调,法国1848年宪法产生总统与议会两个对立的权力中心,但因总统可以不经议会同意任免内阁成员,"他掌握行政权的一切手段,可以分封一切官职,从而在法国操纵着至少150万人的命运,因为有这么多的人在物质生活上依靠于50万各级官吏和各级军官。他统率一切武装力量。他享有赦免个别罪犯、解散国民自卫军以及——经国务会议同意——罢免由公民自己选出的省委员会、县委员会、市镇委员会的特权。同外国缔结条约时,他具有倡议和领导的作用。"③因此,"宪法就把实际权力授给了总统,而力求为国民议会保证道义上的权力。"④马克思补充说,国民议会与个人只是形而上学的联系,总统作为国民精神的化身,"是一种神权的体现者,他是人民恩赐的统治者"⑤。波拿巴就凭借行政特权,操纵金融而获得巨额政变资本,他根据实际情况通过"议会内阁—超议会内阁—无内阁"摆脱议会权力限制而获得独裁的行政权,波拿巴通过自己信任的将军任免而获得军权,他通过面临危险时主动退隐,从

---

① 参见《马克思恩格斯文集》第2卷,人民出版社2009年版,第491页。
② 参见《马克思恩格斯文集》第2卷,人民出版社2009年版,第509页。
③ 《马克思恩格斯文集》第2卷,人民出版社2009年版,第485页。
④ 《马克思恩格斯文集》第2卷,人民出版社2009年版,第485页。
⑤ 《马克思恩格斯文集》第2卷,人民出版社2009年版,第486页。

而一直在政变中掌握绝对的主动权。

综上所述,传统文化意识形态,可以通过人民对传统的历史记忆使波拿巴继续享有拿破仑的各种历史威望,拿破仑通过军权行政权对法国独裁的历史形式也可以在新的历史闹剧下重现,波拿巴更是通过以拿破仑观念为重要内容的波拿巴主义,而有效地利用人民的力量服务于其"窃取法国"狭隘利己的意图。通过议会与波拿巴行政权斗争的成败事实,马克思进一步强调,物质武器相对于思想武器有归根结底意义上的绝对优势。

2. 传统文化及传统意识形态对法国农民阶级的绝对性影响

马克思指出,流氓无产阶级总头目的波拿巴,主要是由农民阶级推为总统的,且法国农民阶级的主导地位也从根本上决定了法国资产阶级统治以波拿巴政变成功的帝制为最终保守形式。

拿破仑这一符号于农民而言,一方面,拿破仑时代小农阶级最好处境的历史记忆,使农民阶级将阶级命运寄托在波拿巴当选与执政上,期待继续受到拿破仑式的庇护,对拿破仑深入骨髓的迷恋,甚至让农民阶级分不清现实与虚幻,尤其在政治斗争关键点,缺少应有的清醒的农民阶级立场,"历史传统在法国农民中间造成了一种迷信,以为一个名叫拿破仑的人将会把一切美好的东西送还他们。"①另一方面,农民阶级是没有组织起来的庞大力量,习惯于权威人物对自己利益的保护,因此对拿破仑专制统治有种盲从的信仰,这使农民阶级在波拿巴政变中成为比较稳固的支持力量,农村居民"愚蠢地固守这个旧制度,期待帝国的幽灵来拯救自己和自己的小块土地并赐给自己以特权地位"②。马克思还比较细致地分析到,议会制共和国三年,部分法国农民摆脱了拿破仑的幻想,但资产阶级的暴力"加强了农民阶级对帝制的信赖"③,大部分农民还公开把选票投给了波拿巴,甚至"荒唐地幻想在拿破仑身旁建立一个国民公会"④。

马克思明确指出,正是农民阶级这种渴望,在特定历史时期才会出现拿破

---

① 《马克思恩格斯文集》第2卷,人民出版社2009年版,第567页。
② 《马克思恩格斯文集》第2卷,人民出版社2009年版,第568页。
③ 《马克思恩格斯文集》第2卷,人民出版社2009年版,第568页。
④ 《马克思恩格斯文集》第2卷,人民出版社2009年版,第568页。

仑的冒充者，"侄子的固定观念实现了，因为这个观念是和法国社会中人数最多的阶级的固定观念一致的。"①马克思更深刻指出，波拿巴很会利用小农对牧师和军队的迷信，但这些农民阶级忽视其所相信的波拿巴及其军队都是冒牌货的事实，当时法国所处资产阶级时代对"个体"的绝对影响，也会使成为真正法国皇帝的波拿巴，在登基瞬间蜕变为资产阶级的皇帝。在此意义上，马克思强调波拿巴政变的历史闹剧对于促使农民从固有"拿破仑观念"中醒来是必要的。

综上所述，文化传统尤其系统化的传统文化意识形态"拿破仑观念"等，以弥散性持久成了某个阶级的固有意志，会成为波拿巴等历史人物进行政治钻营的重要工具，对历史转型期的社会发展产生重要影响。

三、资产阶级文化意识形态反动性与无产阶级文化意识形态的澄明

《路易·波拿巴的雾月十八日》中，马克思特别强调此次政治斗争相比法国大革命是一直往下走的，是波拿巴代表的保守的资产阶级共和国形式对秩序党的议会制共和国形式的取代，之前是"秩序党的议会制共和国形式"对社会共和国的取代。马克思具体指出，在政治斗争中，无产阶级依靠小资产阶级、小资产阶级依靠大资产阶级，后者在关键时刻都背弃前者而使得历史出现空白，恰恰给波拿巴提供了最好的时机。马克思在论述中，既指明了资产阶级靠不住，更强调资产阶级宣传"自由、平等、博爱、议会、秩序"等的虚假性，从而指明已经夺取国家政权的资产阶级，由于巩固其阶级统治的需要，已经越来越由原来的革命性走向保守反动。与此同时，资产阶级政治统治的确立，使得无产阶级和资产阶级的矛盾成为主要矛盾，这使得无产阶级脱离对资产阶级的信任依赖，树立"自己清醒的独立的阶级意识"异常重要。

（一）马克思对资产阶级文化意识形态日趋反动性的澄明

马克思讽刺说，"自由、平等、博爱"等所有资产阶级意识形态话语，似乎

---

① 《马克思恩格斯文集》第 2 卷，人民出版社 2009 年版，第 567 页。

在波拿巴政变成功瞬间全部消失不见①,只是安然于自己的死亡。

马克思强调法国二月革命,因为资产阶级以"自由、平等、博爱"等意识形态,联合社会所有阶级,因此给了所有阶级以希望。随着资产阶级共和国阶级本质暴露,巴黎无产阶级进行了六月起义,资产阶级对其进行了血腥镇压而彰显其专制专权本质,"起义者被屠杀的有 3000 多人,未经审判就被放逐的有15000 人……"②

马克思进一步分析说,六月的日子,反对无产阶级的阶级总和构成秩序党,以"财产、家庭、宗教、秩序"③为自己军队的口号,这个军队的范围及秩序党的范围却日益缩小。

马克思指出,小资产阶级的"山岳党",曾经是秩序党的重要联盟力量,在其获得国家政权后,被视为社会党派而被夺取了议会席位、被送进陷阱而遭到无产阶级一样的驱逐。"国民议会刚一开幕,秩序党就向山岳党挑战……就把它从国民议会引诱到街上,使它自己摧毁它在议会中的力量。"④马克思更进一步指出,山岳党曾提出驱逐波拿巴,秩序党的措施直接显示出其与波拿巴同流合污的性质。马克思写道,资产阶级通过葡萄税的废除与恢复,而利用并最终背叛了农民阶级尤其自己曾经的许诺,在与波拿巴对弈的后期,秩序党不仅自我废弃议会、葬送包括整个军队统治权等掌控整个法国社会权力的大好局面,更以其在议会中无休止的争论而惹得法国商业资产阶级、法国金融资产阶级的厌烦,最终却确立了波拿巴独裁统治与"议会至上、制宪精神"相违背而成为历史滑稽剧。

马克思写道,秩序党在与波拿巴的斗争中,需要用法律手段限制总统、需要以雷霆手段夺回行政权军权等时,却一味让步,为了自己资本对无产阶级政治统治的秩序,他可以使议会变成"杯中风暴",虽心有不甘却在波拿巴恐吓下一直让步,最终又跪迎了波拿巴政变的来临。

马克思还深度分析了政变的整个历程,指出秩序党前后思想原则的矛盾,

---

① 参见《马克思恩格斯文集》第 2 卷,人民出版社 2009 年版,第 475 页。
② 《马克思恩格斯文集》第 2 卷,人民出版社 2009 年版,第 478 页。
③ 《马克思恩格斯文集》第 2 卷,人民出版社 2009 年版,第 479 页。
④ 《马克思恩格斯文集》第 2 卷,人民出版社 2009 年版,第 502 页。

仅仅是因为其阶级力量在特定历史条件下,基于维持自身阶级利益的统治秩序而作出的最有利的选择,其对会议等各种社会权力的自我废黜,是因为其自身力量软弱而无力直面无产阶级革命的根本性威胁,为了其专制统治的持续进行,其甚至需要将自己革命领袖开创的观念、革命手段等以"社会主义"的名义一起埋葬。马克思更深刻指出,这是因为资产阶级出于狭隘的当下的私人利益算计,随时准备将社会上一切力量甚至本阶级的整体利益变现或彻底出卖。

马克思在此,通过秩序党及其指代的法国资产阶级的私利狭隘性,强调资产阶级在 1848 年革命后丧失了领导者的合理合法性,表征为法国资产阶级文化意识形态不仅越来越采取旧的口令,更在蕴含的内容上越来越自私狭隘,从而使其创造的文化意识形态丧失了社会影响力,最终带来其政权统治形式的历史退化。马克思也在此隐喻,随着 1848 年欧洲普遍的资产阶级革命并普遍确立了资产阶级在欧洲的统治,欧洲资产阶级(隐喻全球资产阶级)则以文化意识形态的保守倾向,表明了其全心维护资产阶级政治统治的阶级立场由原来对革命的激进态度全面转向对革命的反动。

(二) 马克思对无产阶级树立自我阶级意识重要性的澄清

马克思在很多文本中,都特别强调,无产阶级及社会主义、共产主义等内涵,不是自诩的而是由资产阶级社会现实境况决定的。《路易·波拿巴的雾月十八日》中,马克思以六月起义失败,强调法国资产阶级完成了地基清理,从而真正意义上确立了自己的完全统治。马克思指出,无产阶级在整个政变期间由革命的中心力量,而最后成为只能分享所有革命斗争失败的倒霉阶级,是信任追随资产阶级包括小资产阶级而反复被背叛的结果,特别说明"无产阶级需要树立自己的阶级意识"的重要性。

对此,马克思写道:参与二月起义的无产阶级,理所当然把共和国视为自己的共和国,面对制宪会议确立的仅仅是资产阶级的自由权力的声明,却发现"巴黎无产阶级所提出的要求,是必须终止的狂妄空想"①,巴黎工人维护自己些许利益的"六月起义",却受到血腥镇压。马克思批判说,"无产阶级总与某一社会阶层结盟,并在革命动荡期,"分享了各个政党依次遭受到的全部失

---

① 参见《马克思恩格斯文集》第 2 卷,人民出版社 2009 年版,第 478 页。

败"，而在议会报刊等各个方面的领袖人物被捕后，代替其挂帅的是"愈益模棱两可的人物"。① 马克思为此痛惜，无产阶级总是被动卷入革命风暴并成为只分享失败而不分享革命红利的可怜阶级，并且因受到资产阶级等反动势力的残酷镇压，而使其本身的力量遭到严重破坏。

马克思进而批评，醉心于"教条的实验、交换银行、工人团体"的部分无产阶级，"醉心于这样一种运动，即不去利用旧世界自身所具有的一切强大手段来推翻旧世界，却企图躲在社会背后，用私人的办法，在自身的有限的生存条件的范围内实现自身的解救，因此必然是要失败的。"②马克思在此反省，无产阶级在六月起义中将自己变成孤军寡人的悲惨处境，强调无产阶级要"充分利用旧世界一切手段并以阶级联合力量"谋求自身的解救，暗含着其期待无产阶级要善于利用包括传统文化在内的一切意识形态力量、军队等社会旧机构力量、农民阶级等其他阶级力量，服务于无产阶级的革命斗争。虽然，马克思这里还没有明确提出无产阶级领导权等问题，但是已经有比较鲜明的思考因子。

马克思特别指出，六月失败是伟大斗争的光荣的失败，失败的政党"离开无产阶级政党越远，这些失败就越是可耻"③。这里主要是指山岳党，受到大资产阶级专制统治而联合无产阶级进行革命，却在关键期采取模棱两可的态度而错失革命的时机，更是在革命危机时背离无产阶级先锋队。马克思写道，新山岳党"社会民主派"，"要求把民主共和制度作为手段并不是为了消灭两极——资本和雇佣劳动，而是为了缓和资本和雇佣劳动之间的对抗并使之变得协调起来……以民主主义的方法来改造社会，但是这种改造始终不超出小资产阶级的范围。"④马克思进一步指出，是小资产阶级的实际生活、社会地位、物质利益，使小资产阶级及其意识形态家（政治代表、著作界代表），相信可以用非阶级斗争的方式获得阶级利益。马克思还特别分析了，民主党"自以为完全超然于阶级对抗之上"，并相信不管自身力量如何，仅仅因为自己对

①　《马克思恩格斯文集》第 2 卷，人民出版社 2009 年版，第 478 页。
②　《马克思恩格斯文集》第 2 卷，人民出版社 2009 年版，第 478 页。
③　《马克思恩格斯文集》第 2 卷，人民出版社 2009 年版，第 479 页。
④　《马克思恩格斯文集》第 2 卷，人民出版社 2009 年版，第 501 页。

抗的是一个特权阶级而其维护"人民的权利、人民的利益",人民会受其感召全力冲向压迫者①。

马克思也在此隐喻,无产阶级因其实际生活、社会地位、物质利益必须超越小资产阶级狭隘眼界,采取彻底革命的方法来全面改造社会,获得自身解救,并警告无产阶级要汲取民主党派"形势应该来适应他们的旧观点"②的自大自欺而遭遇彻底溃败的恶果,从而要强大自身力量,要真实代表人民利益,进而凸显了无产阶级政党要以足够强大的阶级力量与各种社会物质力量联合,对抗"有血有肉的波拿巴"及其指代的"反动统治者及其掌控的物质力量总体"的重要性。

马克思痛心疾首地再次回顾六月失败并深刻指出,1850 年选举法剥夺无产阶级参政权利并断绝其接近战场的机会,而使其成为二月革命以前的贱民,"面对着这样的事变,他们却让民主派来驾驭自己,为了一时的安逸而忘记了自己阶级的革命利益,由此放弃了作为制胜力量的光荣,屈服于自己的命运,并且表明,1848 年 6 月的失败使他们多年丧失了战斗能力,最近的历史进程又要撇开他们而自行发展。"③马克思强调,无产阶级及其阶级力量在革命中战斗力的持续保存,都需要无产阶级及其政党,在事变等关键点,摆脱弱者惯性的依靠思维,拥有坚定的独立的维护自身阶级利益的阶级意识。结合马克思对"农民阶级严格意义上不是一个阶级"的评述,马克思再次强调,拥有同等的社会生活会造成一个阶级利益相同的阶级,但是其在历史行动中对自己阶级利益的有效拥护,需要形成清晰的阶级意识并造成阶级的有效联合。

综上所述,在《路易·波拿巴的雾月十八日》中,马克思对无产阶级引领法国革命的彻底化寄予了厚望,但是对无产阶级"跟随依靠资产阶级、不善于利用旧世界的客观力量、不能有效达成本阶级的联合与清醒阶级意识、不能有效联合农民阶级等形成斗争的优势方"等幼稚不足,提出了"树立独立的坚强的无产阶级自我意识"的伟大思想,从而为马克思科学社会主义理论的进一

---

① 参见《马克思恩格斯文集》第 2 卷,人民出版社 2009 年版,第 504 页。
② 《马克思恩格斯文集》第 2 卷,人民出版社 2009 年版,第 504 页。
③ 《马克思恩格斯文集》第 2 卷,人民出版社 2009 年版,第 519 页。

步发展和马克思无产阶级文化意识形态理论的建立,进行了重要的理论奠基和实践指导。

小　结

1848—1871 年的诸多文本,相继记录了欧洲政治革命对马克思唯物史观的验证和检验,既是马克思唯物史观政治哲学的重要历史发展时期,也是马克思意识形态批判思想尤其马克思对资产阶级文化意识形态批判思想的重要发展成熟期,使马克思资产阶级文化意识形态批判思想呈现出体系化和全面化的特征。这一特征,表现为在内容上,马克思对资产阶级文化意识形态、资产阶级借用的文化传统意识形态、无产阶级文化意识形态进行了区分,并对其本质、内涵及相互关系进行了澄明。这一特征还表现在以国家政治上层建筑和"文化意识形态"观念上层建筑的互撑逻辑澄明及经济基础决定上层建筑原理上的澄明,为我们如何批判继承包括资产阶级文化意识形态在内的文化传统意识形态和全面建构无产阶级文化意识形态,不仅提供了科学性、人民性、实践性相统一的现实取舍的根本原则,而且提供了以"无产阶级专政"实现无产阶级意识形态全面建构并以二者的互撑逻辑实现双向持续巩固的重要路径,并且还从意识形态角度,提出了在阶级社会文化的意识形态属性问题。

第三章　马克思恩格斯对资产阶级经济理论中意识形态思想的批判与走出意识形态牢笼的途径

1848 年欧洲大革命的失败,使一度高涨的社会主义运动陷入低潮,马克思和恩格斯被迫移居伦敦。在伦敦期间,马克思转移了自己的研究重心,花费了大量时间,利用大英博物馆丰富的图书资料潜心研究政治经济学,不仅创作了《1857—1858 年经济学手稿》《1861—1863 年经济学手稿》以及《1863—1865 年经济学手稿》,同时,还出版了《政治经济学批判》和《资本论》第一卷等重要著作。在这些论著中,马克思立足于资本主义社会的日常生活,采用阶级分析和辩证思维的研究方法,对资产阶级意识形态的经济构筑基础——资产阶级政治经济学和文化构筑基础——拜物教观念,以及宗教、法律等其他意识形态形式进行了深入批判,进一步印证了资本主义社会意识形态的虚假性和颠倒性,构筑了其科学的共产主义意识形态,推进了意识形态学说的丰富和发展。

第一节　《资本论》及其手稿中对资产阶级意识形态的批判

一、对资产阶级政治经济学的批判

资产阶级的政治经济学是资产阶级意识形态的深刻表现,其在本质上直接体现和反映着资产阶级的利益需求,是资产阶级进行政治统治的根基。尽管资产阶级政治经济学在一些具体问题上,提出了如商品的两重性、劳动价值理论等一系列富有启发性的科学见解,但是,随着资产阶级逐渐成长为统治阶级,其自身所具有的意识形态性不断彰显出来,泯灭和压制了资产阶级政治经济学自身的科学性。基于此,马克思在唯物史观的指导下,全面深入地剖析了资产阶级学者的相关经济理论,并将对其政治经济学理论的批判作为意识形态批判的重点,因为在他看来,研究资本主义社会制度的理论构筑基础,在于全面把握资本主义社会的经济生活,以及与其相适应的政治经济学。

马克思认为:"在德国,直到现在,政治经济学一直是外来的科学。"①资产阶级政治经济学的发展在国外主要经历了古典政治经济学和庸俗政治经济学两个阶段。古典政治经济学产生于 17 世纪中叶,完成于 19 世纪初,是资产阶级处于上升时期的经济理论,反映了资产阶级经济生活中科学的部分,具有一定的客观性,是"科学的资产阶级经济学"②;庸俗经济学产生于 18 世纪末,结束于 19 世纪 70 年代,是资产阶级从革命走向保守的经济理论,其存在的目的是掩盖和遮蔽资产阶级经济生活的实质,从理论上为资产阶级经济制度的存在进行系统辩护,是伪科学的资产阶级经济学。但不管是科学的资产阶级经济学还是伪科学的资产阶级经济学,其在本质上是相同的,都从属于资产阶级意识形态。

（一）对古典政治经济学的批判

古典政治经济学属于阶级斗争不发达时期的产物,"在英国从威廉·配第开始,到李嘉图结束,在法国从布阿吉尔贝尔开始,到西斯蒙第结束。"③古典政治经济学家是那些力图同封建社会残余进行彻底决裂的新兴资产阶级的利益代表,其在研究过程中注重立足于客观的经济事实来分析和探讨资产阶级生产关系的内部联系。马克思充分肯定了古典政治经济学家注重从客观的经济事实出发来研究资本主义社会内部经济规律的做法,他曾指出:"我的价值、货币和资本的理论就其要点来说是斯密—李嘉图学说的必然的发展。"④

---

①　马克思:《资本论》第 1 卷,人民出版社 2004 年版,第 15 页。

②　马克思:《资本论》第 1 卷,人民出版社 2004 年版,第 17 页。

③　《马克思恩格斯全集》第 20 卷,人民出版社 1971 年版,第 249 页。

④　《马克思恩格斯选集》第 2 卷,人民出版社 2012 年版,第 91 页。

但在继承和发展的同时,马克思也深刻批判了古典政治经济学家经济理论的资产阶级意识形态本性。

1. 批判古典政治经济学家把资本主义制度永恒化的荒谬观点

以斯密为主要代表的古典政治经济学家,在对资本主义制度进行认知时,从人性论出发,认为人类的本性在于个人利己主义。个人利己主义在人们的实践活动中驱使人们从事各种经济活动,并促使人们在经济活动中构建相关的经济制度。因此,作为反映资本主义经济人活动的资本主义制度从理论上讲最符合人性,是永恒和不变的。对古典政治经济学家这种为资本主义制度辩护的荒谬观点,马克思进行了深刻批判,他指出:资产阶级经济学家习惯于把资本主义制度理解为天然形成的制度,"把生产的资本主义形式当作生产的绝对形式、因而当作生产的永恒的自然形式"。① 这种观点在本质上和法国启蒙思想家的认识一样,都犯了非历史性的错误。在马克思看来,古典政治经济学家之所以犯非历史性的错误,主要是因为他们在研究经济学时采取了摇摆性的研究方法,"一种是深入研究资产阶级制度的内在联系,可以说是深入研究资产阶级制度的生理学,另一种则只是把生活过程中外部表现出来的东西,按照它表现出来的样子加以描写、分类、叙述并归入简单概括的概念规定之中。"②不难发现,第一种研究经济学的方法,使古典政治经济学家的研究或多或少地碰触了资本主义经济的内在联系;而第二种研究方法则使他们的研究仅仅驻足于资本主义经济关系的外部表象上。正是由于古典政治经济学家过分地注重第二种研究方法,才使他们在对资本主义经济关系的研究过程中,只粗略地抓住资本主义经济发展呈现出来的现成的经验材料,并对这些经验材料进行浅层次的描述和概括,而不能从历史总体的角度深入挖掘这些经验材料背后隐藏的资本主义经济关系的内在联系。故此,他们才会对资本主义制度进行非批判性的解释,而将其看作是永恒的、长久的、符合人性特征的"自然秩序"。

2. 批判古典政治经济学家模糊剩余价值的本质和来源的错误理论

马克思指出:"所有经济学家都犯了一个错误:他们不是就剩余价值的纯

① 《马克思恩格斯全集》第26卷第1册,人民出版社1972年版,第422页。
② 《马克思恩格斯全集》第26卷第2册,人民出版社1973年版,第182页。

粹形式,不是就剩余价值本身,而是就利润和地租这些特殊形式来考察剩余价值。"①众所周知,最初的经济学家,诸如詹姆士·斯图亚特是从流通领域出发去探讨剩余价值来源的;重农主义者把探寻的方向直接转向了生产领域,并把地租确定为剩余价值的唯一形式;古典政治经济学家亚当·斯密和李嘉图在探寻过程中依然没有坚持科学的探寻路径,依然把剩余价值和利润当作同一个东西,混淆了利润仅仅只是剩余价值发展的一种特殊形式,"不把这个余额同它所由产生的那部分资本联系起来看,而认为它是超出预付资本总价值,即超出'预付工资和加工材料〈由于疏忽,这里遗漏了生产工具〉的资本总额'之上的余额。"②可见,古典政治经济学家混淆剩余价值的实质和来源之间的关系,其根本目的是掩盖资本主义生产的剥削实质。针对古典政治经济学家的这种错误理论,马克思进行了意识形态批判,他指出:"亚当虽然实质上是考察剩余价值,但是他没有清楚地用一个不同于剩余价值特殊形式的特定范畴来阐明剩余价值,因此,后来他不通过任何中介环节,直接就把剩余价值同更发展的形式即利润混淆起来了。"③然而,李嘉图在理解时却"从来没有考虑到剩余价值的起源。他把剩余价值看作资本主义生产方式固有的东西,而资本主义生产方式在他看来是社会生产的自然形式。他在谈到劳动生产率的时候,不是在其中寻找剩余价值存在的原因,而只是寻找决定剩余价值量的原因。"④基于此,马克思在深入研究资本主义社会生产劳动过程的基础上,科学阐释了剩余价值的实质及其来源,并指出剩余价值的具体表现形式是多样的,它包含了利润、地租以及利息等形式,彻底粉碎了古典政治经济学家为了维护资产阶级的利益而编造的种种幻想。

　　3. 批判古典政治经济学家把利润、地租和工资看成价值源泉的错误观点

　　古典政治经济学家亚当·斯密在对剩余价值和价值的本质研究之后,错误地把资本和土地说成是交换价值的独立源泉,并指出:"工资、利润和地租,

---

① 《马克思恩格斯全集》第26卷第1册,人民出版社1972年版,第7页。
② 《马克思恩格斯全集》第26卷第1册,人民出版社1972年版,第70页。
③ 《马克思恩格斯全集》第26卷第1册,人民出版社1972年版,第69页。
④ 马克思:《资本论》第1卷,人民出版社2004年版,第590页。

是一切收入的三个原始源泉,也是一切交换价值的三个原始源泉。"①针对古典政治经济学家的观点,马克思认为,商品的价值是由生产商品的劳动时间决定的,因此,古典经济学家把工资、利润和地租三者说成是资本主义社会一切收入的原始源泉是正确的,而把工资、利润和地租三者说成是一切交换价值的源泉则是错误的。可见,古典政治经济学家的观点遮蔽了劳动是生成价值的唯一源泉。此外,马克思又指出:"土地所有权和资本,对于它们的所有者来说,是收入的源泉,也就是说,使它们的所有者有权占有劳动创造的价值的一部分,可是它们并不因此就成为它们的所有者占有的价值的源泉"②。资本只有作为一种关系,才能够生产价值。同样,工资也不能构成交换价值的原始源泉,尽管工资是工人收入的主要部分,但是"创造价值的是工人的劳动,而不是工人的工资。工资只不过是已经存在的价值,或者从整个生产来看,只不过是工人创造的价值中由工人自己占有的那一部分。但是这种占有并不创造价值"③。所以说,古典政治经济学家所提出的利润、地租和工资是价值的源泉的观点是不正确的,其最终目的是掩盖资本主义社会的剥削实质,是为统治阶级的剥削行为进行辩护。

(二)对庸俗政治经济学的批判

以萨伊、马尔萨斯、詹姆斯·穆勒等为主要代表的庸俗政治经济学产生于18世纪末和19世纪初,该学派的经济学家走着一条不同于古典政治经济学家的研究路径,注重于对经济现象所呈现出来的似是而非的外在联系的研究,宣扬阶级调和与否认经济发展的客观规律,开启了把政治经济学庸俗化的先河。马克思指出,在研究经济学时,庸俗经济学家"只限于把资产阶级生产当事人关于他们自己的最美好世界的陈腐而自负的看法加以系统化,赋予学究气味,并且宣布为永恒的真理。"④从意识形态的层面讲,其最终目的是为资产阶级的经济利益进行辩护。为此,马克思对庸俗经济学家的相关理论进行了深刻批判。

---

① 《马克思恩格斯全集》第26卷第1册,人民出版社1972年版,第74页。
② 《马克思恩格斯全集》第26卷第1册,人民出版社1972年版,第74—75页。
③ 《马克思恩格斯全集》第26卷第1册,人民出版社1972年版,第75页。
④ 马克思:《资本论》第1卷,人民出版社2004年版,第99页。

1. 批判庸俗政治经济学家把资本主义生产关系理解为永恒关系的荒谬观点

庸俗政治经济学家在研究政治经济学时,与古典政治经济学家有类似的地方,即都把政治经济学当作研究财富的科学,唯一不同的地方在于其不是从资本主义经济的内部关系中分析人与人之间的关系,而是把政治经济学表面化地理解为关于生产、分配和消费关系的研究,同时还把这种研究所构筑的生产关系理解为一种永恒不变的自然规律。对此,马克思对庸俗政治经济学家所提出的荒谬观点进行了深刻批判。他指出:"所有的资产阶级经济学家都有一种荒谬的观点,例如约翰·斯图亚特·穆勒也是这样,他认为资产阶级的生产关系是永恒的,而这种生产关系的分配形式则是历史的"①。在马克思看来,"照最浅薄的理解,分配表现为产品的分配,因而它仿佛离生产很远,对生产是独立的。但是,在分配是产品的分配之前,它是(1)生产工具的分配,(2)社会成员在各类生产之间的分配(个人从属于一定的生产关系)——这是上述同一关系的进一步规定。这种分配包含在生产过程本身中并且决定生产的结构,产品的分配显然只是这种分配的结果。如果在考察生产时把包含在其中的这种分配撇开,生产显然是一个空洞的抽象;反过来说,有了这种本来构成生产的一个要素的分配,产品的分配自然也就确定了。"②显然,分配关系在马克思的视域中从来都不是独立的,它是从生产关系中产生出来的。如果生产关系是永恒不变的,分配关系就绝不可能是历史性的;反之,如果分配关系是历史性的,生产关系就不可能是永恒不变的。也就是说,在马克思看来,资本主义的生产关系和任何其他社会形态下的生产关系一样,都是历史的、暂时的而不是永恒的。资产阶级庸俗政治经济学家大张旗鼓地宣传资本主义生产关系的永恒性,其最终目的是掩盖资本主义社会的本质。

2. 批判庸俗政治经济学家庸俗化价值论的荒谬观点

以马尔萨斯为代表的英国庸俗政治经济学家,立足于维护地主、贵族及其仆从们的利益,充分运用李嘉图和斯密劳动价值论中的矛盾与庸俗因素,把商

---

① 《马克思恩格斯全集》第46卷下册,人民出版社1980年版,第279页。
② 《马克思恩格斯全集》第12卷,人民出版社1962年版,第746—747页。

品自身的价值等同于以商品作为资本的价值增值,指出商品自身的价值就是商品在流通领域中所能交换掉的劳动量,而不是生产商品时所耗费掉的劳动量,显然,这种观点是极其荒谬的,它把商品价值的产生直接推向了流通领域,而非生产领域,从本质上掩盖了社会财富产生的真实源泉。马克思对此进行了深刻批判,他指出:"马尔萨斯先生既然把商品作为资本的价值增殖变成商品的价值,也就前后一贯地把所有买者都变成雇佣工人,也就是说,他硬使所有买者不是用商品,而是用直接劳动同资本家相交换,硬使他们交回给资本家的劳动多于商品中包含的劳动,可是实际上,资本家的利润的产生却是由于他出卖的是商品中包含的全部劳动,而已经支付的只是商品中包含的一部分劳动。"①由此可见,马尔萨斯利用把商品的购买(交换)变成资本和雇佣劳动之间的交换这样一种办法来解决李嘉图价值理论中的矛盾,根本不理解商品中包含的劳动总量和商品中包含的有酬劳动量之间的差额构成社会财富和利润的来源。他这么做的目的无非是:"一方面证明工人阶级的贫困是必要的(对这种生产方式说来,他们的贫困确实是必要的),另一方面向资本家证明,为了给他们出卖的商品创造足够的需求,养得脑满肠肥的僧侣和官吏是必不可少的。"②

3. 批判庸俗政治经济学家庸俗化李嘉图理论的错误观点

19 世纪 20 年代,随着资本主义经济的发展,李嘉图理论中的科学因素,尤其是劳动价值论和工资与利润对立的观点,逐渐成为无产阶级经济学家批判资本主义制度的最有力理论。这种现象引起了英国政治经济学界的恐慌,一部分人开始极力反对李嘉图的理论,利用其理论中的矛盾对其科学性进行歪曲和庸俗化,以马尔萨斯为代表;另一部分人则极力拥护李嘉图的理论,全面阐释其理论的科学性,但是在阐释过程中庸俗化了李嘉图理论,以詹姆斯·穆勒最具代表性。尽管这两部分人的态度在本质上有所不同,但他们有一个共同点,都是最终将李嘉图的理论引向了庸俗化。针对庸俗政治经济学家刻意或非刻意庸俗化李嘉图理论的错位认识,马克思进行了深刻批判。

---

① 《马克思恩格斯全集》第 26 卷第 3 册,人民出版社 1974 年版,第 12 页。
② 《马克思恩格斯全集》第 26 卷第 3 册,人民出版社 1974 年版,第 56—57 页。

首先,对马尔萨斯庸俗化李嘉图理论的批判。马尔萨斯利用李嘉图关于价值规律的变形的论点来庸俗化李嘉图的劳动价值论。在他看来,李嘉图所认为的"商品的交换价值的变动与生产商品时所花费的劳动量无关,它是因流通过程中产生的资本构成上的区别——流动资本和固定资本的比例不同,所用固定资本的耐久程度不同,流动资本的周转时间不同——引起的。"①这种观点混淆了生产价格和价值的关系,不是把各个生产领域使用的劳动量为转移的费用价格的平均化作为价值本身的变形,故此是错误的。马克思对马尔萨斯庸俗化李嘉图劳动价值论的观点进行了批判,他认为:"马尔萨斯抓住李嘉图本人所强调的并且是他最先发现的那些违反价值决定于劳动时间这个规定的矛盾,不是为了解决矛盾,而是为了倒退到完全荒谬的观念上去,为了把说出互相矛盾的现象即用语言把这些现象表达出来,当成解决矛盾。"②可见,马尔萨斯试图利用烦琐的荒谬的定义和区分,把与普遍规律相矛盾的现象说成直接同普遍规律一致,显然是极端荒谬和错误的。

其次,对詹姆斯·穆勒庸俗化李嘉图理论的批判。马克思认为:"穆勒是第一个系统地阐述李嘉图理论的人,虽然他的阐述只是一个相当抽象的轮廓。他力求做到的,是形式上的逻辑一贯性。'因此',从他这里也就开始了李嘉图学派的解体。"③穆勒为了维护李嘉图的劳动价值论,提出了直接劳动和积累劳动的概念,在他看来,资本作为积累劳动的形式,同样是价值的创造者,显然,他这种理解完全庸俗化了价值概念。马克思针对穆勒的观点进行了深刻批判。马克思指出,穆勒的错误在于他仅仅"抓住资本家和工人之间的交易所特有的这种表面现象来解释交易本身"④而根本不了解"资本家除了他以前从工人那里夺来的东西,也就是由其他人的劳动预付给他的东西之外,没有任何东西可以用来预付给工人。要知道,……资本家预付给工人的是工人自己的劳动"。⑤ 穆勒所提出的所有新概念都不能帮助他回避和解决这个问题:

①　《马克思恩格斯全集》第 26 卷第 3 册,人民出版社 1974 年版,第 23 页。
②　《马克思恩格斯全集》第 26 卷第 3 册,人民出版社 1974 年版,第 23 页。
③　《马克思恩格斯全集》第 26 卷第 3 册,人民出版社 1974 年版,第 87 页。
④　《马克思恩格斯全集》第 26 卷第 3 册,人民出版社 1974 年版,第 97 页。
⑤　《马克思恩格斯全集》第 26 卷第 3 册,人民出版社 1974 年版,第 97 页。

"积累劳动和直接劳动之间的交换(李嘉图以及追随他的穆勒等人就是这样理解资本和劳动之间的交换过程的)如何同直接与它矛盾的价值规律相符合。"①所以,穆勒庸俗化了李嘉图的理论,他这样做的目的在于:"一方面想把资产阶级生产说成是绝对的生产形式,并且从而试图证明,这种生产的真实矛盾不过是表面上的矛盾。另一方面,他力图把李嘉图的理论说成是这种生产方式的绝对的理论形式,并且同样用形式上的理由把有些已为别人所指出、有些是摆在他本人眼前的理论上的矛盾辩解掉。"②充分彰显了其资产阶级意识形态的本性。不过,穆勒的理论在某种程度上还是比李嘉图的观点前进了一步,超越了李嘉图阐释观点时所划的界限。

此外,马克思还批判了麦克库洛赫。马克思指出,麦克库洛赫不仅是李嘉图经济理论的庸俗化者,而且还是詹姆斯·穆勒的庸俗化者,作为现状的辩护士,他以利用李嘉图的经济理论来发财为目的,使李嘉图的经济理论完全解体。麦克库洛赫把劳动和资本之间的关系理解为一种借贷关系,把利润理解为贷款利息。在涉及解释"如果商品(劳动或其他商品)都按照它们的价值进行交换,利润怎么可能产生"③时,他又指出,如果是等价进行交换,利润就不可能产生;资本家如果没有利润,他就没有任何利息。显然,麦克库洛赫站在维护资产阶级利益,否定工人阶级创造财富的立场上,庸俗化李嘉图的观点,把使用价值和交换价值等同起来。因此,正如马克思所言:"我们必须把这种庸俗化看成是这个学派作为一个学派解体的最后的最丑恶的表现。"④

19世纪30年代以后,随着资本主义经济的进一步发展,资产阶级庸俗经济学也得到了空前的发展,在理论层面最突出的表现就是遮蔽资本主义生产的真实本质。其中以西尼尔、约翰·穆勒、凯里和巴师夏为代表。马克思针对这些庸俗经济学家的荒谬言论,进行了深刻批判。他指出,庸俗经济学家所提出的理论,无非是为资本主义经济制度唱赞歌,把资本主义看作是一种非对抗性的、和谐的社会组织,为资本主义制度做永恒性论证。

---

① 《马克思恩格斯全集》第26卷第3册,人民出版社1974年版,第97—98页。
② 《马克思恩格斯全集》第26卷第3册,人民出版社1974年版,第87—88页。
③ 《马克思恩格斯全集》第26卷第3册,人民出版社1974年版,第188页。
④ 《马克思恩格斯全集》第26卷第3册,人民出版社1974年版,第202页。

总而言之,通过马克思对资产阶级庸俗政治经济学的批判,我们不难发现,马克思是立足于资本主义经济的发展,来批判资产阶级庸俗经济学家的荒谬理论,并科学揭示其存在的社会根源和阶级基础的。也就是说,在马克思看来,随着资本主义经济的发展,原有的资产阶级政治经济学已经丧失了为资本主义制度永恒性进行辩护的功能。资产阶级必须要探寻一种新的经济学来为资本主义制度的永恒性进行辩护,而这种新的政治经济学就是资产阶级庸俗政治经济学。由此,我们也可以看出,随着资本主义经济的发展,资产阶级意识形态逐渐偏离其科学性规定,转变为一种为资本主义制度辩护的富有欺骗性的意识形态。

二、对资产阶级意识形态的文化构筑基础拜物教观念的批判

资本主义经济在本质上是一种物役性经济,也就是一种物统治人的经济,其反映在人的文化观念中表现为一种拜物教观念。马克思以前的资产阶级激进思想家把资本主义生产方式视为永恒存在,从这个理论基点出发,对拜物教观念进行了伦理哲学意义上的批判。马克思对拜物教观念的批判超越了资产阶级激进思想家抽象人本主义的批判范式,把批判注入人们的日常生活和日常意识中,回归人们的现实生活。马克思认为拜物教观念是资本主义生产方式的一种外在的、直观的反映,它是资本主义生产方式"颠倒"表现的真实状态,是资本主义社会的一个重要特征,而拜物教意识形态则是资产阶级意识形态家把拜物教观念上升为服务于资产阶级利益的观念上层建筑。与《德意志意识形态》注重以生产方式和国家观念为着力点的意识形态批判线索不同,马克思更加注重从人们的现实生活和日常意识出发进行批判,更加深入到了资本主义的生产方式内部。马克思从历史主体发展的视角和观念层面来深刻揭示资本主义制度的非永恒性和不合理性,不仅呈现了拜物教的危害及其形成根源,而且还科学区分了三种不同类型的拜物教,即商品拜物教、货币拜物教和资本拜物教,并对三种不同类型的拜物教观念进行了深刻批判。

(一) 对商品拜物教观念的批判

对于商品拜物教,马克思在《资本论》第 1 卷中指出:"最初一看,商品好

像是一种简单而平凡的东西。对商品的分析表明,它却是一种很古怪的东西,充满形而上学的微妙和神学的怪诞。"①显然,依据马克思的理解,就商品是使用价值而言,它没有什么神秘的地方,"例如,用木头做桌子,木头的形状就改变了。可是桌子还是木头,还是一个普通的可以感觉的物。"②但是,一旦桌子被视为商品,它就逐渐转化为一种超越了人的感觉的复杂的物。"它不仅用它的脚站在地上,而且在对其他一切商品的关系上用头倒立着,从它的木脑袋里生出比它自动跳舞还奇怪得多的狂想。"③可见,商品的神秘性在于劳动产品采用了商品这种形式,而不在于劳动产品自身的使用价值和价值。也就是说,生产商品的劳动所具有的社会性质引起了商品拜物教。

具体而言,出于交换的目的,各个私人劳动产品之间和私人生产者之间在商品经济活动中发生社会接触,使私人劳动独特的社会性质得以表现;也就是说,私人劳动的社会关系在生产者面前不是表现为直接的社会关系,而是表现为人们之间的物的关系和物之间的社会关系。这样,就使商品本身具有了说不清道不明的神秘性质。对此,马克思也曾分析指出:"商品形式和它借以得到表现的劳动产品的价值关系,是同劳动产品的物理性质以及由此产生的物的关系完全无关的。……劳动产品一旦作为商品来生产,就带上拜物教性质,因此拜物教是同商品生产分不开的。"④可见,在马克思看来,商品拜物教是同商品生产紧密相连的,是把人与人之间的社会关系表现为一种无法透视颠倒了的物化社会关系,是一种极大的神秘倒错。

那么,如何才能够消解商品拜物教观念呢?马克思给出了科学的解答。马克思坚持从后思索的科学方法,对商品拜物教的最终消解进行了系统分析。他指出:"给劳动产品打上商品烙印、因而成为商品流通的前提的那些形式,在人们试图了解它们的内容而不是了解它们的历史性质(这些形式在人们看来已经是不变的了)以前,就已经取得了社会生活的自然形式的固定性。因此,只有商品价格的分析才导致价值量的决定,只有商品共同的货币表现才导

---

① 马克思:《资本论》第 1 卷,人民出版社 2004 年版,第 88 页。
② 马克思:《资本论》第 1 卷,人民出版社 2004 年版,第 88 页。
③ 马克思:《资本论》第 1 卷,人民出版社 2004 年版,第 88 页。
④ 马克思:《资本论》第 1 卷,人民出版社 2004 年版,第 89—90 页。

致商品的价值性质的确定。但是,正是商品世界的这个完成的形式——货币形式,用物的形式掩盖了私人劳动的社会性质以及私人劳动的社会关系,而不是把它们揭示出来。"①而这种种社会形式恰好又形成资产阶级经济学的诸范畴,这些范畴对于商品生产的生产关系来说,是具有一定社会效力的、客观的思维形式,使商品的拜物教神秘性得以存在。而要摒除商品拜物教的神秘性,马克思指出,必须要走出商品生产和商品经济,逃到其他的生产形式中去,只有如此,"商品世界的全部神秘性,在商品生产的基础上笼罩着劳动产品的一切魔法妖术,就立刻消失了。"②也就是说,在马克思看来,商品拜物教是一种历史的现象,而不是一种永恒的现象。

(二) 对货币拜物教观念的批判

马克思对商品拜物教的批判只是其商品经济文化观念批判的一个浅层级批判,而对货币拜物教的批判却是一个深层级的批判。货币拜物教是介于商品拜物教和资本拜物教性质之间的一个重要阶段,它是资本主义根本的生活准则。在《资本论》及其手稿中,马克思指出:"随着商品生产的进一步发展,每一个商品生产者都必须握有这个物的神经,这个'社会的抵押品'。"③因为,"一切东西,不论是不是商品,都可以转化成货币。一切东西都可以买卖。流通成了巨大的社会蒸馏器,一切东西抛到里面去,再出来时都成为货币的结晶。连圣徒的遗骨也不能抗拒这种炼金术,更不用说那些人间交易范围之外的不那么粗陋的圣物了。"④显然,在马克思看来,货币在商品经济的社会(特别是资本主义社会)成为唯一的现实和价值,成为一切社会财富的代表,商品经济社会的一切社会关系都凝结为货币。

作为交换尺度、交换手段和一般商品代表的货币,它在行使其特殊职能时并非完全脱离人与人之间的社会关系,而是始终体现在人们之间的交换关系。此外,随着人们社会生产的进一步发展,货币所代表的权利也会得到相应的发展,即使交换关系固定为一种对生产者来说异己的关系。所以,马克思说:

---

① 马克思:《资本论》第1卷,人民出版社2004年版,第93页。
② 马克思:《资本论》第1卷,人民出版社2004年版,第93页。
③ 马克思:《资本论》第1卷,人民出版社2004年版,第154页。
④ 马克思:《资本论》第1卷,人民出版社2004年版,第155页。

"当一般等价形式同一种特殊商品的自然形式结合在一起,即结晶为货币形式的时候,这种假象就完全形成了。一种商品成为货币,似乎不是因为其他商品都通过它来表现自己的价值,相反,似乎因为这种商品是货币,其他商品才都通过它来表现自己的价值。中介运动在它本身的结果中消失了,而且没有留下任何痕迹。商品没有出什么力就发现一个在它们之外、与它们并存的商品体是它们自身的现成的价值形态。这些物,即金和银,一从地底下出来,就是一切人类劳动的直接化身。货币的魔术就是由此而来的。……因此,货币拜物教的谜就是商品拜物教的谜,只不过变得明显了,耀眼了。"①显然,在马克思看来,商品处于社会关系之中,货币本质上又是商品,所以货币就是关系的代表和凝结,货币拜物教性质存在的根源就是资本主义社会关系。

马克思进一步指出,作为表现人与人之间关系的货币,在现实自然界中是可以找到一种金属或者矿石来代表其属性的。但是,货币本身不是金属或者矿石的自然属性。显然,在马克思看来,货币的本质不是作为矿石的物理特性存在的,而是一种特定的生产关系存在的。作为一种特殊商品而存在的货币,在其本质上颠倒了商品与货币之间的关系,遮蔽了其背后所隐藏的人与人之间复杂的社会关系,掩盖了资本主义社会剥削的秘密,从而产生了更加迷惑人的拜物教性质。

通过以上分析,不难发现,消解货币拜物教,只能通过构建共产主义社会才能实现。因为在以推崇货币拜物教为重要追求的资本主义社会,作为个体存在的个人与作为社会存在的个人之间是处于一种对立状态的,是不可能达到统一的。这种统一只能到共产主义社会才能够真正实现,因为共产主义社会能够使个人的个性与社会性达到内在的统一。这种统一是通过货币的自我扬弃而实现的,货币的自我扬弃就是货币的全面发展与实现,这与马克思所说的私有制的扬弃是同一个意思,因此,货币拜物教的消解是一个长期的历史的过程,它需要货币经济的发展和精神的发展来共同实现。

(三) 对资本拜物教观念的批判

马克思认为,资本本身并不代表一种物,其在本质上从属于一定社会形态

---

① 马克思:《资本论》第1卷,人民出版社2004年版,第112—113页。

下的生产关系,而一定社会形态下的生产关系则体现在一定的物上,这种物是一种具备了独特属性的物。可见,在马克思看来,资本在本质上决定着整个社会的存在与发展,而这种决定社会存在本质的特性,构筑了其独特的拜物教性质。资本拜物教既是资本主义社会有机体历史运行机制的观念表达,又是资本主义社会独有的文化理念,它遮蔽了资本主义生产方式的剥削实质,使世界变得更加"颠倒",只有对其进行深刻批判,才能够剥离和解蔽资本的偶像性,透析整个资本主义社会本身所具有的伪科学性和欺骗性。正是在此基础上,马克思从自己构建的剩余价值理论出发,通过揭露资产阶级政治经济学家所提出的"资本—利润、土地—地租、劳动—工资""三位一体公式"的伪科学性和欺骗性来对资本拜物教进行批判。

根据"三位一体公式",财富来源仅仅与资本有关,劳动与财富毫无关联,资本在生息的运动(G-G')中表现为自行增殖的价值。马克思尖锐地批判了这种掩盖价值创造源泉的谬论,他指出资本创造利润、土地产生地租、劳动获得工资这三者构成了资产阶级庸俗经济学家缔造的资本主义生产分配方式,"在这个表示价值和财富一般的各个组成部分同其各种源泉的联系的经济三位一体中,资本主义生产方式的神秘化,社会关系的物化,物质的生产关系和它们的历史社会规定性的直接融合已经完成"[①]。不难发现,在马克思的分析中,资本拜物教的本质此时已经一目了然,就是把价值增殖视为资本固有的魔力。驱除资本的魔性,批判资本拜物教的核心就是科学揭示价值增殖的真正秘密,把商品的价值和剩余价值的产生归结为劳动的结果。唯有如此,才能够从本质上真正揭穿资本拜物教自身的假象和虚幻性。

对于价值增殖的真正秘密,马克思从科学区分劳动和劳动力两个概念着手。在他看来,劳动力是一个人在生产过程中所具有的体力和智力的总和,劳动是人们在生产物质资料过程中对劳动力的使用。资本家支付给工人的只是劳动力的价格,而不是工人全部的劳动报酬。在资本主义制度下,工人由于被资本家剥削得一无所有,只有在市场上靠出卖劳动力为生。劳动力的所有者为了生存到市场上出卖自己的劳动力以便获取适当的货币,而货币的所有者

---

① 马克思:《资本论》第3卷,人民出版社2004年版,第940页。

（资本家）为了扩大生产的需要赚取更多的货币,则到市场上购买劳动力,这样,劳动力的所有者便和货币的所有者在市场上相遇,所不同的是一个是出卖劳动力获取货币,一个是购买劳动力获取劳动力的使用价值。劳动力的所有者把自己劳动力的使用权出卖给资本家,但他依然保留着劳动力的所有权。而货币的所有者为了把自己拥有的货币转化为资本,赚取更多的剩余价值,就必须到市场上找到愿意出卖自己劳动力的自由的工人。正是由于这种交换关系的构筑,使资本主义社会的生产能够顺利开展。然而,在资本主义社会,劳动力作为商品被资本家在劳动过程中充分运用,一方面他创造了劳动力价值,另一方面他创造了大于生产该商品所需要的各种商品即生产资料和劳动力的价值,也即剩余价值。因此,资本价值增殖的秘密就在于劳动力这一特殊商品的使用过程。

三、对宗教、哲学、法律等其他意识形式的批判

在对资产阶级政治经济学、拜物教观念等意识形式批判的同时,马克思明确指出,在社会变革时期,意识形态对社会现实的遮蔽性往往会以多种意识形式呈现出来。一般情况下,当社会的经济基础随着社会变革的发展而发生变化时,建立在经济基础之上的宗教、哲学、法律等社会意识形式也会发生相应的改变。也正因为如此,马克思在《资本论》及其手稿中立足于时代特征,对宗教、哲学、法律等其他意识形式进行了深入批判。

（一）对社会意识形式宗教的批判

与其他的意识形态批判相同,马克思在对社会意识形式宗教进行批判时,也是将宗教放置于人类历史和社会生产实践的过程中去考察,进而揭露宗教的本质及其作用。马克思在《资本论》及其手稿中对宗教意识形式的批判,不同于早期的哲学批判和政治批判,而是基于资本主义社会生产的内在特性,从宗教产生的物质基础,也即其与资本主义社会生产的关系出发来科学解释宗教的意识形态本质。

在《资本论》第一卷中,马克思认为,在资本主义商品社会,以崇拜抽象的人为基础的基督教尤其是新教是最适合的宗教形式,因为它适应了资本主义经济发展的需要,能够把工人传统的节假日变成工人的工作日,大大增加了工

人的超额劳动时间,为资本家榨取更多的剩余价值创造了条件。除此之外,资产阶级还利用宗教充当对外殖民活动的工具。在殖民活动中,那些新教牧师和清教徒甚至在立法会议上规定杀害一个印第安人可以得到不菲的赏金,并将这种惨无人道的暴行美其名曰"上帝和自然赋予它的手段"。显然,在马克思看来,新教所崇拜的上帝无非就是金钱,其本质是资产阶级所推崇的意识形态在宗教领域内的一种新的表现形式。

由于宗教是作为资产阶级意识形态的一种表现形式而存在的,因此,对其本质的批判必须要从其构成的世俗基础展开,只有揭示出其与资产阶级社会生产关系之间的内在关联,才能够从本质上呈现其资产阶级意识形态的内在本质。为此,马克思为我们提供了揭示宗教世俗基础的科学方法——唯物主义方法。也就是说,在马克思看来,只有立足于现实的世俗世界,通过对其内在矛盾进行分析入手,才能够正确揭开资本主义社会宗教是一种颠倒的世界意识和世界观,是资产阶级用于欺骗和麻痹无产阶级从事资本主义社会物质生产的工具。

（二）对哲学意识形式的批判

哲学作为具有较高抽象水平和完善逻辑体系的意识形式,在引领近代思想观念和科学发展的过程中发挥着重要的作用。然而,这并不能掩盖哲学作为一种意识形式其自身的内在局限。马克思在《资本论》及其手稿中,深入批判了作为抽象唯物主义哲学而存在的意识形态。

马克思认为,哲学作为一种与新兴的资本主义经济关系和自然科学一起发展起来的思想,是一种抽象的、自然科学的唯物主义。比如,培根作为唯物主义者,在探讨生产形式改变的原因时,他却认为生产形式的改变和人对自然的实际统治都是思维方法改变的结果。显然,这种观点是错误的,是一种唯心主义观点,其错误的根源在于他所坚持的与历史过程相分离的抽象的唯物主义立场。然而,随着资本主义社会生产的迅猛发展,物化意识和各种拜物教意识逐渐呈现,并与以抽象唯物主义为特征的哲学相互强化,构成资产阶级意识形态的重要组成部分,各种形式的拜物教意识从本质上掩盖了资本主义社会资产阶级对无产阶级的剥削实质。同样,作为资产阶级意识形态重要组成部分的哲学,也自觉不自觉地充当了资产阶级维护其剥削统治的重要手段,掩盖了资本主义生产关系的历史性和暂时性,遮蔽了在物的神秘外壳下发生的人与人之间的真实关系。

因此,只有立足于实践唯物主义哲学和资本主义社会生产的客观现实,科学批判资产阶级抽象唯物主义哲学的虚假本质,才能够真正揭示掩盖于资产阶级哲学意识形式背后的资产阶级剥削本质,科学呈现资本主义社会人与人之间内在关系的真正面貌。

（三） 对法律意识形式的批判

法律意识形式是资产阶级意识形态体系的一个重要分支,也是法学基础理论的重要范畴,它在马克思的意识形态批判中占据着重要位置。资产阶级法学家立足于"天赋人权"的观念,普遍认为法律意识形式衍生了资本主义社会的物质生产关系。比如,黑格尔和小资产阶级经济学家蒲鲁东。黑格尔在其著作《法哲学》中讨论土地所有权时,就立足于抽象的人格规定来揭示土地所有权的产生。同样,蒲鲁东在探讨法权关系时,也是先从与商品生产相适应的法权关系中提取出公平思想,然后又倒过来按照这种理想来改造现实的商品生产和与之相应的现实的法权。

马克思在《资本论》及其手稿中深入批判了黑格尔、蒲鲁东等对法律意识形式本质的错误认识。马克思特别指出,他们的普遍错误在于"不是把法律看作物质生产关系的产物,而是相反,把生产关系看作法律的产物"。[①] 黑格尔的错误在于在探讨土地所有权时没有看到关于土地所有权的法律观念,其实质不过是在资本主义经济关系的基础上形成和发展起来的;蒲鲁东的错误在于其不懂得法权关系只是反映资产阶级经济关系的意志关系。

显然,在马克思看来,资产阶级法律意识形式只不过是资产阶级剥削实质的外在呈现。为此,他在批判资产阶级法律意识形式时,深刻揭示了在资产阶级法学家"天赋人权"的口号下劳动力买卖的真实关系,明确指出:"平等地剥削劳动力,是资本的首要的人权"。[②] 可见,作为资产阶级意识形态分支的法律意识形式,占据着资产阶级意识形态的核心地位,其本质是为了遮蔽和掩盖

---

① 俞吾金:《意识形态论》(修订版),人民出版社 2009 年版,第 103 页。
② 马克思:《资本论》第 1 卷,人民出版社 2004 年版,第 338 页。

资产阶级对工人的反动统治和剥削实质。

（四）对政治意识形式的批判

政治意识形式作为一种直接地、系统地反映社会政治现象的思想体系，其在本质上同宗教、法律、哲学等意识形式一样，都受制于人们的物质生活的影响，反映着一定社会占主导地位的经济关系，阶级性是其最鲜明的特征。对此，马克思与恩格斯也专门讲道，在一个社会中，掌握着物质生产资料的阶级同时也掌控着该社会精神生产的资料。也就是说，任何一个阶级，如果掌握了该社会占统治地位的物质力量，其将同时也掌握着该社会占统治地位的精神力量。由此可见，政治意识形式反映统治阶级所维护的经济形式和政治关系，并为这种经济、政治制度的合理性及其阶级统治的合法性进行论证。

然而，资产阶级的政治学家们故意遮蔽政治意识形式产生的阶级根源和经济基础，片面地认为政治意识形式并不适合于古代社会，比如，在他们看来，中世纪是靠天主教生活的，古代社会则是靠政治生活的。对此，马克思在《资本论》及其手稿中对其进行了批判，他指出，如果稍微了解一点罗马共和国的历史，你将会发现，构成罗马共和国的核心因素在于地产。显然，在马克思看来，任何政治意识形式都不过是经济的集中表现，资本主义社会的政治意识形式更是如此，要摆脱资产阶级政治意识形式的束缚，必须要立足于资本主义社会的物质生产过程，从物质生成中出发来系统考察和认识各种政治现象，唯有如此，才能够真正把握政治意识形式的产生基础及服务对象。

总之，从 19 世纪 50 年代后期到 60 年代，也即马克思系统研究政治经济学和出版《资本论》第一卷时期，马克思意识形态思想的丰富和发展主要表现为深入研究与全面批判资产阶级意识形态。在批判过程中，马克思敏锐地捕捉到了政治经济学这一意识形式的核心——商品拜物教观念，从对资产阶级意识形态构筑的经济基础、文化基础批判出发，科学揭示了资本主义意识形态掩盖资本主义社会人剥削人的内在实质，构筑了其科学的意识形态思想，为无产阶级革命奠定了雄厚的思想基础。

第二节 《资本论》及其手稿中对意识形态 本质及其内在特征的探索

在《资本论》及其手稿中,马克思转变了其在《德意志意识形态》时期对意识形态研究的理论视野,立足于政治经济学,通过对资产阶级意识形态相关构筑基础和内在特质的批判,科学阐释了意识形态的本质和内在特征,实现了对资本主义意识形态由"外在"批判向"内在"批判的转变,使对意识形态的审视更加深入"市民社会"内部,进一步完善和发展了其在《德意志意识形态》时期所形成的意识形态思想。

一、意识形态研究视野的内在转变

相比《德意志意识形态》,马克思在《资本论》及其手稿中对意识形态研究的理论视野发生了新的转变,这种转变主要体现在以下几个方面。

（一）注重扎根于资本主义的生产关系中去研究意识形态

众所周知,在《德意志意识形态》中,马克思对意识形态的研究更多的是侧重于从社会分工和国家视角层面来阐释意识形态的产生,即认为物质劳动和精神劳动的分工,使阶级内部专门出现一部分人从事意识形态的生产,成为意识形态制造者,意识形态在本质上只不过是资产阶级思想家的"虚构"。然而,随着马克思对资产阶级政治经济学研究的深化,他改变过去对意识形态本质的认识,注重从资本主义生产关系中去探寻意识形态的本质。这种研究,不仅表现在马克思把意识形态纳入观念的上层建筑层面,并阐释其本质是由经济基础决定的思想,而且还表现在马克思把对意识形态本质的理解纳入商品、货币和资本的现实运动中。这种研究视野的转变,就使马克思对意识形态的批判逐渐由外在批判慢慢地过渡到对资本主义生产方式内外的批判,因为在他看来,资本主义社会的内在构造一旦被认识,"相信现存制度的永恒必要性的一切理论信仰,还在现存制度实际崩溃以前就会破灭"。①

---

① 马克思:《〈资本论〉书信集》,人民出版社 1976 年版,第 283 页。

（二）注重从日常生活意识角度来认识资产阶级意识形态

在《资本论》及其手稿之前，马克思已经开始重点分析和研究资产阶级意识形态的本质，通过研究和探讨，他认为这种意识形态在资本主义社会最重要的特征是其普遍性。而作为在思想和观念上丧失自由，备受资产阶级意识形态统治和束缚的无产阶级，只有通过无产阶级革命，不断增强革命意识，才能够逐渐打破资产阶级意识形态的牢笼。显然，在这里，马克思已经指出了无产阶级摆脱资产阶级意识形态束缚的主要路径，但是此时的马克思，还没有真正从一种新的角度，也即日常生活意识形态角度出发来了解无产阶级。因此，他也就没有科学认识到作为被资产阶级意识形态束缚的无产阶级彻底摆脱束缚的困难。但是，在《资本论》及其手稿中，马克思运用从抽象到具体的研究方法，通过对政治经济学的深入研究，系统阐释了商品拜物教、货币拜物教以及资本拜物教等资产阶级意识形态的三大样式，从而呈现了构筑资产阶级意识形态生成的社会基础——日常生活。作为被资产阶级意识形态控制的工人阶级，只有从日常生活出发，才能够不断认清资本主义社会的内在实质，使自身通过暴力革命最终摆脱资本主义各种形式拜物教的困扰，获取真正意义上的精神自由。因此，马克思在《资本论》及其手稿中便转换了批判资产阶级意识形态的视角，一方面着眼于对资产阶级意识形态内在本质的批判，另一方面又注重对资产阶级意识形态构筑的社会基础日常生活意识的批判。因为意识形态和日常生活意识紧密相连，只有对日常生活意识进行深入批判，才能够真正呈现和科学把握资产阶级意识形态的实质。

（三）注重对资本主义意识形态不合理性的研究

相比《德意志意识形态》对意识形态的一般性批判，在《资本论》及其手稿中，马克思更加注重研究资本主义意识形态存在的不合理性，也即从反方向出发来探寻资本主义意识形态最终必然走向消亡的原因。比如，在《资本论》第一卷中对资本主义社会所存在的民主和自由进行探讨时，马克思就明确指出，在金钱第一的资本主义社会境况下，资产阶级倡导的所谓民主和自由，只不过是资产阶级所独享的私有权力。对于工人而言，他们能够进行自由的劳动力交易，享有自由，但是从本质上来讲，他们被剥削得一无所有，只有靠出卖自己的劳动力才能够求得生存。资本家支付给工人的货币，从表面上看是资本家对工人劳动的一种报酬,但是实质上这些报酬始终"没有留在工人手中,而是当工人对自己所生产的商品进行支付时,不断回到资本家手中"①。由此可见,马克思正是基于对资产阶级意识形态不合理性的系统批判,一方面呈现了被资产阶级颠倒了的社会意识,另一方面也使无产阶级能够更清晰地认清资产阶级意识形态的剥削实质。

二、意识形态本质的科学阐释

马克思在《德意志意识形态》中呈现了其科学的唯物史观思想,第一次对意识形态的内涵、产生和发展进行了较为系统的论述,为我们图绘了意识形态思想的全景,标志着马克思意识形态思想的基本形成。然而,当马克思转入政治经济学研究之后,开始细化对意识形态的研究,一方面把对意识形态的研究纳入"观念上层建筑"之中,探寻其产生的经济基础;另一方面转化了对意识形态批判的视角,注重对意识形态生成的内在批判,也即将对意识形态的批判回落到资本主义的社会现实。通过这些研究视域的细化,马克思在《资本论》及其手稿中进一步为我们科学阐释了意识形态的本质。

（一）现实的社会经济关系决定意识形态的结构和本质

正如约翰·麦弗姆在其专题论文《〈资本论〉中的意识形态》中所指出的那样,在《德意志意识形态》中,马克思对意识形态本质的认识还只是停留在抽象的认识论层面,没有深入现实的社会结构中,尤其是现实的社会经济关系中。因此,马克思在《德意志意识形态》中对意识形态本质的阐释和理解还不够成熟,还需要进一步发展和完善。《资本论》及其手稿则改变了《德意志意识形态》中认识的不足,立足于资产阶级意识形态形成的基础——资本主义社会客观的经济现实,科学阐释了意识形态的结构和本质是由现实的社会经济关系决定的。

《1857—1858年经济学手稿》是研究政治经济学的一部重要文本,在这部手稿中,马克思除了系统研究了资本主义经济发展的基本规律之外,还对意识形态的构筑基础以及作用进行了全面探讨。他认为尽管意识形态在有些时候

---

① 马克思:《资本论》第2卷,人民出版社2004年版,第548页。

对社会的发展起着巨大的作用,"如果从观念上来考察,那么一定的意识形式的解体足以使整个时代覆灭",①但是,意识形态并非独立存在,其存在始终受制于一定的社会经济关系。"在现实中,意识的这个限制是同物质生产力的一定发展程度,因而是同财富的一定发展程度相适应的。"②显而易见,此时在马克思看来,意识形态作为一种观念而存在的社会意识形式,对社会的历史发展具有重要的影响,但是其在本质上是由一定社会的社会经济关系决定的。

此外,在《资本论》中,马克思以批判古典政治经济学为平台,通过对劳动力价值等现实关系与工资等表现形式之间复杂关系的揭示,为我们科学图示了意识形态的本质和结构同社会现实经济关系之间的内在关联,意识形态源自于一定的社会经济关系,其在本质上是由一定的社会经济关系决定的。

（二）资本主义社会经济关系的一种生产方式

在《资本论》及其手稿中,马克思习惯于将意识形态用"日常生活意识""表现形式"或"拜物教"等术语来代替。显然,将意识形态等同于这些新的术语,彰显了马克思认识和研究的深化,即将意识形态从本质上理解为是资本主义社会经济关系的一种生产方式。

一般认为,《资本论》及其手稿是以研究资本主义社会的生产方式和资本主义社会经济的运行规律为核心主题的,而作为一种受制于经济基础的观念上层建筑,意识形态理所当然地就应该被抛至马克思研究的核心主题之外。显然,这种认识是不科学的。综观《资本论》及其手稿,意识形态依然是马克思研究的一个核心主题,尽管意识形态这个术语在《资本论》及其手稿中出现的频率和次数没有早期著作多,但其替代性概念或者范畴比如拜物教、日常生活意识却频繁出现,这些充分表明,在《资本论》及其手稿中,马克思已不再像以前那样单纯地从哲学认识论层面来探讨意识形态的本质,而是将其放置到具体的社会历史环境中,特别是把其当作资本主义社会经济关系中的一种特殊生产方式来理解,只有这样才有了《资本论》及其手稿中关于"商品"、"竞争"和"价值"等系列问题的探讨。

---

① 《马克思恩格斯全集》第 46 卷下册,人民出版社 1980 年版,第 35 页。
② 《马克思恩格斯全集》第 46 卷下册,人民出版社 1980 年版,第 35 页。

显然,在《资本论》及其手稿中,马克思对意识形态本质的深化认识,坚持了一种从抽象到具体的认知方法,把对意识形态本质的认识放置于资本主义社会这种具体的、历史的过程中去把握,将其阐释为资本主义社会经济关系的一种生产方式,实现了对意识形态本质的超越性理解。

（三）经济关系中活动参与者的观念化

马克思在《德意志意识形态》中明确指出,一切观念的东西只有放到人们所从事的物质生产实践活动过程中才能够得到科学理解,但是马克思这一阐释并没有对观念与实践之间的关系做进一步的具体化。在《资本论》及其手稿中,马克思通过仔细分析资本主义经济结构,明确指出资本主义物质活动并不简单,在其总体性上,它们并不是其所展示的那个样子。正因如此,马克思在分析资本主义物质活动时,将其区分为两个领域进行探讨,也即循环领域和生产领域。原先的观念必须在实践中得到解释的原则,在《资本论》及其手稿时期也被放置于更加复杂的背景下进行考察,即被放置到循环领域和生产领域中。然而,商品循环是资本主义社会的直接表现层面,从表面来看它透视给人们的信息是在资本主义社会,公平交换是每个人都能够看到的明显现实。同样,生产领域的生产不仅仅通过现象的形式表达自身,也用现象来掩藏自己。如利润观就是在市场中产生并旨在掩盖资本家占有劳动者劳动时间这一事实的观念,其产生于生产层面。显然,在资本主义社会的复杂实践过程中,观念歪曲和"颠倒"了现实,因为资本主义的基本"颠倒",也即死劳动控制活劳动这一事实,"必然会产生出相应的颠倒的观念,即歪曲的意识,这种意识由于真正流通过程的各种转化和变形而进一步发展了"。① 因此,意识形态在本质上就表现为对经济关系中活动参与者的观念化。

显然,在《资本论》及其手稿中,马克思把意识形态的本质阐释为对经济关系中活动参与者的观念化,凸显出马克思在此时已经不再是单纯只关注意识形态的哲学和理论形式,而是转向关注人们在日常生活中所产生的自发意识的意识形态形式。因为意识形态的许多理论形式都源自于和经济生活相关的自发意识在再生产过程中的根本性歪曲,为此,马克思说:"庸俗经济

---

① 《马克思恩格斯全集》第 25 卷,人民出版社 1974 年版,第 53—54 页。

学家所做的实际上只是把那些为竞争所束缚的资本家的奇特观念,翻译成表面上更理论化、更一般化的语言,并且煞费苦心地论证这些观念是正确的。"①

三、意识形态特征的明确和深化

在《资本论》及其手稿中,马克思对其在《德意志意识形态》时期所阐释的意识形态的阶级性、非历史性和伪真理性等特征作了进一步的明确和深化,使我们更加明晰了任何意识形态都是为统治阶级的阶级利益和根本价值服务的,虚假性是其最核心的主体性特征。

（一）　阶级性的伪人民性表达

在《德意志意识形态》中,马克思指出:"支配着物质生产资料的阶级,同时也支配着精神生产的资料,因此,那些没有精神生产资料的人的思想,一般地是受统治阶级支配的"②。可见,马克思在这里已经明确指出了意识形态与统治阶级之间的关系问题,也即占主导地位的意识形态是统治阶级利益的表达,因为统治阶级控制着占主导地位的物质关系。被统治阶级尽管也生产自己的意识形态,但其生产的意识形态未必表达的就是自己的真实利益,相反,通常表达的是统治阶级的利益。

在《资本论》及其手稿中,马克思在充分肯定《德意志意识形态》中所重点探讨的意识形态的阶级性特征基础上,又进一步明确和深化了这一认识。马克思主要是从 1859 年《〈政治经济学批判〉序言》中所提出的"应该从物质生活矛盾出发来解释观念"这一原则出发,来阐发意识形态的阶级性特征的。众所周知,在资本主义社会,物质生活矛盾是极其复杂的,比如政治对抗、不同观念之间的冲突等,而这些矛盾有一个共同特征,即都产生于具体的社会分工(分工的依据在于对财富和资本的占有),分工把人分成了不同的阶级——统治阶级和被统治阶级,造成不同个体、不同共同利益之间的对立。统治阶级是社会财富的占有者,马克思曾在《1857—1858 年经济学手稿》中描述过这一现

---

① 《马克思恩格斯全集》第 25 卷,人民出版社 1974 年版,第 257 页。
② 《马克思恩格斯全集》第 3 卷,人民出版社 1960 年版,第 52 页。

象,他指出:"社会财富的越来越巨大的部分作为异己的和统治的权力同劳动相对立。关键不在于物化,而在于异化,外化,外在化,在于巨大的物的权力不归工人所有,而归人格化的生产条件即资本所有。"①因此,统治阶级为了维护自身的阶级统治,必然会把其所属阶级的利益说成是全社会一切成员的利益,把反映其阶级利益需求的意识形态说成是其所属社会唯一合理、合法的意识形态。

(二) 历史的伪永恒性存在

资产阶级意识形态家出于维护资本主义社会秩序的需要,习惯于把资本主义政治制度和经济制度说成是永恒不变的真理,"在他们看来,新的科学不是他们那个时代的关系和需要的表现,而是永恒的理性的表现,新的科学所发现的生产和交换的规律,不是历史地规定的经济活动形式的规律,而是永恒的自然规律:它们是从人的本性中引伸出来的。"②他们一直否认"历史同认识一样,永远不会在人类的一种完美的理想状态中最终结束;完美的社会、完美的'国家'是只有在幻想中才能存在的东西;相反,一切依次更替的历史状态都只是人类社会由低级到高级的无穷发展进程中的暂时阶段"③。显然,在资产阶级意识形态家看来,资产阶级意识形态是人类智慧的最高成就,是一种永恒的、永远不会终结的意识形态。

针对资产阶级意识形态家对资产阶级意识形态永恒性特征的标榜,马克思在《资本论》及其手稿中给予了深刻批判。马克思首先指出了资产阶级意识形态家对资产阶级意识形态非科学论断的实质,在他看来:"经济学家们在论断中采用的方式是非常奇怪的。他们认为……封建制度是人为的,资产阶级制度是天然的。在这方面,经济学家很像那些把宗教也分为两类的神学家。一切异教都是人们臆造的,而他们自己的教则是神的启示。经济学家所以说现存的关系(资产阶级生产关系)是天然的,是想以此说明,这些关系正是使生产财富和发展生产力得以按照自然规律进行的那些关系。因此,这些关系是不受时间影响的自然规律。这是应当永远支配社会的永恒规律。于是,以前

---

① 《马克思恩格斯全集》第46卷下册,人民出版社1980年版,第360页。
② 《马克思恩格斯全集》第20卷,人民出版社1971年版,第165页。
③ 《马克思恩格斯选集》第4卷,人民出版社2012年版,第223页。

是有历史的,现在再也没有历史了。以前所以有历史,是由于有过封建制度,由于在这些封建制度中有一种和经济学家称为自然的、因而是永恒的资产阶级社会生产关系完全不同的生产关系。"①由此可见,资产阶级意识形态家在对意识形态的永恒性特征进行伪科学论证时,忽略了意识形态的历史性,也即任何意识形态都是人类社会发展到一定历史阶段的产物,历史性的而非永恒性的存在是意识形态的重要特征。

随后,马克思在《1857—1858 年经济学手稿》的"货币章",将"物化"(Verdinglichung)概念和意识形态的基本特征有机地联系起来,指出资产阶级意识形态在经济学上的具体表现是拜物教,它是把物化现象及其引发的物化观念进行自然主义的理解。"关系当然只能表现在观念中,因此哲学家们认为新时代的特征就是新时代受观念统治,从而把推翻这种观念统治同创造自由个性看成一回事。从意识形态角度来看更容易犯这种错误,因为上述关系的统治(上述物的依赖关系,不用说,又会转变为摆脱一切幻想的、一定的、人的依赖关系)在个人本身的意识中表现为观念的统治,而关于这种观念的永恒性即上述物的依赖关系的永恒性的信念,统治阶级自然会千方百计地来加强、扶植和灌输。"②可见,马克思在这里深刻揭示了意识形态的伪永恒性特征。

(三) 非科学的伪真理性存在

马克思在《德意志意识形态》中曾系统阐释过意识形态的非科学性特征,他指出:"几乎整个意识形态不是曲解人类史,就是完全撇开人类史。"③任何一种意识形态都是对客观现实世界的一种歪曲反映,其在本质上都把统治阶级自身的利益需求和代表其阶级利益发展的价值诉求给遮蔽了。然而,统治阶级为了在思想、观念层面对被统治阶级进行麻痹和欺骗,又习惯于对意识形态冠以"真理、科学"的光环,以此来论证其统治的"合法性"。因此,非科学的伪真理性存在便成为意识形态凸显出来的一个重要特征。针对此特征,资产阶级通常以对自身和自身所维护的政治、经济制度的非批判性为呈现方式,以

---

① 《马克思恩格斯全集》第 4 卷,人民出版社 1958 年版,第 153—154 页。
② 《马克思恩格斯全集》第 46 卷上册,人民出版社 1979 年版,第 111 页。
③ 《马克思恩格斯全集》第 3 卷,人民出版社 1960 年版,第 20 页,注释①。

此来掩盖其破坏真理、远离真理的虚伪面纱。为了能更好地揭示资产阶级意识形态的伪真理性特征,在《资本论》及其手稿中,尤其是《1861—1863年经济学手稿》中,马克思通过批判资产阶级经济学的直观性和现象主义,进一步深化了对资产阶级意识形态伪真理性特征的阐释和说明。

在《1861—1863年经济学手稿》的"第六章 资本的生产性。生产劳动和非生产劳动"部分,马克思通过对古典经济学家斯密生产劳动社会规定性的批判,进一步揭示了资本主义生产劳动理论的虚假本质。斯密认为:"制造业工人的劳动,通常会把维持自身生活所需要的价值与提供雇主利润的价值,加在所加工的原材料的价值上。反之,家仆的劳动,却不能增加什么价值。"①可见,在斯密看来,制造业工人可以固定到物质商品上的劳动是生产劳动,家仆的劳动不能固定到物质商品上的劳动是非生产劳动。生产劳动就是劳动与资本交换并为资本家生产利润的劳动,并且这种劳动是生产物质商品的劳动。显然,斯密是从直观性的角度出发来阐释生产劳动的本质内涵,掩盖了资本主义社会生产劳动的剥削实质。马克思对斯密这种认识进行了批判,他指出:"任何时候,在消费品中,除了以商品形式存在的消费品以外,还包括一定量的以服务形式存在的消费品。"②也就是说,在马克思看来,纯粹提供服务的劳动只要从属于资本主义生产,只要同资本交换并为资本家生产利润,这种劳动同样是生产劳动。斯密的生产劳动理论尽管相对于庸俗经济学家而言更能看到资本主义生产的内在关键,但是由于其理论的出发点是资本主义制度的永恒性,因此,其理论更多的是静止地为资本主义的生产和发展进行研究和论述,在本质上不能够脱离资产阶级意识形态非科学的伪真理性的窠臼。

第三节 《资本论》及其手稿对马克思早期
意识形态思想的深化与发展

假如把《德意志意识形态》看作标志马克思意识形态思想形成的里程碑

---

① [英]亚当·斯密:《国民财富的性质和原因的研究》(上卷),郭大力、王亚南译,商务印书馆1981年版,第303页。

② 《马克思恩格斯全集》第33卷,人民出版社2004年版,第154页。

文本,那么《资本论》及其手稿则是马克思在研究政治经济学的过程中进一步深化和发展其意识形态思想的系列论著。归整起来,在《资本论》及其手稿中,马克思对意识形态理论的深化和发展主要表现在以下几个方面。

一、捍卫和发展了马克思意识形态思想生成的哲学基础:历史唯物主义

众所周知,历史唯物主义是马克思意识形态思想建立的哲学基础,也正因如此,才使马克思的意识形态思想成为唯一科学的意识形态学说。历史唯物主义是马克思最伟大的发现之一,它第一次对人类社会的历史发展规律做出了科学说明,正确揭示了人类社会历史发展的基本规律和内在本质。

在《资本论》里,马克思最充分地运用了历史唯物主义,它运用历史唯物主义研究人类历史上最发达、最复杂的社会形态——资本主义社会,指出资本主义社会产生、发展是一种自然历史过程,"那些表现它的各种关系的范畴以及对于它的结构的理解,同时也能使我们透视一切已经覆灭的社会形式的结构和生产关系。"①显然,在这里,马克思为我们揭示了历史唯物主义的社会结构理论,也即在他看来,由生产力、生产关系以及上层建筑(包含意识形态)三大部分构成。

在《资本论》及其手稿中,马克思主要运用精神生产来指代意识形态,对精神生产这一概念的理解,马克思主要是着眼于精神生产与物质生产之间的关系来探讨的,他认为:"要研究精神生产和物质生产之间的关系,首先必须把这种物质生产本身不是当作一般范畴来考察,而是从一定的历史的形式来考察"。不然"就不可能理解与它相适应的精神生产的特征以及这两种生产的相互作用。从而也就不能超出庸俗的见解"。② 可见,在这里,马克思把物质生产方式作为意识形态的决定因素。对此,马克思还用一些实例对其认识进行科学论证,他认为:"大工业发展到一定水平是如何通过物质生产方式和社会生产关系的变革而使人的头脑发生变革的"③。

---

① 《马克思恩格斯选集》第2卷,人民出版社2012年版,第705页。
② 《马克思恩格斯全集》第26卷第1册,人民出版社1972年版,第296页。
③ 《马克思恩格斯全集》第42卷,人民出版社2016年版,第501页。

在对意识形态产生的经济基础论述之后，马克思重点强调了意识形态的反作用，认为任何一种意识形态一旦产生，就会对其生成基础或多或少地产生积极的或消极的反作用。诸如，资本主义国家这一相对独立的政治主体，当其采取的政策法令能够反映社会发展的基本需要时，就会促进生产力的迅速发展；相反，则会阻碍生产力的发展。由此可见，马克思意识形态思想的哲学基础是历史唯物主义，我们要想全面把握马克思的意识形态思想，就必须要加深对《资本论》及其手稿的研究，正如列宁所言："自从《资本论》问世以来，唯物主义历史观已经不是假设，而是科学地证明了的原理……是唯一科学的历史观"。①

二、丰富和发展了意识形态的本质内涵：社会意识由社会存在决定

马克思在《〈政治经济学批判〉序言》中，立足于历史唯物主义基本理论，对意识形态的本质内涵进行了系统阐释，从本质上进一步丰富和拓展了意识形态的内涵。这种丰富和发展主要体现在三个方面：

（一）系统阐释了社会存在决定社会意识这一历史唯物主义基本原理

社会存在是什么？马克思对其本质进行了科学界定，在他看来，社会存在作为一个重要的哲学范畴，特指人们所从事的物质生产条件的总和，它包括物质资料的生产方式、自然环境和人口三个层面的内容，其中物质资料的生产方式是最为核心的部分，它影响和制约着其他两个方面。社会意识则是在社会存在的基础上生成的，它主要指社会精神方面的内容，比如哲学、宗教、法律等。至于社会存在与社会意识之间的内在关系如何，马克思给出了明确答案，他指出："不是人们的意识决定人们的存在，相反，是人们的社会存在决定人们的意识。"②显然，马克思的这一论述，进一步明晰了社会意识由社会存在决定这一历史唯物主义基本原理。

---

① 《列宁选集》第1卷，人民出版社2012年版，第10页。
② 《马克思恩格斯选集》第2卷，人民出版社2012年版，第2页。

（二）明确指出了意识形态是社会有机体的一个层次

马克思对意识形态的理解在《资本论》及其手稿中已经突破了早期的认识，因为在《资本论》及其手稿中，他对意识形态的理解不仅仅局限于观念层面，即把它只看作是一种虚假的、非科学的意识，而是在原有理解的基础上，把意识形态上升至上层建筑层面。他指出："人们在自己生活的社会生产中发生一定的、必然的、不以他们的意志为转移的关系"，"这些生产关系的总和构成社会的经济结构，即有法律的和政治的上层建筑竖立其上并有一定的社会意识形式与之相适应的现实基础。"①显而易见，在这里，马克思已经对上层建筑的内在构成做了明确的规定。即在他看来，作为经济基础之上的上层建筑主要由政治上层建筑和观念上层建筑两个部分构成，作为统治阶级利益表达的意识形态则从属于观念上层建筑。除此之外，马克思又明确指出："法律的、政治的、宗教的、艺术的或哲学的"②等属于意识形态的基本形式。

（三）系统阐述了意识形态发生变化的基本条件

作为受经济基础决定的观念上层建筑意识形态，其发生变化是由经济基础决定的。正如马克思所指出的那样："随着经济基础的变更，全部庞大的上层建筑也或慢或快地发生变革。"③故此，作为意欲摆脱资产阶级意识形态困扰的无产阶级，如果要想从本质上彻底变革资产阶级意识形态，就必须要变革决定意识形态存在的经济基础，也即推翻以生产资料私有制为核心特征的资本主义所有制形式，建立一种以公有制为核心特征的新的所有制形式。对于无产阶级构筑的意识形态存在的基础，在《资本论》中，马克思给出了明确的答案，他指出：无产阶级在未来所要构建的所有制形式，将是"在协作和对土地及靠劳动本身生产的生产资料的共同占有的基础上，重新建立个人所有制"④。可见，所有制的变革，也即经济基础的变革是意识形态发生变化的根本条件，决定着意识形态的发展方向和服务对象。

---

① 《马克思恩格斯选集》第2卷，人民出版社2012年版，第2页。
② 《马克思恩格斯选集》第2卷，人民出版社2012年版，第3页。
③ 《马克思恩格斯选集》第2卷，人民出版社2012年版，第3页。
④ 《马克思恩格斯选集》第2卷，人民出版社2012年版，第300页。

三、指明了走出意识形态牢笼的根本途径:建立自由人联合体

在《资本论》及其手稿中,马克思明确指出,作为统治阶级的资产阶级,为了确保其统治地位不被无产阶级推翻,便采取了一系列维护其统治的手段。这种手段主要包含两个层面:一个是暴力手段,即通过军队、监狱、警察等暴力机关实施对无产阶级的压迫和统治;另一个是非暴力手段或者叫精神手段,即通过编造各种虚假的、伪科学的意识形态幻想来麻痹和欺骗人民,使人民臣服于其政治统治。针对资产阶级意识形态的内在本质,马克思明确指出其存在的根本原因在于资本主义生产资料私有制,因此,要走出资产阶级意识形态的牢笼,最根本的途径就是消灭生产资料私有制,建立生产资料公有制。马克思早年在作品中已指出,"自由人联合体"是未来的一种新的社会历史形式,其构建基础的所有制形式是对"私有财产即人的自我异化的积极扬弃,因而是通过人并且为了人而对人的本质的真正占有;因此,它是人向自身、向社会的(即人的)人的复归"。"这种共产主义,作为完成了的自然主义……,它是人和自然界之间、人和人之间的矛盾的真正解决,是存在和本质、对象化和自我确证、自由和必然、个体和类之间的斗争的真正解决。"①在未来的"自由人的联合体"社会,剥削存在的根基——生产资料私人占有制已经被废除,任何社会成员的劳动都不从属于某个阶级,而是从属于整个社会,"他们用公共的生产资料进行劳动,并且自觉地把他们许多个人劳动力当做一个社会劳动力来使用。"②

不难发现,在马克思看来,走出资产阶级意识形态牢笼的根本途径是建立自由人联合体,但是,自由人联合体的构建需要一定的条件,这个条件就是高度发展的社会生产力和极其丰富的社会物质财富。如果脱离了这一基本条件,自由人联合体不但不会带领广大无产阶级走出资产阶级意识形态的牢笼,相反其将会成为束缚广大无产阶级思想观念的新的意识形态牢笼。所以,马克思就明确地谈道:"生产力的这种发展(随着这种发展,人们的世界历史性的而不是地域性的存在同时已经是经验的存在了)之所以是绝对必需的实际

---

① 任平:《当代视野中的马克思主义哲学》,人民出版社 2010 年版,第 1088 页。
② 《马克思恩格斯选集》第 2 卷,人民出版社 2012 年版,第 126 页。

前提,还因为如果没有这种发展,那就只会有贫穷、极端贫困的普遍化;而在极端贫困的情况下,必须重新开始争取必需品的斗争,全部陈腐污浊的东西又要死灰复燃。"①

众所周知,资产阶级经济学家在对生产力概念的本质进行阐释时,习惯于脱离开人的本质与生产力之间的关系来谈,把生产力仅仅概述为外在于社会财富之外的东西。与其不同,马克思超越了传统经济学家对生产力本质的浅薄认识,他深入到生产力的本质,洞悉到了生产力的发展与人的全面发展之间的内在关联,认识到了生产力的发展对实现人的自由全面发展的决定性意义。在认可李嘉图"为生产而生产"的理论时,他明确指出"为生产而生产无非就是发展人类的生产力,也就是发展人类天性的财富这种目的本身"。② 不难发现,在马克思的视域中,人实现自由全面发展的核心决定性因素是社会生产力的发展,只有社会生产力得到迅猛发展,人所具有的各种自然天赋和内在潜能才会被激发出来,才能够真正实现对自然界和人类各种社会关系的普遍占有,从而使人类不断地摆脱必然王国的束缚,迈向自由王国。

第四节　文本解读:《资本论》对马克思主义意识形态理论的贡献

1848 年欧洲大革命的失败,使一度高涨的社会主义运动陷入低潮,导致马克思和恩格斯被迫移居伦敦。在伦敦期间,马克思转移了自己的研究重心,花费了大量黄金时间,利用大英博物馆丰富的图书资料潜心研究政治经济学。

《资本论》第一卷首次公开发表于 1867 年 9 月(汉堡),是唯一在马克思生前公开发表的卷册。后来恩格斯整理出版了第二卷(1885 年发表)和第三卷(1894 年发表)。一般认为,这三卷构成了《资本论》的完整的内容。但随着 MEGA² 的陆续编辑出版,国际《资本论》研究学界越来越倾向于《资本论》的内容体系构成不仅应包括考茨基于 1905—1910 年整理出版的《剩余价值学

① 《马克思恩格斯选集》第 1 卷,人民出版社 2012 年版,第 166 页。
② 李鹏程编:《卢卡奇文选》,人民出版社 2008 年版,第 199—200 页。

说史》,而且应包括马克思为准备写作《资本论》而撰写的大量政治经济学笔记("巴黎笔记"——1843—1845 年、"布鲁塞尔笔记"——1845—1847 年、"曼彻斯特笔记"——1845 年和"伦敦笔记"——1850—1853 年)、手稿(1857—1867 年期间为写作《资本论》而准备的所有手稿)、马克思和恩格斯就《资本论》各种不同版本的修订和整理成果以及为此而写的通信等。其中第一卷的研究对象是资本主义的生产过程,中心是分析剩余价值的源泉,揭示资本家剥削工人的秘密。第二卷的研究对象是资本的流通过程,中心是分析剩余价值的实现问题,以揭示流通领域里资本主义生产关系的运动规律及其矛盾。第三卷的研究对象是资本主义生产的总过程,中心是分析剩余价值的分配问题,以揭示分配领域里资本主义生产关系的运动规律及其矛盾。《剩余价值理论》则是从历史的角度研究剩余价值的理论史。

在这些经济学手稿和经济学专著中,马克思对资产阶级在资本生产过程中的意识形态属性进行了深刻且系统的批判。它既是对意识形态的具体形式即资本主义政治经济学意识形态问题的完善,也是从拜物教形成的视角,对资本主义意识形态及其在日常生活领域中的表现所作出的深度剖析。

马克思立足于资本主义社会的日常生活,采用阶级分析法和辩证思维的研究方法,对资产阶级意识形态的经济构筑基础——资产阶级政治经济学和文化构筑基础——拜物教观念,以及宗教、法律等其他意识形态形式进行了深入批判,进一步印证了资本主义社会意识形态的虚假性和颠倒性,推进了意识形态学说的丰富和发展。

一、揭示资产阶级意识形态作为生活方式的内涵

资本主义经济本质上是一种物役性经济,商品则是资本主义经济生产方式的主要载体,在这一生产方式的基础上产生了资产阶级的意识形态。资产阶级政治经济学作为这种意识形态的主要表现形式,经由商品渗透到日常生活的方方面面,将普通人的价值取向朝"经济人"方向引导,并在此基础上塑造出具备资本主义典型特征的文化样态。

在资本主义经济生产的过程中,人与人之间的社会关系被物与物关系的虚幻表象所掩盖。这样一种物统治人的经济,其反映在人的观念中表现为一

种拜物教观念。马克思对拜物教观念的批判超越了资产阶级激进思想家抽象人本主义的批判范式,从历史主体发展的视角和观念层面出发来深刻揭示资本主义制度的非永恒性和不合理性,他不仅呈现了拜物教的危害及其形成根源,而且还科学区分了三种不同类型的拜物教,即:商品拜物教、货币拜物教和资本拜物教,并从由浅及深的逻辑层次出发,对三种不同类型的拜物教观念进行了深刻批判。

（一）对商品拜物教的批判

资本主义社会是商品社会,商品作为现实社会关系的载体,在资本主义社会经济发展的过程中始终具有复杂的含义。

商品的拜物教性质,是指劳动产品一旦采取商品形式就具有的"谜一样的性质"。商品的价值只是无差别的抽象人类劳动在劳动产品中的凝结,但在商品这种特殊形式中,却被看作商品固有的物的属性。商品不仅被赋予了"人格",而且不同的商品还在质和量上相互比较,不同商品的价值间互相发生关系,组成了一个所谓的"商品世界"。这种现象被马克思形象地称为"物的人格化"。商品的拜物教性质源于这种形式本身。"商品形式在人们面前把人们本身劳动的社会性质反映成劳动产品本身的物的性质,反映成这些物的天然的社会属性,从而把生产者同总劳动的社会关系反映成存在于生产者之外的物与物之间的社会关系。由于这种转换,劳动产品成了商品,成了可感觉而又超感觉的物或社会的物。"①商品形式之所以具有"物的人格化"特征,无外是作为商品生产者的人在生产过程中将人的关系对象化到劳动产品中造成的,一旦商品成为劳动产品产生后的外在形式,就不可避免地拥有了拜物教的属性。

（二）对货币拜物教的批判

货币拜物教是介于商品拜物教和资本拜物教性质之间的一个重要阶段,它是资本主义根本的生活准则。在《资本论》及其手稿中,马克思指出:"随着商品生产的进一步发展,每一个商品生产者都必须握有这个物的神经,这个

---

① 《马克思恩格斯选集》第 2 卷,人民出版社 2012 年版,第 123 页。

'社会的抵押品'。"①因为，"一切东西，不论是不是商品，都可以转化成货币。一切东西都可以买卖。流通成了巨大的社会蒸馏器，一切东西抛到里面去，再出来时都成为货币的结晶。连圣徒的遗骨也不能抗拒这种炼金术，更不用说那些人间交易范围之外的不那么粗陋的圣物了。"②显然，在马克思看来，货币在商品经济的社会（特别是资本主义社会）成为唯一的现实和价值，成为一切社会财富的代表，商品经济社会的一切社会关系都凝结为货币。

作为交换尺度、交换手段和一般商品代表的货币，它在行使其特殊职能时并非完全脱离人与人之间的社会关系，而是始终体现在人们之间的交换关系中。此外，随着人们社会生产的进一步发展，货币所代表的权利也会得到相应的发展，即使交换关系固定为一种对生产者来说异己的关系。所以，马克思说："当一般等价形式同一种特殊商品的自然形式结合在一起，即结晶为货币形式的时候，这种假象就完全形成了。一种商品成为货币，似乎不是因为其他商品都通过它来表现自己的价值，相反，似乎因为这种商品是货币，其他商品才都通过它来表现自己的价值。中介运动在它本身的结果中消失了，而且没有留下任何痕迹。商品没有出什么力就发现一个在它们之外、与它们并存的商品体是它们自身的现成的价值形态。这些物，即金和银，一从地底下出来，就是一切人类劳动的直接化身。货币的魔术就是由此而来的。因此，货币拜物教的谜就是商品拜物教的谜，只不过变得明显了，耀眼了。"③显然，在马克思看来，商品处于关系之中，货币本质上又是商品，所以货币就是关系的代表和凝结，货币拜物教性质存在的根源就是资本主义社会关系。

（三）对资本拜物教的批判

马克思认为，资本本身并不代表一种物，其在本质上从属于一定社会形态下的生产关系，而一定社会形态下的生产关系则体现在一定的物上，这种物是一种具备了独特属性的物。可见，在马克思看来，资本在本质上决定着整个社会的存在与发展，而这种决定社会存在本质的特性，构筑了其独特的拜物教性

---

① 《马克思恩格斯选集》第2卷，人民出版社2012年版，第147页。
② 《马克思恩格斯选集》第5卷，人民出版社2009年版，第155页。
③ 《马克思恩格斯选集》第5卷，人民出版社2009年版，第112页。

质。资本拜物教既是资本主义社会有机体历史运行机制的观念表达，又是资本主义社会独有的文化理念，它遮蔽了资本主义生产方式的剥削实质，使世界变得更加"颠倒"，只有对其进行深刻批判，才能够剥离和解蔽资本的偶像性，透析整个资本主义社会本身所具有的伪科学性和欺骗性。正是在此基础上，马克思从自己构建的剩余价值理论出发，通过揭露资产阶级政治经济学家所提出的"资本—利润、土地—地租、劳动—工资""三位一体公式"的伪科学性和欺骗性来对资本拜物教进行批判。

在"三位一体公式"看来，财富来源仅仅与资本有关，劳动与财富毫无关联，资本在生息的运动（G-G）中表现为自行增殖的价值。马克思尖锐地批判了这种掩盖价值创造源泉的谬论，他指出资本创造利润、土地产生地租、劳动获得工资这三者构成了资产阶级庸俗经济学家缔造的资本主义生产分配方式，"在这个表示价值和财富一般的各个组成部分同其各种源泉的联系的经济三位一体中，资本主义生产方式的神秘化，社会关系的物化，物质的生产关系和它们的历史社会规定性的直接融合已经完成"①。不难发现，在马克思的分析中，资本拜物教的本质此时已经一目了然，就是把价值增殖视为资本固有的魔力。驱除资本的魔性，批判资本拜物教的核心就是科学揭示价值增殖的真正秘密，把商品的价值和剩余价值的产生归结为劳动的结果。唯有如此，才能够从本质上真正揭穿资本拜物教自身的假象和虚幻性。

（四）对意识形态生产与再生产的批判

意识形态生产与再生产，是与资本主义的生产和再生产密不可分的。马克思指出："不管生产过程的社会的形式怎样，生产过程必须是连续不断的，或者说，必须周而复始地经过同样一些阶段。一个社会不能停止消费，同样，它也不能停止生产。因此，每一个社会生产过程，从经常的联系和它不断更新来看，同时也就是再生产过程。"②通过资本主义生产方式，亦即生产力和生产关系的再生产，资本主义社会维持了自身的续存，这一过程并不是单纯的物质财富再生产的过程，意识形态的再生产渗透到其中的方方

---

① 《马克思恩格斯文集》第7卷，人民出版社2009年版，第940页。
② 《马克思恩格斯文集》第5卷，人民出版社2009年版，第653页。

面面。

在生产力再生产的过程中,劳动力的再生产占据了举足轻重的地位。在资本主义社会,劳动力的再生产不仅需要实现物质生活资料的再生产以保障劳动力的持续性,同时还需保证劳动力的能力"合格"——符合资本主义社会发展的需求。这种能力的再生产不仅要求劳动力具备合乎标准的生产技能,还要求劳动力服从现有的制度和规范、认可占据统治地位的意识形态。这种生产技能之外的劳动力"合格"能力的再生产通常不是发生在生产过程中,而是通过教育、宣传等其他形式完成的,统治阶级意识形态的再生产则贯穿其中。

对资本主义社会来说,要想维持资本主义生产关系的稳定,延续对无产阶级的剥削,必须实现资本主义生产关系的再生产。在资本主义国家,为了实现这种生产关系的再生产,一方面,统治阶级利用国家机器维护自身地位和利益;另一方面,统治阶级还生产出适合自身需要的意识形态思想。从经济上看,从资本主义初期的自由主义到凯恩斯的国家干预主义再到新自由主义的发展过程,就体现了经济领域意识形态生产和再生产的过程,而这一过程正是资本主义生产方式的内在变化在意识形态中的呈现。同时,他们还利用种类繁多的手段宣传和灌输符合自身利益的意识形态,如宗教、教育、文化等。

意识形态生产和再生产是伴随着资本主义再生产发生的,占据统治地位的意识形态通过潜移默化的形式到达具体的个人,再使人以符合资本主义制度的方式投入到生产之中。人们在日常生活中,看似自由的消费、娱乐、学习都可以实现意识形态的生产和再生产。具体现实的个人从来到人世、接受教育伊始,就受到统治阶级意识形态的影响和驯化,在生活和生产中践行统治阶级意识形态的意志。资产阶级意识形态在每个人的生活、工作、学习、感情、精神等各个方面发挥作用:在教育层面,统治阶级意识形态给工人阶级提供了麻痹思想的"职业道德""公民意识",同时却教授精英群体(资产阶级)剥削手段和政治修辞术;在日常生活中,用消费主义影响人们的生活方式;在精神生活中则提供了"自由""民主"这样看似中立的术语。通过这些意识形态生产和再生产的过程,人们生活的方方面面都陷入到资本的逻辑当中,所有受到资产阶级意识形态教化的人最终沦为了资本主义社会的人力资本,沦为了资本主义再生产的环节之一。在这里,只有符合资产阶级意识形态利益的行为才被允许,一旦背离,就会被排斥在主流社会之外,从而丧失诸多基本权利和保障,失去参与社会生产和实践的机会。

二、揭示资产阶级政治经济学的意识形态本质

(一) 马克思揭露古典政治经济学意识形态本质

马克思充分肯定了古典政治经济学的历史功绩,以亚当·斯密和大卫·李嘉图为代表的英国古典政治经济学在资产阶级视域内对经济问题进行了科学研究,第一次对资本主义生产范式的内在联系和内在关系给出了系统的和科学的理解,缺陷在于它把资本主义生产方式和社会制度看作是社会的自然规律,正是这种资产阶级意识形态的狭隘眼界导致了古典政治经济学的局限性。

马克思一针见血地指出:"斯密本人非常天真地活动于不断的矛盾之中。一方面,他探索各种经济范畴的内在联系,或者说,资产阶级经济制度的隐蔽结构。另一方面,他又把在竞争现象中表面上所表现的那种联系,也就是在非科学的观察者眼中,同样在那些被实际卷入资产阶级生产过程并同这一过程有实际利害关系的人们眼中所表现的那种联系,与上述内在联系并列地提出来。这是两种理解方式,一种是深入研究资产阶级制度的内在联系,可以说是深入研究资产阶级制度的生理学,另一种则只是把生活过程中外部表现出来的东西,按照它表现出来的样子加以描写、分类、叙述并归入图式化的概念规定之中。这两种理解方式在斯密那里不仅安然并存,而且相互交错,不断自相矛盾。"[1]这种矛盾,正是斯密经济学中蕴含的科学性和资产阶级意识形态的矛盾,斯密的第一种理解方法包含宝贵的科学因素,帮助斯密接触到资本主义生产的内部本质;第二种理解方法却给他带来了羁绊,导致他的理论只能停留在对表面经济现象的描述层次,无法继续深入挖掘现象背后的原因。马克思指出,"不论是斯密,还是后来所有的资产阶级经济学家,照例都缺乏对于理

---

[1] 《马克思恩格斯全集》第34卷,人民出版社2008年版,第182—183页。

解经济关系的形式差别所必要的理论认识,——他们都是粗略地抓住现成的经验材料,只对这些材料感兴趣。"①他们对资本主义生产方式和生产关系进行研究时缺乏历史的维度,也不知道这种经济关系是如何形成的,仅仅满足于对资本主义经济现象的描述,无视其中蕴含的内在联系,这就造成一个必然结果,资产阶级经济学家对资本主义生产方式和生产关系所做出的解释不具备批判性,最终只能沦为资产阶级的意识形态。

斯密把资本主义生产方式看作是社会生产的永恒形式,他忽略了价值形式和商品形式的历史性,在斯密价值理论中,收入和交换价值的三个源泉分别是工资、利润和地租。② 马克思认为斯密混淆了"收入"和"交换价值",因为他忽视了一个基本的经济事实——活劳动是价值的唯一源泉。同时,斯密把剩余价值和剩余价值的特殊形式——利润——也混为一谈,这种做法不仅遮蔽了剩余价值的本质和来源,也掩盖了资本主义的剥削本质。斯密的经济学对资产阶级剥削所做的辩护以及他流露出的庸俗化倾向,是由他的阶级属性决定的。

马克思赞许李嘉图分析资本主义经济过程时表现出的科学精神,肯定了李嘉图劳动价值论的理论贡献,但并没有忽视其理论中的资产阶级意识形态成分。马克思指出,李嘉图的学说主要是为了维护资产阶级生产,他的观点具有资产阶级性质。

李嘉图认为资本主义经济中的对立是天然存在的,是一种类似自然规律的必然性,这样一来,本来应当是解决对象的对立却在李嘉图那里被永恒化了。针对这种观点,马克思指出:"李嘉图和其他经济学家的兴趣仅仅在于理解资本主义生产关系,并把它说成是生产的绝对形式。"③在对经济思想的阐述中,李嘉图从不考虑经济范畴的历史性因素,而是将其视为固有之物,只做定量研究,忽视定性分析,在李嘉图看来,为了社会的生产和发展,工人只能而且必须以这样悲惨的状态过活,因为如果要改善工人的现状,就会降低利润,

---

① 《马克思恩格斯全集》第 33 卷,人民出版社 2004 年版,第 70 页。
② 参见[英]亚当·斯密:《国富论》,郭大力、王亚南译,商务印书馆 2015 年版,第 46 页。
③ 《马克思恩格斯全集》第 35 卷,人民出版社 2013 年版,第 210 页。

这是不明智的选择。① 马克思对此评价道："从李嘉图来说，他把无产者看成同机器、役畜或商品一样，却没有任何卑鄙之处，因为无产者只有当作机器或役畜，才促进'生产'（从李嘉图的观点看），或者说，因为无产者在资产阶级生产中实际上只是商品。"②李嘉图否认资本主义生产关系对生产力的发展有限制作用，从而否认经济危机发生的可能，按照李嘉图的观点，资本主义生产扩张得越快，劳动人民生活就愈发困难，渐渐地，他们只拥有维持自己生存的支付能力，这两者之间会导致巨大的产品剩余和社会矛盾。但是，在李嘉图眼中，只有产品是重要的，人——不仅仅是工人阶级，也包含了资产阶级——则不足言道。

对于亚当·斯密和李嘉图这样的资产阶级经济学家来说，他们的经济学关注的不是人而是财富，他们的经济思想是否有价值，取决于是否能够帮助资产阶级在资本主义生产方式下获取财富，而不取决于人的命运，除了社会发展中的财富问题，其余社会现象都不在他们的研究范围内，他们把资产阶级的利益看作是整个社会的普遍利益，工人阶级只是作为财富的生产者才能进入他们的研究视域。

（二）马克思揭露庸俗政治经济学意识形态本质

随着大工业的快速发展，资本主义社会中的矛盾逐渐凸显出来，这些矛盾对经济思想的研究过程产生了举足轻重的影响。随着经济学研究的实证化进程，越来越多的经济学家沉迷于从表达层面对经济学说进行完善，他们脱离社会现实，无视自身理论和现实之间的格格不入，盲目地追求一种"自欺欺人"的"理论自洽"，这种脱离现实造成的理论和现状之间的矛盾愈演愈烈。若说古典政治经济学尚有科学性存在的话，这些科学成分在庸俗经济学中迅速地消失殆尽了，庸俗经济学试图遮蔽资本主义社会的矛盾，有意识地成为替资产阶级辩护的经济学。因此，马克思展开了对庸俗经济学的批判工作，揭露了其经济思想背后隐藏的社会关系，澄清了产生这些社会关系的历史前提，划定了这一社会关系的历史界限。

---

① 参见[英]大卫·李嘉图：《政治经济学及赋税原理》，郭大力、王亚南译，译林出版社2011年版，译序第8页。

② 《马克思恩格斯全集》第34卷，人民出版社2008年版，第129页。

法国大革命之后,随着资产阶级统治地位的稳固,对经济学的研究也从革命走向保守,英法两国涌现出一大批披着科学外衣的经济学家和意识形态家。法国的萨伊(Jean-Baptiste Say,1767—1832)便是极具代表性的一位。萨伊舍弃了斯密经济学的科学成分,并将其中庸俗的部分扩大化,逐渐发展形成了庸俗经济学。萨伊认为经济学应当成为一门具有自然科学性质的实验科学,他得出这样的结论,恰恰是因为他在研究中抛弃了真正的科学研究方法①。萨伊的政治经济学表面上与斯密一样都是研究财富的科学,但事实上二者有霄壤之别,萨伊的分析仅仅停留在对财富的生产、分配、消费等"物"的表面形式的研究上,他不去探讨资本主义经济运行的内在规律,也不关心经济过程中的人和他们彼此之间的关系,萨伊把资本主义经济制度当作一种自然规律,是天然存在并永恒不变的。正如马克思所言,萨伊这类庸俗经济学家们极力把政治经济学庸俗化、肤浅化,他们千方百计地否认其经济思想的阶级性,甚至否认阶级的存在,这种种行径恰恰反证了他们所持的资产阶级立场及其学说的资产阶级意识形态性质。

庸俗经济学的另一个主要代表马尔萨斯(Thomas Robert Malthus,1766—1834)则出身富有家庭,职业是一名牧师,作为一名土生土长的英国政治经济学家,他是英国庸俗经济学的创始人。他经济思想的主要目的是维护地主、封建贵族等附庸阶级的利益。马克思对马尔萨斯的批判主要集中在两方面:一是价值学说,马尔萨斯将斯密价值理论中的庸俗因素扩大化,并且利用了李嘉图劳动价值论中存在的矛盾,他在定义价值时,否认价值是生产商品所需要的劳动量,反而认为价值是商品在流通领域所能交换到的劳动量,由此,马尔萨斯把价值的来源从生产领域转移到流通领域,也就遮蔽了社会财富的真实源泉;二是利润学说,从价值学说出发,马尔萨斯认为,利润是在交换过程中产生的,不等价的交换不会产生利润,工人通过劳动取得工资,而资本家无法从这一过程中获取利润。马尔萨斯还认为,社会财富的增加和资本家获取的利润

---

① 参见[法]萨伊:《政治经济学概论:财富的生产、分配和消费》,陈福生、陈振骅译,商务印书馆2009年版,中文序言第5—7页。

来自所谓"不生产的消费者",即牧师、军人、地主、官僚等只买不卖的人。① 这些观点充分验证了马尔萨斯所持的封建地主贵族阶级立场。马尔萨斯不反对资产阶级生产,只要这种生产只谋求为社会创造更多、更便利的物质条件,而不去颠覆封建地主贵族阶级的统治地位。马克思指出:"马尔萨斯关心的不是要掩盖资产阶级生产的矛盾,相反,他关心的是要突出这些矛盾,以便一方面证明工人阶级的贫困是必要的(它对这种生产方式来说,确实是必要的),另一方面向资本家证明,为了给他们创造足够的需求,养得脑满肠肥的僧侣和官吏是必不可少的。"②

19世纪二三十年代,随着资本主义经济的快速发展和无产阶级革命意识的觉醒,原本是为资本主义生产服务的李嘉图经济学,竟被用来批判资本主义经济制度,由此,英国的政治经济学界掀起了一场拥护和反对李嘉图经济思想的斗争。以马尔萨斯为代表的反对方抓住李嘉图学说本身的内在矛盾,攻击学说中其他的科学成分,进而否定整个李嘉图经济思想,以达到宣扬庸俗经济学的目的;与此同时,李嘉图学派——作为李嘉图学说的簇拥者——在斗争的过程中也将李嘉图学说引向庸俗。李嘉图是英国政治经济学最后一位代表人物,也是古典经济学的集大成者。虽然是亚当·斯密最先提出了劳动价值论,但是他同时提出的几种学说,如资本学说等,却是与劳动价值论相冲突的,斯密的整体经济思想充满矛盾,无法自圆其说。李嘉图则比斯密前进了一步,更加彻底地坚持了劳动价值论,在这一过程中,李嘉图使用了强制的抽象,把一切经济现象都归结为抽象现象,这一做法帮助李嘉图克服了斯密学说的矛盾,却造成了劳动价值论理论和现实的矛盾,也为李嘉图学说最终走向庸俗化埋下了伏笔。

詹姆斯·穆勒(James Mill,1773—1836)是李嘉图学派的主要代表,也是第一位系统阐述李嘉图学说的经济学家。在《政治经济学原理》一书中,穆勒重申了李嘉图的观点,对李嘉图论述中的矛盾进行辩护,但他在辩护过程中采

---

① 参见[英]马尔萨斯:《政治经济学原理》,厦门大学经济系翻译组译,商务印书馆1962年版,序xvii。
② 《马克思恩格斯全集》第35卷,人民出版社2013年版,第58页。

用了庸俗的方法,反而导致了李嘉图学派在 19 世纪二三十年代的解体。穆勒一方面认定资本主义生产是自然的、永恒的生产方式,另一方面坚持李嘉图学说是解释这种生产方式的最有力、最完备的思想形式。为了坚持李嘉图的劳动价值论,他建立了庸俗经济学的政治经济学思想体系——四分法体系——生产、交换、分配和消费,并且提出了直接劳动和积累劳动的概念,他认为工人通过直接劳动得到工资,资本作为积累劳动的主要形式在得到利润的同时也创造价值,这种对资本和劳动所做出的看似公平合理的解释,恰恰掩盖了资产阶级生产的剥削本性,也把价值的概念庸俗化了。马克思指出,穆勒的错误在于他只看到了资本家和工人之间进行交易这一特殊的表面现象,就把这种现象描绘成交易本身,他不仅没有在李嘉图原有经济思想的基础上更进一步,反而抹杀了李嘉图业已揭示出的劳动和资本、工资和利润之间的对立。

1830 年之后,马克思对资产阶级经济学的批判力度随着后者庸俗化程度的加深而不断加强。英国经济学家西尼尔(Nassau William Senior,1790—1864)提出"节欲论",认为工人对休养生息的节制为自己带来了工资,而资本家则是通过节制耳目之欲获取利润,资本家和工人在资本主义生产中都牺牲了自我,所以资本家占有的利润和工人获得的工资一样是正当的。据此,西尼尔声称资本主义建立在共同牺牲的平等关系上,是符合道德的。[①] 但是西尼尔忽视了一个基本事实,那就是在资本主义生产中,如果资本家是通过"节欲"而不是通过利用资本雇佣工人,将无法创造出任何一点价值。针对西尼尔用"节欲"代替"资本"的主张,马克思指出这是以对资产阶级的阿谀奉承取代了经济学研究的科学方法,是对资本主义生产本质的掩饰。

约翰·穆勒(John Stuart Mill,1806—1873)是上文所提詹姆斯·穆勒的长子。小穆勒生活在工人阶级和资产阶级的矛盾日趋白热化的时代,英国经济危机后,工商业萧条,农业歉收,工人失业率大幅上涨,在业工人的薪资也降至经济危机前的六成不到,自宪章运动伊始工人起义在各国次第爆发,与此同时空想社会主义的影响也在不断扩大。在这样广泛的社会改良运动下,小穆勒

---

① 参见[英]西尼尔:《政治经济学大纲》,蔡受百译,商务印书馆 2012 年版,中文本前言第 6 页。

形成了自己的折衷主义经济学说。马克思批判了小穆勒的两个重要观点:第一,小穆勒把资本主义生产视为天然存在且亘古不变的,把从资本主义社会中归纳出的经济规律也视为永恒的自然规律,马克思指出这一观点"证明现存社会关系永存与和谐的现代经济学家的全部智慧"①,就在于抹平"特殊的生产"和"生产一般"之间的区别;第二,小穆勒认为分配关系由人的感情和意志决定而不受生产的支配,马克思指出,小穆勒对于分配的理解十分浅薄,小穆勒眼中的分配仅仅是产品的分配,产品相对于生产是独立的,分配与生产无关,但是分配在成为产品的分配以前,是生产工具的分配,更是个人作为社会成员对于一定生产关系的从属的分配,这种分配不仅是生产过程的重要组成要素,更是对生产的结构起到了决定性的作用,而小穆勒强调的产品的分配仅仅是这种分配的结果。之所以出现这样的谬误,根源就在于小穆勒的经济学说排除了历史因素,他站在历史之外视资产阶级生产为永恒真理。更有甚者,在奉资本主义生产理论为不刊之论的同时,一些庸俗经济学家不断混淆视听,认为资本主义生产关系下特有的阶级关系就是社会的一般形式,是颠扑不破的玉律金科,这种为资产阶级辩护的行为恰恰印证了庸俗政治经济学的资产阶级意识形态本质。

针对 1851 年巴师夏(Frédéric Bastiat,1801—1850)出版的《经济的和谐》一书,马克思于 1857 年写作了《巴师夏和凯里》一文,着重批判了二人的经济学观点。马克思指出,巴师夏和凯里(Henry Charles Carey,1793—1879)从完全不同的民族环境出发得出了相同的结论,他们认为李嘉图经济学是古典政治经济学最完善的表现形式,而所有资本主义经济的反对者都是以李嘉图经济学为前提的,因此二人认为"资产阶级社会在现代经济学中历史地取得的理论表现,必须当作谬误来加以抨击,并且必须在古典经济学家朴素地描绘生产关系的对抗的地方,证明生产关系是和谐的"②。巴师夏和凯里在对英国和美国的经济现状进行研究时,预先设定了一个经济学的普遍原理,当现实中的经济发展状况与原理不相符时,他们不反思理论,反而认为是现实出了问题,

① 《马克思恩格斯全集》第 30 卷,人民出版社 1995 年版,第 26 页。
② 《马克思恩格斯全集》第 30 卷,人民出版社 1995 年版,第 4 页。

要求现实去迎合抽象的原理,对二人来说,资本主义生产关系是永恒存在的,资本主义经济制度本质上是和谐的,所有的矛盾都由具体政策在实行过程中的偏差所导致。马克思指出,巴师夏和凯里的经济学研究是非历史的,他们结论的出发点不是真正的现实,而是假设的前提,他们经济思想的主要目的是维护资本主义生产关系和经济制度。

通过以上论述我们可以看出,马克思将资产阶级政治经济学产生、发展和庸俗化的过程与资本主义社会产生的历史背景、现实资本主义经济的发展和资产阶级的阶级实践结合起来加以分析和批判,并由此揭示出资产阶级政治经济学产生和发展的社会根源、理论前提和阶级立场。马克思指出,资产阶级政治经济学从古典到庸俗的转变标志着资产阶级由革命走向保守、资本主义社会的内部矛盾被不断激化。资产阶级不再需要科学的分析,而是要求单纯的辩护,而资产阶级经济学家们在面对资本主义经济发展现实中的种种问题时避实就虚、含糊其辞,逐渐放弃了对于科学性的追求,后来干脆堕落为资产阶级的辩护士,资产阶级政治经济学也沦落为一种金玉其外的蹩脚的意识形态。这一系列转变证明资产阶级政治经济学无法承担起科学分析和揭示资本主义经济内在逻辑的重任,资本主义也无法通过自身的改良来解决内在的结构性矛盾。

三、对资产阶级意识形态各形式的批判

在对资产阶级政治经济学、拜物教观念等意识形式批判的同时,马克思明确指出,在社会变革时期,意识形态对社会现实的遮蔽性往往会以多种意识形式呈现出来。一般情况下,当社会的经济基础随着社会变革的发展而发生变化时,建立在经济基础之上的宗教、哲学、法律等社会意识形式也会发生相应的改变。也正因为如此,马克思在《资本论》及其手稿中立足于时代特征,对宗教、哲学、法律等资产阶级意识形态的各形式进行了深入批判。

（一）对宗教的批判

与其他的意识形态批判相同,马克思在对宗教进行批判时,也是将宗教放置于人类历史和社会生产实践的过程中去考察,进而揭露宗教的本质及其作用。马克思在《资本论》及其手稿中对宗教的批判,是对从前马克思宗教批判

思想的系统性升华,实现了对宗教批判的追本溯源和彻底肃清。

马克思在《资本论》中指出,宗教世界中的神秘属性依然存在于资本主义社会——人们在宗教中对上帝顶礼膜拜,在现实中则膜拜无所不能的金钱。马克思指出,要想实现宗教的祛魅,必须首先实现现实世界的祛魅,亦即对商品、货币和资本的祛魅。"正像人在宗教中受他自己头脑的产物的支配一样,人在资本主义生产中受他自己双手的产物的支配。"①在宗教中,人的本质需要经由源自人的上帝的确认。同样地,在现实生活里,作为人的产物的商品和货币原本应当依照人的需求而存在,但在资本主义社会中这一切都本末倒置了,人在这里按照货币的需要而存在,人们逐渐形成了对商品和货币的崇拜,即"商品拜物教"和"货币拜物教",这是资本主义社会的宗教。马克思对宗教展开了历史性的整体分析,这种分析涵盖了宗教批判的方方面面。马克思认为,宗教本身的产生与发展乃至最后的消亡都是历史发展的产物,都要经过历史的发展过程来说明。人类社会初期,在社会生产力水平还不是十分发达的历史背景下,人们主要信奉自然宗教,对自然界中无法把握到的自然现象予以畏惧之情,而在处理自然现象的过程中,人又企图能够把握自然,因此宗教便产生了。随着历史的发展,人的自我财产得到了进一步的丰盛。正是社会生产力的进步,私有财产的不断扩充,使得人们不仅信奉自然神,还开始信奉"物神",对"物神"顶礼膜拜。随着历史的发展,进入到了资本主义社会,资本主义的生产方式消除了以往社会中的一切贵族崇拜,一切"田园诗"般的关系都被资本主义的生产方式无情地打消在了物质利益的冷漠之中。然而,在标榜"进步"的资本主义社会里,宗教不但存在,反而获得了更新的发展,表现为资本主义的物质对人的奴役关系,作为异己力量,商品以及货币取得了宗教的地位,并且在资本主义社会的生产方式之中继续发展。

由于宗教是作为资产阶级意识形态的一种表现形式而存在的,因此,对其本质的批判必须要从其构成的世俗基础上展开,只有揭示出其与资产阶级社会生产关系之间的内在关联,才能够从本质上呈现其资产阶级意识形态的内在本质。为此,马克思为我们提供了揭示宗教世俗基础的科学方法——唯物

---

① 《马克思恩格斯文集》第5卷,人民出版社2009年版,第717页。

主义方法。马克思指出："所有抽象掉这个物质基础的宗教史,都是非批判的。事实上,通过分析找出宗教幻象的世俗核心,比反过来从当时的现实生活关系中引出它的天国形式要容易得多。后面这种方法是唯一的唯物主义的方法,因而也是唯一科学的方法。"①也就是说,在马克思看来,只有立足于现实的世俗世界,通过对其内在矛盾进行分析入手,才能够正确揭示资本主义社会宗教是一种颠倒的世界意识和世界观,是资产阶级用于欺骗和麻痹无产阶级从事资本主义社会物质生产的工具。

与过往其他的宗教相比,资本主义社会的新型宗教更具有迷惑性,原因在于表面看来它是理性而非神秘的,是通过看似公平的交换过程进行传播的。这种宗教将人的劳动理解为仅仅是人的谋生的手段。在它眼中,利益成为了人的本质。这种资本主义社会中的新型宗教,以其坚实的生产力作为支撑,它是生产力的巨大发展所带来的,那么它的消亡也就同生产力本身的发展有着密切的关联。马克思在《资本论》中对宗教消亡问题的看法得到了进一步的发展。在此之前,马克思认为宗教的批判只要在现实社会的物质关系的批判中入手,进而解决现实的物质冲突就可以解决宗教问题。在《资本论》中,马克思认为这些远远不够,只有实现"自由联合的人"的社会——共产主义社会——的时候,宗教产生的现实根源才能够彻底消除,这是一个"长期的、痛苦的"历史进程。

(二) 对资产阶级哲学的批判

哲学作为具有较高抽象水平和完善逻辑体系的意识形式,在引领近代思想观念和科学发展的过程中发挥着重要的作用。然而,这并不能掩盖哲学作为一种意识形式其自身的内在局限。马克思在《资本论》及其手稿中,深入批判了作为抽象唯物主义哲学而存在的意识形态。

马克思认为,哲学作为一种与新兴的资本主义经济关系和自然科学一起发展起来的思想,是一种抽象的、自然科学的唯物主义。比如,培根作为唯物主义者,在探讨生产形式改变的原因时,他却认为生产形式的改变和人对自然的实际统治都是思维方法改变的结果。显然,这种观点是错误的,是一种唯心

① 《马克思恩格斯文集》第 5 卷,人民出版社 2009 年版,第 429 页。

主义观点,其错误的根源在于他所坚持的与历史过程相分离的抽象的唯物主义立场。然而,随着资本主义社会生产的迅猛发展,物化意识和各种拜物教意识逐渐呈现,并与以抽象唯物主义为特征的哲学相互强化,构成资产阶级意识形态的重要组成部分,各种形式的拜物教意识从本质上掩盖了资本主义社会中资产阶级对无产阶级的剥削实质。同样,作为资产阶级意识形态重要组成部分的哲学,也自觉不自觉地充当了资产阶级维护其剥削统治的重要手段,掩盖了资本主义生产关系的历史性和暂时性,遮蔽了在物的神秘外壳下发生的人与人之间的真实关系。

因此,只有立足于实践唯物主义哲学和资本主义社会生产的客观现实,科学批判资产阶级抽象唯物主义哲学的虚假本质,才能够真正揭示掩盖于资产阶级哲学意识形式背后的资产阶级剥削本质,科学呈现资本主义社会人与人之间内在关系的真正面貌。

(三) 对资产阶级法律的批判

资产阶级法律意识形式是资产阶级意识形态体系的一个重要组成部分,也是法学基础理论的重要范畴,它在马克思的意识形态批判中占据着重要位置。资产阶级法学家立足于"天赋人权"的观念,普遍认为法律意识形式衍生了资本主义社会的物质生产关系。比如,黑格尔和小资产阶级经济学家蒲鲁东。黑格尔在其著作《法哲学》中讨论土地所有权时,就立足于抽象的人格规定来揭示土地所有权的产生。同样,蒲鲁东在探讨法权关系时,也是先从与商品生产相适应的法权关系中提取出公平思想,然后又倒过来按照这种理想来改造现实的商品生产和与之相应的现实的法权。

在《资本论》第一卷中,马克思细致地考察了英国 14 世纪至 19 世纪部分工厂法和劳工法的具体情况,研究了这些法律的演化和发展及其颁布实施后产生的实际运行效果。通过研究,马克思揭露了法律——尤其是与经济社会发展密切相关的法律——在实施过程中的局限性。这些法律具有被动性,它们是否能够在运行中产生实际功效并不取决于法律本身,而是依赖于法律以外的其他因素。此外,马克思还在《资本论》中研究了资本积累过程中英国的部分法律及其具体实施情况,论述了这些法律在农民、无产者和流浪者中的实施情况。事实是,法律并不能有效地保护这些农民、无产者和流浪者的权益。

不仅如此,严酷血腥的立法往往伴随着这些人的悲惨遭遇产生,并且用残酷的惩罚加重了他们的悲剧。在英国早期资本累积阶段,一部分法律撕破了自己伪善的面皮,用公开的不公平、不正义取代了公平、正义。马克思批判了这些真实的法律及法律实践,揭露了它们的片面、残酷和虚伪。马克思指出,特定历史时期的部分法律、法律实践维护的只是少数资产阶级的利益,却把这些特殊利益上升为普遍利益,通过立法的方式让大多数人遵守。

此外,马克思在《资本论》及其手稿中深入批判了黑格尔、蒲鲁东等对法律意识形式本质的错误认识。马克思特别指出,他们的普遍错误在于"不是把法律看作物质生产关系的产物,而是相反,把生产关系看作法律的产物"。① 黑格尔的错误在于在探讨土地所有权时没有看到关于土地所有权的法律观念,其实质不过是在资本主义经济关系的基础上形成和发展起来的;蒲鲁东的错误在于其不懂得法权关系只是反映资产阶级经济关系的意志关系。

在马克思看来,资产阶级法律意识形式只不过是资产阶级剥削实质的外在呈现。为此,他在批判资产阶级法律意识形式时,深刻揭示了在资产阶级法学家"天赋人权"的口号下劳动力买卖的真实关系,明确指出:"平等地剥削劳动力,是资本的首要的人权"。② 可见,作为资产阶级意识形态组成部分的法律意识形式,占据着资产阶级意识形态的核心地位,其本质是为了遮蔽和掩盖资产阶级对工人的反动统治和剥削实质。

(四) 对资产阶级政治观念的批判

政治观念能够直接、系统地反映社会政治现象的思想体系,其在本质上同宗教、法律、哲学等意识形式一样,都受制于人们的物质生活的影响,反映着一定社会占主导地位的经济关系,具有鲜明的资产阶级特征。对此,马克思与恩格斯也专门讲道,在一个社会中,掌握着物质生产资料的阶级同时也掌控着该社会精神生产的资料。也就是说,任何一个阶级,如果掌握了该社会占统治地位的物质力量,其将同时也掌握着该社会占统治地位的精神力量。由此可见,政治意识形式反映统治阶级所维护的经济形式和政治关系,并为这种经济、政

---

① 俞吾金:《意识形态论》(修订版),人民出版社 2009 年版,第 103 页。
② 《马克思恩格斯文集》第 5 卷,人民出版社 2009 年版,第 338 页。

治制度的合理性及其阶级统治的合法性进行论证。

然而,资产阶级的政治学家们故意遮蔽政治意识形式产生的阶级根源和经济基础,片面地认为政治意识形式并不适合于古代社会,比如,在他们看来,中世纪是靠天主教生活的,古代社会则是靠政治生活的。对此,马克思在《资本论》及其手稿中对其进行了批判,他指出,如果稍微了解一点罗马共和国的历史,你将会发现,构成罗马共和国的核心因素在于地产。显然,在马克思看来,任何政治意识形式都不过经济的集中表现,资本主义社会的政治意识形式更是如此,要摆脱资产阶级政治意识形式的束缚,必须要立足于资本主义社会的物质生产过程,从物质生成中出发来系统考察和认识各种政治现象,唯有如此,才能够真正把握政治意识形式的产生基础及服务对象。

小　　结

在《资本论》及其手稿中,马克思通过对资产阶级意识形态的经济构筑基础——资产阶级政治经济学、文化构筑基础——拜物教观念,以及宗教、哲学、法律等其他意识形式的系统批判,第一,实现了对意识形态研究视野的内在转变。即将对意识形态的研究从外在审视深入"市民社会"内部批判,注重从资本主义生产关系、日常生活呈现的以意识形态的不合理性等视角来研究意识形态。第二,进一步阐释了意识形态的本质和基本特征。即认为现实的经济关系决定意识形态的本质,意识形态是资本主义社会经济关系的一种生产方式,是经济关系中活动参与者的观念化;阶级的伪人民性表达、历史的伪永恒性存在,以及非科学的伪真理性存在是基本特征。第三,捍卫了马克思意识形态思想生成的历史唯物主义基础,明确了意识形态发生变化的基本条件,指明了建立"自由人联合体"是无产阶级走出资产阶级意识形态的根本路径。第四,揭示了资产阶级意识形态的生成的机制及过程,丰富了马克思主义意识形态生产和再生产理论的内容。

第四章 马克思恩格斯晚年对资产阶级意识形态的总体性批判和社会主义意识形态理论的建构

　　1871 年巴黎公社以后,世界历史进入一个重要的转折点。不仅资本主义发生了许多变化,而且,无产阶级和资产阶级的矛盾特点以及无产阶级革命的实践要求,也发生了一些变化。由此,意识形态领域出现了如何认识资本主义的本质及历史趋势,如何认识工人运动中的各种错误思潮以及理论如何转化为实践等问题。马克思恩格斯晚年的意识形态思想正是在回答这些问题中得以发展的。从资本主义存在状态看,正在从自由竞争逐步向垄断阶段过渡,进入相对"和平"发展的时期。由于生产力的发展,特别是科学技术的广泛应用,极大地提高了生产效率,使钢铁时代取代了棉纺织时代。同时,激烈的竞争也加剧了资本主义国家之间发展的不平衡性,也带来了资本主义生产方式和上层建筑领域的一些变化。从生产方式角度看,它使颠倒的社会生产关系日益固化,拜物教观念进一步成为人们的日常生活观念,对物的追求日益成为人们的社会心理和生活方式。它使资本积累不再靠简单榨取绝对剩余价值的方式进行,而主要靠提高科学技术的运用等以获取相对剩余价值的方式进行,使得资本主义剥削的方式更抽象、更隐蔽,这就进一步掩盖了资本家剥削工人的实质,进一步为其思想家制造资本主义公平正义"天然合理"的意识形态提供日常生活基础。资产阶级的统治方式主要不再以暴力的方式进行,而主要是采取在工人内部寻找代理人的方式,达到瓦解工人阶级革命斗争,以使工人阶级认同现实的社会制度的目的。这种统治方式表现在意识形态领域,一方面千方百计地诋毁马克思主义,宣扬各种反科学的唯心主义、社会沙文主义以及为资本主义辩护的庸俗经济学等。另一方面,他们极力宣扬资本主义天然合理和永恒存在,把资产阶级统治的国家打扮成民主、自由的化身。此时,马克思恩格斯面临的意识形态领域中的主要任务就是:其一,如何认识资本主义的变化及其历史趋势和无产阶级革命道路的问题。其二,如何认识无产阶级和资产阶级意识形态领域的斗争呈现的新形态。1871年巴黎公社革命以前,资产阶级和无产阶级之间的利益对立非常明显,马克思恩格斯社会主义革命的思想已逐步被工人阶级所接受。但是巴黎公社失败后,资本主义进入"和平发展"阶段。资产阶级除了对工人阶级进行镇压外,主要采取了在工人阶级内部寻找代理人的策略,而工人阶级内部的机会主义分子提出了各种各样的错误观点,这些观点对于工人阶级更具迷惑性。如德国社会民主党内的巴枯宁主义、拉萨尔主义、杜林等人的错误思想。对于工人运动来说,他们曾是工人运动的领导者、参与者,其思想的影响力起到了资产阶级意识形态很难达到的作用。所以,同他们的错误思想作斗争,其实质是用什么样的思想指导工人运动的问题,是掌握无产阶级运动的领导权和话语权的斗争问题,间接地也是反对资产阶级的意识形态的斗争问题。之所以是意识形态领域的斗争,是因为他们的思想影响了工人运动发展的方向。此时,马克思恩格斯不仅要从经济、政治、文化的整体角度批判资产阶级的意识形态并回应他们对马克思主义的攻击,更重要的是对工人阶级内部的关于社会主义运动的各种各样的机会主义思潮进行批判,完善社会主义的意识形态以保证工人运动的健康发展。这些反映在工人运动中,就是非资本主义国家如何突破资本主义的控制进行革命的问题,以及无产阶级如何把自己的意识形态理论转化为实践的问题。因此无产阶级的革命道路和实践问题提上日程。在这一时期,围绕着资本主义的历史命运,围绕着社会主义革命前途以及如何看待马克思主义理论的科学性等问题,展开了不同观点的争论,围绕着这些问题,马克思恩格斯思考了俄国社会发展的道路,重新完善和补充了自己关于原始社会的理论,进一步探讨了使其理论特别是社会主义意识形态理论如何向工人阶级及其政党实践转化等问题。

　　总之,面对资本主义的剥削方式和统治方式的变化,面对工人运动内部各种错误思想的泛滥,以及资产阶级对马克思主义的攻击和为资本主义辩护等意识形态领域中的问题。在这种背景下,如何揭示资产阶级统治的本质及资本主义的历史发展趋势? 如何保证工人运动的健康发展? 等时代课题,马克思恩格斯不仅需要从理论上丰富和完善自己的社会主义的理论,还需要进一步从理论上提供认识资本主义新变化及其意识形态统治的新特征的思想武器,还要具体地根据历史的不断变化,如何使理论转化为工人现实斗争提供实践的策略问题。为此,在这期间,马克思恩格斯写了大量著作和书信。马克思写下了《给维·伊·查苏利奇的复信》《人类学笔记》《历史学笔记》等著作和论文。恩格斯写了《反杜林论》《路德维希·费尔巴哈和德国古典哲学的终结》《家庭、私有制和国家的起源》等著作以及一些书信,在回应上述问题中,呈现了他们晚年的意识形态思想。

第一节 晚年马克思恩格斯的意识形态概念与意识形态思想

马克思恩格斯的意识形态思想主要包括两部分:一部分是以批判资产阶级各种各样的为资本主义社会辩护的学说,也包括批判影响工人运动健康发展的各种错误思想为主要内容的。另一部分是以建构社会主义的意识形态思想,为无产阶级解放和工人运动的发展提供思想武器为主要内容的。而马克思恩格斯在意识形态的实践探索的思想,主要是指他们关于无产阶级的解放、使命的思想如何转化为工人阶级实践的理论和策略。

在马克思创制意识形态概念和建构意识形态思想的过程中,恩格斯起着极其重要的作用。恩格斯关于意识形态的思想内在于马克思的意识形态思想中。1883 年马克思逝世后,步入晚年的恩格斯继续着自己亡友的工作,把马克思主义不断推向前进,其中意识形态思想构成了他晚年思想的辉煌篇章。当然,他关于意识形态思想中的一系列观点也为第二国际的意识形态思想埋下了伏笔。

一、马克思晚年对意识形态概念的使用

马克思关于意识形态概念内涵的直接论述,主要在《德意志意识形态》和

1859 年《〈政治经济学批判〉序言》两部著作中,在《德意志意识形态》中,他用"照相机比喻"说明意识形态的颠倒本质,又用虚幻性说明历史唯心主义者用观念虚构历史的观点以及资产阶级意识形态相对于无产阶级而言的虚假性。在 1859 年《〈政治经济学批判〉序言》中,他明确指出:"物质生活的生产方式制约着整个社会生活,政治生活和精神生活的过程。不是……相反,是人的社会存在决定人们的意识。"这里主要是揭示意识形态的存在的根源(社会存在决定社会意识),意识形态的呈现形式,即法律、政治、宗教、艺术或哲学。这个文本的表述与《德意志意识形态》相比已有变化,前者主要是对资产阶级意识形态的批判,这里已经带有"中性"的成分,即特定阶段上的意识形态思想受特定阶段生产关系的制约,特定阶段不同阶级地位的人们其产生的意识形态思想也有区别。

马克思在晚年基本上不再使用意识形态概念。拉瑞恩(J.Larrain)据此认为,马克思的意识形态思想终结于《资本论》。其实,拉瑞恩这个观点是极其表面化的。因为他显然没有注意到晚年马克思在研究方向上的特殊性。一方面马克思关注俄国社会革命的道路问题;另一方面马克思把主要精力放在前资本主义,特别是原始社会的探索上。在马克思看来,原始社会虽然存在着各种社会意识,但这些社会意识并不具有意识形态的性质。所以他避免用意识形态概念来指认一些社会精神现象。然而,马克思依然用其意识形态思想的批判精神来揭露资产阶级人类学家在研究原始社会中的意识形态性。这表明,意识形态概念已经进入马克思理论思维的深层,既准确地在社会意识和意识形态之间实施了划界,又在实际的理论批判中吸取对意识形态理解的精神实质,从而使意识形态概念具有更深刻和更完备的含义。与此相对应,恩格斯则是在多种场合用这个概念指认统治阶级的理论和思想,对这些思想进行批判,并提出一系列关于意识形态的思想。

虽然马克思不直接使用意识形态概念,但对上述问题的研究都体现了其深刻的意识形态思想,主要在他的《哥达纲领批判》《人类学笔记》《历史学笔记》等著作和书信之中。

二、恩格斯晚年对意识形态概念的理解

恩格斯晚年所处的时代,是一个意识形态问题凸显的时代。一方面,资产阶级意识形态经过整个世纪的震荡已经逐步取得了稳定的地位,它不断深入社会各个阶层,成为一种貌似"无阶级性"的文化和话语方式。甚至工人们也把这样的意识形态当作自己的思维方式和生活态度,这严重影响了无产阶级阶级意识的社会功能;另一方面,无产阶级政党在展开自己的革命斗争时,常常受到来自各方面的非科学思想(包括资产阶级意识形态或前资本主义社会意识形态的残余)的影响,从而在斗争中不断出现理论和实践上的错误。因此,恩格斯特别重视意识形态问题,并常常用意识形态概念指认那些非科学的虚假意识。

1893 年 7 月 14 日,恩格斯在致梅林的信中极为明确地指出:"意识形态是由所谓的思想家通过意识、但是通过虚假的意识完成的过程。推动他的真正动力始终是他所不知道的,否则这就不是意识形态的过程了"。[①] 这里体现了晚年恩格斯关于意识形态概念理解的几个基本观点:

(一)意识形态是意识形态家有意识创作的产物

思想家的创作当然凝聚他所代表的阶级或集团的"集体无意识"。但集体无意识本身并不是意识形态。意识形态的表现形式是具有体系性的意识。意识形态的产生和存在有赖于一定阶级或集团的社会生活以及在此基础上形成的社会心理,但根本上是这个阶级或集团的思想家阶层的自觉的精神生产。所以在意识形态批判中,恩格斯虽然也注意到作为意识形态的社会心理性基础的习俗和意见,但目光则往往聚焦于思想家的创作物上,即哲学、政治学(特别是国家学说)、经济学、宗教学,等等。

(二)意识形态归根到底是反映社会物质生活条件的观念体系

意识形态作为社会的精神现象和观念体系,其内容本质上是对当时社会物质生活条件的反映,其根源深藏于经济事实中。这个观点恩格斯和马克思早在 1845 年就明确地进行了阐述。他们指出:"无论思想或语言都不能独自

---

① 《马克思恩格斯选集》第 4 卷,人民出版社 2012 年版,第 642 页。

组成特殊的王国,它们只是现实生活的表现。"①社会物质生活条件是意识形态的物质基础。这既是马克思历史唯物主义的一个基本观点,也是马克思意识形态思想有别于其他意识形态思想的基本立场,正如库克斯所说的,在马克思主义意识形态思想中,有一个基本的原则,那就是意识形态作为一种精神现象是人们物质和社会存在方式的反映。

在晚年,恩格斯重申了这个观点。他说:"人们头脑中发生这一思想过程,归根到底是由人们的物质生活条件决定的"②。但是恩格斯同时也提出,意识形态和社会物质生活条件之间存在着极其复杂的中介(中间环节)。意识形态家没有看出自己理论与社会物质生活条件之间的关系,其中的客观原因就是极其复杂的中介蒙上了他们的眼睛。特别是更高的即更远离物质经济基础的意识形态,采取了哲学和宗教的形式。强调社会物质生活条件对意识形态归根到底的决定作用,并不意味着否定意识形态对于社会物质生活条件的相对独立性。晚年恩格斯在许多地方都对意识形态的这种相对独立性进行了阐述。在恩格斯看来,这种相对独立性的根据在于意识形态工作是社会内部的一个具有相对稳定性的部门,这个部门以思想为内容,依赖一定的思想材料,遵循思想发展的逻辑。这使得意识形态与社会物质生活条件之间具有不完全同步性、发展不平衡性等特点。

(三)　意识形态具有虚假性

意识形态根源于社会物质生活条件这一事实,意识形态家始终是意识不到的。他们总是认为他们自觉的理论活动是一种自身独立的过程。恩格斯认为,这导致了意识形态的——虚假性③。关于意识形态虚假性的具体内容,马克思恩格斯在《德意志意识形态》中有过论述,那里主要指资产阶级在夺取政权的过程中和夺取政权后,把"普遍的人权""抽象的民主"宣布为全人类的普遍意识,相对于那个阶段的无产阶级来说具有虚假性。在这里恩格斯主要侧重于意识形态造成的自身脱离与社会生活条件关系之假象(虚假独立性)及

---

① 《马克思恩格斯全集》第3卷,人民出版社1960年版,第525页。
② 《马克思恩格斯选集》第4卷,人民出版社2012年版,第261页。
③ 需要指出的是,这种虚假性并不是意识形态故意遮蔽事实的结果。这些意识形态家主观上总是认为自己正是在揭示事实、展示真理,只是客观上意识不到事实和真理罢了。

由此带来的神秘性。

尽管在社会生活中,一定的理论当然要从已有的思想材料中吸取营养。但是,这些思想家在建构理论时从先驱者那里吸取什么材料,则归根到底取决于当时的社会物质生活条件和其他社会条件。"这些材料所发生的变化是由造成这种变化的人们的阶级关系即经济关系引起的。"①理论的这种历史继承性是建立在社会物质状况基础之上的相对独立性。而意识形态则总是把这种相对独立性夸大为绝对独立性。意识形态总是把自己视为思想、理论的独立发展的结果。在意识形态家看来,他们只是和思维打交道,一切行动以思维为中介,最终似乎都以思维为基础。在人类历史上意识形态的独立性外观,迷惑了很多人。如历史上,黑格尔克服了费希特和康德,路德和加尔文克服了官方的天主教,卢梭以其共和主义间接地克服了立宪主义的孟德斯鸠,这虽然是哲学、神学、政治学内部的一个过程。但是,由各自所处的地位及自身力量的状况决定的,仍然不能说成是完全思维领域完全独立的过程。不能说他们具有自己独立发展的道路而与社会物质生活、经济事实无关。例如,恩格斯说:"法学家以为他是凭着先验的原理来活动的⋯⋯这样一来,一切都头足倒置了。而这种颠倒——在它没有被认识的时候构成我们称之为意识形态观点的那种东西"②。

总之,"任何意识形态一经产生,就同现有的观念材料相结合而发展起来,并对这些材料作进一步的加工;不然,它就不是意识形态了,就是说,它就不是把思想当做独立地发展的、仅仅服从自身规律的独立存在的东西来对待了。人们头脑中发生的这一思想过程,归根到底是由人们的物质生活条件决定的,这一事实,对这些人来说必然是没有意识到的,否则,全部意识形态就完结了。"③

虚假独立性使得意识形态具有了一副神秘的面孔。它不依赖于现实的社会生活,仅仅和思维打交道。"观念统治世界"是意识形态所必然具有的观点。例如,"⋯⋯黑格尔所代表的历史哲学,⋯⋯它不在历史本身中寻找这种

---

① 《马克思恩格斯选集》第 4 卷,人民出版社 2012 年版,第 263—264 页。
② 《马克思恩格斯选集》第 4 卷,人民出版社 2012 年版,第 611 页。
③ 《马克思恩格斯选集》第 4 卷,人民出版社 2012 年版,第 261 页。

动力,反而从外面,从哲学的意识形态把这种动力输入历史"①。再如,费尔巴哈把宗教感情视作人的本质属性,认为"人类的各个时期仅仅由于宗教的变迁而彼此区别开来"②。他把现实的人、现实的社会归入宗教及其变迁的范畴中。例如,在公法理论家和私法法学家那里,法律"同经济事实的联系就完全消失了。因为经济事实要以法律的形式获得确认,必须在每一个别场合都采取法律动机的形式,而且,因为在这里,不言而喻地要考虑到现行的整个法的体系,所以,现在法律形式就是一切,而经济内容则什么也不是"③。恩格斯认为,把观念——无论是哲学、宗教还是法律——当作世界的根据或社会发展的决定力量的理论,是一种意识形态的颠倒。它本质上就是把观念的东西神秘化从而也就把自己神秘化的虚假意识。

值得注意的是,在论述意识形态的虚假性时,晚年恩格斯把重点放在意识形态遮蔽与社会生活条件之间的真实关系上,几乎不再谈及意识形态对其阶级本质、历史本质的遮蔽。其原因在于:在恩格斯看来,只要把意识形态与社会物质生活条件的关系加以澄清,意识形态所遮蔽的阶级本质和历史本质就必然显露了出来。所以,随着唯物史观的出现,意识形态的颠倒、意识形态的虚假性在理论层面被消除了,意识形态终结了。④

但是,意识形态与社会物质生活条件关系在理论上的澄清并不能在实践中消除意识形态的颠倒性和虚假性,不能终结意识形态。因为意识形态的虚假性并不仅仅在于意识形态认识层面的错误,更重要的在于意识形态实践层面的偏执、在于意识形态所代表的社会集团利益上的特殊性。这一点,晚年恩格斯也是看到的。他一方面论述了意识形态颠倒性消除的必要性和可能性。即要我们重新唯物地把我们头脑中的思想看做客观社会存在事物的反映,而不是把社会存在中的事物看做绝对概念的反映。另一方面,他又论述消除的途径。他在《论未来的联合体》一文中,历史地考察了联合体的发展,同时也

---

① 《马克思恩格斯选集》第4卷,人民出版社2012年版,第255页。
② 《马克思恩格斯选集》第4卷,人民出版社2012年版,第241页。
③ 《马克思恩格斯选集》第4卷,人民出版社2012年版,第260页。
④ 这方面,笔者认为,恩格斯对意识形态的理解基本上回到《德意志意识形态》的原初状态。即把意识形态基本上理解为相信观念统治世界,从观念出发解释社会生活的思辨理论。

把意识形态的消除看作一个伴随社会发展而得以实现的历史过程。他说："迄今存在过的联合体,不论是自然地形成的,或者是人为地造成的,实质上都是为经济目的服务的,但是这些目的被意识形态的附带物掩饰和遮盖了……只有资本主义商业社会才是完全清醒的和务实的,然而是庸俗的。"①只有未来的联合体将后者的清醒同古代联合体对共同的社会福利的关心结合起来,并且这样来达到自己的目的,意识形态虚假性才有可能消除。具体而言,要消除资产阶级意识形态的颠倒性和虚假性,无产阶级就必须通过阶级斗争的方式消灭其意识形态赖以存在的资本主义生产方式基础。

三、恩格斯关于意识形态各形式理论的系统阐述

恩格斯认为,意识形态是一个由诸多要素组成的观念体系,以往的经济学②、政治学、法律学、哲学、文学、艺术、宗教和宗教学③等关于社会现象的思想构成了意识形态体系。

在《路德维希·费尔巴哈和德国古典哲学的终结》中,恩格斯按照与物质经济基础关系的直接性差异,分别对法律学和政治学、哲学和宗教进行了考察。

(一) 作为意识形态形式的国家和法律

法律学和政治学是关于国家法律和政治制度的理论,和经济基础的联系最直接。国家的意志正是由市民社会的不断变化而产生的,归根到底是由生产力和交换关系的发展决定的,国家是以集中的形式反映了支配着生产的阶级的需要。在历史上意识形态家们往往把国家法律和政治制度与其经济基础的关系模糊化,力图把这种关系在理论中消失。这种模糊"在历史编纂学

---

① 《马克思恩格斯全集》第 21 卷,人民出版社 1965 年版,第 447 页。

② "自从出现了关于资本主义生产永恒不变和绝对完善的资产阶级幻想以后,甚至重农主义者和亚当·斯密克服重商主义者,也被看做纯粹的思想胜利……"。《马克思恩格斯选集》第 4 卷,人民出版社 2012 年版,第 643 页。

③ "历史方面的意识形态家(历史在这里应当是政治、法律、哲学、神学,总之,一切属于社会而不是单纯属于自然界的领域的简单概括)"。《马克思恩格斯选集》第 4 卷,人民出版社 2012 年版,第 642—643 页。

家"①那里是一清二楚的。而这种模糊也使本该成为阶级斗争对象的经济基础变成了政治国家。而实际上，无论是国家公法还是私法，都是由经济关系决定的。如果说，国家和公法，总是以集中的形式反映支配着生产的阶级的经济需要，那么私法本质上不过是单个人之间现存的、在一定条件下是正常的经济关系的确认。所以，恩格斯认为，无论是国家法律和政治制度，还是以此为对象的意识形态思想——以往的法律学和政治学，都是由市民社会的不断变化的需要，是由某个阶级的优势地位，归根到底，是由生产力和交换关系的发展决定的。②

（二）哲学是意识形态体系的重要形式

"更高的即更远离物质经济基础的意识形态，采取了哲学和宗教的形式。"③实际上从本质上看，它们总是以一定社会物质生活条件为基础的，并随着物质生活条件的变化而变化。

哲学（特别是历史哲学、法哲学、宗教哲学等）在历史上往往被看作纯粹抽象思维的产物。有些哲学家喜欢用自己臆想的联系来代替应当在事变中去证实的现实的联系，把全部历史及其各个部分都看作观念的逐渐实现。这样一来，历史就变成由哲学设定目标的运动。即使像费尔巴哈那样的唯物主义者也在历史领域背叛了自己的世界观，也从哲学的内部寻找历史的根据。然而事实上，哲学归根到底是由一定经济基础决定的。正如恩格斯所说："从15世纪中叶起的整个文艺复兴时期，本质上是城市的从而是市民阶级的产物，同样，从那时起重新觉醒的哲学也是如此。哲学的内容本质上仅仅是那些和中小市民阶级发展为大资产阶级的过程相适应的思想的哲学表现。"④近代欧洲资产阶级的思想家，为了推翻封建制度的统治，不仅从政治上、经济上、哲学上，而且还从文学上、艺术上生产破除束缚资本主义发展的思想武器。哲学上，笛卡尔的"我思故我在"，康德的"人的理性在现象界为自然立法"，黑格尔的绝对精神的体系，都是资产阶级意识形态的表现。

① 《马克思恩格斯选集》第4卷，人民出版社2012年版，第260页。
② 《马克思恩格斯选集》第4卷，人民出版社2012年版，第258页。
③ 《马克思恩格斯选集》第4卷，人民出版社2012年版，第260页。
④ 《马克思恩格斯选集》第4卷，人民出版社2012年版，第260页。

（三） 宗教作为意识形态形式的功能及特点

恩格斯把宗教作为意识形态的典型形式进行考察。因为它表面看来离开物质生活最远,同物质生活似乎毫不相干。在历史上无论是宗教自身还是关于宗教的理论,都自觉不自觉地把宗教神秘化。恩格斯从宗教的起源变化的历史过程出发,论述了宗教及其变迁的历史本质上是人们现实生活历史的反映。例如在人类社会早期的民族神,"只要这些民族存在,这些神也就继续活在人们的观念中;这些民族没落了,这些神也就随着灭亡"①。同样,宗教的变化也是社会物质生活在信仰层面的歪曲缩影。恩格斯又论述资产阶级力量的大小及在革命不同时期的状况,说明宗教的变化根源于社会经济关系的变化。"在中世纪,随着封建制度的发展,基督教成为一种同它相适应的、具有相应的封建等级制的宗教。当市民阶级兴起的时候,新教异端首先在法国南部的阿尔比派中间,在那里的城市最繁荣的时代,同封建的天主教相对抗而发展起来……新教异端的不可根绝是同正在兴起的市民阶级的不可战胜相适应的"②。

（四） 各意识形式之间在社会发展中的作用及关系

意识形态反映的是社会物质生活的统一整体,体现的是社会精神生活的总体面貌,其中的各种形式由于和社会物质生活的关系不同,有的直接、有的间接,但它们相互补充、相互渗透、相互影响,综合性地对社会生活发生作用。

意识形态的每一个部分,都受到意识形态整体性质的制约,并从各个不同的侧面体现意识形态的整体性质。历史上也曾有宗教和哲学互为形式的现象,以哲学的形式阐述宗教(神学)和以宗教的形式叙述哲学。欧洲中世纪,宗教神学成为最显赫的意识形态,在意识形态各部分的相互影响和相互制约中处于主要地位。其他意识形态则成为宗教神学的附庸,对宗教产生影响。恩格斯说:"中世纪把意识形态的其他一切形式——哲学、政治、法学,都合并到神学中,使它们成为神学中的科目。"③恩格斯又指出国家对法的意识形式

---

① 《马克思恩格斯选集》第4卷,人民出版社2012年版,第261页。
② 《马克思恩格斯选集》第4卷,人民出版社2012年版,第262页。
③ 《马克思恩格斯选集》第4卷,人民出版社2012年版,第262页。

的影响和干涉更直接。"国家一旦成了对社会来说是独立的力量,马上就产生了另外的意识形态。……法学家那里,同经济事实的联系就完全消失了……现在法律形式就是一切,而经济内容则什么也不是。"①这就给人以印象,法律体系成为实现国家政治意志和确立政治合法性的手段和工具。同时,也获得了独立发展的外观,掩盖了法律与经济基础之间的联系,而国家权力的作用更直接地表现出来,成为经济上占统治地位阶级的代言。

除了各种意识形式之间在社会中发挥作用的特点不同外,还存在着经济基础和意识形态之间发展的不平衡性。恩格斯从形式和内容两方面说明了资产阶级法律体系与社会经济发展现实之间的关系,"如果说民法准则只是以法的形式表现了社会的经济生活条件,那么这种准则就可以依情况的不同而把这些条件有时表现得好,有时表现得坏。"②这里指出的资产阶级法律有时表现得好,有时表现得坏是强调根据资产阶级的需要,作为法律体系的重要内容的资产阶级民法准则,有时会采取封建法的形式,加上资产阶级需要的内容,有时直接采取公开的资产阶级的利益的表达方式。恩格斯进而探讨了这种不平衡的原因。一是意识形态与社会经济关系之间存在着复杂的中介关系。二是民族传统的区别所带来的表达思想方式的区别。恩格斯用德国哲学和英法哲学相比加以说明。19 世纪的德国虽然在政治经济上的发展阶段与哲学上体现出不平衡状态,主要是因为德国哲学有其自身的传统。

（五）意识形态在社会历史进程的作用

意识形态的根本指向是实践。意识形态产生、存在和变化的必要性也就在它对社会生活所起的作用上。

1. 它构成人们历史活动的精神（理论）条件

意识形态作为一定的社会学说,影响着人们在观念中建构理想和行为目标。从而对人们的历史活动进行多方面的指导,包括设定实践的目的、制定实践的方案、监控和调整实践的过程、认定实践结果等内容。人们的生活被束缚

①　《马克思恩格斯选集》第 4 卷,人民出版社 2012 年版,第 260 页。
②　《马克思恩格斯选集》第 4 卷,人民出版社 2012 年版,第 259 页。

在意识形态中,在意识形态的指导下从事着自己的活动。这样的状况只有在意识形态发生危机的情况下才有所改观。当然在以往的历史中,这种改观是不彻底的,因为意识形态的危机并不是意识形态的终结,它只是一种意识形态替代另一种意识形态的转折点。所以意识形态构成了以往社会历史的一个基本内容。

2. 意识形态及其变迁决定一定历史发展的外貌

恩格斯在 1890 年 9 月 21—22 日给布洛赫(Joseph Bloch,1871—1936)的信中,曾经以德意志小邦的例子,说明一定地区的社会历史外貌并不就是由经济决定的,它可能是由"政治等等的前提和条件,甚至那些萦回于人们头脑中的传统"决定的。

3. 意识形态作为社会的精神氛围,不仅影响着人们的思考和行为,影响着人们的生活方式,甚至影响着社会变革的方式

在以往的社会变革中,意识形态的新旧交替总是以先导的面目出现的。恩格斯以资产阶级革命为例说明之。他指出:早期资产阶级革命面临的意识形态状况是"中世纪把意识形态的其他一切形式——哲学、政治、法学,都合并到神学中,使它们成为神学中的科目。要掀起巨大的风暴,就必须让群众的切身利益披上宗教的外衣出现"①。"但是到了 18 世纪,资产阶级已经强大得足以建立他们自己的、同他们的阶级地位相适应的意识形态了"②。于是法律和政治观念又成为资产阶级革命的武器,强烈地制约着法国革命。并且不同的意识形态也影响社会变革的方式和外貌。例如,法国的哲学革命是以战斗的唯物主义为前导的,因而其革命的方式是较为彻底的,其外貌是群众性的;而德国的哲学革命基本上是以唯心主义的辩证法为前导的,因而其革命就显得朦胧而隐讳。

(六) 意识形态是一种与国家相类似的力量

恩格斯在晚年进一步阐发了他们早期关于国家和意识形态具有同样性质,他们都具有虚假的特征的思想。从而揭示了意识形态作为软国家机器的

---

① 《马克思恩格斯选集》第 4 卷,人民出版社 2012 年版,第 262 页。
② 《马克思恩格斯选集》第 4 卷,人民出版社 2012 年版,第 242 页。

实质。

一开始,国家就是由奴隶主阶级中的脑力劳动者和社会组织管理者依据本阶级的利益和意志建立的"社会公共权力机构",他们把自己阶级的意志上升为具有"公共意志"外表的国家意志。所以可以这样说,国家是具备凌驾于社会之上的公共权力外观的阶级统治的工具。对于被剥削阶级来说,国家具有虚假性:一方面表明了阶级对立的实际存在,否则它就不需要这种虚假的外表了;另一方面也说明在一定条件下国家被社会大多数成员所接受,国家意志被社会大多数成员指认为公共意志。社会大多数成员并没有看出国家对于他们所具有的异己性。国家的这种虚假性是意识形态的政治保证。

统治者在实施其统治时,不仅使用实体性的工具,即通过国家制度和设施来维护自己的既得利益;而且使用纲领性的工具,即通过意识形态在思想上制约和控制人们,同化被统治者的意识。

恩格斯进一步揭示了意识形态和社会存在之间的关系,特别是关于意识形态虚假性的揭示,明确强调意识形态的虚假性是指意识形态主体的虚假性,即他们始终认为他们制造的理论是真理。把意识形态看作独立发展的结果。恩格斯侧重强调意识形态遮蔽与社会生活条件之间的真实关系,同时,他进一步发挥了马克思批判资产阶级意识形态的辩证法的方法论原则。马克思的辩证法原则主要是立足于实践活动基础上揭示意识形态的产生和终结的辩证法。恩格斯主要论述意识形态和上层建筑各组成部分之间的辩证关系。强调政治、法律直接受经济基础的制约,而哲学和宗教虽然远离经济基础,但仍是为经济基础服务的意识形态,强调各种意识形态虽然各有特点,但它们又是统一的整体和国家一起受经济基础决定又反作用于经济基础,这是辩证法原则的突出体现。

第二节　晚年马克思恩格斯批判社会主义运动中的各种错误思想与无产阶级革命意识形态理论的建构

1871 年巴黎公社失败以后,"西方结束了资产阶级革命。东方还没有成熟到实现这种革命的程度"①,"西方进入了为未来变革的时代作'和平'准备的阶段"②。资本主义由自由竞争开始逐步向垄断阶段过渡,这一时期的意识形态领域的斗争也出现了一些新的特点,主要表现在两个方面。一方面,资产阶级除了对工人阶级经济上的掠夺和政治上的迫害外,在思想上,他们不仅攻击和诋毁马克思主义,宣扬各种反科学的思想为资本主义辩护。另一方面,他们采取通过收买等手段,寻找工人运动内部代理人为其服务,这样就为党内机会主义的滋生、泛滥提供了客观条件。当时,工人阶级队伍整体理论水平还不高,其内部在理论上不彻底的人,则成为资产阶级意识形态的俘虏。因此,这一阶段意识形态领域的斗争,除了反对资产阶级意识形态外,主要表现为系统地传播马克思主义并同工人阶级内部各种错误的思想作斗争。其斗争的实质,是用什么思想武装工人阶级的问题,是关于掌握工人运动的领导权和话语权的问题,即工人运动向何处去的问题。

一、马克思恩格斯关于社会主义运动中各种错误思想的批判与掌握工人运动的意识形态领导权问题

资本主义的"和平"发展以及资产阶级采取收买等手段在党内寻找代理人的做法,使工人阶级队伍内部不仅出现了主张改良的错误倾向,还出现了抹杀马克思主义和机会主义,资产阶级和工人阶级对立的错误倾向。这一时期,先后出现了巴枯宁主义、拉萨尔主义和杜林、"苏黎世"三人团的错误思想。这一斗争直接关系到用什么思想武装和引导工人运动和德国社会民主党的发展问题。

（一）马克思恩格斯对社会主义运动内部机会主义、改良主义错误思想的批判具有意识形态批判的性质

关于马克思恩格斯同社会主义运动内部以及无产阶级政党内部各种错误思想的斗争性质,是属于意识形态之争,还是属于政党内部不同认识之争,学术界有不同的意见。有学者认为,它不属于意识形态之争,而是属于党派领域

---

① 《列宁选集》第2卷,人民出版社2012年版,第306页。
② 《列宁选集》第2卷,人民出版社2012年版,第306页。

认识问题之争。原因在于,他们不是想维护资产阶级统治而是想推翻资产阶级,但由于不切实际而成了幻想,只是在客观上帮了资产阶级的忙。他们和马克思恩格斯的区别只是关于革命的路线、方案和观念的不同,不是阶级意识的不同,属于认识问题。但我们认为两者的斗争应该具有意识形态斗争的性质,这些错误思想属于马克思恩格斯意识形态批判的内容,原因在于:其一,马克思恩格斯和党内工人运动内部主要代表人物错误思想的斗争,关系到掌握工人运动领导权的问题,即用什么思想引导工人运动发展的问题。巴枯宁把国家等同于暴力,抹杀了无产阶级专政和资产阶级国家机器的本质区别。拉萨尔的自由观及国家帮助建立社会主义的思想,不仅客观上帮助了资产阶级的忙,而且影响到工人运动的性质,政治上是非常危险的。其二,关系到工人运动的发展方向问题。在阶级对立的社会里,无产阶级虽然要通过不同形式的斗争获得一定权力,但是从根本上说,无产阶级只有通过社会革命才能获得彻底解放,在这种条件下一味鼓吹社会改良,这就不仅仅是认识问题,而主要涉及工人运动发展的方向问题。由此,我们认为,马克思恩格斯同工人阶级内部和德国社会民主党内部主要代表人物之间的思想争论,属于意识形态之争。意识形态之争和认识问题之争,二者的区别在于:用什么样的思想武装工人阶级是关系到掌握工人运动的领导权和发展方向问题。是划分工人运动内部认识问题和路线方向问题的标准。触及这一底线,就不是一般的认识问题了,而是属于意识形态领域的思想斗争了。

在 1871 年以前,资产阶级对工人阶级的统治采取公开的和暴力的形式,在政治上决不允许工人阶级触犯资产阶级的利益。在思想上,他们要么公开宣扬资本主义的天然合理和永世长存,要么直接攻击马克思主义。1871 年巴黎公社失败后,资产阶级采取寻找代理人的做法,干扰工人运动,而工人运动内部的一些代表人物,认不清上述资产阶级策略的实质,宣扬一些错误的观点,他们在工人阶级中的特殊地位使其他们的错误思想对工人阶级更具有迷惑性和隐蔽性。他们打着马克思主义的旗号对马克思主义进行修正篡改,并在工人运动中进行传播。如巴枯宁认为,马克思的无产阶级专政的国家理论是与社会主义原则自相矛盾的,他把国家完全等同于暴力,并把资本主义社会中的一切罪恶归于国家,认为一切国家都是与人类自由本性相矛盾的,就混淆了资产阶级国家与无产阶级国家的根本区别,走向了反对无产阶级专政国家的道路。拉萨尔主义主张用普鲁士的国家帮助工人建立社会主义的合作社。他们对工人阶级的误导作用都是资产阶级难以做到的。对此,马克思恩格斯不仅需要批判他们的错误思想,还需要系统地向工人阶级阐述马克思主义的基本理论。

（二）系统地阐述马克思主义基本理论是掌握工人运动意识形态领导权和话语权的客观要求

面对各种错误思想对工人运动的腐蚀,马克思恩格斯系统阐述自己的理论观点,从理论上武装工人阶级,掌握工人运动的话语权,就成为他们进行无产阶级意识形态建设的重要内容。这一时期他们的主要著作有《哥达纲领批判》《反杜林论》《社会主义从空想到科学的发展》等。他们系统地阐述了哲学、政治经济学和科学社会主义的基本内容及其内在联系。对于提高工人阶级理论水平和清算党内的错误思想具有很强的理论价值和实践价值。

科学社会主义理论是对资本主义现实矛盾的批判性考察和工人阶级解放要求的思想表达。恩格斯论述了社会主义从空想到科学的发展历程及其基本思想。

空想社会主义是伴随着资本主义的产生而形成的一种思想体系。就其阶级基础来说,它是无产阶级不成熟的阶级状况的理论表现。伴随着尚未成熟的无产阶级的各个时期的斗争及其理论上的表现,其学说也可以分为三个阶段。第一阶段,16、17 世纪以英国的托马斯·莫尔、意大利的托马斯·康帕内拉为代表,他们以文字游记的形式,揭露了资本主义原始积累时期劳动者失去生产资料的悲惨情景。第二阶段,主要表现为 18 世纪法国的启蒙思想家的思想观点,他们从理性出发,把理性作为社会的基础和衡量一切的唯一尺度,为行将到来的法国革命进行思想启蒙。第三阶段,19 世纪的空想社会主义。他们的贡献主要表现在两个方面:一是揭露和批判资本主义制度。他们称资本主义制度为"黑白颠倒的世界","私有制是资本主义一切弊病和灾难的根源"。二是对未来共产主义社会的合理猜测和幻想描绘。他们接受了启蒙学者关于理性支配世界的唯心史观。他们不是首先想解放一个阶级,而是想解放全人类,就是说他们没有揭示出社会发展的客观规律,而是站在抽象人性的立场上批判资本主义,始终找不到实现社会主义的社会力量和革命道路,只能落于空想。因此,"为了使社会主义变为科学,就必须首先把它置于现实的基础之上"①。所谓置于现实的基础之上,就是说要探讨一切社会变迁和政治变革的终极原因,不应到先天理性原则中去寻找,而应到资本主义生产方式和交换方式中去寻找,"这些手段不应当从头脑中发明出来,而应当通过头脑从生产的现成物质事实中发现出来"②,这就具体阐明了空想社会主义的根本缺陷和科学社会主义的根本出路。

马克思恩格斯把社会主义"置于现实的基础之上",就是从资本主义的现实问题中,深入考察了资本主义生产方式的内在矛盾,揭示出社会主义代替资本主义的历史必然性。他们认为资本主义的历史功绩之一,是把小农分散的劳动方式转化为社会化的劳动方式,但是资本主义的生产资料和劳动产品为资本家私人占有,导致社会化生产和资本主义占有的不相容性。这个矛盾"包含着现代的一切冲突的萌芽"③。这一矛盾在人与人的关系上表现为"无产阶级和资产阶级之间的对立的发展"④,在生产领域表现为"个别工厂中的社会化组织和整个生产中的社会无政府状态相矛盾"⑤。由此造成的竞争使整个社会表现为无政府状态,导致资本主义不断爆发经济危机,经济冲突达到了顶点,就会造成"生产方式起来反对交换方式"。社会化生产力是资本主义生产方式中的革命因素,也是新社会产生的物质前提和基础。"这种生产力本身以日益增长的威力要求消除这种矛盾,要求摆脱它作为资本的那种属性,要求在事实上承认它作为社会生产力的那种性质。"⑥这就说明资本主义尽一切可能发展的生产力和创造的商品会作为社会生产力的力量冲破资本的统治,并为新社会的产生创造物质前提。这既是社会主义战胜资本主义的根据,也是无产阶级获得解放的根据。为无产阶级提供了价值目标和历史使命。《哥达纲领批判》中,马克思对未来社会作了论述,在这里恩格斯把对未来社会的一些特征进一步具体化。他认为,适应生产劳动社会化的要求,未来社会

---

① 《马克思恩格斯选集》第 3 卷,人民出版社 2012 年版,第 394 页。
② 《马克思恩格斯选集》第 3 卷,人民出版社 2012 年版,第 798 页。
③ 《马克思恩格斯选集》第 3 卷,人民出版社 2012 年版,第 801 页。
④ 《马克思恩格斯选集》第 4 卷,人民出版社 2012 年版,第 420 页。
⑤ 《马克思恩格斯选集》第 3 卷,人民出版社 2012 年版,第 816 页。
⑥ 《马克思恩格斯选集》第 3 卷,人民出版社 2012 年版,第 808 页。

的占有方式一定是符合现代生产社会化的本性的。因此,无产阶级取得政权后,"首先把生产资料作为国家财产,""即以社会的名义占有生产资料"。并以个人的名义直接占有生活资料。同时,恩格斯还论述了未来社会的结构特征。他强调:未来社会的国家与以往阶级社会的国家不同,它不再是维护阶级统治和保护私有制的工具,而是无产阶级利用取得的国家政权,以社会名义占有全部生产资料,这样一来"它就消灭了作为无产阶级的自身,消灭了一切阶级差别和阶级对立,也消灭了作为国家的国家"①。"对人的统治将由对物的管理和对生产过程的领导所代替。国家不是'被废除'的,它是自行消亡的。"②未来社会的生产和分配不是遵循商品生产的运行规则,而是实行有计划的生产和分配。就是说,恩格斯关于科学社会主义思想的论述,进一步论证了资本主义必然灭亡和无产阶级解放的根据。这就为确立无产阶级的历史使命、无产阶级意识形态思想的理论建构提供理论和实践根据。

(三)建构无产阶级意识形态的理论基础,论马克思主义三个组成部分的内在统一

在马克思恩格斯思想创立过程中,由于不同阶段的任务不同,其思想突出的重点也不同。在《反杜林论》中,恩格斯具体论述了马克思主义的哲学、经济学、科学社会主义的内在联系,提供给无产阶级一个完整的理论思想体系。使工人阶级进一步明确了自己的历史使命和革命的目标。

任何学说的确立,都是建立在一定世界观的基础之上的,科学社会主义是以新唯物主义世界观为理论基础的,进而为认识现代无产阶级的历史使命提供指导。恩格斯说:"马克思和我,可以说是唯一把自觉的辩证法从德国唯心主义哲学中拯救出来并运用于唯物主义的自然观和历史观的人。"③马克思恩格斯的哲学革命,是通过改造黑格尔的思辨辩证法而创立新唯物主义的。马克思在《黑格尔法哲学批判》中,借助于费尔巴哈唯物主义的"主宾颠倒"的方法,批判了黑格尔哲学的唯心主义、逻辑神秘主义,并初步地吸取其辩证思维方法,初步实现了辩证法和唯物主义的统一。强调"从对象和自身的关系来

---

① 《马克思恩格斯选集》第 3 卷,人民出版社 2012 年版,第 812 页。
② 《马克思恩格斯选集》第 3 卷,人民出版社 2012 年版,第 812 页。
③ 《马克思恩格斯选集》第 3 卷,人民出版社 2012 年版,第 385 页。

考察对象"，不仅要揭露对象中存在着的矛盾，"而且解释这些矛盾，了解这些矛盾的形成过程和这些矛盾的必然性。……把握特有对象的特有逻辑"①。在此基础上，初步阐述了现代无产阶级及其历史使命。他在《〈黑格尔法哲学批判〉导言》中指出："德国无产阶级只是通过兴起的工业运动才开始形成"②；"无产阶级要求否定私有财产"③；同时，"无产阶级也把哲学当做自己的精神武器"④。《1844年经济学哲学手稿》中马克思初步改造了黑格尔的劳动辩证法和历史辩证法，揭示了人类社会生产劳动基础上的历史的辩证运动。《关于费尔巴哈的提纲》和《德意志意识形态》，初步形成和确立了新唯物主义世界观，从而为进一步形成、确立马克思主义的社会主义学说，提供了科学的世界观和方法论的指导。

恩格斯在《反杜林论》中，进一步吸取和改造了以往的哲学思想，包括对黑格尔辩证法的改造，不仅揭示了"现代唯物主义本质上都是辩证的"⑤，更主要的是对唯物史观的内容也作了概括。马克思和恩格斯在唯物主义基础上拯救了黑格尔哲学中辩证法的思想，并把它运用于人类历史的研究，创立了唯物史观。恩格斯具体审视了以往的社会主义的理论局限以及以往形而上学唯心史观的错误，指出他们不是剖析资本主义生产方式的客观的物质经济事实，去发现社会主义的必然性，而是到天才人物的理性头脑中去寻找。他们以抽象的人性论揭露了资本主义剥削的罪恶，却不能指出这种剥削制度产生和存在的根源以及这种剥削是怎样发生的。这样，他们既"不能说明这个生产方式，因而也就不能对付这个生产方式；它只能简单地把它当做坏东西抛弃掉"⑥。即他们不是从人类社会发展的内在矛盾出发，揭示社会的规律的，既不能科学地揭示资本主义生产的方式产生必然性和灭亡的必然性，也找不到实现社会解放的力量和现实途径。因此，他们的学说只能陷于空想，而不能变为现实。为了使社会主义变为科学……一句话，不应当用社会意识说明社会

① 《马克思恩格斯全集》第3卷，人民出版社2002年版，第114页。
② 《马克思恩格斯选集》第1卷，人民出版社2012年版，第15页。
③ 《马克思恩格斯选集》第1卷，人民出版社2012年版，第15—16页。
④ 《马克思恩格斯选集》第1卷，人民出版社2012年版，第16页。
⑤ 《马克思恩格斯选集》第3卷，人民出版社2012年版，第400页。
⑥ 《马克思恩格斯选集》第3卷，人民出版社2012年版，第797页。

存在,而应当用社会存在说明社会意识。要用唯物辩证的历史观来代替形而上学的唯心史观,才使社会主义立足于现实之上成为可能。

剩余价值学说的创立具体阐明了无产阶级和资产阶级对立的根源,进一步阐明了无产阶级的历史地位和历史使命。

马克思科学社会主义的学说不仅建立在唯物史观的基础之上,而且始终与他们对资本主义现实问题的揭示相关联。早在《1844年经济学哲学手稿》中,马克思就具体分析了资本主义社会现实异化的经济关系。《雇佣劳动与资本》,明确地把资本和劳动的矛盾概括为资本主义的核心问题,并通过经济学的研究,尝试探讨其解决的路径。到了《资本论》第一卷第一版序言,他明确概括了自己研究经济问题的对象和目的,其对象"是资本主义生产方式以及和它相适应的生产关系和交换关系"①,最终目的是揭示现代社会的经济运动规律。剩余价值的生产,既是资本主义的生产关系和交换关系的集中体现,又是资本主义生产的绝对规律。剩余价值学说不仅揭示了无产阶级和资产阶级矛盾不可调和的根源及实质,还进一步揭示了资本主义生产方式内在矛盾自身不可克服的原因以及无产阶级解放的根据和条件,指明了无产阶级社会主义运动是变革资本主义的现实力量和方式科学。

在此基础上,恩格斯揭示了马克思主义三个组成部分的内在联系。科学社会主义是马克思主义全部学说的核心和纲领,它体现着马克思主义理论的全部目的和价值追求。"现代的唯物主义,它和过去相比,是以科学社会主义为其理论成果的。"②马克思主义哲学是其所有学说的世界观基础,为剩余价值常说和科学社会主义提供方法论基础和思想武器。剩余价值学说是科学社会主义学说的直接理论基础,所以,马克思主义不仅是一种理论体系,而且是无产阶级利益的理论表达,是"工人阶级的圣经"。

二、批判德国社会民主党内各种错误思想建构无产阶级的意识形态理论

这个时期除了同资产阶级意识形态进行斗争外,还主要同工人阶级内部

---

① 《马克思恩格斯选集》第2卷,人民出版社2012年版,第82页。
② 《马克思恩格斯文集》第9卷,人民出版社2009年版,第357页。

的机会主义和改良主义进行斗争。他们关于国家、法权、道德、平等、社会主义的原则等问题上的错误观点,直接影响到工人运动的健康发展。因此,马克思恩格斯同他们的斗争,就成为用什么样的思想指导工人运动的问题,也就成为争夺工人阶级意识形态领导权的意识形态领域的斗争。马克思恩格斯在对他们错误观点进行批判的同时,进一步论述了建构无产阶级和社会主义意识形态的问题。

（一）批判巴枯宁等人的国家观,论马克思主义的国家理论

资产阶级国家既是资产阶级意识形态赖以存在的载体,又是其意识形态功能实现的保证。由此,对国家问题如何看,直接涉及不同阶级意识形态的功能实现的问题。巴黎公社失败以后,国家问题被提到理论思考的中心。马克思恩格斯同巴枯宁主义的错误国家观进行了斗争。并通过批判巴枯宁的错误国家观进一步丰富了马克思主义的国家学说。

米哈伊尔·亚历山大罗维奇·巴枯宁是俄国无政府主义的代表人物。在思想上受到黑格尔哲学、施蒂纳、蒲鲁东和魏特林等人的影响。巴枯宁从抽象的"个人自由"和"社会平等"出发,提出了一系列错误观点。他把资本主义剥削的事实归结为资本主义私有财产继承权。他认为,私有财产继承权是资本主义社会中阶级不平等的根源,而私有财产继承权是由国家造成的。由此,他把资本主义社会中的一切罪恶归于国家,认为消灭资本主义主要是消灭国家。他还认为:一切国家都是与人类的自由本性相矛盾的,"哪里开始了国家,那里的个人自由就要结束,反之亦然"①。因此,他要消灭一切国家。他还认为,"无产阶级专政的国家也是一种奴役人、压迫人的机器","马克思的无产阶级专政国家理论是与社会主义原则自相矛盾的"。由于对国家的否定导致他对一切权威的否定,主张"在一天之内废除国家,包括无产阶级专政的国家",用一个"无政府状态"的社会取而代之。

马克思从唯物史观出发,批判了巴枯宁的上述错误观点。第一,批判巴枯宁在"继承权"问题上犯了颠倒因果的错误。在继承权问题上,巴枯宁希望通过废除财产继承权来实现平等。马克思认为这种观点只是一种天真的空想,

①　《巴枯宁言论》,生活·读书·新知三联书店1978年版,第108页。

他只是提供了一些反对剥削的空话去蒙骗工人阶级,以抽象的永恒原则否定无产阶级的现实斗争,只会"引诱工人阶级离开那实行攻击现代社会真正应持的阵地"①,起到误导工人运动的作用。马克思明确地指出,巴枯宁错误的实质:"一方面要保留现存的阶级,另一方面又要使这些阶级的成员平等——这种荒谬见解一下子就表明这个家伙的可耻的无知和浅薄……。"②马克思恩格斯在对巴枯宁的批判中,论述了"法权"作为意识形态产生和消灭的规律。强调"私有财产继承权的产生和废除都是由生产资料所有制的状况决定的"。马克思以前就批判过黑格尔法哲学颠倒"法权"观念和实际私有财产制度关系的错误观点。在马克思看来,"法权"属于上层建筑,是由经济基础决定的。"继承法……是从现存社会经济组织中得出的法律结论,这种经济组织是以生产资料即土地、原料、机器等的私有制为基础的。"③也就是说,任何法权都是建立在一定经济基础之上的,要改变一种法权关系,必须铲除产生这种法权关系的经济基础。私人财产继承是私有制的产物,因此,要消灭私人财产继承权,只有消灭私有制才有可能。而巴枯宁的观点,显然是颠倒了法权观念和经济基础之间的因果关系。第二,马克思又批判了巴枯宁否认一切国家的错误,论述了无产阶级国家政权的作用。巴枯宁无政府主义思想的核心是反对和消灭一切国家。他在反对资产阶级国家的同时,也反对马克思的无产阶级专政的国家思想。把国家和自由对立起来,认为国家是"对自由的否定"。并认为无产阶级专政和任何国家一样,"都是一种羁绊,它一方面产生专制,另一方面产生奴役"④。对此,马克思一方面论述了自由和国家的关系。在马克思看来,自由是有条件的,不存在抽象的、个人的绝对自由。马克思以实践为基础,认为只有通过人的实践活动,才能逐步实现真正的自由。随着生产力的发展,自由的范围不断扩大,人们只有在符合历史发展要求和客观规律的条件下,才有可能不断实现自由。物质生活条件制约着从事物质生产的现实中的个人、资本主义社会的私有制为主导的经济基础,不可能使人们获得完全自

---

① 《马克思恩格斯全集》第 16 卷,人民出版社 1964 年版,第 415 页。
② 《马克思恩格斯选集》第 4 卷,人民出版社 2012 年版,第 489 页。
③ 《马克思恩格斯全集》第 16 卷,人民出版社 1964 年版,第 414 页。
④ 《马克思恩格斯选集》第 3 卷,人民出版社 2012 年版,第 343 页。

由。马克思认为,只有从现实人存在的具体条件出发,消灭私有制,消灭阶级,劳动才能成为"自主活动",个人才能获得真正的自由,即个人全面发展的条件。而巴枯宁强调不受限制的绝对自由在私有制存在的社会里只能是空想。而国家不是不要自由,而要看是谁的自由和自由的限度。另一方面,马克思论述了无产阶级专政国家和资产阶级专政国家的本质区别。马克思强调,不能笼统地谈论一切国家,要区分无产阶级和资产阶级两类不同性质的专政国家。无产阶级要获得解放,不仅要推翻资产阶级的国家机器,更要摧毁其国家机器赖以存在的经济基础。要实现这一目的,无产阶级不仅要开展反对资产阶级的经济斗争、政治斗争,"它还要使用一些在它获得解放以后将会放弃的手段"①,这些手段就是建立无产阶级专政。无产阶级取得政权以后,其资产阶级痕迹不可能自然被消灭,必须建立强大的国家机器作为阶级镇压的工具。否则,整个胜利最后就一定会重归失败。但是无产阶级专政国家与资产阶级专政国家有本质不同;无产阶级专政国家,一方面加强国家政权的政治经济管理职能,逐步消除一切残留的落后因素;另一方面,无产阶级又必须为最终消灭阶级包括消灭无产阶级自身创造条件,逐渐清洗自己身上的一切阶级性的特征。因为,只有"消除它作为阶级的特性;……它的统治也就结束了"②。也就是说资产阶级国家只是维护雇佣劳动制的工具,是少数人统治多数人的工具。无产阶级专政是"阶级统治的新形式",是对多数人的民主和对少数人的专政的统一,是消灭阶级,废除国家的工具。

　　总之,巴枯宁的私有财产继承权和暴力国家论的观点,在无产阶级反对资产阶级的斗争中,只会"引诱工人阶级离开那实行攻击现代社会真正应持的阵地"③,起到误导工人放弃斗争的错误道路上去,起到资产阶级所起不到的破坏作用。而马克思和巴枯宁思想斗争的实质,表面上是国际工人社会内部的斗争,实质上是关于工人运动发展方向的意识形态问题。

　　(二) 批判拉萨尔主义的错误思想,掌握工人运动的领导权和话语权

　　拉萨尔和拉萨尔主义是继巴枯宁主义之后,在德国社会民主党内部影响

---

① 《马克思恩格斯选集》第 3 卷,人民出版社 2012 年版,第 342 页。
② 《马克思恩格斯选集》第 3 卷,人民出版社 2012 年版,第 339 页。
③ 《马克思恩格斯全集》第 16 卷,人民出版社 1964 年版,第 415 页。

较大的一种错误观点。尤其在 1869 年德国社会民主党成立以后,拉萨尔本人虽然已经过世,但拉萨尔和拉萨尔主义的错误仍然危害着德国党内的统一和纯洁,影响着德国社会民主党内部用什么思想指导工人运动发展问题。因此,马克思恩格斯同拉萨尔主义的斗争,也就具有了掌握工人运动领导权和话语主导权的意义。拉萨尔主义主要是用一些似是而非的观点迷惑工人阶级。他主要宣扬"分配决定公平""铁的工资律"和"依靠普鲁士国家帮助建立社会主义"等观点,直接涉及工人运动的方向和目标问题。在这种状况下,批判和清除拉萨尔主义的错误思潮就成为马克思、恩格斯面临的主要任务。《哥达纲领批判》就是批判拉萨尔主义的重要理论成果。

1. 批判拉萨尔主义"分配决定公平"的错误观点,建构无产阶级的公平观

公平、正义问题既是资产阶级价值观的核心内容,也是建构无产阶级价值观的主要内容,属于意识形态的主要内容之一。围绕着公平、正义的斗争,属于意识形态领域的斗争。马克思虽然没有这方面的专著,但这方面的思想也很丰富,他借批判拉萨尔主义的公平观,又批判了资产阶级的公平观以及资本主义社会不公平的现实,并建构了无产阶级的公平观。

马克思恩格斯从不同角度批判了资本主义的公平观念,进而批判了拉萨尔主义的分配公平观。马克思恩格斯认为资本主义公平观念存在两个内在矛盾。第一个矛盾,是用表面的公平掩盖事实上的不公平。资产阶级的公平观是建立在商品交换过程中等价交换原则基础之上的形式公平观。马克思通过劳动力使用价值和价值的不平等交换,揭示了资本主义社会商品交换原则的表面性和虚伪性。马克思说:"平等地剥削劳动力,是资本的首要的人权。"① 他在批判劳动力买卖中的所谓"平等"时,指出:从商品交换领域……进入到生产领域,就会看到"原来的货币占有者作为资本家,昂首前行;劳动力占有者作为他的工人,尾随于后。一个笑容满面,雄心勃勃;一个战战兢兢,畏缩不前,像在市场上出卖了自己的皮一样,只有一个前途——让人家来鞣"②。"工人对自己劳动的关系,转变成了对他人财产的关系。"③ 这是以形式的平等掩

---

① 《马克思恩格斯全集》第 42 卷,人民出版社 2016 年版,第 294 页。

② 《马克思恩格斯选集》第 2 卷,人民出版社 2012 年版,第 168 页。

③ 《马克思恩格斯全集》第 31 卷,人民出版社 1998 年版,第 70 页。

盖着事实上的不平等。第二个矛盾,就是经济上的不平等与上层建筑领域意识形态领域所宣扬的公平、自由之间的矛盾。政治上的平等观念与市民社会中实际上工人和资本家不平等关系之间的矛盾。资本主义经济领域的不平等、不公平的现象,即工人和资本家之间在生产、分配上的不公平状态,根源于资本主义生产关系,即资本家占有生产资料,由此决定分配的不公平。但是,资本主义社会的主流意识形态,不仅把"自由""平等"用来说明资本主义社会的合理性,还以此上升到普遍人权的高度。本来,他们政治上宣扬的公平、自由、平等的观念和经济领域的不平等就是对立的。但他们又把此上升到"普遍人权"的高度,正如恩格斯所说:"平等原则又由于被限制为仅仅在'法律上的平等'而一笔勾销了,法律上的平等就是在富人和穷人不平等的前提下的平等,即限制在目前主要的不平等的范围内的平等,简括地说,就是简直把不平等叫做平等"[1]。通过对资本主义社会公平观念的批判,目的是让工人阶级认清资产阶级公平观的虚伪性,但马克思主义的公平观不只是追求经济意义上的公平,而追求的是实际意义上的公平,不仅是结果公平,更是前提公平。

拉萨尔主义的公平思想主要体现在《哥达纲领》之中,力图通过分配来实现"平等的权利",甚至公平正义。拉萨尔主义认为:"劳动的解放要求把劳动资料提高为社会的公共财产,要求集体调节总劳动并公平分配劳动所得。"[2]马克思进而论述了无产阶级公平观的一些思想。

（1）公平问题根源特定的生产关系

马克思认为不解决私有制问题,仅从分配出发解决公平问题的思路是错误的。马克思在《〈政治经济学批判〉导言》中,就论述了"生产和消费之间直接同一关系",在《资本论》中更明确提出:"所谓的分配关系,是同生产过程的历史地规定的特殊社会形式,……并且是由这些形式和关系产生的。这些分配关系的历史性质就是生产关系的历史性质。"[3]这就论证了生产关系决定分配关系,"分配本身是生产的产物,不仅就对象说是如此,而且就形式说也是

---

① 《马克思恩格斯全集》第 2 卷,人民出版社 1957 年版,第 648 页。

② 《马克思恩格斯选集》第 3 卷,人民出版社 2012 年版,第 360 页。

③ 《马克思恩格斯选集》第 2 卷,人民出版社 2012 年版,第 653 页。

如此。就对象说,能分配的只是生产的成果,就形式说,参与生产的一定方式决定分配的特殊形式。"①同时,马克思还认为,不仅整个社会分配方式是受生产方式决定的,而且个人消费资料的分配,"都不过是生产条件本身分配的结果;而生产条件的分配,则表现生产方式本身的性质"②。既然生产决定分配,"平等"和"正义"就不仅仅是分配领域的问题,而是根源于该社会的生产方式和生产关系的性质。而生产方式是不断变化,任何一种生产方式的存在都是具体的、历史的,与此相适应的分配形式也是如此。在不同的分配方式中,利益主体不同,对何为公平、何为正义的看法也不同。马克思认为:公平的本质是由特定社会的经济基础决定的。由此,他指出了资本主义的平等权利的实质及根源。他说:"平等和自由不仅在以交换价值为基础的交换中受到尊重,而且交换价值的交换是一切平等和自由的生产的、现实的基础。作为纯粹观念,平等和自由仅仅是交换价值的交换的一种理想化的表现。"③在马克思看来,资本主义的平等自由是以资本主义商品交换的等价交换原则为基础的。而等价交换原则是以不同主体占有财富的多少为前提的。所以,资本主义的形式平等掩盖着资本家和工人占有财富的事实上的不平等。这就是资产阶级自由、平等权利的实质。马克思认为,要改变资本主义事实上不平等的现象,必须彻底推翻资本主义生产方式。而拉萨尔主义想通过分配,即不改变资本主义生产方式的性质,实现工人和资本家的"平等的权利"是不可能的。同时,马克思还论述了共产主义第一阶段的意识形态特征,论证了社会主义阶段,虽然实行公有制和按劳分配,改变了私有制和按资分配的方式,改变了"平等的权利"的内容和形式,即在形式上不再完全遵循商品经济等价交换的原则,在内容上也实现了"每一个生产者,在作了各项扣除以后,从社会领回的,正好是他给予社会的。他给予社会的,就是他个人的劳动量"④。虽然按劳分配比按资分配有进步,但在马克思看来,"按劳分配"仍是资产阶级法权观念,因为人们在劳动能力和家庭状况等方面有差别,以一种相等的标准——

① 《马克思恩格斯选集》第2卷,人民出版社2012年版,第695页。
② 《马克思恩格斯选集》第3卷,人民出版社2012年版,第365页。
③ 《马克思恩格斯全集》第30卷,人民出版社1995年版,第199页。
④ 《马克思恩格斯选集》第3卷,人民出版社2012年版,第363页。

劳动来计量进行分配,不平等就产生了。"这种平等的权利,对不同等的劳动来说是不平等的权利。"①所以,按劳分配决定的平等权利,仍然是以不平等为前提的,在这种意义上,这种平等权利仍然是资产阶级"法权"。但这种状况在共产主义的第一阶段是不可避免的。只有到了共产主义的高级阶段,社会才能真正地实现"各尽所能,按需分配",平等的权利才能真正超出资产阶级法权的狭隘界限。

(2)公平观念的社会历史基础

只有从生产关系入手,才能认清特定的不公平现象的社会历史根源,才能找到解决这一问题的现实路径,才能使对不公平现象的批判上升到历史观的高度。在马克思看来,不仅要看到资本主义社会的不公平现象,更要揭示资本主义社会不公平现象历史发生学的根源。生产关系不是永恒的,根源于生产力发展的一定阶段,资本主义生产关系根源于工业发展的生产力。这一思想使他不仅把公平问题从分配领域转到生产领域,直接肯定资本是资产阶级的生产关系,资本的实质在于"活劳动是替积累起来的劳动充当保存并增加其交换价值"的手段。但资本主义生产关系之所以会产生这种不公平的现象,根源于资本家占有生产资料,根源于资本主义社会生产关系的内在矛盾。马克思的剩余价值理论,就从资本主义生产关系内在矛盾出发,深刻地揭示了资本主义生产关系的运行机制以及它为何会产生不平等的财富分配关系,他指出:"劳动能力从过程中出来时不仅没有比它进入时更富,反而更穷了。这是因为,……劳动能力不仅生产了他人的财富和自身的贫穷,而且还生产了这种作为自我发生关系的财富的财富同作为贫穷的劳动能力之间的关系,而财富在消费这种贫穷时则会获得新的生命力并重新增殖。"②这样,马克思不仅发现了资本主义不公平的根源,它是以个人劳动与自己劳动产品的分离为前提的,而且还指出了"在资本主义社会,这种不公平是无法得到解决的。因为资本主义是以颠倒的方式"公平"地存在于人们的日常生活中的。

---

① 《马克思恩格斯选集》第3卷,人民出版社2012年版,第364页。
② 《马克思恩格斯文集》第8卷,人民出版社2009年版,第101页。

要改变资本主义生产关系的不公平现象,必须改变资本主义私有制。马克思恩格斯从人类社会实践过程中去考察,论述了不公平的产生和公平的实现路径,说明了公平与不公平和生产方式的变化直接相关。在原始社会初期不存在后来意义的不公平、不平等的概念,存在的只是人们共同劳动共同享受劳动成果的生活状况,这就是人类初始的公平观念。随着生产力的提高,劳动产品产生了剩余,当社会中有人把剩余产品转换为个人产品时,私有制就产生了,阶级就出现了。公平的观念也发生了变化:一方面,公平观念由原来的认为共同劳动共同占有财产,共同享受生活是公平的,转向了私有制社会占统治地位阶级的价值观认为统治者占有生产资料、剥削他人的劳动成果是公平的。另一方面,对于被统治、被剥削阶级而言,认为在私有制社会里,自己的劳动成果被他人占有是不公平的。所以,在马克思看来,公平与不公平的观念不是凭空产生的,而是和生产方式直接相关,不仅是历史的产物,还具有阶级性。与对生产资料的占有以及由此直接决定的分配方式相关,和人们在社会中所处的阶级地位相关。在不同历史时代不仅公平观念不同,而且同一社会不同阶级的公平观念也不同。这就告诉我们,要从时代生产力和生产关系的状况中,在同一时代要从不同阶级、阶层的社会经济地位中,认识公平与不公平的观念及其变化。马克思恩格斯不仅论述了私有制产生了不公平,还论述了解决不公平问题的途径和条件。恩格斯指出:"从消灭阶级特权的资产阶级要求提出的时候起,同时就出现了消灭阶级本身的无产阶级要求……"①就是说,要消灭不公平现象,必须消灭不公平产生的经济根源和社会根源。即马克思所讲的"共产主义革命就是同传统的所有制关系实行最彻底的决裂;毫不奇怪,它在自己的发展进程中要同传统的观念实行最彻底的决裂"②。马克思关于资本主义生产关系不公平的考察,不仅批判了拉萨尔主义从分配领域解决工人和资本家之间矛盾的错误观点,而且也批判了资产阶级各种公平的错误观念。资产阶级思想家都极力把资本主义社会描写为"自由、公平"的社会。资产阶级法权理论所讲的由所有权所体现出来的公正性,资产阶级政治经济学

---

① 《马克思恩格斯选集》第 3 卷,人民出版社 2012 年版,第 484 页。
② 《马克思恩格斯选集》第 1 卷,人民出版社 2012 年版,第 421 页。

所讲的由商品交换行为所体现出来的平等性。他们都是以颠倒的社会现实为经验基础的。在马克思看来,在资本主义社会,个人对自己劳动产品的所有权已经转变为资本家占有他人劳动的权利;而以平等为原则的交换关系也已转变为资本家剥削工人剩余价值的不平等交换关系。资本主义的公平观就是对这种"不公平"现象的直接反映,这种所谓的"公平"是资本主义生产方式颠倒的结果,揭示了资本主义公平现象与不公平实质的内在矛盾,源于资本主义生产方式的颠倒本质。

(3)公平与不公平观念的标准

人类自产生以来,就面临着如何生产和如何分配产品的问题。当这种生产和分配同自身的需要和利益联系起来时,就会对这种关系的合理性以自身的利益和目的为标准作出评价,就会产生公平与不公平的观念,所以,在马克思看来,公平与不公平主要体现的是人与人的利益关系及利益关系的制度和原则。在阶级社会,不同阶级和阶层的需要不同,由此形成的公平和不公平的观念也不同。正如恩格斯所说,在阶级社会中,人们自觉地或不自觉地"归根到底总是从他们阶级地位所依据的实际关系中——从他们进行生产和交换的经济关系中,获得自己的伦理观念"①。这就说明了特定的公平观念是由特定社会的生产关系状况决定的。不同阶级的公平观念是由本阶级经济地位决定的。所以,"平等观念说它是什么都行,就不能说它是永恒的真理"②。希腊人和罗马人认为奴隶制是公平的。1789 年资产阶级认为废除封建制度是公平的。在阶级社会当统治阶级的公平观念和公平要求以国家意志的形式让社会全体成员接受和认可时,公平观念就外化为综合性的社会价值尺度和社会准则,虚幻地反映社会成员的所谓的共同利益诉求。在这种意义上,公平观念就成为该社会上层建筑中意识形态的组成部分,并具有意识形态的性质。由此,社会的公平与不公平观念根源于特定社会的经济制度,其公平与不公平观念的合理与否取决于产生这种观念的生产方式的性质及这种生产方式在人类社会中的地位及其作用。

———————————

① 《马克思恩格斯选集》第 3 卷,人民出版社 2012 年版,第 470 页。
② 《马克思恩格斯选集》第 3 卷,人民出版社 2012 年版,第 485 页。

（4）无产阶级的公平观念

在马克思看来，人类社会中的公平既指经济公平，即真正占有生产资料的公平，还包括政治公平、社会公平。所谓经济公平，是指真正占有生产资料的公平，不是指资本主义所强调的市场经济原则的形式公平。所谓政治公平，不仅指一个社会的公民在社会政治结构中都有参与政治活动权利的公平，即有选择权和被选举权意义上的公平，也是政权本身对于社会成员行使一切政治权利、开展一切活动的支持和保障的公平。所谓社会公平，是指既不按劳动，也不按贡献，而是按自由个性实现的人与人之间关系的真正平等。在马克思看来，分配公平不可能真正实现人与人的公平。生产资料占有的公平才为分配公平、参与政治权利的公平提供基础。而真正的公平，恩格斯明确指出："平等的要求已经不再限于政治权利方面，它也应当扩大到个人的社会地位方面；不仅应当消灭阶级特权，而且应当消灭阶级差别本身。"①针对资产阶级的形式平等而言，他认为"平等应当不仅仅是表面的，不仅仅在国家的领域中实行，它还应当是实际的，还应当在社会的、经济的领域中实行"②。

总之，马克思恩格斯的公平观，不仅强调了公平的生产关系基础，还强调了社会历史规律的根基，对不公平现象的批判，而且不仅要进行伦理批判，还要上升到历史规律层面的批判。不公平问题的解决，不仅在分配领域，还要从生产领域中解决。

马克思通过对拉萨尔主义公平观的批判，论述了"平等的权力"与经济基础和生产方式的内在联系，特别是论证了法权观念根源于社会经济结构的思想。

2. 批判拉萨尔主义在国家问题上的错误观点，捍卫工人运动的领导权

在马克思恩格斯看来，国家是剥削阶级保护私有制和维护自己统治的工具，统治阶级长期以来，制造了许多有关私有制和国家"永恒""合理"的理论，为自己统治的合法性寻找根据。同时，他们还利用掌握的国家机器，

---

① 《马克思恩格斯选集》第3卷，人民出版社2012年版，第393页。
② 《马克思恩格斯选集》第3卷，人民出版社2012年版，第484页。

通过合法手段限制、镇压被统治阶级的反抗,用暴力手段维护私有制的国家制度,把以私有制为基础的国家制度置于神圣不可动摇的地位。当资本主义进入和平发展时期以后,资产阶级更是在国家问题上制造了一系列混乱,宣扬国家自古以来就存在等观点。拉萨尔主义主张"靠普鲁士国家帮助建设社会主义",直接影响到工人阶级对资产阶级国家的认知。马克思通过批判拉萨尔主义国家观的错误,进一步论述了马克思主义的国家观的一些内容。

1862 年 4 月,拉萨尔在给柏林一个工人协会作的题为《论目前历史时期同工人等级思想的特殊联系》的讲演中,提出"在保留着蒲鲁士王国专制主义的前提下,实现某些有限度的改良的所谓'社会主义',即"靠普鲁士国家帮助建立社会主义合作社的思想"。他认为,国家是为一切人而存在的机关,它把"一切人的状况"都置于保护之下,"在国家的援助和促进下实现的自由的个体的合作社——这是工人等级摆脱困境的唯一出路。"①他认为:"国家的宗旨就是使人的本质能够积极地发展和不断地完善;……就是教育和推动人类走向自由"②。在他看来,社会主义"只有通过普遍的直接的选举权才能实现"③。工人阶级通过参加资产阶级国家的选举就能建立"人民国家"。这样,就可以把普鲁士国家变为"自由国家",使工人摆脱贫困。④ 在此基础上,他提出了"铁的工资规律"和"劳动是一切财富和一切文化的源泉"的观点,掩盖无产阶级和资产阶级对立的实质和经济根源。

针对拉萨尔主义的"普鲁士王国政府的社会主义理论",马克思明确指出"认为'普鲁士国家'会实行直接的社会主义干涉,那是荒谬的"⑤,根本原因在于普鲁士政府不代表工人阶级的利益。即使"假定"政府"恩赐"给工人直接的普选权,绝不可能超出这一政权的性质所容许的范围,更不能达到危及这一政权存在的程度。马克思认为不揭露普鲁士国家的本质,不讲无产阶级革

①　转引自黄楠森等主编:《马克思主义哲学史》第 3 卷,北京出版社 1991 年版,第 39 页。

②　《机会文义、修正主义资料选编　拉萨尔言论》,三联书店 1976 年版,第 71 页。

③　转引自黄楠森等主编:《马克思主义哲学史》第 3 卷,北京出版社 1991 年版,第 39 页。

④　转引自黄楠森等主编:《马克思主义哲学史》第 1 卷,北京出版社 1991 年版,第 457—458 页。

⑤　《马克思恩格斯全集》第 31 卷,人民出版社 1972 年版,第 454 页。

命和无产阶级专政,把建立自由国家作为党的奋斗目标是错误的,强调无产阶级革命的目的,是为了消灭阶级、实现共产主义,绝不是为了把现在的普鲁士国家变成"自由的国家"。他明确指出"争取自由国家是资产阶级的口号",绝不是工人阶级的目的,所以,拉萨尔主义的社会主义理论,不仅要把德国工人运动引向普鲁士王国的幻想之中,还掩盖了普鲁士国家的阶级本质,混淆了无产阶级国家和资产阶级国家本质区别,"当无产阶级还需要国家的时候,它需要国家不是为了自由,而是为了镇压自己的敌人,一到有可能谈自由的时候,国家本身就不再存在了。"①这样,马克思恩格斯通过对拉萨尔主义的批判,论述了共产主义和国家消亡之间的关系等思想。这些思想对于工人阶级认识拉萨尔思想的错误实质,对于引导工人运动沿着正确方向不断前进具有重要作用。

(三) 批判米尔伯格等普鲁东主义者的唯心主义法权思想,论法权思想的实质及其根源

随着资本主义的迅速发展,机器大工业逐渐代替了旧的家庭工业,造成大批农业和手工业者涌向城市,出现了许多问题,其中"住宅缺乏"现象就是主要问题之一。围绕这一问题,不同阶级的代表人物都从各自的利益出发,提出自己的看法和解决方案。蒲鲁东主义者,依照蒲鲁东的基本立场和原则提出了自己的解决方案,其中主要代表人物是米尔伯格。他们的错误观点直接影响了工人阶级对这一问题根源和实质的判断,马克思恩格斯直接对他们的错误观点尤其是法权思想进行了系统的批判,论述了法权基本思想。

阿尔图尔·米尔伯格(1847—1907),原来是一位德国的医生。1872 年,在德国社会民主工党的中央机关报《人民国家报》上发表了关于住宅问题的文章,他以蒲鲁东的思想作为思想基础,提出了他关于解决住宅问题的基本观点。米尔伯格等人将"住宅缺乏"问题的实质界定为法权问题,宣称"房屋一旦建造起来,就成为一种永恒的法权的理由",并凭借这样的"永恒法权理由"

---

① 《马克思恩格斯选集》第 3 卷,人民出版社 2012 年版,第 349 页。

而"每年获取一定的款项"①。并认为造成"住宅"问题的原因，是永恒收到的租金大大地高于房屋的最初费用，这违背社会的"永恒公平"原则，应该通过强制性的法律，消除房屋的最初费用与最终实际收到的房租的差额。这里不仅提到了法权问题，还提到了"永恒公平"原则。他认为解决住宅问题的办法是使每个承租人成为自己住宅的所有者。工人有了归自己所有的财产，工人就达到最高的经济独立，就可以避免各种困境。问题在于，工人如何成为自己住宅的所有者，只通过法律能消除房屋的最初费用和最终实际收到的房租的差额吗？如果不能，这种观点就具有模糊两大阶级利益对立的意识形态特征。针对这种状况，恩格斯的《论住宅问题》对此进行了批判，进一步澄清了工人阶级利益和资产阶级利益的区别。由于米尔伯格是以蒲鲁东主义作为思想基础的，因此，对米尔伯格的批判，也是继马克思《哲学的贫困》以后对蒲鲁东主义批判的继续。

1. 恩格斯批判米尔伯格关于"住宅问题"的解决方式是改良主义的

米尔伯格的错误是把住宅承租人对房主的关系，等同于雇佣工人和资本家的关系。恩格斯认为，承租人和房主的关系不是雇佣劳动者和资本家的关系，而是两个公民之间的商品交易。因为工人在这里不是作为雇佣劳动者提出的，而是作为租房的人出现的。米尔伯格只在纯粹交换活动中兜圈子，不可能真正找到房租的来源和住宅问题的实质。恩格斯认为"住宅缺乏"问题不是一个独立的现象，而是资本主义的必然产物；"资产阶级社会主义的实质是希望保全现代社会一切祸害的基础，同时又希望消除这些祸害"②。米尔伯格关于"使每个承租人成为自己住宅的所有者"的思想以解决住宅问题的办法，是保留小资产者私有者的办法，不主张废除资本主义私有制，只是通过一些改良的措施试图去解决问题，这就抹杀了资本主义生产关系造成无产阶级贫困这一事实。蒲鲁东主义者这种解决住宅问题的方案，已经不是一个革命的工人阶级应有的理念，而是一个资产阶级的改良主义者的方案。

2. 批判米尔伯格把住宅问题归结为法权问题以及永恒公平的观点

米尔伯格在这里采用资产阶级的"永恒公平"的概念，并把"公平"上升到

---

① 《马克思恩格斯全集》第18卷，人民出版社1964年版，第242页。
② 《马克思恩格斯选集》第3卷，人民出版社2012年版，第215页。

理论的最高地位,认为"公平"是分析一切社会现象的基本原则。凡是符合这个原则的就应保留,凡是不符合这个原则的就应被废除。他没有具体地分析房租的经济根源,认为房租是通过"永恒的法权理由"获取的,这种法权理由与"永恒公平"原则是相矛盾的。因此,社会变革的任务是取消"法权理由",实现"永恒公平"。恩格斯认为米尔伯格的观点,正像蒲鲁东的全部学说一样,都是建立在从经济现象向法律空话的这种救命的跳跃上——让重大问题逃到法权领域中去求助于永恒公平。实际上,米尔伯格看到了矛盾但是没揭示其实质。因为所谓房租的根据是"法权理由",是资产阶级所强调的"资本生产率",即把资本本身的生产也看作生产价值。恩格斯指出,房租的来源是剩余价值,地租、建筑资本的利益等都是资本分配的方式,都来源于剩余价值的,即使废除"资本生产率"也改变不了资本的占有方式和工人的受剥削地位。这是由资本主义私人占有制度决定的。因此,要改变"住宅"缺乏现象,只能是消灭资本主义的占有方式才有可能。米尔伯格把房主获取租金的方式归结为"法权理由",这不仅颠倒了法权和现实经济制度的关系,是唯心主义的法权理念。而且还把衡量住宅问题的标准归结为"永恒公平"。什么是永恒公平?无非是资产阶级把自己的价值追求推崇为永恒公平而已,正如"把自己争取人权的要求宣布为普遍人权一样,是抽象的、超历史和超阶级的"、实际上,它不过是资产阶级利益的反映而已,在法学领域只不过是被他们称为的"自然法"而已。米尔伯格的观点,具有为资产阶级利益辩护的意识形态性质。

3.批判"自然法权"欺骗工人运动的实质

恩格斯揭示了"自然法权观念"导致永恒公平原则的社会根源和认识论根源。恩格斯揭示了法律相对独立性的社会根源。法律越来越完备,它自身似乎便作为一个完整独立的体系存在着;其实,这种独立假象掩盖了它对经济生活条件的依附性由于独立的职业法学者阶层的出现,将法学等同于实际的法律,将法律条文的制定等同于法律的产生过程,这是把法律永恒化的认识论根源;资产阶级理论家用各个历史阶段法律的共同性掩盖了它们的具体的时代差别和阶级差别。这就是自然法权观念产生的历史前提和认识论根源。一切资产阶级理论家正是借助于自然法权观念把现存制度神秘化、永恒化,从而达到欺骗工人运动的目的。由此，可以看出，米尔伯格的思想，不但未揭示住宅缺乏的实质和根源，还具有为资产阶级自然法辩护的性质。

恩格斯关于法律、法权的这些思想，进一步为无产阶级认清自己的处境和解决现实问题的方式提供了思想武器。恩格斯通过对米尔伯格住宅问题的分析，强调住宅问题的解决不仅仅是法权问题，更根本的是资本主义的财产占有制度本身，房主租金的来源不是资本创造的，而是工人创造的，是资本占有制分配剩余价值的结果。因此，靠个别措施改良是不能从根本上解决"住宅问题"的。在此基础上恩格斯论述了法律、法权和国家与经济基础的关系。

恩格斯认为法律是对现实的生产活动的反映，国家则是用来维护法律本身的强制性权力机关，两者都是社会历史活动的结果。恩格斯进一步揭示了自然法所体现的公平的实质："而这个公平则始终只是现存经济关系的或者反映其保守方面，或者反映其革命方面的观念化的神圣化的表现。"[1]在恩格斯看来，法律绝非如法学家所宣称的是种带有神秘色彩的"永恒律法"，而是根源于社会发展即人们社会生活的需求，究其实质，它是"受一定生产力发展水平决定并对生产关系的社会规则和社会权力的反映"。在阶级社会中，法律的制定并不是任意的权力的观念体系，而是受统治阶级意志的支配并反映其阶级地位的。这套观念体系的创制主体是法学家，其实施则是通过国家机关和司法机关得以完成。因此，包括司法权在内的一切法律权利都不可能超越国家、社会的范围，都绝非法学家所宣称的那种绝对地属于一切人的"平等"和"公正"。这样抽象的"平等"和"公平"的范畴，究其实质，不过是从属于统治阶级的意识形态家阶层（这些法学家）所精心构造出来的用于迷惑人民大众的意识形态幻象罢了。

总之，恩格斯对于米尔伯格等人的批判，一方面拨开了笼罩在"住宅"问题上的迷雾，揭示了问题的实质，强调改变工人的住宅问题，必须改变资本主义财产占有制度。另一方面，进一步论述了法律、法权、国家与经济基础的关系。这既是对资本主义法律观和公平等核心价值原则的批判，也是马克思主义关于法律和公平等价值原则思想无产阶级意识形态理论的建构。

---

[1]　《马克思恩格斯选集》第3卷，人民出版社2012年版，第261页。

（四）批判杜林绝对平等和永恒道德的观点，建构无产阶级的平等观和道德观

杜林以"社会主义行家"自居，并以形而上学、折衷主义的哲学世界观和超阶级、超历史的平等观、道德观，直接影响了无产阶级意识形态理论的建设。对此，恩格斯批判了杜林先验主义方法和形而上学折衷主义的世界观及其价值观，论述了无产阶级的平等观和道德观的主要思想。

道德问题、平等问题是价值观的主要内容，价值观是马克思主义意识形态建设的主要任务之一。马克思恩格斯对杜林在这些问题上的错误观点的批判，一方面是进一步批判资产阶级的价值观；另一方面，是对无产阶级价值观的建构。

恩格斯首先批判了杜林构建永恒真理观的方法论错误，杜林在哲学上遵循着一条从原则出发，运用先验主义方法构造哲学体系，并把这一方法运用到历史、道德、法等领域中去的路线。他认为数学方法在历史、道德和法方面的应用，会使得这些领域内所获得的真理也具有数学公理的性质，具有像数学真理一样普遍适用的特点。由此，他得出永恒真理和永恒道德的观点。恩格斯指出，以往的道德观念主要是从抽象的人性论出发，找不到道德产生的根源，是抽象的道德观。马克思恩格斯以唯物史观的方法论，不仅寻找到了道德问题产生的社会根源，而且进一步论述了道德的本质。道德作为调整人们互相之间以及个人和社会之间关系的行为规范的总和，只有在一定的社会关系中才能形成和发展。恩格斯指出：在社会历史领域，道德和法属于社会的上层建筑。"一切以往的道德论归根到底都是当时的社会经济状况的产物。"①道德作为一种价值观是人们所处的社会经济关系和政治关系的反映。"人们自觉地或不自觉地，归根到底总是从他们阶级地位所依据的实际关系中——从他们进行生产和交换的经济关系中，获得自己的伦理观念。"②就是说，道德是一定社会阶段特定社会政治经济关系的反映，人们的经济关系和政治关系变化了，道德的观念就会随之变化。"善恶观念从一个民族到另一个民族、从一个

---

① 《马克思恩格斯选集》第 3 卷，人民出版社 2012 年版，第 471 页。
② 《马克思恩格斯选集》第 3 卷，人民出版社 2012 年版，第 470 页。

时代到另一个时代变更得这样厉害,以致它们常常是互相直接矛盾的。"①所以,根本不存在什么永恒道德。在阶级社会,道德不仅具有历史性,在阶级社会"道德始终是阶级的道德"②。然而这并不意味着道德没有进步。那么封建道德、资产阶级道德和无产阶级道德,哪一种合乎绝对真理呢? 恩格斯回答说,"如果就绝对的终极性来说,哪一种也不是;但是,现在代表着现状的变革、代表着未来的那种道德,即无产阶级道德,肯定拥有最多的能够长久保持的因素。"③恩格斯进一步指出:"只有在不仅消灭了阶级对立,而且在实际生活中也忘却了这种对立的社会发展阶段上,超越阶级对立和超越对这种对立的回忆的、真正人的道德才成为可能。"④

恩格斯进一步揭露了杜林把"永恒道德作为永恒真理存在逻辑错误与为资产阶级辩护的意识形态性质。恩格斯指出,杜林在自己的所谓"现实哲学"的内容中讲道:"道德的真理,只要它们的最终的基础都已经被认识,就可以要求具有同数学的认识相似的适用性。"⑤换句话说,道德的真理就是用数学方法推出的认识结论。人们只要认识了构成道德的基本原则,就可以获得道德的真理。由于道德的真理是终极的,所以它就具有了普遍的适用性。可以看出,杜林之所以宣扬"永恒真理""终极真理"的目的,是企图论证社会历史领域中永恒道德的存在。在无产阶级和资产阶级利益根本对立的社会里,杜林永恒道德的实质,具有为资产阶级意识形态辩护的性质。资产阶级道德的实质,是从抽象人性论出发,把自己有条件的道德宣布为普遍的"人权",以此宣扬资产阶级的道德具有普世性和永恒性,让工人阶级接受以"达到控制工人阶级、巩固资产阶级统治"的目的。总之,恩格斯从社会存在决定社会意识,经济基础决定上层建筑的基本原理出发,提供了分析道德和对人们行为进行道德评价的理论和方法。恩格斯进而批判了杜林平等观的错误及其实质。杜林的平等观同样是用数学的方法论证绝对平等的存在。他以社会生活中存

---

① 《马克思恩格斯选集》第3卷,人民出版社 2012 年版,第 469—470 页。
② 《马克思恩格斯选集》第3卷,人民出版社 2012 年版,第 471 页。
③ 《马克思恩格斯选集》第3卷,人民出版社 2012 年版,第 470 页。
④ 《马克思恩格斯选集》第3卷,人民出版社 2012 年版,第 471 页。
⑤ 《马克思恩格斯选集》第3卷,人民出版社 2012 年版,第 469 页。

在的最简单的要素"两个人"的平等为出发点,他所谓的"平等"是指"两个人中的一方不能首先向另一方提出任何肯定的要求"。杜林不仅将这个原则当作公理论证绝对平等的存在,而且还"按照这一基本模式来说明非正义、暴力、奴役,一句话,说明全部以往的应唾弃的历史的"①。恩格斯对杜林的平等观进行了多方面批判。

恩格斯批判了杜林研究平等问题的先验主义方法。他指出:杜林在研究平等问题上犯了一个很严重的错误,就是没有从现实本身出发认识现实,而只是从抽象的观念出发去看问题,是一种先验主义的方法。杜林把"运用数学逻辑得出的结论看作具有永恒不变"的性质的观点是错误的。因为数学公理是在具有一定前提的情况下才得出的结论,具有一定的条件性。同时,用数学公理的方法考察社会问题,其前提和结论都需要证明和论证。而杜林预设的两个人,按照这一方法,人们对对象的认识不是将对象还原到具体的、历史的条件中去研究,而是在思维中依据对象的概念进行推理和演绎。这样的方法,往往是先从现实的、具体的对象得出对象的概念,一旦概念形成,便不再考虑具体的历史条件的变化,而是以概念去衡量现实的对象,这本身是先验主义的方法。

恩格斯认为,杜林的两个意志完全平等的人,在现实中是不存在的,这是一种抽象的绝对平等观。在现实社会中两个意志完全平等的人,只能是"摆脱了一切现实,摆脱了地球上发生的一切民族的、经济的、政治的和宗教的关系,摆脱了一切性别的和个人的特性"②,最后只剩下"人"这个光秃秃的概念。这"两个人"的概念并不是杜林独有的,而是整个18世纪共有的,卢梭、亚当·斯密及李嘉图等人都曾将"两个人"作为例子说明问题,而杜林在自己的理论中"却把这种举例说明的方法提升为社会科学研究的基本方法",因而是不科学的。如上所述,资产阶级的平等观是资本主义商品经济的等价交换原则在观念领域的集中表现,带有鲜明阶级性的价值诉求,是以形式的平等掩盖着事实上的不平等。这些在资本主义反对封建主义初期具有一定的进步作

---

① 《马克思恩格斯选集》第3卷,人民出版社2012年版,第476页。
② 《马克思恩格斯选集》第3卷,人民出版社2012年版,第475页。

用。但是,到了后来资产阶级把自己特殊的阶级利益的原则宣布为"普遍性",以掩盖自己的阶级实质。在无产阶级反对资产阶级的斗争中,杜林宣扬这种抽象的、绝对的平等观,抹杀了无产阶级与资产阶级之间不平等的实质,影响了工人运动的健康发展。虽然杜林为自己的平等观念辩护,提出了一些退却的理由,但恩格斯认为,他的退却直接瓦解他的平等观念,当它不再是抽象人的意志,而转向两个现实的人的意志时,杜林的平等观念就完结了。在此基础上,恩格斯进一步论述了平等的实质、特征及无产阶级平等观和资产阶级平等观的区别等内容。同时,恩格斯还批判了"暴力产生私有制"的错误观点。以上,在批判拉萨尔主义时已叙述过,这里不再赘述。

总之,恩格斯在对杜林永恒道德观和绝对平等观的批判中,不仅指出了杜林观点的错误,而且还指出其在阶级对立的情况下,具有误导工人阶级为资本主义辩护的性质。恩格斯在意识形态建构层面,确立了无产阶级的道德观和平等观,从而为工人运动指明了前进方向。

三、批判德国社会工人党内"苏黎世三人团"的错误思想,论无产阶级政党的性质和前进的方向

1875 年德国社会主义工人党成立后,使工人运动的力量迅速增长,引起德国政府的严重不安。德国政府于 1878 年 10 月通过了"镇压社会民主党企图危害治安的法令",即称"反社会党人非常法"。对此,德国工人党内出现了两种错误倾向:一种是以莫斯特、哈塞尔曼为代表的"左"倾机会主义,他们极力反对"利用议会和合法机会"进行斗争,鼓吹使用个人恐怖手段反对政府;另一种是右倾机会主义观点,幻想用一些温和的措施即以做一些不致激怒反动政府的措施,以保护工人党的存在。这种右倾主义的主要代表就是"苏黎世三人团"。由卡·赫希布格、爱·伯恩施坦、卡·奥·施拉姆三人组成,他们在 1879 年共同署名发表了《德国社会主义运动的回顾》一文,系统阐发了他们的右倾机会主义思想。他们的核心观点是,德国工人党对于反社会党人法也负有责任,党的态度为他们提供了"不适当的和过火的行为"。工人阶级

应该放弃阶级斗争,"走合法的即改良的道路"①,应该在上层社会中寻找能够代表工人阶级的人物,"把全权委托书给予那些有足够的时间和可能来认真研究有关问题的人"②。工人政党应当把最终理想暂时搁置起来,"用全部精力来达到某些最近"的能够带来好处的目标。针对这些观点,马克思恩格斯于1879年9月17—18日写了《给奥·倍倍尔、威·李卜克内西、威·白拉克等人的通告信》,批判了"三人团"的上述错误,论述了工人阶级政党应具备的科学理论。

针对"三人团"的错误思想,恩格斯认为,工人运动每前进一步,都是通过斗争实现的,不是说不需要合法斗争,而是说在"非常法"时期,他剩下的唯一的一条道路是"不合法"的斗争道路。而"三人团"把"非常法"的出现,归结为工人阶级的"过失"和要求工人运动放弃共产主义的远大目标,走"合法的即改良"的道路,其核心思想是反对和放弃阶级斗争,放弃"工人阶级通过阶级斗争的方式争取自身利益"的道路。对此,马克思恩格斯明确声明:"将近40年来,我们一贯强调阶级斗争,认为它是历史的直接动力,特别是一贯强调资产阶级和无产阶级之间的阶级斗争,认为它是现代社会变革的巨大杠杆;所以我们决不能和那些想把这个阶级斗争从运动中勾销的人们一道走。"③同时,他们还指出苏黎世"三人团"错误的阶级实质,它与1845年德国的"真正的社会主义"以及1848年革命中以"资产阶级民主派面目出现的人"是同一类,都是小资产阶级的代表,他们思想的共同特征是:"不要采取坚决的政治上的反对立场,而应全面地和解;不要反对政府和资产阶级,而应尝试争取他们,说服他们;不要猛烈地反抗从上面来的迫害,而应逆来顺受,并且承认惩罚是罪有应得。一切历史地必然发生的冲突都被解释为误会。"④一句话,不是真正的无产阶级政党的立场和纲领,而应当是把工人党办成"'一切富有真正仁爱精神的人'的全面的党"。⑤

① 《马克思恩格斯选集》第3卷,人民出版社2012年版,第735页。
② 《马克思恩格斯选集》第3卷,人民出版社2012年版,第734页。
③ 《马克思恩格斯选集》第3卷,人民出版社2012年版,第739页。
④ 《马克思恩格斯选集》第3卷,人民出版社2012年版,第737页。
⑤ 《马克思恩格斯选集》第3卷,人民出版社2012年版,第734页。

在此基础上，马克思恩格斯进一步批判了"苏黎世三人团"妄图改变党的阶级性质的错误观点，论述了无产阶级政党掌握科学世界观的重要性。严肃批判了苏黎世"三人团"鼓吹"让有教养、有知识的资产阶级领导工人政党"的错误思想。他们早在《共产党宣言》中，就强调了共产党的性质和纲领。他们认为，工人阶级政党与其他政党有根本区别，有最低纲领和最高纲领，是科学世界观武装起来的新型政党。这样的党并不反对统治阶级的人加入到无产阶级的行列中来。但是，他们加入的首要条件是掌握并认同无产阶级的世界观。他们指出："如果其他阶级出身的这种人参加无产阶级运动，那么首先就要求他们不要把资产阶级、小资产阶级等等的偏见的任何残余带进来，而要无条件地掌握无产阶级世界观。"①也就是说，其他阶级中的人加入工人阶级政党，必须要经历一个思想改造和阶级立场转变的过程，必须承认共产党的纲领，并接受无产阶级的世界观。工人阶级政党，不反对争取资产阶级中的先进分子加入到工人运动中来，也不反对与资产阶级政党结盟，但这些必须以不放弃无产阶级政党的原则为前提。如果放弃了工人阶级政党的原则，实际上就否定了党的无产阶级性质，把工人阶级政党改变成资产阶级可以接受和领导的党。可以看出，马克思恩格斯认为"三人团"的观点，实际上是否定党的工人阶级性质，否定无产阶级政党对工人运动的领导。因此，他们对"三人团"的批判，既是反对苏黎世"三人团"的机会主义错误，又是关于无产阶级政党性质的理论建设，这对于保证工人运动的正确方向具有非常重要的作用。

总之，马克思恩格斯在资本主义和平发展时期，主要是同党内和工人阶级内部错误思想的斗争。在斗争中，马克思恩格斯不但从理论上揭露了各种机会主义的错误，而且为工人运动制定了正确的政治路线和斗争策略，还提出无产阶级意识形态理论的建构问题。针对巴枯宁无政府主义否定一切国家和权威的观点，马克思恩格斯阐明了无产阶级的国家观和权威观。针对米尔伯格在住宅问题上的改良主义观点，恩格斯论述了经济基础决定法权观念的思想，奠定无产阶级法权观的理论基础；针对拉萨尔主义从分配领域解决公平问题的思路，进一步论证了法权产生的经济根源，论述了马克思主义公平观的主要

---

① 《马克思恩格斯选集》第 3 卷，人民出版社 2012 年版，第 739 页。

内容。针对杜林永恒道德和绝对平等的思想,指出其为资本主义社会辩护的性质,论证了无产阶级平等观和道德观的主要内容。针对苏黎世"三人团""否认阶级斗争、放弃革命道路"的右倾机会主义错误,马克思恩格斯论证了阶级斗争在"现代社会变革的巨大杠杆"的作用,指出无产阶级政党"必须依靠革命斗争来实现无产阶级彻底解放"重要性及其道路的科学性。这些思想不仅巩固了工人运动意识形态的领导权,还系统建构了无产阶级意识形态的理论。

四、关于科学技术与社会发展的关系,论科学技术异化的根源及趋势

马克思恩格斯的科学技术思想非常丰富,包括马克思的《资本论》及其相关《手稿》中,包括恩格斯的《自然辩证法》。前者主要论述了科学技术的发展和社会发展的关系以及科学技术异化的根源和发展趋势。后者,主要论述了自然科学问题上意识形态斗争,批判了科学研究中存在着唯心主义和形而上学的错误。

(一) 科学技术与社会发展关系

关于科学技术与社会发展之间的关系,是马克思恩格斯科学技术观的主要内容之一。他们首先肯定生产实践是科学技术、产生和发展的基础。在人类社会初期,劳动和科学是互相伴随的,即科学技术还未从劳动中直接分离出来。资本主义兴起后,科学和技术才从生产中独立出来,成为单独的研究领域。这在一定程度上促进了科学的发展。恩格斯曾指出:"社会一旦有技术上的需要,这种需要就会比十所大学更能把科学推向前进。……在德国,人们撰写科学史时习惯于把科学看做是从天上掉下来的。"[1]恩格斯从历史唯物主义出发具体阐明了生产实践的需要是自然科学发展的基础和动力的观点。从历史发展的角度,总结了自然科学和人类生产实践的关系,人类的历史首先是生产发展的历史。自然科学是生产经验长期积累的概括和总结,是人类生产斗争知识的总和,属于精神生产领域。生产实践对自然科学的决定作用,不仅

---

① 《马克思恩格斯文集》第 10 卷,人民出版社 2009 年版,第 668 页。

表现在为自然科学提供了日益丰富的研究材料,开辟了广阔的研究领域,还表现在生产状况决定了自然科学研究的物质技术条件,使用什么样的仪器设备进行自然科学的研究,在一定程度上标志着自然科学发展的水平。如果没有望远镜就没有近代天文学,没有显微镜就不可能发现细胞和细菌,也不会有近代生物学和医学等。资本主义生产的发展,为自然科学的实验提供了高水平的物质技术条件。正如马克思所说:"自然科学本身〔自然科学是一切知识的基础〕的发展,也像与生产过程有关的一切知识的发展一样,它本身仍然是在资本主义生产的基础上进行的,这种资本主义生产第一次在相当大的程度上为自然科学创造了进行研究、观察、实验的物质手段。"①他们特别论述了人类生产实践的需要,是自然科学发展的根本动力的思想。古代数学的发展就是从丈量土地面积、衡量器物容积、计算时间和创造器皿等实际需要中产生的。埃及的天文学是从计算尼罗河泛滥期的需要产生的。17 世纪以来机器在生产上的应用,要求数学和力学为它服务等等。生产中的实践需要推动科学的不断发展,所以,马克思认为:科学同宗教、国家等等一样,都"是生产的一些特殊的方式,并且受生产的普遍规律的支配"②,而且,人类生产劳动的无限性,决定了科学发展的无限性。其次,他们又肯定科学对生产的推动作用。这一思想集中体现在"自然科学是知识形态的一般生产力"的原理。自然科学作为知识形态的一般生产力,同物质形态的生产力相比,具有不同的特点,主要表现为自然科学转化为生产力的具体机制和特点不同。自然科学作为知识形态是间接的生产力,要转化为生产力,必须把知识凝结和渗透到生产力的三个基本要素之中,通过改变生产力基本要素的智力和智能,才能提高生产力的水平。科学知识凝结在劳动者之中,体现在人的素质的提高和人的劳动能力的增强上。生产工具直接表现为技术,而技术是科学知识的物化和应用,科学的发展,不断地扩大劳动对象,探索和开发未知自然资源。从科学的本质看,它是对人类未知现象的探究,不断开辟出新的生产领域,扩大生产资料的来源。正如马克思所说,"劳动生产力是随着科学和技术的不断进步而不断发

---

① 《马克思恩格斯文集》第 8 卷,人民出版社 2009 年版,第 358—359 页。
② 《马克思恩格斯文集》第 1 卷,人民出版社 2009 年版,第 186 页。

展的……"①。再次,马克思特别强调自然科学的社会性和人文性质。在马克思看来,科学还具有解放思想、反对迷信的作用。自然科学作为精神生产,它不仅生产着人对自然的精神占有,还从精神上生产着人和人化自然。对事物本质的探究和认识一定程度上揭示了笼罩在未知事物身上的神秘和神圣东西的外衣。这种解放和启蒙作用,不仅体现在文艺复兴时期科学的发展对上帝、迷信的批判,还体现在科学本身的人文性质。

马克思肯定了伊壁鸠鲁关于自然科学为自由哲学奠基的观点,在伊壁鸠鲁看来,"一旦我们认识了万物的本性之后,我们就从迷信中得到解放,摆脱对死亡的恐惧和由于不认识存在的东西而引起的烦恼,可怕的幽灵往往正是由此产生的;最后,如果我们研究自然的要求,我们的品德将更完善"②。所以,伊壁鸠鲁提出的"脱离直线的偏斜运动"的观点,就是要使他的自然哲学成为论证人的自由学说的哲学基础。马克思认可伊壁鸠鲁的这一思想,他说:"当我们承认自然是有理性的时候,我们对它的依附关系就不复存在。自然对我们的意识来说,不再是恐惧的来源,而正是伊壁鸠鲁使直接的意识形态、自为存在成为一种自然的形态。只有当自然被认为完全摆脱了自觉的理性,本身被看作是理性的时候,它才完全成为理性的财产。"③就是说,当人们认识到未知事物的本质时,就剥去了关于这一事物神秘的理解,起到了思想解放、思想启蒙的作用。这种对未知现象探究,不仅从认识上是对这一事物未知的理解,更重要的是就目的而言是为人类自身的发展和解放服务的。第三,马克思还把科学思维和理论思维联系一起,作为把握世界的一种方式。马克思在1857年《〈政治经济学批判〉导言》中指出了人类"掌握"世界的四种主要方式:理论的、宗教的、艺术的、实践精神的,理论诉诸逻辑、宗教诉诸信念、艺术诉诸情感、实践精神诉诸意志。"具体总体作为思想总体、作为思想具体,事实上是思维的、理解的产物;但是,决不是处于直观和表象之外或驾于其上而思维着的、自我产生着的概念的产物,而是把直观和表象加工成概念这一过程

---

① 《马克思恩格斯选集》第 2 卷,人民出版社 2012 年版,第 271 页。
② 《马克思恩格斯全集》第 40 卷,人民出版社 1982 年版,第 173 页。
③ 《马克思恩格斯全集》第 40 卷,人民出版社 1982 年版,第 173—174 页。

的产物。整体,当它在头脑中作为思想整体而出现时,是思维着的头脑的产物,这个头脑用它所专有的方式掌握世界,而这种方式是不同于对于世界的艺术精神的,宗教精神的,实践精神的掌握的。"①这里的理论思维的方式就是科学的(包括哲学的)方式,它透过现象揭示隐藏在事物背后的本质。正如马克思在批判庸俗经济学家对价值规律的错误理解时所指出的,"当庸俗经济学家不去揭示事物的内部联系却傲慢地鼓吹事物从现象上看是另外的样子的时候,他们自以为这是作出了伟大的发现。实际上,他们所鼓吹的是他们紧紧抓住了外表,并且把它当做最终的东西。"②这里直接说明了理论思维方式和其他思维方式的区别在于,它是从现象深入本质揭示事物本质联系的方法。当然科学和哲学还有不同,科学是通过科学实验获得真理,而哲学则是通过"反思"的方式获得真理。

(二) 科学技术及其异化与社会制度的关联

学术界有学者把科学技术本身和科学技术的生产和运用当作一回事,认为科学技术属于非意识形态领域。他们认为,科学技术是人类在生产斗争和科学实验基础上,对客观自然规律的认识和研究,是不以任何人任何阶级的意志为转移的,它可以为不同的阶级所认识和利用。而马克思思想恩格斯认为,两者不是一回事,科学技术的生产和运用都与社会制度相关。首先,他们认为,而任何科学研究和技术的开发,都需要在一定的物质条件下,并在特定的社会制度和生产方式下进行。社会制度和生产方式直接影响了科学技术的研究和运用。在阶级社会,自然科学的研究和使用并不是超阶级的。例如,资产阶级在反对封建制度的过程中,不仅利用人文精神,还运用自然科学作为武器,反封建、反宗教统治,为资本主义发展提供根基。所以,这一作用就遭到封建统治者的强烈镇压。正如列宁所说:"有一句著名的格言说:几何公理要是触犯了人们的利益,那也一定会遭到反驳的"。③ 在中世纪,宗教的教会统治一切,任何违背教会信条的科学全被禁止,"科学只是教会的恭顺的婢女,不

---

① 《马克思恩格斯文集》第8卷,人民出版社2009年版,第25页。
② 《马克思恩格斯文集》第10卷,人民出版社2009年版,第290页。
③ 《列宁选集》第2卷,人民出版社2012年版,第1页。

得超越宗教信仰所规定的界限,因此根本就不是科学"①。随着资本主义的发展,资产阶级不仅需要用科学发展生产,而且需要用它揭示客观规律,作为反对宗教神学的精神武器。而自然科学本身要存在和发展,也必须通过斗争,挣脱教会的严酷统治。正因为自然科学揭示了物质世界所固有的客观规律,证明宗教教义的荒诞无稽,给教会以沉重打击,所以反动的宗教裁判会用监禁、审讯、拷打和火刑等残酷手段,迫害与镇压自然科学家,扼杀自然科学的研究成果。乔尔丹诺·布鲁诺由于宣传无神论,在宗教裁判所的监狱里遭受了七年之久的拷问,最后被活活烧死;塞尔维特正要发现血液循环的时候也遭到了火刑;伽利略由于信奉哥白尼的学说被判处终身监禁。

其次,资本主义生产方式是科学技术异化的根源,随着资本主义的发展,科学技术由反封建的武装逐步转变为资本主义获利的工具导致了科学技术的异化。这里的"异化"是指,科学技术的本质特点是劳动人民智慧的结晶,是为人类造福的。但在资本主义制度下,使科学技术与创造者相分离,科学技术为资本家所占有和使用,成为统治和剥削生产者的手段,成为为资本家获取财富的工具。

这主要表现为,近代资产阶级的发展、资本主义生产方式的确立,都与科学技术的研究和运用直接相关。当资产阶级还处于上升阶段,未成为社会统治阶级时,自然科学研究便成为其反对和推翻封建制度和宗教神学统治的有力武器。当资本主义生产方式确立以后,资产阶级不仅将科学技术视为为自身攫取更多利润的有力工具,更是直接利用自然科学的最新研究成果来为资本主义制度和扩张服务。资本主义生产方式存在不可克服的矛盾。马克思指出,"资本的趋势始终是:一方面创造可以自由支配的时间,另一方面把这些可以自由支配的时间变为剩余劳动。如果它在第一个方面太成功了,那么,它就要吃到生产过剩的苦头,这时必要劳动就会中断,因为资本无法实现剩余劳动。"②他们发展科学技术的目的一方面是竭力把劳动时间缩减到最低限度,另一方面,又使劳动时间成为财富的唯一尺度和源泉。第三,马克思恩格斯还

---

① 《马克思恩格斯选集》第 3 卷,人民出版社 2012 年版,第 761 页。
② 《马克思恩格斯全集》第 31 卷,人民出版社 1998 年版,第 103—104 页。

认为,科学技术是推动社会历史发展的革命力量。自然科学的发展和在生产上的应用,必然带来社会生产的发展,引起生产方式的变革。要改变科学技术异化的现象,必然要改变资本主义生产方式。马克思说:"机器表现为从资本主义生产方式出发的、使一般生产方式发生革命的起点。"①虽然,科学技术被资本利用导致了科学技术的异化。但是,真正要消除异化,还必须大力发展科学技术,改变私有制的生产关系,改变资本利用科学技术的单纯追求利润的生产方式。马克思指出,当生产力的增长再也不能被占有他人的剩余劳动所束缚,工人阶级应当自己占有自己的剩余劳动的时候,"那时,一方面,社会的个人的需要将成为必要劳动时间的尺度,另一方面,社会生产力的发展将如此迅速,以致尽管生产将以所有的人富裕为目的,所有的人的可以自由支配的时间还是会增加。因为真正的财富就是所有个人的发达的生产力。那时,财富的尺度决不再是劳动时间,而是可以自由支配的时间。"②用马克思转引摩尔根的话作为结论,生产力的发展"即将成为以财富为唯一的最终目的的那个历程的终结"③。它"将是古代氏族的自由、平等和博爱的复活,但却是在更高级形式上的复活"④。

总之,马克思和恩格斯关于科学技术在社会发展的运用以及对科学技术异化现象的分析,体现了思想领域的意识形态之争。一方面澄清了科学技术生产和运用问题上非意识形态性的错误观点;另一方面揭示了科学技术因为与社会制度的关联而成为意识形态,这就为认识科学技术研究和运用的意识形态问题提供了思想武器。

第三节　晚年恩格斯对资产阶级意识
形态的进一步批判

在晚年恩格斯那里,对资产阶级意识形态进行进一步的批判构成了他理

---

① 《马克思恩格斯全集》第47卷,人民出版社1979年版,第564页。
② 《马克思恩格斯全集》第31卷,人民出版社1998年版,第104页。
③ 转引自《马克思恩格斯选集》第4卷,人民出版社2012年版,第195页。
④ 《马克思恩格斯选集》第4卷,人民出版社2012年版,第195页。

论研究的一个重要部分。这个时期,恩格斯的意识形态批判是与其对马克思理论的阐述、捍卫和宣传联系在一起的。恩格斯的意识形态批判不仅是对批判对象虚假性的揭示,更是对马克思理论科学性的确证和对马克思理论的弘扬;反之亦然,恩格斯宣传马克思理论也往往同时带着对资产阶级意识形态批判的因素。从内容上看,恩格斯的意识形态批判主要是反击资产阶级理论界对马克思理论的攻击和歪曲。

一、对资产阶级国家学说的意识形态批判

列宁指出:"因为国家问题是一个最复杂最难弄清的问题,也可说是一个被资产阶级的学者、作家和哲学家弄得最混乱的问题。"①马克思和恩格斯共同创立的唯物史观宣告了科学的国家学说的诞生和资产阶级国家学说的破产。然而,资产阶级的意识形态家们并没有因此而偃旗息鼓,而是继续地、千方百计地攻击马克思恩格斯的国家学说。他们用一个又一个所谓的新理论一遍又一遍地论证资本主义国家制度的所谓人民性、合理性和永恒性。他们宣称:"家庭自古以来就是以私有制为基础,男性的统治永远不可动摇;私有制、阶级和国家的存在是永恒的;国家是超阶级的'和睦的人群',是具有不同利益的阶级、阶层和等级之间协商一致的共同体,它把涣散不和的氏族与部落聚集、团结了起来;资产阶级国家是人类美好的千年王国等等。"②他们的这些新理论不仅在学术界而且在社会文化中普遍流传,广泛影响民众的意识。正如恩格斯所指出的,"因为正是在德国,来自哲学的对国家的迷信,已经进入到资产阶级甚至很多工人的一般意识之中"③。所以,通过对马克思主义国家学说的论述来批判资产阶级国家学说成为恩格斯晚年的一项重要的理论工作。

资产阶级国家学说既把国家视为永恒的存在,又把国家当作独立存在的伦理存在。与之相对立,恩格斯指出,国家是一种历史性存在。在原始社会,由于不存在阶级对立,氏族内部不存在任何人对人的强制手段,不存在国家。随着私有财产和阶级对立的出现,本来维系氏族制度的血缘纽带和道德机制

---

① 《列宁全集》第 37 卷,人民出版社 2017 年版,第 63 页。
② 许征帆等:《马克思主义学说史》第三卷,吉林人民出版社 1987 年版,第 288 页。
③ 《马克思恩格斯选集》第 3 卷,人民出版社 2012 年版,第 55 页。

被打破。氏族首领逐渐成为私有财产的占有者和氏族权力的霸占者,氏族机关慢慢地从其成员中脱离出来,成为其成员的对立物:"它从一个自由处理自己事务的部落组织转变为掠夺和压迫邻近部落的组织,而它的各机关也相应地从人民意志的工具转变为独立的、压迫和统治自己人民的机关了。"①再者,随着私有财产的出现,社会形成了自由民和奴隶之间、进行剥削的富人和被剥削的穷人之间的尖锐对立和斗争。这些对立和斗争是原有的氏族制度难以控制和协调的。于是剥削阶级为了避免在对立和斗争中受到损害,以自己的经济优势建立起一种表面上独立的"第三种力量"——这就是国家。因此恩格斯说:"可见,国家决不是从外部强加于社会的一种力量。国家也不像黑格尔所断言的是'伦理观念的现实','理性的形象和现实'。确切地说,国家是社会在一定发展阶段上的产物。"②

恩格斯进一步指出,国家作为历史上第一种意识形态力量,是建立在阶级基础上的,资产阶级的一切关于国家超阶级性的言论都是麻痹人民的谎言。恩格斯说:"由于国家是从控制阶级对立的需要中产生的,由于它同时又是在这些阶级的冲突中产生的,所以,它照例是最强大的、在经济上占统治地位的阶级的国家,这个阶级借助于国家而在政治上也成为占统治地位的阶级,因而获得了镇压和剥削被压迫阶级的新手段。"③针对资产阶级有关国家永恒性和自然性的言论,恩格斯提出,国家是社会在一定发展阶段上的产物,他也必然随着社会的进一步发展而走向消失。于是,"在生产者自由平等的联合体的基础上按新方式来组织生产的社会,将把全部国家机器放到它应该去的地方,即放到古物陈列馆去,同纺车和青铜斧陈列在一起"④。恩格斯在《家庭、私有制和国家的起源》中运用大量人类学资料对资产阶级国家学说进行的有力批判,为马克思主义的政治学说的广泛传播起到了重要的推动作用,同时也完善和发展了马克思主义。

---

① 《马克思恩格斯选集》第4卷,人民出版社2012年版,第181页。
② 《马克思恩格斯文集》第4卷,人民出版社2009年版,第189页。
③ 《马克思恩格斯选集》第4卷,人民出版社2012年版,第188页。
④ 《马克思恩格斯选集》第4卷,人民出版社2012年版,第190页。

二、对资产阶级哲学意识形态的批判

19 世纪末在马克思主义哲学走向系统化的同时，资产阶级哲学也在进行着转型。由于作为无产阶级争取解放斗争理论的马克思主义哲学的传播，对马克思主义哲学的攻击和歪曲就成为资产阶级哲学转型的重要内容。当时，在英国和北欧斯堪的那维亚各国，产生了一些复活德国古典哲学的"新哲学"——新康德主义和新黑格尔主义。这些新哲学试图通过对德国古典哲学——马克思主义哲学的理论来源之一的"新理解"来反对、歪曲马克思主义哲学。

新康德主义者在"回到康德那里去"的口号下，试图对康德的唯心主义先验论、伦理唯心主义进行新的解释和发挥。新康德主义在现代哲学与文化发展中的作用是多方面的，但是毋庸置疑，对马克思主义哲学的歪曲和攻击是它的一个基本的意识形态功能。新康德主义者提出，唯物主义是一种落后的形而上学，已经走进了历史，所以马克思的理论如果建立在唯物主义基础上就不可能成为科学，而只能是一种顺应纯粹政治需要的应付性思想。社会主义如果要继续存在下去，就应该取消马克思还在坚持的唯物主义这个过时的基础，而给自己寻找其他的哲学基础。新康德主义者认为，康德的伦理思想就是现成的社会主义哲学基础。可以说康德就是工人的"导师"，就是"德国社会主义之父"。他们提出：在我们这个时代，马克思的理论正处在明显的解体状态，重升的太阳，康德使马克思的星辰黯然无光。一时间，新康德主义在德国取得了哲学霸主的地位。同时，它也对当时的工人运动产生了极坏的影响。

新黑格尔主义则把黑格尔的哲学进行经验主义的理解，把黑格尔的绝对精神变成绝对经验，宣扬绝对经验的本体地位。在政治学说中，新黑格尔主义者发挥了黑格尔哲学的保守因素，使之成为替垄断资本主义国家辩护的理论工具。他们故意混淆马克思主义哲学与黑格尔哲学的关系，以他们的新黑格尔主义来歪曲马克思的理论。

针对这样的理论形势，为了捍卫马克思的理论，恩格斯做了大量研究工作，写下了包括《路德维希·费尔巴哈和德国古典哲学的终结》等一系列著作和论文，对德国古典哲学及其与马克思主义哲学之间进行了科学的分析。

恩格斯指出,德国古典哲学特别是黑格尔哲学是德国资产阶级政治变革的理论前导,是德国资产阶级特有的阶级本性的理论表现。例如,黑格尔哲学中体系和方法的矛盾就是从哲学上反映出的德国资产阶级保守性和革命性的矛盾。恩格斯指出,德国古典哲学作为德国资产阶级的理论,其最大功绩只是因其成为马克思主义哲学的理论来源而呈现的。而德国古典哲学之后,德国资产阶级就丧失了对理论的兴趣,丧失了理论创新的能力,从理论的主导阶级的地位上退了下来。只有德国的无产阶级才是德国古典哲学的积极批判者和继承者。资产阶级一切对"德国古典哲学的复活",实质上不过是消解其中的革命精神而发挥其中的保守因素,在科学上就是开历史倒车。

应该说,晚年恩格斯的对资产阶级哲学的这种意识形态批判是内含在他对马克思哲学的正面阐述和完善中的。因此似乎是给人们以一种错觉,好像在晚年恩格斯那里,马克思主义对资产阶级哲学的批判削弱了,代之以对自身的"科学""实证"论述和被动的"捍卫"。其实,在恩格斯那里,马克思主义的革命批判的立场和态度始终保持着。如果说与以前有所不同,那就是,在之前的马克思和恩格斯那里,新世界是在批判旧世界中建立起来的,批判是"创建"的前提,自己的理论结论往往在批判中形成;而在晚年恩格斯那里,批判旧世界是为了捍卫新世界,批判是蕴含在"捍卫"中,是"捍卫"的保证,批判的结论往往在正面论述中显现。

这个断言同样也适用于晚年恩格斯在发展和完善马克思主义哲学的基本理论时所蕴含的对歪曲马克思主义哲学的各种思潮的批判。

19世纪90年代,资产阶级学界掀起了一股把马克思主义哲学庸俗化的思潮。德国唯心主义社会学家保尔·巴尔特把历史唯物主义归结为经济唯物主义,提出马克思和恩格斯的历史唯物主义就是把复杂的社会生活现象全都归结为经济因素,用经济的制约性来说明社会的一切问题。人只是受经济摆布的被动的机器,思想只是经济的消极形式和外衣。这种对马克思和恩格斯历史唯物主义的庸俗化实质就是一种攻击马克思和恩格斯历史唯物主义的隐蔽做法。然而,这样的做法却蒙蔽了德国社会民主党内某些同志,造成了党内的思想混乱。在这种理论形势下,恩格斯撰写了一系列书信,明确阐述历史唯物主义的一些基本观点,对巴尔特之流的恶意诋毁进行批判。

恩格斯指出:"根据唯物史观,历史过程中的决定性因素归根到底是现实生活的生产和再生产。……如果有人在这里加以歪曲,说经济因素是唯一决定性的因素,那么他就是把这个命题变成毫无内容的、抽象的、荒诞无稽的空话。"①恩格斯认为,把历史唯物主义变成"经济唯物主义"的做法如果说在党内表现为理论上的不成熟,那么在资产阶级世界则表现为资产阶级对马克思理论的攻击和诋毁,他们企图通过把马克思的历史唯物主义庸俗化和荒诞化,抵制马克思理论的广泛传播,抵制以马克思理论为指导的世界工人运动和国际共产主义运动。

三、对宗教和资产阶级宗教学的批判与无产阶级自觉意识的确立

宗教是恩格斯长期关注的问题。恩格斯出生于一个具有浓厚宗教气氛的家庭,孩提时接受过正宗的宗教教育。据他自己说,尽管他经过痛苦的努力从宗教藩篱中走了出来,但对宗教问题特别是基督教产生和本质的问题则很感兴趣。在1841—1842年柏林服役期间,恩格斯开始了对这些问题的研究,此后的数十年中从未间断。从1882年起。恩格斯分别以《布鲁诺·鲍威尔和原始基督教》《启示录》《论原始基督教的历史》等论文公布自己多年的研究成果。在这些论文中,恩格斯分析了基督教产生、发展以及成为世界宗教的经济、政治和文化方面的原因,批判了资产阶级神学家在基督教历史研究中的唯心主义观点。

恩格斯指出,宗教作为一种意识形态,当然具有虚假意识的特征,免不了欺骗和伪造历史,但是如果因此而得出一切宗教——包括基督教在内——都是骗子手捏造的结论,那么对宗教的研究就只能流于简单和片面,而不能真正解决问题。宗教成为意识形态,并不是认识错误的结果,它的谬误性是与阶级剥削和阶级压迫内在地结合在一起的,是以阶级利益的对立和冲突为基础的。例如在原始社会,宗教很少有某些人故意欺骗的成分,它们往往是一些被普遍认为是真理的假想。所以,宗教的研究应该从唯心主义的主观臆想中解放出

---

① 《马克思恩格斯选集》第4卷,人民出版社2012年版,第604页。

来,以唯物主义的方法对宗教赖以存在和发展的社会生活进行具体的历史的考察才能有所成就,恩格斯说:"只有根据宗教借以产生和取得统治地位的历史条件,去说明它的起源和发展,才能解决问题。"①恩格斯具体地论述了基督教生成的历史,指出它是政治、经济、智力、道德、民族关系、社会心理等各种社会状况的产物。基督教应这个时代而生,为大家渴求的、摆脱堕落世界获取内心得救、获取思想安慰,提供了人人容易理解的形式。而基督教的生成和发展过程同时又是它与其他宗教进行达尔文式的思想上的生存竞争的过程。恩格斯把宗教当作一种意识形态典型形式进行剖析,揭示其意识形态的本质、基础和产生机制,显示出意识形态批判的基本方法论原则,即历史的方法和阶级分析方法。

恩格斯指出,宗教意识形态家总是把宗教当作任意打造的玩偶,把宗教浸入其唯心主义的臆想中,他们或是根据自己阶级的利益和意愿对宗教资料进行"审慎"的损益,或是把宗教资料神秘化、非历史化,从而遮蔽了宗教的真实本质。例如宗教学家厄内斯特·勒南在其研究中就充斥了全然非历史和主观臆想的色彩,即使有一些创见性的思想也总是淹没在美学的伤感情调和枯燥乏味的文字之中。特别是在基督教产生和发展的历史上,资产阶级宗教学家几乎全面地遮蔽早期基督教的一切革命性和人民性,全面遮蔽基督教成为世界性宗教的历史机制,把基督教的历史变成一团迷雾。从意识形态理论的角度看,资产阶级宗教意识形态家对宗教的所谓研究,其基本的意图就是要遮蔽宗教中原有的革命性和人民性,掩盖宗教中蕴含的与资产阶级利益相异己的一切因素,从而在理论上使宗教成为实现自己阶级利益的精神武器,为资产阶级进行宗教统治提供理论支持。恩格斯说:随着基督教进入了资产阶级社会的阶段,"它已不能成为任何进步阶级的意向的意识形态外衣了;它越来越变成统治阶级专有的东西,统治阶级只把它当做使下层阶级就范的统治手段"②。所以,资产阶级终究无法科学地理解宗教,包括它的过去、现在和未来。资产阶级的宗教理论与其对象具有同样的性质,即意识形态的性质。

---

① 《马克思恩格斯文集》第3卷,人民出版社2009年版,第592页。
② 《马克思恩格斯选集》第4卷,人民出版社2012年版,第263页。

第四节　无产阶级革命与社会主义
意识形态的理论建构

随着资本主义社会的不断变化，对无产阶级革命不断提出新的要求。晚年马克思恩格斯，一方面从人类社会的源头上进一步批判资产阶级的意识形态谬误。另一方面进一步探讨在新的历史背景下无产阶级革命的道路、方式和意识形态的理论的建设。

一、批判资产阶级关于资本主义永恒存在的意识形态幻像，完善原始社会演进与发展的规律

马克思出版了《资本论》第一卷后，没有马上出版其第二卷、第三卷，而是转向了历史研究和俄国社会发展道路的研究；这就是著名的《人类学笔记》《历史学笔记》，以及他与俄国学者的通信。关于两大笔记的内容及其意义，国内外学者存在不同的观点。[①] 西方学者的主要观点，是把马克思晚年的思想说成是向其早年的"人道主义"回归，放弃唯物史观的生产力决定论而走向"多元决定论"。国内学者主要是两种观点，一种观点认为是马克思晚年思想的"困惑"，及其对早期思想的反思；[②]另一种观点，强调他们进一步完善了唯物史观的理论。我们主要从意识形态理论角度理解马克思晚年《人类学笔记》《历史学笔记》（以下简称"《笔记》"）和恩格斯的《家庭、私有制和国家的起源》（以下简称"《起源》"）的主要思想。在这些著作中，马克思恩格斯批判了资产阶级在"家庭、私有制、国家问题"上的错误观念，论述原始社会的发展规律，瓦解资本主义存在的历史前提。

资产阶级思想家历来把资本主义看作天然合理和永恒存在的，"他们认为只有两种制度：一种是人为的，一种是天然的。封建制度是人为的，资产阶级制度是天然的"[③]。在这方面，经济学家很像那些把宗教也分为两类的神学

---

① 参见冯景源：《人类境遇与历史时空》，中国人民大学出版社 2004 年版，第 3—7 页。
② 参见冯景源：《人类境遇与历史时空》，中国人民大学出版社 2004 年版，第 20—32 页。
③ 《马克思恩格斯选集》第 1 卷，人民出版社 2012 年版，第 232 页。

家,一切异教都是人们臆造的,而他们自己的宗教是神的启示。马克思的《资本论》从资本主义现实存在的矛盾中揭示其必然灭亡的历史命运,马克思的《笔记》和恩格斯的《起源》则从历史起源上彻底批判了上述观点,澄清了关于阶级、私有制、国家问题上的错误观点。从历史起源上彻底瓦解了资本主义永恒存在的根据,这是进一步揭露和批判资产阶级关于资本主义存在永恒合理性的意识形态"幻像"的历史前提。证伪是为了证实,但证实更驳倒了证伪,为了批判资产阶级在原始社会问题上的各种混乱观点,马克思恩格斯进一步研究了人类社会的早期状态,论证了原始社会的社会结构以及私有制、国家的起源,论证了原始社会从无阶级社会向阶级社会过渡的规律。这不仅丰富了唯物史观的内容,更是对资产阶级意识形态的彻底批判,并坚定了无产阶级推翻资产阶级统治的坚定信心。

（一）把两种生产上升到历史唯物主义范畴,完善了人类社会发展一般规律的理论

恩格斯明确指出:历史过程中的决定性因素"归根结底是直接生活的生产和再生产。但是,生产本身又有两种。一方面是生活资料即食物、衣服、住房以及为此所必需的工具的生产;另一方面是人自身的生产,即种的繁衍"[1]。

马克思以两种生产的思想改造了摩尔根《古代社会》一书的体系、结构。例如,摩尔根《古代社会》一书的结构,是从生产技术发展到政治观念(包括政府、国家的形式)的发展再到家庭形式的变化和私有制的产生。而马克思的关于摩尔根《〈古代社会〉的摘要》的结构则不同,马克思是从生产技术的发展到家庭形式的演变再到私有制和国家的产生。这样,既纠正了摩尔根唯物主义观点的不彻底性,又完善了两种生产在人类社会发展中的地位和作用的思想。

（二）马克思恩格斯论氏族制度的本质

摩尔根在《古代社会》中揭示了原始社会的氏族制度的本质,认为一切文明民族的最初组织结构是氏族,不是家庭。这里的家庭是指以私有财产产生以后的专偶家庭或个体家庭。摩尔根论述了家庭关系变化经历了母系氏族、

---

[1]　《马克思恩格斯选集》第4卷,人民出版社2012年版,第13页。

父系氏族、对偶制到专偶制家庭四个阶段。人类社会最初的存在是氏族,它是人类社会的起点,而后来,学术界公认的家庭,只是在原始社会末期才逐步确立的。而对氏族制度的说明,马克思恩格斯认可了摩尔根的观点。马克思明确地指出:"最古老的组织是以氏族、胞族和部落为基础的社会组织;氏族社会就是这样建立起来的,在氏族社会中,管理机关和个人的关系,是通过个人对某个氏族或部落的关系来体现的。这些关系是纯粹人身性质的。此后,产生了以地域和财产为基础的政治组织;在这里,管理机关和个人的关系,是通过个人对地域,例如对乡、区和国的关系来体现的。"①由此他明确指出,氏族是原始社会的组织形式,而不是家庭。进一步批判了梅恩等人把家庭看作原始社会最初的社会组织形式的谬论。氏族是以血缘关系为纽带,以共同劳动、共同占有生产资料为基础,以氏族议事会为管理机构而组成的原始社会的基本结构。氏族制度在原始社会的确立,瓦解了私有制、国家永恒存在的观点,确立了人自身生产在人类社会初期的决定地位。马克思没有专门论证氏族社会中社会意识的形成和发展。但论述了宗教在社会发展中的作用,论述了不平等观点的形成和发展。在《〈古代社会〉的摘要》中,马克思分析了希腊各民族间出现不平等的社会分化的原因时,突出了宗教的作用。他说:"各个氏族在地位尊卑上是不平等的;这主要是由宗教仪式造成的,因为每一个氏族都世代专门执掌某一宗教仪式,一些宗教仪式被认为特别神圣,因而获得了全民族的意义。"②就是说掌握宗教仪式的人和宗教活动的职能是造成不平等的原因之一,也是氏族职能向国家职能转化的途径之一。但是关于宗教观念的产生,马克思认为那是一个过程。人类在野蛮时代低级阶段的宗教崇拜和原始文学只是简单地反映人与自然及人与人之间的关系,无所谓遮蔽和欺骗。伯拉克在《文明的起源和人的原始状态》中探讨了宗教的几个发展阶段。人类从不信神到崇拜自然物再到崇拜偶像,神的地位由受人指使满足人的愿望到成为不断增大直至成为造物主,神的本性由坏的(蒙昧人的看法)到全知全能。可以看出,此时的宗教观念只是人的认识水平低下的产物,不是自古就存在的,

---

① 《马克思恩格斯全集》第45卷,人民出版社1985年版,第405页。
② 《马克思恩格斯全集》第45卷,人民出版社1985年版,第501页。

而且早期的宗教观念不具有欺骗性的意识形态理论特征。

关于家庭,这里主要指原始社会的婚姻关系的存在和发展状态,而不是原始社会末期的个体家庭。在原始社会的氏族制度中,存在着家庭关系和关于家庭关系的血缘亲属制度的关系。马克思、恩格斯对此作了区分,奠定了氏族制度的历史唯物主义基础。家庭关系是氏族制度中不断变化的婚姻关系,而亲属制度是指对家庭关系的称谓制度。摩尔根认为家庭是能动的,亲属制度是被动的。家庭关系的变化才能引起亲属制度的变化。对此,马克思进一步指出,这点和上层建筑其他现象一样,随着基础的变化而变化。"政治的、法律的、宗教的、哲学的体系,一般都是如此。"[1]马克思是把人类原始时代的亲属(称谓)制度比作社会的上层建筑,将血缘亲属关系比作物质基础,并强调血缘亲属关系的性质"不是观念的,是物质的,用德语说是肉欲的"[2],进而批判了那种把"意识"看作氏族发展动因的错误。这时马克思已把人自身的生产分为物质层面的血缘亲属关系和观念层面的亲属(称谓)制度。认为血亲关系是亲属(称谓)制度的基础,而亲属(称谓)制度则是血亲关系的反映,往往滞后于血亲关系,氏族是从血亲关系中产生的。而家庭不属于原始社会的氏族组织,它是从排除兄弟姐妹之间通婚开始的,即从普那路亚家庭开始,经过对偶家庭走向个体家庭,而氏族起源于普那路亚家庭,从母系氏族过渡到父系氏族。马克思以氏族制度的确立,以及对氏族制度的唯物主义的理解,完善了原始社会的理论和方法。

(三) 氏族制度的瓦解与私有制国家的产生

关于私有制的起源问题。西方学者有一种观点认为,人类社会初期一开始存在的就是对偶制家庭。由于对偶制家庭中已存在私有财产,就等于说私有制财产是人类社会一开始就存在的,资本主义社会也是以私有制为基础的永恒存在的社会。恩格斯以摩尔根提供的实证材料,不仅肯定了原始社会初期对偶家庭不是最初的家庭形式,而且论述了私有制起源的过程和根源。他强调社会分工的发展是私有制产生的物质根源,分析了三次社会大分工使私

---

[1] 《马克思恩格斯选集》第4卷,人民出版社2012年版,第38页。

[2] 《马克思恩格斯全集》第45卷,人民出版社1985年版,第503页。

有财产逐步出现并确立的过程。经过了自己生产工具的私有制、牲畜、土地私有的状况，一直到男人劳动成果需要子女继承时，私有财产就确立了。劳动方式由集体转为个体是私有财产产生的直接原因。私有制的存在就使社会分裂为劳动者和统治者两大对立的阶级。财产的占有者，要保证自身的财产不断获取，它只能采取政治统治的手段，于是国家就产生了。所以，恩格斯认为国家是使阶级社会陷入不可解决的矛盾、不能自拔的结果。

在国家起源问题上历来存在不同观点，如君权神授论、契约论、暴力论等。恩格斯明确肯定，国家是阶级斗争的产物。他具体分析了国家和氏族组织的区别，分析了当私有制出现，阶级矛盾尖锐时，氏族组织陷入无能为力和与现实社会的矛盾，国家就产生了。

马克思也具体论述了氏族社会被国家代替的必然性。他认为，生产力的发展促进社会分工及在此基础上的社会分化。财产的多寡导致社会分化、产生社会对抗，进而导致阶级对立的出现。"份地的不平等已经很大，这种不平等必然逐渐地造成财富、要求等等方面的各种不平等，简言之，即造成各种社会的不平等，因而产生争执，——这就必然使事实上享有了特权的人极力确保自己作为所有者的地位。"①就是说"同一氏族中的财产差别使氏族成员的利益的共同性变成了他们之间的对抗性"②，氏族组织已不适应当时社会的发展要求。在国家形成过程中，梭伦的改革实质上是以立法的形式确认了基于财产关系的阶级区分。"他按照财产的数量把人民分为四个阶级。"③其中只有拥有一定财产的前三个等级才能担任行政职务，第四个等级只能通过参加公民大会等形式来参与政治，所以，马克思摘录说"支配政府的是财产而不是人数"④。

就是说，国家的产生主要是生产力和生产关系矛盾运动的结果（由于原始社会的生产力不仅仅指生存技术的发展还包括人自身能力的增强和人口的增加）。生产力的发展表现在人的生存技术能力的发展和人口自身的增强和

①《马克思恩格斯全集》第 45 卷，人民出版社 1985 年版，第 247 页。
②《马克思恩格斯全集》第 45 卷，人民出版社 1985 年版，第 522 页。
③《马克思恩格斯全集》第 45 卷，人民出版社 1985 年版，第 519 页。
④《马克思恩格斯全集》第 45 卷，人民出版社 1985 年版，第 555 页。

增多,出现了剩余产品、私有财产以及造成人与人之间的不平等关系,这与氏族社会共同劳动,共同分配的生产关系是矛盾的。以个体为主的劳动方式与共同劳动方式相矛盾,以劳动产品需要子女继承与共同分配产品发展矛盾。私有财产的出现,社会不公平的出现,使各种利益矛盾出现了,这种利益矛盾仅靠氏族的议事会是解决不了的。而且人口的增强,移民的出现,贸易的发展。按氏族居住和管理都不可能了。所以,氏族的原则和公有制的基础就瓦解了,国家应运而生。按照辩证法的规律,一切有起源的事物,都不是永恒的,都是要灭亡的。这样马克思恩格斯就从历史起源上瓦解了资本主义固有的、永恒存在的意识形态幻象。

二、马克思恩格斯关于社会主义意识形态从理论到实践的探索

（一）马克思关于未来社会发展道路的思考,实际上是关于俄国无产阶级意识形态现实化的一种探索

马克思恩格斯认为,无产阶级要获得解放首先要推翻资产阶级的统治,夺取政权,探索社会主义的发展道路。但是,自巴黎公社革命失败后,资本主义处于和平与发展的阶段,在此状态下,马克思主要探讨了俄国社会发展道路,恩格斯主要论述了关于无产阶级革命路径的思想。实际上,马克思恩格斯的思考都是关于无产阶级革命道路思想的引领。马克思早在《哥达纲领批判》中论述了社会主义发展的两个阶段的理论。在这里他关注的主要是关于非资本主义国家的发展道路问题。马克思晚年笔记的另一核心内容,是关于农村公社的历史命运问题,特别是俄国的农民村社在现代社会的前途问题。社会主义是无产阶级解放的实现途径和制度保证,关于被压迫人民的解放道路问题是马克思关于无产阶级解放和社会主义意识形态理论建构的一个重要组成部分。

关于俄国"农民村社"的历史定位当时许多学者持有不同观点:农村公社是俄国特有的,还是世界各国普遍存在的? 如果是世界各国普遍存在的,在历史发展过程中状况如何? 如何看待俄国当时存在的"农民村社"的发展前景? 马克思在《德意志意识形态》中第一次提出"部落所有制",到了《资本主义生产以前的各种形式》中,他以私有财产的变化为基础,把原始所有制形式分为

三种形式,即"亚细亚的所有制形式""古代的所有制形式""日耳曼的所有制形式"。到了1859年,马克思就在《〈政治经济学批判〉序言》中明确指出:"亚细亚的、古希腊罗马的、封建的和现代资产阶级的生产方式可以看做是经济的社会形态演进的几个时代。"①马克思是把"亚细亚"时代和"原始公社"时代在同一意义上使用的,它们是作为人类社会发展的早期阶段存在的,实际上,它们只是"原生社会形态的最后阶段"。到了19世纪70年代,马克思的《人类学笔记》摘录了柯瓦列夫斯等人的著作,又研究了欧洲、非洲、美洲的土地公社所有制的历史演变及发展趋势,马克思确信"原始公社"是一种普遍的社会形式。但是"农村公社"在社会发展的不同阶段有不同的存在状态。他明确提出把各种原始公社混为一谈是错误的,正像地球的太古结构或原生结构是由一系列不同时期的沉积组成的一样,它经历了原生、次生、再生的状态。虽然古代类型的公社在许多地方都消亡了。当时,在亚洲,特别在俄国还存在。但它与古代类型的公社已有根本不同,一是生存环境不同。现代历史条件与古代不同。二是公社内在结构或因素不同。古代的农村公社是从公有制到私有制,从原生形态到次生形态的过渡时期。而现在俄国的农民村社具有"二重性",既有公有制因素,又有私有制因素,由此决定其发展前途也有两种可能,"一切都取决于它所处的历史环境"②。马克思关于俄国农民村社的探讨,实际上也是探讨,"在新的历史条件下非资本主义国家的发展的前途问题"。

关于俄国社会发展的可能前景问题,当时由存在不同的观点。俄国民粹派认为,"农村公社具有先天的社会主义因素,可以不经过资本主义直接过渡到社会主义。"俄国自由主义者米海洛夫斯基依据马克思《资本论》中所揭示的人类社会发展的五种社会形态学说,认为俄国社会的前途一定是资本主义,农民村社必定被瓦解。俄国《祖国纪事》杂志编辑部给马克思的信和1881年2月维·伊·查苏利奇给马克思的信,请求马克思谈谈"对俄国农村公社可能的命运的看法和对世界各国历史的必然性都应经过资本主义阶

---

① 《马克思恩格斯选集》第2卷,人民出版社2012年版,第3页。
② 《马克思恩格斯选集》第3卷,人民出版社2012年版,第837页。

段的理论的看法"。鉴于此,马克思的几封复信包含着丰富的思想内容和方法论意义。

　　针对米海洛夫斯基歪曲《资本论》中的观点,把马克思关于西欧各国发展道路的原理歪曲为"一切民族,不管他们所处的历史环境如何,都注定要走一条道路",马克思说:"在'资本论'中所作的分析,既不包括赞成俄国农村公社有生命力的论据,也不包括反对农村公社有生命力的论据。"①马克思反对把他那些适用于一定范围的原理,歪曲为适用一切地方,一切民族的"万能钥匙"。"他这样做,会给我过多的荣誉,同时也会给我过多的侮辱。"②马克思还反对把他的历史唯物主义变成抽象的"历史哲学"公式,他认为对于俄国农村公社的发展前途,必须从俄国的实际条件出发。马克思具体分析了俄国农村公社所面临的内外环境和条件,强调并不是所有原始公社都是按同一形式建立起来的,而它们的发展阶段和结局,也同样没有固定的模式。这里马克思强调的"社会的发展道路和模式",只是人类社会发展规律的实现方式,规律是必然的,而各国社会发展的实现方式是以世界历史和各国具体状况相结合的产物。规律是"一"而道路是"多"。针对俄国社会的存在条件,马克思强调,"俄国不是脱离现代世界孤立生存的;同时,它也不像东印度那样,是外国征服者的猎获物。"③他也明确提出:"它能够不通过资本主义制度的卡夫丁峡谷,而占有资本主义制度所创造的一切积极的成果。"④如果这样,必须"保证它具备自然发展的正常条件"⑤。又说,"要挽救俄国公社,就必须有俄国革命"⑥。"假如俄国革命将成为西方无产阶级革命的信号而双方互相补充的话,那么现今的俄国土地公有制便能成为共产主义发展的起点。"⑦至于俄国农村公社是私有原则战胜集体原则还是后者战胜前者,"一切都取决于它所

---

①　《马克思恩格斯全集》第 19 卷,人民出版社 1963 年版,第 269 页。
②　《马克思恩格斯选集》第 3 卷,人民出版社 2012 年版,第 730 页。
③　《马克思恩格斯选集》第 3 卷,人民出版社 2012 年版,第 821 页。
④　《马克思恩格斯选集》第 3 卷,人民出版社 2012 年版,第 830 页。
⑤　《马克思恩格斯选集》第 3 卷,人民出版社 2012 年版,第 840 页。
⑥　《马克思恩格斯选集》第 3 卷,人民出版社 2012 年版,第 829 页。
⑦　《马克思恩格斯选集》第 1 卷,人民出版社 2012 年版,第 379 页。

处的历史环境"①。总之,马克思关于俄国社会发展道路的分析,其价值在于为俄国社会在当时条件下指明如何能利用和吸收当时的文明成果,尽量避免痛苦的一条可能的发展道路,其根本精神在于其以下方法论意义:一个国家,一个民族的发展道路,必须从实际出发,站在历史发展的制高点上,把历史的发展趋势和各国的具体条件相结合,走自己的发展道路,决不能机械地照搬别国的发展模式。这就为非资本主义国家被剥削阶级实现自己解放,选择自己的发展道路提供了方法论指导。

总之,马克思晚年的意识形态思想的主要贡献,一是批判资产阶级在国家、家庭问题的错误观点;二是批判工人阶级内部阻碍工人运动健康发展的错误观点;三是探讨非资本主义国家社会发展道路以及无产阶级获得解放的方式的理论。这些对于引导工人运动的发展方向和其无产阶级意识形态理论建设都具有理论意义和方法论意义。

(二)恩格斯关于无产阶级革命路径及无产阶级意识形态现实化的新思考

晚年恩格斯所处的时代正是欧洲资本主义的和平发展时期,资本主义开始从自由竞争阶段向垄断阶段过渡。运行形式的变化使资本主义经济呈现出一系列新的特点。与此相联系,资产阶级与工人阶级的矛盾也产生了新的情况。针对这新的形势,恩格斯一方面反击来自各种反对马克思社会学说的理论和思潮,另一方面在马克思社会学说基本原则基础上,对无产阶级革命的道路和方式和社会主义的未来进行了重新思考。这些思考如下:

1. 从意识形态理论的层面看,晚年恩格斯在新形势下对无产阶级意识现实化的一种理论探索

恩格斯提出,面对新的形势新的问题,无产阶级要坚持以下原则。第一,要学会利用合法的形势,采取合法的手段,争取尽可能多的拥护者。第二,要充分重视对非无产阶级的人民群众的争取工作。其中农民问题是最主要的问题。农民是一支重要的社会力量,农民问题同无产阶级革命和无产阶级专政具有直接的联系。他专门撰写了《法德农民问题》,集中阐述了当时条件下争

---

① 《马克思恩格斯选集》第3卷,人民出版社2012年版,第837页。

取农民进入无产阶级革命阵营的问题。第三,无论是利用合法形势和普选权在城市中争取广大群众,还是在农村争取尽可能多的受压迫和剥削的农民,都必须加强宣传和教育工作。第四,工人阶级及其政党的工作,必须符合其根本的原则和目标。恩格斯多次强调,利用合法形势和普选权壮大自己的拥护者是无产阶级的一个重要策略,而不是根本目标。这个策略就是保存尽可能多的力量以准备最后的决战。针对有些社会民主党人迷恋于合法斗争,否定暴力革命基本原则的态度,恩格斯指出:所谓和平"长入社会主义"的想法是"为了眼前暂时的利益而忘记根本大计,只图一时的成就而不顾后果,为了运动的现在而牺牲运动的未来,这种做法可能也是出于'真诚的'动机。但这是机会主义,始终是机会主义,而且'真诚的'机会主义也许比其他一切机会主义更危险"①。第五,未来的国家的形式一定是无产阶级专政,但民主共和国经过改造可以成为无产阶级国家的现成政治形式。无产阶级专政是马克思关于未来社会构想的一个基本内容。列宁在论述马克思主义的基本精神时曾明确指出了这一点,"谁要是仅仅承认阶级斗争,那他还不是马克思主义者,他还可以不超出资产阶级思想和资产阶级政治的范围。把马克思主义局限于阶级斗争学说,就是阉割马克思主义,歪曲马克思主义,把马克思主义变为资产阶级可以接受的东西。只有承认阶级斗争、同时也承认无产阶级专政的人,才是马克思主义者"②。

从理论活动的性质看,恩格斯对无产阶级革命和社会主义未来的新探索是一个理论转换的过程。整体上,晚年恩格斯始终坚持着马克思关于无产阶级争取解放斗争的基本原则;但细节上,他也在对马克思和他以往的有关思想进行反思和修正。从当时他所处的历史环境看,这样的做法不仅是合理的,而且是积极的。他是在努力结合社会发展的新情况,开创马克思主义社会学说新的出场路径。

但是,马克思和恩格斯以往所得出的无产阶级争取解放斗争的基本原则是与他们当时所阐述的具体策略紧密结合在一起的,晚年恩格斯所实施的分

① 《马克思恩格斯选集》第4卷,人民出版社2012年版,第294页。
② 《列宁选集》第3卷,人民出版社2012年版,第139页。

离客观上导致了基本原则的抽象化,再加上他提出了与以往不同的策略。——抽象的原则与具体的策略存在着一定的矛盾。这样的矛盾给后继者向不同方向的发展提供了可能。①

2. 从意识形态理论的层面看,晚年恩格斯关于无产阶级革命和社会主义未来的新探索也凸显出一系列意识形态问题

无产阶级革命理论与无产阶级和人民大众生活实际之间的张力,使得无产阶级政党向人民进行科学社会学说的宣传和教育成为一个主要的工作任务。在19世纪40年代,马克思和恩格斯就遇到了自己的学说与无产阶级实际思想之间关系的问题。当时他们认为,关于社会主义的思想和观念作为社会心理产生于无产阶级的实际生活中,他们的工作就是把这些思想观念上升为理论体系。这种理论体系当然难以在从事着繁重工作、挣扎在生死边缘的劳苦工人中产生,所以,创造无产阶级理论体系的任务就历史地落在了代表着他们利益和意愿的知识分子身上。在马克思恩格斯看来,尽管如此,这种无产阶级的理论体系对于无产阶级来说并不外在,它本身就扎根于无产阶级心中。

当然,从无产阶级中来的理论体系还必须回到无产阶级中去,成为无产阶级形成的自觉意识,从而指导无产阶级争取自身解放的斗争。所以,马克思恩格斯认为,他们的一个工作就是向无产阶级宣传和灌输自己的社会学说。他们还批判那种认为社会主义理论体系在贫穷的工人中自发产生的观点。马克思在1844年写的《评“普鲁士人”的“普鲁士国王和社会改革”》一文中指出:“社会的贫困产生政治理智的看法是错误的,可是与此相反,社会的丰足产生政治理智的看法却是正确的,……已经有些家当,已经生活得不坏的人才

① 例如对于恩格斯的《卡·马克思〈1848年至1850年的法兰西阶级斗争〉一书导言》,伯恩施坦指出:“恩格斯曾在‘阶级斗争’的序文中,以前所未有的认真态度,把普选和议会行动推崇为工人解放的手段,并放弃了以革命的袭击来获得政权的理想。”(〔德〕伯恩施坦:《社会主义的前提和社会民主党的任务》,宋家修等译,生活·读书·新知三联书店1958年版,第36页)而考茨基认为,有人把《导言》看作恩格斯“改恶从善了,意识到甚至承认自己革命观点的错误”是没有根据的。他说:“十分显然,恩格斯对形势作这样的估计时,曾极力回避一切可能被敌人利用来危害党的东西;他在有关革命事业的一切表述上力求含蓄一些罢了。”即使如此,恩格斯还是看到了资本主义社会“严重的、孕育着冲突的形势”。(〔德〕考茨基:《取得政权的道路》,刘磊译,生活·读书·新知三联书店1961年版,第56、59、58页)

能有这种理智。"①只有通过这样的宣传和灌输,无产阶级才能从自在的阶级转变为自为的阶级,成为自觉的社会力量。但是,在这里仍需要强调的是,马克思恩格斯认为,他们这样的活动并不是意识形态的创制和传播过程,而是一种思想的反哺。他们的社会学说是内在于无产阶级的。马克思恩格斯坚决反对把非无产阶级的东西强加于无产阶级。事实上马克思恩格斯理论活动的很大部分就是批判那些企图强加于无产阶级身上的非无产阶级观念和理论。

　　经过几十年的理论活动和实践活动,马克思恩格斯的社会学说得到了广泛的传播。但这种传播主要是在"有教养的"学者和脑力无产阶级的范围里。接受马克思主义理论的无产阶级政党就是这种传播的组织成果。但是,无产阶级争取解放斗争的历史活动,最为根本的是需要无产阶级和广大劳动人民普遍接受科学的社会发展理论和思想,使之成为伟大的历史力量。然而,这些普普通通的劳苦工人和农民是否需要这样的理论呢? 这个问题在资本主义发展到劳苦大众的生活处境和工作条件日益改善的时候就更加突出。大众热切希望自己的处境和条件越来越好,但是并不一定因此提出革命的要求。② 这样,社会革命的理论对于这些人来说就不免具有一定的"外在性"。如此就更给无产阶级政党提出了宣传和灌输的必要性和艰巨性。晚年恩格斯是看到了这个事实的,不过在恩格斯看来,这样的"外在性"本质上是非外在的。因为只有马克思主义的科学社会学说才真正符合无产阶级和劳苦大众的利益,才真正体现人民大众的"总体"意愿。无产阶级政党的宣传和灌输工作,非但不是意识形态的泛滥,反倒是对意识形态的消除。随着共产主义学说的传播,随着无产阶级争取解放斗争的深入,意识形态正在逐渐走向终结。而科学的理论将成为崭新时代的社会精神现象。

　　当然,晚年恩格斯并没有完全注意到,伴随着资本主义经济和政治的一统江山,资本主义精神正全面统治社会的精神世界。无产阶级政党的宣传和灌输工作与工作受体本身的利益(至少是现象性利益)和意愿之间的距离正在

---

①　《马克思恩格斯全集》第 1 卷,人民出版社 1956 年版,第 485 页。

②　工联主义正好迎合了这样的意愿。他们只探讨现行制度下改善工人状况的途径,主张通过调解、协商来解决劳资冲突。

拉大,现象主义(实证主义)考察社会、处理社会问题的思维方式正在不断地侵害着人民大众。在这种情境下,如何使无产阶级和人民大众接受社会主义革命理论的确是一个时代摆在无产阶级政党面前的严峻问题。从理论上看,恩格斯似乎对这个问题有比较完美的解决——利用合法的手段,以努力实现工人和人民大众的现实利益和意愿来争取他们,使他们成为社会民主党的拥护者,进而对他们进行科学社会学说的宣传和教育,使他们成为社会主义革命的力量。但从实际操作看,前后之间存在着一个很难逾越的裂谷。恩格斯既对迎合当时社会志趣的机会主义进行了严厉的批判,又对无视当时社会现状的"革命"要求进行了无情的嘲笑。这种左右逢源是因为问题和矛盾在恩格斯思想中没有充分展开,但是这些问题和矛盾终究是要充分展开的。恩格斯以后,第二国际各派的争论就是这些问题和矛盾充分展开的表现。

总之,晚年马克思恩格斯关于资本主义新变化的一些分析,关于新形势下无产阶级革命战略、策略思想的探索,关于工人运动中各种错误思想的批判,对资产阶级意识形态的系统批判,在对这些问题的研究中,一方面深化和完善了以往的意识形态思想,另一方面也给后人留下了需要解决的课题。

第五节　文本解读:《费尔巴哈论》对马克思主义意识形态理论的贡献

《路德维希·费尔巴哈和德国古典哲学的终结》(以下简称《费尔巴哈论》)是恩格斯1886年写下的一篇关于施达克《路德维希·费尔巴哈》的书评。书评在《新时代》1886年第4期和第5期上发表。两年后,应读者请求,恩格斯在斯图亚特出版单行本,并为单行本写了序言。在序言中,恩格斯介绍了写作这篇书评的背景和目的。恩格斯指出,随着马克思主义哲学的广泛传播,一些资产阶级学者企图通过德国古典哲学的庸俗化、通过歪曲德国古典哲学与马克思主义哲学之间的关系来攻击马克思主义哲学。为了反击来自资产阶级学者的进攻,促进马克思主义对无产阶级革命运动的理论指导,借着书评的机会,撰写了这部著作。

著作通过对黑格尔哲学和费尔巴哈哲学的评述,厘清了它们同马克思主义哲学的关系,通过黑格尔——青年黑格尔派——费尔巴哈——马克思和恩格斯思想运动的回顾,展现了马克思主义哲学创立的真实过程,通过"人的历史活动——历史活动的思想动机——思想动机背后的阶级和阶级斗争——作为阶级和阶级斗争原因的经济利益——作为阶级利益根据的生产方式(生产力和生产关系)——实现阶级利益的政治斗争及其根据——国家与法决定于经济基础——意识形态决定于物质生活"的逻辑演进,论述马克思主义哲学的基本内容,通过对哲学命运的分析揭示了马克思主义哲学的伟大意义。

《费尔巴哈论》堪称马克思主义哲学的纲要型经典著作。列宁总结指出:"在恩格斯的著作《路德维希·费尔巴哈》和《反杜林论》里最明确最详尽地阐述了他们的观点,这两部著作同《共产党宣言》一样,都是每个觉悟工人必读的书籍。"①

《费尔巴哈论》对马克思主义意识形态理论的贡献是多方面的。在关于马克思主义哲学理论的阐述中,它昭示了意识形态理论的基本观点;在关于黑格尔和费尔巴哈哲学的评述中,它展示了意识形态批判的基本方法;在关于哲学与社会历史发展关系的探究中,它宣示了意识形态理论的基本立场。因此,《费尔巴哈论》是马克思主义意识形态理论的典范性著作。

一、经典马克思主义意识形态理论基本观点的昭示

《费尔巴哈论》延续着马克思主义意识形态理论的一贯立场,对意识形态内涵、特性、本质等展开探讨。恩格斯认为,意识形态是一定阶级根据自己社会地位自觉建构起来的统治工具,包括国家政权和观念体系。

意识形态是阶级统治的工具。《费尔巴哈论》把国家看作"第一个支配人的意识形态力量",②并认为,"另外的意识形态"③,例如法律学、哲学、宗教等,是随着国家的产生而产生的。这说明,国家不仅是意识形态力量,而且也是意识形态;国家和"另外的意识形态"构成整个意识形态体系,它们是独立

---

① 《列宁全集》第 23 卷,人民出版社 2017 年版,第 42 页。
② 《马克思恩格斯选集》第 4 卷,人民出版社 2012 年版,第 259 页。
③ 《马克思恩格斯选集》第 4 卷,人民出版社 2012 年版,第 260 页。

于社会的存在,具有阶级统治的功能,属于社会政治关系和思想关系。其中,国家作为实体政治存在,表现为以国家政权为核心的政治法律制度和设施;而"另外的意识形态"作为思想政治存在,表现为一定统治阶级的观念体系。但是,无论是国家政权还是观念体系,都是不同于经济事实的历史存在,都是统治阶级以社会的名义实施阶级统治的工具。意识形态因此获得了最初的意义——阶级统治的政治意义。在《费尔巴哈论》中,意识形态主要地被理解为一定阶级的集体意识和观念体系,理解为相对于社会物质现象的社会精神现象。本章下面也主要在这个规定上对意识形态进行讨论。

意识形态是一定阶级的集体认知和期待。虽然每个人都有自己的思想,在阶级社会中但这些思想总是归属于一定的阶级意识。所以,意识形态不是个人意识,而是集体意识。特定阶级是意识形态的主体。20 世纪以来,意识形态含义的一个拓展就是意识形态主体的多样化,除了阶级,民族、国家、政党、小组等的意识都被称为意识形态,于是《费尔巴哈论》对意识形态的阶级性规定受到了责难。其实这些责难仅仅是来自对阶级的狭隘理解。在马克思主义看来,阶级是基于社会经济关系形成的利益共同体,其特殊利益与社会普遍利益存在着实质性的对立。从这个意义上说,一定的社会集团只要具有与社会普遍利益不同的特殊利益,它就具有阶级的属性,其集体意识无疑也就是意识形态。只有无产阶级及其政党实现了自身利益与社会普遍利益统一,其集体意识才可以走出意识形态陷阱、成为科学的社会意识。

意识形态是思想家自觉建构的观念体系。《费尔巴哈论》认为,意识形态是思想家(意识形态家),例如"历史编纂学家""公法理论家和私法法学家""哲学家""政治经济学家"等,他们都是在自觉地对已有观念材料进行加工的基础上建构起来的,体系性是意识形态的一个重要特性。同时,它所讨论的意识形态也主要是一定的文化体系和理论体系,即作为文化体系的宗教、"国家的意志"和作为理论体系的神学、法学、哲学等。西方马克思主义的一些学者认为,恩格斯对意识形态的体系性规定是对意识形态丰富性的一种否定,因而难以全面揭示意识形态的含义。例如赖希认为,"每一种社会形态的意识形态不仅具有反映这个社会的经济过程的作用,而且更重要地,还具有把这个经济过程深植于作为社会之基础的人民的心理结构中的功能。"①所以,赖希认为社会的非理性心理结构也是意识形态的重要方面。如果忽视这个方面,意识形态理论就显得不完整了。其实《费尔巴哈论》并没有否认意识形态包括一定阶级自发产生的情绪、风俗和习惯,只是由于恩格斯当时面临的任务是理论批判,意识形态的体系性自然就受到了格外重视。

事实上,在马克思主义意识形态理论中,意识形态具有极其丰富的内涵。一般而言,《德意志意识形态》强调了意识形态作为理论体系的含义;《路易·波拿巴的雾月十八日》突出了意识形态作为文化体系的规定;《资本论》展示了意识形态作为生活方式的内涵。而《费尔巴哈论》则基本是保持着《德意志意识形态》对意识形态的理解,从理论体系的维度对意识形态概念进行了系统分析的。

因此就基本规定而言,在《费尔巴哈论》中,阶级性、观念性和体系性是意识形态的三个基本特性。而就本质特征而言,《费尔巴哈论》指出,意识形态是以一定物质生活条件为基础但又打扮成独立存在、为一定阶级利益服务但又打扮成社会普遍利益捍卫者的虚假意识。虚假性是意识形态的核心本质。

恩格斯说,在现代社会中,作为意识形态的国家的意志,"总的说来是由市民社会的不断变化的需要,是由某个阶级的优势地位,归根到底,是由生产力和交换关系的发展决定的。"②而哲学和宗教,虽然它们属于"更高的即更远离物质经济基础的意识形态"③,它们与物质存在条件的联系始终是存在的。即使是离物质生活最远以至于被看作同物质关系最不相干的宗教,也"归根到底是由人们的物质生活条件决定的"。④ 同时,意识形态的性质和状况归根到底取决于一定阶级的性质和状况。意识形态的变迁归根到底取决于阶级关系的变迁。文艺复兴时期的哲学,"本质上仅仅是那些和中小市民阶级发展为大资产阶级的过程相适应的思想的哲学表现。"⑤而宗教的变化,也正是由

①　[奥]威尔海姆·赖希:《法西斯主义群众心理学》,张峰译,重庆出版社1990年版,第15页。

②　《马克思恩格斯选集》第4卷,人民出版社2012年版,第258页。

③　《马克思恩格斯选集》第4卷,人民出版社2012年版,第260页。

④　《马克思恩格斯选集》第4卷,人民出版社2012年版,第261页。

⑤　《马克思恩格斯选集》第4卷,人民出版社2012年版,第260页。

"造成这种变化的人们的阶级关系即经济关系引起的"①。例如,"新教异端的不可根绝是同正在兴起的市民阶级的不可战胜相适应的"。② 但是,意识形态之为意识形态,就在于隐藏了物质生活条件和阶级利益对它的决定性,打扮成不依赖于物质生活条件和阶级关系而"独立地发展的、仅仅服从自身规律的独立存在的东西",③打扮成不为一定阶级而为全体社会成员服务、"为一切时代、一切民族、一切情况而设计出来"④的人类意识,不仅如此,意识形态还会反过来将自己当作物质生活条件的决定者,当作世界的统治者。例如,在法学家那里,意识形态对经济事实的依赖性完全消失了,"法律形式就是一切,而经济内容则什么也不是。"⑤内在的依赖性和表面的独立性的双重规定成为意识形态的秘密;将对物质生活条件和阶级关系的依赖性偷换为对它们的决定性构成意识形态颠倒的要义。

需要指出的是,意识形态的虚假性不是欺骗性。思想家都是深信自己的思想创造是人类精神独立发展中的一个部分,自己的思想代表着全体社会成员的人类意识。物质生活条件和阶级关系对意识形态的决定性这一事实,"对这些人来说必然是没有意识到的,否则,全部意识形态就完结了。"⑥意识形态并不是思想家的故意欺骗,不是认识论意义上的谬误,意识形态的虚假性是历史观意义上的幻象,源自思想家的历史局限性和阶级局限性。

因此,打破意识形态的虚假性,从理论方面看,就是透过意识形态的幻象揭露其经济本质和阶级本性。而这正是《费尔巴哈论》在意识形态理论上的着力点。《费尔巴哈论》的主题是通过历史和逻辑的梳理,展示以社会生活条件——阶级与阶级斗争——政治与国家——意识形态为线索的马克思的历史观,得出"不是人们的意识决定人们的存在,相反,是人们的社会存在决定人们的意识"⑦的唯物主义核心结论。因此,这里的意识形态理论当然就聚焦于

---

① 《马克思恩格斯选集》第4卷,人民出版社2012年版,第263—264页。
② 《马克思恩格斯选集》第4卷,人民出版社2012年版,第262页。
③ 《马克思恩格斯选集》第4卷,人民出版社2012年版,第261页。
④ 《马克思恩格斯选集》第4卷,人民出版社2012年版,第247页。
⑤ 《马克思恩格斯选集》第4卷,人民出版社2012年版,第260页。
⑥ 《马克思恩格斯选集》第4卷,人民出版社2012年版,第261页。
⑦ 《马克思恩格斯选集》第2卷,人民出版社2012年版,第8页。

意识形态对物质生活条件和阶级关系的依赖上了。关于意识形态的相对独立性、意识形态在历史上的作用、意识形态运行机制等问题则基本不在《费尔巴哈论》讨论之列,对此应该可以理解。顺便说一下,将恩格斯晚些时候在一系列书信中所进行的意识形态理论探索作为《费尔巴哈论》意识形态理论的一个补充,两者结合起来研读是非常有益的。

二、经典马克思主义意识形态批判基本方法的展示

恩格斯指出,《费尔巴哈论》就是要对黑格尔哲学及其与马克思主义哲学的关系"作一个简要而又系统的阐述",就是要对费尔巴哈哲学作一个认真的"回顾"。① 因此,对黑格尔和费尔巴哈哲学的评述构成了《费尔巴哈论》的大部分篇幅。这些评述展示了马克思主义意识形态批判的基本方法。

马克思主义意识形态批判具有一个严密的方法论体系,它包括实践原则和唯物辩证原则、阶级分析、历史主义、抽象到具体等方法。

实践原则就是要对意识形态进行实践的理解,首先表现为发掘意识形态的实践基础。理论并不具有独立的丰富性和生动性,正是实践活动构成了理论最深层的根基。其次表现为探究意识形态的实践效应。理论在最终意义上不在于自身的自洽性和明晰性,而在于其对实践活动的引领和指导。最后表现为明确意识形态的实践确证。理论并不具有自我确证性,其真理性终究必须通过实践才能得到认定。

唯物辩证原则就是要对意识形态进行唯物辩证的分析,首先表现为将意识形态置于社会物质生活条件基础上,以社会物质生活透视社会精神生活。其次表现为将意识形态置于联系和发展的情境中,以辩证的思维分析意识形态的各个方面和环节。最后表现为将意识形态置于社会历史总体中,以总体性视野探明意识形态的限度和意义。

在实践原则和唯物辩证原则的统领下,阶级分析、历史主义、抽象到具体等方法从各个方面实施对意识形态思想的批判。其中,阶级分析方法聚焦于意识形态的阶级本质,揭露其社会普遍性面具背后的阶级特殊性;历史主义方

---

① 《马克思恩格斯选集》第4卷,人民出版社2012年版,第218页。

法注重于意识形态的历史性质，揭示其永恒存在性面具背后的历史存在性；抽象到具体方法关注意识形态的逻辑结构，揭开其绝对真理面具后面的内在矛盾性。

《费尔巴哈论》提出，以黑格尔和费尔巴哈哲学为代表的德国古典哲学是德国政治革命的先导，虽然它们的体系表现出缜密的学理性，它们的演变表现出逻辑演进性，但实质上是德国社会状况的产物，是德国资产阶级政治实践的理论化。

黑格尔哲学"彻底否定了关于人的思维和行动的一切结果具有最终性质的看法"①的真实意义和革命性质，它"把历史的终点设想成人类达到对这个绝对观念的认识，并宣布对绝对观念的这种认识已经在黑格尔的哲学中达到了"②的保守结论，以及前者被后者所窒息，因而"虽然在他的著作中相当频繁地爆发出革命的怒火，但是总的说来似乎更倾向于保守的方面"。③ 这种情况即黑格尔哲学方法和体系的矛盾，可以从德国当时的社会状况和德国资产阶级既想革命又不敢革命的两面性中找到最终的答案，黑格尔哲学是德国社会的思辨画像，是德国资产阶级的理论表现。就黑格尔个人而言，他一方面向往资产阶级革命，总是极其热情地谈论法国大革命；另一方面终究"是一个德国人，而且和他的同时代人歌德一样，拖着一根庸人的辫子。歌德和黑格尔在各自的领域中都是奥林波斯山上的宙斯，但是两人都没有完全摆脱德国庸人的习气"④。德国庸人的习气也就是德国资产阶级的软弱习气，表现为对德国封建专制力量的依附性和畏惧性。

然而，正是黑格尔哲学"为容纳各种极不相同的实践的党派观点留下了广阔场所"。⑤ 随着德国资产阶级的发展，黑格尔哲学中的革命性质逐渐被揭示了出来。青年黑格尔派继承黑格尔哲学的革命性质，展开了反宗教反专制的斗争，用理论来表达德国资产阶级的革命主张。恩格斯以三个历史节点展

---

① 《马克思恩格斯选集》第 4 卷，人民出版社 2012 年版，第 222 页。
② 《马克思恩格斯选集》第 4 卷，人民出版社 2012 年版，第 224 页。
③ 《马克思恩格斯选集》第 4 卷，人民出版社 2012 年版，第 226 页。
④ 《马克思恩格斯选集》第 4 卷，人民出版社 2012 年版，第 225 页。
⑤ 《马克思恩格斯选集》第 4 卷，人民出版社 2012 年版，第 226 页。

示青年黑格尔派的哲学进军:19 世纪 30 年代末,青年黑格尔派逐渐放弃对当前紧迫问题的超然态度,走向现实的探索;1840 年,他们依旧用哲学武器进行斗争,但已经将消灭传统宗教和现存国家作为自己的目的;1842 年,青年黑格尔派已经直接作为努力向上的激进资产阶级的哲学出现。这个哲学进军的根源就是德国资产阶级的政治进展。

在哲学进军的过程中,一大批最坚决的青年黑格尔分子开始对自己的哲学信仰产生怀疑,彷徨于唯心主义和唯物主义之间。费尔巴哈以唯物主义哲学结束了这种理论彷徨,使德国资产阶级拥有了新的哲学武器,进一步为 1848 年德国资产阶级政治革命培土筑基。然而,就是 1848 年革命所暴露出来的德国资产阶级软弱性,宣告了所谓的哲学革命的破产;就是 1848 年革命所展现出来的德国无产阶级革命性,宣告了新的理论的伟大意义。正如恩格斯说的,"1848 年的革命毫不客气地把全部哲学都撇在一旁,正如费尔巴哈把他的黑格尔撇在一旁一样。这样一来,费尔巴哈本人也被挤到后台去了。"[①]

《费尔巴哈论》通过对费尔巴哈哲学世界观、宗教哲学和伦理学的分析,展现了资产阶级意识形态的基础和本质。首先,费尔巴哈从唯心主义走向唯物主义,表面上是他哲学世界观探索的发展进程,本质上则主要是"自然科学和工业的强大而日益迅猛的进步"[②]的结果。这种进步不仅使唯物主义得到革命性发展,也使"唯心主义体系也越来越加进了唯物主义的内容"。[③] 由此出发,恩格斯对 18 世纪唯物主义的历史局限性进行了分析。他认为,这个时期唯物主义具有的机械性、非辩证性和非历史性,可以从自然科学、社会历史和资产阶级历史发展的状况得到解释。

在分析费尔巴哈世界观时,《费尔巴哈论》表现出满满的赞誉,即使对其中的缺陷,也往往是进行辩护性说明。这是因为,在恩格斯看来,费尔巴哈对马克思和恩格斯的意义集中体现在他"直截了当地使唯物主义重新登上王座",[④]激发了马克思和恩格斯接受唯物主义世界观并"把这个世界观彻底地

---

① 《马克思恩格斯选集》第 4 卷,人民出版社 2012 年版,第 229 页。
② 《马克思恩格斯选集》第 4 卷,人民出版社 2012 年版,第 233 页。
③ 《马克思恩格斯选集》第 4 卷,人民出版社 2012 年版,第 233 页。
④ 《马克思恩格斯选集》第 4 卷,人民出版社 2012 年版,第 228 页。

（至少在主要方面）运用到所研究的一切知识领域里去了"①。然而，在分析费尔巴哈宗教哲学和伦理学时，《费尔巴哈论》表现出的是严厉的批判。这是因为，在恩格斯看来，宗教哲学和伦理学是费尔巴哈哲学局限性的集中表现，并在理论领域和实践领域都产生十分不好的影响。

宗教哲学是费尔巴哈哲学的主干。正是在对宗教特别是基督教的批判中，费尔巴哈提出了"宗教是……人对自身的关系"、"属神的本质……就是属人的本质"②、"不是上帝创造了人而是人造就了上帝"的论断，进而提出"存在是主体，思维是宾词。思维是从存在而来的，然而存在并不来自思维"③的哲学结论，从而促进了唯物主义哲学的发展。而伦理学是与宗教哲学密切关联的领域，是宗教哲学的逻辑延伸。按照费尔巴哈的思路，既然宗教使"人自己跟自己割裂开来"④，那么克服宗教就意味着人的本质跟人的结合，使人全面地拥有人的本质；而人的本质则是理性、爱和意志的三位一体，其中在道德领域，爱是人与人交往的最高准则，是人的本质，是"至高的、绝对的威力和真理"⑤。由此出发，费尔巴哈提出了社会革新的主张。这些观点在当时的德国思想界都产生了强烈的解放作用。但是，这种解放作用是相当有限的。随着理论上的革命性进步，马克思和恩格斯愈益发现费尔巴哈哲学的局限性，这些局限性还在共产主义运动中产生极大的危害。

通过对费尔巴哈宗教哲学和伦理学的评述，《费尔巴哈论》批判了费尔巴哈宗教观点对历史真实的掩盖性、对阶级对立和阶级统治的遮蔽性，揭露了费尔巴哈道德观点的社会基础和阶级本质、思想危害，分析了费尔巴哈哲学局限性的方法论原因和社会根源。

《费尔巴哈论》指出，费尔巴哈把宗教归结为人的感情关系从而得出宗教永恒存在的结论是对历史真实的掩盖。人的感情关系当然贯穿人类历史始终，但宗教则是人类一定历史阶段的社会精神现象，也许明天就会消失。费尔

---

① 《马克思恩格斯选集》第 4 卷，人民出版社 2012 年版，第 249 页。
② 《费尔巴哈哲学著作选集》下卷，荣震华、王太庆译，商务印书馆 1984 年版，第 39 页。
③ 《费尔巴哈哲学著作选集》上卷，荣震华、李金山等译，商务印书馆 1984 年版，第 115 页。
④ 《费尔巴哈哲学著作选集》下卷，荣震华、王太庆等译，商务印书馆 1984 年版，第 219 页。
⑤ 《费尔巴哈哲学著作选集》下卷，荣震华、王太庆等译，商务印书馆 1984 年版，第 75 页。

巴哈宗教永恒论的关键在于对宗教的迷信。费尔巴哈反对有神的宗教,但敬仰宗教所谓的神圣性。在他看来,有神的宗教破坏了宗教的本真,他希望通过自己的努力使宗教完善化,展现宗教的崇高。费尔巴哈对宗教的这种迷信促使他把宗教与人类历史发展的关系进行了颠倒。事实上,不是人类历史发展以宗教变迁为根据,而是宗教变迁以人类历史发展为基础。

《费尔巴哈论》指出,费尔巴哈把以爱为核心的人的感情关系上升为宗教是对现实社会中阶级对立和阶级统治的遮蔽。费尔巴哈认为,性爱、友谊、同情、舍己精神等人的感情关系之所以没有发挥应有的作用,就在于没有盖上"宗教的印记"①,没有被尊崇为宗教,因而缺乏神圣性。他的使命就是建立一种新的宗教,将爱供奉起来,于是世界就会变成美好的人间。恩格斯说,现实中以爱为核心的人的感情关系遭到破坏并不是因为它没有被尊奉为宗教,而是因为我们不得不生活其中的社会充斥着阶级对立和阶级统治。正是这种阶级对立和阶级统治把人的关系变成了侮辱人、奴役人、遗弃人和蔑视人的关系。要推翻这种关系,就必须消灭阶级对立和阶级统治。费尔巴哈想用感情关系宗教化来改善人的感情关系,客观上是对阶级对立和阶级统治的遮蔽。

《费尔巴哈论》指出,"费尔巴哈的道德是完全适合于现代资本主义社会的,不管他自己多么不愿意或想不到是这样"②。恩格斯说,无论是对追求幸福欲望的分析还是"对己以合理的自我节制,对人以爱"道德基本准则的述说,都说明了费尔巴哈伦理学的抽象和贫乏。这种伦理学无视人追求幸福的客观条件,无视不同历史阶段人追求幸福的具体状况,无视阶级对立对人追求幸福的制约性,因而就成了道德说教和爱的呓语。同时,"根据费尔巴哈的道德论,证券交易所就是最高的道德殿堂"。③ 因为在资本主义经济世界、在证券交易所,费尔巴哈所谓的追求幸福获得成功就是合乎道德,遭到失败就是不道德的思想得到了淋漓尽致的体现。这种"赢了当然,输了活该"的道德结论,宣告了费尔巴哈爱的伦理学的彻底破产。

《费尔巴哈论》指出,费尔巴哈伦理学在阶级对立和阶级统治的社会中,

---

① 《马克思恩格斯选集》第 4 卷,人民出版社 2012 年版,第 240 页。
② 《马克思恩格斯选集》第 4 卷,人民出版社 2012 年版,第 246 页。
③ 《马克思恩格斯选集》第 4 卷,人民出版社 2012 年版,第 246 页。

把抽象的爱当作可以帮助克服实际生活中的一切困难的一个创造奇迹的神,客观上遮掩了现实社会人剥削人、人压迫人的真相,妨碍着人们对现实社会的科学认识,妨碍着人们对现实社会的革命批判。"这样一来,他的哲学中的最后一点革命性也消失了,留下的只是一个老调子:彼此相爱吧! 不分性别、不分等级地互相拥抱吧! ——大家都陶醉在和解中了!"①事实也是如此,从1844年起成为马克思恩格斯敌手的"真正的社会主义",正是与费尔巴哈哲学的这个弱点紧密相连的。它把费尔巴哈的"爱的宗教"作为自己的信条,"主张靠'爱'来实现人类的解放,而不主张用经济上改革生产的办法来实现无产阶级的解放,一句话,它沉溺在令人厌恶的美文学和泛爱的空谈中了。"②

《费尔巴哈论》指出,从方法论角度看,费尔巴哈在哲学上的局限性根源于他"不能找到从他自己所极端憎恶的抽象王国通向活生生的现实世界的道路。"③对费尔巴哈来说,哲学"仍然是不可逾越的屏障,不可侵犯的圣物",④其纯粹臆想和抽象独断依然是理论构建的方法。这种传统哲学的自负导致了费尔巴哈不能面对真实的社会历史与现实,不能把人作为历史中行动着的人去考察。他只能在哲学中对人进行宗教与道德方面的抽象思考,建构对于抽象的人的崇拜。

对于费尔巴哈哲学的局限性,恩格斯还提出了社会处境性原因。他说:费尔巴哈之所以在理论上没有进一步的革命突破,主要归咎于德国可怜的社会状况,这种状况使费尔巴哈现实世界相分离,"不得不在穷乡僻壤中过着农民式的孤陋寡闻的生活",⑤而"这种生活迫使这位比其他任何哲学家都更爱好社交的哲学家从他的孤寂的头脑中,而不是从同与他才智相当的人们的友好或敌对的接触中产生出自己的思想"⑥。

需要注意的是,《费尔巴哈论》是一篇书评,所涉及的费尔巴哈当然要与

---

① 《马克思恩格斯选集》第4卷,人民出版社2012年版,第246页。
② 《马克思恩格斯选集》第4卷,人民出版社2012年版,第229页。
③ 《马克思恩格斯选集》第4卷,人民出版社2012年版,第247页。
④ 《马克思恩格斯选集》第4卷,人民出版社2012年版,第248页。
⑤ 《马克思恩格斯选集》第4卷,人民出版社2012年版,第236—237页。
⑥ 《马克思恩格斯选集》第4卷,人民出版社2012年版,第237页。

施达克《路德维希·费尔巴哈》中论述的费尔巴哈相一致,即费尔巴哈全部人生历程——不仅包括马克思主义哲学创立以前,也包括马克思主义哲学创立以后。但《费尔巴哈论》的真正使命是回顾在费尔巴哈启发下马克思恩格斯走向新世界观的进程,说明"对抽象的人的崇拜,即费尔巴哈的新宗教的核心,必定会由关于现实的人及其历史发展的科学来代替"的思想发展逻辑,这里的费尔巴哈当然就是马克思主义哲学创立以前启发马克思和恩格斯的费尔巴哈。这样问题就来了,《费尔巴哈论》在分析费尔巴哈哲学的局限性及其原因时,主要使用的是马克思主义哲学创立之后的材料。例如,费尔巴哈拒绝唯物主义名称问题、不能克服旧唯物主义片面性问题、宗教哲学和伦理学中的唯心主义问题,基本上都是用费尔巴哈 1848 年以后的思想来解答的。这样的分析,显然不能准确揭示作为马克思主义哲学理论来源的费尔巴哈哲学的局限性及其原因,不能精确说明克服费尔巴哈哲学局限性、走向科学世界观的逻辑进程。也许《费尔巴哈论》想说明的只是 1848 年以后费尔巴哈并没有取得思想上的进步:"在社会领域内,正是费尔巴哈本人没有'前进',没有超过自己在 1840 年或 1844 年的观点"①,"他所不了解的 1848 年对他来说只意味着和现实世界最后分离,意味着退入孤寂的生活。"②果真如此,那么,"费尔巴哈没有走的一步,必定会有人走的"③这句话就应该变成"费尔巴哈终其一生没有走的一步,已经有人走了"。

三、经典马克思主义意识形态理论基本立场的宣示

立场问题是一个理论最根本的问题,它关乎这个理论的性质、前途和命运。一般而言,立场是指一个理论在认识和处理问题时所处的地位和所抱的态度,具体表现为依靠什么、为了什么、服务什么、期待什么等问题。《费尔巴哈论》通过一系列理论的研讨,宣示了马克思主义意识形态理论的基本立场:代表无产阶级利益的阶级立场、推动理论进步的学术立场和指导革命运动的实践立场。

---

① 《马克思恩格斯选集》第 4 卷,人民出版社 2012 年版,第 237 页。
② 《马克思恩格斯选集》第 4 卷,人民出版社 2012 年版,第 247 页。
③ 《马克思恩格斯选集》第 4 卷,人民出版社 2012 年版,第 247 页。

《费尔巴哈论》指出,马克思主义哲学是无产阶级即工人阶级的世界观,是将服务于无产阶级利益作为自己宗旨的学说;同时,无产阶级也把马克思主义哲学作为自己争取解放斗争的理论武器。恩格斯说:"在劳动发展史中找到了理解全部社会史的锁钥的新派别,一开始就主要是面向工人阶级的,并且从工人阶级那里得到了同情,这种同情是它在官方科学那里既没有寻找也没有期望过的。"①作为马克思主义哲学的纲要型性著作,《费尔巴哈论》的理论站位就是适应无产阶级的斗争需要,争取无产阶级的阶级利益,促进无产阶级的阶级自觉。其中,它之所以厘清马克思主义哲学与黑格尔哲学、费尔巴哈哲学的关系,就是要抵御各种德国古典哲学庸俗化对工人运动的渗透和腐蚀,保证无产阶级在阶级意识上的纯洁性;之所以分析各种意识形态的特性和本质,就是要向无产阶级揭示阶级社会中国家和意识形态的虚假性,特别是揭露现代社会中那些"毫无掩饰的资产阶级的和现存国家的意识形态家"②对无产阶级的精神统治,凸显"资产阶级和现存国家同工人阶级公开对抗",③从而使无产阶级进一步意识到自身的地位和使命,意识到自身解放的条件,并通过自觉的阶级实践使自己获得解放。

《费尔巴哈论》把批判资产阶级意识形态,阐述马克思的世界观作为自己的基本任务。通过对意识形态特性和本质的揭示、对黑格尔哲学和费尔巴哈哲学的意识形态批判、对马克思历史观的概述,指出以往哲学的虚假性,展现马克思主义哲学的科学性,指出马克思主义哲学创立的伟大意义,从而把马克思主义意识形态理论的学术立场充分展现出来,那就是通过科学代替意识形态,推动理论的进步。这里最突出的一点就是指明了一条使理论摆脱意识形态羁绊,走向科学的学术道路。在恩格斯看来,以往的理论,由于其所归属的阶级利益特殊性,都具有虚假意识的性质,都存在对历史事实的意识形态颠倒,都未成为真正的科学。意识形态因而成为以往理论的一种宿命。只有马克思和恩格斯,才在人类思想史上第一次建立起科学理论,从而终结了意识形态,实现理论上的伟大革命和巨大进步。这种理论"决心在理解现实

---

① 《马克思恩格斯选集》第4卷,人民出版社2012年版,第265页。
② 《马克思恩格斯选集》第4卷,人民出版社2012年版,第265页。
③ 《马克思恩格斯选集》第4卷,人民出版社2012年版,第265页。

世界(自然界和历史)时按照它本身在每一个不以先入为主的唯心主义怪想来对待它的人面前所呈现的那样来理解;他们决心毫不怜惜地抛弃一切同事实(从事实本身的联系而不是从幻想的联系来把握的事实)不相符合的唯心主义怪想",①"不再是从头脑中想出联系,而是从事实中发现联系"。② 德国古典哲学的终结,其实质就是意识形态的终结,其标志就是科学理论的创立。

在马克思主义意识形态理论看来,通过以科学理论代替意识形态推动理论进步并不是一般认识论意义上的学术旨趣,而是与无产阶级立场内在关联的学术品格。代表无产阶级的阶级立场决定着坚持科学的学术立场。《费尔巴哈论》指出,由于无产阶级的阶级利益与社会普遍利益的一致性、无产阶级的发展与人类社会进步的一致性,无产阶级的意识与客观事实的一致性,"科学越是毫无顾忌和大公无私,它就越符合工人的利益和愿望。"③马克思主义哲学之所以成为科学理论,马克思主义意识形态理论之所以具有解蔽澄明、推动理论进步的社会功能立场,正是由于它具有的无产阶级立场。同时,这种阶级性和真理性、革命性和科学性的相互关系也正好可以说明,德国资产阶级在1848 年革命后抛弃了对理论的兴趣而走向庸俗的折中主义,德国无产阶级则继续保持着对理论的兴趣,并把理论推向前进。"德国的工人运动是德国古典哲学的继承者"。④

在马克思主义意识形态理论中,阶级性和真理性、革命性和科学性的有机统一是以实践为基础的。意识形态理论的阶级立场和学术立场,最终必定落脚在实践立场上。马克思主义意识形态理论的实践立场就是通过批判意识形态建立科学理论来指导无产阶级争取解放的革命运动。《费尔巴哈论》虽然是一部关于哲学的理论著作,其对意识形态理论的丰富和完善也基本是在理论的层面上展开的。然而这些理论的论述,处处暗含着实践的针对性:对资产阶级哲学意识形态实践基础的挖掘,对以往马克思和恩格斯革命实践历

---

①　《马克思恩格斯选集》第 4 卷,人民出版社 2012 年版,第 249 页。
②　《马克思恩格斯选集》第 4 卷,人民出版社 2012 年版,第 264 页。
③　《马克思恩格斯选集》第 4 卷,人民出版社 2012 年版,第 265 页。
④　《马克思恩格斯选集》第 4 卷,人民出版社 2012 年版,第 265 页。

程的回顾,对马克思主义哲学实践意义的揭示。更为重要的是,《费尔巴哈论》是恩格斯应德国社会民主党理论刊物《新时代》编辑部之邀所写的著作,其意图就是通过意识形态批判消除各种错误思潮对无产阶级及其政党的不良影响,通过对马克思主义哲学理论的系统阐述指导无产阶级争取解放的伟大斗争。

总之,《费尔巴哈论》对马克思主义意识形态理论的贡献主要表现在对意识形态理论的基本观点的昭示、对意识形态批判基本方法的展示、对意识形态理论基本立场的宣示上。这些贡献对于坚持意识形态概念的科学理解、推进意识形态批判方法的系统化、促进无产阶级的科学理论武装具有极其重要的意义。

小　　结

马克思恩格斯晚年的意识形态思想在历史唯物主义的基础上,进一步论述了意识形态概念的内涵、本质及其功能,批判历史唯心主义对社会历史存在的颠倒性和资产阶级意识形态的虚假性,再次肯定了意识形态问题研究的历史唯物主义基础。强调并不是所有的意识都是意识形态,只有当意识和阶级相联系,处于特定经济基础之上不同阶级之间利益之争产生的思想时,才是意识形态。在资本主义和平发展时期,他们系统地批判了资产阶级的意识形态思想。并对无产阶级意识形态现实化进行了探索,特别是论述了社会主义意识形态由理论到实践转化的必要性和路径。具体论述了上层建筑领域各意识形式之间的关系,包括法、道德、公平观念与国家的关系、科学和社会发展的关系以及科学技术异化的根源及发展趋势等问题。在同机会主义、改良主义的斗争中,论述无产阶级及其政党必须牢牢掌握意识形态话语权的重要性,论述了革命的理论如何转化为实践的思想,特别是从历史起源上彻底批判了资产阶级关于资本主义永恒存在的意识形态幻象,提出并探讨了工人内部的思想斗争在什么意义上具有意识形态斗争性质的问题。

第五章　世纪之交的意识形态挑战与马克思主义意识形态理论的现实化

　　第二国际时期是马克思主义意识形态理论发展的重要阶段。19 世纪 70 年代到 20 世纪初,工业革命和第二次科技革命叠加,推动欧美主要资本主义国家经济社会高速发展,国内阶级矛盾相对缓和,垄断资本主义的全球殖民扩张和国际竞争加剧。在这一时代背景下,欧美发达国家的无产阶级运动中的机会主义日益盛行,主张和平议会斗争取代暴力革命,无产阶级革命学说在欧美主要国家工人运动中存在被边缘化的危险;在亚非拉地区,各国无产阶级正致力于推动摆脱殖民统治、追求国家独立和民族解放的资产阶级民主革命运动,无产阶级政党争取资产阶级民主革命领导权的努力以及推动民主主义革命走向社会主义革命的合理性遭受质疑,无产阶级也缺乏科学革命理论和成功实践经验的指导。及时响应各国无产阶级运动的境遇、策略和目标的差异性与现实需要,为世界范围内的科学社会主义运动新发展提供思想武器,构成了马克思主义意识形态理论不断丰富发展的历史背景和时代主题。作为回应,这一时期的无产阶级革命家们重点关注和推动无产阶级革命理论形态向实践形态的转化,马克思主义意识形态理论主题从以对资产阶级意识形态的批判为主转向以建构新历史阶段中的无产阶级革命意识形态话语和无产阶级政党开展争取革命运动领导权的意识形态实践为主。

　　恩格斯去世以后,欧美主要资本主义国家的无产阶级运动"路线之争"问题更加凸显。怎样认识资本主义社会发展的新变化? 如何看待和平的议会斗争? 无产阶级革命的前途命运在哪里? 对于这些理论和现实问题的回答,关系到全世界无产阶级革命运动的指导思想、战略方向和斗争策略。在实践中,伯恩施坦修正主义得到越来越多欧洲工人运动组织的认同,第二国际的革命家们需要从理论上正本清源,巩固马克思主义作为指导工人运动的科学的思想武器的地位,运用马克思主义对各种修正主义的观点进行坚决批判;在实践上需要与时俱进,用发展着的马克思主义为新时期的工人运动指明运动方向,制定思想斗争的运动策略。另外,在俄国等资本主义发展相对落后的国家和广大殖民地和半殖民地国家,无产阶级运动与争取民族解放的资产阶级革命之间存在着联合的必要性和可能性。如何看待这些国家革命运动的前途命运,以及无产阶级在革命过程中的地位和作用?这是马克思主义必须要回答的时代课题。第二国际时期的欧洲革命家们没有完成在理论上彻底批判修正主义、在实践上纠正机会主义路线的历史任务。其客观原因主要在于,在全球市场的扩张成为国家垄断资本主义获取剩余价值主要方式的发展阶段,资产阶级采取对内"温和"的经济和政治统治策略,即给予本国工人阶级一定的经济、政治权利以及垄断资本的全球扩张"红利",客观上缓和了欧洲各国的国内阶级矛盾。在这样的背景下,马克思主义和无产阶级革命要取得对修正主义和机会主义路线斗争的胜利还缺乏必要的现实基础。面对这种现实挑战,罗莎·卢森堡、卡尔·李卜克内西等革命家在运用马克思主义批驳各种修正主义错误观点的同时,创造性地提出,无产阶级革命成功的前提是"马克思的理论成为工人阶级的意识形态,并且作为这种意识形态成为历史本身的要素"。他们在无产阶级革命意识形态问题上提出了诸多建设性的思想观点,为无产阶级革命意识形态理论和实践发展提供了借鉴。

第一节　工人运动方向道路和思想阵地之争是第二国际时期意识形态领域的时代课题

　　第二国际时期,资本主义新发展新变化和欧美国家无产阶级"和平运动"转向是马克思主义意识形态面临的实践挑战。修正主义和改良主义者立足欧美资本主义国家内部阶级矛盾相对缓和的暂时现象,把科学社会主义污蔑为教条和空想,企图篡夺马克思主义革命斗争学说对工人运动的指导思想地位,把"去阶级化"、认同帝国主义政策与和平议会斗争等思想嵌入无产阶级意识中。这种思想阵地之争是马克思主义意识形态面临的理论挑战。马克思主义者必须要回应新阶段的新问题,揭示资本主义新变化的本质、规律和发展趋势,批判资产阶级和小资产阶级意识形态在新时期的新变种,为无产阶级革命斗争实践提供思想武器。第二国际革命的理论家们通过批判帝国主义意识形态、伯恩施坦修正主义和机会主义等小资产阶级意识形态,丰富了马克思主义关于资产阶级意识形态批判理论;提出了无产阶级政党加强思想建设和统一全党认识必要性的思想,拓展了意识形态理论内涵,为列宁正式提出马克思主义是无产阶级意识形态的思想奠定了理论基础。

一、垄断资本国际扩张和工人运动新变化酝酿着无产阶级革命的新篇章

从 19 世纪 70 年代到 20 世纪初,是欧美资本主义发展和无产阶级革命运动的转折时期,第二次科技革命推动欧美资本主义国家生产力进一步发展,加速国家垄断资本的世界扩张步伐。在这一历史时期,世界工业总产值增长了两倍多,钢铁生产、机器制造、化学、电力等工业部门迅速发展,重工业成为资本主义工业体系中的主导产业,火车和轮船极大缩短了世界各国之间交往的成本,推动国际贸易和资本输出,主要资本主义国家实现了对全球市场的瓜分和对弱小国家与地区的殖民统治,全世界被卷入到资本主义的经济体系中。全球市场和产业体系的剩余价值生产能力大幅度提升的同时,殖民地与宗主国的矛盾、不同国家垄断资本集团的矛盾在全球资本体系中也进一步激化。

在新生产力的推动下,资本主义生产方式也发生了结构性的变化。资本积聚和资本集中加速了主要资本主义国家各领域各行业垄断组织的出现,使欧美国家进入以垄断为特征的资本主义发展阶段,即帝国主义。欧美主要资本主义国家加快了争夺殖民地和全球市场的步伐,到 19 世纪末,世界领土被瓜分完毕。资本的全球扩张既使资本主义的国内经济危机演变为世界资本主义经济体系更大规模的危机,又成为各国垄断资产阶级缓解危机对本国垄断资本利益破坏力的必要手段,加速了帝国主义及世界殖民体系的形成。资本主义的结构性矛盾主要表现为帝国主义国家之间的矛盾,垄断资本集团和无产阶级之间的矛盾、帝国主义国家和殖民地之间的矛盾也日益尖锐,酝酿着新

的革命形势。

巴黎公社失败后,欧美主要资本主义国家的无产阶级革命进入低潮。全球市场需求的增长相对缓解了经济危机导致的就业问题;各国资产阶级政府通过让渡部分垄断利润,提升工人福利待遇,给予工人阶级一定的政治权利,把激烈的工人运动引向资本主义的和平议会政治博弈,以此消除无产阶级革命意识,在客观上使无产阶级"合法"运动和议会斗争取得了较大成绩。这造成了两方面的假象,一是马克思关于资本主义发展历史趋势的思想仿佛已经过时。二是在无产阶级革命运动方面,"阶级合作"和"渐进的和平斗争"理论在欧美国家无产阶级政党和工人运动中流行起来,无产阶级革命斗争理论仿佛也已经过时。

对资本主义新变化的科学回答,成为马克思主义发展的重要理论课题。另外,在资产阶级统治力量较为薄弱的沙皇俄国和广大殖民地国家,阶级矛盾和民族矛盾的激化为各国的无产阶级革命运动和民族解放运动的发展提供了天然的土壤。把马克思主义的革命真理同各国无产阶级和民族解放运动相结合,制定新的革命战略和策略,也成为新时期的马克思主义者必须要回答的实践课题。

二、欧洲工人运动的前途和道路之争呼唤马克思主义意识形态理论的新发展

第二次科技革命推动社会化生产力的发展和垄断资本全球扩张,使欧美主要资本主义国家的国内阶级矛盾得到暂时的缓和。具体表现在两个方面:一是产业结构的高级化和电气化在欧美资本主义国家得到推广,在减少国内劳动者的劳动时间、减轻劳动强度的同时,提高了相对剩余价值的剥削程度;二是全球生产体系和世界市场上提供了超额利润和垄断利润,各国资本集团可以通过提高工人工资、福利等物质生活待遇,进行阶级分化,降低工人参与暴力革命等活动的积极性。通过允许工人组织参与议会选举等政治活动、吸纳工人进行更多的经济管理活动,以及增加社会公共服务支出和事项等经济、政治、社会管理的改革,使工人阶级内部出现以收入差别、脑体劳动差别等为特征的阶层分化,弱化了欧洲无产阶级运动的暴力革命色彩,工人运动领导人

内部也出现了放弃暴力革命和参与议会选举、进行和平谈判的主张,进而在意识形态领域引发了关于帝国主义政策与欧美无产阶级物质利益增进之间关系的讨论,以及对在物质生活改善的条件下,继续推进无产阶级革命的必要性的质疑。

这些质疑反映了马克思和恩格斯去世以后,第二国际的工人运动领导者和理论家们在意识形态领域的思想混乱,其突出表现就是伯恩施坦等修正主义和改良主义得到越来越多工人运动组织的支持,马克思和恩格斯的革命学说被认为是过时的思想。就理论层面而言,造成意识形态领域思想混乱的原因在于理论与实践的分裂,即对历史唯物主义基本观点和思想采取教条主义的理解,无法对资本主义发展和工人思想领域的最新变化做出科学的、彻底的认识。在工人运动实践中,意识形态领域混乱的核心问题是欧洲无产阶级运动的前途和道路问题。

从第二国际建立之初,恩格斯就对他和马克思创立的科学社会主义理论体系在新阶段所面临的时代问题进行了积极回应,科学总结了马克思主义哲学产生和发展的历程,系统阐述了唯物主义的基本原理,分析了资本主义从自由竞争向垄断发展的基本特征,揭露和批判了工人运动中机会主义的历史根源和现实表现,提出了工农联盟以及无产阶级政党的斗争策略,制定了工人运动的新方针。但欧美主要资本主义国家在进入帝国主义阶段后的暂时繁荣发展,以及工人合法运动的盛行和物质精神生活条件的改善等现实状况,使第二国际时期的工人阶级难以摆脱地域和国家的视野局限,看不到资本主义生产方式基本矛盾没有发生根本变化以及资本主义社会的历史命运的本质规定性和世界历史发展的整体趋势,无产阶级的阶级意识被分化,革命意识被消解。恩格斯于 1895 年 8 月逝世以后,各国工人政党内的机会主义思潮再次"抬头"。1896 年 10 月,伯恩施坦以《社会主义问题》为总标题在《新时代》上发表论述其改良主义观点的系列论文,向马克思主义提出了公开挑战。使马克思主义意识形态所面临的来自机会主义意识形态的挑战全面呈现出来。在欧洲各国发生了马克思主义理论家们与伯恩施坦主义、自由主义民粹派、合法马克思主义及经济派等小资产阶级意识形态的斗争。

伯恩施坦是恩格斯逝世以后,全面质疑和修正马克思主义的典型代表。

他在《社会主义问题》《社会主义的前提和社会民主党的任务》《社会主义中的现实因素和空论因素》等文章中全面否定和篡改马克思主义哲学、马克思主义经济学、科学社会主义理论的基本观点。其主要观点是:第一,用折中的多因素决定论取代历史唯物主义社会结构论和物质生产生活方式对社会发展的根本制约性。第二,抬高新康德主义的理想和伦理在社会发展中的作用,否定唯物主义辩证法所揭示的事物运动的内在规律性。甚至提出"黑格尔辩证法是马克思主义学说中的叛卖性因素,是妨碍对事物进行任何推理正确地考察的陷阱"①。第三,从否定劳动价值论出发,否定由资本主义内在规律所决定的资本积聚、集中,以及资本主义经济危机导致资本主义必然灭亡的历史趋势。第四,把帝国主义的世界殖民体系美化成推动殖民地民族和国家文明化,断言资本主义内部已经生长出越来越多的社会主义因素,把马克思主义的无产阶级立场和社会主义学说说成是空想。"需要先有多少空想,工人才感觉自己是无产者啊!有多少工人到今天还远远做不到这一点,而且并不是由于无知。恰恰在最先进的国家中,这种人的数目非常大。精确地规定'无产阶级'这一概念,根本不是那么容易的事。为工资而劳动的人这一部类,在收入状况和生活状况方面呈现出异常大的差别。固然可以为各种等级的工人找出某些共同的要求和利益,可是仍旧不能由此做到使维护这些要求和利益的热望以同样的强度和力量表现出来。无产阶级作为雇佣工人的整体是一个现实,无产阶级作为按一致看法而行动的阶级,甚至在德国在很大程度上还是虚构。"②伯恩施坦通过否定无产阶级意识形态的存在,进而否定无产阶级革命和民族解放运动的必要性。他提出"无产阶级专政这一词句,今天已经如此过时,以致只有把专政一词的实际意义去掉并且赋予它随便什么削弱了的意义,才能使这一词句和现实相一致"③。伯恩施坦对无产阶级专政的嘲弄,充分表明他从根本上放弃了马克思主义的阶级立场和观点方法,彻底沦为为资

---

① [德]爱德华·伯恩施坦:《社会主义的前提和社会民主党的任务》,宋家修等译,生活·读书·新知三联书店1973年版,第75页。

② 《伯恩施坦文选》,人民出版社2008年版,第88页。

③ [德]爱德华·伯恩施坦:《社会主义的前提和社会民主党的任务》,宋家修等译,生活·读书·新知三联书店1973年版,第195页。

产阶级和小资产阶级代言的意识形态家。

俄国的自由主义民粹派,体现了俄国小生产者的阶级利益和阶级心理,在俄国小资产阶级知识分子中得到广泛传播。与俄国的革命民粹派不同,在吸收了俄国自由主义之后,自由主义民粹派否定社会历史发展的规律性和必然性,认为资本主义在俄国是一种倒退,完全放弃反对沙皇专制制度的革命斗争,寄希望于政府采取改良措施,避开资本主义自由竞争,直接获得社会主义的幸福生活。自由主义民粹派充分代表了资产阶级改良主义的思想,成为抵制和反对马克思主义的主要力量。

在俄国社会民主工党内部存在的经济派是伯恩施坦修正主义的一个变种。经济派盲目地崇拜自发的工人经济斗争,否定政治斗争、无产阶级意识形态建设和无产阶级政党的作用,沉迷于经济的改良运动。

蔓延欧洲的各种修正主义和机会主义观点是欧洲工人阶级阶层分化在思想观念上的体现。根本原因是生产力发展推动欧洲垄断资本主义生产方式的改变和资产阶级统治策略的调整。这带来工人阶级分化的两种趋势:一是形成与各国资本集团的全球垄断利益相结合的中高收入劳动者群体,二是与旧产业和相对落后的国家一起面临被淘汰命运的中低收入劳动者群体。前者是修正主义、机会主义形成、传播的温床,后者是无产阶级革命意识形成的现实基础。资产阶级政府进行的意识形态植入和分化瓦解策略,进一步加剧工人运动中的思想混乱,集中表现为工人运动前途道路之争。马克思主义要在科学回答新的历史条件下,在坚持和发展无产阶级革命运动的路径、策略问题基础上,彻底批判垄断资产阶级意识形态、清算修正主义、机会主义影响,建立和发展与无产阶级革命运动新时代特征相适应的无产阶级意识形态理论。

第二节　第二国际理论家对时代问题的回应开启意识形态理论现实化的序幕

面对垄断资本主义意识形态和工人运动中的修正主义思潮对马克思主义的挑战,罗莎·卢森堡等第二国际革命理论家对帝国主义意识形态和修正主义给予了坚决批判,指出帝国主义意识形态的实质是服务于垄断资本主义国际扩张需要的资本主义国家的思想上层建筑。修正主义者只看到欧洲阶级矛盾的暂时缓和以及议会和平斗争暂时胜利的表象,而没有看到欧洲资产阶级政府通过向工人阶级让渡部分政治权利,换取国内稳定局势,从而为垄断资本在世界范围内攫取剩余价值创造条件这一现实。面对各国工人阶级政党存在的革命意志动摇和组织分裂的趋势,罗莎·卢森堡等提出加强无产阶级政党思想建设,推动无产阶级革命意识的凝聚,进一步发展了马克思和恩格斯提出的无产阶级革命需要重视"思想武器"的观点,拉开了马克思主义作为无产阶级意识形态现实化转向的序幕。

一、垄断资本主义的国际扩张与垄断资本主义意识形态批判

卢森堡、拉法格、希法亭、考茨基等第二国际理论家们对垄断资本主义特征进行分析,为马克思主义意识形态理论的发展提供了基础,也为列宁提出帝国主义论提供了重要思想素材。

恩格斯在编辑《资本论》第 3 卷时,对垄断组织进行了深入研究,特别指出了交易所成为垄断资本主义生产方式新变化最突出的代表。第二国际的理论家们从不同侧面进一步揭示垄断资本主义的特征,普列汉诺夫对英国和美国工商业垄断组织的发展进行了研究,提出垄断是工业发展自然的和不可避免的结果。拉法格对美国资本主义垄断组织进行深入研究,提出金融资本在现代资本主义中占统治地位的思想,系统探讨了现代垄断组织形式——托拉斯的问题。奥托·鲍威尔对帝国主义问题进行了专门研究,强调了经济危机、资本输出和垄断组织的作用,同时对帝国主义的意识形态进行了专门论述。希法亭"提供了关于资本主义的特殊阶段即其现代形态的一个完整理论"[1]。

二、无产阶级的阶级意识危机与金融资本意识形态批判

希法亭从金融资本主导的垄断资本主义生产体系分析入手,揭示了工人阶级的阶级意识被国家主义和民族主义意识形态取代这一事实。希法亭虽然没有直接指向无产阶级意识形态建设问题,但是他的分析内在地包含了他对

---

[1] 张一兵主编:《资本主义理解史》第 2 卷,江苏人民出版社 2009 年版,第 399 页。

无产阶级阶级意识在新的时代背景下被消解的现实发展趋势,这一无产阶级意识形态危机在卢森堡等革命家的理论和实践中也进一步被明确,昭示着马克思主义意识形态理论焦点转向的现实性和必要性。

（一）金融资本意识形态服务于资本国际扩张的政策和思想体系

希法亭在《金融资本》中分析了帝国主义的政治制度和意识形态。希法亭指出,帝国主义对外经济政策的本质是保护关税、资本输出和"经济区的扩张",表现为包括整个民族和国家的利益;随着新的垄断资本集团参与到资本国际扩张的过程中,在政治上必然表现为军国主义和战争政策。金融资本使资产阶级的意识形态也发生了变化,从老的自由贸易论者那里的自由、和平和人道主义转向新时期的资本垄断统治和本民族国家对其他任何民族国家的统治。"金融资本所希望的不是自由,而是统治;它对个别资本家的独立性毫无兴趣,而是要求对后者的束缚。它厌恶竞争的无政府状态,希求组织,当然只是为了能够在越来越高的阶段上展开竞争。但是,为了达到这种目的,维持和加强自己的优势,它需要国家通过关税政策和税收政策保证其国内市场,并有助于它征服外国市场。它需要政治上强大的国家,这个国家在其商业政策上不必考虑其他国家的对立利益。它需要强大的国家使自己的金融利益延伸到国外。"[1]希法亭对金融资本意识形态的分析揭示了资本拜物教的最高形态——金融资本拜物教的意识形态根源和特征。

（二）"国家主义"和"民族主义"意识形态取代了阶级斗争和无产阶级的阶级意识

与国际扩张的垄断政策和意识形态相互配合,金融资本在国内政治制度上则表现为阶级统治的加强,体现为国家理念和民族共同活动代替了阶级斗争。"寡头统治的理想代替了民主平等的理想。但是,如果说这种理想在对外政策范围内表面上还包括整个民族,那末,它在国内政策范围内却加强了雇主对工人阶级的阵地。同时,工人日益增长的力量,也加强了资本进一步强化作为反对无产阶级要求的保障的国家权力的努力。"[2]

---

① ［德］鲁道夫·希法亭:《金融资本》,福民等译,商务印书馆 1994 年版,第 385 页。
② ［德］鲁道夫·希法亭:《金融资本》,福民等译,商务印书馆 1994 年版,第 387 页。

"于是,帝国主义思想体系便产生了,它是对旧的自由主义理想的否定。它嘲笑后者的天真。在武器优势是最终主宰的资本主义斗争世界里,相信利益的和谐是多么可笑的幻想! 在只有权力才能决定人们命运的地方,期待永久和平的王国,进行国际法的说教,又是多么可笑的幻想。想把国内法律关系的调节移往国外,是多么愚蠢。这种把工人变成为劳动问题、在国内发明社会改良以及想在殖民地消除契约奴隶制(这是合理化地进行剥削的唯一可能性)的人道主义幻想,是对事业多么不负责任的干扰。永恒的正义是一个美梦,而用道德是不可能在国内建起铁路来的。如果我们想期待竞争的幡然悔悟,那我们怎样能征服世界呢?"①

"但是,帝国主义以消除一切幻想来取代资产阶级已经黯然失色的理想,仅仅是为了唤起一个新的更大的幻想。在衡量资本主义利益集团之间的实际冲突时,它保持清醒的头脑,它把整个政策理解为互相斗争但又互相联合的资本主义辛迪加之间的事情。但是,当它暴露自己的理想时,就变得很迷人和令人陶醉了。……它以严峻而清晰的目光观察这些混杂的民族,并看到自己的民族凌驾于所有民族之上。这个民族是实实在在的,生活在强大的、越来越强大的国家之中。这个民族地位的提高值得它付出一切努力。于是,便达到了把个人利益献于较高的一般利益,而后者是一切有生命力的社会思想体系的条件;与人民相异己的国家同民族本身被联结为一个统一体;民族思想被作为政治的推动力。阶级对抗消失于为整体利益服务之中。为民族强大的共同目标而联合起来的民族的共同行动,代替了对所有者阶级来说是绝望的和危险的阶级斗争。"②希法亭从金融资本主导的垄断资本主义生产体系分析入手,他发现了欧美国内政治和社会治理政策的本质属性是服务于垄断资本主义的国际扩张和资本竞争这一本质利益的政治上层建筑,与之相适应的是,在思想上层建筑领域,资本主义意识形态从对自由竞争秩序的崇拜转向塑造有利于金融资本垄断秩序的国家主义和民族主义意识形态。垄断资本利益取得了国家和民族整体利益的形式,资本国际竞争的国际矛盾成为超越国内阶级矛盾

---

① [德]鲁道夫·希法亭:《金融资本》,福民等译,商务印书馆 1994 年版,第 387 页。
② [德]鲁道夫·希法亭:《金融资本》,福民等译,商务印书馆 1994 年版,第 387—388 页。

的"正义"化身,工人阶级的阶级利益被整合在资本国际垄断利益当中,阶级矛盾被消解,工人阶级的阶级意识被国家主义和民族主义意识形态取代。希法亭对金融资本的经济基础和上层建筑之间关系的分析深刻地揭示了无产阶级的阶级意识危机的根源和发生机制,并预言了各国金融垄断资本争夺世界市场必然引发世界范围内的战争。这里潜藏的进一步问题就是无产阶级的阶级意识如何在新的时代保持其生命力? 这个问题在对修正主义的批判中进一步凸显出来。

三、欧洲无产阶级的意识形态危机与对修正主义的意识形态批判

面对伯恩施坦等修正主义者和机会主义者的进攻,罗莎·卢森堡、梅林、蔡特金、倍倍尔、普列汉诺夫等德国社会民主党人和第二国际的一些马克思主义理论家,从不同侧面进行了回击。他们深刻剖析了帝国主义阶段的意识形态,坚决地批判以修正主义为代表的各种资产阶级和小资产阶级意识形态,揭露了这些意识形态在社会历史观、经济学和无产阶级革命学说等方面的谬误,捍卫马克思主义的科学性,树立马克思主义在凝聚无产阶级革命意识、指导无产阶级运动中的指导思想地位。第二国际革命理论家们在捍卫马克思主义的过程中,提出了在垄断资本主义国际扩张和国际竞争的新阶段,加强工人阶级政党的思想建设的必要性,这实际上提出了无产阶级运动中,马克思主义意识形态建设的必要性和现实性问题。他们的理论成果为马克思主义意识形态理论的发展提供了丰富的思想素材,也包含着无产阶级意识形态建设思想的萌芽。但遗憾的是,他们没有从马克思主义出发,科学回答新历史时期的资本主义经济、政治新变化和新时期的无产阶级革命运动的战略、策略和前途等时代问题,从而使修正主义,机会主义等意识形态在 20 世纪最初时期蔓延开来,甚至一度成为欧洲工人运动中颇为流行的思想潮流。

（一）修正主义的实质

罗莎·卢森堡等马克思主义理论家们指出,修正主义的实质是通过对马克思主义的全面攻击,从根本上颠覆马克思主义作为无产阶级政党指导思想的地位。罗莎·卢森堡批判伯恩施坦站在资产阶级的立场上,用主观唯心主

义的新康德主义取代历史唯物主义,用庸俗经济学取代劳动价值论和剩余价值理论,把个别资本主义企业改良的现象当作资本主义的整体现象,进而否定无产阶级革命斗争的必要性,单纯依靠工会和议会斗争的错误。倍倍尔指出伯恩施坦的错误在于把德国资本主义发展的新特征当成是普遍适用的特征,没有全面准确地把握马克思主义意识形态理论的基本前提。倍倍尔用大量统计数据证明伯恩施坦关于资本积聚和资本集中在放缓的错误观点,同时对伯恩施坦曲解马克思的阶级斗争理论、抹杀资本主义社会阶级斗争现实、无视阶级斗争新形势等错误,做了深入的批判。考茨基从阐明马克思主义方法论入手,开展对伯恩施坦主义的批判。考茨基指出,伯恩施坦把马克思的历史发展观说成是宿命论,所阐述的人类社会发展的必然性说成是人类在社会发展中被强制的状况,进而把唯物史观看成是阻碍历史发展的教条主义。

（二）修正主义意识形态的经济和社会根源

奥托·鲍威尔在 1936 年指出修正主义或者改良主义是除了俄国之外的欧洲工人运动的"共产主义者认为通常可以把改良主义的社会主义解释成'工人贵族'的实践和意识形态。关于这一点以下的说法是正确的:事实上改良主义只有在这样的国家才能发展起来,即享有民主权利的工人阶级能够利用相对有利的经济局面,在工会和政治斗争中取得显著的经济和社会成果;也就是说只有在工人能够在卓有成效的斗争,根本改善其经济状况和社会地位的国家和时期。属于这种情况的地方在领导层和群众中就会发展起特殊的改良主义意识形态:相信工人阶级在资本主义社会内部能够取得越来越广泛、越来越大的成功,这样,无须革命的爆发就能'挖空'资本主义。由此可见,这种意识形态的承载者事实上是在成功的斗争中经济上升的工人。但这不是工人中的少数,不能被称作'工人贵族',而是西欧和中欧和美利坚合众国的大批工人。"①

考茨基指出,伯恩施坦犯了以偏概全的错误,把某些行业中小企业的存在与充斥,用来否定资本积聚和集中的趋势,是对历史事实的视而不见。在考茨基看来,马克思关于资本主义生产方式历史发展趋势的理论,是经得住 19 世

---

① ［奥地利］奥托·鲍威尔:《是在两次世界大战之间吗?（摘录）——世界经济的危机、民主的危机和社会主义的危机》,见马克思主义文库, https://www.marxists.org/chinese/otto-bauer/mia-chinese-otto-bauer-1936.htm。

纪末资本主义经济发展实践检验的,是无产阶级认识资本主义社会内在矛盾和历史趋势的科学武器。

（三）革命理论停滞的根源是欧洲资本主义和工人运动的不充分发展

为什么会出现欧洲无产阶级意识形态的危机呢? 罗莎·卢森堡在1903年写的《马克思主义的停滞和进步》《卡尔·马克思》等文章中,从资本主义社会发展的不充分性出发,提出工人运动在资本主义的不充分发展,还没有达到马克思的革命理论所要求的社会条件,这是革命理论停滞的根源。

"如果我们现在因此而觉察出运动中存在理论停滞状况,这并不是由于我们赖以生存的马克思理论无力向前发展或是它本身已经'过时'……这不是由于我们在实际斗争中'超越'了马克思,相反,是由于马克思在科学创造中事先已经超越了作为实际斗争政党的我们;这并不是由于马克思不再能满足我们的需要,而是由于我们的需要还没有达到运用马克思思想的程度。"[1]罗莎·卢森堡认为以往的被压迫阶级在还是被压迫阶级时就已提出和没落时期的旧文化相对立的自己的新的科学和艺术,并明确表示要取得思想上的统治地位。19世纪末和20世纪初的欧洲工人运动不同于以往欧洲历史上的被压迫阶级,只要他们作为一无所有的阶级仍然生活在资产阶级制度之下,就不可能在力争向上的过程中自动地创造自己的精神文化。只要资本主义社会的经济基础还存在,在这个社会内部就不可能有资产阶级文化以外的文化。因此,"工人阶级只有在从他们当前的阶级状况中完全解放出来以后才可能创造自己的科学和艺术。"[2]"只有当工人阶级从他们今天的生存条件下解放出来时,马克思的研究方法才将和其他生产手段一起社会化,为了全人类的幸福得到充分的利用并且充分发挥它的能量。"[3]

既然无产阶级在没有充分发展的资本主义社会中无法自觉形成无产阶级意识形态,只有当工人阶级获得解放,才能创造自己的精神文化,那么是否意味着无产阶级革命会因为无法获得科学的理论而必然失败呢? 罗莎·卢森堡

---

①　《卢森堡文选》,人民出版社1984年版,第476页。
②　《卢森堡文选》,人民出版社1984年版,第475页。
③　《卢森堡文选》,人民出版社1984年版,第476—477页。

在《卡尔·马克思》中,提出"马克思可以说是发现了作为一个历史范畴的现代工人阶级,也就是一个具有特定的历史存在条件和运动规律的阶级……马克思在从当今社会的基础上自然发生的无产阶级运动同社会主义之间架设起来的桥梁是:为夺取政权而进行的阶级斗争。"①她从马克思的唯物主义历史观和关于资本主义社会发展的理论出发,提出马克思的理论发现。迄今为止一切社会的历史归根到底都是社会的生产和交换的历史,马克思从中找到了社会主义存在同思维,也就是使社会主义运动的历史存在形式同社会意识相一致的方法和途径。罗莎·卢森堡在这里指出了马克思理论的科学性在于"这样的认识,即人们必须从各阶级利益和集团利益、从物质生活的各种矛盾、归根到底'从社会生产力和生产关系之间的'现有矛盾去解释社会意识的各种形式(也包括资产阶级政策)的内在的分裂状态"②,并进一步提出马克思的理论实际上就是无产阶级自觉开展阶级斗争的理论。罗莎·卢森堡提出:"自从有了马克思,并且由于有了马克思,才有了社会主义的工人政策,这一政策同时又是革命的现实的政策,而且是就这两个词的最完满的意义来说的。"③她从工人运动的政策角度肯定了马克思的理论作为无产阶级开展阶级斗争的意识形态的历史意义。

在论证了马克思的理论揭示无产阶级运动存在的历史根源和发展趋势的基础上,罗莎·卢森堡探讨了马克思的理论与工人运动实践的历史关系问题,明确提出马克思的理论是工人阶级意识形态。首先,马克思关于阶级对立的社会形态必然通向共产主义的科学认识是经济发展和政治发展的某一特定阶段,即从资本主义历史阶段向社会主义历史阶段过渡的时期在思想上的反映。其次,它又不仅仅是一种反映,而且是关于这种历史进程的主体性思想创造的成果,即无产阶级的阶级意识形态,"要知道,如果马克思的这种认识不成为社会的认识、不成为某一特定的社会阶级即现代无产阶级的认识,那么被马克思认识到的这一历史过渡是绝对不会实现的。这种由马克思的理论阐述的历史变革需要以下列条件为前提:马克思的理论成为工人阶级的意识形态,并且

---

① 《卢森堡文选》上卷,人民出版社 1984 年版,第 478—479 页。
② 《卢森堡文选》上卷,人民出版社 1984 年版,第 482 页。
③ 《卢森堡文选》上卷,人民出版社 1984 年版,第 482 页。

作为这种意识形态成为历史本身的要素⋯⋯因此,马克思学说就其对于现存社会制度最危险的部分来说,无疑迟早将被'克服'。但只是同现存社会制度一起被克服。"①

四、意识形态内涵的拓展与革命意识形态建设任务的提出

普列汉诺夫的意识形态思想是马克思主义意识形态理论发展历史中的重要里程碑。一方面,他对意识形态的因素、层次和结构等问题进行深入研究,进一步深化了对历史唯物主义中,作为思想上层建筑的意识形态发挥作用的内在机制的认识,为马克思主义意识形态理论的转向奠定了理论基础;另一方面,明确提出了马克思主义理论家们和工人运动的领导者的首要任务是向劳动者阶级传播革命理论,团结革命力量。另外,罗莎·卢森堡也提出了党的专职理论家要加强党的思想统一工作。他们的思想为列宁彻底完成马克思主义意识形态理论的转向提供了前提和借鉴。

在俄国传播马克思主义的一系列人物中,普列汉诺夫是最早的一个。他是俄国社会民主工党的主要创立者之一。他创建了俄国第一个马克思主义团体,并且出席了1889年第二国际的成立大会。普列汉诺夫不仅在捍卫和推广马克思主义在俄国的传播中,而且在关于宗教、艺术等意识形态的具体内容的研究和发展中也起到了重要作用。马克思恩格斯在否定和批判意义上看待意识形态,普列汉诺夫在坚持和发展马克思主义的基础上,一方面继承了意识形态的批判性,另一方面又对意识形态理论进行了发展。19世纪末20世纪初,俄国阶级矛盾激化、社会纷争不断。在此背景下,普列汉诺夫一方面用马克思主义的立场、观点和方法对当时俄国的各种意识形态进行批判,另一方面开始探索马克思主义作为主体内容的无产阶级意识形态体系问题。

(一)意识形态内涵的进一步拓展

在意识形态理论的发展史上,普列汉诺夫对意识形态批判理论及其发展规律进行了合理发展,并且在一定意义上促使马克思意识形态的批判性向建构性转变。"正是普列汉诺夫在马克思和恩格斯的理论原则下对社会意识、

---

① 《卢森堡文选》上卷,人民出版社1984年版,第486—487页。

意识形态进行了全面研究和改变,使意识形态概念具有了新的内涵。这里最为主要的就是意识形态概念的中性化理解。"①

中性化的意识形态内涵在马克思和恩格斯的著作中均有体现,在《德意志意识形态》中,马克思和恩格斯第一次提出从历史唯物主义视角对经济基础与观念的上层建筑之间关系的理解,在《路易·波拿巴的雾月十八日》里,马克思进一步提出对意识形态构成因素的理解,即"在不同的财产形式上,在社会生存条件上,耸立着由各种不同的,表现独特的情感、幻想、思想方式和人生观构成的整个上层建筑"②。在《〈政治经济学批判〉序言》里,马克思明确提出意识形态与经济基础之间在历史发展中的动态关系。普列汉诺夫对意识形态概念的中性化理解就是马克思主义恩格斯这种见解的进一步展开。

首先,普列汉诺夫沿用马克思主义的唯物主义的方法,认为人们的思想来源于经济关系,并且这种经济关系又受制于生产力状况的发展。他不再习惯于社会存在决定社会意识的传统说法,开始探索和研究这种"决定"作用的发生机制。一方面,普列汉诺夫沿用唯物主义历史观的基本内涵。另一方面,普列汉诺夫不仅进一步指出经济基础、阶级斗争、地理环境等因素对意识形态的影响作用,还将社会意识划分为社会心理和意识形态两种构成形式。他在1893 年论述了意识形态产生的生产力基础,认为生产力的发展程度决定着人们在生产生活中的关系,社会形式就是表现了这些人的关系的一种形式,"与这种社会形式相适应的一定的精神状况和道德状况;与这种状况所产生的那些能力、趣味和倾向相一致的宗教、哲学、文学、艺术。"③

其次,普列汉诺夫对意识形态进行了等级区分。普列汉诺夫对意识形态进行了低级和高级的区分,他认为法权是低级的意识形态,哲学、艺术和科学等是高级的意识形态,社会心理在社会存在与社会意识之间发挥着重要作用,"社会心理永远顺从它的经济的目的,永远适合于它,永远为它所决定。"④这

---

① 周宏:《普列汉诺夫的意识形态概念》,《南京社会科学》2007 年第 8 期。
② 《马克思恩格斯选集》第 1 卷,人民出版社 2012 年版,第 695 页。
③ 《普列汉诺夫哲学著作选集》第 2 卷,生活·读书·新知三联书店 1961 年版,第 186—187 页。
④ 《普列汉诺夫哲学著作选集》第 1 卷,生活·读书·新知三联书店 1962 年版,第 715 页。

意味着,在普列汉诺夫看来,社会心理也构成社会精神现象的重要组成部分,并从根本上受到社会存在的影响,反映社会经济生活,而在有阶级存在的社会中,阶级斗争对社会心理的形成有着重要影响。另外,社会心理还会受到不同时期社会政治结构的影响。

普列汉诺夫引入社会心理这一概念,初步探索了意识形态传播机制。这里的社会心理不是心理学意义上的个体心理,而是对社会的日常生活意识的理解。他揭示了日常生活意识和意识形态之间的区别和联系,以及特定社会的经济结构、政治结构作为意识形态发挥作用的场域,推动意识形态向日常生活意识渗透的过程。

第三,普列汉诺夫明确了意识形态在社会结构中的地位。普列汉诺夫在马克思关于经济基础与上层建筑之间关系的思想基础上,进一步提出了社会结构的"公式",提出了他对意识形态运行机制的观点。在他看来,"生产力的状况""经济关系""社会政治制度""社会中的人的心理""各种思想体系"①这五种因素是社会结构中的重要成分且相互作用和反作用。在社会心理与意识形态的关系方面,普列汉诺夫认为意识形态受到社会心理的深刻影响,哲学等意识形态都是在社会心理的基础上发展而来。同样,意识形态对社会心理的发展也起到一定的反作用。普列汉诺夫在社会存在与社会意识之间看到了社会心理的中介作用。在他看来,社会心理与生产力的发展状况相适应,"社会的心理永远顺从它的经济的目的。永远适合于它,永远为它所决定。"②

（二）无产阶级意识形态是无产阶级运动的前提

普列汉诺夫在推进意识形态内涵理解的基础上,其最重要的贡献在于提出"没有革命的理论,就没有革命的运动"的思想。他纠正了第二国际时期在工人运动中存在的,对马克思的意识形态思想的教条主义误解和歪曲。在这些误解或者歪曲的理论中,他们认为:第一,主导社会的经济基础是资产阶级占有方式和生产方式以及与之相适应的社会经济关系,与之相适应的只能是资产阶级的意识形态,而不可能是其他阶级的意识形态,这是历史必然性的结

---

① 《普列汉诺夫哲学著作选集》第3卷,生活·读书·新知三联书店1962年版,第195页。
② 《普列汉诺夫哲学著作选集》第1卷,生活·读书·新知三联书店1962年版,第715页。

果。普列汉诺夫对这种观点进行了概括:"他们说,经济关系是任何社会组织的基础。这些关系的改变是任何政治改造的原因。……当他们对有财产的各阶级的经济依赖没有被去掉的时候,他们的政治上的被奴役将一直是继续的。工人们所使用的斗争手段必须符合于斗争的目的。经济的革命只有通过在经济基础上的斗争才能达到。"①第二,认为无产阶级的革命理论在这样的社会形态中没有存在的经济基础和历史可能性,必须在阶级斗争中,创建一种符合社会发展必然性,与未来社会经济基础相适应的、作为社会发展指引的无产阶级革命意识。

针对这些观点,普列汉诺夫回顾了资产阶级社会形成过程中,资产阶级政治斗争和意识形态斗争的历史意义,提出无产阶级在斗争中形成自觉意识以及"坚决战斗所必需的坚定性、勇敢和熟练",是社会发展的必然。"现在试问,社会主义者们如果根据社会的政治制度是受它的经济的各种关系所制约的那种理由,来阻挠工人过问'政治',这样做是否合理呢? 当然是不合理的。他们就会剥夺了工人们所赖以进行斗争的据点,使他们没有可能来集中自己的力量并把自己的打击对准他们的剥削者们所创造的社会组织"②。普列汉诺夫对无产阶级政治斗争和阶级意识的阐述实际上论证了无产阶级意识形态建设的现实性和必要性问题。在同一个经济基础上,与这个经济基础不同的,甚至是对立的意识形态的存在都是历史发展的必然结果,他们从不同侧面反映了不同阶级的利益需要。因此,就像资产阶级意识形态反映资本发展的利益需求一样,无产阶级意识形态反映了资本生产体系中的劳动者解放的需要,它不是违背历史规律的,而是历史规律的具体的表现和推进历史发展的必要的存在。

在以上论证的基础上,普列汉诺夫进一步指出无产阶级的革命的意识形态建设的迫切性,提出马克思主义理论家的任务就是建设无产阶级意识形态。"没有革命的理论就没有名副其实的革命运动。任何一个力图解放自己的阶级,任何一个力求达到统治的政党,只有在它代表最进步的社会思潮,因而,是

---

① 《普列汉诺夫哲学著作选集》第 1 卷,生活·读书·新知三联书店 1962 年版,第 74 页。
② 《普列汉诺夫哲学著作选集》第 1 卷,生活·读书·新知三联书店 1962 年版,第 85 页。

自己时代的最先进思想的担当者的时候才是革命的。就其内容说,革命的思想是一种炸药,它不是世界上任何爆炸物所能代替的。而如果我们的革命运动是在落后的或者错误的理论旗帜下发生的话,它将只在某几方面,但远不是一切方面有革命的意义。"①针对俄国社会民主党的任务,普列汉诺夫认为是把革命的理论变成团结革命力量的思想武器,这是马克思主义理论家的首要任务。"工人的力量,也正如任何别一个阶级的力量一样,顺便说说,是取决于它的政治觉悟的明确性,取决于它的团结性和组织性的。……社会主义知识分子应当在行将到来的解放运动中成为工人阶级的领导者,对工人阶级说明它的政治的和经济的利益,以及这些利益之间的相互关系;应当培养工人阶级在俄国的社会生活中起独立的作用。社会主义知识分子必须用一切力量争取在俄国宪政生活的初期,使我们的工人阶级能作为一个带有确定的社会政治纲领的特殊政党而出现。"②普列汉诺夫从马克思和恩格斯在《德意志意识形态》中提出的作为思想上层建筑的意识形态内涵基础上,进一步丰富了对无产阶级意识形态内涵的理解。

（三）党的思想建设任务的提出加速了马克思主义意识形态理论现实化的实践进程

罗莎·卢森堡在批判修正主义的同时,明确指出思想建设的重要性。在1898年德国社会民主党斯图加特代表大会上,卢森堡明确提出"某些知名的同志的一些言论"(伯恩施坦主义言论)在党内造成了混乱,对这些言论"只限于在报刊上进行讨论是不够的,因为每次都只是表达了作者的个人意见。然而对这次提出讨论的党的生活中的一些基本问题,全党都必须表示态度,全党必须对正确的观点表示认可,要这样做,党代表大会就是唯一的机会"③。卢森堡把用正确的理论统一全党思想作为社会民主党代表大会的头等大事,这一认识表明第二国际马克思主义理论家们已经认识到主动开展马克思主义意识形态建设,对于凝聚无产阶级的阶级意识具有重要意义。在无产阶级革命运动方面,罗莎·卢森堡提出,要像反对极左派那样去反对右倾机会主义,防

---

① 《普列汉诺夫哲学著作选集》第1卷,生活·读书·新知三联书店1962年版,第98页。
② 《普列汉诺夫哲学著作选集》第1卷,生活·读书·新知三联书店1962年版,第113页。
③ 《卢森堡文选》上卷,人民出版社1984年版,第39页。

止伯恩施坦修正主义破坏无产阶级政党的路线、方针、政策和策略的正确性。罗莎·卢森堡还强调,党的"专职理论家"要在重要的理论问题的争论上,能在战斗开始就站在岗位上,纠正各种资产阶级和小资产阶级意识形态的影响,捍卫马克思主义,加强党的思想建设。罗莎·卢森堡提出了无产阶级革命的意识形态建设的重要性,特别是提出了工人政党在塑造无产阶级革命意识形态过程中责无旁贷,必须要承担起统一思想、凝聚力量的作用。这一作用是开展与资产阶级意识形态领域的斗争,纠正工人运动错误发展方向的必然要求。无产阶级政治斗争和思想斗争是马克思主义意识形态理论形成的实践基础。

第三节　俄国无产阶级革命道路与马克思主义意识形态理论现实化的全面推进

列宁积极参与到第二国际时期对各种非马克思主义思想的批判中,他坚持马克思和恩格斯的分析方法,立足俄国无产阶级革命发展的形势和需要,剖析了资本主义新特征和新的历史条件下错综复杂的阶级矛盾和民族矛盾;提出了马克思主义是科学的革命理论,是无产阶级的意识形态的思想,强调要捍卫和发展马克思主义基本理论和无产阶级革命学说。

列宁的意识形态理论和实践是对马克思主义意识形态理论的现实化、具体化。马克思和恩格斯从两个角度批判意识形态,一是阶级统治的思想上层建筑角度,二是资本主义生产方式所形成的日常生活形态和社会观念形态角度。列宁则从被统治阶级开展革命的科学指导思想角度重新认识意识形态的内涵和价值。这种转化并不是对马克思主义的颠覆,而是看待意识形态的视角发生了变化,马克思从历史唯物主义的视角揭示了意识形态的颠倒性、虚假性,列宁则从政治斗争的现实需要出发,更倾向于意识形态在阶级斗争和社会主义建设中的功能发挥。

一、对各种错误思潮的批判与马克思主义意识形态理论的具体化

在俄国革命活动中,列宁首先面对的就是民粹主义在俄国社会思想界造

成的混乱以及该意识形态对马克思主义本身的攻击和歪曲。民粹主义作为一种意识形态本身反映了小资产阶级的阶级利益,是修正主义在俄国的一种独特变种。"而民粹派分子的意识形态则是小资产阶级的,在许多方面是反动的。"①列宁对俄国民粹主义特别是自由主义民粹派的批判体现了作为无产阶级意识形态的马克思主义与资产阶级小资产阶级思潮之间的对立,具体表现在如何看待俄国村社与资本主义制度的关系,如何看待俄国资本主义发展的现状与未来走向以及俄国社会现实中无产阶级的阶级地位与阶级力量、分析社会历史发展的方法论、马克思的理论在当时俄国的适用性的争论等。列宁在革命实践活动中所面对的首要问题就是如何处理自由主义民粹派与马克思主义两种意识形态的冲突。

　　列宁强调无产阶级革命意识形态,重在解决俄国革命道路问题。相对于马克思和恩格斯的意识形态批判活动,列宁的意识形态批判具有明显的具体化、现实化特征。一是在如何认识资本主义的问题上,马克思和恩格斯对资本主义生产方式及其相适应的意识形态进行了整体性批判,或者可以称为对"意识形态一般"和"资产阶级意识形态一般"的批判。马克思和恩格斯晚年也进一步加强了对工人运动中的机会主义等资产阶级意识形态倾向的批判,但并未完全展开。列宁在认识资本主义及其意识形态的问题上,更加注重对俄国资本主义发展进步性和现实意义的挖掘,强调俄国资本主义发展的特殊性是俄国民主革命必然走向社会主义革命以及无产阶级必须争取革命领导权的现实依据。二是在意识形态建设问题上,列宁积极探寻以无产阶级政党组织建设和强化宣传的方式推动无产阶级意识形态建设的策略方针。三是在马克思主义的意识形态性质问题上,列宁论证马克思主义的科学性和无产阶级意识形态属性,在此基础上,展开对非马克思主义意识形态(形形色色的资产阶级意识形态)的批判,这是自觉地以马克思主义作为无产阶级意识形态(科学的意识形态或社会主义意识形态),对俄国各种资产阶级、小资产阶级和封建统治阶级意识形态的批判。列宁的意识形态理论和实践既是对资产阶级意识形态的批判过程,也是启发、凝聚俄国无产阶级革命意识和建构俄国无产阶

---

① 《列宁全集》第2卷,人民出版社2013年版,第396页。

级革命意识形态体系的过程。

在列宁看来,俄国马克思主义者必须要自觉地寻求科学的革命理论与俄国无产阶级革命运动相统一,为俄国无产阶级开展社会主义革命和建立无产阶级政权服务。一方面要通过论证、阐发马克思主义的科学性,运用马克思主义批判资产阶级意识形态的非科学性,使马克思主义得到俄国无产阶级、革命群众的认同,激发他们的革命意识;另一方面要通过意识形态建设,强化无产阶级政党组织的理论自信和自觉,使无产阶级政党成为革命的发动者、组织者、宣传者和领导者。

（一）批判自由主义民粹派,确立马克思主义意识形态理论的科学性

19 世纪末到 20 世纪初,由俄国经济变革引发的社会各阶级的矛盾继续激化,由此伴生的表达不同阶级利益的意识形态开始争夺主导权,民粹主义、合法马克思主义、修正主义、马克思主义等多种意识形态此起彼伏,争论不断。这些意识形态在表达自身阶级利益的同时,也都在各自领域探寻俄国社会未来的发展方向以及俄国问题的解决方案。其一是民粹主义宣扬的由农村公社向社会主义的过渡,其二是合法马克思主义鼓吹的资本主义道路,其三是列宁等人倡导的马克思主义指导下的社会发展道路。尽管前两个派别都对社会发展问题进行了各自探讨,但他们一方面忽视了俄国社会发展的实际状况——俄国资本主义的发展,另一方面也没有看到科学的意识形态在指导革命和凝聚人心方面的作用。"所以《资本论》一出现,'俄国资本主义的命运'问题就成了俄国社会主义者的主要理论问题,最热烈的争论都集中在这个问题上,最重要的纲领性原理的解决都以这个问题为转移。"①关于俄国社会将实现什么样的发展问题,包括俄国革命民主主义者在内的各派别都提出了不同的看法。赫尔岑和车尔尼雪夫斯基等革命家看到了西欧国家资本主义制度中存在的诸多矛盾,并试图探寻一条符合俄国实际的道路选择。他们从欧洲资本主义以及马克思关于社会发展道路中寻找答案。但是,他们脱离了人类历史发展的客观规律以及俄国资本主义发展状况的实际,所进行的道路探寻活动是不能引导俄国社会更进一步向前发展的。19 世纪 60 年代末的民粹主义,以拉甫罗

---

① 《列宁全集》第 1 卷,人民出版社 2013 年版,第 232 页。

夫、巴枯宁、沃龙佐夫等为代表,他们认为俄国的资本主义是不能发展起来的,其中沃龙佐夫提出"的确有不少迹象不仅可以说明我国已经走上资本主义的发展道路,而且甚至可以使粗心的观察者上当,以为我国已经相当迅速地在既定的道路上前进……尽管存在这些可观的表面现象,然而我们仍然认为这一切大都是资本主义的儿戏,并非真正资本主义关系的表现。"①

列宁与民粹派论战的实质是关于资本主义发展条件、现状及走向的论战,他在批判民粹派的同时,利用各种数据材料,在较为困难的情况下研究了俄国资本主义发展的实际状况。就是通过这样的探索,列宁回答了俄国要不要经过资本主义,能不能避免资本主义的问题,进一步清晰了俄国未来社会的领导阶级问题——未来革命的领导者是农民还是无产阶级的问题。这种研究一方面深刻体现了列宁对俄国基本国情的把握和认识,另一方面也用事实回应了民粹派否认或质疑俄国资本主义发展的现实,同时也为后来的革命实践活动以及意识形态建设提供了重要的前提保证。

1. 批判自由主义民粹派对各国国情的错误认识,提出无产阶级使命的历史必然性

列宁运用马克思主义经济学的基本观点,结合俄国当时农村资本主义、工业资本主义的发展实际,全面、系统地分析和考察了资本主义在俄国的发展历程、发展现状以及发展趋势,明确指出了民粹派在经济问题上的缺陷,提出无产阶级在俄国社会革命中的领导作用,为列宁研究无产阶级意识形态建设问题明确了对象和方向。

第一,列宁对俄国国情的分析和对自由主义民粹派的批判。

首先,列宁指出民粹派将俄国农村的村社与俄国资本主义发展对立的观点是错误的。民粹派认为,俄国的农村村社具有超越资本主义的优越性,并且能够以此直接过渡到未来的社会主义社会。而当农村中已经出现不容忽视的资本主义力量的时候,自由主义民粹派却又将资本主义视为一种偶然性的产生或者归结为儿戏。列宁指出,自由主义民粹派关于村社与资本主义关系的

---

① 转引自丁云本:《马克思列宁主义的实践与发展》,浙江人民出版社1992年版,第172页。

观点,没有正视村社化程度高的农村存在的"高利贷资本"和各种形式的"盘剥"。这种将村社与俄国资本主义发展相冲突的看法存在着歪曲与空想。

其次,列宁指出民粹派关于资本主义与商品经济发展的关系的认识上存在错误。民粹派没有看到人口从农业转向工业的行为对农业产生的影响。他们将俄国资本主义发展看成缺乏根基的现象,并将之视为人为原因造成的,指责"各种各样的奸诈之徒在不断混进生活之中,并按自己的方式改造生活"①。这表明自由主义民粹派没有看到俄国资本主义的发展的重要前提就是商品经济的长期发展。在列宁看来,俄国农民在这一时期已经处于商品经济之中,农民的个人消费和经营都受到市场的影响。俄国农村中以经济关系为主要内容的社会结构已经存在着商品经济和资本主义与生俱来的一切矛盾。农民中存在的一切经济矛盾的总和构成了农民的分化。农村各个阶级之间出现的分化,一方面表明了俄国农村存在资本主义发展的事实,另一方面也为找到将来的无产阶级的革命力量提供了重要保障。手工业与农业的分离过程,不仅表明资本主义生产关系的确立,还表明二者存在着密不可分的关系。"资本主义不是和'人民制度'相矛盾的东西,而是'人民制度'直接而又直接的继续和发展。"②

列宁考察俄国工业资本主义发展的类型及其关系。列宁认为民粹派所说的小工业的经济组织与大工业的经济组织之间存在深刻对抗的观点是不可靠的。因为大工业与小工业的种种行为都是从自身利益出发的。小手工业者的发展恰恰是处于萌芽状态的资本主义形式,并且农民从小手工业者开始逐渐形成协作。而当生产形式发展为协作时,这个劳动生产率都会得到极大提高。列宁认为,资本主义在打破旧的经济形式和生活方式,改变农民封闭的生活状态以及催生新的阶级力量等方面给社会的发展带来进步。

列宁还分析了资本主义的工场手工业和大机器工业的发展与小生产者的关系。他认为工场手工业是小商品生产与大机器生产的中间环节,在资本主义的各种工业形式中有着较为重要的意义。但由于手工技术仍然是工场手工

---

① 转引自《列宁全集》第1卷,人民出版社2013年版,第311页。
② 《列宁全集》第1卷,人民出版社2013年版,第182页。

业存在的基础,手工业者就因小作坊的存在保持着与农业的联系。列宁认为,大资本的形成才是促成"工场手工业"与工场接近的重要力量,并且"少数较大的作坊和大量小作坊同时并存"构成资本主义工场手工业的典型特征。关于大机器工业的发展,大机器工业是资本主义工业中的最高阶段,这个阶段的显著标志就是机器应用渗透于各个生产过程中。并且技术在整个行业的过渡过程中也是一个重要参照标准,"大机器工业是资本主义的最高峰,是它的消极因素和'积极因素'的最高峰"。① 因此,资本主义发展过程中的手工工场向工厂的过渡非常重要。民粹派混淆了这两个阶段,不能了解资本主义在改革和进步方面的意义。他们将机器大工业的发展问题仅仅归结为工厂统计问题,把资本主义的全部使命归结为工厂工人人数的增加,因而得出错误结论。

第二,列宁初步阐述俄国无产阶级历史使命的必然性与历史具体性。

列宁对资本主义发展的历史过程、生产方式的类型以及资本主义发展对俄国起到的积极作用等情况分析以后,已经初步看到了无产阶级在俄国社会历史发展中的革命作用。1907 年 7 月,列宁进一步阐述无产阶级在资产阶级民主革命中的地位、作用和同盟军的思想。他认为,无产阶级在资产阶级民主革命中具有领导作用,无产阶级在历史运动中的力量远远超过在人口总数中所占的比例。列宁还看到农民在革命运动中的历史作用,指出农民是革命运动之根基。另外,农民在革命进程中、在政党建设以及政治思想流派中都扮演了重要角色。农民中存在的小资产阶级性质,意味着在反革命和革命之间存在着不可避免的动摇性。这种现象同样在资本主义社会不可避免。

列宁认为,在俄国现实的经济基础之上,即农民开始分化、资产阶级稳步发展基础之上的俄国革命,必然是资产阶级性质革命。只有对俄国的各个阶级的地位和利益诉求进行实事求是的分析,才能解决好俄国的经济和政治问题。资产阶级革命不完全是资产阶级领导,在俄国现有经济基础上进行的资产阶级革命可能有两种路线和结局。第一种情况是旧的地主经济得以保留,并逐渐发展成为容克资本主义经济,国家将长期保持农奴制的特点,土地制度

---

① 《列宁全集》第 3 卷,人民出版社 2013 年版,第 415 页。

变为资本主义制度。第二种情况是革命彻底清除农奴制的一切残余、废除旧的地主经济。在第一种情况下,自由主义君主派的资产者和地主将起主要作用。第二种情况下,如果资产阶级因动摇或反革命而出现保持中立的情况,那么无产阶级和农民群众在这时能够起到主要作用。因此,生产力可以在工人和农民处于商品生产比较有利的条件下得到迅速和自由的发展。这样,就为工人阶级实现社会主义改造的任务提供了极为有利的条件。列宁还强调,资本主义演进因素中会存在多种多样的结合,决不能仅仅引用马克思主义中关于历史的一个结论来解决社会发展中的复杂问题。无产阶级和农民要做到的就是彻底废除农奴制和资本主义,实现社会主义。

列宁对俄国资本主义发展状况的系统论证,透彻分析了俄国农村阶级力量的分化现实以及社会各阶级的力量对比,澄清了处于分化中的俄国社会各阶级的利益诉求及可能的意识形态走向。

总之,列宁对俄国资本主义发展状况的系统研究,呈现了俄国农村经济形态和阶级力量分化的现实,也指认资本主义发展给俄国社会带来的进步意义。这种研究本身直接回应了俄国内部长久以来关于未来社会发展道路的争论。列宁对于俄国经济事实的分析,更清晰地呈现了当时俄国社会各个阶级的阶级力量对比,以及这些阶级的意识形态内涵。在此基础上,列宁关于无产阶级意识形态建设的目标更进一步清晰呈现。

第三,列宁进一步强调工人阶级是劳动群众唯一的和天然的代表。

列宁批判自由主义民粹派的另一个重要问题就是关于哪个阶级才是推动社会变革的力量。自由主义民粹派没有看到俄国生产关系中的对抗性充分展开,而是幻想通过调解和联合的办法停止阶级斗争。显然,缺少无产阶级这个先进阶级及其阶级斗争,来寻求现存制度的根本改变,只能陷入一种温和的、治标的空想。列宁认为,资本主义发展到大机器工业阶段,生产的社会化不仅造成了走向新社会制度的物质基础,还造就了工厂工人阶级(城市无产阶级)这种新的社会力量。尽管无产阶级与其他劳动阶级都在遭受着剥削,但从社会发展的角度看,无产阶级与以往的社会制度没有丝毫联系,并且该阶级的劳动条件和生活环境能够使他们组织起来,并有可能走上政治斗争的舞台。因此，"俄国工人是俄国全体被剥削劳动群众唯一的和天然的代表。"①而不是民粹派曾经宣扬的农民。列宁已经充分认识到工人阶级进行反抗的动因、走向联合的过程及其最终目标。在资本主义生产方式下，工人的觉悟性得到提高，看到资本在压迫他们，并促使他们进行阶级斗争。因此，不仅要改善工人自身的生存状态，还要组织起来进行反对整个资产阶级的斗争。"工人们已经不能不看出：是资本在压迫他们，必须同资产阶级这个阶级进行斗争。他们这种目的在于满足最迫切的经济需要以改善本身物质状况的斗争，必然要求他们组织起来，必然会成为不是反对个人而是反对阶级的战争，即反对不仅在工厂里而且到处都在压榨和压迫劳动者的那个阶级的战争。所以工厂工人不过是全体被剥削群众的先进代表"。②而无产阶级反对专制制度的民主主义的要求并不是无产阶级的最终目的，而是为无产阶级反对资本的压迫扫清道路。

2. 批判自由主义民粹派社会历史观并确立马克思主义的科学性

唯物主义历史观给人们认识世界的本质、社会发展趋势以及社会发展规律提供了科学的方法，是马克思研究社会发展问题的基本方法。但米海洛夫斯基等自由主义民粹派则对马克思的唯物主义历史观进行了歪曲事实、颠倒黑白的批评。列宁在批判自由民粹派的主观社会学及其唯心主义历史观方法论的过程中，初步展现了马克思主义意识形态理论的科学方法论。

第一，列宁在批判自由主义民粹派的理论基础上论证了唯物主义历史观是唯一科学的社会历史观。

米海洛夫斯基等自由主义民粹派认为人的"本性"和"理想"是社会学研究的出发点，是否合乎"正义"理想是社会制度正常与否的标准。列宁提出，唯物主义将社会学提高到了科学的水平——找到了划分社会形态的客观标准。列宁认为，唯物主义"把生产关系划为社会结构"③，强调了这种划分本身可以重复运用到社会学及其关系上来。但是，这种重复性和常规性是建立在分析"物质的社会关系"而不是"思想的社会关系"之上的。这是因为，局限于人们的意识基础之上的社会关系仅仅呈现的是现象或素材，并不能发现这些

---

① 《列宁全集》第 1 卷，人民出版社 2013 年版，第 263 页。
② 《列宁全集》第 1 卷，人民出版社 2013 年版，第 263 页。
③ 《列宁全集》第 1 卷，人民出版社 2013 年版，第 109 页。

现象的重复性和常规性,而分析物质的社会关系就可以发现其中的重复性和常规性,以社会形态概括各国制度,才能以科学态度分析各种社会现象,由个别上升到一般,发现个别资本主义国家的不同之处和一切资本主义国家的共同点。

列宁认为,马克思使社会学走向科学的另一个关键之处在于"把社会关系归结于生产关系,把生产关系归结于生产力的水平"①。这两个归结为将社会形态看成自然历史过程提供了重要根据,找到了决定人类社会历史发展的依据,分清了社会现象中本质与必然的联系,打破了以往社会学家以臆想或主观判断代替社会发展现实的做法。以往的社会学家将社会发展的决定力量往往归结为生产力之外,这种认识一方面没有找到社会发展的根本力量,另一方面容易在探寻社会发展根源的路途中走向神秘主义或人本主义。列宁认为,马克思从多个经济形态中着重研究了商品经济体系,并且研究分析了该形态的活动规律和发展规律。在这个研究过程中,马克思围绕生产关系而不是之外的因素,揭示了商品经济到资本主义社会经济组织的发展过程,并且指明了资产阶级与无产阶级的矛盾。

列宁指出,马克思用生产关系对于社会形态和发展的科学分析,构成了《资本论》的"骨骼",但他还探究了建立在生产关系之上的上层建筑,使骨骼"有血有肉"。正因如此,我们才可以清晰地看到资本主义社会形态的阶级对抗及其表现、维护资产阶级统治的政治上层建筑、资产阶级宣扬的自由平等的思想以及家庭关系。马克思彻底推翻了主观意志可以决定社会发展的观点,找到了社会发展的内在规律及其运行机制,指明了社会关系中的生产关系与生产力范畴及其功能,也就彻底否定了以往社会学家从千头万绪的社会现象或按长官意志、按社会意志和政府意志中寻找社会发展规律的做法。正是在这些重要前提下,列宁坚定认为马克思的唯物史观构成唯一科学的历史观,米海洛夫斯基指责《资本论》中没有唯物主义历史观的叙述的观点是难以成立的。

第二,列宁驳斥了自由主义民粹派对"物质生产方式对社会历史的根本

---

① 《列宁全集》第 1 卷,人民出版社 2013 年版,第 110 页。

制约性"这一观点的歪曲。

米海洛夫斯基指责马克思没有"重新审查"一切关于历史过程的理论。列宁认为,马克思不是从一种先验的、独断的、抽象的议论"从尾"开始,而是以科学态度分析"一种社会(资本主义社会)和一种进步(资本主义进步)"①,抛开了所有这些关于一般社会和一般进步的议论。米海洛夫斯基只不过是将无中生有的东西强加到马克思头上,然后再将他所歪曲的内容归咎于马克思的历史唯物主义。米海洛夫斯基还把马克思没有完全发表的《德意志意识形态》事实,以及恩格斯关于当时"经济史方面的知识还多么不够"的论述,用来指责马克思恩格斯对于资产阶级制度进行批判时的知识是不够的。列宁反驳道,马克思和恩格斯不发表他们的著作表明了他们的科学诚实态度,而不是米海洛夫斯基所认为的知识的匮乏。

列宁还指出,马克思主义对社会的考察深入到历史本质中去,实现了人类认识社会历史的方法创新和变革。马克思对待社会历史发展规律的态度,对资本主义生产方式的唯物主义批判以及对社会主义制度合理性的论证,都不是从所谓人的本性出发的。"资本主义制度变为社会主义制度的必然性"②是社会历史发展的必然结果或者说是自然历史的过程。米海洛夫斯基没有看到关于社会制度发展的必然性的内容,而仅仅关注到了必然性本身。在历史必然性与个人活动的关系处理上,米海洛夫斯基将个人视为"被历史必然性的内在规律从神秘的暗窖里牵出来的傀儡"③。列宁认为,"历史必然性的思想也丝毫不损害个人在历史上的作用:全部历史正是由那些无疑是活动家的个人的行动构成的。"④这里,列宁引出了一个新的问题,即俄国的社会民主党人要实现社会主义制度,如何吸引群众参加并取得重大成果的问题。"俄国经济制度是资产阶级社会,要摆脱这个社会只能有一条从资产阶级制度本质中必然产生的出路,这就是无产阶级反对资产阶级的阶级斗争。"⑤列宁认为,米

---

① 《列宁全集》第 1 卷,人民出版社 2013 年版,第 114 页。
② 《列宁全集》第 1 卷,人民出版社 2013 年版,第 127 页。
③ 《列宁全集》第 1 卷,人民出版社 2013 年版,第 128 页。
④ 《列宁全集》第 1 卷,人民出版社 2013 年版,第 129 页。
⑤ 《列宁全集》第 1 卷,人民出版社 2013 年版,第 129 页。

海洛夫斯基仅仅围绕这个问题兜圈子,没有深刻把握马克思的方法论和社会历史观,忽视个人在历史发展中的作用,他也就看不到俄国社会未来发展的趋势和现实道路。列宁指出,个人在历史发展中的作用与社会历史必然性的发展并不存在实质上的冲突,"全部历史正是由那些无疑是活动家的个人的行动构成的。"①生产力的发展、社会制度的更替、阶级矛盾及斗争的出现等历史现象,都少不了人民群众的参与。而对于俄国来说,只有认清并承认俄国社会的经济制度中的资本主义因素,牢牢把握正在发展中的无产阶级力量,俄国社会的未来才能迎来新的曙光。

列宁对自由主义民粹派历史观的批判,不仅彻底清除了俄国马克思主义发展进程中的一大障碍,还在此过程中明确提出无产阶级历史使命是历史发展客观规律的体现,马克思主义是对社会历史发展规律的科学认识。因此,马克思主义、无产阶级意识形态和科学这三者是完全可以统一的。这就间接否定了把意识形态和科学截然对立的观点,推动了马克思主义意识形态的认识论转向和价值论转向。

(二)批判合法马克思主义,明确马克思主义的阶级属性

列宁彻底揭穿了自由主义民粹派的理论及其小资产阶级意识形态的本质,在批判过程中论证了马克思的经济理论及唯物史观的科学性。而另一种披着马克思主义外衣的意识形态也在俄国社会思想界阻碍着马克思主义作为革命意识形态主流地位的实现。合法马克思主义者站在资产阶级的立场上,鼓吹资本主义,主张实行资产阶级制度,宣扬客观主义。后来俄国社会民主党内出现的经济派和孟什维克主义在一定程度上是合法马克思主义不同表现形式的继承。在列宁看来,尽管合法马克思主义者在反对自由主义民粹派以及抵制俄国社会专制制度中曾经发挥了积极作用,但其根本却是为资产阶级和资本主义制度进行辩护的理论体系。

1. 列宁驳斥了合法马克思主义者对马克思主义的曲解

司徒卢威、杜冈·巴拉诺夫斯基等合法马克思主义者在批判自由主义民粹派的过程中,将马克思的实现论视为产品按比例分配的理论,将资本主义的

---

① 《列宁全集》第 1 卷,人民出版社 2013 年版,第 129 页。

生产发展看成协调和成比例的,认为生产资料的发展可以完全脱离消费资料的生产。列宁认为,司徒卢威对实现论的理解"是不确切的,而且必然会引起误解"。正是因为司徒卢威没有认识到马克思在阐释实现论的过程中,运用的假设和抽象的方法,才会得出对马克思实现论的错误看法。马克思阐述的是社会总资本的再生产和流通过程,在这个过程中,将劳动在资本主义生产部门之间按比例分配进行假设是为了更加明确地说明问题。而在现实的资本主义生产过程之中,社会资本再生产总是能够按比例协调的现象并不总是能够出现。合法马克思主义者对马克思基本理论的曲解,意味着将资本主义内部存在的难以克服的矛盾进行了调和。这种调和在合法马克思主义那里表现为生产与消费总是协调的。但这种观点完全是对马克思主义的刻意曲解。

2. 批判合法马克思主义宣扬客观主义、维护资产阶级利益的实质,提出唯物主义的阶级性

合法马克思主义者冠以马克思主义之名,而在对待马克思主义的问题上与俄国真正的马克思主义者背道而驰。他们积极拥护新康德主义取代马克思主义的基本原理,以"客观主义"为资产阶级的利益辩护。列宁在批判合法马克思主义的过程中,明确指出马克思主义的党性原则与科学性的统一。列宁认为,客观主义者与真正的唯物主义者在看待历史过程的必然性的观点上存在差异。司徒卢威忽略了具体社会形态的进步性和阶级斗争的意义,抽象地谈论"现有历史过程的必然性",而唯物主义则深入到具体社会经济形态内部研究其阶级矛盾及对抗关系。在研究历史的必然性时,司徒卢威以客观主义论证俄国资本主义发展的目的就在于"站到为这些事实辩护的立场上"[①]维护资产阶级本身,却无视无产阶级的革命性。在此过程中,列宁提出了唯物主义的党性问题。在列宁看来,"唯物主义本身包含有所谓党性,要求在对事变作任何评价时都必须直率而公开地站到一定社会集团的立场上。"[②]合法马克思主义者以客观主义标榜自身不偏不倚的理论指向,而历史现实与阶级分化使他们不得不站在某一阶级立场上进行观点阐述。

---

① 《列宁全集》第1卷,人民出版社2013年版,第363页。
② 《列宁全集》第1卷,人民出版社2013年版,第363页。

列宁对合法马克思主义的批判,展现了马克思主义的党性原则与资产阶级的党性原则的根本对立。而这种代表资产阶级利益的意识形态在后来俄国发展的各个时期表现为不同的形式。列宁指出:"'合法马克思主义'、'经济主义'和'孟什维主义'是同一个历史趋势的不同的表现形式。"①列宁对意识形态阶级性的明确表述,进一步把马克思主义意识形态理论的价值论问题推向深入,展现了意识形态的阶级性在不同历史时期的多层次表现,暗含着对马克思主义作为无产阶级的意识形态在不同历史时期功能转换问题的理解。

（三）马克思主义是无产阶级的意识形态

列宁在批判自由主义民粹派和合法马克思主义的过程中,阐述了把马克思主义作为无产阶级意识形态的观点,推动马克思主义意识形态理论关注焦点从对作为虚假社会意识的统治阶级意识形态批判转向科学的无产阶级意识形态建设。在《农民生活中新的经济变动》中,列宁分析了俄国农村生活中出现的新的经济现象,并以此批判了民粹派关于村社可以作为社会主义基础的观点。列宁从经济现象出发研究俄国农村发展现状,这意味着他一开始就使用马克思主义的基本理论分析现实问题。1894年,列宁更进一步明确了唯物史观是科学方法,并用这种历史观以及马克思主义经济学对自由主义民粹派进行批判,直击民粹派的主观社会学的错误根基,回应米海洛夫斯基等人对马克思主义基本理论科学性的无视和歪曲。这一时期,列宁在对民粹派的批判中探索了俄国社会各阶级的发展状况以及各阶级的意识形态状况,在同各种小资产阶级和资产阶级意识形态的批判斗争中捍卫了马克思主义意识形态的科学性,实现了马克思主义意识形态的认识论和价值论转向。

1.《什么是"人民之友"以及他们如何攻击社会民主党人?》是列宁研究意识形态问题的重要起点

1894年《什么是"人民之友"以及他们如何攻击社会民主党人?》中,列宁通过对俄国自由主义民粹派的理论基础的批判,已经明确体现并基本确立了研究意识形态问题的唯物主义方法,确立了无产阶级（城市无产阶级）在社会变革中的地位,指明了马克思主义不仅仅是革命理论,还是劳动阶级的意识形

---

① 《列宁全集》第16卷,人民出版社2017年版,第104页。

态。在此过程中，列宁在研究无产阶级意识形态建设问题的研究方法、研究对象以及无产阶级意识形态建设的内容等方面已经得到了较为全面的结论。

首先，意识形态概念首次以引用马克思著作的形式出现。列宁最早对意识形态概念的使用开始于1894年的《什么是"人民之友"以及他们如何攻击社会民主党人?》。在该著作中，列宁批判了米海洛夫斯基宣扬唯心史观以及所谓主观社会学，并且阐述了马克思主义的唯物史观以及辩证法思想。米海洛夫斯基对于马克思主义的歪曲主要表现在对唯物史观以及《资本论》的质疑上，认为《资本论》就是运用所谓的"逻辑力量"将大量的实际材料以及无人所知的经济学家的理论进行的材料堆积，马克思并没有摆脱原有的经济学理论而提出具有实质性创新的东西。在列宁看来，马克思不仅明确提出了《资本论》研究的最终目的是揭示现代社会的发展规律，并且指出了这些规律的基本内容。列宁驳斥米海洛夫斯基的曲解，论述马克思对资本主义社会的发展规律论证过程中，首次引用了马克思对意识形态概念的阐述。"随着经济基础的变更，全部庞大的上层建筑也或慢或快地发生变革。在考察这些变革时，必须时刻把下面两者区别开来：一种是生产的经济条件方面所发生的物质的、可以用自然科学的精确性指明的变革，一种是人们借以意识到这个冲突并力求把它克服的那些法律的、政治的、宗教的、艺术的或哲学的，简言之，意识形态的形式。我们判断一个人不能以他对自己的看法为根据，同样，我们判断这样一个变革时代也不能以它的意识为根据；相反，这个意识必须从物质生活的矛盾中，从社会生产力和生产关系之间的现存冲突中去解释。"①

其次，列宁强调"思想的社会关系不过是物质的社会关系的上层建筑"②。列宁认为，唯物主义的历史观"为了'阐明'历史，不要在思想的社会关系中，而要在物质的社会关系中去寻找基础"③。"思想的社会关系不过是物质的社会关系的上层建筑，而物质的社会关系是不以人的意志和意识为转移而形成的，是人维持生存的活动的（结果）形式。"④列宁将马克思关于唯物史观基本

---

① 《马克思恩格斯全集》第31卷，人民出版社1998年版，第413页。
② 《列宁全集》第1卷，人民出版社2013年版，第121页。
③ 《列宁全集》第1卷，人民出版社2013年版，第120页。
④ 《列宁全集》第1卷，人民出版社2013年版，第121页。

原理的阐述过程作为对米海洛夫斯基批判的论据,将唯物主义历史观视为唯一的社会科学,这成为列宁后来开展革命实践以及探索社会主义建设实践的方法论基础。

第三,列宁主张社会民主党人要在发展无产阶级的阶级觉悟和理论建设工作中发挥作用。

列宁认为社会民主党人不仅要将自身的注意力和希望寄托于无产阶级身上,还要将发展无产阶级的阶级自觉体现在党纲之中,以帮助和吸引无产阶级进行反对现代制度的政治斗争。"当工人阶级的先进代表领会了科学社会主义思想,领会了关于俄国工人的历史使命的思想时,当这些思想得到广泛的传播并在工人中间成立坚固的组织,把他们现时分散的经济战变成自觉的阶级斗争时,俄国工人就会起来率领一切民主分子去推翻专制制度,并引导俄国无产阶级(和全世界无产阶级并肩地)循着公开政治斗争的大道走向胜利的共产主义革命。"[1]

列宁认为,马克思主义揭示了阶级斗争、资本主义固有的必然对抗关系及其发展趋势、无产阶级的历史作用,是建立在对社会发展规律科学认识基础上的革命理论。对于俄国的社会主义知识分子而言,要摆脱从合乎心愿和臆想的社会经济关系寻找立足点的错误,使马克思主义的传播不受曲解,"他们的理论工作的方向应当是具体地研究俄国经济对抗的一切形式,研究它们的联系和一贯发展,凡是这种对抗被政治史、法制特点和传统理论偏见所掩盖的地方,都应把它揭示出来。理论工作应当把我国现实作为一定生产关系的体系给以完备的说明,应当指明劳动者在这个体系下遭受剥削和剥夺的必然性,指明经济发展所昭示的摆脱这个制度的出路。"[2]理论工作要以俄国历史和现实为基础,合乎科学的要求。理论工作的进展直接关系到无产阶级走上社会主义的道路的速度,现代制度本身造成的对生产者剥削严重化,有利于推动无产阶级及其后备军的壮大。唯物主义这个科学方法在社会主义者中的传播有利于克服理论工作的艰巨性。社会主义者要成为无产阶级的思想领导者,就需

---

① 《列宁全集》第 1 卷,人民出版社 2013 年版,第 264 页。
② 《列宁全集》第 1 卷,人民出版社 2013 年版,第 260—261 页。

要将理论工作和实际工作融为一体。"研究,宣传,组织。不做上述理论工作,便不能当思想领导者;不根据事业的需要进行这项工作,不在工人中间宣传这个理论的成果并帮助他们组织起来,也不能当思想领导者。"①

在同一篇著作中,列宁还使用了"意识形态的阶层"②一词。他将"从事物质财富生产的人口"与意识形态阶层在同一句话中提出,实际指的是二者并不能相提并论,我们可以推测出,物质财富生产的人口与意识形态阶层同属于社会阶层中的不同范畴,即意识形态阶层在一定程度上是从事精神生产,创制意识形态的社会群体。

而意识形态灌输论的提法也已经在该著作中以观点引用的方式出场,列宁指出,"考茨基说得十分正确:社会民主党是工人运动和社会主义的结合。要使资本主义的进步作用在我国也'表现出来',我国社会主义者就应该用全部精力进行自己的工作;他们应该更详细地探讨对俄国历史和现实的马克思主义观点,应该更具体地考察在俄国特别模糊而隐蔽的一切阶级斗争形式和剥削形式。他们应该进而把这个理论通俗化,把它灌输给工人,应该帮助工人领会它并制定一个最适合我国条件的组织形式,以便传播社会民主主义并把工人团结为一支政治力量。"③在该著作中,列宁还直接将民粹主义称为小资产阶级意识形态,"民粹主义把自己同马克思主义分开,几乎完全变成了小资产阶级的意识形态。"④显然,列宁之所以将民粹主义看成一种意识形态,其基本依据就是它反映了俄国当时小资产阶级的阶级利益及其诉求。

2. 马克思主义是劳动阶级的意识形态

《民粹主义的经济内容及其在司徒卢威先生的书中受到的批评》是列宁批判俄国"合法马克思主义"的著作。在该著作中,列宁通过逐段对照的方式指明司徒卢威在《俄国经济发展问题的评述》中对民粹主义的批判不是基于马克思主义,而是对马克思主义的背离。列宁明确地指出了马克思主义是

---

① 《列宁全集》第1卷,人民出版社2013年版,第262页。

② 《列宁全集》第1卷,人民出版社2013年版,第278页。

③ 《列宁全集》第1卷,人民出版社2013年版,第284页。

④ 《列宁全集》第1卷,人民出版社2013年版,第384页。这种指称在其后来的著作中还多次出现,如1905年的《关于起义的战斗协议》,1913年的《论民粹主义》。

"劳动阶级的意识形态"。① 司徒卢威是从客观主义而不是彻底的唯物主义立场对民粹主义进行批判,这种批判本身依然将资本主义的发展过程视为合理,没有将阶级斗争理论坚持到底,忽视了民粹派的阶级实质。

二、俄国无产阶级意识形态建设与马克思主义意识形态理论的功能转向

1895 年,列宁建立了彼得堡工人阶级斗争协会,他的研究重心开始转向无产阶级革命政党的建立问题。1898 年俄国社会民主工党宣布成立,但缺少党纲、党章和坚强的领导核心,党内出现了思想混乱和组织涣散等问题。针对这一状况,列宁强调无产阶级政党要主动用马克思主义凝聚无产阶级革命意识,建设无产阶级意识形态。这一思想为马克思主义意识形态理论功能增添了重要内容,从以批判为主转向以批判促进建设,构建无产阶级意识形态理论和推动无产阶级革命。

(一)提高工人的阶级自觉是无产阶级政党开展意识形态工作的重要任务

在《社会民主党纲领草案及其说明》中,列宁提出了"工人的阶级自觉",指出党的活动的内容就是帮助工人进行阶级斗争,并初步涉及如何提高工人的阶级自觉的问题。首先,俄国的工人阶级在反对专制制度以及实现自身解放的过程中,阶级自觉具有重要意义,所谓工人的阶级自觉就是"工人认识到,只有同大工厂所造成的资本家、厂主阶级进行斗争,才是改善自己状况和争得自身解放的唯一手段。其次,工人的自觉就是工人认识到,本国所有工人的利益是相同的,一致的,他们全体组成了一个不同于社会上所有其他任何阶级的独立的阶级。最后,工人的阶级自觉就是工人认识到,为了达到自己的目的,工人必须争取对国家事务的影响,就像土地占有者和资本家已经争取到并且在继续争取对国家事务的影响一样"②。"社会民主党对工人的阶级斗争所能给予的帮助应该是:在工人争取自己最迫切的需要的斗争中给予帮助,以提

---

① 《列宁全集》第 1 卷,人民出版社 2013 年版,第 356 页。
② 《列宁全集》第 2 卷,人民出版社 2013 年版,第 85—86 页。

高他们的阶级自觉。"①通过提高工人的阶级自觉,达到对国家事务产生影响的目的。也就是说,对于俄国工人来说,只有取得了对国家事务和国家管理的影响的政治斗争的胜利,也就是工人阶级联合起来争得对国家政权的影响,才能进行争取自身解放的斗争。

列宁提出无产阶级意识形态建设的具体内容,即社会主义和民主主义思想。所谓社会主义,就是"反对资本家阶级,目标是破坏阶级制度,组织社会主义社会"。② 所谓民主主义的表现就是"反对专制制度,目标是在俄国争得政治自由,并使俄国政治制度和社会制度民主化"③。对于俄国社会民主党人来说,就要到工人中间进行宣传和鼓动工作。"就是在工人中间宣传科学社会主义学说,使工人正确了解现代社会经济制度及其基础与发展,了解俄国社会各个阶级及其相互关系,了解这些阶级相互的斗争,了解工人阶级在这个斗争中的作用,了解工人阶级对于正在没落的阶级和正在发展的阶级、对于资本主义的过去和将来所应采取的态度,了解各国社会民主党和俄国工人阶级的历史任务。"④与宣传相联系的就是鼓动工作,并且在俄国当时的条件下是首要的工作。"无论经济鼓动或政治鼓动,都是为发展无产阶级的阶级自觉所必需的;无论经济鼓动或政治鼓动,都是为领导俄国工人的阶级斗争所必需的,因为任何阶级斗争都是政治斗争。"⑤列宁还进一步指出科学社会主义和阶级斗争学说是革命理论,要全力传播这个学说并不使之受到曲解。

列宁在 1899 年所写的《俄国社会民主党人抗议书》《俄国社会民主党中的倒退倾向》《论〈宣言书〉》是批判经济主义的著作。在这些著作中,列宁初步指出了经济主义意识形态侧重于经济斗争而轻视政治斗争的缺陷,经济派的做法是对马克思主义的背叛,是缩小马克思主义理论以及将革命的工人政党变为改良主义政党的行为,是"把革命的马克思主义降低为一种庸俗的改

---

① 《列宁全集》第 2 卷,人民出版社 2013 年版,第 88 页。
② 《列宁全集》第 2 卷,人民出版社 2013 年版,第 431 页。
③ 《列宁全集》第 2 卷,人民出版社 2013 年版,第 431 页。
④ 《列宁全集》第 2 卷,人民出版社 2013 年版,第 432 页。
⑤ 《列宁全集》第 2 卷,人民出版社 2013 年版,第 435 页。

良主义的思潮"①。列宁强调了马克思主义的阶级斗争是政治斗争与经济斗争的统一,无产阶级在没有政治自由和政治权利受限条件下进行政治斗争,应当建立一个独立的工人政党,"党的主要目的应该是由无产阶级夺取政权来组织社会主义社会。"②因此,社会民主党要进行经济斗争和政治斗争,经济鼓动和政治鼓动,宣传科学社会主义思想和民主主义思想,将革命的马克思主义理论当成工人阶级运动的旗帜,只有实现社会主义与工人的结合,才能使无产阶级的阶级斗争走向自觉斗争。对于俄国来说,推翻专制制度是工人阶级的首要任务,工人只有争得了政治自由之后,才能进行反对资产阶级的斗争,并最终实现无产阶级夺取政权和建立社会主义社会的目标。

(二) 无产阶级意识形态建设要服务于无产阶级的政治和阶级斗争

1899 年《为〈工人报〉写的文章》中,列宁再次指出应当以马克思的理论为依据的重要性。"没有革命理论,就不会有坚强的社会党,因为革命理论能使一切社会党人团结起来,他们从革命理论中能取得一切信念,他们能运用革命理论来确定斗争方法和活动方式"。③ 但这并不意味着马克思的理论是一成不变和神圣不可侵犯的,社会民主党人要在各个方面把这门科学推进。马克思的理论提供的是总的指导原理,要将这些原理进行具体应用。党的纲领的实质就是组织无产阶级进行阶级斗争,最终目的就是夺取政权和组织社会主义社会。阶级斗争又分为经济斗争和政治斗争,不能因为经济斗争忘掉政治斗争。列宁认为,俄国工人应当像欧洲工人那样享有政治权利,经济斗争并不能带来持久地改善。但俄国的君主制条件下全体公民的政治权利都被剥夺,沙皇政府看似不属于任何阶级,但官吏本身却来自有产阶级,受大资本家支配。工人阶级受到资本家和地主的双重压迫,他们的每次反抗都会被警察镇压。列宁指出,"一切经济斗争都必然要变成政治斗争,所以社会民主党应该把这两种斗争紧紧地结合成无产阶级统一的阶级斗争。这种斗争的首要目的应该是争取政治权利,争取政治自由。"④工人阶级走向阶级斗争极其重要

---

① 《列宁全集》第 4 卷,人民出版社 2013 年版,第 152 页。
② 《列宁全集》第 4 卷,人民出版社 2013 年版,第 152 页。
③ 《列宁全集》第 4 卷,人民出版社 2013 年版,第 161 页。
④ 《列宁全集》第 4 卷,人民出版社 2013 年版,第 163 页。

但也是一个过程。"只有当全国整个工人阶级的一切先进人物都意识到自己是属于一个统一的工人阶级,并且开始同整个资本家阶级和维护这个阶级的政府进行斗争,而不是同个别厂主进行斗争的时候,工人的斗争才是阶级斗争。只有当个别的工人意识到自己是整个工人阶级的一员,认识到他每天同个别厂主和个别官吏进行小的斗争就是在反对整个资产阶级和整个政府的时候,他们的斗争才是阶级斗争。"①一切阶级斗争都是政治斗争。工人同资本家的斗争逐渐变为阶级斗争也必然成为政治斗争。社会民主党在这个过程中发挥的作用就是宣传和鼓动,将工人反对压迫者的斗争上升为阶级的斗争,上升为政党实现政治理想和社会主义理想的斗争。社会民主党不应仅仅局限于简单的工人运动,而应是社会主义和工人运动的结合体,赋予工人运动明确的社会主义理想,实现工人的自发运动与革命政党结合为整体。1899 年在《我们党的纲领草案》中,列宁指出了党的纲领对于党的团结一致和始终一贯具有重要意义。革命运动本身也要求制定纲领。革命运动要由分散的工作走向联合和组织,纲领要在这个过程中发挥作用。1900 年《火星报》编辑部声明,运动本身要求具有一定的形态和组织,倾向于对马克思主义的批判和伯恩施坦主义,会使运动停留在低级阶段。社会民主党人应当团结起来,建立一个巩固的党,必须与经济派和伯恩施坦派划清界限,"做到巩固的思想一致,排除意见分歧和思想混乱……用党的纲领来巩固思想一致"②。1900 年,列宁在《我们运动的迫切任务》中提出,"把社会主义思想和政治自觉性灌输到无产阶级群众中去,组织一个和自发工人运动有紧密联系的革命政党。"③在《同经济主义的拥护者商榷》中指出,经济派没有清楚运动的物质的因素和思想的因素的相互关系,"'思想家'所以配称为思想家,就是因为他走在自发运动的前面,为它指出道路,善于比其他人更早地解决运动的'物质因素'自发地遇到的一切理论的、政治的、策略的和组织的问题。"④列宁的一系列观点为无产阶级意识形态建设指出了主体、方法策略、目标等实践内容,推动了马克思主

---

① 《列宁全集》第 4 卷,人民出版社 2013 年版,第 165 页。
② 《列宁全集》第 4 卷,人民出版社 2013 年版,第 316 页。
③ 《列宁全集》第 4 卷,人民出版社 2013 年版,第 335 页。
④ 《列宁全集》第 5 卷,人民出版社 2013 年版,第 326—327 页。

义意识形态理论的现实化进程。

第四节　文本解读:《什么是"人民之友"以及他们如何攻击社会民主党人?》对马克思主义意识形态理论的贡献

《什么是"人民之友"以及他们如何攻击社会民主党人? ——答〈俄国财富〉杂志反对马克思主义者的几篇文章)》(以下简称《什么是"人民之友"》)是列宁的意识形态思想形成期的一部论战性著作。1893 年,以米海洛夫斯基为代表的自由主义民粹派在《俄国财富》相继发表攻击和"批判"马克思主义的文章,掀起对俄国社会民主党和马克思主义者的"论战"。著作共分为三编,其中第二编遗失。

在《什么是"人民之友"》中,列宁运用马克思主义基本原理分析了俄国资本主义发展和革命形势,批判了自由主义民粹派的哲学、经济学和社会主义观点以及对俄国国情的错误认识,尤其是米海洛夫斯基的唯心史观,对自由主义民粹派攻击、污蔑马克思主义和俄国社会民主党的种种谬误进行了坚决的回击;全面阐述马克思主义三个主要组成部分,指出俄国革命的性质、动力、任务以及由民主革命进而走向社会主义革命的历史必然性和现实条件。《什么是"人民之友"》扩大了马克思主义理论在工人、农民和知识分子中的影响力,树立了马克思主义在革命运动中的指导思想地位,为确立无产阶级在资产阶级民主革命中的领导地位,奠定了理论基础。

《什么是"人民之友"》与列宁 1893 年写的《论所谓市场问题》以及后来写作的《俄国资本主义的发展》等文章是列宁的革命意识形态思想形成时期的关键著作。这些著作从分析俄国资本主义的存在和发展现状入手,分析了俄国革命不仅仅是进步人士反对沙皇专制政府的斗争,而且也是无产阶级反对资本主义的斗争,进而论证了无产阶级对革命的领导权和马克思主义是革命的指导思想。在这一时期,列宁虽然没有具体阐发关于意识形态的问题,但明确把握了"阶级斗争"和"革命领导权"两个核心问题,列宁关于意识形态的党性和革命性的观点在这个时期就已经初步成型。

一、对马克思主义意识形态科学内涵的论证

马克思和恩格斯认为,作为国家思想上层建筑,意识形态具有虚假性。马克思更是深刻批判了资本主义意识形态的虚假性、颠倒性。普列汉诺夫对意识形态的概念内涵进行了重新界定,他不再把意识形态仅仅看作是私有制国家的思想上层建筑,而认为它是构成一般社会结构的五个因素之一。从普列汉诺夫的分析维度看,马克思所批判的实质是"虚假的资本主义意识形态",其虚伪性来自资本主义而不是意识形态本身。列宁在这个理解的基础上,构建了科学的、无产阶级的意识形态的概念,主要体现在《什么是"人民之友"》中对马克思主义的科学性和无产阶级属性的论证。列宁的论证始终服务于推动俄国无产阶级革命的目的,即宣传、传播马克思主义。虽然他没有直接指出马克思主义是无产阶级意识形态,但是列宁的理论批判、宣传马克思主义、组织无产阶级革命的实践活动,体现了列宁作为无产阶级革命家的意识形态觉悟,他的活动本身就是属于无产阶级意识形态家的革命意识形态构建过程。这一点在1894年7月的《什么是"人民之友"》第1编第2版说明中有明确体现:

> "我们认为,为这一宣传事业服务的志愿,应当是社会民主主义信念的必然结果,所以,我们建议一切与本书作者志同道合的人,用一切方法(当然,特别是用翻印的方法)予以协助,使本书和一切马克思主义宣传刊物尽量得到广泛的传播。现在的时机特别便于进行这种协助。《俄国财富》杂志的活动越来越具有向我们挑战的性质。这个杂志为了要阻止社会民主主义思想在社会上的传播,竟公然诬称我们漠视无产阶级利益和主张使大众破产。"①

列宁对马克思主义科学性的论证从两个方面拓展了马克思主义意识形态理论的发展空间:第一,意识形态内涵的角度,明确了马克思主义作为无产阶级革命运动的理论武器的意识形态属性和科学性。第二,意识形态功能的角度,用马克思主义对俄国经济社会现实和无产阶级革命运动进行了科学分

---

① 《列宁全集》第1卷,人民出版社2013年版,第172页。

析,初步奠定了马克思主义作为落后国家的无产阶级革命意识形态的理论基础。

（一）全面阐述唯物史观的科学性

马克思主义的科学性集中体现在马克思恩格斯揭示人类社会发展历史规律,尤其是资本主义社会发展规律的理论及其方法论上。唯物史观和唯物辩证法是人类历史发展规律在思维中的呈现,而不是主观为客观世界立法。列宁从普列汉诺夫提出的作为构成一般社会结构的五个因素之一的意识形态概念出发,通过批判自由主义民粹派主观主义的历史观和方法论,明确论证了马克思主义的科学性。

民粹派对马克思主义者的攻击首先指向马克思主义的理论基石——唯物史观。米海洛夫斯基说马克思主义根本没有自己的系统的历史过程理论,所谓的唯物史观本来就不存在,在《资本论》中也找不到。针对米海洛夫斯基的谬论,列宁从各个角度对马克思主义的唯物主义历史观作了深入说明。

1. 列宁指出,贯穿《资本论》的基本思想,是把社会经济形态的发展看作一种自然历史过程

"自然历史过程"是指这一过程有着客观的、必然的、不以人的意志为转移的规律。把社会经济形态的发展看作自然历史过程,旨在强调人类社会和自然界一样,也是有不以人的意志为转移的客观规律可循的。列宁指出,以往的经济学家和社会学家抽象地谈论"一般社会",把社会的目的直接归结为为社会全体成员谋利益。他们把符合这一目的的社会组织和制度称为正义,凡是不符合的,都应当取消掉。"例如,米海洛夫斯基先生说:'社会学的根本任务是阐明那些使人的本性的这种或那种需要得到满足的社会条件。'可以看出,这位社会学家感兴趣的只是使人的本性得到满足的社会,而完全不是什么社会形态,何况这些社会形态还可能是以少数人奴役多数人这种不合乎'人的本性'的现象为基础的。同样可以看出,在这位社会学家看来,根本谈不上把社会发展看做自然历史过程。"①列宁提出,这些思想离开了社会形态的经

---

① 《列宁全集》第 1 卷,人民出版社 2013 年版,第 107 页。

济内容,用道德或者理性的认识为社会形态确立标准,这是唯心主义历史观的体现。

列宁分析了米海洛夫斯基等人的社会学中的主观主义研究方法,阐述了《资本论》中确立的经济的社会形态这一概念。列宁指出,与所谓"一般社会"不同,马克思在现实的人的社会属性和社会的具体物质生产方式属性分析基础上,提出了经济的社会形态的概念,纠正了以往的社会历史认识中,关于抽象的个体和抽象的"一般社会"的臆想。列宁分析了经济的社会形态概念的内在逻辑,指出个人只有与他人通过一定的形式结成社会,才能生存和发展。真实的具体的社会都是建立在一定的社会关系基础上的,不同的社会关系形成不同的社会形态。社会关系包括多个方面,如物质关系、精神关系、宗教关系、道德关系、伦理关系等等。"马克思究竟是怎样得出这个基本思想的呢?他做到这一点所用的方法,就是从社会生活的各种领域中划分出经济领域,从一切社会关系中划分出生产关系,即决定其余一切关系的基本的原始的关系。"①列宁进一步指出,经济的社会形态,也就是社会生产关系总和。由于这个概念的提出和论证,才使得人们在社会科学领域里,彻底把从抽象的人性出发来论证一定社会经济制度的存在是否具有合理性的观点排除出去,揭示社会发展及其规律才有了可能。

此外,列宁还进一步指出,唯物史观之所以能够成立,之所以能把社会发展看作是一个自然历史过程,还由于它把生产关系归结于生产力的高度。生产关系是人们在生产中结成的相互关系,它也是人们自觉建立的、但人们建立这样的而不是那样的生产关系,却不是随意的,所依据的也不再是别的什么思想观念,而是生产力以及由生产力的性质和水平所决定的生产活动的实际需要。物质生产方面的关系是其他社会关系的基础。物质生产总是在既定的生产力和前人创造的物质财富和社会关系基础上形成和发展,表现为自然的历史条件基础上的演进。对于每一个人来说,他面对的生产力都是他无法自由选择的既有事实,都是客观存在。生产力的性质、水平及发展变化都具有客观性,正是这种客观性赋予了生产关系的性质与发展以及由生产关系所决定的

---

① 《列宁全集》第 1 卷,人民出版社 2013 年版,第 107 页。

人的思想观念的客观性和必然性,并最终决定了社会形态的发展是一个自然历史过程,有着不以人的意志为转移的客观规律。

列宁对唯物主义历史观的科学性论证,为科学认识俄国资本主义经济形态的发展以及资产阶级和无产阶级的阶级斗争形式的客观存在提供了依据。

2. 列宁论述了唯物史观的方法论意义

理论和方法是统一的,方法是理论在认识活动中的运用和体现。列宁认为,历史唯物主义作为唯一科学的社会历史理论,它的问世在人类历史上第一次把社会学提高到了科学的水平,也就是说,第一次使人们关于社会历史的认识成为科学。这是列宁对唯物史观方法论意义的深刻说明。马克思主义以前的社会学,至多只是收集了各种素材,记载了某些社会现象,而且由于把社会关系归结于人的社会思想,因此找不出各种社会现象之间的重复性以及它们的客观依据,也就找不到可以在不同国家的社会历史中重复出现的客观规律。这样的认识是不能称之为科学的,充其量只能是各种社会思想的汇集。唯物史观把社会关系归结于生产关系,把生产关系归结于生产力,从而找到了打开社会奥秘的钥匙,揭示了人类社会存在与发展的客观规律。它向社会历史的研究者提供了一件锐利的科学武器,使他们第一次有可能透过令人眼花缭乱的个人意见找到各种社会现象之间客观的必然的联系,找到各个国家外表极不相同的历史之间的共同之处,也就使他们对社会历史的认识第一次摆脱了主观随意性,具有了与自然科学同样的确定性,成为可以预见未来、可以加以验证的科学。列宁在这个问题上把马克思与达尔文做了比较。他指出,达尔文推翻了那种把物种看作彼此毫无联系的、偶然的、神造的、不变的东西的观点,发现了物种演化的规律;马克思则推翻了那种把社会看作可以由意志随意改变的、偶然地产生和变化着的个人结合体的观点,发现了人类社会的发展规律,他们都使各自的研究学科——生物学和社会学——第一次成为科学。

此外,列宁还具体地阐明了唯物史观方法论意义的两个不同的方面:第一,唯物史观有助于揭示某一社会的"骨骼",也即通过分析社会的经济生活、揭示社会怎样在生产关系发展的基础上分裂为对立的阶级,怎样由于劳动生产率的进一步提高而使原有的社会经济组织变得陈旧,陷入矛盾之中,以及这一矛盾推动社会朝什么方向发展,等等。第二,它要求人们不能仅满足于揭示社会的"骨骼",还应该探求适应于某种生产关系的整个上层建筑,分析从自由平等之类的思想直到家庭关系等问题上的各种观念,使骨骼有血有肉,把社会作为一个活生生的东西摆在人们面前。

3. 列宁论述了唯物史观关于人的理性、良心以及个人的活动等的观点

唯物史观把社会发展看作自然历史过程,强调其客观性。民粹派据此对唯物史观提出两点责难:第一,唯物史观主张决定论,否定意志自由,必然使得人的理性、良心以及对人的行为从道德角度加以评价的活动失去意义,因为人是被决定的,他对历史将不负任何责任。第二,唯物史观坚持历史发展中的必然性,使人成为被动者,成为体现这种必然性的工具,因而使个人的活动失去了意义。列宁站在马克思主义的立场上,运用唯物史观对这两点责难作了有力的驳斥。针对第一点,他指出,恰巧相反,如果意志是绝对自由的,那么人的一切决定都有同等的权利,从而对这些决定的评价就没有了可靠的依据。决定论思想确定了社会历史发展的必然规律,也就提出了对人的行为加以评价的要求,提供了正确、科学地理解理性、良心、道德等评价标准的可靠基础。针对第二点,列宁说,历史必然性的思想丝毫不损害个人在历史中的作用,因为全部历史正是由个人的行动构成的。但是,人们的行动方向并不相同,而且往往相反,因而真正的问题在于:个人的行动在什么条件下才能获得成功。在这个问题上,只有唯物史观提供了正确的答案,因为它揭示出,只有与历史必然性的要求相一致的个人行动才有成功的可能。唯物史观不仅不损害个人在历史上的作用,而且为个人发挥其历史作用指出了唯一正确的方向。

列宁对自然历史进程中的个人能动性的论证在一定程度上回答了第二国际以来的"经济决定论"和无产阶级革命消亡论的观点,为认识俄国资本主义进程中的阶级矛盾,以及无产阶级争取革命领导权的思想提供了启发。

（二）深刻论述马克思主义的辩证方法

唯物辩证法是马克思主义的科学认识方法,是马克思主义理论的重要基石之一,也是俄国民粹派着力加以攻击的又一个问题。米海洛夫斯基指责马克思主义并没有把握住历史过程的实质,马克思主义关于历史过程的理论,关于资本主义私有制必然灭亡和以公有制为基础的共产主义必然胜利的结论,是依靠黑格尔的"正—反—合"三段式推论出来的。

列宁对米海洛夫斯基的以上诬蔑作了有力的批判。他首先引用马克思在《资本论》第二版"跋"中为说明自己的辩证方法而引证的一段关于《资本论》方法的论述,指出:(1)马克思认为,在科学工作中最重要的是要找出所研究现象变化发展的客观规律,揭示其产生和灭亡的必然性;(2)由于规律是客观的,由于社会存在决定社会意识而不是相反,马克思坚持从事实出发,而不是从观念出发,坚持从事实中引出观念,而不是用观念裁决事实;(3)每个历史阶段都有自己特有的规律,根本不存在适用于一切社会的僵死公式,必须坚持对各个社会进行具体分析;(4)马克思的辩证法与黑格尔的辩证法"根本相反",黑格尔是唯心主义者,认为观念的辩证法决定现实的辩证法,马克思是唯物主义者,认为观念的东西不过是对物质的东西的反映。

在批驳米海洛夫斯基污蔑马克思套用黑格尔三段式的谬论时,列宁认为这不过是米海洛夫斯基从杜林那里偷窃来的老套手法,是对马克思的诬蔑。马克思在讲到自己的辩证方法时,从未提起过什么三段式或三分法。列宁还通过引证恩格斯对杜林的批判来驳斥米海洛夫斯基,说明马克思只是在对资本主义社会现实的深入研究中揭示了其灭亡的历史必然性之后,才指出这还是一个按照否定之否定规律完成的辩证过程。

列宁关于马克思主义辩证方法的论述中,最重要的是他对社会学研究中的辩证方法的深刻概括。列宁提出:"马克思恩格斯称之为辩证方法(它与形而上学方法相反)的,不是别的,正是社会学中的科学方法,这个方法把社会看做处在不断发展中的活的机体(而不是机械地结合起来因而可以把各种社会要素随便配搭起来的一种什么东西),要研究这个机体,就必须客观地分析组成该社会形态的生产关系,研究该社会形态的活动规律和发展规律。"①

列宁的以上论述包含两层意思:第一,列宁认为,马克思主义社会学研究中的辩证方法的基本特点,或者说实质,是把社会看作活的有机体。列宁的这一概括非常深刻。作为理论的辩证法是对处于普遍联系和运动发展中的现实事物的活生生的辩证法的反映,它的基本特点是把事物看作由于内部、外部矛

---

① 《列宁全集》第 1 卷,人民出版社 2013 年版,第 135 页。

盾的复杂作用而自己运动着的整体。所谓辩证法的各种规律和范畴，只是用来从不同的角度在观念上把握和再现这一自我运动过程的工具。只看到这些规律和范畴而忘记辩证方法的基本特点，就丢掉了辩证法最主要的东西。人类社会是一个由无数因素组成的、极为复杂的自组织系统，它和生命物体一样，通过与环境的物质、能量、信息交换而自我发展、自我完善。因此在社会历史领域里，最重要的就是要抓住人类社会的这一特点，把它当作有生命的有机整体来看，这才是社会学研究中的辩证方法的实质。第二，列宁具体指出了怎样才能把社会当作一个活的有机体来研究。首先，这一研究必须从分析所研究的社会的生产关系入手。这是因为，生产关系构成了人类社会的经济基础，决定着整个社会的上层建筑，从这里入手才能揭示各种社会观念和社会关系的客观根源、才有可能把社会看作自己运动着的自然历史过程。其次，必须进而研究这一社会形态的活动规律和发展规律。分析生产关系只是研究社会的关键，要再现社会有机体的辩证法，必须把视野由生产关系向四面扩展开去。一方面要研究生产力的状况，因为生产关系本身的性质与发展取决于生产力的性质与状况，研究生产力才能揭示社会有机体的活动机制和发展动力；另一方面还应当研究上层建筑的状况及其与生产关系、生产力的相互作用，因为在社会有机体中，每一部分都处在与其他部分的有机联系之中。按照列宁的说法，经济领域的研究只能把握社会的"骨骼"，马克思主义并不满足于此，还要求同时研究上层建筑各方面的内容，这样才能使骨骼有血有肉，才能再现社会这个活的有机体。

二、对马克思主义意识形态革命性的论证

列宁在《什么是"人民之友"》第 1 编中主要是与自由主义民粹派攻击马克思主义的观点进行论战，在论战中论证了马克思主义的科学性。在第 3 编中则是从俄国资本主义发展的客观形势中，重点分析了资产阶级和无产阶级矛盾在俄国革命诸多矛盾中的主导性地位，无产阶级争取革命领导权的必要性。在此基础上，列宁提出马克思主义是无产阶级革命的"理论"。虽然没有明确提出马克思主义是无产阶级意识形态，但是这里的"理论"实际上已经是对意识形态概念的指称。在对马克思主义的科学性论证基础上，进一步提出

了马克思主义的革命性和实践性特征。

1861年,俄国宣布废除农奴制,资本主义开始在俄国迅速发展起来。到19世纪末,它已经和其他发达资本主义国家一起,步入帝国主义阶段。然而俄国在政治上仍然保持着封建沙皇的专制统治,经济上的封建色彩也十分浓重,广大农村愚昧贫穷,基本上仍处于封建势力的控制之下,与其他帝国主义国家相比,俄国仍属落后国家之列。资本主义的发展壮大了工人阶级队伍,工人阶级队伍的壮大又必然促进了马克思主义的传播。但是,马克思主义的许多原理是从对发达资本主义国家的分析中得出的,如何把马克思主义运用于俄国这样的落后国家,如何在这样的国家进行社会主义革命,成为俄国马克思主义者面临的一项困难的历史性任务。列宁在《什么是"人民之友"》中,通过批判"民权党"的错误观点,对上述历史性任务作了深刻的探讨。

民权党是由原属民粹派的民意党人于1893年成立的一个政党,它主张不问最终目标,以反对专制制度、要求政治自由为口号,把所有的革命派别联合统一起来。事实上这是一种取消社会主义革命的主张。列宁指出:"显然,'人民之友'的思想实质上就是这样的:作为真正的小市民思想家,他们所要的不是消灭剥削而是缓和剥削,不是斗争而是调和。他们据以拼命攻击狭隘的社会民主党人的那种远大理想,不过是要一些'宽裕'农民照旧向地主和资本家缴纳'贡赋',只要地主和资本家公平对待他们就够了。"①在对它的分析批判中,列宁论述了自己对于俄国社会主义革命的道路问题的看法。

(一)马克思主义者对待民主主义的策略

列宁指出:"新的方法论和新的政治经济学理论的创立,是社会科学的极大进步,是社会主义的巨大进展,所以《资本论》一出现,'俄国资本主义的命运'问题就成了俄国社会主义者的主要理论问题,最热烈的争论都集中在这个问题上,最重要的纲领性原理的解决都以这个问题为转移。"②列宁采用马克思主义的立场、观点和方法分析了俄国资本主义经济和政治发展的现实状况,他指出,在俄国这样的落后国家,封建残余势力强大,资本主义生产被束缚

---

① 《列宁全集》第1卷,人民出版社2013年版,第210页。
② 《列宁全集》第1卷,人民出版社2013年版,第232页。

在中世纪的形式之中,封建势力像一副沉重的枷锁套在无产阶级和广大人民身上,阻碍着一切等级和一切阶级政治思想的发展。因此,工人阶级必须认识到反对封建专制制度的民主主义的进步性和重要意义,必须把与激进民主派一道去反对封建专制制度视为自己的直接责任。但是,马克思主义者又必须清醒地认识到:反对专制主义的民主主义旗帜掩盖着不同的阶级利益,资产阶级从事民主主义斗争,目的是为了摆脱封建阶级的束缚,维护和发展资本主义;无产阶级反对专制主义,是因为不推翻这一专制制度,就无法顺利地进行反对资产阶级的斗争,它只是把民主主义作为手段,目的是扫清道路,最终战胜资本主义。马克思主义者应当积极投身于民主主义的斗争,但又一刻也不能忘记自己的根本目标,不能放弃组织工人阶级政党进行独立自主的斗争。

（二）工人阶级的历史地位

列宁批判民粹主义者只看到资产阶级革命的历史进步作用,而忽视俄国社会中存在的资产阶级和无产阶级的对立和斗争。

"为什么您忘记了这一点呢? 为什么您在谈论'人民的'流通和借发展'进取心和首创性'来发展'国力'时,不提这一发展的对抗性呢? 不提这种进取心和这种首创性的剥削性质呢? 当然,可以而且应该反对垄断之类的机构,因为这类机构无疑地使劳动者的状况恶化,可是不应忘记,除了这一切中世纪的桎梏外,束缚劳动者的还有更厉害的现代的资产阶级的桎梏。无疑地,废除垄断对全体'人民'都有益处,因为当资产阶级经济已经成为全国经济的基础时,这些中世纪制度残余只是在资本主义灾难上再加上一些更痛苦的灾难,即中世纪的灾难。无疑地,垄断必须消灭,而且消灭得越快越好,越彻底越好,以便通过清除资产阶级社会继承下来半农奴制桎梏,使工人阶级能够自由行动,易于进行反对资产阶级的斗争。

所以应该直言不讳地这样说:为了使工人阶级易于进行反对资产阶级制度的斗争,废除垄断和其他一切中世纪的束缚(这种束缚在俄国数不胜数),对工人阶级来说是绝对需要的。不过如此而已。只有资产者才会忘记,在全体'人民'反对中世纪农奴制度的利益一致的背后,存在着'人民'内部的资产阶级和无产阶级的深刻的不可调和的对抗。"①

列宁认为,工人阶级,也即城市无产阶级,是俄国最革命、最先进的阶级。在俄国,小资产阶级具有两重性:一方面,它出于与大资产阶级及封建阶级的矛盾,反对专制制度,提出一般民主主义的要求,因而是进步的;另一方面,它力图维护自己的小资产阶级地位,反对资本主义大工业的发展,因而又是反动的。只有工人阶级是全体被剥削劳动群众的天然的、唯一的代表。在劳动群众中,工人阶级之所以是他们的天然代表,是因为俄国的广大劳动者实际上都处在资本主义的剥削之下,但其他劳动群众所受的资本主义剥削是小规模的、零散的、不发达形式的,还被各种中世纪的形式及政治、法律和风俗习惯上的一些附加成分和狡猾手段所掩饰,因而他们对自己所处的地位和整个社会的实质认识不清。工人阶级所受的资本主义剥削是大规模的、社会化的、集中的、发达形式的,工人阶级的地位使它自然而然地认识到,在各种假象背后,社会关系的实质是人对人的压迫与剥削,并且不是个别人对个别人的压迫与剥削,而是整个资产阶级在压迫剥削广大劳动人民,广大劳动人民必须起来开展反对资产阶级的阶级斗争。此外,其他劳动群众虽然身受剥削,但多半还拥有极小的一点产业,因而依附于他们所应反对的资产阶级体系。只有工人阶级才完全一无所有,并且因现代大工业的特点而断绝了与旧社会和某个个别剥削者的任何联系,有可能开始进行有组织的联合斗争。

列宁提出,"社会主义者循着各种不同的道路达到社会民主主义观点,因此,他们在基本的和主要的论点上,是绝对一致的,都认为俄国是从农奴制度成长起来的资产阶级社会,这个社会的政治形式是阶级国家,结束对劳动者剥削的唯一途径是无产阶级的阶级斗争"②。工人阶级的历史地位决定了它必然成为社会主义革命的领导中坚。马克思主义者必须全心全意地依靠工人阶级。

(三) 俄国社会发展和俄国革命的道路

列宁在分析了俄国资本主义以及俄国资产阶级和无产阶级之间的阶级斗

---

① 《列宁全集》第1卷,人民出版社2013年版,第216—217页。
② 《列宁全集》第1卷,人民出版社2013年版,第233页。

争发展现状后,提出了民粹主义在理论和实践上的两条错误道路。并在此基础上提出俄国走无产阶级革命道路的历史必然性。

一条是自由主义民粹派主张的阶级调和的道路,这条道路犯了主观主义的错误,在缺乏科学方法论和简单占有调查材料的基础上,认为俄国资本主义发展并不充分,农村的土地制度依然是产生"村社"农民共产主义本能的原始土地制度,忽视俄国现实的封建贵族和资产阶级私有制的剥削土地制度,主张要保护俄国土地制度的"原始性",通过资产阶级的"感悟"实现"人民"的利益。列宁指出:

"现在我们稍微谈谈民粹主义堕落到这种地步的过程。这一理论在它产生时,在它的原始形态中,是颇为严整的,它从人民生活的特殊方式这一观念出发,相信'村社'农民具有共产主义的本能,因此认为农民是直接为社会主义奋斗的战士。可是,一方面,它缺乏理论上的研究,缺乏俄国生活事实的印证;另一方面,它在运用这种以农民上述假想品质为基础的政治纲领方面又缺乏经验。

于是这一理论朝着理论和实践两方面发展下去了。理论工作主要是研究他们想看做共产主义萌芽的那种土地占有形式;这一工作提供了多方面的极其丰富的实际材料。可是这种多半涉及土地占有形式的材料,使得研究者完全忽略了农村的经济。……天真的研究者们相信社会和国家是可以'感化'的,完全沉溺在他们所收集的那些事实的细节中,唯独忽略了农村的政治经济结构,忽略了那种真正苦于这些眼前直接灾难的经济的主要背景。结果自然是:本来要维护苦于缺少土地等等现象的经济的利益,现在却是维护那个把持这种经济的阶级的利益,因为只有这个阶级才能在村社内部现存社会经济关系下,在国内现存经济制度下维持和发展起来。

理论工作本来是要研究出一种制度,这种制度应当成为铲除剥削的基础和支柱,结果却制定了一个代表小资产阶级(即正是支撑这种剥削制度的阶级)利益的纲领!"[1]

---

[1]　《列宁全集》第1卷,人民出版社2013年版,第240—241页。

另一条是代表激进资产阶级民主派利益的民意党人争取政治自由的激进民主主义道路。这些"社会主义者"把"农夫"的"共产主义本能"的消失简单归咎于封建政府的存在,看不到俄国社会中已经存在的资产阶级生产方式造成农民和生产资料分离的实际状态,以及资本主义土地制度本身的剥削性质。列宁指出:

> "但他们在实践中不得不承认农夫具有共产主义本能的想法是幼稚的。这时他们认为问题不在于农夫而在于政府,因此把全部工作转到同政府作斗争,而进行斗争的只是一些知识分子和间或追随他们的工人。这个斗争起初是为了社会主义,它所依据的理论是:人民已决心实现社会主义,只要夺得政权,不仅能完成政治革命,而且能完成社会革命。近来这个理论显然已经威信扫地,于是民意党反对政府的斗争,也就变成激进派争取政治自由的斗争。
>
> 因而,从另一方面说,工作导致了与其出发点恰巧相反的结果;从另一方面说,得出了一个只代表激进资产阶级民主派利益的纲领。"①

列宁指出,这两条道路都脱离俄国资本主义发展现实,是民粹主义从小资产阶级利益出发的不切实际的空想。从根本上讲,是因为"我国当时的民主主义者虽然善于指摘富豪的自由主义,可是不善于了解它和科学地说明它,不善于了解它在我国社会经济的资本主义组织下的必然性,不善于了解这个新的生活方式比旧的农奴制的生活方式进步,不善于了解这个生活方式所产生的无产阶级的革命作用,他们只是'唾弃'这种'自由'和'人道'的秩序,认为资产阶级性是一种偶然现象,期望'人民制度'中间还会出现另一种社会关系。"②

在批判民粹主义者对俄国社会发展的不切实际的幻想之后,列宁提出在马克思主义指导下,从俄国社会实际情况和阶级斗争发展的必然规律出发的科学的革命道路。"历史果然向他们昭示了另一种社会关系。没有完全被改革(被农奴主的利益弄得残缺不全的改革)打垮的农奴主已经(暂时)复活起来,清楚地表明了资产阶级关系以外的另一种社会关系是什么东西,并且用一

---

① 《列宁全集》第1卷,人民出版社2013年版,第242页。
② 《列宁全集》第1卷,人民出版社2013年版,第250页。

种肆无忌惮、毫无理性和残暴至极的反动行为表明了这种关系,……看来教训是非常发人深思的:旧时社会主义者关于人民生活的特殊方式、人民的社会主义本能、资本主义和资产阶级的偶然性等幻想,已经暴露得十分明显了;看来现在已经可以正视现实并公开承认:俄国除开资产阶级的和过时的农奴制的社会经济关系以外,过去和现在都没有任何其他的社会经济关系,因此,除了经过工人运动,是不能有别的道路通向社会主义的。"①

（四）服务于无产阶级革命是马克思主义的科学性的理论宗旨

列宁在批判自由主义民粹派的过程中论证了唯物史观及其辩证方法的科学性。不仅如此,列宁始终把科学性论证建立在马克思主义"把严格的和高度的科学性(它是社会科学的最新成就)同革命性结合起来"的特性,提出马克思主义的科学任务是提出科学的斗争口号、制定科学的斗争形式,"帮助被压迫阶级"进行阶级斗争,以便"完全地和彻底地消灭任何剥削和任何压迫"。

"马克思认为他的理论的全部价值在于这个理论'按其本质来说,它是批判的和革命的'。后一性质的确完全地和无条件地是马克思主义所固有的,因为这个理论公开认为自己的任务就是揭露现代社会的一切对抗和剥削形式,考察它们的演变,证明它们的暂时性和转变为另一种形式的必然性,因而也就帮助无产阶级尽可能迅速地、尽可能容易地消灭任何剥削。这一理论对世界各国社会主义者所具有的不可遏止的吸引力,就在于它把严格的和高度的科学性(它是社会科学的最新成就)同革命性结合起来,并且不仅仅是因为学说的创始人兼有学者和革命家的品质而偶然地结合起来,而是把二者内在地和不可分割地结合在这个理论本身中。实际上,这里直接地提出理论的任务、科学的目的就是帮助被压迫阶级去进行他们已在实际进行的经济斗争。

'我们并不向世界说:停止你那些斗争吧,它们都是愚蠢之举;我们要向世界喊出真正的斗争口号。'

因而在马克思看来,科学的直接任务就是提出真正的斗争口号,也就是说,善于客观地说明这个斗争是一定生产关系体系的产物,善于了解这一

---

① 《列宁全集》第1卷,人民出版社2013年版,第250—251页。

斗争的必然性、它的内容、它的发展进程和条件。要提出'斗争口号',就必须十分详细地研究这一斗争的每种形式,考察它由一种形式转为另一种形式时的每一步骤,以便善于随时判定局势,不忽略斗争的总性质和总目的——完全地和彻底地消灭任何剥削和任何压迫。"①

在这段论述中,列宁旗帜鲜明地提出了马克思主义科学性是围绕着理论批判的革命的价值取向来展开,这一价值取向来自于马克思和恩格斯对他们所肩负的理论要服务于揭露资本主义的剥削制度、"帮助无产阶级尽可能迅速地、尽可能容易地消灭任何剥削"这一历史使命而展开的。理论创作本身就是论证无产阶级革命科学性,提出无产阶级革命的必然性、发展进程、发展条件和"斗争口号",就是发挥革命的意识形态的功能的过程。可以看出,在列宁的理解里,马克思主义就是无产阶级的革命意识形态。这距离列宁明确提出这一概念已经为时不远了。

三、提出了马克思主义意识形态功能现实化的任务和途径

马克思主义揭示了历史发展的客观规律,是指导无产阶级求解放的科学理论。列宁认为,俄国马克思主义者是以这样一种对现实的看法为出发点的社会主义者,"即他们认为现实是资本主义社会,而摆脱这个社会的唯一出路就是无产阶级对资产阶级进行阶级斗争。"②俄国的马克思主义者应当把马克思主义的普遍原理与俄国的现实结合起来,运用唯物史观对俄国的现实从经济上、政治上给予科学的说明,并指出俄国摆脱资本主义制度的出路,这应是其理论工作的基本方向。在此基础上,列宁提出,无产阶级革命者不仅要成为马克思主义的宣传者,更要成为无产阶级革命的组织者,提出无产阶级政党的使命和任务。从这个意义上讲,这标志着列宁主义的初步提出,是马克思主义的意识形态功能现实化的重要观点。

马克思主义意识形态功能现实化就是马克思主义理论工作者和无产阶级政党推动理论和革命实践的结合的过程。列宁在《什么是"人民之友"》中主

---

① 《列宁全集》第1卷,人民出版社2013年版,第291—292页。
② 《列宁全集》第1卷,人民出版社2013年版,第167页。

要从四个方面提出了他的观点：

第一，无产阶级要同一切资产阶级思想和实践决裂。工人阶级应该怎样对待小资产阶级及其纲领呢？列宁指出，社会主义者要注意到在小资产阶级两重性的基础上，肯定其提出一般民主主义的要求的历史进步性；另一方面，不仅要坚决彻底地同一切小市民的思想和理论决裂，而且必须同整个小市民社会主义思想、同整个旧时俄国农民社会主义思想决裂。

第二，无产阶级要组建不同于小资产阶级的，真正属于无产阶级自己的"社会民主党"。社会民主主义者要制定一个抛弃旧时俄国独特发展论的偏见的、提出民主主义要求的坚定纲领，成立一个社会民主主义政党。同时工人必须独立地组织成一个单独的工人政党，但是工人对民主主义者反对反动机构的一切斗争，都会极力给以支持。

第三，马克思主义理论工作者要用马克思主义唤醒、培养无产阶级的思想觉悟。在实际工作中，列宁认为培养工人阶级的阶级意识是马克思主义者的重要历史使命。"如果他叙述了社会民主党人对俄国现实的真正见解，他就不能不知道：能与这种见解'相适应的'只有一种方法，那就是促进无产阶级的阶级自觉的发展，组织并团结无产阶级进行反对现代制度的政治斗争。"① 在俄国这样的落后国家中，只有工人阶级代表了历史的发展方向。马克思主义者应把自己的全部注意力和全部活动都集中在工人阶级身上，培养这个阶级的阶级意识，使工人阶级对于自己作为阶级的存在以及在人类历史发展中的地位与作用有一个自觉的、清醒的认识，并把这一认识当作自己的行动纲领。换句话说，马克思主义者的使命就在于把马克思主义灌输给广大工人群众，提高其觉悟，并由其中的先进分子组织成工人阶级的政党。

"社会主义的知识分子只有抛弃幻想，在俄国现实的而不是合乎心愿的发展中，在现实的而不是臆想的社会经济关系中去寻找立脚点，才能指望工作获得成效。同时，他们的理论工作的方向应当是具体地研究俄国经济对抗的一切形式，研究它们的联系和一贯发展，凡是这种对抗被政治史、法制特点和传统理论偏见所掩盖的地方，都应把它揭示出来。理论

① 《列宁全集》第1卷，人民出版社2013年版，第168页。

工作应当把我国现实作为一定生产关系的体系给以完备的说明,应当指明劳动者在这个体系下遭受剥削和剥夺的必然性,指明经济发展所昭示的摆脱这个制度的出路。"

"这种以详细研究俄国历史和现实为基础的理论,应当解答无产阶级急需解答的问题,——如果这种理论合乎科学要求,那么,无产阶级反抗思想的任何觉醒都必然会把这种思想引上社会民主主义的轨道。制定这种理论的工作越有进展,社会民主主义就成长得越快……虽然制定这种理论还要做很多工作,但社会主义者完成这个工作是有把握的,因为唯物主义,即要求任何纲领都是对现实过程的确切表述的唯一科学方法,已在他们中间传播;因为接受这种思想的社会民主党人已经获得很大的成功,连我国自由派和民主派都大为震惊,于是他们那些厚本的杂志——照一位马克思主义者的说法——也办得不再是枯燥无味的了。"①

第四,无产阶级政党要宣传、组织无产阶级革命。

列宁指出社会主义者的任务不仅仅是揭示出俄国无产阶级革命的现实必要性和可能性,更要成为革命运动的组织者和发动者。

"当然,如果认为社会主义者的任务是在给国家寻找'另外〈除现实道路而外〉的发展道路',那么,实际工作也只有在天才的哲学家发现和指明了这'另外的道路'时才有可能进行;反过来说,这种道路一旦被发现和指出来,理论工作就结束了,而那些应当把'祖国'引上'新发现的''另外的道路'的人的工作也就开始了。可是,如果社会主义者的任务是要做无产阶级的思想领导者,领导无产阶级进行现实斗争,去反对横在一定社会经济发展的现实道路上的现实的真正敌人,那么情形就完全不同了。"

"在这种条件下,理论工作和实际工作就会融合在一起,融合为一个工作,德国社会民主党的老战士李卜克内西把这个工作说得极为中肯,这就是:

研究,宣传,组织。

不做上述理论工作,便不能当思想领导者;不根据事业的需要进行这

----

① 《列宁全集》第 1 卷,人民出版社 2013 年版,第 260—261 页。

项工作,不在工人中间宣传这个理论的成果并帮助他们组织起来,也不能当思想领导者。

这样提出任务,就能保障社会民主党人避免各种社会主义者团体所常犯的毛病,即避免教条主义和宗派主义。"①

一旦广大工人群众有了明确的阶级意识,有了自己的组织,就能自觉团结一切可以团结的力量,就会结束分散的、没有科学理论指导的抗议、"骚动"、罢工等活动,转而进行整个俄国工人阶级的有组织的阶级斗争,由争取局部利益上升为以推翻资产阶级统治、消灭一切剥削和压迫、实现共产主义为目的的共产主义革命。

总之,《什么是"人民之友"》是从马克思恩格斯的意识形态思想向列宁的意识形态思想发展的奠基之作。

第一,推动了关于马克思主义是科学的意识形态的理解思路。继普列汉诺夫实现从虚假的意识形态向中性的意识形态概念的转化之后,列宁系统论证了马克思主义作为无产阶级革命理论的科学性,为列宁在批判马赫主义的著作《唯物主义和经验批判主义》中明确提出"科学的意识形态"进行了思想铺垫。

第二,论证了马克思主义作为无产阶级意识形态的现实必要性和可能性。在科学分析俄国资本主义和阶级矛盾发展趋势的基础上,从革命领导权的角度提出了以马克思主义的科学理论加强无产阶级思想和组织建设的必要性。由此,马克思主义作为无产阶级革命的意识形态的思想已经呼之欲出,为在《怎么办?》中明确提出"社会主义意识形态"进行了思想铺垫。

第三,提出了无产阶级政党开展意识形态工作的任务和途径。把无产阶级革命政党建设、理论研究、思想宣传和组织革命运动的工作有机结合起来,初步形成了从唤醒无产阶级阶级觉悟、推动无产阶级革命运动到建立无产阶级国家政权的无产阶级意识形态思想体系。列宁的这些思想直接构成俄国无产阶级革命意识形态的理论武器,也为经济文化相对落后国家的无产阶级争取革命领导权、推动革命向社会主义方向发展的无产阶级革命意识形态建设提供了借鉴。

---

① 《列宁全集》第 1 卷,人民出版社 2013 年版,第 261—262 页。

小　结

从恩格斯晚年经过第二国际到列宁是马克思主义意识形态思想史的重要转折期,在意识形态内涵、无产阶级意识形态建设等方面出现了一系列思想创新,推动马克思主义意识形态理论的丰富和发展。

时代问题是理论发展的导向。第二国际时期的理论家和革命家们在垄断资本主义走向全球的时代大背景下,立足于不同国情,探索无产阶级运动的前途命运和发展途径问题。这是马克思主义意识形态思想不断深化、丰富发展的历史动力。在这个过程中,恩格斯晚年针对欧洲革命新动向中的无产阶级革命策略问题进行了思考。他坚定地站在马克思主义的立场上,以无产阶级革命利益为出发点,反对无政府主义等小资产阶级意识形态,批判了无政府主义以"策略"为借口,背离马克思主义的错误观点,丰富了马克思主义意识形态理论。第二国际的马克思主义理论家、革命家在批判修正主义的同时,从锻造欧洲工人阶级的阶级意识角度,探讨意识形态的内涵、结构和发生机制,发展了马克思主义意识形态理论。其中,普列汉诺夫等马克思主义理论家拓展了对意识形态内涵的理解。一方面,他们明确指出意识形态属于观念的上层建筑;另一方面,他们对意识形态的层次、结构和作用进行了深入细致的研究,剖析了经济基础决定观念的上层建筑的具体机制,提出社会心理在意识形态形成中的作用。罗莎·卢森堡明确提出马克思主义是无产阶级开展阶级斗争的科学的理论,是无产阶级的意识形态。

无产阶级意识形态思想的提出和实践,是马克思主义意识形态理论在这一时期理论和实践转向的重要成果。一是破除 19 世纪与 20 世纪之交,对历史唯物主义关于经济基础与作为思想上层建筑的意识形态之间关系的教条主义理解,明确指出在资本主义经济基础上产生的思想的上层建筑,当然是资产阶级意识形态;但这种经济基础也潜在地包含着作为否定性因素的无产阶级革命意识形态的产生。两种意识形态的存在都是对资本主义社会经济基础上的阶级关系和社会发展趋势的反映。无产阶级意识形态反映了工人阶级在资本主义社会的利益诉求,体现着资本主义生产方式无法容纳的社会化生产力进一步发展的要求和趋势。二是提出马克思的理论必须成为无产阶级的意识形态,并且作为这种意识形态成为世界历史进程本身的要素。这是共产主义社会代替资本主义社会的必备前提。三是提出了无产阶级政党和马克思主义理论家在无产阶级意识形态建设中的任务和作用。他们提出,没有革命的理论就没有革命的行动。凝聚革命意识、团结革命力量、锻炼革命队伍是无产阶级政党在政治斗争中的首要任务,马克思主义理论家要成为无产阶级革命意识形态的教育者、领导者和建设者。

列宁在扬弃卢森堡、普列汉诺夫等第二国际理论家们的意识形态思想的基础上,立足俄国社会现实和革命实践,初步展开对马克思、恩格斯意识形态思想的现实化探索,即对马克思主义理论与无产阶级革命相结合的现实途径探索。在俄国革命实践中,列宁开启了马克思主义的意识形态功能实现的新路径。第一,马克思主义作为意识形态功能实现的空间转向。马克思主义理论和实践的焦点从发达资本主义国家的工人阶级意识形态建设,转向经济文化不发达国家的无产阶级革命意识形态建设。第二,明确了马克思主义的意识形态功能实现的主体力量是无产阶级政党。第三,强调了马克思主义的意识形态功能实现的基本原则是理论和实践的相结合。列宁坚持马克思主义的立场和原则,从无产阶级开展革命斗争的实际需要出发,批判第二国际时期的伯恩施坦修正主义及其在俄国的主要表现"经济主义",以及俄国的民粹派、合法马克思主义等错误思潮,捍卫了马克思主义的科学性,强调马克思主义服务于无产阶级革命的理论宗旨。

在此基础上,列宁初步提出马克思主义的意识形态功能现实化的观点和方法。他强调,用马克思主义的科学理论来唤醒无产阶级的阶级觉悟、革命自觉是马克思主义作为无产阶级意识形态的重要任务。列宁提出,无产阶级革命意识形态建设的内容是"社会主义和民主主义"的思想,无产阶级政党是无产阶级革命意识形态建设中的"思想的领导者",主要方法是把马克思主义理论和革命实践结合起来,开展"研究,宣传,组织"工作。这些观点体现了列宁紧紧围绕俄国无产阶级革命实践的现实需要,推进马克思主义意识形态理论内涵和功能实现时代化的初步努力。在领导俄国无产阶级争取革命领导权和推进民主革命向社会主义革命发展的进程中,以列宁为代表的俄国马克思主义革命家和理论家进一步回答了如何认识俄国社会命运和革命前途以及马克思主义的意识形态功能在俄国革命进程中的实现机制等问题,形成了列宁的意识形态思想体系。

第六章　俄国无产阶级革命实践与
列宁对无产阶级革命
意识形态思想的发展

　　19世纪末20世纪初,俄国作为帝国主义链条上最薄弱的环节,内外交困。一方面,沙皇统治集团在经济上对新兴资本主义经济和传统农业的加紧盘剥全面激化了统治集团与各个社会阶级的矛盾,阶级矛盾的激化引发了俄国内部一轮又一轮的革命热潮;另一方面,俄国无产阶级也登上政治舞台,发挥着革命主体力量的作用。受到欧洲无产阶级革命熏陶和启发的革命者们,从各自的阶级和阶层利益出发,发表对俄国革命发展前途的观点,影响革命发展方向。因此,俄国革命面临着道路和方向的问题。在这个时期,列宁坚定地站在无产阶级革命运动的立场,他从俄国无产阶级革命的政治斗争和阶级斗争需要出发,明确提出并系统论证了马克思主义是科学的意识形态,是无产阶级的意识形态,并在推进俄国无产阶级革命斗争过程中,创造性地提出了无产阶级革命意识形态建设这一主题,主张无产阶级政党要争取俄国资产阶级民主革命领导权,把革命引向社会主义的思想。以此为起点,列宁开辟了马克思主义意识形态理论的新篇章,列宁的意识形态思想是列宁主义的重要组成部分,开辟了马克思主义意识形态理论新阶段,为20世纪以来的无产阶级革命和社会主义国家的意识形态建设提供了重要的理论基础和方法论依据。

　　从列宁对意识形态问题关注的焦点的历史转换来看,列宁的意识形态思想形成和发展过程大致可划分为两个阶段:一是俄国革命低潮到十月革命时期,提出无产阶级革命意识形态的思想;二是十月革命胜利以后到苏俄社会主义建设时期,探索社会主义国家意识形态实践和理论。具体来看:第一个阶段为 1905—1907 年的革命失败到十月革命前。这一时期是列宁的意识形态思想不断阐发与重要创新时期,在此过程中,不仅阐明了无产阶级意识形态与资产阶级意识形态的对立,还说明了革命意识形态对于革命运动的重要意义。在阐述新型无产阶级政党建设思想、经过 1905 年革命实践以及革命低潮时期的意识形态斗争、科学的意识形态的提出,帝国主义意识形态对于工人阶级的渗透、资产阶级国家观的批判等一系列革命实践与理论的发展,列宁关于无产阶级革命意识形态的思想得到进一步丰富和发展。第二个阶段为 1917 年十月革命的胜利到列宁去世。以无产阶级掌握政权为重要标志,对于列宁来说首要的问题就是如何巩固无产阶级政权、实现向社会主义过渡。这一时期列宁对于意识形态概念直接使用的次数在减少,但他对于无产阶级意识形态建设的探索并没有止步,并且这种探索本身由于政权的掌握发生了一定程度的变化。列宁更加注重在经济文化全面落后条件下的意识形态建设工作,探索如何消除封建意识形态、资产阶级意识形态的残余,如何消除革命时期意识形态宣扬社会主义优越性与革命胜利后经济落后现实的矛盾造成的意识形态偏差,如何解决执政党内部可能存在的意识形态斗争以及影响等问题。

第一节　俄国革命前途之争与无产阶级革命意识形态建设思想的提出

20 世纪初,俄国内部经历了不断的革命与反革命活动后,国内的阶级矛盾和社会矛盾进一步尖锐。为了顺应这一形势,列宁在批判俄国社会民主党内的"经济派"否定无产阶级的政治斗争和无产阶级政党的领导作用,崇拜工人自发运动倾向的基础上,将马克思主义理论构建更多地转向了革命政党自身的建设问题。列宁高度重视革命政党对无产阶级思想的引领作用,指出应当将马克思主义通俗化,并灌输到工人群众中去。在革命实践中,列宁提出马克思主义是科学的无产阶级的意识形态,无产阶级革命意识形态的建设就是要塑造无产阶级革命意识,唤醒无产阶级的理论自觉,为无产阶级开展政治斗争和阶级斗争提供思想前提。

一、无产阶级意识形态建设是开展无产阶级革命的思想前提

（一）批判经济派的"批判自由"，强调革命理论对革命运动的必要性

列宁直指经济派的实质是伯恩施坦在俄国的变种，该派不过是"企图利用那种打起新的旗帜传播旧的资产阶级思想的时髦的伯恩施坦主义"①，伯恩施坦"否定无产阶级专政的思想……否认自由主义和社会主义在原则上的对立……否认阶级斗争理论"。② 列宁指出，这些观点的核心目的就是试图抹杀社会民主党的革命性并将之变为追求改良的政党，而这种行为将会使社会民主党以资产阶级观点展开对马克思主义基本理论的污蔑。这种机会主义宣扬的所谓"自由"的言行恰恰证明了这种自由的实质就是机会主义派别及其改良主张在社会民主党的自由，也就是"把资产阶级思想和资产阶级因素灌输到社会主义运动中来的自由"。③

为了抵制机会主义在党内的泛滥，列宁进一步强调了理论对于革命运动的重要意义，他从恩格斯关于阐释理论斗争的意义出发，强调了政治斗争、经济斗争和理论斗争相统一的重要性。"没有革命的理论，就不会有革命的运动。"④而对于当时的俄国社会党来说，革命理论具有重要意义的三个原因是，"第一，我们的党还刚刚在形成，刚刚在确定自己的面貌，同革命思想中有使运动离开正确道路危险的其他派别进行的清算还远没有结束。""第二，社会民主主义运动就其本质来说是国际性的运动。""第三，俄国社会民主党担负的民族任务是世界上任何一个社会党都不曾有过的。"⑤这意味着，对于刚刚形成不久的政党，不仅面临着受其他理论或思想影响，偏离正确轨道的困难，还面临着缺乏革命经验和政治经验，革命任务和民族任务具有独特性的特点。这些问题的解决都离不开革命理论和先进理论的指导，"只有以先进理论为

① 《列宁全集》第 4 卷，人民出版社 2013 年版，第 334 页。
② 《列宁全集》第 6 卷，人民出版社 2013 年版，第 6 页。
③ 《列宁全集》第 6 卷，人民出版社 2013 年版，第 8 页。
④ 《列宁全集》第 6 卷，人民出版社 2013 年版，第 23 页。
⑤ 《列宁全集》第 6 卷，人民出版社 2013 年版，第 23 页。

指南的党,才能实现先进战士的作用。"①

另外,列宁还引述了恩格斯关于德国工人运动的优越之处,其一就是工人的理论感问题,"如果工人没有理论感,那么这个科学社会主义就决不可能像现在这样深入他们的血肉。"②其二就是德国的社会主义运动尽管从时间上来说是最迟的,却是站在空想社会主义者的肩膀上发展起来的。正是经济方面、政治方面和理论方面的共同作用,德国社会主义运动才能经受住各种考验站在了无产阶级斗争的前列。而对于俄国无产阶级所面临着专制制度这个强大的堡垒,更需要重视革命理论对于革命阶级、革命运动的重要作用,而经济主义却忽视或弱化了这一点。

（二）批判自发性理论,列宁阐述了培养工人阶级自觉的理论意识的重要性

列宁认为,当时的革命运动的弱点在于革命家缺乏自觉性和首创精神。而在关于自觉性和自发性的关系处理问题上,经济派推崇自发性,他们认为新的社会制度的出现和社会科学的发展程度与自觉的战士的数量关系不大,是自发地爆发的结果。在列宁看来,所谓的自发性就是不觉悟性,是自觉性的萌芽状态。列宁提出,"工人本来也不可能有社会民主主义的意识。这种意识只能从外面灌输进去,各国的历史都证明:工人阶级单靠自己本身的力量,只能形成工联主义的意识"。③ "而社会主义学说则是从有产阶级的有教养的人即知识分子创造的哲学理论、历史理论和经济理论中发展起来的。"④俄国的情况也是一样,社会民主党的理论并不是在工人运动的增长中产生的,而是来源于革命的社会主义知识分子的思想的发展。经济派对于工人运动自发性的崇拜,忽视自觉因素的作用只能是"加强资产阶级意识形态对工人的影响"。⑤工人自身是不能创造出一种独立的意识形态的。

在这里,列宁再次引用了考茨基关于社会主义学说以及灌输的论述,"社

---

① 《列宁全集》第6卷,人民出版社2013年版,第24页。
② 《列宁全集》第6卷,人民出版社2013年版,第24页。
③ 《列宁全集》第6卷,人民出版社2013年版,第29页。
④ 《列宁全集》第6卷,人民出版社2013年版,第29页。
⑤ 《列宁全集》第6卷,人民出版社2013年版,第36页。

会主义意识是一种从外面灌输(von auβen Hineingetragenes)到无产阶级的阶级斗争中去的东西,而不是一种从这个斗争中自发地(urwüchsig)产生出来的东西。"①考茨基还指出社会主义学说本身与阶级一样都根源于现代经济关系,但二者是并列的而不是谁产生谁的关系,就现代社会主义意识而言是建立在深刻的科学知识的基础之上。同时,科学的代表人物是资产阶级的知识分子而不是无产阶级,列宁显然在这一点上赞同了考茨基的观点。正是因为社会主义学说不是自然而然地产生于阶级斗争,社会民主党要在这个过程中发挥灌输的作用,"社会民主党的任务就是把认清无产阶级的地位及其任务的这种意识灌输到无产阶级中去〈直译就是:充实无产阶级〉。"②也正是在这样的前提下,列宁进一步提出了资产阶级意识形态与无产阶级意识形态的关系问题。"或者是资产阶级的意识形态,或者是社会主义的意识形态。这里中间的东西是没有的(因为人类没有创造过任何'第三种'意识形态,而且在为阶级矛盾所分裂的社会中,任何时候也不可能有非阶级的或超阶级的意识形态)。因此,对社会主义意识形态的任何轻视和任何脱离,都意味着资产阶级意识形态的加强。"③

值得注意的是,列宁在该句话的注释中进一步指出工人群众在运动过程中不能创立意识形态,但并不意味着工人不参加创立意识形态的工作。只不过在意识形态的创立过程中,这些工人不是以工人的身份而是以社会主义理论家的身份(如蒲鲁东、魏特林)参与的,换句话说,这些工人只有掌握了他们那个时代的知识并向前推进的时候,才能参加意识形态创立的工作。因此,提高工人阶级的觉悟水平是无产阶级意识形态创立的前提,是工人运动的重要组成部分。自发的工人运动只能是工联主义和纯粹工会的运动,只能受到资产阶级的思想奴役。列宁进一步指出了工人的自发运动受资产阶级意识形态控制的原因。"资产阶级意识形态的渊源比社会主义意识形态久远得多,它经过了更加全面的加工,它拥有的传播工具也多得不能相比。"④工人阶级倾

---

① 转引自《列宁全集》第 6 卷,人民出版社 2013 年版,第 37 页。
② 转引自《列宁全集》第 6 卷,人民出版社 2013 年版,第 37 页。
③ 《列宁全集》第 6 卷,人民出版社 2013 年版,第 38 页。
④ 《列宁全集》第 6 卷,人民出版社 2013 年版,第 40 页。

向于社会主义,原因在于社会主义理论更深刻地揭示了工人阶级受苦的原因,而资产阶级意识形态又会自发地与无产阶级意识形态争夺工人阶级并使之接受。因此,社会主义运动越年轻,越应当同非社会主义意识形态作斗争。

(三) 点明忽视政治斗争的危害,明确政治意识与阶级意识的关系

经济派对于经济斗争和政治斗争的观点表现为"政治鼓动应当服从于经济鼓动"①,"赋予经济斗争本身以政治性质"②,在具体形式上表现为通过传单来叙述工人的生存状态。列宁指出,尽管这种揭露能够引起不少工人的共鸣,在一定程度上起到宣战书和激励作用,并且能够为唤起阶级意识和传播社会主义起到积极作用,但这种活动本身并不是社会民主主义的活动,仅仅是起到拉开社会民主主义序幕的作用或者仅仅是纯粹的工会斗争。因此,社会民主党如果仅仅停留在争取改善工人劳动力的条件是不够的,必须要把斗争引向消灭剥削制度。在处理阶级关系中,社会民主党也不能局限于工人阶级与企业主的关系,还要注重在政治力量上与其他阶级进行对比,要积极对工人阶级进行政治教育活动,不断培养和提升工人的政治意识,增强进行政治斗争的工人阶级群体力量。对工人的政治教育要充分利用工人被压迫的具体表现如职业、宗教、科学等方面进行鼓动,而不是仅仅在阶级与专制制度之间的矛盾方面进行。社会民主党只有进行"全面的政治揭露",③而不是经济层面的对工人阶级的"政治鼓动",才能培养群众的政治意识和革命积极性。

如何发展政治意识呢? 列宁认为,工人的经济斗争只能使他们意识到政府同工人阶级的关系,并不能发展到社会民主主义政治意识的程度。"阶级政治意识只能从外面灌输给工人……社会民主党人应当到居民的一切阶级中去,应当派出自己的队伍分赴各个方面。"④社会民主党人应当到工人中去,对一切专横和压迫的现象进行斗争,利用一切可以说明社会主义信念和民主主义要求的具体事例,来解释无产阶级解放斗争的世界历史意义。通过政治揭露,引开敌人的偶然的或暂时的同盟者,在专制政权中散布仇恨和猜忌,只有

---

① 《列宁全集》第 6 卷,人民出版社 2013 年版,第 55 页。
② 转引自《列宁全集》第 6 卷,人民出版社 2013 年版,第 55 页。
③ 《列宁全集》第 6 卷,人民出版社 2013 年版,第 66 页。
④ 《列宁全集》第 6 卷,人民出版社 2013 年版,第 76 页。

这样组织起来的党才能成为革命力量的先锋队。总之,社会民主党的阶级性质表现在围绕社会民主主义的精神而又不歪曲马克思主义,以全体人民的名义向政府施加压力,用革命精神教育无产阶级。

（四）建立"革命家组织"是无产阶级革命意识形态建设的必要前提

在列宁看来,"无产阶级的自发斗争如果没有坚强的革命家组织的领导,就不能成为无产阶级的真正的'阶级斗争'。"①推动自发性的平民革命意识向自觉的无产阶级革命意识转变是开展无产阶级革命斗争的重要环节,这一转变的实现必须由具备彻底的革命意志、科学的革命理论的无产阶级革命党才能推动。列宁批判了经济派在组织工作中沉迷于"手工业方式"、反对建立革命家组织的错误。在列宁看来,手工业方式与经济主义是有联系的,具体体现在这种手工业方式缺乏实际修养,不善于做组织工作,革命工作规模狭小,并为这种狭隘性提供辩护,崇拜自发性。如果不能摆脱这种方式对于马克思主义理论、社会民主党的作用及其政治任务的狭隘见解,就不能摆脱组织工作的狭隘性,进而也不能认识到建立革命家组织的迫切性和重要性。他依据革命的实际情况提出了建立无产阶级革命家组织的看法。

列宁认为,革命家组织就是由以革命活动为职业的人员组成的,是一种"不很广泛的和尽可能秘密的组织"②,但却是牢固的、集中的。"任何一个机构的组织,其性质自然而且必然取决于这一机构的活动内容"③。俄国的经济派始终沉迷于组织工作中的手工业方式无法自拔。这里的手工业方式,指的是群众运动早期仅仅用木棒反抗现代的军队。列宁认为,尽管这种方式在最初能够起到扩大运动影响和范围的作用,但当运动扩大并真正和军队抗衡的时候,就很容易被一网打尽了。对于无产阶级而言,党的组织、工人组织与革命家组织是有区别的。对于社会民主党来说,政治斗争要比工人阶级的斗争更加广泛和复杂,工人组织和党的组织的区别就在于职业化、广泛化以及较少的秘密性。④ 而从职业方面来看,革命家的组织"包括的首先是并且主要是以革

---

① 《列宁全集》第6卷,人民出版社2013年版,第128页。
② 《列宁全集》第6卷,人民出版社2013年版,第107页。
③ 《列宁全集》第6卷,人民出版社2013年版,第95页。
④ 参见《列宁全集》第6卷,人民出版社2013年版,第106页。

命活动为职业的人"。① 但是,俄国面临的现实状况是沙皇专制制度。在这样
的制度下实现选举制、报告制和全体表决制的可能性很小。只有从建立革命
家组织开始,才能既实现社会民主主义的目的,又能实现纯粹工联主义的目
的。因此,对于俄国革命发展的现状来说,组织建设非常重要。第一,拥有稳
定并保持继承性的组织能够保证革命运动意义的发生。第二,"自发地卷入
斗争、构成运动的基础和参加到运动中来的群众愈广泛,这种组织也就愈迫切
需要"。② 第三,职业的革命活动人士是组织的重要组成部分。第四,在专制
制度依然存在的国家里,要控制组织的规模,具体包括成员的数量、保留专业
人士等。这样做的目的就是为了避开专制制度的"捕捉",增强组织运动的吸
引力。因此,针对俄国社会发展的实际,列宁认识到从工会出发建立政党的道
路行不通,只有通过建立革命家组织才能真正实现建党。"给我们一个革命
家组织,我们就能把俄国翻转过来!"③

二、建设好无产阶级革命政党是无产阶级革命意识形态建设的政治前提

列宁在领导俄国无产阶级革命政党过程中阐述了革命理论对于革命运动
和革命政党建设的意义,这种观点不仅回应了修正主义的马克思主义过时论
以及经济派轻视理论对于现实运动的意义,更进一步明确了无产阶级政党应
当明确以革命理论(马克思的理论)作为无产阶级政党的指导思想,以明确的
党纲凝聚团结统一的无产阶级政党。列宁在批判孟什维克的过程中,更进一
步指出了无产阶级政党建设探索过程中,以党纲和组织统一来巩固党内思想
一致的观点。

(一) 批判建党问题上的机会主义,阐明无产阶级的建党原则

首先,作为孟什维克主义的马尔托夫提出每个示威者或同情党的分子都
可以称为党员。列宁指出,孟什维克对党的认识混淆了党和阶级、党和组织的

---

① 《列宁全集》第 6 卷,人民出版社 2013 年版,第 106 页。
② 《列宁全集》第 6 卷,人民出版社 2013 年版,第 118 页。
③ 《列宁全集》第 6 卷,人民出版社 2013 年版,第 121 页。

界限。列宁认为，无产阶级政党是工人阶级的先进部队和领导者，正是由于工人阶级的觉悟程度和积极程度存在差别，才要将党员和靠近党的人进行区分。作为阶级的党，几乎整个阶级都要在党的领导下进行行动并靠近党。但是，在资本主义制度这个前提下，整个阶级的所有成员在觉悟程度和积极程度上并不能达到党的先进水平。因此，应当对于自觉、积极分子和帮助党的分子进行区分，只有真正觉悟的一部分人才能成为党的一员。

其次，党员的组织性问题是列宁与马尔托夫产生矛盾的主要问题，争论的焦点"在于是彻底实行组织原则，还是崇尚涣散状态和无政府状态"①。在列宁看来，成为党员的条件是一定要参加党的组织的，而马尔托夫则把是否承认党纲以及"在党的机关监督和领导下为实现党的任务而积极工作"②作为判定党员的标准，从这个方面讲，要成为一个党员只要能够帮助党的工作就够了，而不用参与到党组织当中去。列宁强烈地批判了马尔托夫否定党的严密组织性的孟什维克主义说法，他一再强调党的组织性问题。"使做为阶级的先进部队的党成为尽量有组织的，使党只吸收至少能接受最低限度组织性的分子。"③如果仅仅把是否愿意为党工作或者同意党的纲领作为判定党员的标准，那样就会造成党内出现无组织、无纪律以及落后分子的情况，也会给党带来管理和组织的混乱和混淆，并且"这样的混淆才真正是危险的"④。党既需要坚强领导又需要组织原则，承认党纲、在物质上帮助党并参加党的一个组织是承认党员的重要条件，才能让真正的党员进入到党组织中，形成战斗力。"我们容纳真正的社会民主党人的党组织愈坚强，党内的动摇性和不坚定性愈少，党对于在它周围的、受它领导的工人群众的影响也就会愈加广泛、全面、巨大和有效。"⑤只有将党员成为有组织的部队，才能通过组织对党员进行有效监督。

孟什维克还错误地解释了党和组织的关系问题。他们认为党和组织应当完全分开，党是比组织更广泛的概念，将各种对党抱有同情或者接受党的观点

---

①　《列宁全集》第8卷，人民出版社2017年版，第253页。

②　《列宁全集》第8卷，人民出版社2017年版，第238页。

③　《列宁全集》第8卷，人民出版社2017年版，第252页。

④　《列宁全集》第8卷，人民出版社2017年版，第252页。

⑤　《列宁全集》第8卷，人民出版社2017年版，第254页。

的人都可以成为党员。列宁认为,党必须是有组织的,党是"组织的总和",这意味着党是由各个组织构成的整体。从这个方面讲,党只能包含参加党组织的分子和党的组织,其他成员并不能成为党员。孟什维克对于党和组织的割裂,将使党自身发展过程中陷入混乱和无政府状态。孟什维克在组织路线上的机会主义,是国际机会主义的变种。列宁的斗争明确了无产阶级"所以能够成为而且必然会成为不可战胜的力量,就是因为它根据马克思主义原则形成的思想一致是用组织的物质统一来巩固的,这个组织把千百万劳动者团结成一支工人阶级的大军"①。

(二) 要以马克思的理论为依据,加强无产阶级政党的思想建设

列宁在《怎么办?》中,从俄国社会民主党刚形成,还有离开正确道路的危险;借鉴别国经验必须有强大理论批判能力以及担负着从未有过的革命任务等三个方面指出了革命理论对于社会民主党的重要意义,指出:"只有以先进理论为指南的党,才能实现先进战士的作用。"②而这种先进的理论本身就是马克思主义。但是,列宁强调:"我们决不把马克思的理论看做某种一成不变的和神圣不可侵犯的东西;恰恰相反,我们深信:它只是给一种科学奠定了基础,社会党人如果不愿落后于实际生活,就应当在各方面把这门科学推向前进。我们认为,对于俄国社会党人来说,尤其需要独立地探讨马克思的理论,因为它所提供的只是总的指导原理,而这些原理的应用具体地说,在英国不同于法国,在法国不同于德国,在德国又不同于俄国。"③与伯恩施坦把马克思主义理解为空想和教条的错误不同的是,列宁将马克思主义看成无产阶级政党的指导思想,但同时指出运用马克思主义必须因时因地而异,是具体的历史的运用过程。对于如何以马克思主义为依据,推进无产阶级政党的思想建设,列宁提出以下几个方面的方法创新:

一是通过党的纲领巩固思想一致。列宁认为,"必须用党的纲领来巩固思想一致"。④"纲领对于政党的团结一致、始终一贯的活动有重大意

---

① 《列宁全集》第8卷,人民出版社2017年版,第415页。
② 《列宁全集》第6卷,人民出版社2013年版,第24页。
③ 《列宁全集》第4卷,人民出版社2013年版,第161页。
④ 《列宁全集》第4卷,人民出版社2013年版,第316页。

义"①。制定党纲的目的正是在于确立党的明确一致的观点以及政治任务,解决党在各个时期迫切需要解决的实际问题。并且党纲不仅能够展现出社会民主党人普遍关注的问题,还可以避免个人观点的争论和观点分歧。从另一个角度讲,党内出现的意见分歧和争论,恰恰说明了党纲在凝聚共识中所起的作用和制定党纲的必要性。因此,制定党纲能够进一步明确运动性质、目标和任务等方面,发挥意识形态的功能,有利于党内的思想一致。列宁进一步提出了党纲的几个标准:第一,党纲应当"完全具备当代社会民主主义理论的水平"②。这意味着,社会民主党的纲领首先符合马克思学说的基本精神,正确反映党的无产阶级性质,与机会主义划清明确的界限。第二,党纲应当明确该政党所要取得的最终目的,实现这一目的的道路,以及在当前的实现形式和最近任务。在列宁看来,社会民主党的最终目的就是实现社会主义,实现工人阶级的真正解放,"即消灭生产资料私有制,把它们变为公有财产,组织由整个社会承担的社会主义的产品生产代替资本主义商品生产,以保证社会全体成员的充分福利和自由的全面发展。"③实现社会主义的道路就是无产阶级进行反对资产阶级的阶级斗争,在农村则进行另一种斗争,即农民反对农奴制残余的斗争。第三,党纲可以仿效和借鉴其他国家政党的纲领,但应当结合俄国自身的特点。列宁认为,党纲的制定是可以仿效和借鉴爱尔福特纲领和劳动解放社的纲领,但要结合俄国资本主义发展的现实状况。第四,党纲应具有明确的斗争对象。在制定党纲过程中,普列汉诺夫制定纲领中的理论部分。列宁认为,普列汉诺夫在党纲草案中的论述,仅仅从一般意义上说明资本主义,对于资本主义的演进以及在此过程中产生的社会矛盾含糊其辞。俄国无产阶级政党应当明确地开展与资本主义的斗争。

二是重视报纸宣传对塑造无产阶级意识形态的作用。在建党计划中,列宁根据俄国的实际情况,提出了通过创办全俄政治报的建党计划。"没有一个在任何环境和任何时期都善于进行政治斗争的坚强的组织,就谈不到什么

---

① 《列宁全集》第4卷,人民出版社2013年版,第186页。
② 《列宁全集》第4卷,人民出版社2013年版,第188页。
③ 《列宁全集》第6卷,人民出版社2013年版,第193页。

系统的、具有坚定原则的和坚持不懈地执行的行动计划。"①"创办全俄政治报应当是行动的出发点,是建立我们所希望的组织的第一个实际步骤,并且是我们使这个组织得以不断向深广发展的基线。"②列宁将全俄政治报作为建立政治组织的重要前提和出发点。其原因在于:其一,通过报纸传播思想、进行政治教育和争取政治上的同盟者。在革命活动初期,列宁就提出要通过小册子、口头或者小报等方式对不同知识水平的工人进行鼓动,宣传科学社会主义思想和民主主义思想。列宁更加注重对无产阶级中的先进成员进行鼓动,并且这种方式是唤醒无产阶级的最可靠手段。这种唤醒意味着,"工人中间宣传科学社会主义学说,使工人正确了解现代社会经济制度及其基础与发展,了解俄国社会各个阶级及其相互关系,了解这些阶级相互的斗争,了解工人阶级在这个斗争中的作用,了解工人阶级对于正在没落的阶级和正在发展的阶级、对于资本主义的过去和将来所应采取的态度,了解各国社会民主党和俄国工人阶级的历史任务。"③其二,列宁将报纸看成形成和推动组织发展的重要途径。他将报纸看成"脚手架"。报纸不仅是集体的宣传员和集体的鼓动员,而且是集体的组织者。依靠报纸并通过报纸自然而然会形成一个固定的组织,这个组织教育自己的成员密切注视政治事件,拟定革命的党对这些事件施加影响的适当措施。"单是技术上的任务——保证正常地向报纸提供材料和正常地发行报纸——就迫使我们去建立统一的党的地方代办员网,这些代办员彼此间要密切联系,了解总的情况,习惯于经常按时执行全国性工作中的各种零星任务,并组织一些革命行动以检验自己的力量。这种代办员网将是我们所需要的那种组织的骨干。这种组织,其规模之大使它能够遍布全国各地;其广泛性和多样性使它能够实行严密而精细的分工;其坚定性使它在任何情况下,在任何'转变关头'和意外情况下都能始终不渝地进行自己的工作;其灵活性使它善于一方面在占绝对优势的敌人集中全部力量于一点的时候避免同他公开作战,另一方面又利用这个敌人的迟钝,在他最难料到的地点和时间攻其不

---

① 《列宁全集》第 5 卷,人民出版社 2013 年版,第 2 页。
② 《列宁全集》第 5 卷,人民出版社 2013 年版,第 6 页。
③ 《列宁全集》第 2 卷,人民出版社 2013 年版,第 432 页。

备。"①列宁还提出创办一个每期出版几万份的周报的设想,并且认为这种报纸能够像鼓风机一样,将"阶级斗争和人民义愤的每一点星星之火,燃成熊熊大火"。②

三是发挥党的领袖在政党建设中的作用。"一个阶级的领袖永远是该阶级最有知识的先进代表人物。"③在列宁看来,无论哪个阶级要进行坚持不懈的斗争都必须有一个经过考验、受过专门训练和接受长期教育的领袖。阶级内部缺少这样的领袖,就会给该阶级活动的成效造成不利影响。"在历史上,任何一个阶级,如果不推举出自己的善于组织运动和领导运动的政治领袖和先进代表,就不可能取得统治地位。"④"任何革命运动,如果没有一种稳定的和能够保持继承性的领导者组织,就不能持久"。⑤ 因此,无产阶级政党如果在革命活动或者无产阶级意识形态建设中取得领导权,培养一个理论水平、组织能力等方面突出的领袖,非常重要。列宁提出,"首要的最迫切的义务,就是帮助培养出在党的活动方面能够同知识分子革命家具有同等水平的工人革命家。"⑥有了经过专门训练和接受长期教育的工人革命家,就可以受到工人群众的无限信任,因此也能够抵御任何政治警察。列宁还认为,有才干和有希望的工人鼓动员要通过党的经费来维持他们的生活,而不是让他们在工厂里面长时间做工。同时,将这部分工人转入到秘密状态,成为职业革命家。"使他成为职业鼓动员,鼓励他扩大自己的活动范围,从一个工厂扩大到整个行业,从一个地方扩大到全国。他在自己的职业中获得经验和技能,他扩大自己的眼界和自己的知识,他亲眼看见其他地方和其他政党的卓越的政治领袖,他自己也力求提高到同这些领袖一样的水平,力求做到既了解工人群众,又具备新鲜的社会主义信念,同时也具有无产阶级在同训练有素的大批敌人作顽强斗争时不能没有的专业技能。"⑦培养职业革命家的过程就是将马克思主义意

① 《列宁全集》第5卷,人民出版社2013年版,第9页。
② 《列宁全集》第6卷,人民出版社2013年版,第162页。
③ 《列宁全集》第4卷,人民出版社2013年版,第277页。
④ 《列宁全集》第4卷,人民出版社2013年版,第336页。
⑤ 《列宁全集》第6卷,人民出版社2013年版,第118页。
⑥ 《列宁全集》第6卷,人民出版社2013年版,第124页。
⑦ 《列宁全集》第6卷,人民出版社2013年版,第126页。

识形态有效地灌输到工人当中去,并不断启发工人阶级的政治意识和革命意识的过程。

三、坚持马克思主义是无产阶级革命意识形态建设的主题

列宁在批判波格丹诺夫等俄国的马赫主义代表者的过程中,明确指出马克思主义是科学的意识形态,是无产阶级革命的指导思想。马赫主义想要建立唯物主义和唯心主义之间的中立哲学,提出中立的东西既非物质又非精神,而是感觉经验,并且这种经验构成认识世界的前提。俄国的马赫主义者被所谓"现代认识论"等一些新奇术语所迷惑,吹捧马赫主义是"最新哲学""现代自然科学的哲学",并以此修正马克思主义哲学。1905 年革命的失败给这种意识形态的存在提供了基地,斯托雷平的反动统治依靠暴力促使俄国国内的阶级阵线发生变化,革命阶级、资产阶级和知识分子的队伍发生新的分裂,一些政治上和思想上不坚定的分子走向了马赫主义。这种现象给马克思主义哲学造成了极大挑战,动摇了无产阶级政党的理论基础,也引起了思想界的混乱。在列宁看来,马赫主义者对马克思主义哲学的攻击,表面上看似驳斥的只是普列汉诺夫,而实质上却是对整个唯物主义的进攻。

(一) 批判马赫主义的唯心主义和不可知论,提出哲学的党性问题

首先,列宁从哲学基本问题的角度指出了马赫主义的唯心主义本质。在列宁看来,哲学的基本问题不仅是世界观问题,还是认识论问题。能不能回答人的感官以及引起感觉的物是不是在人的意识之外的问题,是唯物主义的基本问题。马赫主义者试图将哲学中关于唯物主义和唯心主义这两个基本派别抛开,宣称自身创立的哲学是依靠感觉的经验事实,将自身的最新哲学称为走在唯物主义和唯心主义之外的第三条道路,将感觉视为唯一真实的存在。列宁认为,这就是对于贝克莱所谓物质是抽象符号的重复,并且指出马赫在其著作中多次出现了与贝克莱观点相似或一致的地方。而马赫等人为了将他们的唯心主义披上科学的外衣,提出了"世界要素说"。列宁提出,马赫的要素说充分表明了他要摆脱哲学的基本问题及其关系,尝试抹煞唯物主义与唯心主义的根本对立。显然,这种所谓以要素形态复合与感觉、心理的论调,只不过是以所谓客观的方式换了说法来表述感觉而已。列宁明确指出"是否把自然

界、物质、物理的东西、外部世界看做第一性的东西,而把意识、精神、感觉(用现今流行的术语来说,即经验)、心理的东西等等看做第二性的东西,这是一个实际上仍然把哲学家划分为两大阵营的根本问题"①。

其次,列宁从反映论角度揭示马赫主义是不可知论。列宁从哲学基本问题的另一个方面(世界是否可认识的问题)出发,指出马克思主义与马赫主义在认识论层面出现的根本理论冲突以及马赫主义在关于世界可知性问题上对马克思主义的指责与攻击,也正是在这个过程中,进一步说明和发展了辩证唯物主义的反映论。关于世界能否被认识这个问题。马赫主义者将感觉经验作为人的全部认识的来源,当成哲学的基础。而唯物主义反映论与不可知论的差别就体现"感觉给我们提供物的正确反映,我们知道这些物本身,外部世界作用于我们的感官。这就是不可知论者所不同意的唯物主义。而不可知论者路线的本质是什么呢? 就是他不超出感觉,他停留在现象的此岸,不承认在感觉的界限之外有任何'确实的'东西"②。马赫主义者认为唯物主义者相信感觉材料背后存在着某种物神、绝对者等,承认了彼岸的、在经验和认识范围之外的东西反而陷入了神秘主义、康德主义,将世界"二重化",宣扬"二元论"。列宁认为,"对象、物、物体是在我们之外、不依赖于我们而存在着的,我们的感觉是外部世界的映象。这个结论是由一切人在生动的人类实践中做出来的,唯物主义自觉地把这个结论作为自己认识论的基础。"人们通过感觉知道物本身,感觉能够提供正确摹写。马赫主义者否认感觉的源泉,坚持感性表象是存在于我们之外的现实的论断,只不过是为他们的"原则同格"提供保护,并回到贝克莱主义那里去。

最后,列宁在对马赫主义的批判过程中进一步明确提出了"哲学的党性",并在批判过程中始终贯穿着这样的基本路线,即哲学上的两条基本路线和两个基本派别。其一,就哲学而言,哲学学说是代表着一定的派别或倾向的,哲学的斗争都没能离开这些路线和派别。尽管有的哲学论断不承认这样的派别性或者宣称超越了哲学的基本派别,但就其本质而言都不过是改头换

---

① 《列宁全集》第18卷,人民出版社2017年版,第351页。
② 《列宁全集》第18卷,人民出版社2017年版,第106页。

面的调和派或中间派。在这一点上,马赫主义就是在各种所谓新奇术语和概念掩盖下所谓"第三条基本路线"的典型代表之一。而针对马赫主义进行"无党性"的自夸,列宁指出这种无党性本身正是从侧面反映出资产阶级哲学意识形态的党性和虚假性。也就是说,马赫主义等资产阶级意识形态尽管宣称自身的无党性,并试图凌驾于唯物主义和唯心主义之上,但其思想本质却始终贯穿着资产阶级的党性并与唯物主义的根本对立,并"每时每刻都在陷入唯心主义,同唯物主义进行不断的和始终不渝的斗争"①。曾经作为上升和进步阶级的资产阶级在其革命的过程中为了取得更广泛的支持,将自身的阶级利益推广为具有普遍意义的超阶级的全民的利益。而资产阶级在反对无产阶级的意识形态过程中,更需要通过虚假的意识形态掩盖资产阶级的剥削本性,将自身贴上"科学""无党性"的标签。究其本质,这种无党性不过是掩盖自身的阶级利益以及唯心主义派别而已。

(二) 马克思主义是无产阶级的科学的意识形态

对马赫主义的批判过程中,列宁进一步指出马克思主义是科学的社会历史发展理论,是无产阶级的科学的意识形态。1908 年,列宁在《唯物主义和经验批判主义》中指出,"任何意识形态都是受历史条件制约的,可是,任何科学的意识形态(例如不同于宗教的意识形态)都和客观真理、绝对自然相符合,这是无条件的。"②这意味着,列宁从科学与真理的意义上指认无产阶级的阶级意识与马克思主义的科学性。在革命时期,无产阶级的意识形态是革命意识,"任何一个代表着未来的政党的第一个任务,都是说服大多数人民相信其纲领和策略的正确。"③在无产阶级成为统治阶级之后,转变为统治阶级的维护意识。对于革命阶级来说,其意识形态建设就是将自身的价值取向和阶级利益普遍化为社会全体成员的普遍意识,从这个角度讲,资产阶级意识形态和无产阶级意识形态在这个过程中有一定的共同之处,因为资产阶级意识形态上升为统治阶级的意识形态过程中也经历了同样的步骤。而一个重要的前提就是社会已经分裂为无产阶级和资产阶级,才会产生相应的阶级意识。无产

---

① 《列宁全集》第 18 卷,人民出版社 2017 年版,第 358 页。
② 《列宁全集》第 18 卷,人民出版社 2017 年版,第 137 页。
③ 《列宁全集》第 34 卷,人民出版社 2017 年版,第 154 页。

阶级的阶级意识即使没有成为统治阶级的思想依然可以是意识形态。在列宁那里,不仅明确了阶级的定义,还准确定位了包括无产阶级和资产阶级、农民阶级和地主阶级的利益诉求及其在意识形态上的体现,更明确了无产阶级在革命和社会主义建设时期需要批判的对象和需要联合的对象。

四、批判宗教的意识形态性,正确认识和处理无产阶级革命中的宗教问题

20世纪初,俄国是政教合一的国家,有相当一部分人口都是东正教徒。沙皇曾经是东正教的实际首脑,政府不仅给教会提供经费支持,还提供政治保护。教会在当时具有广泛的权力,对新闻出版、群众教育等方面都进行严格的限制和管理。甚至在1905年俄国革命期间也公开支持沙皇政府进行镇压群众的行为。另外,在1905年革命失败后的俄国,哲学唯心主义和宗教活动严重泛滥,出现了寻神派和造神派的宗教活动。因此,对于列宁来说,如果要革命的胜利以及后来的社会建设能够成功,将多数信教群众从宗教幻象中唤醒过来是较为关键的一步。在这一时期,普列汉诺夫和列宁从政治斗争的角度出发,揭示了宗教的本质以及政党对待宗教的态度。"任何一种宗教,都是从对一种不可捉摸的势力的畏惧、从人们对自然的力量的无知而产生的。"①由于宗教本身的意识形态性以及与政治问题和社会问题的相互交织,列宁从马克思主义关于宗教的基本观点出发,更加注重于以俄国国内革命过程中的意识形态斗争的角度论述宗教问题。

(一)宗教的起源与本质

宗教是人类社会意识形态现象的一种,其信仰者认为超脱于人类能力或世界之外有种神秘力量或实体统治,决定着人类历史发展的轨迹或人类的行为。宗教信仰者本身则通过一定的礼仪或行为表达自身对于这种统治者或神秘力量的虔诚。对于宗教的本质,不同时代的学者会给出不同的答案,如宗教人类学、宗教心理学和宗教社会学等。但这种划分方式仅仅从现象层面揭示宗教的表象,没有能够揭示宗教的本质内涵。马克思在《〈黑格尔法哲学批

---

① 《普列汉诺夫哲学著作选集》第2卷,生活·读书·新知三联书店1961年版,第126页。

判〉导言》中对宗教进行了有关论述,他从人的自我意识和感觉的异化出发,指出宗教不过是尚未掌握或者丧失自身之后的人的自我意识,宗教本身是建立在颠倒的世界之上的世界观。而在社会上,宗教的本质就是麻醉人民的"鸦片"。恩格斯更进一步指出了宗教的人的幻想本质,这种幻想来源于并且从来没有超脱于人的日常生活和世俗基础之外。宗教里的超神力量不过是人间自然力量和社会力量的反映。

列宁从唯物主义历史观的基本原则出发,揭示了宗教的根源及其本质。他在 1905 年从分析工人阶级被压迫被剥削的现状出发,指出工人阶级在资产阶级政权被推翻以前就不能摆脱受贫困和被压迫的现实,而对于群众来说宗教则是他们受到的精神压迫。这是因为工人阶级在没有足够能力同资产阶级对抗的情况下,用宗教表达他们对来世的憧憬。"宗教是人民的鸦片。宗教是一种精神上的劣质酒"。① 而在列宁之前,马克思也已经从唯物主义的角度揭示了宗教的本质,即认为宗教的产生决定于人类社会发展的物质生产力水平,构成上层建筑的一部分,也属于意识形态所包含的类型之一。马克思关于宗教的观点的实质性发展主要是针对费尔巴哈关于基督教本质的观点。费尔巴哈澄清了宗教中的人与神之间的关系问题,指出宗教的信仰者对于上帝的关系不过就是"对他自己的本质的关系"。② 他还明确了上帝的来源——人自身,"上帝之质或规定性,不外就是人本身之本质之重要的质"③。而马克思注重从人类社会生产的物质世界中探寻宗教的产生及其本质,超越了费尔巴哈人本主义及宗教观的局限,找到了人类解决宗教束缚的途径。马克思不仅揭示了以往理论家在宗教问题上脱离了物质生活的生产方式这个决定性因素的根本缺陷,还指出宗教本身也是一种颠倒的意识。

在阶级社会中,宗教的产生源于人们对于自然界和自身生活状态的幻想。由于人们受到自然界的制约或阶级压迫的现实而又不能超脱于这种现实状况的时候,人们便将追求自身解放和生活状态的改善寄托于宗教。列宁认为,资

---

① 《列宁全集》第 12 卷,人民出版社 2017 年版,第 131 页。
② [德]费尔巴哈:《基督教的本质》,荣震华译,商务印书馆 1984 年版,第 57 页。
③ [德]费尔巴哈:《基督教的本质》,荣震华译,商务印书馆 1984 年版,第 51 页。

本主义生产方式是构成现代社会的深刻根源,正是人们在这样的生存条件下面,人们对于自己的生活和未来充满了恐惧和未知。"'恐惧创造神'。现代宗教的根源就是对资本的捉摸不定的力量的恐惧,而这种力量确实是捉摸不定的,因为人民群众不能预见到它,它使无产者和小业主在生活中随时随地都可能遭到,而且正在遭到'突如其来的'、'出人意料的'、'偶然发生的'破产和毁灭,使他们变成乞丐,变成穷光蛋,变成娼妓,甚至活活饿死。"①

同时,关于宗教是不是私人的事情的问题,他从两个方面进行了辨析。列宁认为,从国家方面来讲,宗教是私人的事情,"国家不应当同宗教发生关系,宗教团体不应当同国家政权发生联系。"②从党的方面来说,宗教又不是私人的事情。列宁指出:"我们要求教会与国家完全分离,以便用纯粹的思想武器,而且仅仅是思想武器,用我们的书刊、我们的言论来跟宗教迷雾进行斗争。"③这种思想斗争要始终站在全党和整个无产阶级利益的高度,而对那些愚弄工人的行为进行的斗争也是俄国社会民主工党的目的之一。那么,在社会民主工党的党纲里面用不用加上无神论呢?列宁认为,我们要从宗教产生的历史根源和经济根源,而不是离开阶级斗争和唯心地去谈论宗教问题。一个党的存在需要一定的群众基础,如果不能真正有效地启发无产阶级,使他们认识到受压迫的地位并起来反抗,"那么任何书本、任何说教都是无济于事的"④。所以,列宁说:"我们在我们的党纲中没有宣布而且也不应当宣布我们的无神论。因此,我们没有禁止而且也不应当禁止那些还保存着某些旧偏见残余的无产者靠近我们党。"⑤

(二) 批判寻神派和造神派,提出无产阶级革命政党关于宗教的基本观点

社会民主党是一个以马克思主义为基础世界观的无产阶级政党,而马克思主义本身就是绝对无神论和反对一切宗教的。但是,恩格斯在谈到对待宗

① 《列宁全集》第17卷,人民出版社2017年版,第392页。
② 《列宁全集》第12卷,人民出版社2017年版,第132页。
③ 《列宁全集》第12卷,人民出版社2017年版,第133页。
④ 《列宁全集》第12卷,人民出版社2017年版,第134页。
⑤ 《列宁全集》第12卷,人民出版社2017年版,第134—135页。

教问题时不同意直接向宗教宣战,他认为这种做法不过是空谈而已。如何理解这种看似矛盾的问题呢?

列宁指出,马克思恩格斯一方面是彻底的无神论,另一方面却又不和宗教发生正面的斗争。这绝不意味着马克思主义在宗教观上的矛盾和混乱。仅仅从表象层面提出消灭宗教、宣扬无神论的做法不过是一种肤浅的狭隘的文化主义观点。马克思主义者要做的就是要揭示现代资本主义国家中仍然会存在宗教的社会根源,即"反对任何形式的资本统治"。① 对于社会民主党人来说"宣传无神论,必须服从社会民主党的基本任务:发展被剥削群众反对剥削者的阶级斗争。"②也就是说,当前的任务不在于将工人进行无神论和基督教徒的划分,而在于工人运动能够取得成功,这一点正是从推进阶级斗争出发的,并且通过阶级斗争比直接对群众宣言无神论更有效果。基于此,列宁指出,社会民主党对待宗教的态度是具体问题具体分析的。如果一个司祭能够在党内进行政治工作又不反对党纲,就可以成为社会民主党的党员。反之,如果司祭在党内宣扬宗教观点,就应当将他开除出党员队伍。

五、唤醒被压迫民族的革命自觉是无产阶级革命意识形态建设的重要内容

列宁一生都十分关注民族和殖民地问题,这是有其深刻原因的。随着帝国主义加剧对殖民地附属国的掠夺,殖民地的民族解放运动也不断发展起来。俄国素有"民族牢狱"之称。这就使得民族和殖民地问题成为世界政治和俄国革命中的一个十分迫切的问题。

(一) 批判并揭示"民族文化自治"和民族自决消亡论的资产阶级意识形态本质

奥地利社会民主党的奥托·鲍威尔和卡尔·伦纳是提出"民族文化自治"的主要理论家。他们认为,民族构成的基础是某一人群所具有的共同的"性格"和"文化",与他们的经济和政治生活全然无关。这种理论离开唯物主

---

① 《列宁全集》第 17 卷,人民出版社 2017 年版,第 392 页。
② 《列宁全集》第 17 卷,人民出版社 2017 年版,第 392 页。

义历史观,把文化放在民族问题的至高无上的地位。他们还认为民族纠纷产生的关键就是各民族在文化上的不平等,解决的方案就是实施民族的文化自治,不管是否具有共同的经济生活和共同的居住地域,把分散在各地的同一民族的人,一律根据民族归属构成一个固定的民族。

对于他们的观点,列宁指出,马克思主义者主张通过对民族运动的历史和经济的研究,寻求解决民族矛盾的答案,所谓的民族文化自治,忽视了民族所处的特定社会经济结构,进而漠视民族问题的阶级根源。列宁指出,在阶级社会里不存在孤立的民族问题,民族内部以及民族之间彼此对抗的阶级矛盾是民族问题的根源。在俄国以及整个资本主义社会中,"每一个现代民族中,都有两个民族。每一种民族文化中,都有两种民族文化。"①一种是占统治地位的资产阶级文化,一种是具有社会主义性质的民族文化。奥托·鲍威尔和卡尔·伦纳所鼓吹的民族文化自治的实质就是掩盖现代资本主义社会中的积极对抗,把资产阶级的狭隘利益,上升为民族整体利益,奉行资产阶级民族主义。另外,他们主张民族之间的隔离,这与历史发展的趋势相违背,列宁提出:"民族问题上有两种历史趋势,民族生活和民族运动的觉醒,反对一切民族压迫的斗争,民族国家的建立,这是其一。各民族彼此间各种交往的发展和日益频繁,民族隔阂的消除,资本、一般经济生活、政治、科学等等的国际统一的形成,这是其二。这两种趋势都是资本主义的世界性规律。第一种趋势在资本主义发展初期是占主导地位的,第二种趋势标志着资本主义已经成熟,正在向社会主义社会转化。马克思主义者的民族纲领考虑到这两种趋势,因而首先要维护民族平等和语言平等,不允许在这方面存在任何特权(同时维护民族自决权,关于这一点下面还要专门谈),其次要维护国际主义原则,毫不妥协地反对资产阶级民族主义(哪怕是最精致的)毒害无产阶级。"②

列宁还对第二国际马克思主义理论家们所存在的对民族解放问题的漠视进行了批判。考茨基等在所谓的"超帝国主义论"的基础上,提出帝国主义列强完全可能采取新的缔结和平条约的政策,于是就会在资本主义世界的内部,

---

①　《列宁全集》第24卷,人民出版社2017年版,第134页。
②　《列宁全集》第24卷,人民出版社2017年版,第129页。

消除帝国主义的殖民主义政策。卢森堡等人则认为帝国主义时代已经不再可能有任何民族战争,民族自决权也成为不太可能实现的梦想,认为争取民族自决的斗争会使无产阶级偏离社会主义的斗争方向。对于他们忽视民族解放运动的观点,列宁认为他们只看到了西欧的历史,而没有看到在广大亚非拉地区民族解放运动正在兴起,总是把民族解放运动和殖民地问题割裂开来,把民族矛盾和阶级斗争割裂开来,把民族和殖民地问题同无产阶级的国际主义问题割裂开来。

(二)提出民族自决权理论和无产阶级革命与民族解放联合的思想

列宁在批判民族文化自治论的基础上,全面阐明了民族自决权问题,列宁指出,"所谓民族自决,就是民族脱离异族集体的国家分离,就是成立独立的民族国家"①。承认殖民地被压迫民族享有自决权,有利于民族解放运动,反对大民族主义,消除民族的猜疑和仇恨。列宁同时也澄清了马克思主义民族自决权学说与资产阶级民族主义的界限。列宁认为,对外实施殖民统治的发达资本主义国家的无产阶级,如果否认遭受本民族殖民统治的被压迫民族享有自决权,那就意味着拥护本国资产阶级压迫和剥削其他民族,就是狭隘的民族主义,本质是代表本民族资产阶级的利益。承认民族自觉权就是坚持民族平等,在民族自觉与民族自愿基础上的融合是对立的统一。"人类只有经过被压迫阶级专政的过渡时期才能导致阶级的消灭一样,人类只有经过所有被压迫民族完全解放的过渡时期,即他们有分离自由的过渡时期,才能导致各民族的必然融合。"②

通过对帝国主义的分析,列宁从全世界范围内考察了新时期的民族问题,进而提出,在帝国主义时代,在世界范围内形成了帝国主义国家统治体系,其中每个国家都在压迫其他民族,因而出现了一个"基本的,最本质的和必然的现象:民族分为压迫民族和被压迫民族"③。因此全世界无产者和被压迫民族联合起来,既有力地支援了殖民地半殖民地人民的反帝革命斗争和民族解放运动,还推动了世界无产阶级社会主义革命的发展。

---

① 《列宁全集》第25卷,人民出版社2017年版,第228页。
② 《列宁全集》第27卷,人民出版社2017年版,第258页。
③ 《列宁全集》第27卷,人民出版社2017年版,第259页。

第二节　俄国无产阶级革命的推进与无产阶级 革命意识形态建设的途径

20 世纪初,俄国工人阶级内部由于陷入了仅仅争取经济利益斗争的盲区,忽视了工人阶级本身的阶级意识和革命意识。怎样克服革命意识的自发性、盲目性以及消除各种阶级调和论和机会主义的影响,把科学的无产阶级革命意识形态"输入"到工人阶级和革命群众的意识中? 这是列宁在俄国革命中必须解决的问题。在总体继承马克思和恩格斯在资本主义和平与发展时期关于无产阶级意识现实化的思考,部分借鉴考茨基的灌输理论的基础上,列宁提出了系统的无产阶级意识形态灌输理论。列宁的灌输理论意在强调俄国社会民主党通过理论宣传和党员培训等外在形式,将马克思主义的世界观和方法论内化于工人阶级的阶级意识,目的是启发无产阶级的阶级意识,为无产阶级政党提供群众基础和理论支撑。不少学者对灌输论的发展和演进过程进行了研究,较多的学者承认马克思和恩格斯是灌输论的主要提出者,如中国学者孙来斌认为,马克思恩格斯在《〈黑格尔法哲学批判〉导言》《共产党宣言》等著作中已经阐发了灌输论的"萌芽思想";考茨基对马克思恩格斯的思想进行了出色的发挥,赋予了"灌输论"初步的比较系统的理论形态;列宁在新的历史条件下,结合新的实际,进行了新的理论创造,形成了科学的、完整的"灌输论"观点体系。[①] 列宁是系统化阐述灌输理论的主要贡献者,他不仅回答了意识形态灌输的必要性及其灌输内容,还回答了意识形态灌输实现的路径和方式等。

一、马克思恩格斯用"灌输"强调理论掌握群众的重要性

灌输并不是马克思和恩格斯的理论研究重点,但是马克思和恩格斯的革命理论创作和革命实践始终贯穿着向无产阶级、革命群众灌输科学的革命理

[①]　孙来斌:《"灌输论"思想源流考察》,《武汉大学学报》(哲学社会科学版)2004 年第 1 期。

论的观点。马克思在早年《评"普鲁士人"的"普鲁士国王和社会改革"一文》中,提出了"社会的贫困"不能产生出"政治理智"①,一定程度上触及关于为什么需要向革命群众灌输革命理论的原因,但这不是此时论战的主要问题,没有在这个角度上展开进一步探讨。马克思在《〈黑格尔法哲学批判〉导言》中提出了理论力量和物质力量的相互关系,指出"理论一经掌握群众,也会变成物质力量"②。马克思还给无产阶级指明了解放社会和自身的理论武器,即"哲学把无产阶级当做自己的物质武器,同样,无产阶级也把哲学当做自己的精神武器;思想的闪电一旦彻底击中这块素朴的人民园地,德国人就会解放成为人"。③ 这里所说的思想闪电击中人民园地,就是在革命实践中向人民群众灌输革命理论的过程。马克思和恩格斯在《共产党宣言》中指出,"共产党一分钟也不忽略教育工人尽可能明确地意识到资产阶级和无产阶级的敌对的对立……"④强调了对工人进行理论教育的重要性。恩格斯在《社会主义从空想到科学的发展》中,针对无产阶级的历史使命,以及揭发无产阶级的积极意识提出"深入考察这一事业的历史条件以及这一事业的性质本身,从而使负有使命完成这一事业的今天受压迫的阶级认识到自己的行动的条件和性质,这就是无产阶级运动的理论表现即科学社会主义的任务"⑤。1887年,恩格斯在一封信中强调了灌输必须和受众的实践经验相结合的思想,"我们的理论是发展着的理论,而不是必须背得烂熟并机械地加以重复的教条。越少从外面把这种理论硬灌输给美国人,而越多由他们通过自己亲身的经验(在德国人的帮助下)去检验它,它就越会深入他们的心坎。"⑥从马克思恩格斯的相关论述来看,他们多次运用了"灌输"一词,强调理论掌握群众的重要性。

散见于马克思和恩格斯不同时期著作中关于灌输的观点呈现出逐渐发展的过程。青年时期的马克思和恩格斯主要强调灌输作为理论掌握群众的方法,对于无产阶级革命的必要性。在实践中,他们批判各国封建统治阶级、资

---

① 参见《马克思恩格斯全集》第1卷,人民出版社1956年版,第485页。
② 《马克思恩格斯文集》第1卷,人民出版社2009年版,第11页。
③ 《马克思恩格斯文集》第1卷,人民出版社2009年版,第17—18页。
④ 《马克思恩格斯文集》第2卷,人民出版社2009年版,第66页。
⑤ 《马克思恩格斯文集》第3卷,人民出版社2009年版,第566—567页。
⑥ 《马克思恩格斯文集》第10卷,人民出版社2009年版,第562页。

产阶级以及小资产阶级思想,纠正各国工人运动中的妥协、退让倾向,揭示工人运动被资产阶级利用的真相,这些活动都作为灌输的具体方式,发挥着提高革命群众对科学革命理论的认识水平的作用。随着西欧无产阶级革命运动规模的扩大和组织化程度的提高,马克思和恩格斯更加关注,并在实践中推动工人阶级政党向普通工人阶级和革命群众传播科学的革命理论,输入无产阶级革命意识形态的工作。从这个意义上讲,在以往统治阶级通过教育、意识形态家的活动等方式向被统治阶级进行意识形态灌输的历史场景之外,马克思和恩格斯开启了无产阶级革命意识形态灌输的理论和实践篇章。

二、考茨基提出向无产阶级灌输社会主义理论的观点

关于考茨基的灌输理论,我们可以从列宁的著作中得到一个明显的线索。列宁在《什么是"人民之友"以及他们如何攻击社会民主党人?》中,引用了考茨基关于社会民主党的看法,指出俄国的社会主义者应将马克思主义"通俗化,把它灌输给工人"①,而在考茨基那里,原话是:"但科学的代表人物并不是无产阶级,而是资产阶级的知识分子;现代的社会主义学说也就是从这一阶层的个别人物的头脑中产生出来的,他们把这个学说传给了才智出众的无产者,后者又在条件许可的地方把它灌输到无产阶级的阶级斗争中去。可见,社会主义意识是一种从外面灌输到无产阶级的阶级斗争中去的东西,并不是从这个斗争中自发产生出来的东西。"②

考茨基的这种提法,直接针对的是"奥地利社会民主党的纲领草案",他认为,社会主义意识并不能在工人阶级中产生,并且这种意识的产生需要建立在深刻的科学知识基础上,而这一时期资产阶级知识分子才是"科学的代表人物"。③ 基于此,考茨基提出了意识形态灌输的论述,并且这种论述得到了列宁的认可并进行了转述。

在《爱尔福特纲领解说》中,考茨基提出"社会主义者决不是一下子就认

---

① 《列宁全集》第 1 卷,人民出版社 2013 年版,第 284 页。

② 转引自王学东:《略谈考茨基"灌输论"思想的形成过程》,《国际共运史研究》1988 年第 2 期。

③ 转引自李宗禹:《关于"灌输论"的一场争论》,《国际共运史研究资料》1985 年第 1 期。

识到战斗的无产阶级在社会主义运动中应承担的使命的"①。社会主义与无产阶级之间还存在着很深的鸿沟,要消除这种隔阂并促成工人运动与社会主义相结合,社会主义就要超出空想社会主义的思想界限,并且社会主义者要帮助无产阶级提高阶级觉悟。

考茨基对灌输理论的重视和体系化的论证反映了第二国际时期的革命现实需要,即欧洲无产阶级的革命意识形态逐渐被修正主义和机会主义所侵蚀,必须要强化革命理论的宣传以及推动理论占领工人运动实践指导思想地位。考茨基提出了灌输的目标、内容、对象等一系列理论思考,对于纠正第二国际工人运动的去革命化倾向是有重要意义的。

三、列宁系统提出了意识形态灌输论

俄国革命发生在相对落后的资本主义国家中,以列宁为代表的俄国马克思主义者要推动从凝聚阶级革命意识到批判反映封建统治阶级、资产阶级、小资产阶级利益的形形色色的意识形态等思想领域的革命实践,更需要宣传马克思主义,占领报刊杂志等意识形态阵地,争取革命群众。列宁的意识形态灌输理论的产生契合了俄国革命斗争的现实需要,并充分展现了思想上层建筑对政治革命和社会变革的巨大反作用。在《怎么办?》等文章里,列宁系统论述了向无产阶级灌输马克思主义的原因、途径、方法等内容。

关于进行意识形态灌输的原因。列宁认为根本原因在于工人阶级不能自发地产生社会主义的意识形态。第一,工人阶级的素质普遍不高。由于沙皇在俄国的长期封建统治以及俄国经济社会的相对落后,工人阶级的文化水平都会受到普遍的限制,相当一部分工人阶级并没有认识到自身的历史使命。俄国工人运动中出现的仅仅追求改善自身生存状态的运动。第二,社会主义学说本身是时代的理论精华,需要基于对历史和时代知识的充分学习。第三,阶级社会中不存在超阶级的意识形态。列宁认为,"或者是资产阶级的意识

---

① ［德］卡尔·考茨基:《爱尔福特纲领解说》,陈冬野译,生活·读书·新知三联书店1963年版,第180—181页。

形态,或者是社会主义的意识形态。"①在这两种阶级类型中间也不存在另外的思想意识体系或超阶级的意识形态。第四,社会主义意识形态尽管代表了工人阶级的利益,但不论从经济实力还是政治实力上讲,无产阶级都处于被动状态。所以,列宁在对资产阶级意识形态和社会主义意识形态的产生和传播情况进行深刻分析的基础上,提出了意识形态灌输的缘由。

在如何进行意识形态灌输的问题上,列宁指出俄国社会民主党应当发挥主体作用。列宁认为,在工人阶级内部仅仅能够孕育出工联主义的意识,即结成工会,同工厂主斗争等。工人阶级要发挥自身的革命力量,需要从外部接受意识形态的灌输。只有用外部的各种方式对工人阶级进行教育灌输,才能够激发工人的革命热情。可以看出,列宁将马克思主义和无产阶级思想看成灌输的内容,将工人阶级看成被灌输的对象。面对经济派的自发性的倾向,列宁认为工人阶级带有自发性也是一种正常的特征表现,但这种自发性的斗争要上升到自觉的斗争存在诸多客观环境和主观认识的限制。正如考茨基所讲:"现代社会主义意识,只有在深刻的科学知识的基础上才能产生出来。"②这也意味着,如果工人阶级的综合素质不能达到使其认清自身地位和处境的时候,工人阶级的认识范围将仅仅局限在自身的利益而无法上升到整个阶级和实现全人类解放的使命上来。

在列宁看来,"千百万劳动者"就是意识形态灌输的对象。这些劳动者涵盖了社会生活方方面面的劳动者,如农民、工人等。同时,列宁也清醒认识到,俄国工人阶级队伍在这一时期不断发展壮大,但从总量上将还处于劣势地位。"无产阶级不但是少数,而且是极少数,占大多数的是农民。"③一方面,随着俄国革命运动的发展,尽管革命力量逐渐壮大,但工人阶级中要么没有形成革命的社会主义意识形态,要么受到其他资产阶级思潮的影响。从行动上来说,难以形成合力。另一方面,只有工人阶级才是革命的力量。就马克思主义本身而言,就是来自工人的实践并指导实践的。

---

① 《列宁全集》第 6 卷,人民出版社 2013 年版,第 38 页。
② 转引自《列宁全集》第 6 卷,人民出版社 2013 年版,第 37 页。
③ 《列宁全集》第 41 卷,人民出版社 2017 年版,第 21 页。

第三节 俄国社会主义革命道路与无产阶级革命意识形态内涵的创新

在解决了俄国资本主义的命运以及无产阶级政党自身建设的问题之后,列宁研究问题的视角开始转向了世界资本主义的发展状态及其趋势的研究。促使列宁视角转变的原因一方面是世界资本主义由垄断资本主义向帝国主义阶段的完成,另一方面是帝国主义国家进行的重新瓜分世界的第一次世界大战。资本主义进入帝国主义阶段以及世界性大战的爆发,催生着新的理论问题及其意识形态问题。就国际无产阶级革命形势而言,国际工人运动逐渐在此条件下走向分裂,资本家培养和收买的工人贵族浮出水面,叛变无产阶级革命。"这个资产阶级化了的工人阶层即'工人贵族'阶层,这个按生活方式、工资数额和整个世界观说来已经完全小市民化的工人阶层,是第二国际的主要支柱,现在则是资产阶级的主要社会支柱(不是军事支柱)。因为这是资产阶级在工人运动中的真正代理人,是资本家阶级的工人帮办(labor lieutenants of the capitalist class),是改良主义和沙文主义的真正传播者。"①这些新的形势给马克思主义本身以及列宁为代表的无产阶级革命家们提出新的时代问题,帝国主义的本质、特征及其发展趋势是什么?无产阶级革命在这一时期的道路和方向在哪里?革命如何开展?列宁从探析这些时代问题的经济根源出发,揭示帝国主义矛盾的深刻性以及帝国主义战争与无产阶级革命的必然联系。

一、帝国主义论与帝国主义意识形态批判

19世纪末20世纪初,资本主义从自由资本主义发展到垄断资本主义,各国垄断资本瓜分世界的竞争并发展到了一个新的阶段,具体表现为伴随着生产和资本高度集中出现大批垄断组织并形成垄断资本的统治。列宁在第二国际马克思主义理论家关于垄断资本主义特征的认识以及英国学者霍布森对英

---

① 《列宁全集》第27卷,人民出版社2017年版,第330页。

国"帝国主义"分析基础上,提出了对帝国主义的独特理解,并对帝国主义意识形态及其表现进行了剖析。

（一）"帝国主义是无产阶级社会革命的前夜"①

列宁对于帝国主义问题的研究在 1899 年对于霍布森《帝国主义》一书的书评中就得到了体现。第一次世界大战的爆发,推动了列宁对帝国主义问题进行系统研究。在《关于帝国主义的笔记》《帝国主义是资本主义的最高阶段》中,列宁集中论证了帝国主义的本质、特征和趋势。列宁认为,"资本主义的一般特性,就是资本的占有同资本在生产中的运用相分离,货币资本同工业资本或者说生产资本相分离,全靠货币资本的收入为生的食利者同企业家及一切直接参与运用资本的人相分离。帝国主义,或者说金融资本的统治,是资本主义的最高阶段,这时候,这种分离达到了极大的程度。"②列宁在《帝国主义是资本主义的最高阶段》中,将帝国主义特征归结为"（1）生产和资本的集中发展到这样高的程度,以致造成了在经济生活中起决定作用的垄断组织;（2）银行资本和工业资本已经融合起来,在这个'金融资本的'基础上形成了金融寡头;（3）和商品输出不同的资本输出具有特别重要的意义;（4）瓜分世界的资本家国际垄断同盟已经形成;（5）最大资本主义大国已把世界上的领土瓜分完毕。"③在此基础上,列宁分析帝国主义的寄生性和腐朽,指出帝国主义是过渡的、垂死的资本主义,"是无产阶级社会革命的前夜"④,帝国主义发展的不平衡必然引发帝国主义国家的战争。在这一认识基础上,列宁提出,俄国无产阶级革命前景就是要通过彻底的民主革命,引发欧洲的社会主义革命,把帝国主义战争转化为无产阶级革命的有利时机。但是,也存在着对帝国主义战争性质、根源不同理解的各种错误思潮,包括为帝国主义战争辩护的帝国主义意识形态和工人运动内部的错误观点。

（二）列宁对帝国主义意识形态的批判

列宁是通过对社会沙文主义、考茨基的"超帝国主义"、费边社的社会改

---

① 《列宁全集》第 27 卷,人民出版社 2017 年版,第 330 页。
② 《列宁全集》第 27 卷,人民出版社 2017 年版,第 374 页。
③ 《列宁全集》第 27 卷,人民出版社 2017 年版,第 401 页。
④ 《列宁全集》第 27 卷,人民出版社 2017 年版,第 330 页。

良主义的批判为中介,间接完成对社会进化论、沙文主义、改良主义等帝国主义意识形态批判。

列宁通过霍布森的《帝国主义》一书,认识到"资产阶级学者和政论家们"运用社会达尔文论(Social Darwinism)、沙文主义、改良主义为帝国主义内外政策提供合理性、"科学性"辩护的意识形态本质。在《关于帝国主义的笔记》《帝国主义是资本主义的最高阶段》中,列宁指出帝国主义意识形态就是"资产阶级学者和政论家们"采取"比较隐蔽的方式,掩盖帝国主义的完全统治和帝国主义的深刻根源"。① 在《论第三国际的任务》中,列宁批判了帝国主义意识形态在工人运动中的两种表现:

一是机会主义的新变种——"费边帝国主义"。英国费边主义者以生物有机体新陈代谢来解释人类社会变迁,在经济思想上承袭庸俗经济学家约翰·穆勒(John Stuart Mill)的功利主义和巴师夏的"经济和谐论",鼓吹"民主的""合乎道德和法律的"帝国主义改良主义政策,掩盖帝国主义资本竞争和垄断事实,营造资本主义持久和平的假象,掩盖帝国主义源于资本主义、必然具有资本主义的结构性矛盾的事实。列宁指出,"'费边帝国主义'和'社会帝国主义'是一个东西:口头上的社会主义实际上的帝国主义,即机会主义转变为帝国主义。"②这种改良主义在工人运动中的理论表现是考茨基的"超帝国主义论"与"考茨基主义者"的"和平主义"口号。考茨基提出"超帝国主义论",认为帝国主义的发展会形成垄断资本的国际联盟,这种联盟会消解资本竞争矛盾以及资本主义生产方式的无政府状态。"考茨基主义者"站在小资产阶级的立场上,提出战争是残酷的,抽象地鼓吹和平,用人道主义、博爱精神的原则来粉饰帝国主义战后合约,而忽视战争的帝国主义根源。列宁在《帝国主义是资本主义的最高阶段》《资产阶级的和平主义与社会党人的和平主义》等论著中,揭示了这些思想的资产阶级意识形态本质。二是社会沙文主义。社会沙文主义是第二国际时期,受沙文主义影响的欧洲工人运动中的思潮。沙文主义从社会达尔文论(Social Darwinism)出发,宣称强势民族蹂躏、奴

---

① 《列宁全集》第27卷,人民出版社2017年版,第421页。
② 《列宁全集》第37卷,人民出版社2017年版,第92-93页。

役其他民族是符合自然规律的科学选择,粉饰帝国主义殖民掠夺、武力征服和资本扩张行为。这一思想在第二国际工人运动中就表现为社会沙文主义,社会沙文主义抹煞帝国主义战争的阶级性,用"保卫祖国"的口号捍卫帝国主义国家掠夺殖民地、压迫异族人民的行为。列宁在《论对马克思主义的讽刺和"帝国主义经济主义"》等一系列文章中批判社会沙文主义用"保卫祖国"这个概念来粉饰帝国主义战争,鼓吹为帝国主义效劳的资产阶级立场和观点。

列宁批判帝国主义战争的本质、根源、危害、特征以及帝国主义意识形态,同时,列宁对受帝国主义意识形态影响,在工人运动中出现的、与帝国主义意识形态"共鸣"的各种错误观点进行批判,纠正错误观点对无产阶级革命的消极影响,凝聚无产阶级革命力量,为俄国民主革命向无产阶级的社会主义革命发展提供了科学的思想武器。

二、对工人运动内部为帝国主义辩护的各种错误观点的批判

金融资本对于帝国主义不仅"疯狂地捍卫"而且"千方百计地美化"①,并且"帝国主义的意识形态也渗透到工人阶级里面去了"②。机会主义和社会沙文主义就是工人阶级中的帝国主义意识形态的反映。列宁对机会主义和沙文主义进行了批判。

（一）考茨基的"超帝国主义论"的实质是机会主义

考茨基的"超帝国主义论"是机会主义的典型代表。考茨基认为,垄断资本主义的国际联盟有可能成为资本主义进一步发展的趋势,从而带来资产阶级和无产阶级的和平共处。在关于帝国主义的定义的问题上,考茨基认为"帝国主义是高度发展的工业资本主义的产物。帝国主义就是每个工业资本主义民族力图征服和吞并愈来愈多的农业区域,而不管那里居住的是什么民族"③。考茨基在阐释工业资本主义民族这种帝国主义政策的原因时,从资本

① 《列宁全集》第27卷,人民出版社2017年版,第421页。
② 《列宁全集》第27卷,人民出版社2017年版,第421页。
③ ［德］卡尔·考茨基:《帝国主义》,史集译,生活·读书·新知三联书店1964年版,第2页。

主义生产方式中农业和工业之间的相互作用的问题出发。考茨基不将帝国主义看成一个经济阶段，而是一种经济政策，是工业高度发达的资本主义国家所采取的一种力图吞并、征服落后的农业国家的政策。这种将帝国主义与民族问题相联系的做法，在列宁看来，是直接掩盖了帝国主义的反动本质。这是因为，帝国主义不仅仅兼并考茨基所说的农业区域，还兼并包括工业极发达的区域在内的其他区域。列宁指出，帝国主义绝不是一种可有可无的政策，而是资本主义合乎规律发展的结果，是它全部发展所造成的一个必然历史阶段。

考茨基把各帝国主义国家或垄断集团之间达成协议，成立"国际帝国主义"或"超帝国主义"联盟，看作是可以和平发展的"超帝国主义"阶段。"从纯粹经济的观点看来，资本主义不是不可能再经历一个新的阶段，即把卡特尔政策应用到对外政策上的超帝国主义的阶段"，也就是全世界各帝国主义彼此联合而不是互相斗争的阶段，在资本主义制度下停止战争的阶段，"实行国际联合的金融资本共同剥削世界"的阶段①。

列宁在《帝国主义是资本主义的最高阶段》中，批判了考茨基对帝国主义的错误看法——超帝国主义理论。列宁指出考茨基的错误是非常明显的也是非马克思主义的。这种错误就表现在考茨基认为的"经济上的垄断是可以同政治上的非垄断、非暴力、非掠夺的行动方式相容的"②看法，掩盖了帝国主义内在的根本矛盾，因而考茨基关于帝国主义的看法不过是资产阶级的改良主义。列宁提出，考茨基的这种理论，"等于更巧妙更隐蔽地（因此是更危险地）宣传同帝国主义调和，因为同托拉斯和银行的政策'作斗争'而不触动托拉斯和银行的经济基础，那就不过是资产阶级的改良主义与和平主义，不过是一种善良而天真的愿望而已。"③他认为，"这个思潮，一方面是第二国际瓦解、腐烂的结果，另一方面是由于整个生活环境而被资产阶级偏见和民主偏见所俘虏的小资产者的意识形态的必然产物。"④在列宁看来，考茨基的"理论"的客观

---

① 《列宁全集》第27卷，人民出版社2017年版，第406页。
② 《列宁全集》第27卷，人民出版社2017年版，第405页。
③ 《列宁全集》第27卷，人民出版社2017年版，第405页。
④ 《列宁全集》第27卷，人民出版社2017年版，第328页。

即真正的社会意义只有一个,就是拿资本主义制度下可能达到永久和平的希望,对群众进行最反动的安慰,其方法就是使人们不去注意现代的尖锐矛盾和尖锐问题,而去注意某种所谓新的将来的"超帝国主义"的虚假前途。在考茨基的理论里,除了对群众的欺骗以外,没有任何别的东西。

（二）社会沙文主义是帝国主义意识形态的表现

在研究帝国主义的同时,列宁关注到第一次世界大战的战争性质问题。这次大战爆发后,修正主义者、机会主义者已经变为社会沙文主义者。欧洲社会主义运动中的机会主义倒向了社会沙文主义。第二国际的机会主义者公开投入到资产阶级怀抱,站到本国政府和资产阶级的立场上,宣扬"保卫祖国"。有的参加帝国主义政府,禁止工人罢工斗争。对于这种前所未有的世界大战以及不同阶级对战争性质的看法。列宁认为:"所谓社会沙文主义,我们是指肯定在当前这场帝国主义战争中保卫祖国的思想,为社会党人在这场战争中同'自己'国家的资产阶级和政府实行联合作辩护,拒绝宣传和支持无产阶级反对'自己'国家的资产阶级的革命行动,等等。十分明显,社会沙文主义的基本思想政治内容同机会主义的基本原则是完全一致的。它们属于同一种思潮。"[1]这种思潮的实质是折衷主义与诡辩论。

列宁分析了社会沙文主义的社会历史根源和思想根源。社会沙文主义就是机会主义在帝国主义战争条件下的具体表现,社会沙文主义与机会主义在阶级背景上具有共同之处。少数特权工人与资产阶级联合反对工人阶级。政治上主张阶级合作,放弃革命、无产阶级专政等。是在一个相对和平的环境下形成的,起初是一种情绪,后来是一种派别,发展成为一种与小资产阶级同路的阶层。第一次世界大战推动了机会主义发展的进程。机会主义已经成熟到与本国资产阶级走向联盟的地步。"社会沙文主义就是熟透了的机会主义,以致这个资产阶级脓疮已经不可能再像从前那样留在社会党的内部了。"[2]

列宁揭示了社会沙文主义的实质:社会沙文主义是"资产阶级工人政党"

---

① 《列宁全集》第 26 卷,人民出版社 2017 年版,第 259 页。
② 《列宁全集》第 26 卷,人民出版社 2017 年版,第 261 页。

的理论。"从前,'资产阶级工人政党'——用恩格斯的寓意极深的话来说——只能在一国内形成(因为当时只有一国拥有垄断),但是能维持很久。现在'资产阶级工人政党'在所有帝国主义国家里都成了不可避免的和典型的现象,但是由于各帝国主义国家为瓜分赃物而进行疯狂斗争,这种党未必能在许多国家里得势很久。因为,托拉斯、金融寡头和物价高涨等等虽然提供了收买一小撮上层分子的可能性,但是,对无产阶级和半无产阶级群众的打击、压迫、摧残和折磨却愈来愈厉害。"[1]"机会主义和社会沙文主义的政治内容是一样的,都主张阶级合作,放弃无产阶级专政,放弃革命行动,无条件地承认资产阶级所容许的合法性,不相信无产阶级而相信资产阶级。社会沙文主义是英国自由派工人政策、米勒兰主义和伯恩施坦主义的直接继续和完成。"[2]列宁还揭示了社会沙文主义的两种表现形式。一种是露骨的社会沙文主义,公开反对革命,另一种是隐蔽的社会沙文主义。以考茨基为代表,用马克思主义词句和和平主义的口号。

列宁认为马克思主义政党要与"资产阶级工人政党"进行坚决的斗争,否则就谈不上反对帝国主义,也谈不上马克思主义和社会主义工人运动。工人阶级要坚决反对机会主义和社会沙文主义,反对各种叛徒行为和将马克思主义庸俗化的行为,否则无产阶级就不能取得革命的胜利。要从工人政党内部与社会沙文主义明确划清界限。

"因此,我们如果愿意仍然成为社会主义者,就应该下到和深入到真正的群众中间去,反机会主义斗争的全部意义和全部内容就在于此。我们揭穿机会主义者和社会沙文主义者实际上背叛和出卖群众的利益,揭穿他们维护少数工人暂时的特权,揭穿他们传播资产阶级的思想和影响,揭穿他们实际上是资产阶级的同盟者和代理人,从而教育群众认清自己的真正的政治利益,在帝国主义战争和帝国主义休战交替的漫长而痛苦的过程中,为社会主义和革命进行斗争。"[3]

---

[1] 《列宁全集》第28卷,人民出版社2017年版,第80页。
[2] 《列宁全集》第27卷,人民出版社2017年版,第121—122页。
[3] 《列宁全集》第28卷,人民出版社2017年版,第84页。

三、一国胜利论与无产阶级革命意识形态的内涵创新

（一）无产阶级革命意识形态在帝国主义战争阶段的主题：提高工人的革命觉悟，变帝国主义战争为国内战争

列宁在批判社会沙文主义的过程中，阐明了帝国主义战争的性质及其与无产阶级革命的关系。关于帝国主义战争的本质，在列宁看来，战争本身与政治、国家、阶级息息相关，"战争不过是政治通过另一种（即暴力）手段的继续"。如果看不到这些就不能真正理解帝国主义战争的实质。列宁将战争与政治相联系，就在于看到了帝国主义战争源自于帝国主义的政治统治及其延续。因此，对于帝国主义国家经济、政治及其关系的分析是揭示战争本质的重要前提。具体而言，这次战争不过是帝国主义国家"兼并政策"和"掠夺政策"的继续，其意义并不在于"哪一个先拔出刀来"。社会沙文主义者则站到资产阶级的立场上，认为是"保卫自己的祖国"。普列汉诺夫等人满足于"找出祸首，予以惩罚"，却无视帝国主义国家的侵略，不具体分析战争背后的政治和经济因素。在列宁看来，这种所谓的"革命护国主义"和宣扬保卫祖国的真实目的就在于掩盖帝国主义战争的性质，出卖无产阶级的革命利益。

列宁指出，具体的不同战争性质而言是可以在一定条件下相互转化的。"民族战争可能转化为帝国主义战争，反之亦然。"[①]社会主义沙文主义者忽视了不同战争可以相互转化，也没有看到帝国主义战争与民族战争背后的具体历史条件和内在区别。在列宁看来，帝国主义战争与民族战争不能混淆，而帝国主义者本身却将战争贴上"民族"的标签以掩盖战争本身的侵略性质。帝国主义战争是资产阶级进行民族压迫和专制统治的政治的继续。

帝国主义战争并不能产生民主的和平，真正的民主的和平更需要通过一系列革命实现。对于战争性质的区分，不在于真正发生的国家和战斗双方，而是为哪一个阶级进行斗争，宣扬哪一种政策。如果仅仅从防御和进攻的角度看待战争的性质，在实践上是对工人阶级的最大的欺骗。列宁指出，德国资产阶级为了愚弄工人阶级和劳动群众，将战争说成了保卫祖国、自由和文化，为

---

① 《列宁全集》第28卷，人民出版社2017年版，第5页。

了解放被压迫的人民和摧毁沙皇制度。英法资产阶级也说战争保卫祖国和文化,而为了反对德国的军国主义和专制制度,而实质上是为了争夺德国的殖民地,打垮经济发展迅速的竞争国。他们为了自身利益都从各自的立场出发,愚弄无产阶级转移战争的注意力,用虚伪的爱国主义宣扬自己国家战争的意义,资产阶级设法分裂工人,使他们自相残杀。在这种条件下,德国的无产阶级政党的领袖已经近乎背叛社会主义事业。

列宁认为,新的历史条件下,资本主义已经发展到最高阶段,并且在各个国家扩张,实现社会主义的客观条件已经成熟。"变当前的帝国主义战争为国内战争,是唯一正确的无产阶级口号"。① 帝国主义战争带来了最尖锐的危机,空前加剧了群众的灾难,社会民主党要利用由此状况引发的群众的革命情绪。"我们的责任,就是帮助人们充分意识到这种情绪,加深和发展这种情绪。能够正确地表达这个任务的只有一个口号:变帝国主义战争为国内战争。"②

列宁为马克思主义政党制定的,变帝国主义战争为国内战争,使本国政府在帝国主义战争中失败的策略思想,是在帝国主义反动战争条件下产生的,与第二国际的机会主义划清了界限。"这场帝国主义战争正在开创一个社会革命的纪元。现时代的一切客观条件正在把无产阶级的群众革命斗争提到日程上来。社会党人的责任就是,在不放弃工人阶级的任何一种合法的斗争手段的同时,使它们服从于这项最迫切最重要的任务,提高工人的革命觉悟,使他们在国际的革命斗争中团结起来,支持和推进一切革命行动,力求把各国之间的这场帝国主义战争变为被压迫阶级反对他们的压迫者的国内战争,变为剥夺资本家阶级的战争,变为无产阶级夺取政权、实现社会主义的战争。"③

(二) 无产阶级革命意识形态的理论基础:一国社会主义革命胜利论

马克思和恩格斯对共产主义实现路径的认识随着欧洲革命形势的发展而发展。在《德意志意识形态》中,他们认为,"交往的任何扩大都会消灭地域性的共产主义。共产主义只有作为占统治地位的各民族'一下子'同时发生的行动,在经验上才是可能的,而这是以生产力的普遍发展和与此相联系的世界

---

① 《列宁全集》第26卷,人民出版社2017年版,第18页。
② 《列宁全集》第26卷,人民出版社2017年版,第337页。
③ 《列宁全集》第26卷,人民出版社2017年版,第296页。

交往为前提的。"①这一时期的马克思和恩格斯把共产主义革命发生的历史条件建立在全球化的生产力普遍和高度发展以及全球革命共同发生,形成相互支援的局面。在《1848 年至 1850 年的法兰西阶级斗争》中,马克思提出:"只有当世界战争把无产阶级推到支配世界市场的国家的领导地位上,即推到英国的领导地位上的时候,工人的任务才开始解决。革命在这里并没有终结,而是获得有组织的开端,它不是一个短暂的革命。现在这一代人,很像那些由摩西带领着通过沙漠的犹太人。他们不仅仅要夺取一个新世界,而且要退出舞台,以便让位给那些能适应新世界的人们。"②在《国际工人协会总委员会第四年度报告》中,进一步指出:"一国范围内的工人阶级的组织甚至也容易由于其他国家工人阶级缺乏组织而遭到失败,因为所有的国家都在世界市场上进行竞争,从而彼此互相影响。只有工人阶级的国际联盟才能保证工人阶级获得最终胜利。"③相比早期思想,马克思认为革命首先是在发达资本主义国家,比如英国首先发生,然后形成席卷全球的行动,并且需要彼此的相互支援,才能保证革命的胜利果实。恩格斯对共产主义革命胜利的条件的判断与马克思相似,不过随着欧洲资本主义的发展,恩格斯认为德国有可能成为率先发生革命的发达资本主义国家。从马克思和恩格斯的认识的发展来看,共产主义革命发生首先是在世界普遍交往建立起来后,在生产力高度发达的资本主义国家率先发生,同时在世界范围内发生相互支援的革命运动,才能成功。而列宁基于 20 世纪初期的帝国主义矛盾和俄国革命形势的发展,提出了作为落后的资本主义国家,俄国可以借助于帝国主义战争的有利时机,率先实现社会主义革命的成功。

　　列宁在《论欧洲联邦口号》中首次提出社会主义可能首先在一国获得胜利的论断。他在 1916 年还进行这样的估计:欧洲的革命时机不成熟,要"爆发社会主义革命,也许还要经过 5 年、10 年或者更多的时间。"④二月革命胜利后,沙皇专制制度被推翻,出现两个政权并存的局面,即资产阶级临时政府和

---

① 《马克思恩格斯文集》第 1 卷,人民出版社 2009 年版,第 538—539 页。
② 《马克思恩格斯文集》第 2 卷,人民出版社 2009 年版,第 155 页。
③ 《马克思恩格斯全集》第 21 卷,人民出版社 2003 年版,第 466 页。
④ 《列宁全集》第 27 卷,人民出版社 2017 年版,第 265 页。

工农民主专政的苏维埃。列宁有了新的看法,"由于许多历史原因(俄国比其他国家落后得多,战争带给它的困难特别大,沙皇制度腐朽透顶,1905 年的传统还充满活力),俄国比其他国家先爆发了革命。革命在几个月以内就使得俄国在政治制度方面赶上了先进国家。"[1]二月革命后,列宁更进一步认识到,俄国人民需要解决在落后条件下的革命去向问题,将革命推向社会主义。无产阶级要在推动俄国革命的过程中,扮演重要的角色。

列宁的这一认识来自于他对帝国主义发展规律的研究。他论证了帝国主义时代无产阶级革命的现实性,并且提出"变帝国主义战争为国内战争"的号召。无产阶级革命应当或者将会从哪里发生是需要回应的新问题。基于帝国主义经济发展状态的研究,列宁在《论欧洲联邦口号》中明确提出"经济和政治发展的不平衡是资本主义的绝对规律。由此就应得出结论:社会主义可能首先在少数甚至在单独一个资本主义国家内获得胜利"[2]。从这样的论断可以看出,列宁将资本主义经济政治发展不平衡的规律看成实现社会主义革命的重要前提,实现了对马克思主义革命理论的重要发展。

自由资本主义时期,尽管世界上大部分地区没有受到资本主义发展的影响,但出于自由竞争时代的资本主义生产方式的内在矛盾,即生产资料的资本主义私有制和生产的无政府状态,资本主义发展的不平衡现象已经显现。当自由竞争发展到垄断阶段,世界已经被资本主义力量瓜分完毕。新老帝国主义力量由于瓜分殖民地发生利益冲突。由于生产和资本的集中,垄断组织占据统治地位,在此条件下的利益冲突和竞争更加激烈和尖锐。这种发展状态为原先落后的国家实现跨越式发展提供了可能性空间。经济政治发展不平衡的规律为一国胜利学说奠定了理论基础。列宁认为,这种条件下,社会主义革命可能首先在一个国家取得胜利。

1915 年,列宁发展了资本主义经济政治发展不平衡规律和社会主义革命之间关系的理论,认识到社会主义革命同时发生和同时胜利的思想并不一定能够实现,提出社会主义革命有可能先在几个或单独一个资本主义国家内获

---

[1] 《列宁全集》第 32 卷,人民出版社 2017 年版,第 223—224 页。

[2] 《列宁全集》第 26 卷,人民出版社 2017 年版,第 367 页。

得胜利。《论欧洲联邦口号》中,列宁明确阐述了社会主义革命在一国胜利的思想。而对于是不是只有先进的资本主义国家才能首先取得社会主义的胜利,列宁有了新的思考。什么样的国家才能首先取得社会主义的胜利是不能确定的,要随着革命形势发展具体分析。在《无产阶级革命的军事纲领》中,列宁更进一步指出,"社会主义不能在所有国家内同时获得胜利。它将首先在一个或者几个国家内获得胜利,而其余的国家在一段时间内将仍然是资产阶级的或资产阶级以前的国家。"①列宁明确界定了社会主义能够首先在一个国家取得胜利,也同时承认其他国家在一定时期内仍然是资产阶级统治。无产阶级可以在社会主义革命中取得政权并掌握政权。"俄国无产阶级一旦夺得政权,就完全有可能保持政权,并且使俄国一直坚持到西欧革命的胜利。"②列宁的论证是唯物主义辩证法运用于俄国革命形势发展分析的创新成果,这一思想发展了科学社会主义理论,同孟什维克"十月革命的偶然性"、机会主义者"否定十月革命的本质是社会主义"等错误观点进行了针锋相对的斗争,凝聚了人心,坚定了无产阶级社会主义革命道路的信心,为十月革命实践奠定了理论基础。

第四节　文本解读:《怎么办?》对马克思 主义意识形态理论的贡献

《怎么办?》全名《怎么办?(我们运动中的迫切问题)》,是列宁批判俄国经济主义思潮和工联主义行动的著作。这部著作写于 1901 年秋至 1902 年 2 月。1902 年 3 月在斯图加特出版。列宁在开篇就直接点出写作的目的,"本书的主题,本来应当是《从何着手?》一文中所提出的三个问题,即我们的政治鼓动的性质和主要内容问题,我们的组织任务问题,在各地同时着手建立全俄的战斗组织的计划问题。"③

1898 年 3 月,列宁领导的彼得堡工人阶级解放斗争协会和俄国各地马克

---

① 《列宁全集》第 28 卷,人民出版社 2017 年版,第 88 页。
② 《列宁全集》第 32 卷,人民出版社 2017 年版,第 179 页。
③ 列宁:《怎么办?》,人民出版社 2018 年版,第 4 页。

思主义团体联合起来,成立了俄国社会民主工党。1900 年 2 月,列宁流放期满后立即与普列汉诺夫创办全俄政治报《火星报》,投入到了全面批判经济派的斗争中,为创建俄国无产阶级政党做准备。建党工作遇到两个困难,一是沙皇政府对革命团体开展残酷镇压,在人员组织上不利于建党工作的开展,二是在《工人思想报》《工人事业》等经济派刊物的旗帜下,党内存在着一批经济派信徒,他们试图把工人运动引导到只注重争取经济利益的斗争,沉湎于争取经济利益的改良和生活的改善,注重自发斗争,反对有组织的政治斗争。经济派的这些主张是第二国际的伯恩施坦主义在俄国的变种,使党内思想和力量涣散。在这种情况下,如何反抗沙皇政府的白色恐怖,克服工人运动内部的经济派影响,消除党内思想上的混乱、涣散状况,建立以马克思主义为指导的无产阶级革命政党,就成了迫在眉睫的任务。

从 1900 年底到 1902 年初,列宁发表了《我们运动的迫切任务》《从何着手?》《同经济主义的拥护者商榷》《怎么办?》等一系列论著,从思想上纠正经济主义的影响,指出俄国革命运动的主要问题,提出了无产阶级新型政党的理论。列宁也进一步指出革命理论建设的重要性,论证了在工人运动中的自发性和自觉性之间的相互关系以及工人阶级必须树立社会民主主义意识、无产阶级斗争必须从经济斗争发展为政治斗争、无产阶级必须要夺取对资产阶级民主革命的领导权以及建立工农联盟思想等。

《怎么办?》是列宁意识形态思想走向成熟的一部关键著作。列宁在《怎么办?》里第一次比较集中地论述意识形态的思想,正式提出了"社会主义意识形态"的概念,强调了意识形态的革命性;另外,在列宁 1908 年发表的《唯物主义和经验批判主义》中,明确提出了"科学的意识形态"这一概念。这两个概念的提出表明,列宁把握住了马克思主义的意识形态概念的精髓,即科学性和革命性,形成了自己对马克思主义的独特理解,在列宁意识形态思想发展过程中具有里程碑意义。

一、"社会主义意识形态"概念的提出

列宁在意识形态概念的把握上,始终抓住意识形态阶级性的本质特征,从俄国革命的实际国情出发,强调资产阶级意识形态与无产阶级意识形态的直

接对立性。列宁指出:"既然谈不到由工人群众在其运动进程中自己创立的独立的意识形态,那么问题只能是这样:或者是资产阶级的意识形态,或者是社会主义的意识形态。这里中间的东西是没有的(因为人类没有创造过任何'第三种'意识形态,而且在为阶级矛盾所分裂的社会中,任何时候也不可能有非阶级的或超阶级的意识形态)。因此,对社会主义意识形态的任何轻视和任何脱离,都意味着资产阶级意识形态的加强。"①意识形态是阶级社会中不同阶级利益诉求的理论表达,一定的意识形态必然代表一定的阶级利益,意识形态自身并没有褒贬之分,是一个中性的描述性的概念,它的性质取决于它所代表的阶级的性质。列宁扩大了意识形态阶级性的外延,改变了其仅仅代表统治阶级利益的否定性内涵,指出意识形态就是指阶级社会中不同阶级基于不同的社会地位而形成的思想观念和理论自觉。"社会主义意识形态"提出以后,列宁在以后的阐述中并未经常使用,而是使用了"社会主义的意识""社会主义的文化""政治意识""政治文化"等概念。但是,纵观列宁意识形态思想发展的历程,自从这一概念提出以后,他关于社会主义意识形态的学说也就基本确立了,只是在不同的历史时期,面对不同的历史背景和历史任务,使用了不同的概念表现形式而已。

从列宁对社会主义意识形态的本质界定来看,他是从阶级意识这个维度阐释意识形态本质的。列宁从马克思主义意识形态理论发展和俄国无产阶级革命斗争实践需要出发,对意识形态本质内涵进行了发展和重释。

列宁认为,马克思主义作为无产阶级的社会主义意识形态,不是在工人运动中自发形成的,而是需要通过理论家的研究、宣传和组织工作,进行自觉培养才能形成。

经济派从庸俗唯物主义出发,把工人运动为改善生活状况而自发进行的经济斗争看作是高于其他一切斗争的形式,认为对工人每个卢布工资增加一戈比要比任何社会主义和任何政治都更加实惠和可贵,并且认为工人清楚地知道这点,他们用不着别人指点就会为自己和家人本能地或自发地去进行斗争。列宁对经济派的工联主义和无政府主义的言论,给予了坚决的驳斥。他

---

① 列宁:《怎么办?》,人民出版社 2018 年版,第 40—41 页。

指出:"那些说什么'夸大意识形态的作用',夸大自觉因素的作用等等的人,都以为工人只要能够'从领导者手里夺回自己的命运',纯粹工人运动本身就能够创造出而且一定会创造出一种独立的意识形态。但这是极大的错误。"①列宁在说明社会主义意识同工人运动的关系后提出,经济主义和工联主义只关注经济斗争的思想和行动只会在无产阶级中培养出资产阶级和小资产阶级的意识形态,根本无法摆脱资产阶级意识形态的奴役。列宁指出:"人们经常谈论自发性。但工人运动的自发的发展,恰恰导致运动受资产阶级意识形态的支配,恰恰是按照《信条》这一纲领进行的,因为自发的工人运动就是工联主义的、也就是纯粹工会的运动,而工联主义正是意味着工人受资产阶级的思想奴役。因此,我们社会民主党的任务就是要反对自发性,就是要使工人运动脱离这种投到资产阶级羽翼下去的工联主义的自发趋势,而把它吸引到革命的社会民主党的羽翼下来。"②在这里,列宁不仅肯定了马克思和恩格斯从作为阶级意识层面来认识意识形态本质的观点,而且从阶级意识的形成和培养层面探讨意识形态阶级性本质的具体内涵。

在此基础上,列宁探讨了培养无产阶级的社会主义意识形态的必要性。他提出,为什么在实际的革命过程中,经济主义和工联主义只会导致资产阶级意识形态的奴役,而不会自发生成社会主义意识形态?原因在于资产阶级意识形态的理论发展历史和现实基础比无产阶级革命意识强大得多,越是无产阶级运动发展相对落后的国家,对资产阶级意识形态的科学批判能力就越会受到束缚,必须加强同各种非无产阶级意识形态的斗争。"但是读者会问:自发的运动,沿着阻力最小的路线进行的运动,为什么就恰恰会受资产阶级意识形态的控制呢?原因很简单:资产阶级意识形态的渊源比社会主义意识形态久远得多,它经过了更加全面的加工,它拥有的传播工具也多得不能相比。所以某一个国家中的社会主义运动愈年轻,也就应当愈积极地同一切巩固非社会主义意识形态的企图作斗争,也就应当愈坚决地告诉工人提防那些叫嚷不要'夸大自觉因素'等等的蹩脚的谋士。"③

---

① 列宁:《怎么办?》,人民出版社 2018 年版,第 39 页。

② 列宁:《怎么办?》,人民出版社 2018 年版,第 41 页。

③ 列宁:《怎么办?》,人民出版社 2018 年版,第 42—43 页。

二、坚持党性原则是社会主义意识形态现实化的前提

重视和强化党性原则是无产阶级政党把马克思主义意识形态理论融入革命实践的关键内容。失去党性，也就意味着无产阶级政党背离了马克思主义，无产阶级运动失去了正确方向，革命就会走上邪路。在党性原则的具体要求上，列宁强调无产阶级政党的先锋队性质，要毫不动摇地巩固"通过无产阶级领导全体劳动群众"的革命领导地位，不这样便不能实现无产阶级专政。列宁提出，任何试图淡化、消解意识形态的阶级性，企图用非马克思主义的观点和理论取代马克思主义的指导地位，其本质就是宣扬放弃社会主义意识形态的领导权，进而放弃无产阶级开展阶级斗争的革命道路，其结果只能是无产阶级主体力量沦为资产阶级革命的工具，而进一步建立和巩固资产阶级的统治地位。列宁进一步指出，革命的领导权绝不是所谓"微不足道的误会"，因此无产阶级必须成为革命的领导者，并掌握意识形态的领导权。

如何加强党性原则呢？列宁认为，"无产阶级的自发斗争如果没有坚强的革命家组织的领导，就不能成为无产阶级的真正的'阶级斗争'。"[1]也就是说，革命家组织，即无产阶级革命政党的强有力的组织和领导是确保党性原则的关键所在。无产阶级革命和无产阶级政党必须要具有高度的组织性，这是列宁对在俄国这样相对落后的资本主义国家开展无产阶级革命实践自始至终的观点。这体现在列宁要求"无党性的写作者滚开！超人的写作者滚开！写作事业应当成为整个无产阶级事业的一部分，成为由整个工人阶级的整个觉悟的先锋队所开动的一部巨大的社会民主主义机器的'齿轮和螺丝钉'。写作事业应当成为社会民主党有组织的、有计划的、统一的党的工作的一个组成部分"[2]，也体现在列宁坚决主张并长期致力于由对马克思主义革命思想有科学认识的革命家来领导建立先锋队性质的无产阶级政党，而不是伯恩施坦所主张的那种全民性质的松散的政党。无产阶级政党要从群众出发，把无产阶级整合成革新历史与现实的中坚力量和主力群体。"社会民主党人的理想不

---

①　列宁：《怎么办？》，人民出版社 2018 年版，第 134—135 页。

②　《列宁全集》第 12 卷，人民出版社 2017 年版，第 93 页。

应当是工联书记,而应当是人民的代言人,他们要善于对所有一切专横和压迫的现象作出反应,不管这种现象发生在什么地方,涉及哪一个阶层或哪一个阶级;他们要善于把所有这些现象综合成为一幅警察暴行和资本主义剥削的图画;他们要善于利用每一件小事来向大家说明自己的社会主义信念和自己的民主主义要求,向大家解释无产阶级解放斗争的世界历史意义。"①"只有把真正全民的揭露工作组织起来的党,才能成为革命力量的先锋队。"②

在党性建设上,高度的组织性和党的领导力量的先进性是相辅相成的。这是列宁从俄国革命的历史和现实教训总结中得出的基本经验。列宁注意到,无论是早期的民粹派,还是党内的经济派,其共同点都是对"群众自发"观点的非理性的信奉。民粹派信奉英雄史观,坚持认为他们领导下的农民是"本能的社会主义者"和"天生的革命者"。在革命实践中,他们逐渐被农民中具有的极端思想、妥协让步思想所绑架,朝着极端的方向发展,走上恐怖主义或者改良主义的道路。经济派借鉴第二国际中的改良主义和机会主义的实践和理论,把工人改善经济生活的自发主张看作是最先进的革命主张,满足于分散的、无组织的"工联主义"经济斗争,使革命沦为统治阶级进行阶级统治的工具。列宁认为,这两种迥然相异的政治派别在群众观上的相似性,体现了资产阶级的政治革命的主张,是小资产阶级思想的体现,这决定了他们无法建立具有明确阶级意识和高度组织性的革命政党,不可能真正代表劳动者阶级的根本利益。因此,强化无产阶级政党的党性原则,要首先在思想上强化马克思主义的指导地位,坚持由掌握着先进思想的革命家组成政党中坚力量,只有坚持科学思想的领导,才能有效地组织群众,并抵御错误思潮假借民意的侵袭。强化党性原则就是要确保无产阶级政党的高度组织性与高度先进性,进而确保意识形态的主体与革命领导力量的一致,这是社会主义意识形态在实践中发挥革新现实作用的基本前提。

三、灌输是社会主义意识形态现实化的关键环节

马克思主义怎样成为无产阶级所认同和遵从的革命理论? 首先,理论要

---

① 列宁:《怎么办?》,人民出版社 2018 年版,第 82 页。
② 列宁:《怎么办?》,人民出版社 2018 年版,第 90 页。

掌握群众,就必须是科学的。马克思和恩格斯从人类社会的发展规律,尤其是资本主义社会发展规律的科学认识基础,揭示无产阶级革命的历史合理性。其次,群众要理解马克思主义的真谛,必须有超越实践生活经验、抓住生活经验背后本质内容的理论学习条件和认识能力,然而这些条件和能力是大多数无产阶级所不具备的。从这个意义上讲,就需要运用各种方法,把马克思主义灌输给无产阶级,马克思晚年的相当时间就是在工人运动中通过批判各种资产阶级和小资产阶级思想,把无产阶级革命理论灌输给运动中的工人阶级。因此,灌输理论是马克思主义意识形态理论的重要内容。列宁在继承马克思恩格斯,吸收、借鉴考茨基灌输理论的基础上,深入了解俄国工人阶级生存状况,结合俄国革命斗争实践的现实需要,系统提出了意识形态灌输理论,阐述了意识形态灌输的必要性、内容、主客体、原则方法等内容。

1. 社会主义意识必须从外面进行"灌输"

经济派宣称:自发的工人运动不会屈从于资产阶级思想体系,社会主义是自发工人运动的产物,说"我们工人不需要马克思、恩格斯""要在俄国成立独立的工人政党的言论,只是人云亦云"等,对此,列宁在《怎么办?》第二章"群众的自发性和社会民主党的自觉性"中进行了批判,并论述了向工人"灌输"社会主义意识的观点。列宁认为,社会主义学说不可能在工人阶级中自发产生。工人阶级的社会主义意识只能由那些马克思主义者和具有共产主义觉悟的知识分子从外面灌输进去。

这是因为:第一,工人阶级缺乏必要的自由时间进行理论学习,单靠自己的力量和狭隘经验的思维,无法形成对资本主义和自身被剥削的现实的整体认识和本质思考,只能产生工联主义的意识。"我们说,工人本来也不可能有社会民主主义的意识。这种意识只能从外面灌输进去,各国的历史都证明:工人阶级单靠自己本身的力量,只能形成工联主义的意识,即确信必须结成工会,必须同厂主斗争,必须向政府争取颁布对工人是必要的某些法律,如此等等。"①第二,社会主义的革命学说是反映无产阶级历史地位、历史使命,指导无产阶级解放斗争的理论体系,是总结工人阶级的斗争经验,吸收人类优秀文

---

① 列宁:《怎么办?》,人民出版社 2018 年版,第 31 页。

化思想成果,进行艰苦的科学研究和实践探索的产物,无法在人的头脑中自发生成。第三,资产阶级思想和其他非无产阶级思想是资本主义社会中占统治地位的思想,要有效抵制资产阶级思想的侵蚀,也必须对工人运动进行科学社会主义思想"灌输"。

在"既然谈不到由工人群众在其运动进程中自己创立的独立的意识形态"这里,列宁进行了补充说明:"这当然不是说工人不参加创立意识形态的工作。但他们不是以工人的身份来参加,而是以社会主义理论家的身份、以蒲鲁东和魏特林一类人的身份来参加的,换句话说,只有当他们能在某种程度上掌握他们那个时代的知识并把它向前推进的时候,他们才能在相应的程度上参加这一工作。"①

2. 社会主义意识形态是从"有教养的人即知识分子"中创造出来的

社会主义意识形态的形成与资产阶级意识形态的形成有不同的历史特点。就共性而言,他们都需要具备生产力基础和资本主义生产方式的发展这一客观历史条件,而且需要有服务于本阶级利益的专门的知识分子存在,能够对社会发展中的诸多现实经验思想素材进行总结并进行有利于本阶级利益的理论创新。从区别来看,资产阶级意识形态是在资本主义生产方式形成过程中孕育而出、内嵌在资本主义社会的发展过程中的;无产阶级的社会主义意识形态是在反抗资产阶级剥削的革命过程中形成的,而社会主义生产方式的生成及其在经济体系中的主导地位是在革命胜利后的无产阶级专政国家中确立起来的。

> "社会主义学说则是从有产阶级的有教养的人即知识分子创造的哲学理论、历史理论和经济理论中发展起来的。现代科学社会主义的创始人马克思和恩格斯本人,按他们的社会地位来说,也是资产阶级知识分子。俄国的情况也是一样,社会民主党的理论学说也是完全不依赖于工人运动的自发增长而产生的,它的产生是革命的社会主义知识分子的思想发展的自然和必然的结果。"②

---

① 列宁:《怎么办?》,人民出版社 2018 年版,第 40 页。
② 列宁:《怎么办?》,人民出版社 2018 年版,第 31 页。

列宁在《怎么办?》一文中引用奥地利社会民主党的新纲领草案时指出:科学先进的社会主义意识是在科学知识的基础上产生的,现代的科学技术和经济科学是社会主义产生的重要条件,无产阶级尽管有强烈的愿望,但是他们不能创造出现代的技术和现代的经济科学,先进科学的代表不是处于被压迫地位的无产阶级,而是资产阶级知识分子。

在这里,列宁从两方面阐述了马克思主义意识形态理论形成的客观历史条件和主观精神创造条件。一方面,社会主义意识形态不是凭空生成的,而是在透视资本主义内在矛盾和运动趋势的基础上,对资本主义生产方式和制度的超越。从客观现实性上来看,作为一种先进的社会意识,社会主义意识形态是建立在与高度发达的生产力基础相适应的经济基础上的。西欧发达的经济水平和活跃的工人运动为科学社会主义理论的产生奠定了前提条件。这是西欧能够产生无产阶级革命实践、形成科学的无产阶级革命意识形态的基础。无论就生产力社会化水平,还是就资本主义生产关系的发育程度而言,俄国仍较为落后,所以在这种基础之上很难诞生先进的社会主义意识形态。另一方面,科学的无产阶级革命思想是批判继承历史优秀文化成果、全面剖析资本主义的趋势、深刻总结工人运动和斗争实践经验教训的产物,经过了从实践到认识,再从认识到实践的反复运动。思想形成的过程需要占有大量资料和知识,更要有科学的思维方法和抽象概括能力。无产阶级长期处于被压迫地位,无法接受系统的文化教育,知识水平和研究能力较为薄弱,而且他们迫于生计,也很难有充裕的时间和精力去从事理论思考和专门研究。因此,形成这种理论素养和能力的条件是生活在社会底层的无产阶级难以胜任的。除此之外,在由各种形式的资产阶级意识形态占主导地位的社会文化体系中,工人阶级不自觉地会受到资产阶级意识形态的影响,被资产阶级意识形态同化和"奴役";在地域化民族化的生活环境中,更容易形成与本地域、本民族资产阶级利益共生的思想,更不容易形成对全球范围内的资产阶级意识形态的认识和批判。基于以上理由,列宁认为,在客观条件具备的情况下,社会主义意识形态则是从有产阶级的有教养的人即知识分子创造的哲学理论、历史理论和经济理论中发展起来的。列宁还指出,马克思恩格斯在社会身份上都属于资产阶级知识分子,他们知识渊博、思想活跃、能力超群,在完成世界观和阶级立场的转变以后,成为无产阶级的代言人,创造了科学社会主义的意识形态理论。无产阶级意识形态的产生是他们创造性劳动的结晶。由此可以看出,先进的社会主义意识形态只能由学识丰富且透彻了解无产阶级需要的知识分子创造,而无产阶级自身只能通过社会民主党人的灌输教育来系统掌握科学的社会主义理论。

四、基于意识形态灌输理论,提出社会主义意识形态建设的具体内涵

列宁在领导俄国无产阶级革命和社会主义建设的实践进程中,不仅对意识形态灌输的必要性进行了科学阐述,而且对意识形态灌输的主客体、方式和平台等进行了具体论述。在意识形态灌输论基础上,提出了社会主义意识形态建设的具体内涵。

1. 社会主义意识形态建设的主体是职业革命家组成的无产阶级政党

列宁分析了在以手工业资本主义生产方式为主导的俄国,开展革命宣传和组织工作必须从建立坚强的革命家组织开始的原因。所谓革命家组织是指"主要是以革命活动为职业的人(因此,我说是革命家组织,我指的是社会民主党人革命家)"所建立的无产阶级政党①。只有这样,才能保证整个运动的稳定性,就既能实现社会民主主义的目的,又能实现纯粹工联主义的目的。列宁从五个方面分析了职业革命家组成的无产阶级政党作为社会主义意识形态建设主体的原因:

"因此我认为:(1)任何革命运动,如果没有一种稳定的和能够保持继承性的领导者组织,就不能持久;(2)自发地卷入斗争、构成运动的基础和参加到运动中来的群众愈广泛,这种组织也就愈迫切需要,也就应当愈巩固(因为各种蛊惑家诱惑群众中的不开展阶层也愈容易);(3)这种组织的构成主要应当是以革命活动为职业的人;(4)在专制制度的国家里,我们愈减少这种组织的成员的数量,减少到只包括那些以革命活动为职业并且在同政治警察作斗争的艺术方面受过专业训练的人,这种组织

① 列宁:《怎么办?》,人民出版社 2018 年版,第 112 页。

也就会愈难被'捕捉';(5)而且工人阶级和其他社会阶级中能够参加这个运动并且在运动中积极工作的人数也就会愈多。"①

"只要我们把问题提到现代俄国条件这个具体基点上,就会得出一个肯定的结论:正是为了使运动具有稳固性,防止轻率进攻的可能性,才绝对需要一个坚强的革命组织。"②列宁提出,"我们首要的最迫切的实际任务是要建立一个能使政治斗争具有力量、具有稳定性和继承性的革命家组织。"③"应当把社会民主党的实际工作者培养成政治领袖,既善于领导这种全面斗争的一切表现形式,又善于在必要时向激动的学生、不满的地方自治人士、愤怒的教派信徒和受委屈的国民学校教师以及其他各种人'提出积极的行动纲领'。"④"我们要想在旁人眼里表现为这样一种力量,就要不断地大力提高我们的自觉性、首创精神和毅力。"⑤"正是现在,遵循真正革命的理论的俄国革命家,他们依靠真正革命的和自发觉醒起来的阶级,终于(终于!)能够直起腰来,尽量施展自己全部的勇士般的力量。"⑥

2.社会主义意识形态建设的对象是一切愿意接受马克思主义的阶级

列宁从理论和实践两个层面分析了原因。从理论上讲,马克思主义是服务于解放全人类的无产阶级革命运动的意识形态,这一理论的接受者不仅包括工人阶级,而且包括被纳入资本主义世界体系内的所有被资产阶级生产方式剥削的一切阶级。"只有从一切阶级和阶层同国家和政府的关系方面,只有从一切阶级的相互关系方面"才能学习到关于资产阶级剥削的普遍性的科学知识,"为了向工人灌输政治知识,社会民主党人应当到居民的一切阶级中去,应当派出自己的队伍分赴各个方面。"⑦从实践层面看,俄国革命面临着新的形势,即有革命意识的阶级人数很多,但掌握着科学革命理论的人却很少。列宁指出:

---

① 列宁:《怎么办?》,人民出版社 2018 年版,第 124 页。
② 列宁:《怎么办?》,人民出版社 2018 年版,第 128 页。
③ 列宁:《怎么办?》,人民出版社 2018 年版,第 105 页。
④ 列宁:《怎么办?》,人民出版社 2018 年版,第 87 页。
⑤ 列宁:《怎么办?》,人民出版社 2018 年版,第 90—91 页。
⑥ 列宁:《怎么办?》,人民出版社 2018 年版,第 107 页。
⑦ 列宁:《怎么办?》,人民出版社 2018 年版,第 81 页。

"在这方面,我们运动的危急的过渡的状态可以用两句话来表述:没有人,而人又很多。人很多,因为工人阶级和愈来愈多的各种社会阶层都一年比一年产生出更多的心怀不满、要起来反抗、决心尽力帮助反专制制度的斗争的人,而专制制度的令人不堪忍受的状况虽然还没有被一切人意识到,但已经被愈来愈多的群众日益尖锐地感觉到了。同时又没有人,因为没有领导者,没有政治领袖,没有擅长于组织的人才来进行广泛而且统一的、严整的工作,使每一份力量,即使是最微小的力量都得到运用。'革命组织的增长和发展'不仅落后于工人运动的增长(这是波-夫也承认的),并且落后于人民各阶层中的一般民主主义运动的增长。(顺便提一下现在波-夫想必会承认这个意见也是对他那个结论的补充吧。)革命工作的规模同运动的广泛的自发基础比较起来实在太狭小了,它受'同厂主和政府做经济斗争'这种可悲的理论的束缚实在太厉害了。但是现在社会民主党人中不仅做政治鼓动工作的人,而且做组织工作的人,也都应当'到居民的一切阶级中去'"。①

3. 宣传、鼓动和政治揭露是开展意识形态工作的基本方法

列宁提出,第一,意识形态工作的总体目标是要"把争取改良的斗争包括在自己的活动范围之内",利用"经济"鼓动"使争取改良的斗争服从于争取自由和争取社会主义的革命斗争,就像使局部服从整体一样"②,培养群众的政治意识和革命积极性。第二,要采取"动笔"宣传和"动口"鼓动等不同的方法去应对不同的意识形态工作场景。鼓动员的主要活动是动口,"只要举出全体听众最熟悉和最明显的例子,比如失业者家里饿死人,贫困加剧等等,并尽力利用大家都知道的这种事实来向'群众'提供富者愈富和贫者愈贫的矛盾是不合理的这样一个观念,竭力激起群众对这种极端不公平现象的不满和愤恨";宣传员的主要活动是动笔,去全面地说明现代社会的危机和矛盾,说明"必须把现代社会改造为社会主义社会"的"许多观念"和原因,让受众能够"一下子全部领会,完全领会"。③ 第三,要组织全面的政治揭露。要善于向一

---

① 列宁:《怎么办?》,人民出版社 2018 年版,第 127—128 页。
② 列宁:《怎么办?》,人民出版社 2018 年版,第 63—64 页。
③ 列宁:《怎么办?》,人民出版社 2018 年版,第 68 页。

切阶级揭露现代资产阶级社会在经济、政治领域的一切剥削现象。"正如经济揭露是向厂主宣战一样,政治揭露就是向政府宣战。这种揭露运动愈广泛和愈有力,为了开战而宣战的那个社会阶级的人数愈多和愈坚决,这种宣战所起的精神作用也就愈大。因此,政治揭露本身就是瓦解敌人制度的一种强有力的手段,就是把敌人的那些偶然的或暂时的同盟者引开的一种手段,就是在专制政权的那些固定参与者中间散布仇恨和猜忌的一种手段。现在,只有把真正全民的揭露工作组织起来的党,才能成为革命力量的先锋队。"①

4.无产阶级政党的总机关报是社会主义意识形态建设和无产阶级政党建设的平台

"报纸不仅是集体的宣传员和集体的鼓动员,而且是集体的组织者。"②"面对经济派在俄国各地通过地方政治报刊作为宣传改良主义思想和攻击马克思主义的现实,列宁在《怎么办?》中分析了"报纸能不能成为集体的组织者"这个问题。他指出:"《火星报》正是要把自己的办报'计划'变成适应于培养这种'战斗决心'的'计划',来支持失业工人的运动、农民的骚乱、地方自治人士的不满以及'人民对胡作非为的沙皇暴吏的义愤'等等。"③"如果不在各地培植起强有力的政治组织,那么有办得极好的全俄报纸也没有什么意义。——这句话完全正确。但问题就在于除了利用全俄报纸之外,再没有别的方法可以培植起强有力的政治组织。"④列宁最后提出特别坚决主张围绕全俄报纸即通过一起为共同的报纸而努力的办法来建立组织的计划的三点原因:第一,预知革命形势。可以使全俄各地从事编织以全俄报纸为中心的组织网的人能预料到一些革命事件的发生。第二,锻炼革命经验。革命者通过提前预料到游行示威等革命活动,"他们明确意识到自己有义务去帮助群众的自发高潮,同时用报纸来帮助所有的俄国同志去了解这些游行示威并利用它们的经验",善于指导自发的运动,使之既不被朋友的错误所干扰,也不中敌人的诡计。第三,提高革命斗争灵活性。"只有这样来建立组织,才能确保社

---

① 列宁:《怎么办?》,人民出版社 2018 年版,第 90 页。
② 列宁:《怎么办?》,人民出版社 2018 年版,第 164 页。
③ 列宁:《怎么办?》,人民出版社 2018 年版,第 162 页。
④ 列宁:《怎么办?》,人民出版社 2018 年版,第 161 页。

会民主党的战斗组织所必需的灵活性,即能够立刻适应各种各样迅速变化的斗争条件,善于'一方面在敌人把全部力量集中于一点的时候避免同这个占绝对优势的敌人公开作战,另一方面又利用这个敌人的迟钝,在他最难料到的地点和时间攻其不备'"。①

五、《怎么办?》是列宁意识形态思想的重要里程碑

列宁在对马赫主义的批判中提出了科学的意识形态这一概念。他指出:"任何意识形态都是受历史条件制约的,可是,任何科学的意识形态(例如不同于宗教的意识形态)都和客观真理、绝对自然相符合,这是无条件的。"②这就明确了科学的意识形态与马赫主义等唯心主义思想的根本不同。科学的意识形态必须具有辩证的、发展的科学性,必须能够随着历史条件的演变而与时俱进地保持与客观真理的一致。一种意识形态要为广大人民群众所接受并能正确地指导实践,离不开其科学性。列宁从自然科学和哲学两个层面批判了马赫主义,他的《唯物主义和经验批判主义》就"物质的消失"等科学前沿问题对马赫主义的具体观点进行了驳斥,并从认识论的角度揭示了马赫主义在哲学上的错误根源。唯物主义认识论的科学性,是意识形态的科学性的根源所在,而不仅仅是某些具体观点上与科学的结论取得一致。

在《怎么办?》中,列宁开辟了与马克思和恩格斯对资产阶级的意识形态虚假性、颠倒性进行批判的不同思路,他在同时代的马克思主义理论家对马克思和恩格斯意识形态思想探索的基础上,转化了对意识形态内涵的认识思路,从与资产阶级实现阶级统治意义上的思想上层建筑相对立的角度,提出无产阶级反抗资产阶级统治的社会主义意识形态建设问题,将意识形态功能与社会主义革命与建设的实践相结合。如此一来,就把马克思主义作为意识形态的科学性和革命性统一在俄国的无产阶级领导的民主主义和社会主义革命实践中,摆脱了第二国际受困于欧洲发达的垄断资本主义体系的无产阶级运动现实困境和"经济决定论"的理论陷阱,把马克思主义意识形态理论推进到经

---

① 列宁:《怎么办?》,人民出版社 2018 年版,第 175—176 页。
② 《列宁全集》第 18 卷,人民出版社 2017 年版,第 137 页。

济文化相对落后国家无产阶级革命意识形态以及社会主义国家建设理论发展的新时代。

小　结

随着帝国主义国家瓜分世界格局的基本形成,资本主义体系的主要矛盾从发达资本主义国家的阶级矛盾转变为帝国主义国家之间以及帝国主义与殖民地半殖民地国家、民族之间的矛盾。无产阶级参与或者领导的,争取国家独立、民族解放的民主主义革命日益高涨,革命运动中心开始从欧洲发达资本主义国家转向了经济文化相对落后的国家和地区,这是无产阶级革命运动的新趋势,首先体现在俄国无产阶级领导的俄国革命进程中。列宁运用马克思主义分析俄国革命的历史背景、主体力量、革命策略,开创了推动俄国无产阶级领导的民主主义革命向社会主义革命转化的无产阶级革命学说,创造性地提出了无产阶级革命意识形态在帝国主义阶段的新形态——社会主义意识形态,推进了马克思主义作为无产阶级意识形态的现实化进程,丰富和发展了马克思主义意识形态理论。

列宁的社会主义意识形态思想主要包括批判帝国主义意识形态及其对工人阶级思想观念的消极影响,论证社会主义意识形态的内涵、主题、主体、运行机制等内容。列宁在《关于帝国主义的笔记》《帝国主义是资本主义的最高阶段》《论第三国际的任务》中揭示了帝国主义意识形态的本质。帝国主义意识形态是用"隐蔽的方式"(社会达尔文论、沙文主义)论证帝国主义统治世界的合理性,用改良主义掩盖帝国主义矛盾。列宁重点批判了帝国主义意识形态在工人阶级中的思想"变种":社会沙文主义和"超帝国主义论"为代表的机会主义。列宁的帝国主义意识形态批判思想是列宁的帝国主义理论的重要组成部分,延续了马克思恩格斯批判 19 世纪欧洲的资产阶级意识形态、欧洲工人运动中的机会主义等小资产阶级意识形态的革命理论和实践,及时纠正了俄国无产阶级革命中的各种错误观点,明确了俄国无产阶级革命的方向和主题。

这个时期列宁的社会主义意识形态建设思想主要是建设与俄国无产阶级革命进程相适应的社会主义意识形态。在《怎么办?》中,列宁明确提出社会主义意识形态是俄国无产阶级领导俄国民主革命向社会主义革命转变的无产阶级革命意识形态;社会主义意识形态建设的主题是从把帝国主义战争变为国内战争和无产阶级革命战争的需要出发,培养工人的革命自觉和理论觉悟,凝聚革命力量;社会主义意识形态建设的原则是加强党性原则,坚持马克思主义的指导地位,推动马克思主义与俄国无产阶级革命实践相结合;社会主义意识形态建设的主体力量是无产阶级政党及其革命家、马克思主义理论家;社会主义意识形态运行机制和工作方法是以无产阶级政党的机关报为平台,向一切愿意接受马克思主义的阶级传播马克思主义,进行宣传、鼓动和政治揭露。

列宁的社会主义意识形态思想是列宁把马克思主义与俄国无产阶级革命实践相结合的实践和理论探索成果,推动了马克思主义意识形态理论的现实化转向,也为其他经济文化落后的国家的无产阶级革命意识形态建设提供了借鉴。随着十月革命的胜利,列宁的社会主义意识形态思想从革命主题转向社会主义国家的建设主题,将马克思主义意识形态理论的现实化进程推向深入。

第七章 苏俄的社会主义实践与社会主义国家意识形态建设的探索

俄国十月社会主义革命胜利后，无产阶级由革命阶级转变为统治阶级，实现了人类历史上社会制度演进模式的深刻变革。在这样的条件下，马克思主义作为无产阶级革命的意识形态转变为无产阶级专政的社会主义国家意识形态，马克思主义的意识形态功能从无产阶级革命中的批判与斗争主题走向了社会主义国家的巩固与发展主题。时代主题的转换推动列宁意识形态思想关注重点的变化。随着无产阶级完全掌握政权，列宁研究意识形态问题的重心由俄国无产阶级革命时期对于各类具有资产阶级性质的意识形态的批判转向以捍卫无产阶级专政为核心的多领域（道德、文化、教育、宗教等方面）意识形态制度体系的建构。在这一时期，新生的苏维埃政权面临的突出问题就是生产力落后，人的生存问题依然是社会主要问题，国家政权也面临着被颠覆的危险。这是列宁研究社会主义国家意识形态的目标任务、主要内容和工作方法等问题的出发点。一方面，无产阶级政权要同各种颠覆企图进行坚决斗争，正如列宁所说："我们的任务是要战胜资本家的一切反抗，不仅是军事上和政治上的反抗，而且是最深刻、最强烈的思想上的反抗。"①另一方面，在落后的生产力和相对艰苦的社会生活水平基础上，发挥意识形态的社会动员功能，凝聚人民群众的物质和精神力量，克服各种困难，建设社会主义国家。这是苏俄社会主义国家意识形态的另一个主要任务。

在巩固社会主义政权、向社会主义过渡和苏俄的社会主义建设过程中，列

---

① 《列宁全集》第 39 卷，人民出版社 2017 年版，第 448 页。

宁从社会主义国家经济基础与思想上层建筑的辩证关系出发,提出社会主义道德和文化建设、社会主义教育以及社会主义哲学社会科学事业是社会主义意识形态建设的基本内容的思想,捍卫无产阶级专政、巩固和发展社会主义国家政权是社会主义意识形态建设的内在要求。围绕上述内容,列宁晚年在苏俄的社会主义建设实践中,积极探索社会主义国家意识形态建设的实践,提出了无产阶级政党在意识形态建设中的基本原则,为 20 世纪以来的社会主义国家提供了宝贵的经验和方法借鉴。

第一节　无产阶级专政与社会主义国家
意识形态建设思想的初步提出

第一次世界大战后期,列宁认识到资本主义政治经济发展不平衡的规律及其后果,无产阶级革命在少数或单独一个国家取得胜利的时机不断趋向成熟。他开始在理论上研究国家问题。在列宁看来,革命的根本问题是国家政权问题,国家问题本身是一个"最复杂最难弄清的问题",也是被资产阶级学者、作家和哲学家弄得最混乱的问题。列宁通过对马克思主义关于国家的研究,全面展现了马克思主义的国家学说的基本内容,明确了无产阶级革命的前途和目标是建立无产阶级专政的社会主义国家,并对社会主义国家意识形态的基本内容进行了阐发,明确了苏俄社会主义国家意识形态建设的基本原则。

一、社会主义国家的历史方位

列宁在《国家与革命》中首先指出了第二国际的机会主义者们抹杀和歪曲马克思主义的革命性,造成社会主义运动严重混乱的事实,而他要做的正是恢复真正的马克思的国家学说,用科学理论武装革命群众。为此他大量阅读、研究马克思和恩格斯关于国家问题的著作,全面阐述了马克思主义国家观。

（一）国家的本质和起源

在列宁看来,国家属于社会结构中的上层建筑的位置,有其产生和消亡的历史过程。国家的产生是阶级斗争激化的结果,对此,列宁赞成恩格斯的论断:"国家是社会在一定发展阶段上的产物;国家是承认:这个社会陷入了不可解决的自我矛盾,分裂为不可调和的对立面而又无力摆脱这些对立面。"①
在列宁看来,如果阶级能够调和的话,那么国家就不会产生。从表面上看,国
家超越阶级,并在抑制和缓和阶级矛盾中发挥作用,但其本质上并不是阶级调
和的机构,而是阶级冲突的产物,是阶级统治的机关,是一个阶级压迫另一个
阶级的机关。这意味着,国家的产生必定与阶级、阶级斗争相关,是剥削被压
迫阶级的工具。国家的力量从社会中产生又居于社会之上并日益同社会相异
化的力量,这种力量具体包括了监狱等各种强制机关。列宁指出,"常备军和
警察是国家政权的主要强力工具。"②大多数人认为警察和常备军是社会职能
分化的产物。这种说法掩盖了不可调和的阶级矛盾的基本事实。社会分裂为
敌对的阶级,每次大革命都是阶级斗争,这些阶级斗争都会形成武装斗争,产
生进行武装斗争的军事力量。统治阶级和被统治阶级都力图恢复为各自阶级
服务的武装队伍,国家本身就是为统治阶级服务的暴力机构。尽管历史上存
在着不同阶级类型的国家形态,但国家作为阶级统治工具的本质并没有改变。
国家是在控制阶级对立并且又是在阶级冲突中产生的。列宁指出,尽管资产
阶级学者和机会主义者对资产阶级民主共和制进行粉饰,但其本质不过是资
本主义所能采取的"最好的政治外壳"。资产阶级宣扬的普选制能够体现大
多数劳动者意志的说法充满荒谬。"我们赞成民主共和国,因为这是在资本
主义制度下对无产阶级最有利的国家形式。但是,我们决不应该忘记,即使在
最民主的资产阶级共和国里,人民仍然摆脱不了当雇佣奴隶的命运。"③

（二）　国家的消亡与社会主义国家的历史定位

列宁认为,在关于国家的消亡的问题上,无政府主义的国家"废除说"是
削剪马克思主义,将马克思主义变为机会主义的观点。列宁指出,第一,恩格
斯指出的是以无产阶级革命消灭资产阶级国家,国家自行消亡是"社会主义
革命以后无产阶级国家制度残余。按恩格斯的看法,资产阶级国家不是'自
行消亡'的,而是由无产阶级在革命中来'消灭'的。在这个革命以后,自行消

① 《马克思恩格斯全集》第28卷,人民出版社2018年版,第198页。

② 《列宁全集》第31卷,人民出版社2017年版,第8页。

③ 《列宁全集》第31卷,人民出版社2017年版,第18页。

亡的是无产阶级的国家或半国家"。① 第二,"资产阶级对无产阶级,即一小撮富人对千百万劳动者的'特殊的镇压力量',应该由无产阶级对资产阶级的'特殊的镇压力量'(无产阶级专政)来代替"②,资产阶级国家只能通过革命方式消灭。第三,社会主义革命以后,国家的政治形式才是最完全的民主,民主也是国家,国家消失时民主也会消失。第四,恩格斯提出"国家自行消亡",是反对机会主义者和无政府主义者,并且首要是反对机会主义者的。第五,暴力革命与国家自行消亡息息相关。只能通过暴力革命使无产阶级国家代替资产阶级国家,而不是"自行消亡"。列宁对于国家消亡与暴力的阐明,回应了机会主义者对于国家自行消亡以及马克思暴力革命论的曲解。这些机会主义者宣扬超阶级、纯粹民主,总是主张无产阶级通过夺取议会而不是革命的方式实现国家制度的变革,他们把马克思关于工人阶级处理国家机器的观点曲解为工人阶级不打碎和摧毁国家机器。这是将马克思关于工人阶级不能简单地夺取政权以及打碎国家机器的革命观点,篡改成了"庸俗观念"。③

二、社会主义国家意识形态的基本内容

(一)无产阶级专政是社会主义国家的政权组织形式

在《国家与革命》中,列宁研究了马克思恩格斯从《哲学的贫困》到《哥达纲领批判》时期的著作,并针对1848年革命和1871年巴黎公社的革命经验进行了阐释。在分析马克思在《哲学的贫困》和《共产党宣言》中有关论述后,列宁指出,社会民主党忘记了马克思关于"国家即组织成为统治阶级的无产阶级"的论断,各种类型的机会主义者都不断重复着无产阶级需要国家,但却忘记了无产阶级需要的只是逐渐消亡的国家以及无产阶级要成为统治阶级的政权形式。"马克思把阶级斗争学说一直贯彻到政权学说、国家学说之中。"④列宁认为,"只有无产阶级才能推翻资产阶级的统治,因为无产阶级是一个特殊阶级,它的生存的经济条件为它推翻资产阶级的统治作了准备,使它有可能、

---

① 《列宁全集》第31卷,人民出版社2017年版,第16页。
② 《列宁全集》第31卷,人民出版社2017年版,第16页。
③ 《列宁全集》第31卷,人民出版社2017年版,第17页。
④ 《列宁全集》第31卷,人民出版社2017年版,第23页。

有力量达到这个目的。"①无产阶级专政是资产阶级社会向更高级社会发展的过渡阶段,这个阶段需要通过无产阶级专政的方式,对资产阶级的反抗进行镇压,击退资产阶级的进攻。无产阶级取得国家政权以后,还要进行社会主义经济建设。"无产阶级需要国家政权,中央集权的强力组织,暴力组织,既是为了镇压剥削者的反抗,也是为了领导广大民众即农民、小资产阶级和半无产阶级来'调整'社会主义经济。"②"向前发展,即向共产主义发展,必须经过无产阶级专政,不可能走别的道路,因为再没有其他人也没有其他道路能够粉碎剥削者资本家的反抗。"③

无产阶级专政就是"不与任何人分掌而直接依靠群众武装力量的政权"④。无产阶级是唯一彻底的革命阶级,只有无产阶级才能推翻资产阶级的统治,只有它由于在大生产的经济作用,才能成为一切被剥削劳动群众的领袖。列宁论证了无产阶级对国家的领导是通过先锋队来实现的。党是无产阶级专政的领导力量,"马克思主义教育工人的党,也就是教育无产阶级的先锋队,使它能够夺取政权并引导全体人民走向社会主义,指导并组织新制度,成为所有被剥削劳动者在不要资产阶级并反对资产阶级而建设自己社会生活的事业中的导师、领导者和领袖。"⑤

列宁认为,马克思在《路易·波拿巴的雾月十八日》中关于国家问题的论述相对于《共产党宣言》又前进了一大步,主要体现为国家问题变得更加具体和准确了。《共产党宣言》中,还没有提出究竟应当怎样(从历史发展的观点来看)以无产阶级国家来代替资产阶级国家的问题。马克思在 1852 年提出并解决了这个问题。马克思以 1848—1851 年革命年代的历史经验为依据,分析了"一般资本主义国家现代整个演变过程的共同特征"。并指出,"过去一切革命都是使国家机器更加完备,而这个机器是必须打碎,必须摧毁的。"⑥列宁

---

① 《列宁全集》第 31 卷,人民出版社 2017 年版,第 23 页
② 《列宁全集》第 31 卷,人民出版社 2017 年版,第 24 页。
③ 《列宁全集》第 31 卷,人民出版社 2017 年版,第 84 页。
④ 《列宁全集》第 31 卷,人民出版社 2017 年版,第 24 页。
⑤ 《列宁全集》第 31 卷,人民出版社 2017 年版,第 24 页。
⑥ 《列宁全集》第 31 卷,人民出版社 2017 年版,第 26 页。

认为,这是马克思主义国家学说中基本的东西,而正是这一点被考茨基歪曲了。随后,列宁进一步分析了马克思在《法兰西内战》中巴黎公社革命经验的总结。"特别是公社已经证明:工人阶级不能简单地掌握现成的国家机器,并运用它来达到自己的目的。"①"公社就是无产阶级革命打碎资产阶级国家机器的第一次尝试和'终于发现的'、可以而且应该用来代替已被打碎的国家机器的政治形式。"②

在这些分析后,列宁进一步分析了马克思关于无产阶级专政的理论。"(1)阶级的存在仅仅同生产发展的一定历史阶段相联系;(2)阶级斗争必然导致无产阶级专政;(3)这个专政本身不过是达到消灭一切阶级和进入无阶级社会的过渡。"③列宁指出,阶级斗争是马克思学说的重要观点,但如果仅仅承认阶级斗争并不能称为完全意义上的马克思主义者。这种做法就是"阉割马克思主义",歪曲马克思主义,把马克思主义变为资产阶级可以接受的东西。只有承认阶级斗争、同时也承认无产阶级专政的人,才是马克思主义者。列宁进一步指出,"资产阶级国家的形式虽然多种多样,但本质是一样的:所有这些国家,不管怎样,归根到底一定都是资产阶级专政。从资本主义向共产主义过渡,当然不能不产生非常丰富和多样的政治形式,但本质必然是一样的:都是无产阶级专政。"④

列宁深入研究了马克思和恩格斯关于无产阶级专政的阶级基础的思想,并在总结巴黎公社和俄国两次民主革命经验的基础上发展了这一思想。列宁指出,俄国革命之所以是真正的人民的革命,其原因就在于相对于葡萄牙革命或土耳其革命,俄国革命中的人民群众"提出了自己的要求,自己尝试着按照自己的方式建立新社会来代替正被破坏的旧社会。"⑤"'打碎'国家机器是工人和农民双方的利益所要求的,这个要求使他们联合起来,在他们面前提出了铲除'寄生物'、用一种新东西来代替的共同任务。"⑥这就是贫苦农民和无产

---

① 《马克思恩格斯选集》第 1 卷,人民出版社 2012 年版,第 377 页。
② 《列宁全集》第 31 卷,人民出版社 2017 年版,第 53 页。
③ 《马克思恩格斯全集》第 49 卷,人民出版社 2016 年版,第 79 页。
④ 《列宁全集》第 31 卷,人民出版社 2017 年版,第 33 页。
⑤ 《列宁全集》第 31 卷,人民出版社 2017 年版,第 37 页。
⑥ 《列宁全集》第 31 卷,人民出版社 2017 年版,第 38 页。

阶级结成联盟。列宁实际上已经创造性地提出俄国的无产阶级专政就是无产阶级领导下的无产阶级和农民、城市小资产阶级的各种形式的阶级联盟的思想。列宁阐明了无产阶级专政是工人阶级对自己的同盟者农民等小资产阶级劳动群众实行国家领导,镇压剥削阶级的反抗和建立社会主义社会。

马克思在《法兰西内战》中指出,公社是终于发现的,可以使劳动者在经济上获得解放的政治形式。列宁坚持了马克思的这一论断,并以俄国两次民主革命的经验丰富了它。1917 年 4 月以前,包括列宁在内的全世界马克思主义者继恩格斯之后一致认为,可以采取议会制共和国的政治形式实行无产阶级专政。由于俄国无产阶级及革命农民 1905—1907 年革命期间创造了自己的政治组织形式——苏维埃,1917 年 2 月革命最初又建立了苏维埃机关。列宁在总结俄国工农群众创造的这种政治组织形式的经验之后,发现苏维埃共和国是一种无产阶级专政的好的政治形式。

(二) 社会主义民主是社会主义国家意识形态的重要内容

列宁认为资产阶级民主和社会主义民主有本质区别。资本主义国家的民主,就是在最民主的共和国里也受到资本主义剥削制度狭窄框子的限制,实质上始终只是供少数人,供资产阶级、供富人享受的民主,这种民主是一种残缺不全的贫乏的和虚伪的民主。只有无产阶级专政国家的民主才是人民享受的供大多数人享受的民主。列宁还论述了民主与专政的关系。无产阶级专政包含着民主和专政两个方面。"无产阶级专政,即被压迫者先锋队组织成为统治阶级来镇压压迫者,不能仅仅只是扩大民主。除了把民主制度大规模地扩大,使它第一次成为穷人的、人民的而不是富人的民主制度之外,无产阶级专政还要对压迫者、剥削者、资本家采取一系列剥夺自由的措施。"[1]"这就是民主在从资本主义向共产主义过渡时改变了的形态。"[2]

列宁依据马克思和恩格斯关于无产阶级之所以需要国家,并不是为了自由,而是为了镇压自己的敌人的思想,进一步阐明无产阶级专政的实质。在资

---

① 《列宁全集》第 31 卷,人民出版社 2017 年版,第 84—85 页。

② 《列宁全集》第 31 卷,人民出版社 2017 年版,第 85 页。

本主义向社会主义过渡的时候镇压还是有必要的,但这已经是被剥削者多数对剥削者少数的镇压。实行镇压的特殊机器,即国家还是必要的,但这已经是过渡性质的国家,已经不是原来意义上的国家。列宁根据巴黎公社的民主原则,把人民群众直接管理国家政权的内容概括为不仅实行选举制,而且随时可以撤换,薪金不得高于工人工资等,还提出探寻彻底发展民主的形式。"彻底发展民主,找出彻底发展的种种形式,用实践来检验这些形式等等,这一切都是为社会革命进行斗争的基本任务之一。"①列宁提出的人民群众不仅独立参加表决和选举,还要参加日常管理工作的思想具有重大意义,只有充分发动和依靠人民群众参加国家管理,才能更加有效地实行无产阶级专政,列宁提出探索彻底发展民主的任务是向无产阶级指明了无产阶级专政条件下,只有最大限度不断地发展民主,才能更快推动社会前进。

(三) 社会主义国家是向共产主义过渡的国家形态

列宁在俄国二月革命到十月革命这段时期写的著作表明,当时他重视分析社会主义问题,阐明社会主义社会的特征、社会主义社会和共产主义社会的差别和联系,指明社会主义这一概念的内容仅仅限于马克思提出的共产主义社会第一阶段,即初级阶段。在《无产阶级在我国革命中的任务》中,列宁明确提出社会主义和共产主义两个阶段。"人类从资本主义只能直接过渡到社会主义,即过渡到生产资料公有和按每个人的劳动量分配产品。我们党看得更远些:社会主义必然会逐渐成长为共产主义,而在共产主义的旗帜上写的是:'各尽所能,按需分配'。"②

列宁讨论了社会主义社会和共产主义社会的经济区别后,又探讨了政治上的差别。列宁认为,社会主义和共产主义之间的差别,在政治上将来也许很大。他认为,在社会主义阶段,国家正在消亡,以为资本家已经没有了,阶级已经没有了,因为没有什么阶级可以镇压了。但国家还没有完全消亡,社会主义社会还需要国家来保卫生产资料公有制;保卫劳动的平等和产品分配的平等,即对劳动标准和消费标准实行极严格的监督。虽然这种极严格的监督不是社

---

① 《列宁全集》第 31 卷,人民出版社 2017 年版,第 75 页。
② 《列宁全集》第 29 卷,人民出版社 2017 年版,第 178 页。

会主义者的理想和最终目的,但他是为了彻底肃清社会上资本主义剥削制造成的丑恶现象,为了继续前进所必需的一个阶段。因此,"在第一阶段,共产主义在经济上还不可能完全成熟,完全摆脱资本主义的传统或痕迹。由此就产生一个有趣的现象,这就是在共产主义第一阶段还保留着'资产阶级权利的狭隘眼界'"①。

对于社会主义社会的特征,列宁做了深度的描绘和精辟的概括。他阐明这样就是经济上具有高度组织的社会,其基础是公有制和与其相适应的"各尽所能,按劳分配"的分配制度及其政治上层建筑。列宁认为,国家完全消亡的经济基础就是共产主义的高度发展。因此只有大力发展社会主义生产力,才能使社会主义社会早日进入共产主义社会。

应当指出,列宁在十月革命前谈到的对社会主义社会国家的看法,撇开了国际条件对社会主义社会国家的影响。由于当时未能以实现的社会主义为依据,因此仍带有预测的性质,还不能对社会主义国家的问题作更详细的论述。然而,这一时期对社会主义社会形态的科学分析是极为深刻的,它进一步发展了马克思关于共产主义社会的两个阶段的学说,并使之具体化。

列宁继承并进一步阐述了马克思和恩格斯关于共产主义高级阶段的学说。国家完全消亡是与共产主义紧密联系在一起的。为了使国家消亡,就要有完全的共产主义。这是因为只有在共产主义社会高级阶段的基础上,迫使人们奴隶般地服从分工的情况才会消失,脑力劳动和体力劳动的对立才会消失,进而现代社会不平等的最重要的根源之一就消失了,而这一根源光靠把生产资料转为共有财产,光靠剥削资本家,是决不能立刻消除的。

由于共产主义社会经济成熟和生产力高度发展,社会财富的一切源泉都充分涌现出来,这就使得人们在物质分配上仍然存在某些不平等的"各尽所能,按劳分配"的原则将要完全消失,只有到那个时候,社会才能从形式上的平等转到事实上的平等,才能在自己的旗帜上写上"各尽所能,按需分配"。只有到共产主义高级阶段,国家才能完全消亡。"当社会全体成员或者哪怕是大多数成员自己学会了管理国家,自己掌握了这个事业,对极少数资本家、

---

① 《列宁全集》第31卷,人民出版社2017年版,第94页。

想保留资本主义恶习的先生们和深深受到资本主义腐蚀的工人们‘调整好’监督的时候,对任何管理的需要就开始消失。民主愈完全,它成为多余的东西的时候就愈接近。由武装工人组成的、‘已经不是原来意义上的国家’的‘国家’愈民主,则任何国家就会愈迅速地开始消亡。"①意识形态也就不存在了。

第二节　文化建设是社会主义国家意识形态建设的重要载体

在列宁看来,"工人、农民和士兵所完成的十月革命,毫无疑问,是社会主义革命。"②这一时期,"说服大多数人民相信其纲领和策略的正确"③这项工作已经完成,"目前时局的全部特点,全部困难,就是要了解从主要任务是说服人民和用武力镇压剥削者转到主要任务是管理这一过渡的特征。"④列宁充分认识到俄国社会制度先进和经济文化落后的现实,在他看来,苏维埃政权的重要任务就是要提高劳动生产率,而要实现这样的任务,一方面要"保证大工业的物质基础",另一方面则是要提高居民群众的文化教育水平。列宁也充分认识到尽管掌握了苏维埃政权可以构成向社会主义过渡的重要政治前提,"劳动生产率,归根到底是使新社会制度取得胜利的最重要最主要的东西。"⑤但文化程度的低下却在一定程度上阻碍了这一进程。"我们深深知道,俄国文化不发达是什么意思,它对苏维埃政权有什么影响;苏维埃政权在原则上实行了高得无比的无产阶级民主,对全世界作出实行这种民主的榜样,可是这种文化上的落后却限制了苏维埃政权的作用并使官僚制度复活。"⑥列宁这一认识的转变,也标志着十月革命前后对于意识形态理解的转变,即革命时期以马克思主义为基本原则和意识形态本身对资产阶级意识形态的批判,进一步转向依托于无产阶级专政条件下的无产阶级意识形态的主动构建。"从前我们

①　《列宁全集》第31卷,人民出版社2017年版,第97—98页。
②　《列宁全集》第33卷,人民出版社2017年版,第172页。
③　《列宁全集》第34卷,人民出版社2017年版,第154页。
④　《列宁全集》第34卷,人民出版社2017年版,第155页。
⑤　《列宁全集》第37卷,人民出版社2017年版,第18页。
⑥　《列宁全集》第36卷,人民出版社2017年版,第150页。

是把重心放在而且也应该放在政治斗争、革命、夺取政权等等方面,而现在重心改变了,转到和平的'文化'组织工作上去了。"①

一、资本主义遗留的文化与建设社会主义文化的关系

十月革命虽然摧毁了旧的国家政权,但并没有根除资产阶级意识形态及其文化表现。在建设社会主义文化的过程中,新生的无产阶级专政国家需要处理好资本主义遗留的文化问题。在列宁看来,经济建设与文化建设有着密不可分的关系,科学技术是促进经济建设的直接因素,社会主义国家治理也要以人民群众文化素质和思想觉悟的提升为前提。现实中,无产阶级政党不仅面临经济、文化落后的实际国情,而且要开展与无产阶级专政的国家政权相适应的社会主义文化建设实践。从文化的发展和继承性的角度讲,社会主义国家建设需要吸收人类优秀文明成果,尤其是在资本主义社会中所形成的科学文化知识。因此,列宁提出"必须取得资本主义遗留下来的全部文化,并且用它来建设社会主义。必须取得全部科学、技术、知识和艺术。否则,我们就不可能建设共产主义社会的生活"②。这意味着,无产阶级执政条件下的文化建设不得不建立在继承资产阶级文化的基础之上,因为资产阶级文化是整个人类文化发展链条中的一部分,而发展无产阶级文化的关键则在于如何把握资产阶级文化在社会主义建设中存在的程度和范围、继承与创新的关系问题。列宁也明确指出,马克思主义本身是在吸收和改造资产阶级时代宝贵成就基础之上的创新。"马克思主义这一革命无产阶级的意识形态赢得了世界历史性的意义,是因为它并没有抛弃资产阶级时代最宝贵的成就,相反却吸收和改造了两千多年来人类思想和文化发展中一切有价值的东西。"③

二、教育和改造资产阶级知识分子,为社会主义文化建设服务

正确对待资产阶级知识分子是社会主义文化建设的任务之一。在《苏维埃政权的当前任务》中,列宁明确了在新的无产阶级执政条件下的组织任务

---

① 《列宁全集》第 43 卷,人民出版社 2017 年版,第 371 页。
② 《列宁全集》第 36 卷,人民出版社 2017 年版,第 48 页。
③ 《列宁全集》第 39 卷,人民出版社 2017 年版,第 374 页。

和管理任务。在分析当时依然存在的资产阶级时,列宁一方面提出了要"造成使资产阶级既不能存在也不能再产生的条件"①,另一方面又指出要"暂停"向资产阶级进攻。这意味着,列宁已经认识到向社会主义过渡既不能完全抛开资本本身,也不能对资本发动"赤卫队式的"进攻。而是通过管理的艺术对待资本家以及在此条件下的各类专家。向社会主义过渡,经济发展是基础,资产阶级知识分子在这个过程中扮演了重要角色。而这些科学家、专家都是在资本主义时代培养出来,这些个体必然携带着资产阶级的因素和意识,渗透着资产阶级世界观。在列宁看来,没有这些资产阶级知识分子,同样是不能建设社会主义的。"没有各种学术、技术和实际工作领域的专家的指导,向社会主义过渡是不可能的"②。一方面各类专家渗透着资产阶级世界观,在短时期内也难以一下子清除资本主义的遗毒。另一方面又成为社会主义建设不可或缺的部分。那如何处理二者的关系呢? 对此,列宁指出,在管理方式上不得不采取妥协的方式,即采取资产阶级的方式,向专家支付高额报酬。这种方式看起来是一种社会主义苏维埃国家政权的后退。在列宁看来,如果将这种原则向群众公开说明而不是通过掩盖错误和弱点来欺骗群众,则可以转化为教育群众的一部分。列宁还指出,高额薪金这种方式会影响苏维埃政权和工人群众,但这是在建设过程中不可避免的。而对待资产阶级知识分子就应当通过管理、教育和改造的方式促使他们为社会主义建设服务。

三、对无产阶级文化派批判

无产阶级文化派是建立在无产阶级文化协会基础上的文化派别,该协会成立于 1917 年,1932 年解散。无产阶级文化协会在苏维埃具有广泛的群众基础,并在全国各地设立分会,拥有《无产阶级文化》《未来》等 20 多种刊物。波格丹诺夫等理论家和一些诗人经常在这些刊物中发表文章和具有革命浪漫主义的诗歌,在群众中产生较大影响并起到积极作用。亚·波格丹诺夫、瓦·普利特涅夫等人控制协会后,开始推行"无产阶级文化派"的纲领,因而被称

---

① 《列宁全集》第 34 卷,人民出版社 2017 年版,第 157 页。
② 《列宁全集》第 34 卷,人民出版社 2017 年版,第 160 页。

为"无产阶级文化派"。其中以波格丹诺夫的组织科学论为典型代表,其理论实质是认为真理就是一切经验的综合,不是客观现实的反映。无产阶级文化同奴隶社会、封建社会和资本主义社会一样都反映阶级经验。他们主张全盘否定人类的文化遗产,完全抛弃资产阶级文化。在社会主义文化建设上,他们欲将无产阶级文化孤立于各种文化之外,认为只有无产阶级才能进行文化建设,将农民和知识分子排除在外。无产阶级文化派还宣扬在文化建设上要摆脱党的领导,并不受法律的约束。"这种'无产阶级文化'思想,实质上就是兜售'文化万能'论,就是以所谓创造'无产阶级文化'的活动取代无产阶级的阶级斗争,以'无产阶级文化'的词句来反对马克思主义。"[①]

列宁在不同时期对无产阶级文化派进行了批判。1910 年,列宁在《政论家札记》中,明确指出"所谓'无产阶级的哲学'其实指的就是马赫主义,——任何一个头脑清楚的社会民主党人都能立即识破这个'新'化名。"[②]列宁认为,无产阶级文化派所用的"无产阶级文化"只不过是为了掩饰与马克思主义进行斗争的词句,他们把经济基础与上等建筑看成机械的一一对应关系,否认社会意识的相对独立性和历史继承性;同时把自然科学知识和资产阶级文化意识形态混淆在一起,进而提出社会主义要抛弃以往任何时代的文化,是文化虚无主义的表现;还断言无产阶级的文化只能由无产阶级来创造,把工人与农民、知识分子对立起来,列宁指出,这是一种宗派主义的观点。从实际来看,无产阶级文化派以布尔什维克党受到农民和知识分子的"污染"为借口,否认无产阶级政党的领导,从宗派主义走到了反对无产阶级政党的资产阶级立场上。

因此,在《在全俄社会教育第一次代表大会上的讲话》中,列宁在谈到社会教育问题时针对资产阶级的知识分子发表了意见,认为这部分人将新方式建立起来的教育机关看成他们个人在文化和哲学上进行臆造的场所,"往往把最荒谬的矫揉造作的东西冒充为某种新东西,并且在纯粹的无产阶级艺术和无产阶级文化的幌子下,抬出某种超自然的和荒谬的东西。"[③]1922 年,《在瓦·普列特涅夫〈在意识形态战线上〉一文上作的批注》中,列宁认为"建设无

---

① 马龙闪:《列宁同"无产阶级文化派"的斗争》,《世界历史》1981 年第 4 期。
② 《列宁全集》第 19 卷,人民出版社 2017 年版,第 247 页。
③ 《列宁全集》第 36 卷,人民出版社 2017 年版,第 319 页。

产阶级文化的任务只有靠无产阶级自己的力量,靠无产阶级出身的科学家、艺术家、工程师等等才能完成"是"十足的杜撰"。① 列宁在《唯物主义和经验批判主义》1920 年第二版序言中,指明了波格丹诺夫不过是打着无产阶级文化的幌子"贩运资产阶级的反动的观点"。② 在 1920 年 10 月 2 日举行的俄国共产主义青年团第三次代表大会上,列宁提出,无产阶级文化建设的前提是对人类全部发展过程进行确切的了解,否则就不能完成文化建设的任务。"无产阶级文化并不是从天上掉下来的,也不是那些自命为无产阶级文化专家的人杜撰出来的。"③在 1920 年 10 月 9 日的俄共(布)中央政治局会议上写的《关于无产阶级文化》这一决议草案中,列宁进一步指出,"马克思主义这一革命无产阶级的意识形态赢得了世界历史性的意义,是因为它并没有抛弃资产阶级时代最宝贵的成就,相反却吸收和改造了两千多年来人类思想和文化发展中一切有价值的东西。只有在这个基础上,按照这个方向,在无产阶级专政(这是无产阶级反对一切剥削的最后的斗争)的实际经验的鼓舞下继续进行工作,才能认为是发展真正的无产阶级文化。"④列宁对马克思主义吸收和改造人类优秀文化成果的反复强调,针对的是俄国国内在文化问题上的历史虚无主义错误观点,阐明了马克思主义对待人类优秀文化成果和开展社会主义文化建设的科学态度,指明了科学认识和积极运用人类文明成果的社会主义文化建设原则。

四、"列宁遗嘱"中的社会主义文化建设思想

1922—1923 年,列宁在病中口授了五篇论文:《日记摘录》《论合作社》《论我国革命》《我们怎样改组工农检查院》《宁肯少些,但要好些》,还为布尔什维克党的第十二次代表大会口授了三封信:《给代表大会的信》《关于赋予国家计划委员会以立法职能》《关于民族或"自治化"问题》。这组重要的历史文献是他一生最后的文章和书信,也被人们称作"列宁遗嘱"。它们充满着辩

---

① 《列宁全集》第 60 卷,人民出版社 2017 年版,第 463 页。
② 《列宁全集》第 18 卷,人民出版社 2017 年版,第 11 页。
③ 《列宁全集》第 39 卷,人民出版社 2017 年版,第 334 页。
④ 《列宁全集》第 39 卷,人民出版社 2017 年版,第 374 页。

证法思想,集中体现了列宁关于经济文化相对落后国家如何过渡到社会主义以及如何建设社会主义的探索和战略构想。

在这些"反思"式的著作中,列宁探讨了在生产力落后的社会主义俄国,如何进行社会主义的政治、经济和文化建设。列宁提出,俄国不能直接过渡到共产主义,而是要以工农联盟为基础,充分发挥商品经济的作用,把工作重心从政治斗争转移到社会主义经济和文化建设上来。列宁的这些思想体现了马克思主义哲学关于历史发展的一般与具体的辩证法,也是对帝国主义时代社会主义革命和建设之间关系的辩证思考,是真正的马克思主义。

在列宁晚年的著作中,反复论证了文化建设与经济建设、政治建设的关系。他指出,劳动生产率的提高,有赖于劳动者科学文化素质的提高;学会文明经商,在农村发展合作社,有赖于在农民中进行文化工作;国家机关的改革,克服官僚主义和发展社会主义民主,同样离不开文化和文明的提高。从这个意义上认识问题,列宁把文化建设放在首位。为了顺利地进行文化建设,列宁重申必须汲取全人类的文化成果,学习掌握资本主义国家的科学文化技术和管理经验。

列宁在《日记摘录》中提出了"文化革命"的任务,他指出,社会主义不仅要求有新的经济制度和政治制度,而且要求具有以马克思主义为指导的意识形态、高度发展的文化和科学。如果不提高人民文化水平,社会主义就无法建立。现在,只要实现了这个文化革命,我们的国家就能成为完全社会主义国家了。同时,"这个文化革命,无论在纯粹文化方面(因为我们是文盲)或物质方面(因为要成为有文化的人,就要有相当发达的物质生产资料的生产,要有相当的物质基础),对于我们说来,都是异常困难的。"①可以看出,列宁把发达的社会主义文化放在发达的社会主义生产力和政治制度的基础上。对于如何建设社会主义文化这一问题,列宁强调要吸收全人类文化成果和重视教育事业发展,发挥专家学者的作用。

---

① 《列宁全集》第43卷,人民出版社2017年版,第372页。

第三节　培养人民的共产主义道德观是社会主义国家意识形态建设的核心

列宁在 1920 年《青年团的任务》中提出了共产主义道德建设的内涵,并且阐述了共产主义道德教育的目标、对象以及方式方法等问题。

一、批判资产阶级道德的虚伪性

从马克思主义的观点看,道德的本质是由经济基础决定又反作用于经济基础的一种意识形态,但这不意味着道德是一种能够直接决定和改造社会的力量。空想社会主义者曾对资产阶级道德进行猛烈辛辣的批判,但却从不切实际的抽象道德出发来批判资产阶级道德,最终得到的仅仅是一种没有根据的批判。他们没有看到产生资产阶级道德背后的物质动因以及资产阶级的利益表达。列宁认为,使被压迫对象能够意识到自身所处的地位极其重要。先进的道德能够对革命斗争和社会建设起到积极作用,而资产阶级道德所谓的自由、平等、博爱相对于封建道德更具有历史进步意义。但资产阶级的雇佣劳动制度仍然没有改变工人被压迫和奴役的现实,"资本主义和资产阶级民主制就是雇佣奴隶制。"①资本主义方式对工人的剥削比以往更加直接,并且影响了人的自由个性的发展。"旧社会依据的原则是:不是你掠夺别人,就是别人掠夺你;不是你给别人做工,就是别人给你做工;你不是奴隶主,就是奴隶。"②但是,资产阶级道德并不会随着无产阶级掌握政权以及资本主义制度的消亡而消失,这种由经济生产方式所形成的长久的习惯并不会在短时间内打破。所以,一方面要注重通过发动群众将资产阶级的道德残余进一步清除,另一方面又要对群众进行社会主义和共产主义道德的教育。

二、"为巩固和完成共产主义事业而斗争"是共产主义道德的基础

在列宁看来,共产主义道德之所以能够成立就是建立在推翻资产阶级并

---

① 《列宁全集》第 37 卷,人民出版社 2017 年版,第 111 页。
② 《列宁全集》第 39 卷,人民出版社 2017 年版,第 341 页。

且巩固和建设共产主义这个基础之上的。"为巩固和完成共产主义事业而斗争,这就是共产主义道德的基础。"①这意味着,无产阶级充当了共产主义道德的实践者和承受者。一方面无产阶级要为建设和完善共产主义道德进行消灭私有制的行动服务,另一方面无产阶级也同样要做共产主义道德的自觉承受者。从这个方面来看,共产主义道德与资产阶级道德具有本质区别。共产主义道德与资产阶级道德的区别就在于出发点不同。资产阶级道德宣扬通过所谓上帝之名为剥削阶级谋利益,这是一种超阶级和超人类的道德。资产阶级道德在其形成初期,反对封建思想和宗教神学、解放人的个性等方面曾起到过积极作用。但是,由于该类型的道德本身代表了资产阶级的利益,这意味着资产阶级道德的确立将难以避免地遭受资产阶级追逐利益的本性的驱使,一步步沦为利己主义和拜金主义的化身,不过是"假借上帝的名义说话,为的是谋求他们这些剥削者自身的利益"②。相对于资产阶级道德那种所谓超阶级、超人类的范畴而言,共产主义道德"是为摧毁剥削者的旧社会、把全体劳动者团结到创立共产主义者新社会的无产阶级周围服务的"③。这种道德作为意识形态的一种形式,既依托于无产阶级专政条件下的经济基础,又涵盖了包括资产阶级道德的以往优秀道德的因素。因此,共产主义道德反映大多数人的利益诉求,具有优越性。"我们的道德完全服从无产阶级阶级斗争的利益。我们的道德是从无产阶级阶级斗争的利益中引申出来的。"④

三、培养共产主义事业建设者和接班人是共产主义道德教育的目标

列宁认为,共产主义就是土地和工厂是公共的并进行共同劳动,但这并不能一下子就实现,需要经过艰苦努力和创造。青年还要担负起扫除文盲的工作,这样青年才能真正成为共产主义者。

集体主义和奉献的基本原则是共产主义道德的核心内容。资产阶级道德

---

① 《列宁全集》第 39 卷,人民出版社 2017 年版,第 342 页。
② 《列宁全集》第 39 卷,人民出版社 2017 年版,第 338 页。
③ 《列宁全集》第 39 卷,人民出版社 2017 年版,第 340 页。
④ 《列宁全集》第 39 卷,人民出版社 2017 年版,第 338 页。

中"人人为自己,上帝为大家"①的道德关系充分表明了资产阶级社会中存在的普遍的剥削和压迫,以及人与人之间赤裸的利益关系。这种道德关系表象上看似将个人利益放在突出位置,实质上不过是借上帝之名,维护剥削者自身的利益而已。列宁则认为,应当将"大家为一人,一人为大家"和"各尽所能,按需分配"的准则灌输到群众中去。这种道德准则,既否定了资产阶级宣扬的利己主义,又提倡了在新的社会形态条件下的行为准则。

列宁认为,对群众进行道德教育是一个长期和艰苦的过程,这个过程需要工农群众在与资产阶级道德斗争中发挥作用。道德教育要重视榜样的作用,用无产阶级革命中的英雄事迹作为共产主义道德建设的材料,用群众在劳动中形成的社会舆论克服传统道德的影响,使榜样模范在全国起到示范作用。另外,在党的出版物上要运用具体事例不断对群众进行教育,对广大群众起到启发、引导和示范的作用。而对于共产主义道德以外的诸如封建道德和资产阶级道德等需要进行持久不断的斗争,运用社会主义的法律和法庭来发挥道德教育的惩治作用。

列宁特别重视青年的共产主义道德的教育问题。他指出青年要学习共产主义,这种学习不是仅仅通过教科书和著作,更要结合工作和斗争来谈共产主义,而不是仅仅将共产主义当作一个口号。青年在学校不仅要学习知识,还要将学到的知识进行融会贯通,并用批判的态度来掌握这些知识。列宁结合苏维埃建设的实际情况,指出青年目前面临的任务是"振兴全国的经济,要在立足于现代科学技术、立足于电力的现代技术基础上使农业和工业都得到改造和恢复"②。这也是青年建立共产主义社会的前提。不能将共产主义仅仅停留在指示、纲领或愿望层面,而要将共产主义变成结合实际工作的活生生的东西。列宁认为,"应该使培养、教育和训练现代青年的全部事业,成为培养青年的共产主义道德的事业"③。

---

① 《列宁全集》第36卷,人民出版社2017年版,第57页。
② 《列宁全集》第39卷,人民出版社2017年版,第336页。
③ 《列宁全集》第39卷,人民出版社2017年版,第338页。

第四节　发展教育事业是社会主义国家意识形态功能实现的重要抓手

在领导苏维埃俄国社会主义建设实践中,列宁十分重视教育作为社会主义国家意识形态功能实现重要抓手的作用。"摆在我们面前的首先是组织任务、文化任务和教育任务。"①教育可以培养人民群众对社会主义国家的政治认同,提高人民群众的科学文化素质、塑造社会主义国家文明形态,是社会主义国家意识形态转化为人民群众建设社会主义国家的观念和行为的重要途径。列宁深刻认识到人口素质不高的严峻现实及其消极影响,"在一个文盲的国家里是不能建成共产主义社会的"②。俄国当时只有少数人能够识字,相当大一部分少年儿童不能接受正常的教育,较大一部分人口处于文盲状态,不利于社会主义建设。列宁指出,这一情况的原因显然是由于俄国的封建军事帝国主义的制度,解决这一问题的方式就是发展社会主义国家的教育,培养人民群众对社会主义国家的思想认同,提高人民群众的政治素养和科学文化素养。

一、教育的目的是巩固和发展社会主义事业

第一,发展教育事业有利于促进经济发展。十月革命以后,苏维埃的社会主义建设的首要任务是发展经济,以改变沙皇专制长久统治造成的落后状况。而在注重经济发展的同时,社会主义教育事业也不可忽视。在列宁看来,经济要取得发展,既离不开科学技术,也离不开劳动生产率的提高。这两个因素既是当时保证社会主义稳定的重要内容,也是教育的目的。劳动生产率的提高要注意保证苏维埃政权的稳定,而要提高劳动生产率首先就要提高群众的教育水平。工人和群众只有具备一定的知识水平,才能够掌握技术和运用技术,并将之应用到社会生产的各个部门当中去。除此之外,列宁还深刻认识到教

---

① 《列宁全集》第 36 卷,人民出版社 2017 年版,第 154 页。
② 《列宁全集》第 39 卷,人民出版社 2017 年版,第 344 页。

育事业的发展水平与实现农业的电气化和现代化紧密相关,只有在教育事业充分发展的前提下,才能实现科技发展以及全国的电气化。

第二,发展教育事业能够改善社会主义的文明与民主。列宁指出,对于社会主义条件下的教育工作者来说,他们的任务就是培养和教育群众,帮助他们完全摆脱旧制度留下来的习惯和风气的影响。另外,社会主义国家治理和民主制度运行有赖于人民群众文化素质提高,因为经济文化以及教育落后的现实在一定程度上阻碍了无产阶级民主的实现并导致了官僚主义和腐败现象的滋生。列宁认为,文盲也会滋生贪污受贿行为。而要消除这种行为的发生,尽管苏维埃的法律已经很多,但是共产党员和群众都没有能够运用法律的武器与贪污受贿等行为作斗争。那么如何才能消除党内存在的不良作风和贪污行为呢?列宁指出,"军事胜利"和"政治改造"的办法是不行的,提高文化水平才是关键。

第三,发展有利于巩固社会主义制度。"不识字就不可能有政治,不识字只能有流言蜚语、谎话偏见,而没有政治。"①这意味着,如果不能通过教育措施又好又快地解决苏维埃存在的群众文化水平低的问题,将影响到群众的政治觉悟和素养,这也就会直接冲击社会主义意识形态和社会主义制度。这是因为,无产阶级夺取政权以后,资产阶级和封建阶级的残余势力不遗余力地进行政治渗透和反动宣传,文化水平低的群众很容易受到资产阶级意识形态的影响,并对社会主义制度产生消极影响,也直接影响到无产阶级政权的稳定。因此,从意识形态建设的角度上,提高群众的文化素质,能够增强群众对社会主义制度优越性的向心力。发展教育事业,提升人民群众文化素质,是提高社会管理水平的重要前提。

第四,教育与文化革命。列宁在《论合作社》中提出了"文化革命"这一概念,他认为一个国家脱离了文化就不能成为完整意义上的国家,但文化建设又必须依托较为发达的物质基础。列宁并不是孤立地看待"文化革命"的意义,而是将它与物质资料的生产水平紧密联系,文化革命与经济建设、政治建设以及其他建设相辅相成、不可分割。尽管十月革命的胜利为苏维埃的文化建设

---

① 《列宁全集》第42卷,人民出版社2017年版,第210页。

提供了重要的政治保证,无产阶级可以充分掌握文化建设的主动权,扫除以往统治阶级宣扬的各种消极腐朽的思想文化,改善以往人民群众受教育和实现自身发展的权利被剥夺的状况。列宁认为,无产阶级与其他派别不断进行政治斗争取得胜利以后,现在应当将文化建设作为工作的重心。但是就当时苏维埃政权面临的现实状况而言,各项建设都面临着前所未有的困难局面。并且文化建设与政治斗争在实现时间和程度上有着较大区别。政治斗争在时机成熟的时候短时间内就可以取得胜利,文化建设不是一蹴而就的,而是需要一个坚持不懈且渐进的过程。列宁认为,俄国广大群众以及干部文化水平偏低的状况已经影响了社会主义建设,因此,文化建设是社会主义意识形态建设不可或缺的一部分。对于当时的苏维埃来说,文化建设的重要内容就是扫除文盲,普及义务教育,发展民族文化教育事业,提高工农群众的文化水平和思想政治觉悟,培养和造就社会主义建设的干部,增强无产阶级及其先锋队的管理本领和国家治理能力。

二、发展社会主义教育事业的具体措施

无产阶级教育的目的是明确的,就是要为无产阶级服务。这种教育与以往专制制度或资产阶级的教育方式和目的有本质区别。对于苏维埃政权来说,国民教育的任务就是继承十月革命之后的社会主义精神,彻底摧毁原有的受资产阶级控制的学校,并将之转变为无产阶级的工具,明确社会主义条件下的学校就是为了培养共产主义新人。在苏维埃经济建设时期,教育工作也要与之相适应。同时,教育工作的方方面面都不能脱离政治这个主题,而这里的政治就是要以教育为手段,以群众懂政治为目的。"在各方面的教育工作中,我们都不能抱着教育不问政治的旧观点,不能让教育工作不联系政治。"①列宁针对教育不能脱离政治的观点,直接回应了资产阶级统治下所谓教育不讲政治的伪善说法。

第一,建设社会主义教师队伍。列宁认为教师在培养新一代以及向工农群众传播科学文化知识的过程中担负着重要职责,也是社会主义建设的重要

---

① 《列宁全集》第 39 卷,人民出版社 2017 年版,第 442 页。

保证。首先,积极改造教师队伍中依然存在的资产阶级习气。列宁深刻认识到十月革命后的教师队伍依然存在的问题,指出从资产阶级政权遗留下来的教师在一定程度上依然没有摆脱资产阶级的习气,并且还存在为原有的政权进行辩护的现象。因此,要积极对教师进行思想改造。列宁提出对这部分教师既要团结,又要对他们进行教育和改造,积极促成教师与群众融为一体。其次,提高教师的地位。列宁在晚年时期较为关注教师在社会中的地位问题,并且将教师地位的问题视为多项工作中"主要的事情"。这一时期,列宁深知苏维埃当下经济文化的落后状态以及发展文化、提高工人阶级识字率之间的关系,他直接指出提高教师地位的工作仍需要进一步加强,如果教师地位得不到改善,"我们没有关心或者远没有充分关心把国民教师的地位提到应有的高度,而不做到这一点,就谈不上任何文化,既谈不上无产阶级文化,甚至也谈不上资产阶级文化。问题就在于我们直到今天还没有摆脱半亚洲式的不文明状态,如果我们不作重大的努力,是不能摆脱的,虽然我们有可能摆脱,因为没有哪一个地方的人民群众像我国的人民群众这样关心真正的文化;没有哪一个地方像我国这样把文化问题提得这样深刻,这样彻底;没有哪一个地方,哪一个国家像我国那样国家政权掌握在工人阶级手里,而大多数工人深知自己的——且不说在文化方面,而是在识字方面——不足;没有哪一个地方的工人阶级像我国工人阶级这样,为了改善自己在这方面的状况,情愿忍受并且正在忍受如此重大的牺牲。"①那么,将教师地位提高到怎样的地位呢?列宁明确指出,"应当把我国国民教师的地位提到在资产阶级社会里从来没有、也不可能有的高度。"②这也充分显示了列宁在晚年时期对教师工作以及改善苏维埃文化落后状况的深刻认识。同时,他也指出,要实现教师地位彻底改善,至少要进行三个方面的工作。从领导者层面讲,执政党要进行坚持不懈的工作。从教师层面讲,一方面要振奋教师的精神,另一方面要提高教师的修养。从实现途径上讲,则是要提高教师的物质生活水平。再次,积极听取教师和专家的意见。列宁认为,教师们从事教育工作时间长,在办教育方面工作经验丰

---

① 《列宁全集》第43卷,人民出版社2017年版,第361页。
② 《列宁全集》第43卷,人民出版社2017年版,第362页。

富。全党都要在听取教师意见的基础上进行自身的工作,而不是进行"空泛的议论"。另外,列宁还指出,共产党员在实际的工作中要积极发现经验丰富的教师,既要帮助他们工作,又要"善于提拔他们,善于介绍和考虑他们的经验"。[1]

第二,增加教育经费的投入。经费投入是否充足以及使用是否合理直接关系到教育建设的成效。面对苏维埃经济发展困难,财政支出紧张的情况。列宁指出,要在财政方面给予教育大力支持,在各项经费预算过程中,"首先应当削减的不是教育人民委员部的经费,而是其他部门的经费,以便把削减下来的款项转用于教育人民委员部。"[2]除了在财政上向教育倾斜以外,列宁还提出要进行机构改革。他指出,教育总局中的许多机构是多余的,并且不适用于当时国民教育的需要,应当将很多"臃肿的和形同虚设"[3]的机构撤销。

第三,开展扫除文盲工作。由于俄国经济发展落后,导致俄国以及苏维埃各项事业也普遍落后于其他国家。十月革命以后,苏维埃的文盲依然占据总人口中相当大的比重。文盲数量较多的现实直接影响到教育水平以及意识形态建设。列宁甚至认为,有文盲的国家直接影响到社会主义社会的建设,如果群众不能拥有识字这个最起码的任务,就根本谈不上新经济政策。文盲也被视为苏维埃共产党员面前的三大敌人之一。基于此,苏维埃在1920年成立了"全俄扫除文盲委员会"。后来,列宁进一步指出,要在扫除文盲的基础上进一步提升群众的文化水平。

此外,在1919年《俄国共产党(布尔什维克)纲领》中针对教育发展问题进行了系统规划,如对未满17岁的儿童实行免费的义务教育,建立学龄前教育机关网,国家为学生提供膳食、服装,广泛开展共产主义思想的宣传工作等一系列措施。这些措施充分显示出苏维埃共产党认识到教育问题对社会主义经济发展的重要性。

---

① 《列宁全集》第40卷,人民出版社2017年版,第333页。

② 《列宁全集》第43卷,人民出版社2017年版,第361页。

③ 《列宁全集》第43卷,人民出版社2017年版,第362页。

第五节　社会主义国家的意识形态斗争与哲学社会科学工作者的责任和作用

十月革命后直到 1921 年,苏维埃俄国才进入一个相对稳定的国内外环境之中。在此过程中,列宁对于向社会主义过渡进行了政策探索和理论创新,围绕"提高劳动生产率"这个核心,针对无产阶级专政条件下的国家资本主义、社会主义商品与货币等关键问题进行了阐释和创新,在政策层面实现了"战时共产主义"政策向新经济政策的转变。在无产阶级专政条件下,统治阶级一方面宣扬社会主义革命与社会主义理想,推动消灭资产阶级产生和存在的条件,另一方面又允许采用资本主义的发展方式的存在。这种政策层面的转向难免在意识形态领域造成阶级斗争的激化。《论战斗唯物主义的意义》是列宁晚年关于意识形态斗争策略和原则的重要著作,针对意识形态问题特别是对哲学工作者提出了自己的观点。即组织好两个联盟,"除了同没有加入共产党的彻底唯物主义者结成联盟以外,同样重要甚至更重要的是同现代自然科学家结成联盟。"①

一、共产党员和非共产党员的彻底的唯物主义者的联盟是反对唯心主义思潮、建设共产主义的重要方式

在列宁看来,共产党员与非共产党员的联盟是"绝对必要的",这种认识的出发点建立在革命事业成败的基础之上。任何重大革命工作要取得成功,"就必须懂得,革命家只能起真正富有生命力的先进阶级的先锋队的作用,必须善于实现这一点。先锋队只有当它不脱离自己领导的群众并真正引导全体群众前进时,才能完成其先锋队的任务。在各种活动领域中,不同非共产党员结成联盟,就根本谈不上什么有成效的共产主义建设。"②党内外的联盟贯穿革命和建设的过程,在意识形态斗争和建设领域也需要这种联盟。列宁认识

---

① 《列宁全集》第 43 卷,人民出版社 2017 年版,第 28 页。
② 《列宁全集》第 43 卷,人民出版社 2017 年版,第 23 页。

到,俄国在相当长的时期内都存在着"非共产党员的唯物主义者",而同拥护彻底战斗唯物主义的人结成联盟"吸收一切拥护彻底的战斗唯物主义的人来共同反对哲学上的反动,反对所谓'有教养社会'的种种哲学偏见,是我们不可推诿的责任。"①就这一点而言,俄国社会思潮的唯物主义传统为党内外联盟的实现提供了现实条件。普列汉诺夫、车尔尼雪夫斯基都是俄国具有坚定唯物主义的代表人物,他们在反对俄国专制制度以及唯心主义观点上发挥了重要作用。列宁还借用狄慈根关于马克思主义在资产阶级学者和哲学流派的基本看法,指出各种时髦哲学流派的思想内容都与资产阶级的阶级利益、阶级立场存在着密不可分的联系。而共产党员与党外唯物主义者的联盟也正是为了扩大反对唯心主义和资产阶级哲学偏见的队伍。

二、战斗唯物主义与现代自然科学家结成联盟是同资产阶级世界观的复辟做斗争的重要途径

列宁强调的第二个联盟就是战斗的唯物主义与自然科学家的联盟,他认为这个联盟相比第一个更为重要。"战斗唯物主义为了完成应当进行的工作,除了同没有加入共产党的彻底唯物主义者结成联盟以外,同样重要甚至更重要的是同现代自然科学家结成联盟,这些人倾向于唯物主义,敢于捍卫和宣传唯物主义,反对盛行于所谓'有教养社会'的唯心主义和怀疑论的时髦的哲学倾向。"②在现代自然科学急剧变革的进程中会产生反动的哲学学派,而唯物主义者就要关注自然科学领域提出的最新问题,并且吸收自然科学家。战斗的唯物主义要在哲学方面回答自然科学中提出的各类新问题,而不是哲学与自然科学的相互脱离。就此而言,列宁在 1908 年的唯物主义和经验主义中就已经论及了自然科学的发展对哲学的影响。如对于微观物质形态的最新认识有没有改变物质概念的问题。同时,自然科学的快速发展也为各种资产阶级意识形态与唯心主义哲学提供伪装。而要保持战斗唯物主义的战斗性和唯物主义性质,也要求唯物主义者认识自然科学的最新成果及其认识论根源。

---

① 《列宁全集》第 43 卷,人民出版社 2017 年版,第 24 页。
② 《列宁全集》第 43 卷,人民出版社 2017 年版,第 28 页。

另外,列宁认为,"任何自然科学,任何唯物主义,如果没有坚实的哲学论据,是无法对资产阶级思想的侵袭和资产阶级世界观的复辟坚持斗争的。为了坚持这个斗争,为了把它进行到底并取得完全胜利,自然科学家就应该做一个现代唯物主义者,做一个以马克思为代表的唯物主义的自觉拥护者,也就是说,应当做一个辩证唯物主义者。"①自然科学如果没有以唯物主义作为坚实的哲学论据,是"无法对资产阶级思想的侵袭和资产阶级世界观的复辟坚持斗争的"②。在列宁看来,自然科学家要同依靠自然科学最新成果贩运反动哲学的行为进行斗争,"做一个以马克思为代表的唯物主义的自觉拥护者,也就是说,应当做一个辩证唯物主义者。"③"自然科学进步神速,正处于各个领域都发生深刻的革命性变革的时期,这使得自然科学无论如何离不了哲学结论。"④自然科学家倾向于唯物主义,但往往经不起唯心主义的攻击而偏离唯物主义,因此自然科学家应当成为一个辩证唯物主义者。自然科学家不能离开哲学立场。这是由于科学家的研究成果必然反映某一种哲学,即马克思主义的或非马克思主义的。由于资产阶级意识形态与无产阶级意识形态的对立存在的现实,自然科学家的哲学观的改变是社会主义国家意识形态建设的途径之一。

三、通过刊物和著作进行科学无神论宣传是意识形态建设的重要手段

宗教属于意识形态的范畴,但宗教在本质上是一种唯心主义的世界观。因此,宗教的本质与马克思主义的世界观存在着根本对立的冲突。但是,对于俄国和苏维埃来说,由于生产力的不发达、群众生活的困难,群众从宗教的信仰转化为对社会现实的认识需要一个过程,在这个过程中,进行无神论的宣传非常必要。

列宁在《论战斗唯物主义的意义》中指出,《在马克思主义旗帜下》"这个

---

① 《列宁全集》第43卷,人民出版社2017年版,第29页。
② 《列宁全集》第43卷,人民出版社2017年版,第29页。
③ 《列宁全集》第43卷,人民出版社2017年版,第29页。
④ 《列宁全集》第43卷,人民出版社2017年版,第30页。

杂志应该是一个战斗的无神论的刊物"。① 并且要用各种文字进行出版,将有价值的东西翻译出来或通过摘要介绍,不断地进行无神论宣传和斗争。同时,还"应该向他们提供各种无神论的宣传材料,告诉他们实际生活各个方面的事实,用各种办法接近他们,以引起他们的兴趣,唤醒他们的宗教迷梦,用种种方法从各方面使他们振作起来,如此等等"。②《在马克思主义旗帜下》要做的就是用更多的篇幅宣传无神论并对有关著作进行评价。列宁认为,18世纪的无神论者所写的政论在唤醒人们宗教迷梦方面比仅仅转述马克思主义的文章所起的效果要好很多。因此,不能一味否定过去的著作,反而要将这些著作翻译出来传播到人民中间去。

第六节　文本解读:《共产主义运动中的"左派"幼稚病》中的意识形态思想

《共产主义运动中的"左派"幼稚病》(以下简称《幼稚病》)是列宁1920年4月间写的一部著作,并于当年5月进行了材料增补,6月出版了单行本。该著作共十章,增补部分由五节构成。从1918年开始,个别共产党内部出现了"左倾"思潮,并在德、英等国日益泛滥,形成了一种国际思潮,而且出现一批所谓共产主义"左派"组织。这股"左倾"思潮以极端革命的面貌出现,主张拒绝参加议会斗争和工会,反对任何妥协,否认组织纪律性,甚至提出打倒领袖、取消政党等,列宁称之为"'左派'幼稚病"。当时国际共产主义运动的主要危险是右倾机会主义,但是"左倾"思潮的泛滥,会使党脱离群众而陷于孤立,使革命运动遭受危害,也妨碍对右倾机会主义进行有效的斗争。为了克服这股"左倾"思潮,列宁批判了国际共产主义运动中的"左倾"思潮,论述了马克思主义的战略策略理论。

《幼稚病》是列宁论述马克思主义政党建设问题的经典著作之一,也是关于无产阶级意识形态建设思想的基本展示,阐明了无产阶级在夺取政权以后,

---

① 《列宁全集》第43卷,人民出版社2017年版,第25页。
② 《列宁全集》第43卷,人民出版社2017年版,第26页。

社会主义意识形态建设的基本策略和方法,如何处理无产阶级内部的思想斗争和意识形态斗争,进一步指出了意识形态建设的科学原则、小资产阶级意识形态的本质的观点。列宁指出,"本文的目的就是要把布尔什维主义历史上和当今策略上普遍适用的、具有普遍意义和必须普遍遵循的原则应用到西欧去。"①

一、加强无产阶级政党自身建设是社会主义意识形态建设的基本条件

十月革命胜利后,苏维埃俄国建立了世界上第一个无产阶级领导的政权,实现了马克思主义关于社会制度理论的实践形态。列宁在《幼稚病》第一部分就提出了俄国革命的国际意义,指出俄国革命的某些特点"不是局部地区的、一国特有的、仅限于俄国的意义,而是国际的意义"②。列宁认为,各个国家的革命阶级凭借革命觉悟就能领悟到俄国所发生的革命在其他国家也能同样实现,他对此抱有信心。"现在,苏维埃政权的思想已经在全世界诞生,并且正以空前未有的速度在各国无产阶级中间传播开来,而第二国际的老英雄们也像我国孟什维克一样,由于无法理解苏维埃的作用和意义而到处遭到破产。经验证明,在无产阶级革命某些非常重要的问题上,一切国家都必然要做俄国已经做过的事情。"③需要指出的是,俄国革命能够取得成功是建立在长期的斗争基础之上的,例如反对议会制资产阶级共和国、反对孟什维克等,"没有这种谨慎的、周到的、细致的和长期的准备,我们就既不能取得 1917 年10 月的胜利,也不能巩固住这个胜利。"④

值得注意的是,列宁也强调了不能将俄国革命的特点和经验绝对化,指出无产阶级革命只要在一个先进国家里取得胜利,就很可能发生一个大变化,那时,俄国很快就不再是模范的国家。

列宁十分注重纪律性对于党的建设和保持政权稳定的重要意义,指出实

---

① 《列宁全集》第 39 卷,人民出版社 2017 年版,第 27 页。
② 《列宁全集》第 39 卷,人民出版社 2017 年版,第 1 页。
③ 《列宁全集》第 39 卷,人民出版社 2017 年版,第 10—11 页。
④ 《列宁全集》第 39 卷,人民出版社 2017 年版,第 11 页。

行极严格的纪律是无产阶级政党取得成功的基本条件之一。"如果我们党没有极严格的真正铁的纪律，如果我们党没有得到整个工人阶级全心全意的拥护，就是说，没有得到工人阶级中所有一切善于思考、正直、有自我牺牲精神、有威信并且能带领或吸引落后阶层的人的全心全意的拥护，那么布尔什维克别说把政权保持两年半，就是两个半月也保持不住。"①列宁认识到，资产阶级由于被推翻，反而会变得更加凶猛，这是由于在无产阶级专政条件下对资产阶级进行了"最奋勇和最无情的战争"，还在于资产阶级的强大建立在国际资本的力量使各种国际联系牢固有力，以及世界上许多小生产，"而小生产是经常地、每日每时地、自发地和大批地产生着资本主义和资产阶级的。"②也正是这个原因，无产阶级专政是必要的，并且需要与资产阶级进行"长期的、顽强的、拼命的、殊死的战争，不进行需要坚持不懈、纪律严明、坚定不移、百折不挠和意志统一的战争，便不能战胜资产阶级"③。

接着，列宁分析了革命无产阶级所必需的纪律的原因，并从"无产阶级革命政党的纪律是靠什么来维持的？是靠什么来检验的？是靠什么来加强的？"④三个方面给出了答案，"第一，是靠无产阶级先锋队的觉悟和它对革命的忠诚，是靠它的坚韧不拔、自我牺牲和英雄气概。第二，是靠它善于同最广大的劳动群众，首先是同无产阶级劳动群众，但同样也同非无产阶级劳动群众联系、接近，甚至可以说在某种程度上同他们打成一片。第三，是靠这个先锋队所实行的政治领导正确，靠它的政治战略和策略正确，而最广大的群众根据切身经验也确信其正确。一个革命政党，要真正能够成为必将推翻资产阶级并改造整个社会的先进阶级的政党，没有上述条件，就不可能建立起纪律。没有这些条件，建立纪律的企图，就必然会成为空谈，成为漂亮话，成为装模作样。"⑤"只有经过长期的努力和艰苦的实践才能造成这些条件；正确的革命理论——而理论并不是教条——会使这些条件容易造成，但只有同真正群众性

---

① 《列宁全集》第 39 卷，人民出版社 2017 年版，第 3—4 页。
② 《列宁全集》第 39 卷，人民出版社 2017 年版，第 4 页。
③ 《列宁全集》第 39 卷，人民出版社 2017 年版，第 4 页。
④ 《列宁全集》第 39 卷，人民出版社 2017 年版，第 5 页。
⑤ 《列宁全集》第 39 卷，人民出版社 2017 年版，第 5 页。

的和真正革命的运动的实践密切地联系起来,这些条件才能最终形成。"①

列宁还明确指出了马克思主义这个革命理论对于建立稳固的布尔什维主义的意义。"布尔什维主义所以能够建立并且在1917—1920年异常艰难的条件下顺利地实现极严格的集中和铁的纪律"②,一方面在于"布尔什维主义是1903年在最坚固的马克思主义理论基础上产生的"③。并且这个理论是俄国思想界"饱经苦难才找到了马克思主义这个唯一正确的革命理论"④。另一方面,布尔什维克主义建立在革命理论基础之上,并且经历了丰富的实践的历史。在《幼稚病》中,列宁分析了布尔什维主义历史的几个阶段,第一阶段是革命准备年代(1903—1905年),这一时期自由主义资产阶级派、小资产阶级民主派、无产阶级革命派在纲领观点和策略观点上进行了十分激烈的斗争,已经预示着公开的阶级斗争的到来,各阶级也都逐渐形成真正代表阶级的各种思想政治派别。

第二个阶段是革命年代(1905—1907年)。"一切阶级都公开登台了。一切纲领观点和策略观点都受到群众行动的检验。"⑤没有1905年的"总演习",就不可能有1917年十月革命的胜利。

第三阶段是反动年代(1907—1910年)。这一时期,"追求哲学唯心主义的倾向加强了;神秘主义成了掩盖反革命情绪的外衣。"⑥这一阶段给革命阶级上了历史辩证法的一课,如果抱有"非阶级的、超阶级的幻想,认为可以避免资本主义的幻想,都破灭了。阶级斗争采取了完全新的、更加鲜明的形式。"⑦革命阶级应当学会正确的进攻和正确的退却。

第四阶段是高潮年代(1910—1914年)。资产阶级通过支持孟什维克来反对布尔什维克,布尔什维克运用正确的策略,不合法和合法的工作,将工人选民团争取过来。

---

① 《列宁全集》第39卷,人民出版社2017年版,第5页。
② 《列宁全集》第39卷,人民出版社2017年版,第5页。
③ 《列宁全集》第39卷,人民出版社2017年版,第5页。
④ 《列宁全集》第39卷,人民出版社2017年版,第6页。
⑤ 《列宁全集》第39卷,人民出版社2017年版,第7页。
⑥ 《列宁全集》第39卷,人民出版社2017年版,第8页。
⑦ 《列宁全集》第39卷,人民出版社2017年版,第8页。

第五阶段是第一次帝国主义世界大战时期(1914—1917 年)。布尔什维主义所以能在 1917—1920 年间获得胜利,其基本原因之一,就是它从 1914 年底就开始无情地揭露社会沙文主义和"考茨基主义"……而群众后来根据自身的经验,也日益相信布尔什维克的观点是正确的。

第六阶段为俄国第二次革命(1917 年 2 月至 10 月)。这一时期,"苏维埃政权的思想已经在全世界诞生,并且正以空前未有的速度在各国无产阶级中间传播开来"。[1]

列宁指出,布尔什维克主义正是在与工人运动内部敌人斗争的过程中不断成长的。在列宁看来,工人运动内部的敌人主要包括机会主义和小资产阶级革命性。"首先是而且主要是在反对机会主义的斗争中。机会主义在 1914 年彻底变成社会沙文主义,彻底倒向资产阶级方面反对无产阶级。"[2]列宁认为,机会主义是工人阶级内部的主要敌人。另一个敌人是小资产阶级革命性。"这种革命性有些像无政府主义,或者说,有些地方照搬无政府主义;它在任何重大问题上,都背离无产阶级进行坚韧的阶级斗争的条件和要求。"[3]

> "马克思主义者在理论上完全认定,并且欧洲历次革命和革命运动的经验也充分证实:小私有者,即小业主(这一社会类型的人在欧洲许多国家中都十分普遍地大量存在着),在资本主义制度下一直受到压迫,生活往往异常急剧地恶化,以至遭到破产,所以容易转向极端的革命性,却不能表现出坚韧性、组织性、纪律性和坚定性。被资本主义摧残得'发狂'的小资产者,和无政府主义一样,是一切资本主义国家所固有的一种社会现象。"[4]

列宁分析了布尔什维克党内两次反对"左"倾斗争的经验。一次是 1908 年关于是否参加最反动的"议会"和是否参加受最反动法律限制的合法工人组织的问题;另一次是 1918 年(缔结《布列斯特和约》时)关于可否容许某种"妥协"的问题。

---

① 《列宁全集》第 39 卷,人民出版社 2017 年版,第 10 页。
② 《列宁全集》第 39 卷,人民出版社 2017 年版,第 11 页。
③ 《列宁全集》第 39 卷,人民出版社 2017 年版,第 12 页。
④ 《列宁全集》第 39 卷,人民出版社 2017 年版,第 12 页。

二、"左派"共产主义的意识形态根源及无产阶级意识形态斗争的对象

首先,列宁批判了德国"左派"共产党人对无产阶级专政政治概念的认识混乱不清。德国"左派"共产党人提出"是党专政还是阶级专政?是领袖专政(领袖的党)还是群众专政(群众的党)?"[1]列宁指出,这种提法本身就已经证明了思想混乱,"群众是划分为阶级的;只有把不按照生产的社会结构中的地位区分的大多数同在生产的社会结构中占有特殊地位的集团对立时,才可以把群众和阶级对立起来;在通常情况下,在多数场合,至少在现代的文明国家内,阶级是由政党来领导的;政党通常是由最有威信、最有影响、最有经验、被选出担任最重要职务而称为领袖的人们所组成的比较稳定的集团来主持的。"[2]

其次,列宁对这些错误观点产生的原因进行了分析,主要表现在两个方面,"一方面,大概是由于党的合法状态和不合法状态的迅速更替破坏了领袖、政党和阶级之间那种通常的、正常的和简单的关系,人们面对这种难于理解的情况,思想便发生了混乱。"[3]另一方面是没有区分不同的领袖。例如,工人贵族的领袖们"总是投靠资产阶级,直接间接地受资产阶级豢养"[4]。这些所谓领袖则是"叛徒","正是在这个基础上,第二国际中纷纷出现了叛徒领袖、机会主义者、社会沙文主义者这样一种人,他们只顾自己这个行会的利益,只顾自己这个工人贵族阶层的利益。于是机会主义的政党就脱离了'群众',即脱离了最广大的劳动阶层,脱离了大多数劳动者,脱离了工资最低的工人。不同这种祸害作斗争,不揭露这些机会主义的、背叛社会主义的领袖,使他们大丢其丑,并且把他们驱逐出去,革命无产阶级就不可能取得胜利"[5]。列宁指出,德国"左派"共产党人将群众专政与领袖专政根本对立起来,实质上是

---

① 《列宁全集》第 39 卷,人民出版社 2017 年版,第 21 页。
② 《列宁全集》第 39 卷,人民出版社 2017 年版,第 21 页。
③ 《列宁全集》第 39 卷,人民出版社 2017 年版,第 21 页。
④ 《列宁全集》第 39 卷,人民出版社 2017 年版,第 22 页。
⑤ 《列宁全集》第 39 卷,人民出版社 2017 年版,第 22—23 页。

"否定政党和党的纪律……就等于完全解除无产阶级的武装而有利于资产阶级"①。

而关于无产阶级掌握政权后如何处理与资产阶级的关系的问题,列宁也清楚地认识到,在一定时期内,尤其是无产阶级夺取政权之后,阶级仍会存在,无产阶级将不得不与资本家和睦相处,并通过长期的工作来改造他们。列宁指出,"消灭阶级不仅意味着要驱逐地主和资本家,——这个我们已经比较容易地做到了——而且意味着要消灭小商品生产者,可是这种人不能驱逐,不能镇压,必须同他们和睦相处;可以(而且必须)改造他们,重新教育他们,这只有通过很长期、很缓慢、很谨慎的组织工作才能做到。"②

在此过程中,无产阶级会受到小资产阶级的自发势力从各方面来包围、浸染和腐蚀,"要使无产阶级能够正确地、有效地、胜利地发挥自己的组织作用(而这正是它的主要作用),无产阶级政党的内部就必须实行极严格的集中和极严格的纪律。无产阶级专政是对旧社会的势力和传统进行的顽强斗争,流血的和不流血的,暴力的和和平的,军事的和经济的,教育的和行政的斗争。千百万人的习惯势力是最可怕的势力。没有铁一般的在斗争中锻炼出来的党,没有为本阶级一切正直的人们所信赖的党,没有善于考察群众情绪和影响群众情绪的党,要顺利地进行这种斗争是不可能的。"③

三、无产阶级政党意识形态建设的基本策略和具体方法

在《幼稚病》中,列宁还对无产阶级政党的工作策略进行了逐个论述。

第一,关于革命家应不应当在反动工会里面做工作的问题。在《幼稚病》中,列宁首先对该问题进行了分析。德国"左派"认为革命家不应该在反动工作中工作。列宁则进一步说明了领袖、政党、阶级、群众间的相互关系,以及无产阶级专政和无产阶级政党同工会的关系,在此基础上,论述了自己的观点。列宁指出,"专政是由组织在苏维埃中的无产阶级实现的,而无产阶级是由布

---

① 《列宁全集》第39卷,人民出版社2017年版,第23页。
② 《列宁全集》第39卷,人民出版社2017年版,第24页。
③ 《列宁全集》第39卷,人民出版社2017年版,第24页。

尔什维克共产党领导的。""任何一个国家机关没有党中央的指示,都不得决定任何一个重大的政治问题或组织问题。"①

"工会形式上是一种非党的组织,而实际上大多数工会的领导机构……都由共产党员组成,执行党的一切指示。"②这是一个形式上非共产党的灵活而较为广泛的、极为强大的无产阶级机构。

列宁指出,"党就是通过这个机构同本阶级和群众保持密切联系的;阶级专政就是通过这个机构在党的领导下实现的。如果没有同工会的极密切的联系,没有工会的热烈支持,没有工会不仅在经济建设方面,而且在军事建设方面奋不顾身的工作,那么别说我们能管理国家和实行专政两年半,就是两个半月也不成。"③列宁认为,共产党人应当在工会里工作。

在这个过程中,列宁还论述了在对待资本主义遗留问题上的基本观点。列宁指出,"资本主义必然遗留给社会主义的,一方面是工人中间旧有的、长期形成的工种和行当的差异;另一方面是各工种的工会,它们只有十分缓慢地、经过许多年才能发展成为而且一定会发展成为规模较广而行会气味较少的产业工会(包括整个生产部门,而不仅是包括同行、同工种、同行当),然后经过这种产业工会,进而消灭人与人之间的分工,教育、训练和培养出全面发展的和受到全面训练的人,即会做一切工作的人。"④列宁强调,"我们可以(而且必须)利用资本主义遗留下来的人才,而不是利用虚构的和我们特别造就的人才来着手建设社会主义。"⑤

"在资本主义发展初期,建立工会是工人阶级的一大进步,使工人由散漫无助的状态过渡到了初步的阶级联合。"⑥随着无产阶级的革命政党的成长,"工会就不可避免地暴露出某些反动色彩,如某种行会的狭隘性,某种不问政治的倾向以及某些因循守旧的积习等等。但是除了通过工会,通过工会同工人阶级政党的协同动作,无产阶级在世界上任何地方从来没有而且也不能有

---

① 《列宁全集》第 39 卷,人民出版社 2017 年版,第 27 页。
② 《列宁全集》第 39 卷,人民出版社 2017 年版,第 27—28 页。
③ 《列宁全集》第 39 卷,人民出版社 2017 年版,第 28 页。
④ 《列宁全集》第 39 卷,人民出版社 2017 年版,第 29 页。
⑤ 《列宁全集》第 39 卷,人民出版社 2017 年版,第 30 页。
⑥ 《列宁全集》第 39 卷,人民出版社 2017 年版,第 30 页。

别的发展道路。无产阶级夺取政权是无产阶级这个阶级向前迈出的一大步，这时候党更需要用新的方法而不单纯靠旧有的方法去对工会进行教育和领导，同时不应当忘记，工会现在仍然是、将来在一个长时期内也还会是一所必要的'共产主义学校'和无产者实现其专政的预备学校，是促使国家整个经济的管理职能逐渐转到工人阶级（而不是某个行业的工人）手中，进而转到全体劳动者手中所必要的工人联合组织。"①

列宁指出，工会的"反动性"在无产阶级专政时期是难免的，不应害怕这种"反动性"，要发挥无产阶级先锋队的作用，训练、启发、教育工人阶级和农民中最落后的阶层和群众并吸引他们来参加新生活。无产阶级应当在取得政权过程中和取得政权后，"能够通过教育、训练和争取愈来愈多的劳动群众来支持、巩固和扩大自己的统治。"②

在比俄国先进的国家里，工会的反动性更严重，"'工人贵族'阶层比我国的强大得多，他们抱有行业的、狭隘的观念，只顾自己，冷酷无情，贪图私利，形同市侩，倾向于帝国主义，被帝国主义收买，被帝国主义腐蚀。"③列宁指出，必须与机会主义和社会沙文主义进行无情的斗争，并斗争到底，把它们从工会中驱逐出去。

列宁指出，"我们同'工人贵族'作斗争，是代表工人群众进行的，是为了把工人群众争取过来；我们同机会主义和社会沙文主义的领袖们作斗争，是为了把工人阶级争取过来。"④德国"左派"共产党人所谓的退出工会、拒绝在工会工作反而是为"资产阶级帮大忙"。"不在反动工会里工作，就等于抛开那些还不够十分成熟的或落后的工人群众，听凭他们接受反动领袖、资产阶级的代理人、工人贵族或'资产阶级化了的工人'（参看恩格斯 1858 年写给马克思的论英国工人的信）的影响。"⑤

在对待"群众"的问题上，列宁指出，"要想善于帮助'群众'，赢得'群众'

① 《列宁全集》第 39 卷，人民出版社 2017 年版，第 30 页。
② 《列宁全集》第 39 卷，人民出版社 2017 年版，第 31 页。
③ 《列宁全集》第 39 卷，人民出版社 2017 年版，第 31 页。
④ 《列宁全集》第 39 卷，人民出版社 2017 年版，第 32 页。
⑤ 《列宁全集》第 39 卷，人民出版社 2017 年版，第 32 页。

的同情、爱戴和支持,就必须不怕困难,不怕那些'领袖'对我们进行挑剔、捣乱、侮辱和迫害(这些机会主义者和社会沙文主义者多半都直接或间接地同资产阶级和警察有勾结),哪里有群众,就一定到哪里去工作。应该善于作出一切牺牲,克服极大的障碍,在一切有无产阶级群众或半无产阶级群众的机关、社团和协会(哪怕这些组织是最反动不过的)里有步骤地、顽强地、坚定地、耐心地进行宣传和鼓动。"①

"我们应当善于对付这一切,不怕任何牺牲,必要时甚至可以采用各种巧妙的计谋和不合法的手段,可以保持缄默,掩饰真情,只求打入工会,留在工会里,想尽方法在那里进行共产主义工作。"②

第二,关于参加不参加资产阶级议会。列宁批判了西欧一些国家的"左派"共产党人拒绝参加资产阶级议会的观点。德国"左派"提出议会制斗争形式在历史上和政治上经过时,列宁指出:"议会制'在历史上已经过时了'。就宣传意义上来说,这是对的。"③"就世界历史来说,议会制'在历史上已经过时了',这就是说,资产阶级议会制时代已经告终,无产阶级专政时代已经开始。这是毫无疑义的。"④德国"左派"早在 1919 年 1 月就认为议会制"在政治上已经过时了"。"一个政党对自己的错误所抱的态度,是衡量这个党是否郑重,是否真正履行它对本阶级和劳动群众所负义务的一个最重要最可靠的尺度。公开承认错误,揭露犯错误的原因,分析产生错误的环境,仔细讨论改正错误的方法——这才是一个郑重的党的标志,这才是党履行自己的义务,这才是教育和训练阶级,进而又教育和训练群众。"⑤

列宁关于议会制是否过时提出了自己的观点。第一,德国"左派"没有履行自己的义务,"没有极仔细地认真地严肃地研究自己明显的错误,这恰恰证明他们不是阶级的党,而是一个小组,不是群众的党,而是知识分子和沾染了知识分子恶习的少数工人的一个小团体。"⑥第二,"数百万的"和"众多的"无

---

① 《列宁全集》第 39 卷,人民出版社 2017 年版,第 33 页。
② 《列宁全集》第 39 卷,人民出版社 2017 年版,第 34 页。
③ 《列宁全集》第 39 卷,人民出版社 2017 年版,第 36 页。
④ 《列宁全集》第 39 卷,人民出版社 2017 年版,第 36 页。
⑤ 《列宁全集》第 39 卷,人民出版社 2017 年版,第 37 页。
⑥ 《列宁全集》第 39 卷,人民出版社 2017 年版,第 37 页。

产者赞成议会制,并不能说议会制已经过时。在此,列宁剖析了"左派"共产主义意识形态的阶级根源。"左派"在革命性的问题上不具有彻底性,这是由于小资产阶级革命性并非真正的无产阶级革命性,"对于德国共产党人来说,议会制当然'在政治上已经过时了',可是问题恰恰在于不能认为对于我们已经过时的东西,对于阶级、对于群众也已经过时。"①列宁指出,"'左派'不善于作为阶级的党、作为群众的党来判断事理,处理事情。你们决不应该把自己降低到群众的水平,降低到本阶级中落后阶层的水平。这是毫无疑义的。"②列宁提醒道,"应该清醒地注意到正是整个阶级的(而不仅是它的共产主义先锋队的)、正是全体劳动群众的(而不仅是他们的先进分子的)觉悟和准备的实际状况。"③"参加议会讲坛上的斗争,其目的正是在于教育本阶级的落后阶层。正是在于唤醒和启发水平不高的、备受压抑的和愚昧无知的农村群众。"④第三,参加资产阶级议会,不仅对革命无产阶级没有害处,"反而会使它易于向落后群众证明为什么这种议会应该解散,易于把这种议会解散,易于促使资产阶级议会制'在政治上过时'。"⑤第四,批判"荷兰左派"主张不参加议会的论据。"荷兰左派"提出"在资本主义的生产体系已经崩溃而社会已处于革命状态的时候,议会活动同群众本身的行动比较起来,便逐渐失去意义,在这种条件下,议会正在变成反革命的中心和反革命的机构,而另一方面,工人阶级正在建立自己的政权工具即苏维埃;这时候,拒绝以任何方式参加议会活动,甚至可能是必要的。"⑥

列宁指出,如大罢工这样的群众行动,比议会活动重要,并不能仅仅局限于革命时期和革命形势下才如此。无产阶级革命政党应当将合法的斗争与不合法的斗争结合起来,把反动议会外的群众行动和议会内部同情革命的反对派的活动配合起来。列宁指出,"使一种新的政治思想(不仅是政治思想)声誉扫地,受到损害,最有效的方法就是以维护为名,把它弄到荒谬绝伦的地步。这是因为任何真理,如果把它说得"过火"(如老狄慈根所说的那样),加以夸

① 《列宁全集》第39卷,人民出版社2017年版,第38页。
② 《列宁全集》第39卷,人民出版社2017年版,第38页。
③ 《列宁全集》第39卷,人民出版社2017年版,第38页。
④ 《列宁全集》第39卷,人民出版社2017年版,第38页。
⑤ 《列宁全集》第39卷,人民出版社2017年版,第40页。
⑥ 转引自《列宁全集》第39卷,人民出版社2017年版,第40页。

大,把它运用到实际适用的范围之外,便可以弄到荒谬绝伦的地步,而且在这种情形下,甚至必然会变成荒谬绝伦的东西。"①"在西欧和美国,议会已经成为工人阶级中先进革命分子深恶痛绝的东西。"②在决定斗争策略的问题上,不能以情绪为依据,"俄国过于长久的惨痛的血的经验,使我们确信这样一个真理:决不能只根据革命情绪来制定革命策略。制定策略,必须清醒而极为客观地估计到本国的(和邻国的以及一切国家的,即世界范围内的)一切阶级力量,并且要估计到历次革命运动的经验。"③

第三,批判德国"左派"共产党人"不作任何妥协"的观点。列宁指出,这种观点忘记了马克思主义的基本原理,在关于是否妥协的问题上,应该分清两种妥协的性质。"一种是为客观条件所迫(罢工者的基金告竭,没有外界援助,陷于极端饥饿和苦难的境地)而作的妥协,这种妥协丝毫不会削弱实行这种妥协的工人对革命的忠诚和继续斗争的决心;另一种是叛徒的妥协,他们贪图私利(工贼也实行'妥协'!),怯懦畏缩,甘愿向资本家讨好,屈从于资本家的威胁、利诱、劝说、捧场(这种叛徒的妥协,在英国工人运动史上,英国工联领袖作得特别多,然而所有国家的几乎所有的工人都见到过这种或那种形式的类似现象),却把原因推给客观。"④

列宁指出,"幼稚而毫无经验的人们以为,只要一承认容许妥协,就会抹杀机会主义(我们正同它并且必须同它进行不调和的斗争)和革命马克思主义或共产主义之间的任何界限。"⑤

列宁清楚地认识到,无产阶级在一国推翻资产阶级之后,这个国家的无产阶级在很长时期内,依然要比资产阶级弱,"要战胜更强大的敌人,就必须尽最大的努力,同时必须极仔细、极留心、极谨慎、极巧妙地一方面利用敌人之间的一切'裂痕',哪怕是最小的'裂痕',利用各国资产阶级之间以及各个国家内资产阶级各个集团或各种类别之间利益上的一切对立,另一方面要利用一

---

① 《列宁全集》第 39 卷,人民出版社 2017 年版,第 42 页。
② 《列宁全集》第 39 卷,人民出版社 2017 年版,第 43 页。
③ 《列宁全集》第 39 卷,人民出版社 2017 年版,第 43 页。
④ 《列宁全集》第 39 卷,人民出版社 2017 年版,第 47—48 页。
⑤ 《列宁全集》第 39 卷,人民出版社 2017 年版,第 48 页。

切机会,哪怕是极小的机会,来获得大量的同盟者,尽管这些同盟者可能是暂时的、动摇的、不稳定的、不可靠的、有条件的。谁不懂得这一点,谁就是丝毫不懂得马克思主义,丝毫不懂得现代的科学社会主义。"①

列宁列举了妥协的案例,说明了在一定条件下进行妥协的问题。1901—1902 年间,在布尔什维主义产生之前,旧《火星报》编辑部同资产阶级自由派结成政治联盟,同时在思想上和政治上同资产阶级自由主义进行斗争。1905 年起,布尔什维克还一贯坚持工农联盟,反对自由资产阶级和沙皇制度,但也不拒绝支持资产阶级去反对沙皇。在世界大战期间,布尔什维克与孟什维克也进行过妥协,但在思想上和政治上也没有停止斗争。十月革命期间,布尔什维克也是同小资产阶级的农民继承了非正式的政治联盟,作了一次明显的妥协。德国"左派"认为妥协能够争取同盟者,而实质上正相反,如 1917 年,工人群众逐渐离开孟什维克而转向布尔什维克。

列宁指出,德国共产党人的错误策略就表现在否认"有必要参加反动的资产阶级议会和反动的工会"②。而"共产党人必须寻找而且必须找到一种同他们妥协的适当形式,这种妥协一方面可以促进和加速共产党人同这一翼实现必要的完全融合,另一方面丝毫不妨碍共产党人对'独立党人'机会主义右翼进行思想上和政治上的斗争"③。

列宁认为,正是无产阶级被无产者与半无产者等中间类型的包围,无产阶级本身没有区分成熟和不成熟的阶层,"资本主义便不成其为资本主义了"。正是由于此,"共产党,就必须而且绝对必须对无产者的各种集团,对工人和小业主的各种政党采取机动、通融、妥协的办法。全部问题在于要善于运用这个策略,来提高无产阶级的觉悟性、革命性、斗争能力和制胜能力的总的水平,而不是降低这种水平。"④

第四,批判了英国"左派"共产主义者对待妥协、是否参加议会和加入工党等问题上的错误观点。英国"左派"认为,"对于议会制度的任何支持,都只

---

① 《列宁全集》第 39 卷,人民出版社 2017 年版,第 50 页。
② 《列宁全集》第 39 卷,人民出版社 2017 年版,第 53 页。
③ 《列宁全集》第 39 卷,人民出版社 2017 年版,第 53—54 页。
④ 《列宁全集》第 39 卷,人民出版社 2017 年版,第 54 页。

会有助于使政权落到我们不列颠的谢德曼和诺斯克之流的手里。"①列宁指出,此类观点表达共产主义者做群众工作的工人的情绪和观点,要善于珍视和支持这种观点,但是"在伟大的革命斗争中,单凭情绪来领导群众是不够的;即使是对革命事业无限忠诚的人所要犯的或正在犯的这样那样的错误,也会给革命事业带来危害。"②

在这里,列宁指出了社会主义意识形态建设的意识形态的艺术性问题。"政治是一门科学,是一种艺术,它不是从天上掉下来的,不费力是掌握不了的;无产阶级要想战胜资产阶级,就必须造就出自己的、无产阶级的'阶级的政治家',而这些政治家同资产阶级的政治家比起来应该毫不逊色。"③

列宁指出,英国共产党应当依据科学原则进行行动。"首先要求估计到其他国家的经验,特别是其他同样是资本主义的国家正在经历或不久前曾经经历过的那种非常类似的经验;其次,它要求估计到在本国内部现有的一切力量、集团、政党、阶级和群众,要求决不能仅仅根据一个集团或一个政党的愿望和见解、觉悟程度和斗争决心来确定政策。"④无产阶级政党应当在议会活动中,给予工党支持,同时也应当利用议会揭露工党政策的欺骗性,争取工人群众到革命方面来。否则,工人阶级的多数人的观点如果不转变,进行革命是不可能的。"要实现这种转变,必须由群众取得政治经验,单靠宣传是永远不能奏效的。"⑤

列宁揭示了革命的基本规律,"要举行革命,单是被剥削被压迫群众认识到不能照旧生活下去而要求变革,还是不够的;要举行革命,还必须要剥削者也不能照旧生活和统治下去。只有'下层'不愿照旧生活而'上层'也不能照旧维持下去的时候,革命才能获得胜利。"⑥要举行革命,必须具备相应的条件,"第一,必须要多数工人(或至少是多数有觉悟、能思考、政治上积极的工

---

① 转引自《列宁全集》第39卷,人民出版社2017年版,第58页。
② 《列宁全集》第39卷,人民出版社2017年版,第59页。
③ 《列宁全集》第39卷,人民出版社2017年版,第60页。
④ 《列宁全集》第39卷,人民出版社2017年版,第60页。
⑤ 《列宁全集》第39卷,人民出版社2017年版,第64页。
⑥ 《列宁全集》第39卷,人民出版社2017年版,第64页。

人）充分认识到革命的必要性,并有为革命而牺牲的决心;第二,必须要统治阶级遭到政府危机,这种危机甚至把最落后的群众都卷入政治活动(一切真正的革命的标志,就是在以前不关心政治的被压迫劳动群众中,能够进行政治斗争的人成十倍以至成百倍地迅速增加),削弱政府的力量,使革命者有可能很快地推翻它。"①左派共产主义者对这两个条件抱有不重视等态度,而作为革命阶级的政党,必须"帮助工人阶级的多数根据切身经验确信我们是正确的"。②

总之,《幼稚病》是列宁在俄国社会主义时期提出的关于社会主义意识形态建设基本观点,对在特殊条件下的意识形态建设的原则性和灵活性、意识形态阶级分析、意识形态建设主体相关概念的辨析,对社会主义建设中无产阶级内部以及小资产阶级意识形态的关系处理的战略和策略问题进行了论证。

小　结

"十月革命"胜利后,苏俄面临着如何巩固无产阶级专政的国家政权,如何建设社会主义等问题。针对这些问题,列宁明确提出了马克思主义是指导无产阶级专政国家建设的思想武器,提出了加强文化建设和意识形态建设的任务,形成了社会主义国家意识形态建设的一系列新观点,把马克思主义意识形态理论推向新境界。

第一,列宁进一步强调无产阶级专政国家的政权巩固和社会主义建设必须坚持以马克思主义为指导。坚持马克思主义的指导就是要从苏俄的具体国情出发,抓住有利时机,把马克思主义原则和方法转化为巩固无产阶级专政国家政权、探索社会主义发展道路的战略和政策,解决了马克思主义在苏俄落地、生根、成长、结果的问题。

第二,列宁探索苏俄社会主义意识形态建设实践,提出了对社会主义国家意识形态建设在文化、教育、宗教等方面的理论思考。他不仅进一步发挥了马

---

① 《列宁全集》第39卷,人民出版社2017年版,第64页。
② 《列宁全集》第39卷,人民出版社2017年版,第65页。

克思主义意识形态思想的批判和建构功能,而且在苏俄的社会主义建设过程中,推进了马克思主义作为社会主义国家意识形态的政治合法化功能、社会整合功能、社会动员功能的实现。

第三,列宁明确提出加强社会主义国家意识形态建设是社会主义国家的重要任务,探索了社会主义国家意识形态建设的原则、方法和策略。列宁把意识形态建设放在社会主义国家的政治、经济、文化等领域建设的体系中,强调意识形态建设不能单单依靠精神的灌输,还要与社会主义经济政治制度,法律、国家机器运行等协同发展。

列宁的意识形态建设思想既延续了为无产阶级领导权提供理论指导的主题,又开辟了社会主义国家意识形态建设新的时代课题。

结束语：马克思恩格斯列宁意识形态思想发展史研究的当代意义

我们已经从思想发展史的角度叙述了马克思、恩格斯、列宁意识形态思想发展的历程和主要内容。在叙述过程中我们虽然遇到了很多困难，所述内容中也还有很多需要探讨的问题，但总体上说，基本勾画出了马克思、恩格斯、列宁意识形态思想发展的概貌。我们认为，这项工作无论在理论上还是在实践上都是有价值的。

一、从意识形态理论角度专题揭示从马克思恩格斯到列宁的社会理论的发展进程，对于深化马克思主义理论史具有重要的意义

意识形态理论的发展是马克思主义理论发展的一个重要维度。通过对马克思主义意识形态理论发展进程的专题研究来揭示马克思主义理论的发展，对于我们从一个侧面深入精细把握马克思主义理论具有重要的学术价值。

（一）关于马克思主义意识形态理论史与马克思主义理论发展史之间的具体关系

在马克思主义那里，意识形态理论的发展与其整个理论的发展总体上是一致的，但在具体的阶段和层面上，意识形态理论与马克思主义整个理论之间存在复杂的关系。

1.马克思、恩格斯、列宁在社会理论建构和发展的不同时期因为理论和实践任务的特点而具有不同的侧重点

马克思和恩格斯身处的历史背景主要是资本主义制度确立后资产阶级对无产阶级的统治和奴役，他们面临的历史任务主要是揭示资产阶级社会的阶

级统治实质。这就决定了他们需将主要精力用于批判资产阶级的政治经济和意识形态,对于无产阶级革命和社会主义建设的未来则仅仅停留在思想理论的建构层面。列宁身处的历史背景是资本主义进入了垄断阶段,历史进入了帝国主义战争和无产阶级革命的时代,所以用先进的理论武装无产阶级,争取革命走向胜利是列宁首先面临的历史任务;在革命胜利后,面对着社会主义与资本主义空间共存的历史事实,如何有效保卫革命胜利成果,建设社会主义,是列宁必须解决的历史问题。这些情况使得列宁深感科学理论对实践指导的极端重要性,所以不仅提出并论证了帝国主义理论、无产阶级革命理论,而且还提出并论证了社会主义建设理论。这种变化也反映在意识形态思想的发展上。在马克思和恩格斯那里,意识形态思想主要集中在揭露剥削阶级意识形态的虚假性上,而在列宁那里,意识形态思想则兼有对非无产阶级意识形态批判和社会主义意识形态建设的内容。所以,他们甚至对意识形态概念的理解都会有所不同。这些只是说明了马克思主义理论在实践上的动态性和空间上的丰富性。他们都是马克思主义革命性和科学性的生动体现。同时告诉我们,不能用前者否定后者,也不能用后者否定前者,要具体内容具体分析。

2. 马克思、恩格斯、列宁在社会理论的建构中,理论的各个方面往往是相互配合和相互促进的

马克思、恩格斯、列宁的社会理论从形式的层面看,包括社会本质理论、社会结构理论、社会动力理论、社会发展理论、社会主体理论等;从内容的层面看,包括经济理论、政治理论、意识形态理论、社会组织理论、生态学理论等。这些理论相互配合相互促进,构成一个内容丰富又联系紧密的理论体系。就意识形态理论而言,它以社会本质理论为根据,深入探讨意识形态在社会结构中的地位、在社会运动机制中的作用和与社会主体的辩证关系;揭示其与社会经济关系、社会政治关系、社会组织存在和人的历史活动之间的相互关系。在具体的情境中,马克思恩格斯和列宁对资本主义经济的批判,必然配合以对资产阶级经济学的意识形态批判;对资产阶级政治法律的批判,必然配之以对资产阶级的政治理论和法律理论的批判;例如,在《资本论》及其手稿中,马克思政治经济学批判是对资本主义生产方式和资产阶级政治经济学意识形态批判的双重批判,从而实现政治经济学的伟大革命,促进社会主义从空想到科学的

发展。而在列宁那里，其意识形态思想总是与无产阶级革命和社会主义建设理论密切联系在一起。从这个意义上说，在马克思主义那里，意识形态理论与社会理论的整体、与社会理论各个组成部分之间是密不可分的。把意识形态理论作为独立的存在从社会理论中抽出来，只是出于研究需要的一种理论操作，然而我们仍然需要注意这种操作的限度。

3. 马克思、恩格斯、列宁在社会理论的建构和发展中，意识形态理论也呈现不同的内容从而服务于整个理论体系

马克思、恩格斯、列宁的意识形态思想不是独立存在的，而是服从和服务于社会理论的使命。与他们的社会理论相一致，其意识形态思想在不同时期也呈现出不同的内容。从马克思恩格斯社会思想的发展过程看，他们早期主要是从理论上揭示社会发展的一般规律，揭示资本主义必然灭亡和社会主义必然胜利的历史趋势。这就决定了他们早期的意识形态思想主要是批判资产阶级意识形态在历史观、价值观方面的错误。经过 1848 年欧洲资产阶级革命和波拿巴政变，马克思着重从文化意识形态的角度，揭示了资产阶级意识形态由进步走向反动的规律，批判了以往的文化传统对社会发展的消极作用，突出了文化意识形态在社会运动中的作用，进一步提出了无产阶级必须建构自己阶级意识的必要性。随着马克思恩格斯对人类社会发展规律和对资本主义社会认识的深入，马克思在政治经济学领域展开对资产阶级意识形态的批判，强调对资产阶级意识形态的生产不能仅仅停留在"思想家们"的有意识制造方面，还必须揭示资本主义颠倒的生产方式所导致的生产、生活方式直接决定的日常生活意识，成为拜物教观念的无意识形成的基础。这就直接为揭示资本主义的特殊规律提供了理论支撑。到了马克思恩格斯晚年，资本主义进入到和平发展时期，其生产方式、阶级统治方式发生了一些变化，也引起了意识形态领域的变化。资产阶级由公开的国家意识形态进行直接的普遍性灌输，转变为通过收买工人运动内部机会主义分子的方式直接、间接地宣扬和灌输资产阶级意识形态。他们宣扬资产阶级利益和工人阶级利益的一致性，从而宣扬资本主义天然合理以至于永世长存的思想。对此，马克思恩格斯一方面从发生学角度揭示了资本主义生存发展的历史起源，即从历史起源上对资本主义社会存在前提进行批判并对资产阶级意识形态的普遍性、永恒性展开批判；

另一方面也自觉分析解决了工人阶级在新的形势下,如何建构自己的意识形态争取自己的独立解放的问题。到了列宁阶段,他的主要任务是使社会主义从理论走向实践。在指导俄国革命和社会主义建设过程中,丰富了马克思恩格斯意识形态思想,从认识论、价值论和功能论方面推进了马克思主义关于意识形态一般内涵的理解。列宁强调"没有革命的理论,就没有革命的实践",强调俄国革命需要科学理论的指导,具体探讨了以马克思主义为核心的无产阶级意识形态对于社会主义革命和社会主义国家的政治合法性功能、社会整合功能和经济提升功能建设的重要性。列宁由此在内容上实现了马克思恩格斯关于无产阶级和社会主义意识形态的建构原则从理论向现实的转化,并探讨了这一转化的原则、方法和策略。

(二) 关于意识形态理论发展与马克思主义理论发展的线索

通过马克思恩格斯到列宁意识形态思想发展史的研究,我们可以从一个新的侧面得出马克思主义理论发展的历史线索。

第一个时期:哲学与社会主义意识形态批判与科学历史观的创建。马克思恩格斯意识形态思想创立的第一个时期的主要任务是批判旧时代的意识形态。一是对哲学意识形态的批判,即对黑格尔哲学和青年黑格尔派的"观念形而上学"特质及其意识形态属性的克服。马克思恩格斯剖析了黑格尔及其门徒以"观念"为本原对世界的先验构造及其认识论机制,并阐明了这种颠倒的"世界意识"与私有制及其政治统治的本质联系。在他们看来,这种"德国现代哲学"的实质是"德意志意识形态",是身处半封建半资本主义的德国社会存在的资产者的意识形态在哲学领域的投射。二是对各种社会主义流派的批判,包括反动的社会主义流派即封建的社会主义、小资产阶级的社会主义、德国的或"真正的"社会主义,以及保守的或资产阶级的社会主义和批判的空想的社会主义和共产主义。马克思恩格斯剖析了这些思想家耽于既定的社会现实对之进行各种辩护的症结,并进一步揭示了这些错误学说的唯心史观基础。三是作为批判的结晶,马克思恩格斯划清了科学社会主义与这些流派的界限,并提出了彻底革命的共产主义主张;他们由此创立了"改变世界"的新唯物主义哲学,确立了科学的历史观即唯物史观,并在此基础上初步建立了科学的意识形态理论。

第二个时期:1848—1871 年,马克思和恩格斯展开了丰富而且比较深入系统的文化意识形态批判工作,以《1848 年至 1850 年的法兰西阶级斗争》与《路易·波拿巴的雾月十八日》为主要文本。一方面他们系统批判了资产阶级文化意识形态:澄明了"资产阶级尚未掌权时作为先进的革命阶级并在掌权后成为保守反动阶级"的蜕变逻辑及其与"社会基本矛盾及其变化的同构性"、资产阶级文化意识形态的"物质生产及其相应社会关系"的物质根源与资产阶级"专制政治统治、制度与利益"的阶级本质,凸显政治上层建筑与观念上层建筑复杂互撑的逻辑运行机制。另一方面,他们系统批判了文化传统意识形态:其一,对其表达阶级利益的价值进行揭示,进而凸显其契合阶级斗争需要被选择利用,并通过政治存在等中介系统具有"实现跨阶级力量联合、影响国家形式选择、制约革命历史进程"的巨大功能。其二,分析文化传统意识形态的"财产形式、生存条件、历史现实"等物质根源,批判了资产阶级对其"利益表达、联合阶级、排除异己"的实用主义运用,进而整体批判私有制社会文化意识形态普遍形式下特殊阶级利益的虚假本质。其三,以唯物史观的理论和方法,对波拿巴政变尤其"拿破仑观念及其现实化历史进程"蕴含的"人民创造历史、历史必然性与偶然性、条件制约性与主体能动性、社会存在与社会意识的辩证关系"进行历史观澄明。最后,基于资产阶级文化意识形态批判和传统文化意识形态批判,并通过六月起义失败根源的探究,指明了建立以"科学性、阶级性、人民性、创新性为特征并以无产阶级专政为根本路径"的无产阶级文化意识形态的重要性。

第三个时期:经济和生活意识形态批判与政治经济学的完成。以经济和生活意识形态批判与政治经济学的完成为主。《资本论》及其手稿是标志着马克思主义政治经济学最终形成的经典著作,这部鸿篇巨著以劳动价值论为基础,围绕资本和劳动的关系展开论述,剩余价值学说则贯穿始终,全面揭示了资本主义经济运动的规律,揭露了资本主义制度的剥削本质。马克思和恩格斯区分并批判了古典经济学和庸俗经济学,揭示了两者作为资产阶级政治经济学的意识形态本质,重点剖析了其私有制前提和唯心主义方法论,指出资产阶级政治经济学的历史性、阶级性、阶段性和暂时性。马克思和恩格斯通过对政治经济学的研究指出,建立在资本主义生产方式基础上的拜物教,不仅表现为社会关系的物化,还表现为人民对这种占统治地位的意识形态的无知和认同,是资产阶级意识形态对人民日常生活的入侵。在商品经济中,分工造成了人的片面化和日常生活的平面化。人的关系被物的关系所取代,对物质的追求成为资本主义社会中人们日常生活的最主要意义,正是这种人对物的依赖造成了拜物教的生活化。

第四个时期:整体意识形态批判与科学社会主义的宣示。随着马克思主义社会学说在各个方面的展开,马克思和恩格斯步入了理论总结和价值提升的时期。从意识形态理论的角度看,这个时期的成就表现为意识形态批判的体系化和科学社会主义理论的全面阐述。一方面,马克思和恩格斯分别批判了资产阶级和小资产阶级的哲学、政治经济学和社会主义学说,指出了其中的意识形态性质,其代表性著作为《反杜林论》《家庭、私有制和国家的起源》《路德维希·费尔巴哈和德国古典哲学的终结》;揭露各国社会民主党党内错误思想的非无产阶级意识形态因素,批评他们在理论上的不纯洁性和实践上的不坚定性,帮助他们凝练无产阶级政党的党性。其代表性著作是《哥达纲领批判》《法德农民问题》以及一系列相关的书信。另一方面,与整体意识形态批判相关联的作为马克思和恩格斯理论探索综合性成果的宣示。正如恩格斯所说,唯物史观和剩余价值学说的创立,促进了社会主义从空想成为科学。因此随着《资本论》的出版,科学社会主义作为一个完整的体系已经完成,已经进入整体地呈现的时期。恩格斯把科学社会主义规定为无产阶级解放条件的学说,将它视作马克思和他各方面研究的最终结论和整体性成果。他致力于对这个成果进行全面阐述。其代表著作是《反杜林论》和与之密切相关的《社会主义从空想到科学的发展》,在某种意义上还包括《共产党宣言》在这个时期的一系列序言。至此,马克思和恩格斯的社会理论和意识形态思想全面完成。

第五个时期:意识形态斗争思想与社会主义革命理论的提出。随着国家垄断资本主义统治地位和资本主义世界体系的确立,民主革命高潮转向俄国和亚非拉等殖民地半殖民地国家。马克思主义必须要回答新的时代条件下无产阶级革命斗争的前途命运和斗争策略问题。在这一时期,马克思主义意识形态理论的发展主要体现在意识形态斗争思想与社会主义革命理论的提出。

一方面,罗莎·卢森堡等第二国际的革命家们在批判伯恩施坦修正主义的过程中,论证了马克思理论的科学性,提出了马克思的理论是无产阶级的意识形态,是无产阶级及其政党开展革命斗争的思想武器。代表性著作是罗莎·卢森堡的《社会改良还是革命?》《卡尔·马克思》等。另一方面,列宁开创了前资本主义国家在民主主义革命基础上开展社会主义革命的道路。在论证了俄国革命本质上是无产阶级反对资本主义的阶级斗争的基础上,列宁提出革命的性质决定了无产阶级必须要争取革命的领导权,必须要坚持将马克思主义作为无产阶级开展革命的意识形态,提出了包含帝国主义论、一国革命论、灌输论、无产阶级政党理论等一系列社会主义革命理论。列宁在《什么是"人民之友"以及他们如何攻击社会民主党人?》《唯物主义和经验批判主义》等著作中提出了"科学的意识形态",强调了意识形态的科学性;在批判伯恩施坦主义的《怎么办?》中提出了"社会主义意识形态",强调了意识形态的革命性。这表明,列宁始终坚持马克思主义意识形态理论的思想核心,即马克思主义意识形态理论中关于科学性和革命性的思想内核。

第六个时期:文化与意识形态工作与社会主义建设的理论探索。十月革命胜利后,从战时共产主义政策到推行新经济政策,俄国经历了漫长而复杂的社会主义国家政权巩固和社会主义建设过程。在这个过程中,马克思主义作为无产阶级革命的意识形态转变为无产阶级专政的社会主义国家意识形态,马克思主义的意识形态功能发生主题变化:从无产阶级革命中的批判与斗争转变为社会主义国家的巩固与发展。理论发展的重心也根据具体的社会主义革命和建设形势而调整。列宁认为意识形态的主要使命是推动社会主义建设,因此强调通过说服、教育、利益整合等方式来动员和组织群众。在《国家与革命》中,列宁恢复真正的马克思的国家学说,分析了马克思主义关于无产阶级专政的理论以及如何开展无产阶级专政的思考。在与各种怀疑、否定苏俄社会主义建设实践的不断斗争中,列宁非常重视保障社会主义国家的意识形态话语权,提出掌握报刊传媒等意识形态工作渠道。在《青年团的任务》中,针对苏俄在教育文化上的不足,提出了加强社会主义教育文化发展和共产主义道德建设的问题,并且阐述了共产主义道德教育和培养的途径。在《共产主义运动中的"左派"幼稚病》中,列宁总结了布尔什维克党在党的建设方面的基本经验,论证了为争取群众而斗争的理论与策略,以及无产阶级政党战略策略的基本原则。在《论战斗唯物主义的意义》中,提出意识形态斗争策略和原则,针对意识形态问题特别是对哲学工作者提出组织好两个联盟的观点。列宁的社会主义意识形态建设思想开创了社会主义国家意识形态理论的先河,他提出诸多历史命题,成为20世纪以来社会主义国家开展社会主义意识形态建设的重要实践主题。

(三) 关于作为马克思主义理论体系重要内容的意识形态相关概念

通过从马克思恩格斯到列宁意识形态思想史的研究,我们发现一些意识形态相关的概念不仅在意识形态理论中占据着关键的地位,在马克思主义整个理论体系中也属于极其重要的内容。

1. 作为虚假意识的意识形态

这一范畴主要是马克思和恩格斯在《德意志意识形态》及其相关文献中对意识形态的本质的界定。在马克思和恩格斯看来,意识形态的虚假性主要表现为:统治阶级有意识地抹杀阶级矛盾而将本阶级的特殊利益夸大为普遍利益;以编造统治阶级关于自身的幻想为谋生之道的思想家,有意识地、但是以虚假的意识将"统治阶级的思想"创制为意识形态。意识形态的虚假性的基础是装扮成普遍利益的阶级利益的特殊性,因此消除意识形态的虚假性、克服作为"虚假意识"的意识形态,归根结底要消除阶级利益的特殊性。对此,马克思恩格斯为我们指明了解决问题的方向和道路。

2. 作为政治存在的意识形态

在马克思主义看来,作为政治存在的意识形态指的是作为软国家机器履行着政治统治职能的意识形态,一般来说几乎所有意识形态都具有这样的职能。但最为突出的是政治意识形态。政治意识形态是政治心理、政治理论、政治信仰等构成的思想体系,是对特定阶级物质生产生活条件尤其财产状况决定的社会权力、阶级状况、阶级统治等的观念反映,以对阶级、政党、国家、政策、军队的合理合法性阐释以及对异己政治意识形态批判为内核,是社会转型期新政治上层建筑的思想原则、社会革命期跨阶级联合并有效掌控革命进程的重要工具,也是和平时期维护政治统治的重要凭借。它以政治制度、政治组织、政治实践等政治上层建筑为现实基础,通过价值认同、理论接受、理想塑造等方式以"软权力"实施对社会成员的教化和控制。

3. 意识形态的基本结构

在马克思主义意识形态理论中,意识形态的基本结构分为三个方面:第一方面是观念意识形态,主要指的是意识形态的理论呈现,主要表现为哲学意识形态、经济学意识形态、政治学意识形态、伦理学意识形态等,在马克思恩格斯早期批判的正是作为理论体系的意识形态。其主要著作是《黑格尔法哲学批判》《神圣家族》和《德意志意识形态》。而在列宁的意识形态思想中,无论是作为批判对象的资产阶级意识形态还是作为建设对象的无产阶级意识形态,基本所指的就是观念意识形态。第二方面是文化意识形态,主要指的是社会习俗、社会经验、社会舆论等社会心理现象和文化现象。马克思和恩格斯在1848 年革命时期所进行的意识形态批判主要针对这个方面的意识形态,其主要著作是《路易·波拿巴的雾月十八日》。列宁在关于社会主义文化建设的探讨中,也在这方面提出了重要的主张。第三方面是生活意识形态,主要指的是生活方式和价值取向。马克思和恩格斯在经济学的研究中,深入分析了资产阶级生产方式基础上的拜物教生活方式,提出了他对于人的主体性和尊严性的破坏。而列宁在社会主义建设的理论中关于新的生活方式的思想也属于这方面的内容。在一般的教科书中,意识形态的基本结构往往根据马克思《〈政治经济学批判〉序言》中关于社会意识形式的论述和恩格斯《路德维希·费尔巴哈和德国古典哲学的终结》关于意识形态构成的论述进行分析,被规定为包括政治、法律、哲学、宗教等在内的各种意识形式,这基本上就是上面我们所讲的第一方面意义的意识形态。

4. 意识形态的运行方式

在马克思主义社会理论中,意识形态的运行方式思想归属于社会基本矛盾运动、国家的本质和职能、社会意识和精神文化生产与再生产的内容中。它所要回答的问题是意识形态如何创制、如何传播、如何实现社会功能等问题。在马克思恩格斯到列宁的意识形态思想中,意识形态运行方式的思想主要包括马克思和恩格斯关于意识形态的学术运行方式思想、传统观念与文化运行方式思想、生活意识与社会生活共谋思想、意识形态消亡思想等;列宁关于意识形态灌输与无产阶级理论武装思想、社会主义文化建设路径思想等。这些思想成为马克思主义意识形态理论最具实践策略意义的内容。

5. 无产阶级革命中的意识形态建设

意识形态建设是无产阶级革命理论的组成部分。它着力解决的问题是无产阶级革命的历史依据、发展规律、具体路径、革命策略以及无产阶级政党领导革命的原则和方法等问题。在从马克思到列宁的意识形态思想中，无产阶级革命中的意识形态建设思想主要包括马克思主义的科学性和革命性相统一的思想、马克思主义作为无产阶级革命意识形态的思想、无产阶级革命前途与策略的思想、无产阶级政党建设思想、意识形态灌输与无产阶级理论武装思想等内容。

6. 社会主义建设中的意识形态工作

社会主义建设中的意识形态工作是社会主义建设的重要一环。在社会主义国家建设中，意识形态工作思想主要探讨和解决社会主义国家的意识形态本质规定性是什么、社会主义意识形态建设的目标是什么、怎样开展社会主义国家的意识形态建设、意识形态建设与社会主义国家的其他领域工作的关系等问题。这一思想主要包括捍卫无产阶级专政、巩固和发展社会主义国家政权是社会主义意识形态内在要求的思想，社会主义国家意识形态建设的原则、方法和策略思想、社会主义道德和文化建设思想，社会主义教育思想，发展社会主义哲学社会科学事业的思想等。

二、对马克思恩格斯到列宁的意识形态思想发展的专题研究，对于在历史和现实双重维度上深化马克思主义意识形态理论内容的理解具有重要的意义

通过对马克思、恩格斯、列宁意识形态思想发展史的梳理，进一步加深了意识形态和上层建筑各部分内容、意识形态、社会存在各方面关系的理解。这里我们只抽取几个点来进行讨论。

1. 意识形态和国家的关系

以往我们对意识形态和国家关系的理解，主要把他们看作同一上层建筑对该社会经济基础的合法性起作用的方式不同，国家作为"刽子手的职能"、意识形态作为"牧师的使命"两者共同使被压迫阶级顺从统治者的统治。这

种相互补充、相互支撑的作用无疑是正确的。问题在于这种相互补充的作用是如何实现的。通过本书的研究加深了对意识形态和国家关系的理解。一方面，主流意识形态必须以国家作为自身合法性依据而存在。这是由意识形态的本质和国家的本质决定的。在阶级社会，占统治地位意识形态是统治阶级的利益表达，而统治阶级往往是少数人对多数人的统治，这种阶级局限性要求统治阶级必须把自身的利益掩盖起来以普遍利益的形式存在，即以"普遍利益"的形式实现自身的特殊利益。这就要求主流意识形态必须找到一个以"普遍性"为特征的中介得以存在，又能发挥自身的作用。这个中介既能够以自身的"普遍性"与意识形态的"普遍性"融合，消解社会成员对主流意识形态"特殊利益"的质疑，又能够以"普遍性"的形式保护其意识形态的"特殊性"的实现。这个中介就是国家，这是由国家的本质和职能决定的。在马克思恩格斯看来，国家既是统治阶级进行阶级统治的工具，又具有管理社会公共事务的职能，即具有特殊性和普遍性的双重属性。一方面，国家"是最强大的、在经济上占统治地位的阶级的国家"，是统治和剥削被压迫阶级的手段。另一方面，"政治统治到处都是以执行某种社会职能为基础，而且政治统治只有在它执行了它的这种社会职能时才能持续下去。"①其阶级统治只能在管理社会公共事务的外衣下进行。这样，国家的普遍性和特殊性就和意识形态的普遍形式和特殊利益直接相联。意识形态的普遍形式在国家的普遍性当中得以支撑，其特殊利益既能在国家的特殊性当中得以维系，又能掩盖统治阶级特殊利益的痕迹。这样，国家的公共性职能和特殊利益就成为意识形态合法性的存身之处。统治阶级意识形态就上升为国家意识形态，其基本功能是论证国家政权的合法性。而国家又以普遍性外观维护统治阶级的利益并进行传播。此时，"意识形态与社会成员（包括统治阶级等特殊阶级）的关系就表现为国家与社会成员之间的关系"。② 另一方面，国家又是主流意识形态传播的根本途径。意识形态不会自行传播，其功能必须依靠国家不同组成部分的人和各种载体进行传播。这就凸显了国家掌握意识形态领域领导权、话语权、引领权的

---

① 《马克思恩格斯选集》第 3 卷，人民出版社 2012 年版，第 560 页。

② 鲍金：《作为意识形态之中介的国家——马克思恩格斯视域下意识形态与国家的关系再阐释》，《社会主义研究》2019 年第 1 期。

重要性。

2. 意识形态与科学技术的关系

一般而言,科学是解释和认识自然的理论,是"求知求真"理论,称为科学发现。技术主要是指生产过程中的"经世致用",二者在内涵和功能上是不同的。在当代,出现了科学的技术化和技术的科学化趋势。人们通常把科学技术连用。关于意识形态与科学技术的关系学术界有不同的观点。西方学者大多否认科学技术具有意识形态性质。如波普尔主张在科学和意识形态之间应该严格划界,二者不能混淆。韦伯的"价值中立"论是另一种表达。还有学者用"真实"和"虚假"把二者区别开来。当然,也有学者将科学技术与意识形态等同起来。如霍克海默就提出,"科学技术是意识形态的观点",马尔库塞、哈贝马斯就提出科学技术既是生产力又是意识形态,还有学者用"技术统治论"命题,强调科学技术意识形态性质。马克思恩格斯关于科学技术与意识形态关系的思想是我们破解上述观点的思想武器。马克思恩格斯既不是直接否定科学技术具有意识形态性质,也不是直接把科学技术等同于意识形态。他们主要从科学技术研究中存在着世界观、方法论斗争、科学技术研究者和运用者的价值立场以及科学技术的社会功能等方面论证两者之间的关系。他们认为科学技术本身不是意识形态,不是具有专门为哪个阶级服务的意识形态性质。但是,对它的研究和运用要受研究者和运用者的价值立场的决定,因而使科学技术打上为谁服务的意识形态标签。在马克思恩格斯看来,在阶级社会任何人都是处在特定的生产方式和生产关系中的人,社会制度和阶级立场直接决定科学技术的研究和运用的目的。一方面,科学技术本身虽然不是意识形态,但科学只要触及统治阶级的利益,必然遭到镇压。在中世纪,宗教统治一切,"科学只是教会的恭顺的婢女,不得超越宗教信仰所规定的界限,因此根本就不是科学。"①资产阶级在反封建的过程中,就利用自然科学成果作为反封建统治的武器,并遭到了宗教裁判所和封建统治者的强烈镇压。但是,随着资本主义的发展科学技术由反封建的武器逐步转变为资本主义剥削无产阶级剩余劳动成果的工具,成为资本主义侵略扩张的工具。在资本主义社会资本直接决定

① 《马克思恩格斯选集》第 3 卷,人民出版社 2012 年版,第 761 页。

了科学技术生产和使用的目的。恩格斯深刻批判了资产阶级把达尔文的生物进化论,歪曲为社会达尔文主义并为其自身扩张服务的目的。1859 年达尔文的《物种起源》已发表,一方面瓦解了宗教"神创世界"的论调,另一方面成为资产阶级对外扩张的理论基础。英国的赫胥黎和德国的赫克尔都强调了进化论的普适性,认为"可以把人类进化论看成是这个总定律的特殊推论"。一种强调生存斗争是自然、社会普遍法则的社会达尔文主义在社会领域流行开来。资本主义就为自身侵略他国、战争扩张找到合理的依据。马克思明确指出:社会达尔文主义的"生存斗争"就是马尔萨斯的人口规律,或者更确切地说,人口过剩规律。恩格斯也明确指出:"要把这些学说从自然界的历史中再搬回到社会的历史中去,那是很容易的;如果断言这样一来便证明这些论断是社会的永恒的自然规律,那就过于天真了。"①这样,马克思恩格斯就揭示了科学技术与意识形态之间的关系。依据这一思想,所谓的科学技术"价值中立"论和"把科学技术直接等同于意识形态"的观点,都有偏颇。前者忽视了科学技术研究者和运用者在阶级社会都是特定阶级和社会制度制约的现实的人,忽视了他们研究和运用的目的性和价值立场。后者,看到了科学技术在资本主义条件下所造成的技术异化现象,但忽视了科学技术本身仍然是生产力的核心力量,不是意识形态本身。只要剥掉科学技术的私有制和资本利用的价值目的,它仍然是推动社会发展的决定力量。

3. 意识形态和社会存在的关系

一般来说,意识形态与社会存在之间的关系已经确定无疑地被理解为社会存在对意识形态的决定作用和意识形态对社会存在的相对独立和能动反作用。然而,在具体的情境中,意识形态与社会存在的关系具有纷繁的复杂性。一方面,意识形态与社会存在相互作用之间存在着众多的中间环节,以至于使人们造成意识形态具有独立存在身份的感觉,正如恩格斯所说的,"在这里,观念同自己的物质存在条件的联系,越来越错综复杂,越来越被一些中间环节弄模糊了。"②另一方面,意识形态对社会存在的能动反作用常常因为其多彩

---

① 《马克思恩格斯选集》第 3 卷,人民出版社 2012 年版,第 987 页。
② 《马克思恩格斯选集》第 4 卷,人民出版社 2012 年版,第 260 页。

的面貌而相当容易被人们当作决定性作用,甚至有的学者直接提出,有时意识形态对社会存在具有决定作用。所以,如何在纷繁复杂的关系中揭示社会存在对意识形态的决定作用,并从根本上得出改变社会存在达到革新意识形态的理论判断和实践要求,如何在强大的意识形态力量中揭示意识形态对社会存在的反作用,并从根本上得出意识形态对社会存在的反作用植根于社会存在对意识形态归根到底决定性的理论态度和实践原则,从马克思、恩格斯、列宁的意识形态思想那里寻找营养是十分必要的。

当今时代的一系列纷争,看起来几乎都源于人们意识形态的差异和对立。不同的民族意识导致民族国家之间的摩擦、不同的宗教意识引起人们之间的冲突、不同的政治理念产生政党之间的对立等。因此,人们自然就把意识形态作为社会的热点进行关注,难怪很多人把这个时代称作意识形态的时代。强势力量把自己的意识形态当做普世价值,用于覆盖世界,牵引世界发展;后起力量强调自己意识形态的独特优势与强势意识形态相抗衡,抵御强势力量用意识形态来阻碍后起力量的崛起。胜利势力把自己的胜利归结为自己意识形态的科学合理;失败势力把自己的失败归因于自己意识形态工作的失误。然而,正是马克思恩格斯列宁的意识形态思想为我们拨开意识形态迷雾、正确把握世界大势以及各种力量纷争的本质提供了有力的思想武器。马克思主义告诉我们,这里的透过现象看本质,就是透过意识形态的现象,洞见隐藏于背后,决定着意识形态运演的社会物质生活、社会物质关系、社会物质利益关系,简言之,就是社会存在。强势力量向整个世界传播自己的意识形态,不过是维护和扩大其在整个世界上的既得利益,防止后起力量动自己的奶酪;后起力量通过强调自己意识形态的独特性,不过是想在强势力量阻击中闯出一条实现自己利益的道路。胜利势力之所以胜利归根到底在于其综合实力的强大,而所谓的意识形态力量也只是在物质力量的支持下发挥自己的作用;失败势力的失败结局,意识形态工作的失误仅仅是非根本的失误,真正的失误在于经济工作、社会工作方面的失误。忽略意识形态工作是严重的错误,然而极度强化意识形态工作而忽略社会存在意义上的工作则同样是严重的错误。

从马克思、恩格斯、列宁关于意识形态和社会存在关系的思想中,我们可以得出,当面临西方资本主义力量对我国现代化建设的遏制和阻击、西方资产阶级意识形态对我国思想文化的渗透和破坏，我们加强意识形态工作，对于我们凝聚力量、团结一心推进社会主义现代化国家建设、推进中华民族伟大复兴具有极为重要的意义。我们既不能因为意识形态制约于社会存在而忽略意识形态工作，也不能因为意识形态的重要社会作用而忽略经济社会工作。我们应协调意识形态工作与社会存在意义上各项工作的全面发展，从而构成中国特色社会主义现代化国家的完整品格。

三、对从马克思到列宁意识形态思想精神实质的提炼和展现，对于认识当今意识形态情态、加强和改善意识形态工作具有重要的意义

（一）为识别资本主义意识形态领域的变化提供思想武器

马克思、恩格斯、列宁都有资本主义的意识形态批判思想。其核心内容是他们从唯物史观出发，论述了资产阶级意识形态的阶级实质、产生发展的根源及趋势，为认识资本主义意识形态领域的变化提供了基本的立场和方法。他们认为，意识形态不是从来就有的，是私有制和阶级产生以来的产物，要和社会存在、政治制度、阶级属性联系起来理解。他们特别揭示了资产阶级意识形态的虚假性的实质，这种意识形态的虚假性，不是认识论意义上的对与错，而是价值观意义上的，即以抽象的"普遍利益"的形式反映本阶级利益之实。他们并认为"只要不再有必要把特殊利益说成是普遍利益，或者把'普遍的东西'说成是占统治地位的东西，那么，一定阶级的统治似乎只是某种思想的统治这整个假象当然就会自行消失。"①这意味着，到了共产主义社会随着特殊利益与普遍利益差别的消失，资产阶级意识形态也就不复存在了。这也是我们认识资本主义意识形态领域变化的方法论。

资产阶级意识形态表现在经济、政治、思想文化等方面。在经济上从早期的自由主义，到凯恩斯的国家干预主义，再到当代的新自由主义，都反映了资本主义生产方式的变化和资产阶级利益的需要。早期的自由主义是为资产阶级反对封建制度夺取政权发展资本主义提供思想支撑的。资本主义世界经济危机的爆发，暴露了自由竞争的市场经济的深刻矛盾，凯恩斯的国家干预主义

---

① 《马克思恩格斯选集》第 1 卷，人民出版社 2012 年版，第 181 页。

应运而生,随着资本主义经济发展又产生了滞胀现象,表明资本主义生产的剩余价值在国内实现受到了限制,需要突破国内市场走向国际市场,资本主义华盛顿共识形成了,这就是新自由主义的产生,鼓吹全盘私有化、完全的市场化、经济贸易自由化。可见,新自由主义的产生完全是为了资本主义实现剩余价值向全球扩张的需要,是典型的资本主义意识形态。

在政治上,资产阶级从早期以理性为武器批判封建特权和等级制度,把自由、平等、博爱、人权宣布为普遍人权,构成近代民主制度的主要内容。随着资本主义的发展,"它把人的尊严变成了交换价值,用一种没有良心的贸易自由代替了无数特许的和自力挣得的自由。"①把商品经济等价交换原则形式上的自由、平等上升为全民的民主意识,宣布为"天赋人权的乐园"。到了20世纪50年代以后他们又以"意识形态终结"和"历史的终结"论,宣扬西方的"自由民主制度"是历史上最完美的制度,社会主义制度将被终结。并把这作为"普世价值"进行宣扬,成为殖民其他民族的意识形态。

在文化领域,文化一直是资本主义政治、经济的附属品,为其服务。以往的文化生产和文化传播带有明显的文化输出和文化侵略的性质。在以资本为主导的经济全球化的今天,他们在推动经济全球化的同时推行文化全球化。所谓文化全球化,主要是指他们利用高科技,改变了文化产品生产、传播、接受和交流的方式,传播自身的价值观念。一方面,他们用文化霸权如用"普世价值"消解其他国家特别是社会主义的意识形态;另一方面,他们控制着文化生产和传播媒介把他们的生活方式、价值观念传播出去。他们的殖民话语过渡到对科学技术的操作和权力游戏规则的制定上。如他们宣扬的"消费社会"和传媒文化就是如此。所谓"消费社会",鲍德里亚作了深刻的揭示。他强调与其说是一个消费社会,不如说是一个以消费为绝对中介和枢纽、以人们无休止的欲望为唯一追求的符号构成的系统。一个借以获得自我身份认同的商品符号及由此衍生的符号崇拜成为这一过程追逐的核心系统。之所以如此,根本原因在于资本主义生产方式产生了危机,剩余价值的实现成为自身发展的界限,只能以消费增长作为剩余价值实现的手段。既是资本主义生产方式内

---

① 《马克思恩格斯文集》第2卷,人民出版社2009年版,第34页。

在矛盾的当代表现,又是资本主义意识形态的重要表现。资本主义不仅剩余价值的生产出现危机,更重要的是剩余价值的实现也出现了危机。消费主义是剩余价值实现、转嫁危机的一种方式。作为意识形态,它进一步抹杀了资本和劳动对立的事实。从表面上看,不同的人可以穿同样的衣服,吃同样的饭菜,即具有同样的生活方式。由于牌子作为符号成为人们等级的象征,形式上的相同不等于实际生活水平的相等。如果说资本主义以前仅是用商品交换形式上的平等掩盖事实上的不平等的话,而消费主义是用"符号"平等掩盖事实上的不平等,并为资本主义的虚假平等提供合法性依据。文化传媒也是如此,传媒是意识形态文化最佳的载体和重要场所。在当代,资产阶级意识形态的统治通过注重通过传媒和消费文化所带来的日常生活意识达到无意识牵引的目的。大众传媒通过制造想象现实和主体假象,以及传媒信息的意识形态化重新编码,实现对人们深层心理结构、思维方式和情感表达的全面操控,以达到资本控制的目的。这些都是资本文化全球化战略的体现。

资本主义对外战略特别是对待社会主义国家的态度也在不断发生变化,从"谩骂""遏制"到"渗透"都体现了资本主义以求统治全球、获取高额剩余价值的目的。

依据马克思对资本主义意识形态批判思想,要改变资本主义意识形态的控制必须消除资本主义生产方式的控制,而消除资本主义生产方式就必须消除资本主义生产方式存在的条件和土壤,即大力发展生产力、消灭私有制、消灭剥削。

(二) 对新时代意识形态工作具有重要的指导意义

马克思、恩格斯、列宁意识形态思想发展史贯彻穿着一根红线,那就是意识形态作为社会精神现象,是社会生活的重要部分,加强意识形态领域的关注,批判形形色色非无产阶级意识形态,对于无产阶级正确解放斗争具有极其重要的意义。特别是在社会主义革命和建设的伟大事业中,是否坚持无产阶级思想意识在意识形态领域的指导地位,是否批判和抵制各种错误思想的侵扰,是否弘扬社会主义文化,是关乎社会主义事业生死存亡的大问题。马克思、恩格斯、列宁意识形态思想告诉我们,坚持意识形态的领导权,加强意识形态工作,是我们党在新时代的崇高文化使命。正如习近平总书记指出的,意识形态工作是党的极端重要的工作,能否做好意识形态工作,事关党的前途命运,事关国家长治久安,事关民族凝聚力和向心力。概括地说,意识形态工作是我党克敌制胜的重要优势,是应对敌对势力攻击的一个重要方面,是消弭社会问题的一个重要手段,是实现中国梦的重要保障性工作。而做好意识形态工作,最为关键的就是加强党对意识形态的全面领导,坚持党管意识形态的基本原则。

党管意识形态,是我们党在长期实践中形成的基本原则,是坚持党的全面领导的一个重要方面。意识形态领域的斗争,实质上是争夺人心的斗争,是争夺政治权利的斗争。坚持党管意识形态的基本原则,目的就是用社会主义意识形态统一思想、凝聚人心,以此来巩固党的领导和执政地位,确保中国特色社会主义伟大事业的健康发展。具体地说,党管意识形态是由以下因素决定的。

一是意识形态的功能和作用。意识形态作为人类精神现象的重要部分,在社会历史的发展中具有既十分微妙又非常重大的作用。它不仅是一定利益集团认识社会和作用社会的思想指导和精神支柱,也是这些集团用于影响其他人的工具。意识形态可以构成一种社会精神环境,影响着人们的思维方式和行为方式。所以在意识形态领域,哪一种意识形态占据指导地位,这种意识形态就会获得话语领导权,就能有效地影响人们,使人们成为它的认同者和拥护者。而这些认同者和拥护者一方面会继而自动地再生产这种意识形态,影响其他人,从而使这种意识形态广泛传播,形成这种意识形态的广大的影响场域;另一方面会按照这种意识形态的指导进行社会实践活动,从而构成这种意识形态对政治和经济生活的作用。所以,在意识形态领域谁占据指导地位,谁就掌握了精神文化行为的主动权。党对意识形态的管理好不好,直接关系到我党的理论在意识形态领域是否占领指导地位,从而关系到党的事业的兴衰成败。

二是党的领导的全面性。坚持党的领导的全面性是党团结和带领人民建设有中国特色社会主义的长期战略方针。中国共产党作为中国特色社会主义事业的领导核心,其对国家和社会的领导主要是通过政治领导、组织领导和思想领导来实现的。政治领导和组织领导是思想领导的基础,思想领导则是政治领导和组织领导的灵魂。没有思想领导，政治领导和组织领导是不能真正实现的。在中国特色社会主义新时代，思想领导依然是我们党的"政治优势"，是党其他一切领导工作的思想保证，是领导和团结全党和全国人民实现党和国家各项任务的中心环节，是我们党和国家的重要政治优势。所以，党的思想领导只能更加重视，不能有任何忽视；只能大大加强，不能有丝毫削弱；只能改进提高，不能止步不前。否则，党的领导的全面性就会遭到破坏，党的领导就会失去精神支持。而思想领导的一个重要内容就是管理意识形态，就是意识形态工作。

三是理论建党的特质。中国共产党的一个基本特征是理论建党。以科学的理论作为党的指导思想，是中国共产党的立党之本和政治优势。在中国共产党看来，没有先进理论武装的党，不可能是先进的党；没有先进理论武装的共产党员，就不会有真正的党性，不可能发挥先锋模范作用；拒绝用先进理论武装头脑的人，就没有资格存身于党内。马克思主义政党的先进性首先表现为理论上的先进性。坚持用马克思主义的科学理论武装全党，是我们不断保持先进性的根本经验。近百年党的历史表明，坚持用马克思主义武装全党，提高党的理论水平是我们取得革命和建设胜利的根本保证，也是党在风风雨雨中不断前进的根本保证。因此，中国共产党始终把理论建设摆在突出位置。而党管意识形态就是要确保党的理论建设成果在党内的统率地位、在社会意识形态领域的指导地位。

坚持党管意识形态的基本原则，关键在于增强我们的意识形态工作能力。意识形态工作能力包括掌控意识形态的能力、引导社会舆论的能力、推动文化事业发展的能力、创新宣传思想工作的能力等。党管意识形态，最终总是要落实到我们每个人的一个个具体的意识形态工作中，在具体的工作中实现目标。我们意识形态工作能力的强弱，直接影响到党管意识形态目标的实现。

增强意识形态工作能力最为重要的就是增强坚持马克思主义在意识形态领域指导地位的能力。坚持马克思主义指导地位是我党意识形态工作的方向，失去了这个方向，意识形态工作就失去了党性，就会滑入与党的性质和使命相背离的意识形态陷阱中。坚持马克思主义指导地位不仅仅是一种意识形态工作能力，更是意识形态工作的价值立场和制度要求。

增强意识形态工作能力,还要提高运用意识形态工作规律的水平。一种意识形态究竟能否深入人心,既取决于意识形态的宣传,更取决于受众的自觉性和主动性。人们的思想活动具有独立性、选择性、多变性、差异性等特点,人在思想上的自由是不能被他者所剥夺的。这也就是所谓的思想自由的至上性。意识形态传播和灌输仅仅是为人们接受意识形态造就条件和氛围,它解决不了人们是否接受的问题。只有人们在知道意识形态的内容后,通过思想活动实现对意识形态与自己利益一致性的认同,从而把外在的意识形态内化为自己的信念、思维方式、思想取向和活动习惯,意识形态的传播和灌输的目的才算实现。因此,在传播和灌输意识形态的过程中,我们要遵循客观规律,注重方式方法,充分展现意识形态与人民群众利益上的一致性、人民意志的同一性,充分展示意识形态与社会发展的关联性。通过丰富多彩的形式和全方位、多层面、长时间的工作,有效地使我们的意识形态深入人心,真正成为社会的文化主流、舆论主导、思想和精神交往的平台。

增强意识形态工作能力,更要加强理论的建设和创新。一是要使作为社会主义意识形态核心的马克思主义不断获得新的时代内涵。马克思主义是开放的体系,不是故步自封的教条。它的真理性就在于它在坚持基本原则的基础上不断从革命和建设实践中吸取新经验,探索新路径,提出新思想。与时俱进是马克思主义最重要的理论品质。以习近平同志为主要代表的中国共产党人把马克思主义普遍原理与中国具体实际相结合、与中华优秀传统文化相结合,创立了习近平新时代中国特色社会主义思想,实现了马克思主义中国化时代化新的飞跃。这是当前理论建设和创新的最大成就。二是要在坚持意识形态党性的基础上,重视意识形态理论和意识形态工作的创新,健全和完善适应新时代要求的意识形态理论和意识形态工作体制机制方法,结合当代人类生活方式的变化拓展意识形态工作的渠道,创建完备的社会主义意识形态氛围。

根据马克思、恩格斯、列宁的意识形态思想,结合新时代实际,意识形态工作主要包括四个方面。一是意识形态创造,就是以马克思主义为指导,不断发展习近平新时代中国特色社会主义思想,把它作为全党和全国人民的思想武器和行动纲领;造就科学健康的社会习俗和社会心理,营造团结奋进、积极向上的文化氛围。二是意识形态传播,通过制度建构性传播、活动推动性传播、环境创设性传播，推动群众对社会主义意识形态的认知、体验、觉悟、宣传，促进社会主义意识形态在群众中实现从理论到文化、核心到现象、思维到行为、政治到生活的全面性巩固和主动性再生产。三是意识形态批判，用马克思主义意识形态理论和社会历史事实，揭示各种非社会主义意识形态的伪真理性、伪人民性和伪永恒性，展示其主观片面性、阶级局限性和社会危害性。四是意识形态管理，即通过政治和社会力量，对意识形态领域实施控制。一般来说，意识形态管理的主要领域是大众媒体与新闻出版领域、文化事业和教育领域、学校与民间组织领域，意识形态管理的主要方法是通过讨论保持主动、通过利益进行导引、通过政法予以治理。意识形态管理的目标是确保马克思主义在意识形态领域的指导地位，确保意识形态安全，确保人民在社会主义意识形态统摄下凝心聚力。防止意识形态领域混乱、防止敌人意识形态渗透、防止由此带来的社会危机。

当前意识形态工作主要包括两个方面的责任。第一是实体性工作责任，它包括学校教学管理、文化阵地管理、网络舆情管理、合作项目管理、重大问题处置、重点事项监管、社团活动指导、抵御敌对势力、团结知识分子、加强思政工作等。第二是机制性责任，它包括把好政治方向，科学贯彻部署意识形态工作；积极认真分析研判意识形态情态，掌握意识形态工作主动权；加强领导统筹协调意识形态工作，确保意识形态工作的有效推进；加强意识形态工作队伍建设，提高意识形态工作者素质。

参 考 文 献

一、经典著作与重要文献类

《马克思恩格斯选集》第 1—4 卷,人民出版社 2012 年版。

《马克思恩格斯文集》第 1—10 卷,人民出版社 2009 年版。

《马克思恩格斯全集》第 1 卷,人民出版社 1995 年版。

《马克思恩格斯全集》第 1 卷,人民出版社 1956 年版。

《马克思恩格斯全集》第 2 卷,人民出版社 2005 年版。

《马克思恩格斯全集》第 2 卷,人民出版社 1957 年版。

《马克思恩格斯全集》第 3 卷,人民出版社 2002 年版。

《马克思恩格斯全集》第 3 卷,人民出版社 1960 年版。

《马克思恩格斯全集》第 4 卷,人民出版社 2009 年版。

《马克思恩格斯全集》第 4 卷,人民出版社 1958 年版。

《马克思恩格斯全集》第 6 卷,人民出版社 1961 年版。

《马克思恩格斯全集》第 8 卷,人民出版社 1964 年版。

《马克思恩格斯全集》第 10 卷,人民出版社 1998 年版。

《马克思恩格斯全集》第 16 卷,人民出版社 1964 年版。

《马克思恩格斯全集》第 18 卷,人民出版社 1964 年版。

《马克思恩格斯全集》第 19 卷,人民出版社 1963 年版。

《马克思恩格斯全集》第 20 卷,人民出版社 1971 年版。

《马克思恩格斯全集》第 21 卷,人民出版社 2003 年版。

《马克思恩格斯全集》第 21 卷,人民出版社 1965 年版。

《马克思恩格斯全集》第 25 卷,人民出版社 1974 年版。

《马克思恩格斯全集》第 26 卷,人民出版社 2014 年版。

《马克思恩格斯全集》第 26 卷第 1 册,人民出版社 1972 年版。

《马克思恩格斯全集》第 26 卷第 2 册,人民出版社 1973 年版。

《马克思恩格斯全集》第 26 卷第 3 册,人民出版社 1974 年版。

《马克思恩格斯全集》第 27 卷,人民出版社 2003 年版。

《马克思恩格斯全集》第 28 卷,人民出版社 2018 年版。

《马克思恩格斯全集》第 30 卷,人民出版社 1995 年版。

《马克思恩格斯全集》第 31 卷,人民出版社 1998 年版。

《马克思恩格斯全集》第 33 卷,人民出版社 2004 年版。

《马克思恩格斯全集》第 34 卷,人民出版社 2008 年版。

《马克思恩格斯全集》第 35 卷,人民出版社 2013 年版。

《马克思恩格斯全集》第 40 卷,人民出版社 1982 年版。

《马克思恩格斯全集》第 42 卷,人民出版社 2016 年版。

《马克思恩格斯全集》第 43 卷,人民出版社 2012 年版。

《马克思恩格斯全集》第 44 卷,人民出版社 1982 年版。

《马克思恩格斯全集》第 45 卷,人民出版社 1985 年版。

《马克思恩格斯全集》第 46 卷上册,人民出版社 1979 年版。

《马克思恩格斯全集》第 46 卷下册,人民出版社 1980 年版。

《马克思恩格斯全集》第 47 卷,人民出版社 1979 年版。

《马克思恩格斯全集》第 49 卷,人民出版社 2016 年版。

《列宁选集》第 1—4 卷,人民出版社 2012 年版。

《列宁专题文集 论辩证唯物主义和历史唯物主义》,人民出版社 2009 年版。

《列宁全集》第 1 卷,人民出版社 2013 年版。

《列宁全集》第 2 卷,人民出版社 2013 年版。

《列宁全集》第 3 卷,人民出版社 2013 年版。

《列宁全集》第 4 卷,人民出版社 2013 年版。

《列宁全集》第 5 卷,人民出版社 2013 年版。

《列宁全集》第 6 卷,人民出版社 2013 年版。

《列宁全集》第 8 卷,人民出版社 2017 年版。

《列宁全集》第 12 卷,人民出版社 2017 年版。

《列宁全集》第 16 卷,人民出版社 2013 年版。

《列宁全集》第 17 卷,人民出版社 2017 年版。

《列宁全集》第 18 卷,人民出版社 2017 年版。

《列宁全集》第 19 卷,人民出版社 2017 年版。

《列宁全集》第 24 卷,人民出版社 2017 年版。

《列宁全集》第 26 卷,人民出版社 2017 年版。

《列宁全集》第 27 卷,人民出版社 2017 年版。

《列宁全集》第 28 卷,人民出版社 2017 年版。

《列宁全集》第 29 卷,人民出版社 2017 年版。

《列宁全集》第 31 卷,人民出版社 2017 年版。

《列宁全集》第 32 卷,人民出版社 2017 年版。

《列宁全集》第 34 卷,人民出版社 2017 年版。

《列宁全集》第 36 卷,人民出版社 2017 年版。

《列宁全集》第 37 卷,人民出版社 2017 年版。

《列宁全集》第 39 卷,人民出版社 2017 年版。

《列宁全集》第 40 卷,人民出版社 2017 年版。

《列宁全集》第 41 卷,人民出版社 2017 年版。

《列宁全集》第 42 卷,人民出版社 2017 年版。

《列宁全集》第 43 卷,人民出版社 2017 年版。

《列宁全集》第 60 卷,人民出版社 1990 年版。

马克思:《资本论》第 1—3 卷,人民出版社 2004 年版。

马克思:《路易·波拿巴的雾月十八日》,人民出版社 2018 年版。

马克思:《法兰西内战》,人民出版社 1971 年版。

马克思:《1844 年经济学哲学手稿》,人民出版社 2014 年版。

恩格斯:《布鲁诺·鲍威尔和原始基督教》,人民出版社 2001 年版。

《恩格斯论宗教》,人民出版社 2001 年版。

《马克思恩格斯论拉萨尔和拉萨尔主义》,人民出版社 1979 年版。

《马克思恩格斯论巴枯宁主义》,人民出版社 1980 年版。

列宁:《怎么办?》,人民出版社 2018 年版。

二、学术著作类

白云真:《马克思〈路易·波拿巴的雾月十八日〉研究读本》,中央编译出版社 2013
年版。

白云真等:《〈路易·波拿巴的雾月十八日〉柯柏年译本考》,辽宁人民出版社 2019
年版。

卞伟伟:《〈路易·波拿巴的雾月十八日〉英文版德里昂译本考》,辽宁人民出版社

2022 年版。

　　陈冬生、王枫桥:《马克思主义意识形态建设的基础问题探幽》,人民出版社 2019 年版。

　　陈锡喜:《意识形态:当代中国的理论与实践》,中国人民大学出版社 2018 年版。

　　陈先达:《文化自信中的传统与现代》,北京师范大学出版社 2017 年版。

　　丁云本:《马克思列宁主义的实践与发展》,浙江人民出版社 1992 年版。

　　樊瑞科:《大众文化视域下当代中国社会主义意识形态建设研究》,人民出版社 2022 年版。

　　范秀丽:《列宁社会主义观的当代解读》,中国社会科学出版社 2016 年版。

　　冯景源:《人类境遇与历史时空》,中国人民大学出版社 2004 年版。

　　冯契主编:《哲学大辞典》(下册),上海辞书出版社 2001 年版。

　　高惠珠:《马克思恩格斯社会建设理论的当代解读》,人民出版社 2015 年版。

　　戈士国:《重构中的功能叙事:意识形态概念变迁及其实践意蕴研究》,人民出版社 2013 年版。

　　顾玉兰:《列宁社会发展理论研究》,中共党史出版社 2005 年版。

　　侯惠勤:《马克思的意识形态批判与当代中国》,中国社会科学出版社 2010 年版。

　　侯惠勤:《马克思主义意识形态论》,南京大学出版社 2011 年版。

　　侯惠勤主编:《马克思、恩格斯、列宁、斯大林论意识形态》,中国社会科学出版社 2012 年版。

　　侯惠勤:《国外马克思主义意识形态研究著作评析》,中国社会科学出版社 2015 年版。

　　黄楠森等主编:《马克思主义哲学史》第 3 卷,北京出版社 1996 年版。

　　季广茂:《意识形态》,广西师范大学出版社 2005 年版。

　　季广茂:《意识形态视域中的现代话语转型与文学观念嬗变》,北京大学出版社 2005 年版。

　　姜琦主编:《国际共产主义运动史辞典》,吉林人民出版社 1988 年版。

　　李萍:《马克思意识形态论》,中国社会科学出版社 2013 年版。

　　李毓章、陈宇清编:《人·自然·宗教:中国学者论费尔巴哈》,商务印书馆 2005 年版。

　　梁树发主编:《马克思恩格斯列宁论社会主义社会建设》,中国人民大学出版社 2018 年版。

　　林密:《意识形态、日常生活与空间:西方马克思主义社会再生产理论研究》,中国社会科学出版社 2016 年版。

　　刘明君:《多元文化冲突与主流意识形态建构》,中国社会科学出版社 2008 年版。

刘新利、邢来顺:《德国通史》第 3 卷,江苏人民出版社 2019 年版。

陆波编:《俄国民粹主义和马克思主义》,辽宁人民出版社 1956 年版。

吕大吉:《哲学与宗教学研究》,中国社会科学出版社 2016 年版。

吕世荣:《马克思社会发展理论研究》,中国社会科学出版社 2001 年版。

倪梁康:《胡塞尔现象学概念通释》,生活·读书·新知三联书店 2007 年版。

聂锦芳:《清理与超越:重读马克思文本的意旨、基础与方法》,北京大学出版社 2005 年版。

聂锦芳编:《重读马克思:文本及其思想》第 8 卷,中国人民大学出版社 2018 年版。

曲士英:《马克思主义意识形态与国家文化安全》,浙江工商大学出版社 2013 年版。

全品生:《文化动力论:主体文化意识形态化研究》,云南大学出版社 2014 年版。

沈玉梅:《意识形态终结论批判与新时代中国意识形态建构》,安徽师范大学出版社 2020 年版。

宋惠昌:《当代意识形态研究》,中共中央党校出版社 1993 年版。

孙来斌:《列宁的马克思主义理论教育思想研究》,中国社会科学出版社 2003 年版。

汪行福等:《意识形态星丛》,人民出版社 2017 年版。

王传利:《〈路易·波拿巴的雾月十八日〉陈仲涛译本考》,辽宁人民出版社 2021 年版。

王永贵:《马克思主义意识形态理论与当代中国实践研究》,人民出版社 2013 年版。

王永贵等:《经济全球化与社会主义意识形态建设研究》,人民出版社 2005 年版。

吴波:《当代中国的文化与意识形态建设》,当代中国出版社 2019 年版。

邢广程主编:《列宁对社会主义的探索》,长春出版社 2009 年版。

徐海波:《意识形态与大众文化》,人民出版社 2009 年版。

杨祖陶:《德国古典哲学逻辑进程》,武汉大学出版社 2002 年版。

仰海峰:《走向后马克思:从生产之镜到符号之镜》,中央编译出版社 2004 年版。

叶启绩等:《当代中国社会主义意识形态与文化和谐发展研究》,人民出版社 2010 年版。

余一凡:《从马克思到列宁:"社会主义意识形态"的确立》,人民出版社 2012 年版。

俞良早:《关于列宁学说的论争》,中共中央党校出版社 2006 年版。

俞敏、李小珊:《列宁后期重要著作与理论创新》,人民出版社 2012 年版。

俞吾金:《意识形态论》(修订版),人民出版社 2009 年版。

张骥等:《中国文化安全与意识形态战略》,人民出版社 2010 年版。

张秀琴:《马克思意识形态理论的当代阐释》,中国社会科学出版社 2005 年版。

张秀琴:《西方马克思主义意识形态理论的当代阐释》,中国传媒大学出版社 2005

年版。

张一兵：《回到列宁》，江苏人民出版社 2018 年版。

张一兵：《问题式、症候阅读与意识形态》，中央编译出版社 2003 年版。

张一兵主编：《资本主义理解史》第 2 卷，江苏人民出版社 2020 年版。

张志丹：《意识形态功能提升新论》，人民出版社 2017 年版。

郑寰、潘丹：《〈路易·波拿巴的雾月十八日〉导读》，中共中央党校出版社 2018 年版。

中国社会科学院马克思主义研究院编：《马克思 恩格斯 列宁论意识形态》，人民出版社 2009 年版。

周峰：《历史真相的探索：马克思恩格斯〈德意志意识形态·费尔巴哈〉如是读》，广东人民出版社 2014 年版。

周宏：《理解与批判：马克思意识形态理论的文本学研究》，上海三联书店 2003 年版。

周嘉昕：《马克思的生产方式概念》，江苏人民出版社 2020 年版。

庄福龄等编：《马克思主义史》第 1—4 卷，人民出版社 1996 年版。

北京大学哲学系外国哲学史教研室编译：《十八世纪法国哲学》，商务印书馆 1979 年版。

北京大学哲学系外国哲学史教研室编译：《西方哲学原著选读》（上卷），商务印书馆 1981 年版。

姜涛：《巴枯宁的手》，北京大学出版社 2010 年版。

《伯恩施坦文选》，人民出版社 2008 年版。

［奥］威尔海姆·赖希：《法西斯主义群众心理学》，张峰译，重庆出版社 1990 年版。

［波］兹维·罗森：《布鲁诺·鲍威尔和卡尔·马克思》，王谨等译，中国人民大学出版社 1984 年版。

［德］卡尔·曼海姆：《意识形态与乌托邦》，黎鸣、李书崇译，商务印书馆 2007 年版。

［德］爱德华·伯恩施坦：《社会主义的前提和社会民主党的任务》宋家修等译，生活·读书·新知三联书店 1973 年版。

［德］费尔巴哈：《基督教的本质》，荣震华译，商务印书馆 2017 年版。

［德］弗·梅林：《马克思传》，樊集译，持平校，人民出版社 1965 年版。

［德］海德格尔：《面向思的事情》，陈小文、孙周兴译，商务印书馆 2014 年版。

［德］海德格尔：《尼采》（下卷），孙周兴译，商务印书馆 2015 年版。

［德］黑格尔：《法哲学原理》，范扬、张企泰译，商务印书馆 2009 年版。

［德］黑格尔：《精神现象学》（上卷），贺麟、王玖兴译，商务印书馆 2011 年版。

［德］黑格尔：《历史哲学》，王造时译，上海书店出版社 2006 年版。

［德］黑格尔:《哲学史讲演录》第 1 卷,贺麟、王太庆译,商务印书馆 2017 年版。

［德］卡尔·考茨基:《爱尔福特纲领解说》,陈冬野译,生活·读书·新知三联书店 1963 年版。

［德］卡尔·考茨基:《帝国主义》,史集译,生活·读书·新知三联书店 1964 年版。

［德］卡尔·考茨基:《取得政权的道路》,刘磊译,生活·读书·新知三联书店 1963 年版。

［德］康德:《康德三大批判合集》(上),邓晓芒译,人民出版社 2009 年版。

［德］鲁道夫·希法亭:《金融资本》,福民等译,商务印书馆 1994 年版。

［德］曼弗雷德·缪勒:《通往〈资本论〉的道路》,钱学敏等译,山东人民出版社 1992 年版。

［德］大卫·弗里德里希·施特劳斯:《耶稣传》第 1 卷,吴永泉译,商务印书馆 1981 年版。

［俄］巴枯宁:《国家制度和无政府状态》,马骧聪等译,商务印书馆 2013 年版。

［俄］巴枯宁:《上帝与国家》,朴英译,华东师范大学出版社 2005 年版。

［法］霍尔巴赫:《健全的思想》,王荫庭译,商务印书馆 1980 年版。

［法］霍尔巴赫:《自然的体系》(上卷),管士滨译,商务印书馆 1964 年版。

［法］蒲鲁东:《贫困的哲学》(上下),余叔通等译,商务印书馆 2015 年版。

［法］蒲鲁东:《什么是所有权》,孙署冰译,商务印书馆 1993 年版。

［法］萨伊:《政治经济学概论:财富的生产、分配和消费》,陈福生、陈振骅译,商务印书馆 2009 年版。

［美］路易斯·亨利·摩尔根:《古代社会》,杨东莼等译,商务印书馆 1997 年版。

［美］摩尔根原著,陈德正、李焕丽导读:《〈古代社会〉导读》,天津人民出版社 2010 年版。

［美］利昂·P.巴拉达特:《意识形态起源和影响》,张慧芝、张露璐译,世界图书出版公司 2010 年版。

［美］乔治·萨拜因:《政治学说史》(下卷),邓正来译,上海人民出版社 2010 年版。

［英］大卫·李嘉图:《政治经济学及赋税原理》,郭大力、王亚南译,译林出版社 2011 年版。

［英］大卫·麦克里兰:《意识形态》,孙兆政、蒋龙翔译,吉林人民出版社 2005 年版。

［英］弗朗西斯·培根:《新工具》,许宝骙译,商务印书馆 1984 年版。

［英］霍布斯:《利维坦》,黎思复、黎廷弼译,商务印书馆 1985 年版 2017 年重印本。

［英］洛克:《人类理解论》(下册),关文运译,商务印书馆 1981 年版。

［英］马尔萨斯:《政治经济学原理》,厦门大学经济系翻译组译,商务印书馆 1962 年版。

［英］西尼尔:《政治经济学大纲》,蔡受百译,商务印书馆 2012 年版。

［英］亚当·斯密:《国富论》,郭大力、王亚南译,商务印书馆 2015 年版。

［英］约翰·B.汤普森:《意识形态理论研究》,郭世平等译,社会科学文献出版社 2013 年版。

［英］约翰·B.汤普森:《意识形态与现代文化》,高铦等译,译林出版社 2012 年版。

《巴枯宁言论》,生活·读书·新知三联书店 1978 年版。

《费尔巴哈哲学著作选集》(上下卷),荣震华、李金山等译,商务印书馆 1984 年版。

《黑格尔通信百封》,苗力田译,上海人民出版社 1981 年版。

《黑格尔早期神学著作》,贺麟译,商务印书馆 1988 年版。

《卢森堡文选》,人民出版社 2012 年版。

《普列汉诺夫哲学著作选集》第 1 卷,生活·读书·新知三联书店 1959 年版。

《普列汉诺夫哲学著作选集》第 2 卷,生活·读书·新知三联书店 1961 年版。

《普列汉诺夫哲学著作选集》第 3 卷,生活·读书·新知三联书店 1962 年版。

三、学术论文类

鲍金:《作为意识形态之中介的国家——马克思恩格斯视域下意识形态与国家的关系再阐释》,《社会主义研究》2019 年第 1 期。

樊锐:《作为意识形态的马克思主义》,《国外理论动态》2000 年第 4 期。

何怀远:《意识形态的内在结构浅论》,《江苏行政学院学报》2001 年第 2 期。

侯惠勤:《紧紧抓住列宁主义研究的"当代问题"——评〈列宁主义及其当代价值研究〉》,《河海大学学报》(哲学社会科学版)2015 年第 2 期。

胡辉华:《马克思的意识形态概念》,《暨南学报》(哲学社会科学版)2001 年第 6 期。

姜志强:《列宁意识形态领导权的实践逻辑及其方法论意义》,《马克思主义研究》2017 年第 12 期。

雷蒙德·威廉斯、石晶华:《意识形态概念的三种含义以及"文化唯物论"的相关评析》,《齐齐哈尔师范学院学报》(哲学社会科学版)1995 年第 4 期。

李烨红:《从马克思到列宁:马克思主义意识形态观的嬗变及启示》,《江汉论坛》2014 年第 2 期。

李宗禹:《关于"灌输论"的一场争论》,《国际共运史研究资料》1985 年第 1 期。

刘怀玉:《祛除历史能指的幽灵,解开历史代表问题之谜——马克思〈路易·波拿巴的雾月十八日〉之当代解读》,《洛阳师范学院学报》2004 年第 1 期。

刘召峰:《马克思的拜物教概念考辨》,《南京大学学报》(哲学·人文科学·社会科学版)2012 年第 1 期。

刘召峰:《马克思形而上学、意识形态批判的具体化路径——以〈资本论〉对拜物教观念的剖析为例》,《学术研究》2014 年第 2 期。

马龙闪:《列宁同"无产阶级文化派"的斗争》,《世界历史》1981 年第 4 期。

聂锦芳:《〈资本论〉再研究:文献、思想与当代性》,《中国高校社会科学》2013 年第 6 期。

聂锦芳:《〈资本论〉哲学思想研究的学术史清理》,《高校理论战线》2013 年第 2 期。

沈江平:《文化的意识形态性与意识形态的文化性》,《教学与研究》2018 年第 3 期。

孙来斌:《"灌输论"思想源流考察》,《武汉大学学报》(哲学社会科学版)2004 年第 1 期。

孙乐强:《物象化、物化与拜物教——论〈资本论〉对〈大纲〉的超越与发展》,《学术月刊》2013 年第 7 期。

唐正东:《马克思拜物教批判理论的辩证特性及其当代启示》,《哲学研究》2010 年第 7 期。

汪行福:《意识形态和意识形态批判》,《学术月刊》1996 年第 10 期。

王进芬、雷芳:《列宁"政治遗嘱"中党内民主思想的文本解读》,《科学社会主义》2015 年第 1 期。

王进芬:《俄共(布)十大关于党内民主问题的争论及其走向和影响》,《当代世界与社会主义》2016 年第 5 期。

王进芬:《列宁关于社会主义平等的理论阐释和实践探索及其启示》,《马克思主义研究》2014 年第 2 期。

王南湜:《〈资本论〉物象化论解读的贡献与缺憾》,《武汉大学学报》(哲学社会科学版)2018 年第 5 期。

王学东:《略谈考茨基"灌输论"思想的形成过程》,《国际共运史研究》1988 年第 2 期。

王永贵:《列宁意识形态理论的思想精髓及其现实意义——纪念列宁逝世 90 周年》,《学术界》2014 年第 4 期。

郗戈:《论〈资本论〉中的异化、物象化与抽象的关系问题》,《马克思主义与现实》2016 年第 6 期。

项荣建、王峰明:《马克思对商品拜物教的批判及其当代启示——对〈商品的拜物教性质及其秘密〉的文本学再解读》,《学习与探索》2016 年第 8 期。

辛向阳：《列宁〈国家与革命〉的基本思想与新时代的国家与革命》，《马克思主义研究》2019 年第 12 期。

邢贲思：《意识形态论》，《中国社会科学》1992 年第 1 期。

徐芹：《列宁对民粹派社会主义远景论的批判及其当代价值》，《江汉论坛》2015 年第 12 期。

杨生平：《关于意识形态概念的理解问题——兼与俞吾金等同志商榷》，《哲学研究》1997 年第 9 期。

姚大志：《马克思意识形态概念的历史演变》，《河北学刊》1994 年第 4 期。

俞良早：《十月革命后列宁创新马克思主义的重要话语和重要思想》，《马克思主义研究》2020 年第 3 期。

俞敏：《列宁对马克思"过渡时期"理论的重要发展及当代启示》，《社会主义研究》2019 年第 1 期。

俞吾金：《从抽象认识论到意识形态批判》，《天津社会科学》1995 年第 5 期。

郁建兴：《意识形态：一种政治分析——马克思意识形态概念新论稿》，《东南学术》2002 年第 3 期。

张博颖、苗倩：《文化软实力与社会主义意识形态安全》，《天津社会科学》2010 年第 3 期。

周宏：《马克思的意识形态批判及其流变》，《南京大学学报》（哲学·人文科学·社会科学版）2000 年第 6 期。

周宏：《普列汉诺夫的意识形态概念》，《南京社会科学》2007 年第 8 期。

朱继东：《列宁对马克思主义意识形态理论的发展及其当代启示》，《理论探索》2014 年第 5 期。

四、外文文献类

Hans Barth, *Wahrheit und Ideologie*, Frankfurt：Suhrkamp Verlag, 1961.

Jakob Barion, *Ideologie*, *Wissenschaft*, *Philosophie*, Bonn：H. Bouvier u. Co. Verlag, 1966.

G.W.F.Hegel, *Werke 20*, Frankfurt am Main：Suhrkamp Verlag, 1986.

Cox, R. H.（ ed. ）, *Ideology*, *Politics and Theory*. Belmont, Cal., 1989.

后　记

本书是在我主持的国家社科基金项目"马克思主义意识形态思想的演进与发展研究"（17BKS009）的基础上修改完善的。周宏教授协助吕世荣教授编写提纲和统稿工作。聂海杰博士和吴永辉博士参与了统稿和文献整理工作，张晗博士参与了资料收集和整理工作。具体分工如下：导论，吕世荣。第一章，聂海杰、陈凌霄。第二章，赵海瑞、陈凌霄。第三章，王建刚，第四节，丁玮。第四章，周宏、吕世荣。第五章，吴永辉。第六章，吴永辉，第四节，郭浩。第七章，郭浩。结束语，吕世荣、周宏。

本书在写作过程中吸收和借鉴了同行专家的研究成果。在这一并表示感谢！同时，本书还提出了许多值得深入探讨的问题，供大家进一步讨论。本书还存在很多不足之处，敬请各位批评指正。

吕世荣

2024 年 12 月

责任编辑：毕于慧
封面设计：姚　菲
版式设计：东昌文化

图书在版编目（CIP）数据

马克思恩格斯列宁意识形态思想的演进与发展研究/吕世荣等 著. —北京：
　人民出版社,2024.12
　ISBN 978－7－01－026531－5

Ⅰ.①马… Ⅱ.①吕… Ⅲ.①马克思(Marx,Karl 1818－1883)-意识形态-
研究②恩格斯(Engels,Friedrich 1820－1895)-意识形态-研究③列宁
(Lenin, Vladimir Ilich 1870－1924)-意识形态-研究 Ⅳ.① A811.63
②A821.63

中国国家版本馆 CIP 数据核字（2024）第 095348 号

马克思恩格斯列宁意识形态思想的演进与发展研究

MAKESI EN'GESI LIENING YISHIXINGTAI SIXIANG DE YANJIN YU FAZHAN YANJIU

吕世荣 等　著

人民出版社 出版发行
（100706　北京市东城区隆福寺街 99 号）

北京汇林印务有限公司印刷　新华书店经销

2024 年 12 月第 1 版　2024 年 12 月北京第 1 次印刷
开本:710 毫米×1000 毫米 1/16　印张:31.75
字数:482 千字

ISBN 978－7－01－026531－5　定价:136.00 元

邮购地址 100706　北京市东城区隆福寺街 99 号
人民东方图书销售中心　电话 (010)65250042　65289539